Les régions du guide :
(voir la carte à l'intérieur de la couverture ci-contre)

W0321286

Thaïlande

Le Guide Vert, mode d'emploi : un guide en 3 parties

Organiser son voyage :

- Avant de partir.
- À faire sur place de A à Z.
- Des activités pour tous.
- Un agenda des événements.

Comprendre la destination :

- La destination aujourd'hui.
- Histoire.
- Art et culture.
- Gastronomie.
- Nature...

Découvrir la destination :

- Notre sélection de sites.
- Des circuits conseillés.
- Des cartes.
- Notre sélection d'adresses pour tous les budgets.

En fin de guide :
l'explication des symboles et la table des cartes et plans

Le Guide Vert :
découvrir la destination

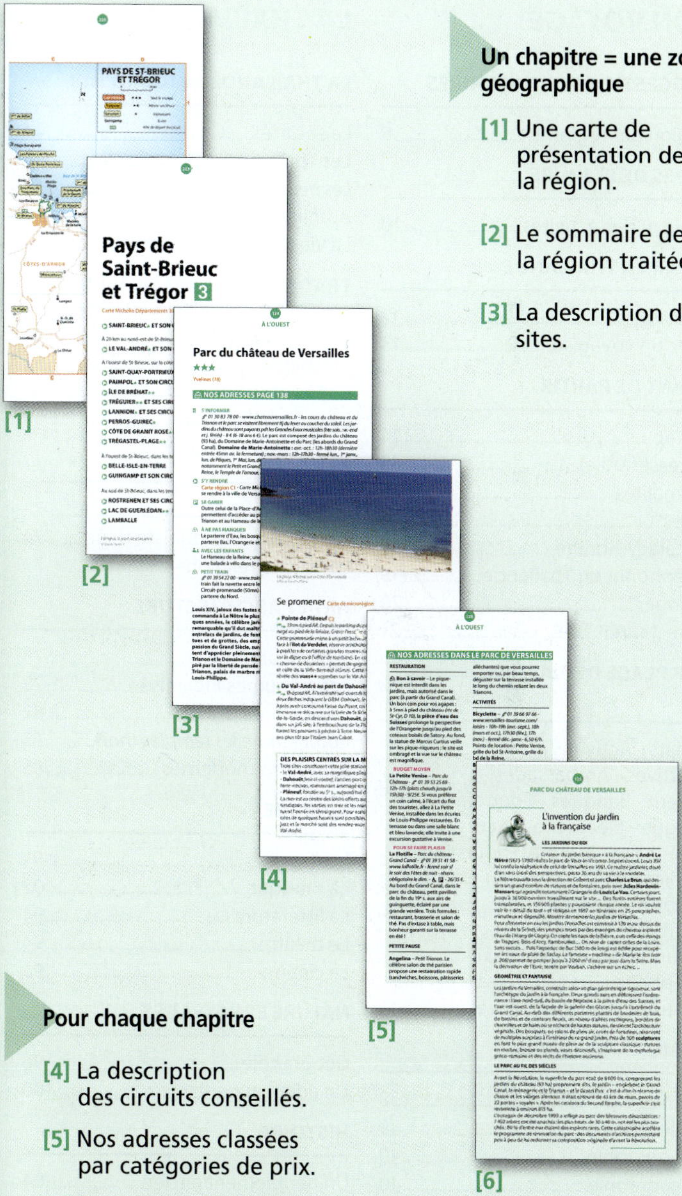

Un chapitre = une zone géographique

[1] Une carte de présentation de la région.

[2] Le sommaire de la région traitée.

[3] La description des sites.

Pour chaque chapitre

[4] La description des circuits conseillés.

[5] Nos adresses classées par catégories de prix.

[6] Des pages thématiques pour en savoir plus.

Retrouvez-nous sur : ***Voyage.ViaMichelin.fr***

Sommaire

1/ ORGANISER SON VOYAGE

SUGGESTIONS D'ITINÉRAIRES

TYPES DE SÉJOURS

ALLER EN THAÏLANDE

AVANT DE PARTIR

SUR PLACE DE A À Z 24-37

MÉMO

2/ COMPRENDRE LA THAÏLANDE

LA THAÏLANDE AUJOURD'HUI

TRADITIONS ET ART DE VIVRE

RELIGION

ART ET ARCHITECTURE

CULTURE

NATURE ET PAYSAGES

HISTOIRE

3/ DÉCOUVRIR LA THAÏLANDE

1 BANGKOK ET LE GOLFE DU SIAM

2 PLAINE CENTRALE ET CITÉS ANCIENNNES

3 CHIANG MAI ET LE NORD

4 L'ISAN ET LES RIVES DU MÉKONG

5 LE SUD

1/ ORGANISER SON VOYAGE

M. Barraud/Ojo Images/Photononstop

Suggestions d'itinéraires

6 JOURS	LES ENVIRONS DE BANGKOK
Boucle au départ de Bangkok (environ 800 km)	**Jour 1** : route pour Phetchaburi (p. 184) et visite des temples du centre-ville. En fin de journée, rejoignez le parc national de Kaeng Krachan (nuit). **Jour 2** : randonnée et promenade en bateau dans le parc. **Jour 3** : route pour Kanchanaburi (p. 177) et balade jusqu'au mythique pont de la rivière Kwaï. **Jour 4** : voyage sur le chemin de fer de Nam Tok (p. 178) et découverte du parc historique de Prasat Muang Sing. Nuit à Kanchanaburi. **Jour 5** : randonnée et baignade dans les piscines naturelles du parc d'Erawan (p. 181). Nuit à Kanchanaburi. **Jour 6** : retour sur Bangkok via Nakhon Pathom et le jardin des Roses (p. 171).
Transports	En voiture, évitez le réseau routier cauchemardesque de Bangkok. Profitez de cette escapade pour enchaîner vers Ayutthaya ou le Sud (voir ci-dessous).
Conseils	Visitez la région de Kanchanaburi en semaine pour plus de calme.
5 JOURS	**AYUTTHAYA ET LES CITÉS ANCIENNES**
Boucle au départ d'Ayutthaya (environ 900 km)	**Jour 1** : à Ayutthaya, balade sur l'île (p. 219) et visite des temples au fil de l'eau (p. 225) ; nuit à Ayutthaya (p. 229). **Jour 2** : départ pour le site historique de Lopburi (p. 232) via la temple de Phra Phutthabat (p. 228) ; nuit à Phitsanulok (p. 243). **Jour 3** : visite de la ville (p. 238) puis direction le parc historique de Sukhothai (p. 244). **Jour 4** : excursion vers l'ancienne cité de Si Satchanalai (p. 256). Retour à Sukhothai et visite du Musée national Rama Khamhaeng (p. 245). **Jour 5** : départ tôt le matin pour le parc historique de Kamphaeng Phet (p. 264). Retour à Ayutthaya.
Transports	De Bangkok, train pour Ayutthaya et Phitsanulok, bus pour Sukhothai, Kamphaeng Phet et Si Satchanalai, et location de vélo dans chacune de ces localités.
Conseils	Pensez à réserver votre hôtel à Ayutthaya. Faites de Sukhothai votre base pour profiter de la qualité des infrastructures touristiques.
8 JOURS	**CHIANG MAI ET LE TRIANGLE D'OR**
Boucle au départ de Chiang Mai (environ 780 km)	**Jour 1** : départ de Chiang Mai pour Pai (p. 305). **Jour 2** : route pour Soppong (p. 306) puis visite des grottes de Tham Lot (p. 306) ; l'apr.-midi, villages Shans et Lahus autour de Ban Mae La Na (p. 306). Nuit à Mae Hong Son (p. 312). **Jour 3** : route plein sud via les villages hmong de Meo Microwave et karen de Mae Sakua (p. 309) ; escapade à Mae Sam Laep (p. 310), aux portes de la Birmanie et nuit à Mae Sariang (p. 312). **Jour 4** : randonnée dans le parc national d'Op Luang (p. 310) et retour à Chiang Mai. **Jour 5** : arrêt aux grottes de Chiang Dao (p. 315) sur la route de Fang et de Tha Ton (p. 316), où vous passerez la nuit (p. 318). **Jour 6** : descente de la rivière Kok en pirogue (p. 316) pour rejoindre Chiang Rai (p. 319). **Jour 7** : randonnée à la rencontre des minorités ethniques sur les pentes du Doi Mae Salong (p. 322) ou du Doi Tung (p. 323). **Jour 8** : découverte de Chiang Saen (p. 326), dernière balade au fil du Mékong (p. 327) et retour à Chiang Rai ou à Chiang Mai.
Transports	En voiture de préférence. Limitez-vous aux localités principales et aux excursions organisées si vous circulez en bus.
Conseils	Comptez 1 jour de plus pour découvrir Lampang et Lamphun. Vous pouvez prolonger votre séjour nature en vous attardant aux alentours de Soppong et de Tham Lot ou en programmant 3 à 4 jours de randonnée dans le Triangle d'or.

SUGGESTIONS D'ITINÉRAIRES

14 À 16 JOURS	L'ISAN ET LES RIVES DU MEKONG
Circuit au départ de Khorat (env. 2 100 km)	**Jour 1** : rejoignez Loei (p. 334) via Udon Thani (p. 345). **Jour 2** : randonnée dans le parc national de Phu Kradung (p. 336) ; nuit dans le parc. **Jour 3** : regagnez Loei puis Chiang Khan (p. 338) et ses maisons de bois ; soirée au bord du fleuve. **Jour 4** : route le long du Mékong via Pak Chom, Sangkhom et Tha Bo (p. 339) ; nuit à Nong Khai (p. 343). **Jour 5** : marché indochinois de Nong Khai (p. 340) le matin et parc historique de Phu Phra Bat (p. 341) l'après-midi ; nuit à Nong Khai ou à Ban Chiang (p. 347). **Jour 6** : visite du musée archéologique de Ban Chiang (p. 346) et continuation vers Nakhon Phanom (p. 348). **Jour 7** : visite du chedi sacré de That Phanom (p. 351), apr.-midi et soirée à Mukdahan (p. 352). **Jour 8** : route pour Khong Chiam (p. 356) et excursion en bateau sur la Mae Nam Song. **Jour 9** : découverte des peintures rupestres du parc national de Pha Taem (p. 356) ; retour à Khong Chiam pour la nuit (p. 358). **Jour 10** : visite d'Ubon Ratchathani et de son musée (p. 355) le matin, et des temples entourant Si Saket (p. 362) l'apr.-midi ; nuit à Surin (p. 366). **Jour 11** : route des temples khmers (p. 363-372) entre Surin et Buriram. **Jour 12** : visite de Khorat (Nakhon Ratchasima, p. 374) et de ses environs ; nuit à Khorat (p. 377) ou à Phimai (p. 382). **Jour 13** : matinée au parc historique et au musée de Phimai (p. 378) ; site préhistorique de Ban Prasat (p. 382) l'apr.-midi. **Jour 14** : retour vers Khorat (p. 374).
Transports	Voiture de location : les routes sont bonnes et la circulation fluide. Comptez deux bonnes journées de plus si vous optez pour les transports en commun.
Conseils	Évitez de séjourner dans les grandes villes telles que Udon Thani (préférez Ban Chiang) et Ubon Ratchathani (dormez plutôt à Khong Chiam). Comptez 1 jour de plus si le temple de Preah Vihear (p. 360) a réouvert et, aux beaux jours, 1 à 2 jours de plus dans le parc de Phu Kradung.
7 À 8 JOURS	**LE SUD**
Itinéraire de 550 km au départ de Phuket	**Jour 1** : sortie en bateau à travers la mangrove et les reliefs karstiques de la baie de Phangnga (p. 410). **Jour 2** : route pour Krabi (p. 406) et balade en bateau dans la baie d'Ao Phra Nang (p. 407) ; excursion à Raileh (p. 407) ou initiation à l'escalade. **Jour 3** : départ pour Trang (p. 434) pour une escapade au parc national maritime de Hat Chao Mai. **Jour 4** : route pour Pak Bara (p. 452), embarcadère pour l'archipel de Tarutao ; pêche en mer, snorkeling ou plongée autour de Ko Lipe (p. 451) ou de Ko Adang (p. 449). **Jour 5** : continuation sur Satun (p. 445) pour explorer le parc national de Thale Ban (p. 446) avant de rejoindre Hat Yai et les chutes de Ton Nga Chang (p. 443). **Jour 6** : excursion au parc ornithologique de Thale Noi (p. 440). **Jour 7** : retour vers Phuket ou vers Bangkok.
Transports	Pour circuler d'une île à l'autre, empruntez un *long tail* si votre temps est compté.
Conseils	Les plongeurs ajouteront (au moins) une journée au parc maritime de Similan (p. 421).
UNE SEMAINE	**LA CÔTE EST DU GOLFE**
Boucle au départ de Bangkok (environ 735 km)	**Jour 1** : baignade à Pattaya (p. 198) ; route pour Chanthaburi (p. 205) et son marché aux pierres précieuses (p. 206). **Jour 2** : programme faune, grimpette et chutes d'eau au parc de Khao Chamao (p. 203). **Jour 3** : excursion à Ko Samet (p. 200). **Jour 4** : arrivée à Ko Chang (p. 210) et farniente à la plage. **Jour 5** : randonnée au cœur de l'île, visite du village de pêcheurs de Ban Bang Bao (p. 212) et balade en bateau autour de Ko Lao Nai. **Jour 6** : plongée autour des îlots de Ko Wai et Ko Rang (p. 212). **Jour 7** : retour à Bangkok.
Transports	Pour plus d'autonomie, louez un scooter ou un VTT sur l'île de Ko Chang.
Conseils	Prévoyez 3 nuits à Chanthaburi et 3 nuits à Mu Ko Chang.

Types de séjour

LA THAÏLANDE EN FAMILLE	
Culture	Musée des Traditions populaires de Phitsanulok (jouets anciens) (p. 241), Musée ethnographique des environs de Chiang Mai (p. 293).
Loisirs et animaux	Ferme des Crocodiles (p. 170), Centre de conservation des éléphants de Lamphun (p. 300), Ban Chang Thai Elephant Camp (p. 215), réserve zoologique de Khao Khieo (p. 197), Kraal des éléphants d'Ayutthaya (p. 231), centre de dressage des éléphants de Tang Dao (p. 315).
LA THAÏLANDE CÔTÉ NATURE	
Grottes et cascades	Chiang Dao (p. 315), Tham Lot (p. 306), parc national de Sai Yok (p. 181), Muang On (p. 295), grottes de la péninsule de Raileh (p. 407).
Parcs et réserves	Parcs nationaux de Khao Yai (p. 174), Thale Ban (p. 445), Doi Inthanon (p. 292), Phu Kradung (p. 335), Pha Taem (p. 356), Erawan (p. 180) ; parcs maritimes de Mu Ko Chang (p. 210), Mu Ko Surin (p. 388), Mu Ko Tarutao (p. 448), Mu Ko Similan (p. 421).
Faune sauvage	Réserve zoologique de Khao Khieo (p. 197), parc ornithologique de Thale Noi (p. 440), réserve ornithologique de Doi Inthanon (p. 292).
LA THAÏLANDE CÔTÉ PLAGE	
Dans le Golfe du Siam	Ko Samui (p. 391) pour la fête, Mu Ko Ang Thong (p. 394) pour la nature, Ko Phangan (p. 399) pour le repos, Ko Tao (p. 405) pour la plongée.
Sur la mer d'Andaman	Ko Phuket (p. 418) pour l'animation, Ko Lanta (p. 433) et Mu Ko Similan (p. 421) pour la plongée, les reliefs karstiques d'Ao Phra Nang (p. 407) et d'Ao Phangnga (p. 410), les grottes marines de Ko Phi Phi Le (p. 427) et les fonds coralliens de Mu Ko Tarutao (p. 452).
LA THAÏLANDE DU PATRIMOINE	
Les temples bouddhistes	À Bangkok (Wat Phra Keo (p. 132), Wat Pho (p. 136), Wat Suthat (p. 143), Wat Benchamapophit (p. 146), Phitsanulok (Wat Phra Si Ratana Mahatat (p. 238), Chiang Mai (Wat Phra Singh (p. 275), Lampang (Wat Phra That Lampang Luang (p. 300), That Phanom (p. 351).
Les musées	À Bangkok (p. 139), Ubon Ratchathani (p. 355), Kanchanaburi (p. 178), Ayutthaya (p. 224), Phitsanulok (p. 241), Chiang Rai (p. 319) et aux environs de Chiang Mai (p. 293).
Les parcs historiques	Phimai (p. 378), Sukhothai (p. 244), Ayutthaya (p. 218), Si Satchanalai (p. 256), Kamphaeng Phet (p. 264), Preah Vihear (p. 360) et les temples khmers de l'Isan (p. 362-372).
L'archéologie	Parcs archéologiques de Ban Chiang (p. 346) et de Si Thep (p. 236), peintures rupestres de Pha Taem (p. 356) et de Phu Phra Bat (p. 341).
LA THAÏLANDE DES FÊTES	
Fêtes civiles	Fête des Fusées dans l'Isan (p. 38), fête des Éléphants à Surin (p. 367), semaine de la rivière Kwai à Kanchanaburi (p. 183), régates de Phitsanulok (p. 243), de Phuket (p. 425) et de Nakhon Phanom (p. 349), festival de Phimai (p. 383).
Fêtes religieuses	Festival de That Phanom (p. 353), fête des Bougies à Ubon Ratchathani (p. 359), Loy Krathong à Sukhothai (p. 255) et à Chiang Mai (p. 289).
LES ACTIVITÉS SPORTIVES EN THAÏLANDE	
Randonnée	Autour de Chiang Mai et dans le Triangle d'Or (p. 297), dans la jungle de Ko Chang (p. 215), dans les parcs de Phu Kradung (p. 336) et de Khao Yai (p. 174).
VTT	À Bangkok (p. 167) et sur l'île de Ko Chang (p. 210)
Sous l'eau	Plongée à Ko Samui (p. 397), Ko Phangan (p. 401) et Ko Tao (p. 405) dans le golfe du Siam ; sur la côté ouest, à Ko Phi Phi (p. 429), Ko Lanta (p. 433) et à Mu Ko Similan (p. 421) ; snorkeling à Mu Ko Surin (p. 389) et à Ko Lipe (p. 452).
Rafting et escalade	À Tha Ton (p. 318) pour le rafting, à Raileh (p. 409) et Ko Phi Phi (p. 429) pour l'escalade.
Sur l'eau	Croisières sur le Chao Phraya (p. 164) et sur le Mékong (p. 349 et 359), descente de la rivière Kok (p. 317), sports nautiques à Ko Samui (p. 397) et à Phuket (p. 425), pêche en mer et kayak à Ko Lipe (p. 453) et à Ko Phi Phi (p. 429).

Cartes et Guides MICHELIN,
EXPLOREZ VOS ENVIES DE VOYAGES !

Explorez nos collections de guides de tourisme, de cartes routières et touristiques, de guides gastronomiques pour tout découvrir et mieux profiter de vos voyages.
Les cartes et guides MICHELIN emmènent les curieux plus loin !

www.michelin-boutique.com
voyage.michelin.fr

MICHELIN
Une meilleure façon d'avancer

Aller en Thaïlande

Nom officiel : Royaume de Thaïlande
Capitale : Bangkok
Superficie : 514 000 km^2
Population : 67 millions d'habitants
Langue officielle : le thaï
Monnaie : le baht thaïlandais
1 € = 37,41 bahts
1 US$ = 28,62 bahts

En avion

De nombreuses compagnies desservent tous les jours la Thaïlande au départ des grands aéroports européens. Le vol direct entre Paris et Bangkok dure env. 12h. Hormis Air France et de Thaï Airways, la plupart des compagnies effectuent au moins une escale sur ce parcours : outre le prix, vérifiez itinéraire, temps de vol et temps d'escale avant de faire votre choix. Le prix d'un billet AR Paris-Bangkok oscille de 600 à 1 000 €. La Thaïlande étant un pays très touristique, en haute saison, faites vos réservations le plus longtemps possible à l'avance pour bénéficier des meilleurs tarifs : au moins 6 mois à l'avance pour l'été et de 1 à 2 mois pour un départ autour de Noël.

LIGNES RÉGULIÈRES

Air France – ☎ 36 54 - www.airfrance.fr. Vol quotidien direct (en soirée) au départ de Paris.
Thaï Airways – www.thaiairways.fr. Comme Singapore Airlines, la compagnie thaïlandaise est réputée pour la qualité de son service. 1 vol/j. direct entre Paris et Bangkok.
Cathay Pacific – www.cathaypacific.com. 1 vol/j. *via* Hong Kong (14h30 de vol), où l'attente peut être longue.
KLM – ☎ 0 892 702 608 - www.klm.com/fr. Vols quotidiens *via* Amsterdam (16h de vol).
Lufthansa – ☎ 0 892 231 690 - www.lufthansa.com. 1 vol/j. *via* Munich ou Francfort (18h de vol).
Malaysia Airlines – www.malaysiaairlines.com. 7 vols/sem. *via* Kuala Lumpur (14h de vol).
Singapore Airlines – ☎ 0 821 230 380 - www.singaporeair.com. Vols quotidiens *via* Singapour (18h de vol).
Vietnam Airlines – ☎ 01 44 55 39 90 - www.vietnamairlines.com. Vols pour Bangkok *via* Hanoi ou Ho-Chi-Minh-Ville (16 à 17h de vol), où l'attente peut être longue.

COMPARATEURS DE VOLS

Tarifs préférentiels et promotions : plus vous réservez tôt, plus ils seront intéressants.
Ebookers – ☎ 0 892 234 235 - www.ebookers.fr.
Expedia – ☎ 01 72 42 36 42 - www.expedia.fr.
Go Voyages – ☎ 0 899 651 951 - www.govoyages.com.
Lastminute – ☎ 0 892 686 100 - www.lastminute.fr.
Look Voyages – ☎ 01 45 15 31 70 - www.look-voyages.fr.
Nouvelles Frontières – ☎ 0 825 000 747 - www.nouvelles-frontieres.fr (ventes aux enchères le mardi).

CONFIRMATION

La confirmation du vol retour 48h au préalable n'est généralement plus demandée. Renseignez-vous auprès de votre compagnie.

Avec un voyagiste

Les agences de voyages proposent tous types de formules, du « vol sec » (billet d'avion seul) au voyage en groupe, en passant par le circuit individuel sur mesure ou encore la réservation d'hôtels et d'avions sur les lignes intérieures.

GÉNÉRALISTES

Brochures disponibles dans l'ensemble des agences de voyages.

Directours – ✆ 01 45 62 62 62 - www.directours.com.

Fram – ✆ 0 826 463 727 - www.fram.fr.

Jet Tours – ✆ 0 820 830 880 - www.jettours.com.

Kuoni – ✆ 01 55 87 82 50 - www.kuoni.fr.

Nouvelles Frontières – ✆ 0 825 000 747 - www.nouvelles-frontieres.fr.

Plus Voyages – ✆ 0 899 651 951 - www.govoyages.com.

SPÉCIALISTES DE L'ASIE

Des renseignements sont disponibles dans chacune de ces agences.

Asia – ✆ 01 44 41 50 10 - www.asia-paris.fr. Voyage individuel, circuits en groupe, séjours balnéaires. L'agence possède notamment la jonque Mekhala, une ancienne barge à riz qui effectue des croisières sur le Chao Phraya.

Les Ateliers du Voyage – ✆ 0 820 220 305 - www.ateliersduvoyage.com. Un spécialiste du voyage individuel et sur mesure, comprenant plusieurs tour-opérateurs, dont Yoketai, spécialiste de l'Asie du Sud-Est.

Globe d'Or – ✆ 01 43 13 29 29 - www.globe-d-or.fr. Grand choix de circuits, thématiques et sur mesure.

Maison de l'Indochine – ✆ 01 40 51 95 15 - www.maisondelindochine.com. Circuits de grande qualité avec des guides expérimentés.

NS Travel – www.nstravel.com. De nombreux programmes individuels ou collectifs et un service « sur mesure » pour cette agence francophone basée à Bangkok. Excellents conseils et souci du voyage éthique.

Orients – ✆ 01 70 64 16 18 - www.orients.com. Pour une découverte de la Thaïlande frontalière et des temples khmers.

Voyageurs du Monde – ✆ 01 42 86 16 00 - www.voyageursdumonde.fr. À la carte : cours de cuisine, de thaï, de massage, circuits organisés, croisières, etc.

VOYAGES CULTURELS

Arts et Vie – www.artsetvie.com. Agences à Paris, Villeurbanne, Grenoble, Marseille et Nice.

Clio – ✆ 01 53 68 82 82 - www.clio.fr.

VOYAGES AVENTURE

Huwans Club Aventure – ✆ 04 96 15 10 20 - www.huwans-clubaventure.fr.

Nomade Aventure – ✆ 0 825 701 702 - www.nomade-aventure.com. Agences à Paris et Toulouse.

Terres d'Aventure – ✆ 0 825 700 825 - www.terdav.com. Agences à Paris, Marseille, Lyon, Toulouse, Lille, Nice, Rennes, Nantes, Grenoble, Chamonix, Bordeaux, Rouen et Strasbourg.

Avant de partir

Météo

Le climat de la Thaïlande, de type tropical humide, se caractérise par une forte moiteur et des températures relativement élevées tout au long de l'année, un grand ensoleillement alternant avec des précipitations abondantes.

SAISONS

Le pays connaît trois saisons distinctes : une saison sèche et chaude de **novembre à mars**, une saison plus chaude et humide d'**avril à juin**, une saison des pluies de **juillet à novembre**.

On peut visiter la Thaïlande toute l'année, mais si vous êtes sensible à la chaleur, sachez que les températures augmentent notablement dès le mois de mars. La saison humide, période de la **mousson**, se manifeste par une alternance d'averses et de périodes ensoleillées qui n'empêche en rien les visites. La **saison sèche**, qui correspond à la haute saison touristique, demeure l'époque la plus agréable pour voyager, notamment pour faire des randonnées.

Cependant, le pays s'étirant sur 1 700 km de long, des différences sensibles s'affichent entre le nord et le sud. Dans la région de Chiang Mai (nord), le climat est plus frais, et les températures correspondent à celles d'un été tempéré. La Thaïlande méridionale, pour sa part, connaît une saison humide plus longue, similaire à un climat subéquatorial.

Pour plus de détails, voir l'encadré « Au rythme des moussons », p. 99.

À EMPORTER

Inutile de vous encombrer de nombreux bagages, on trouve de tout en Thaïlande.

Vêtements

Emportez des vêtements légers de coton ou de lin, et des **lainages** si vous comptez vous rendre dans le nord du pays, où l'amplitude thermique peut être importante entre le jour et la nuit, surtout dans les zones montagneuses. En saison des pluies, prévoyez un vêtement **imperméable** : les averses sont brèves mais torrentielles. On se déchausse à l'entrée des temples et des maisons : adoptez de bonnes **chaussures** aérées et faciles à enlever. N'oubliez pas vos chaussures de marche (montantes et imperméables) si vous voulez faire une randonnée.

Pensez à emporter également des **vêtements longs** pour vous protéger des moustiques, visiter les temples, ou pour répondre à l'éventuelle invitation d'une famille. Les Thaïlandais sont en effet attachés aux traditions et à l'apparence, et ils apprécieront que vous portiez attention à votre tenue. Dans le même esprit, hormis dans les stations balnéaires, évitez débardeurs, shorts ou décolletés plongeants. Une tenue sale ou déchirée sera considérée comme irrespectueuse.

Accessoires

Outre un chapeau et des lunettes de soleil, quelques accessoires se révèlent toujours utiles : un cadenas, une lampe de poche, un couteau suisse, du sparadrap (pour réparer les trous des moustiquaires) et, si vous faites des randonnées, des jumelles et une gourde.

Adresses utiles

OFFICES DE TOURISME

En France – 90 av. des Champs-Élysées - 75008 Paris - ✆ 01 53 53 47 00 - www.tourismethaifr.com - lun.-vend. 9h30-12h30, 13h30-17h30. Personnel accueillant et efficace. Documentation complète sur la Thaïlande.

En Belgique – 40 r. des Drapiers, B-1050 Bruxelles - ✆ 02 504 97 03 - www.tourismethailande.be.

En Suisse – Zähringerstrasse 16, 3012 Bern - ✆ 031 300 30 88 - www.tourismthailand.ch.

Au Canada – 1393 Royal York Road 15, Toronto, Ontario M9A 4Y9 - ✆ 416 614 26 25.

Pour les offices de tourisme en Thaïlande, voir « Sur place de A à Z », p. 27.

CENTRES CULTURELS ET BIBLIOTHÈQUES

Association française des amis de l'Orient (AFAO) – 19 av. d'Iéna - 75116 Paris - ✆ 01 47 23 64 85 - http://afao-asso.fr - lun.-vend. 14h-17h30. Organise des visites guidées d'expositions, des voyages à thème, des cycles de cours et de conférences ainsi que des journées d'études.

Langues O - bibliothèque de l'Inalco – 65 r. des Grands Moulins, 75013 Paris - ✆ 01 81 70 10 00 - www.inalco.fr (jours et horaires d'ouverture, catalogue). Pour la consultation des ouvrages sur place, munissez-vous d'une pièce d'identité et d'une photo.

Musée Guimet – 6 pl. d'Iéna - 75016 Paris - ✆ 01 56 52 53 00 - www.guimet.fr - tlj sf mar. 10h-18h - bibliothèque : tlj sf mar. et w.-end. 10h-17h. Nombreux ouvrages spécialisés sur l'histoire, l'art et l'archéologie d'Extrême-Orient. Pour la consultation de documents sur place, munissez-vous d'une pièce d'identité.

LIBRAIRIES

Sudestasie Librairie – 17 r. du Cardinal-Lemoine, 75005 Paris - ✆ 01 43 25 18 04 - www.cql.fr/libraire/sudestasie - tlj sf dim. 10h-13h et 14h-18h30.

VOYAGISTES SPÉCIALISÉS

Voir « Aller en Thaïlande », p. 13.

SITES INTERNET

www.diplomatie.gouv.fr – Informations mises à jour en continu par le ministère des Affaires étrangères français. Certaines zones du pays *(voir « Sécurité », p. 30)* peuvent être temporairement déconseillées aux voyageurs.

www.tourismethaifr.com – L'office du tourisme de Thaïlande.

www.guidethailande.com – Une mine d'infos culturelles et pratiques.

www.thai-blogs.com – Blog en anglais nourri par les contributions d'expatriés et de Thaïs sur la culture, les fêtes, la gastronomie.

www.nationalmuseums.finearts.go.th – La Thaïlande à travers ses musées.

www.eatingthaifood.com – En photos, tous les classiques de la nourriture de rue en Thaïlande.

www.seasite.niu.edu/Thai/music/default.htm – Une présentation remarquable de la musique traditionnelle thaïe, avec extraits sonores.

www.thaifiction.com – Pour découvrir la littérature thaïe contemporaine.

www.railway.co.th – Le site des chemins de fer thaïs.

www.dnp.go.th – Tous les parcs nationaux du pays.

REPRÉSENTATIONS DIPLOMATIQUES

En France

Ambassade – 8 r. Greuze - 75116 Paris - ☎ 01 56 26 50 50 - www.thaiembassy.fr - lun.-vend. 9h30-12h, 14h30-17h30.

Consulats – 26 av. Carnot - 33200 Bordeaux - ☎ 0 892 686 916 - mar. et jeu. 14h-17h (sur RV les autres jours); 40 r. Plat - 69002 Lyon - ☎ 04 78 37 16 58 - lun., mar. et vend. 9h-11h; 8 r. Cargo-Rhin-Fidelity - 13002 Marseille - ☎ 04 91 21 61 05 - lun., merc. et vend. 8h30-11h30; 2 av. de la Madone - 98000 Monaco - ☎ 377 93 30 94 94 - lun., merc. et vend. 10h-12h.

En Belgique

Ambassade – Chaussée de Waterloo 876 - B-1000 Bruxelles - ☎ (32) 2 640 68 10 - www.thaiembassy.be - lun.-vend. 9h30-12h.

En Suisse

Ambassade – Kirchstrasse 56, Lieberfeld - Bern CH 3097 - ☎ (41) 31 970 30 30 ou (41) 31 970 30 34 - http://thaiembassybern.org - lun.-vend. 8h30-12h, 14h-17h30.

Au Luxembourg

Consulat – 14 r. Erasme, L-1468, Luxembourg - ☎ (352) 40 78 78.

Au Canada

Ambassade – 180 Island Park Drive - Ottawa, Ontario K1Y 0A2 - ☎ (1) 613 722 44 44 - www.thaiembassy.ca - lun.-vend. 9h30-11h30, 13h30-15h.

Pour les représentations diplomatiques étrangères à Bangkok, voir la rubrique « Ambassades », dans « Sur place de A à Z », p. 25.

Formalités

Les conditions de voyage peuvent évoluer : assurez-vous, auprès de la représentation diplomatique de Thaïlande de votre pays, des conditions en vigueur au moment de votre voyage.

PASSEPORT ET VISA

Les ressortissants de l'Union européenne obtiendront automatiquement, à leur arrivée à l'aéroport, un visa pour une durée d'un mois. Vous devrez cependant être en possession d'une preuve de votre retour (billet d'avion) et d'un **passeport** valide au moins six mois après votre date de retour.

Pour un séjour supérieur à 30 jours – Vous devez obtenir un **visa** (sur demande à l'ambassade ou au consulat thaïlandais de votre pays). On vous délivrera un visa touristique de 60 jours, valable pendant 3 mois à partir de sa date d'émission. Si vous dépassez le délai accordé, vous devrez payer une amende à votre départ (soit 500 bahts/j). Ce visa peut être prolongé sur place, une seule fois et pour une durée supplémentaire d'un mois. Pour le prolonger encore, vous devrez ressortir du pays et obtiendrez à nouveau un permis de 30 jours si vous rentrez par voie aérienne (15 jours par voie terrestre).

Formalités de visa – Contactez les représentations diplomatiques ou une agence privée comme **Action Visas** *(10-12 r. du Moulin des Prés - 75013 Paris - ☎ 01 45 88 56 70 - www.action-visas.com).*

Conseil – Par sécurité, gardez sur vous une photocopie de votre billet d'avion et de votre passeport (six premières pages et page de visa). Cela facilitera vos démarches en cas de perte ou de vol de vos documents.

ASSURANCES

Avant de partir, pensez à souscrire une assurance. Renseignez-vous en prenant votre billet

Calculez votre budget quotidien

La vie en Thaïlande est bon marché sauf à Bangkok et dans les stations balnéaires, où les prix augmentent. Les tarifs varient aussi selon les saisons pour atteindre un pic au moment des vacances de Noël *(Peak season)*.

Les budgets indiqués ci-dessous s'entendent **par jour et par personne** ; ils comprennent la nuit dans une chambre double (sauf dans les hôtels de catégorie supérieure, le petit-déj. est rarement inclus), le déjeuner et le dîner. Pensez à y ajouter transports, visites des monuments, spectacles et activités en fonction de votre programme.

Petit budget (environ **15 €/j/pers.**) : hébergement dans une *guesthouse*, ou un hôtel simple de la catégorie « Premier prix ». Vous déjeunerez dans une gargote de rue ou au marché, et dînerez dans un restaurant simple (moins de 5 €).

Budget moyen (de **20** à **30 €/j/pers.**) : étape dans des établissements confortables, plus fonctionnels que charmants. Déjeuner léger et dîner dans un restaurant plus haut de gamme (env. 10 €/pers.).

Budget plus large (à partir de **50 €/j/pers.**) : votre séjour s'effectuera dans des conditions très confortables. Nuit dans des hôtels de luxe, des *resorts* sur la plage ou de belles demeures traditionnelles et dîner dans des établissements renommés ou de cuisine occidentale (plus de 25 €).

Voir aussi le tableau des prix p. 18.

d'avion : si vous l'achetez auprès d'un tour-opérateur, on vous proposera une police d'assurance complète. Certaines mutuelles complémentaires proposent également ce service. Informez-vous au préalable auprès de votre banque : certaines cartes bancaires donnent droit à une assurance voyage. Vous pouvez enfin vous adresser aux organismes proposant ces prestations, dont :

AVA – 01 53 20 44 20 - www.ava.fr.

Europ Assistance – 01 41 85 93 65 - www.europ-assistance.fr.

Mondial Assistance – 01 53 05 86 00 - www.mondial-assistance.fr.

DOUANES

La législation autorise l'**importation** de 200 cigarettes et de 2 l d'alcool. Toute somme d'argent supérieure à 20 000 $ doit être déclarée. Sont interdits à l'importation stupéfiants, livres et films pornographiques. Toute **exportation** de statues de Bouddha est prohibée, même les simples reproductions. Pour rapporter des antiquités ou des œuvres d'art, une autorisation du Musée national de Bangkok est nécessaire *(voir « Antiquités », p. 31)*.

PERMIS DE CONDUIRE

Vous pourrez louer un véhicule sur présentation d'un permis de conduire français, européen ou international et d'une carte de crédit. Une caution en liquide vous sera parfois demandée. Pour les motos, aucun permis n'est généralement exigé par le loueur. Le port du casque est obligatoire. Pour obtenir un permis de conduire international, adressez-vous à la préfecture de police de votre lieu de résidence.

Voir aussi « Voiture », dans « Sur place de A à Z », p. 37.

SANTÉ

L'état sanitaire du pays s'avère très satisfaisant. Comme partout ailleurs, vous limiterez les risques de maladie en prenant les précautions d'hygiène élémentaires.

Avant le départ, consultez les fiches « Conseils aux voyageurs » sur le site du ministère des Affaires étrangères français (www.diplomatie.gouv.fr), qui vous signalera tout problème spécifique. Demandez son avis à votre médecin ou adressez-vous au **Service médical voyages et santé** (www.smi-voyage-sante.com).

Voir aussi « Santé » dans « Sur place de A à Z », p. 28.

Règlement sanitaire

Il n'y a pas de règlement sanitaire pour entrer en Thaïlande.

Trousse à pharmacie

Une trousse à pharmacie de base comprendra : lotion antimoustique, crème antibiotique, désinfectant, pansements, paracétamol, bandages, analgésique, crème apaisante pour les démangeaisons, crème solaire haute protection, crème apaisante pour les coups de soleil et les brûlures, et éventuellement pastilles pour purifier l'eau si vous partez en randonnée longue durée.

Prévoyez également un antidiarrhéique, un antiseptique intestinal, un réhydratant, un antihistaminique (contre le rhume, les allergies et le mal des transports)

SERVICES OU ARTICLES	PRIX MOYEN	ÉQUIVALENT EN EUROS
Une chambre double dans une guesthouse	300 bahts	8 €
Une chambre double dans un hôtel simple (« petit budget »)	500 bahts	13 €
Une chambre double dans un hôtel de catégorie intermédiaire (« budget moyen »)	800-1 200 bahts	21-32 €
Une chambre double dans hôtel de catégorie supérieure ou un resort (« budget plus large »)	1 500 bahts et plus	40 € et plus
Une soupe au marché (« petit budget »)	30 bahts	0,80 €
Un repas dans un bon restaurant (« budget moyen »)	400 bahts	10,50 €
Un repas dans un restaurant de palace (« budget plus large »)	1 200 bahts	32 €
Une location de voiture pour 1 semaine (catégorie A)	7 000 bahts	185 €
Un litre d'essence	40 bahts	1,05 €
Un billet de train Bangkok - Chiang Mai n 2e classe (751 km)	281 bahts	7,50 €
Un billet de train Bangkok - Chiang Mai en 1re classe (751 km)	593 bahts	15,50 €
Trajet aéroport de Bangkok / centre-ville en taxi	450-500 bahts	11-13 €
Une heure de massage	200-350 bahts	5-9 €
Service de laverie (kg)	30-40 bahts	0,80-1,05 €
Une bouteille d'eau minérale	15 bahts	0,40 €
Un café	40 bahts	1,05 €
Une bière	40-60 bahts	1,05-1,60 €
Un mètre de soie unie / à motifs	500/1 500 bahts	13/39 €
Une carte postale	10 bahts	0,25 €

et du baume du tigre (vendu sur place), parfait pour soulager les piqûres de moustique et les douleurs musculaires.
On trouve sur place la plupart des médicaments ou leur équivalent, ainsi que tous les produits d'usage courant (mousse à raser, protections périodiques, etc.).
Voir aussi « Recommandations », p. 28.

Vaccinations

Aucun vaccin n'est obligatoire, sauf la fièvre jaune pour les voyageurs qui ont séjourné préalablement dans des zones infectées. Il est cependant recommandé d'être à jour de ses vaccinations **DTP** (diphtérie, tétanos, poliomyélite), **hépatites** A et B, **typhoïde**, tuberculose. Le vaccin contre **l'encéphalite japonaise** *(voir aussi « Maladies », p. 29)* est également conseillé pour un long séjour. Enfin, il n'existe pas de vaccin contre le **paludisme**, mais un traitement peut être prescrit au cas par cas par un médecin. Sachez que la plupart des vaccins peuvent être pratiqués simultanément.

Centre international de vaccinations d'Air France – 148 r. de l'Université - 75007 Paris - ✆ 01 43 17 22 00 - http://centredevaccination-airfrance-paris.com - lun.-vend. 8h45-18h, sam. 8h45-16h.

Centre médical de l'Institut Pasteur – 209-211 r. de Vaugirard - 75015 Paris - ✆ 0 890 710 811 - www.pasteur.fr - lun.-vend. 9h-16h30, jeu. 10h-16h30, sam. 9h-11h30.

Argent

Toutes vos transactions se feront en baht thaïlandais (THB).
Pour connaître les taux de change en vigueur : www.xe.com/fr. Voir aussi « Argent » dans « Sur place de A à Z », p. 25.

CHANGE ET CARTES DE CRÉDIT

Vous ne pouvez pas vous procurer de bahts avant votre départ : vous changerez vos devises ou retirez des bahts sur place *(voir « Change », p. 25)*. Les cartes bancaires internationales sont acceptées par tous les établissements de standing moyen à supérieur : hôtels, restaurants, boutiques, supermarchés, loueurs, etc. *(voir « Cartes de crédit », p. 25)*
Demandez à votre agence le numéro à composer de l'étranger pour faire **opposition** en cas de perte ou de vol. À toutes fins utiles, un serveur vocal est valable pour tous les types de cartes : *✆ 0 892 705 705 ou (33) 442 605 303 depuis l'étranger.*
Voir aussi « Banques » dans « Sur place de A à Z », p. 25.

CHÈQUES DE VOYAGE

Ils sont acceptés dans la majorité des banques et offrent la sécurité d'une assurance. Préférez les grosses coupures, car les bureaux de change prennent une commission sur chaque chèque changé. Prenez-les directement en euro, ce qui vous évitera deux opérations de change.

Décalage horaire

Il est de 6h en hiver (5h en été). Quand il est 12h en France, il est 18h en Thaïlande (GMT + 7).

Téléphoner en Thaïlande

Depuis la France, la Belgique et la Suisse, composez le 00 + 66 + n° du correspondant sans le 0 initial (soit 8 chiffres).
Depuis le Canada, composez le 011 + 66 + n° du correspondant sans le 0 initial.
Pour téléphoner depuis la Thaïlande ou à l'intérieur du pays, voir « Téléphone », dans « Sur place de A à Z », p. 32.

Se loger

Notre sélection de lieux d'hébergement est répartie en quatre catégories de prix, sur la base tarifaire d'une chambre double en haute saison, taxes comprises.

Beaucoup d'hôtels, même parmi les plus simples, possèdent un site Internet permettant d'effectuer une réservation; les forfaits, promotions et tarifs spéciaux sont fréquents. En basse saison, les prix connaissent souvent de 30 à 60 % de réduction, surtout dans les régions très touristiques.

Vous trouverez une sélection d'hôtels dans les pages « Nos adresses à… » de la section « Découvrir », ville par ville. Pour les catégories de prix, voir le tableau ci-contre.

LES TYPES D'HÉBERGEMENT

Le pays dispose d'un vaste parc hôtelier, offrant un large éventail d'hébergements, pour toutes les bourses et en général d'un excellent rapport qualité-prix. À Bangkok, les chambres sont plus chères qu'ailleurs. Pour ceux qui disposent d'un budget restreint, il est fortement recommandé d'emporter un drap ou un « sac à viande ».

Guesthouses (pensions)

Rendez-vous des voyageurs du monde entier, au budget plus ou moins serré, ces pensions sont présentes partout. Pour moins de 13 € (500 bahts), vous trouverez là parfois un confort spartiate (un lit entre quatre murs, avec sanitaires communs), mais aussi, dans certains cas, un lieu au charme indéniable (vues superbes ou architectures traditionnelles). Ces pensions constituent en outre de précieuses **sources d'informations**, que l'on glane auprès des autres voyageurs. Un conseil, cependant : veillez, plus qu'ailleurs, à vos effets personnels.

Hôtels de catégorie intermédiaire

Souvent d'un bon rapport qualité-prix. Les chambres, confortables, disposent de sanitaires privés. Le décor, lui, reste souvent sans cachet sauf dans les endroits touristiques, où l'on peut trouver dans cette catégorie des hôtels de charme.

Hôtels thaïlandais et chinois

Purement fonctionnels, ces hôtels sont, en général, d'une architecture des plus impersonnelles. Ces établissements confortables, dédiés à une clientèle de voyageurs de commerce, font, pour nombre d'entre eux, office d'hôtels de passe. Bref, à prendre en dépannage.

Hôtels de luxe ou resorts

On y trouve tout le confort répondant aux standards de l'hôtellerie de luxe internationale, ces établissements appartenant à de grandes compagnies hôtelières. Dans des cadres somptueux, un personnel disponible, discret et raffiné vous permet de bénéficier de l'un des meilleurs services au monde. Les prix variant beaucoup selon les saisons et le taux de remplissage de l'hôtel, n'hésitez pas à négocier. Les voyagistes, dans votre pays de départ ou à Bangkok, pourront parfois vous faire bénéficier de tarifs préférentiels pour une chambre dans un hôtel de luxe.

Dans les monastères

Il est possible de demander l'hospitalité d'un monastère, mais ce type d'hébergement est réservé aux hommes. Le confort est très sommaire : vous dormirez sur une natte sous le *sala*, le pavillon ouvert, et serez réveillé à l'aube. Veillez à porter une tenue décente et n'oubliez pas de faire une offrande aux moines avant de partir.

NOS CATÉGORIES DE PRIX		
	Hébergement	**Restauration**
Premier prix	moins de 800 bahts (moins de 18 €)	moins de 300 bahts (moins de 7 €)
Budget moyen	de 800 à 2 000 bahts (de 18 à 45 €)	de 300 à 600 bahts (de 7 à 14 €)
Pour se faire plaisir	de 2 000 à 4 000 bahts (de 45 à 90 €)	de 600 à 1 200 bahts (de 14 à 28 €)
Une folie	plus de 4 000 bahts (plus de 90 €)	plus de 1 200 bahts (plus de 28 €)

À propos des rabatteurs

Surtout présents dans les endroits touristiques, ils prennent toujours une commission versée par l'établissement qui les envoie, et qui se répercutera sur votre note. C'est pour cette raison que l'hôtel, modeste ou haut de gamme, où vous pensiez d'abord vous rendre sera toujours « fermé ». Certains chauffeurs de taxi ne manqueront pas de vous solliciter, tout comme les *tuk-tuk*, qui proposent de vous conduire « gratuitement » dans un hôtel ou une boutique.

RÉSERVER

Pendant les vacances scolaires nationales, le 1er janvier et lors de certaines fêtes religieuses (dont le nouvel an chinois), les hôtels sont pris d'assaut. Mais en temps normal, il n'est pas nécessaire de réserver, et vous ne rencontrerez guère de problèmes pour vous loger. Dans les îles au large de la péninsule, il est néanmoins conseillé de réserver quelques jours à l'avance si vous voyagez en haute saison.

Se restaurer

Comme pour les hôtels, les restaurants que nous avons retenus sont classés en 4 catégories de prix, sur la base mini/maxi d'un repas comprenant une entrée et un plat ou un plat et un dessert, sans les boissons.

Vous trouverez une sélection de tables simples ou raffinées dans les pages « Nos adresses à… » de la section « Découvrir », ville par ville. Pour les catégories de prix, voir le tableau ci-dessus.

DANS LA RUE

Le pays regorge de gargotes, où vous pourrez goûter une cuisine savoureuse et vous restaurer rapidement pour presque rien. Sur les marchés, le « **food center** », vaste espace où se réunissent de petits restaurants, offre une autre occasion de goûter la cuisine locale. Vous aurez le choix entre diverses soupes, des brochettes, des grillades de poisson ou des petits plats de viande en sauce, accompagnés de riz. On juge de la qualité d'un restaurant d'après sa fréquentation : frayez-vous un chemin entre les tables bondées !

DANS LES RESTAURANTS

Si vous recherchez un cadre paisible et confortable, optez pour un restaurant. La carte se montre plus variée, mais les prix évidemment plus élevés que ceux des gargotes. Dans les grandes villes et les stations balnéaires, vous aurez le choix entre restaurants pour touristes, servant une cuisine internationale et prêtant souvent plus d'attention à la déco et à la musique qu'à la gastronomie, et les tables de gourmets, tous types de cuisine confondus.

Dans les restaurants de catégories moyenne et chic, les prix affichés ne comprennent pas la taxe de 10 %.
Pour les adresses cotées, en particulier à Bangkok, une réservation peut se révéler nécessaire le soir ou en fin de semaine.
Voir aussi « Pourboire », p. 28.

DANS LES HÔTELS

La plupart des hôtels assurent un service de restauration, variant de la cafétéria, pas toujours très engageante, au restaurant de gourmets, suivant le standing de l'établissement.

HORAIRES

La majorité des restaurants thaïs sont ouverts tous les jours, de 11h30 à 14h30 pour le déjeuner, et de 18h à 22h30 pour le dîner. Quelques-uns servent toute la journée sans interruption, comme les gargotes de rue. Seuls certains établissements européens à Bangkok ferment un jour par semaine, le dimanche ou le lundi. Les *coffee shop* de certains hôtels restent ouverts 24h/24.

BAGUETTES ET USAGES À TABLE

La soupe de nouilles du petit déjeuner est le seul plat nécessitant des **baguettes**, les autres faisant appel à la fourchette et à la cuillère. On se sert de la première, tenue dans la main gauche, pour pousser les bouchées dans la seconde, tenue dans la main droite. Pour les autres plats, apprenez à vous servir d'une fourchette et d'une cuillère : on porte la cuillère à sa bouche après y avoir déposé les aliments avec la fourchette. Le riz gluant, lui, s'attrape tout simplement avec les doigts.
La succession à l'occidentale d'une entrée, d'un plat et d'un dessert est inconnue en Thaïlande : les mets sont présentés ensemble, et chacun se sert à sa guise, accommodant le plat à sa convenance. L'assortiment offre une combinaison de saveurs et textures, les mets épicés s'équilibrant avec des plats plus doux.
Voir aussi « La gastronomie », p. 68.

Cartes et Atlas MICHELIN

Trouvez bien plus que votre route

MICHELIN
Une meilleure façon d'avancer

Sur place de A à Z

ACHATS

Voir aussi « Souvenirs », p. 30.

Horaires d'ouverture

Les **commerces** sont ouverts tlj, en général de 10h (parfois plus tard) à 21h sans interruption; certains ne ferment qu'à 22h, parfois plus tard dans les lieux touristiques. Les **grands magasins** ouvrent de 10h à 22h. Quant aux **marchés de nuit**, ils accueillent en général le chaland de 17h à 23h30.

Voir aussi « Banque », ci-contre, « Se restaurer », p. 21, « Musées », p. 27, « Poste », p. 28.

Marchandage

En dehors des enseignes affichant des prix fixes, le marchandage est de rigueur. N'oubliez pas qu'il s'agit d'une tradition et d'un jeu : ne perdez jamais le sourire, prenez votre temps et ne proposez pas de prix ridiculement bas.

Taxes

Avant de quitter la Thaïlande, vous pouvez demander le remboursement de la TVA (7 %) si vous avez effectué des achats pour plus de 2000 bahts (dans des magasins agréés). Lors de l'achat, remplissez le formulaire correspondant (disponible dans le magasin); puis, à votre départ, à l'aéroport, présentez ces formulaires avec vos achats à la douane, qui vous versera le remboursement. L'opération se révélant complexe, n'entamez ces démarches que si vous avez effectué de gros achats.

Expédier ses achats

Vous pouvez le faire sans risque par la poste *(voir « Poste », p. 28).*

ACTIVITÉS SPORTIVES

Voir aussi « Types de séjour », p. 10 ainsi que « Randonnées », p. 28.

Golf

De superbes terrains de golf entourent Bangkok ainsi que les régions de Pattaya, de Hua Hin, de Cha Am (à proximité de Khao Yai) et sur l'île de Phuket. Le *Thailand Player's Guide*, disponible en librairie, donne les plans d'accès aux terrains et leurs tarifs.

Plongée sous-marine

La Thaïlande possède quelques-uns des meilleurs spots de plongée d'Asie, et toutes les îles méridionales possèdent une cohorte de centres. Les tarifs varient considérablement selon les lieux : les îles de **Ko Tao** et **Ko Chang** pratiquent les plus bas; celles de Phuket et Ko Phi Phi, ainsi que Pattaya, les plus élevés.

Comment choisir un club ? – En fonction de la qualité de l'équipe et du matériel (rens. à votre hôtel si vous êtes novice). Vous aurez le choix entre des sorties journalières ou des croisières, en petits groupes (6 pers. maxi).

La **température** élevée de la mer (26 à 28 °C) et les bonnes conditions de visibilité (jusqu'à 30 m de profondeur) permettent aussi des excursions en plongée libre, ou **snorkeling**, avec masque, palmes et tuba, pour admirer de superbes reliefs coralliens. Méfiez-vous du courant très violent au large de Ko Chang pendant la saison des pluies.

Rafting

Cette activité se pratique dans les environs de Kanchanaburi, Chiang Mai, Chiang Rai et Mae Hong

Song, ainsi que dans certains parcs nationaux, tel Khao Yai.

Sports nautiques

Avec ses 2 700 km de côtes jalonnées d'îles et îlots paradisiaques, la Thaïlande offre un grand choix de sports nautiques : planche à voile, jet-ski, voile ou pêche en haute mer, ski nautique et même parachute ascensionnel. Pattaya et Phuket règnent en maîtres incontestés.

VTT

Cette activité est en pleine explosion depuis quelques années, avec de nombreux loueurs dans les grands centres touristiques, pratiquant des tarifs modiques.

AMBASSADES

France – Tour CAT - 23e étage - Th. Charoenkrung - Bangkok - ✆ 02 657 51 00 (24h/24) - www.ambafrance-th.org.
Belgique – Sathorn Square Building, 16e étage - 98 Th. North Sathorn - Bangkok - ✆ 02 108 18 00 - www.diplomatie.be/bangkokfr. **N° d'urgence** – ✆ 081 833 99 87.
Canada – 15e étage, Abdulrahim Place, 990 Th. Rama IV - Bangkok - ✆ 02 646 43 00 - www.canadainternational.gc.ca. **N° d'urgence** – ✆ 001-800-156-220-0142
Suisse – 35 North Wireless Road - Bangkok - ✆ 02 674 69 00 - www.eda.admin.ch/bangkok. **N° d'urgence** – ✆ 081 822 49 21.
Luxembourg – Q House Lumpini 17e étage, 1 Th. Sathorn - Bangkok - ✆ 02 677 73 60 - http://bangkok.mae.lu/en/The-Embassy.

ARGENT

Voir aussi « Argent », dans « Avant de partir », p. 19.

Monnaie

L'unité monétaire est le **baht** (THB), divisé en 100 **satangs**. Les pièces de monnaie en circulation sont de 1, 2, 5 et 10 bahts. Les billets existent en coupures de 20, 50, 100, 500 et 1 000 bahts. À l'heure où nous rédigeons ce guide, **1 € = 39 THB**.

Change

Il est impossible d'obtenir des bahts dans les banques européennes, mais vous pourrez changer de l'argent dès votre arrivée à l'aéroport de Bangkok. Vous trouverez des banques et des bureaux de change partout dans le pays, sauf dans les endroits reculés.

Cartes de crédit

On trouve des distributeurs de billets (ATM) dans toutes les villes et tous les grands centres touristiques. Les cartes **Visa**, **Eurocard Mastercard** et **American Express** sont acceptées dans la majorité des banques. Vous pourrez payer par carte de crédit dans tous les grands hôtels, les restaurants haut de gamme et la plupart des boutiques (avec une commission de 3 à 5 %).

BANQUES

Elles sont ouvertes du lun. au vend. de 8h30 à 15h30/16h30 et, dans les grandes villes, le sam. matin de 9h à 12h.

CONTREFAÇON

La contrefaçon d'articles de grandes marques européennes ou américaines se pratique à grande échelle en Thaïlande. Sachez qu'il est strictement interdit d'introduire ces contrefaçons sur le territoire français et que ce délit est passible au minimum d'une lourde amende.

DROGUE

La drogue est absolument prohibée en Thaïlande : il est illégal d'en vendre, d'en acheter ou d'en posséder, quelle que soit la quantité, sous peine de sanctions très sévères (prison à vie, voire peine de mort). La loi s'applique à tous, étrangers comme thaïs.

ÉLECTRICITÉ

Comme en France, on utilise en Thaïlande le 220 volts. La majorité des prises, de type international, permet de brancher les appareils électriques importés. Vous trouverez partout des adaptateurs et des prises protégées contre les surcharges.

EXCURSIONS ORGANISÉES

Les agences de voyages foisonnent en Thaïlande : comparez les prix et faites jouer la concurrence. Circuits organisés, culturels ou nature, explorations en bateau ou en bus, vous aurez l'embarras du choix. Les bureaux du **TAT**, l'office de tourisme, mettent à disposition toute une liste d'agences fiables. Un voyage organisé vous isolera cependant de tout contact avec la population et vous imposera un horaire ne souffrant aucune modification.

Voir aussi « Types de séjour », p. 10.

INTERNET

En dehors des villages et de la jungle, vous trouverez partout des **cybercafés**. Comptez en moyenne 10 bahts les 15mn. La plupart des hôtels et de nombreux cafés offrent un accès **wifi** à leurs clients.

JOURS FÉRIÉS

Le dimanche est toujours chômé, et le samedi après-midi l'est parfois. Si une fête tombe un dimanche, le lendemain est généralement férié. Les fêtes religieuses suivent le calendrier bouddhique et varient chaque année. Les fêtes civiles, fondées sur le calendrier grégorien, sont fixes. La brochure **Major Events and Festivals**, indiquant le calendrier des festivités, est disponible dans certains bureaux du TAT.

Voir aussi « Agenda », p. 38, et « Fêtes et festivals » dans la partie « Comprendre », p. 61.

Jours fériés fixes

1er janvier – Nouvel An.

6 avril – Commémoration de la dynastie Chakri.

1er mai – Fête du Travail (mais le congé concerne uniquement les ouvriers).

5 mai – Fête du couronnement du roi.

12 août – Anniversaire de la reine Sirikit et fête des Mères.

23 octobre – Chulalongkorn, commémoration de la mort de Rama V.

5 décembre – Anniversaire du roi et fête des Pères.

10 décembre – Commémoration de la première Constitution.

31 décembre – Dernier jour de l'année.

Jours fériés mobiles

Nouvel An chinois – Fin janv. ou début fév.

Nouvel An bouddhiste – Fête de Songkran (mi-avr.).

Makha Bucha – Pleine lune du 3e mois lunaire (fév.) ; commémoration des sermons de Bouddha aux 1 250 moines illuminés.

Visakha Bucha – Pleine lune de mai. Célébration de la naissance, de l'illumination et de la mort de Bouddha.

Asalaha Bucha (Khao Pansa) – Pleine lune de juil. Commémoration du premier sermon de Bouddha, marquant le début du carême bouddhiste.

MÉDIAS

Journaux

La plupart des quotidiens thaïs pratiquent l'autocensure (malgré l'adoption de la liberté de la presse

dans la Constitution de 1997). Seuls les deux journaux anglophones, le *Bangkok Post* et *The Nation*, s'autorisent quelques cabotinages. Vous trouverez la **presse internationale** dans les grands hôtels, les centres commerciaux et la majorité des librairies.
Pour des **informations culturelles**, consultez les suppléments hebdomadaires *Real Time* du *Bangkok Post et Week-end* du *Nation*, qui répertorient les concerts, les expositions et les films à l'affiche. *Living in Thailand* publie un calendrier mensuel des manifestations culturelles à Bangkok.

Radio

Le *Bangkok Post* et *The Nation* vous donneront les fréquences de quelques radios.

Télévision

Les chaînes thaïlandaises alternent feuilletons à l'eau de rose et films d'action. Dans les hôtels, vous aurez accès aux chaînes câblées, telle TV5 et France 24.

MOTO

Si la conduite thaïlandaise se montrait plus sage, voyager à moto serait le moyen idéal de visiter le pays ! On peut en effet louer un cyclomoteur à la journée partout, dans les échoppes ou les guesthouses (passeport à laisser en dépôt). Comptez de 4 à 8 €/j selon la cylindrée.
Avant de louer – Vérifiez le bon fonctionnement des freins et des lumières ainsi que la pression des pneus. La location fait rarement l'objet d'un contrat (encore moins d'une assurance) : en cas d'accident, tous les dommages seront à votre charge.
Prudence ! – Les accidents sont nombreux. Précautions élémentaires : conduire avec prudence, éviter de rouler la nuit ou par temps de pluie, porter un casque, des lunettes protectrices, de bonnes chaussures ainsi que des habits couvrants épais.

MUSÉES

Horaires d'ouverture

En règle générale, monuments et sites archéologiques sont ouverts tlj de 8h à 16h. La plupart des musées, en revanche, ferment leurs portes le lundi et le mardi.

Tarifs

Les droits d'entrée varient de 0,30 à 3 €. Les tarifs sont plus élevés dans les sites les plus prestigieux, comme le Wat Phra Kaeo (Bangkok) et certains parcs nationaux (500 bahts, soit 13,15 €). Certains musées privés sont gratuits, il convient alors de laisser une petite donation (50 à 100 bahts), tout comme dans les temples.
Conseil – Ne donnez pas d'argent aux moines en main propre. Les femmes, notamment, ne peuvent avoir le moindre contact physique avec eux. Si elles doivent leur remettre quelque chose, elles le font par l'intermédiaire d'un homme ou déposent l'objet près du religieux.

OFFICES DE TOURISME

Fournissant un service d'excellence qualité, l'Office national du tourisme, le **TAT** (*☎ 1672 - tlj 8h-20h*) possède au moins une antenne dans chaque province et dans tous les grands centres touristiques.
Les bureaux sont le plus souvent ouverts du lun. au sam. de 8h30 à 16h30, ainsi que le dim. en haute saison dans les lieux les plus touristiques.
Vous retrouverez les coordonnées des antennes du TAT au début de chaque visite, dans la rubrique « S'informer » (partie « Découvrir la Thaïlande »).

POSTE

Le pays bénéficie d'un excellent réseau postal : le délai d'acheminement du courrier vers l'Europe varie de 1 à 2 semaines. Comptez 25 bahts pour l'envoi d'une lettre ou d'une carte postale. Renseignements : www.thailandpost.com.

Envoi de colis

Le service **EMS Speed Post**, disponible dans tout bureau de poste, permet d'envoyer vos paquets en express à l'étranger. Comptez un délai de 1 à 3 j. pour l'Europe, 1 400 bahts pour le premier kilo et 400 bahts par kilo supplémentaire. Le service de **poste restante** fonctionne dans tous les bureaux de poste.

Horaires d'ouverture

La plupart des bureaux de poste fonctionnent du lun. au vend., de 8h30 à 17h30 (21h dans les grandes villes), et le sam. matin de 9h à 12h. Les centres de télécommunication sont ouverts tlj de 7h à 23h.

POURBOIRE

Au restaurant, si l'addition n'inclut pas le service, il convient de laisser env. 10 % du montant de la note en guise de pourboire.

RANDONNÉE

Vous pourrez faire de magnifiques randonnées ou trekkings dans les nombreux **parcs nationaux** ainsi que dans les environs de Chiang Mai, Umphang, Chiang Rai, Mae Sariang, Mae Sai, Pai, Soppong, Mae Hong Son et Mae Sot.

Voir aussi « Types de séjour », p. 10.

Meilleure saison – Pour les trekkings, elle s'étend de nov. à mars. Évitez la saison des pluies (juin-oct.), car les chemins deviennent boueux, et vous serez victime des sangsues.

Guide – Ne partez jamais seul, un guide local est indispensable. Il doit posséder un bon niveau d'anglais, connaître les villages dans lesquels il vous emmène et servir d'interprète avec les minorités ethniques habitant dans la région. Dans les parcs nationaux, il est fréquent de trouver un bureau des guides où louer les services d'un accompagnateur.

À emporter – Prenez le strict minimum, car vous le porterez vous-même : de bonnes chaussures de marche, une lotion antimoustique, des lunettes de soleil, une lampe de poche, une gourde d'eau, des barres énergétiques, un chapeau pour vous protéger du soleil, une crème solaire, des tenues légères et couvrantes et un vêtement de pluie.

SANTÉ

Pour les vaccinations, la trousse de pharmacie, voir aussi « Santé », dans « Avant de partir », p. 18-19.

Recommandations

Soleil – Sous les tropiques, le soleil est particulièrement fort : veillez à vous protéger de la déshydratation et des insolations (chapeau, lunettes de soleil, protection solaire et eau en abondance).

Moustiques – Ils sont responsables de la transmission de maladies graves. Le soir, portez des vêtements longs et des chaussures fermées. Vérifiez l'état des moustiquaires dans votre chambre et usez abondamment des répulsifs, même sur vos vêtements.

Turista – Les changements de climat et d'alimentation peuvent provoquer des troubles intestinaux, souvent plus gênants que graves. Une hygiène sans faille sera la meilleure prévention : faites attention à ce que vous mangez et où vous le mangez, évitez les aliments crus ou mal cuits (poissons ou viandes), les plats difficilement identifiables et les fruits déjà épluchés. Ne buvez jamais de l'eau du robinet qui ne soit pas préalablement bouillie ou purifiée avec des pastilles, et, au moins dans un premier temps, évitez toute boisson contenant de la glace pilée. Et si vous n'y échappez pas, mettez-vous au régime bouillon (en abondance pour prévenir la déshydratation), riz blanc et bananes.

Coraux, méduses et oursins – Certains coraux peuvent être très coupants ou urticants et occasionner des blessures douloureuses. Désinfectez-les immédiatement. En cas de piqûre de méduse, frottez aussitôt la peau avec du sable ou votre serviette, puis appliquez localement un désinfectant antihistaminique (ou à défaut, du vinaigre). Si vous posez le pied ou la main sur un oursin, nettoyez la plaie avec un désinfectant et enlevez les épines (ou appliquez dessus du jus de citron), avant d'aller consulter.

Morsures de serpents – Immobilisez le membre blessé avec une attelle, comme s'il s'agissait d'une fracture. L'idéal est de tuer le serpent pour le ramener à l'hôpital, où on l'identifiera (mais n'allez pas vous faire morde de nouveau !). N'essayez en aucun cas d'aspirer le venin.

Maladies

Avant de partir, demandez conseil à votre médecin ou contactez un service de médecine tropicale *(voir « Vaccinations », p. 19)* en fonction du type de séjour que vous envisagez.

Paludisme – Si la prévention médicamenteuse n'est pas nécessaire à Bangkok, Chiang Mai, Pattaya, Koh Samui et les principaux centres touristiques de Phuket, la maladie reste présente dans le reste du pays, surtout dans les régions frontalières et dans le Nord.

Encéphalite japonaise – Maladie mortelle qui se transmet comme le paludisme, elle touche principalement le nord du pays (Chiang Mai) et les régions de la plaine centrale. Le vaccin (en trois prises étalées sur un mois) constitue une défense efficace.

Dengue – Elle se contracte également par les moustiques, surtout pendant la saison des pluies et dans les villes. Le malade développe une très forte fièvre pendant quelques jours, avec douleurs articulaires et fortes céphalées, doublées d'une éruption cutanée. Seule prévention possible : les répulsifs antimoustique.

Rage – Ne caressez pas des animaux inconnus ! Très présente en Thaïlande, la rage est véhiculée par les nombreux chiens errants, mais aussi par les singes (souvent agressifs) et les écureuils. Si vous vous faites mordre, lavez immédiatement la plaie et faites-vous vacciner (antirabique et tétanos) à l'hôpital ou au centre médical le plus proche.

Services médicaux

Hôpitaux – L'équipement médical, principalement à Bangkok, est de bonne qualité. Attention, en province, l'anglais se fait plus rare (préférez les hôpitaux militaires). Publics ou privés, les hôpitaux sont nombreux et la plupart des cliniques privées sont neuves, spacieuses, voire luxueuses.

Médecins – Pour une consultation médicale, avec ou sans rendez-vous, comptez de 500 à 1 000 bahts. La Thaïlande possède aussi une médecine traditionnelle (massages, gymnastique douce et infusions).

Pharmacies – Elles sont présentes dans tout le pays. Il existe un trafic de faux médicaments : mieux vaut donc obtenir une ordonnance *(medical prescription)*. Pensez aussi à vérifier les dates de péremption. Enfin, sachez qu'il est possible d'obtenir sans ordonnance des médicaments faisant chez nous l'objet d'une prescription : il vous suffit de donner le nom de la molécule active et l'on vous fournira un équivalent.

Urgences

Il n'existe pas de numéro d'urgence national. Mais le **Tourist Assistance Center** *(✆ 02 308 83 83)* vous mettra en relation avec le service approprié. Gardez sur vous le n° d'assistance communiqué par votre assurance.
Tourist Police – ✆ 11 55.
Pompiers – ✆ 199.
Le personnel des services d'urgence ne parle pas nécessairement l'anglais : adressez-vous à la réception d'un hôtel qui vous aidera à vous faire comprendre.

SÉCURITÉ

Il n'y a pas d'inquiétude particulière à avoir. Ici comme partout, le bon sens vous dictera la conduite à tenir : évitez de faire étalage de vos biens et surveillez vos affaires dans les lieux publics. Si vous payez par **carte de crédit**, ne laissez jamais l'impression de votre reçu se faire en votre absence ; quelques commerçants peu scrupuleux en font en effet des duplicatas pour opérer d'autres règlements en imitant votre signature. De manière générale, ne vous séparez jamais de votre carte de crédit. Dans les **hôtels**, vérifiez que votre porte est bien fermée la nuit et posez des cadenas sur vos sacs. Comme dans tous les pays, pickpockets et voleurs à la tire affectionnent les endroits les plus touristiques.
Lors de vos déplacements en **voiture** ou à **moto**, soyez très prudents en raison du risque élevé d'accidents *(voir « Voiture », p. 37)*.

Zones sensibles

Des zones de tension persistent dans l'extrême sud du pays – province de Songkhla et provinces voisines –, ainsi qu'aux frontières avec la Birmanie et le Cambodge. Avant de vous rendre dans ces régions, consultez les médias et le site de l'ambassade de France en Thaïlande pour vous informer de l'évolution de la situation.

SOUVENIRS

Voir aussi « Achats », p. 24, et « L'artisanat », p. 63.

Artisanat

Objets « ethniques » – Les minorités montrent une créativité exceptionnelle dans la réalisation de vêtements, de coussins ou de sacs, sans oublier les articles en bambou, en bois sculpté, les parures et les étoffes. Vous en trouverez principalement à Chiang Mai, à Chiang Rai, et au Chatuchak Week-End Market de Bangkok.
Céramiques – La Thaïlande est réputée pour sa **porcelaine Bencharong** à cinq couleurs. **Lampang** est connue pour sa céramique bleue et blanche. Quant aux fameux Sangkhalok, ou **céladons thaïlandais**, ce sont d'élégantes poteries au vernis translucide.
Laques – Les laques demeurent une grande tradition du nord de la Thaïlande et les boutiques proposent une intéressante variété d'objets laqués, boîtes ou plateaux. Les laques étant des objets fragiles, veillez à bien les emballer pour les transporter.
Teck – Bois précieux d'excellente qualité, le teck, naturel ou teinté, brut ou vernis, entre dans la fabrication d'une multitude d'objets, des meubles aux ustensiles les plus usuels (saladiers, couverts, etc.). En vente dans tout le pays.
Nielle – D'origine européenne, l'artisanat du nielle perdure en Thaïlande depuis le 12e s. Ce type d'ornement très délicat –

une incrustation d'émail noir sur du métal gravé – s'utilise en joaillerie et dans la création de boîtes et d'objets décoratifs.

Masques et marionnettes – Avec la tradition du théâtre d'ombres ou du *khon*, marionnettes et masques en papier mâché colorent tous les marchés de Bangkok, de Chiang Mai ou de Nakhon Si Thammarat, où ils se vendent à prix modiques.

Tissus

Soie – La Thaïlande est le royaume de la soie, qui passe pour être la plus belle du monde. Originaire du **Nord** et de l'**Isan**, la soie est toujours fabriquée de manière artisanale, reprenant les trames et les motifs traditionnels. Outre de belles soieries aux couleurs les plus variées, vous trouverez toutes sortes de produits dérivés : coussins, boîtes à bijoux, cravates, chemises et autres vêtements.

Coton – Moins réputé que la soie, le coton offre pourtant une gamme de coloris et de motifs aussi variés, certains produits étant tissés par les minorités ethniques du Nord.

Vêtements – Les **tailleurs** sont légion à Bangkok et dans les sites touristiques, proposant leurs services à des prix peu élevés. Prenez le temps de faire un ou plusieurs essayages afin d'éviter les mauvaises surprises. Dans les boutiques, le prêt-à-porter a tendance à s'aligner sur les prix européens.

Antiquités

Toute exportation d'antiquités, d'objets d'art, d'articles religieux et de statues de Bouddha est interdite. Vous devez impérativement obtenir au préalable un permis auprès du **Département des antiquités** (Fine Arts Department) si vous souhaitez quitter le pays avec ce type de produit. Contactez le service du Musée national de Bangkok *(National Museum Export Permit Division - Th. Na Phra That - ✆ 02 221 78 11 - 9h-16h)* au moins 10 jours avant la date de votre départ. Sachez que les véritables antiquités sont extrêmement rares : les « certificats d'authenticité » délivrés par les commerçants n'ont aucune autorité.

Joaillerie et pierres précieuses

Le sol thaïlandais regorge de pierres précieuses. Les critères de qualité d'une gemme étant aussi scientifiques que subjectifs, il faut vraiment être connaisseur pour faire une bonne affaire. Pléthore de bijouteries vendent des pierres synthétiques prétendument vraies. Quant aux rabatteurs qui sévissent à Bangkok et autour des principaux sites touristiques, ils sont connus pour être à l'origine de véritables escroqueries.

Bon à savoir – Les bijouteries portant le label de l'office de tourisme TAT sont dignes de confiance : ce dernier garantit une transaction honnête et un recours en cas de litige. Si vous achetez une pierre d'une certaine valeur, demandez un *Gem Origin Report* ou contactez l'**Asian Institute of Gemological Sciences** *(AIGS - ✆ 02 267 43 25 - www.aigsthailand.com)*, qui vous délivrera un certificat d'authenticité.

Or – Dans le quartier chinois de Bangkok, les boutiques de bijoux en or sont pléthore, les Thaïlandais investissant leurs économies dans de tels achats. Un « baht d'or » ornemental équivaut à 15,16 g d'or (18 carats). Le prix comprend le poids de l'or et le travail manufacturé. Le coût de la main-d'œuvre étant faible, l'achat est intéressant.

Argent et bronze doré – L'argent sert dans la fabrication de nombreux produits : bijoux, ceintures à boucle traditionnelle, vaisselle, cadres, boîtes en argent, le tout à des prix modérés. Vous trouverez aussi de la vaisselle et des couverts en bronze doré, surtout à Bangkok, mais celui-ci noircit au contact des aliments.

Où acheter ?

Vous ferez bien évidemment de meilleures affaires sur les marchés que dans les boutiques pour touristes.

Centres d'artisanat – Lors des voyages organisés, le circuit inclut toujours un arrêt dans ces centres dédiés aux touristes. Les prix des produits y sont plus élevés qu'ailleurs, car ils incluent la commission que votre guide touchera sur vos achats.

Marchés – Du simple étal sur le trottoir aux marchés géants, tel le **Chatuchak Week-End Market** de Bangkok, il n'est pas une ville qui ne possède son marché, de jour ou de nuit. Tous vendent artisanat, produits frais, meubles… et **contrefaçons** d'articles de marques prestigieuses (interdites en Europe).

TAXI

Taxi classique

Confortables, climatisés et bon marché, les taxis pullulent à Bangkok et dans les grands centres touristiques. Presque tous sont équipés d'un compteur : assurez-vous que le chauffeur le met en marche. Sinon, négociez le tarif du trajet avant de monter, ou mieux, changez de voiture pour ne pas encourager ce genre de pratique. À moins de bien connaître la topographie de la ville ou de parler couramment le thaï, conservez sur vous la carte de votre hôtel. Le tarif minimum de la course s'élève à 35 bahts.

Taxi collectif (songthaew)

Plus courants que les bus dans certaines villes de province, les *songthaew* sont des camionnettes équipées de modestes bancs en bois qui sillonnent les grandes artères et font de courts trajets interurbains en s'arrêtant à la demande.

Moto-taxi

Très répandues dans le pays, les motos-taxis se rassemblent près des arrêts et des terminaux de bus, aux abords des marchés et aux grands carrefours. On les repère au **dossard de couleur** vive du chauffeur. Les tarifs se négocient : comptez environ **30 bahts/course**. Un moyen agréable de se déplacer, à éviter cependant à Bangkok (sauf pour les amateurs de frissons).

Tuk-tuk

Vous trouverez partout ces triporteurs à moteur, à éviter partout par temps de pluie et de manière générale à Bangkok… Le véhicule ne possédant pas de compteur, négociez le prix de la course avant le départ, après vous être renseigné sur les tarifs en vigueur. Bruit, pollution des moteurs 2-temps, tarifs excessifs : autant de raisons de leur préférer le taxi.

Cyclo-pousse (samlors)

Ils ont tendance à disparaître au profit des motos-taxis : vous ne les trouverez que dans les centres touristiques importants. Là aussi, négociez les tarifs avant la promenade.

TÉLÉPHONE

Appels locaux

Tous les numéros sont à 9 chiffres et intègrent le code régional, qui commence par 0. Des cartes prépayées, en vente dans les supermarchés, peuvent être utilisées dans les cabines.

Conseil – Évitez de téléphoner de votre hôtel : le tarif des communications est majoré de 30 %. Vous trouverez des prix plus modérés dans les centres de

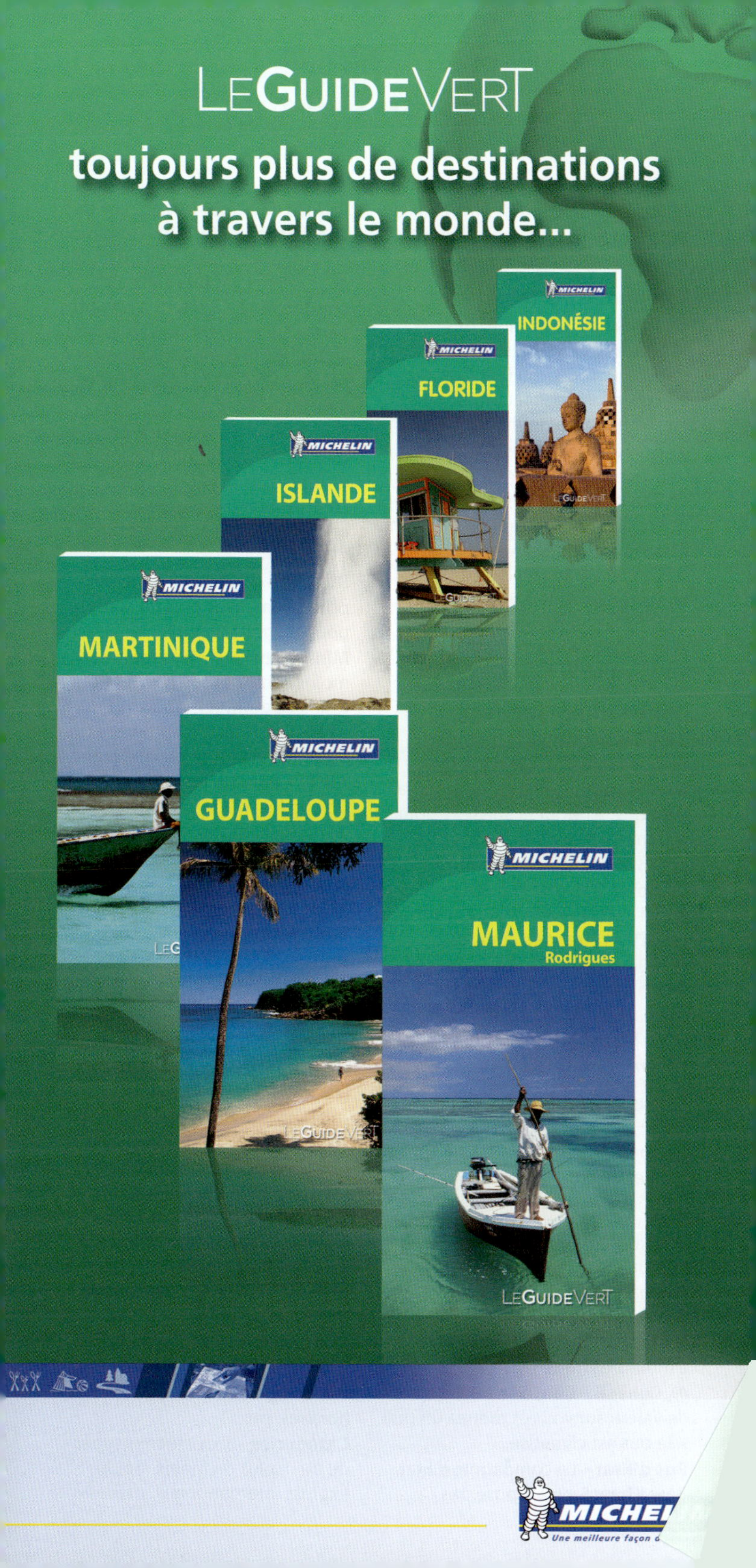
LE GUIDE VERT
toujours plus de destinations
à travers le monde...
MICHELIN
INDONÉSIE
MICHELIN
FLORIDE
MICHELIN
ISLANDE
MICHELIN
MARTINIQUE
MICHELIN
GUADELOUPE
LE GUIDE VERT
MICHELIN
MAURICE
Rodrigues
LE GUIDE VERT
MICHEL
Une meilleure façon d

télécommunication des bureaux de poste ou dans les cybercafés, qui proposent presque tous ce service.

Téléphone portable

En Thaïlande, le numéro des téléphones portables commence par 081, 086, 087 ou 089. Comme en Europe, la tarification est plus élevée que pour les lignes fixes.

Bon à savoir – Les portables utilisés en Europe fonctionnent en Thaïlande s'ils ne sont pas verrouillés par un code du fabricant. Il vous suffit alors d'acheter sur place une **carte sim** (50 baht - en vente dans les épiceries, tout comme les recharges de crédit) pour utiliser votre appareil avec un numéro thaï.

Appels internationaux

De la Thaïlande vers l'étranger, composez le 001 + le code du pays (33 pour la France, 32 pour la Belgique, 41 pour la Suisse, 1 pour le Canada) + le numéro de votre correspondant (sans composer le 0). Comptez 20 bahts/mn pour un appel vers l'Europe. Pour un appel en PCV à l'étranger, composez le 100 pour joindre l'opérateur international.

Pour les appels depuis l'étranger, voir « Téléphoner en Thaïlande », dans « Avant de partir », p. 19.

TRANSPORTS

Voir aussi les rubriques « Moto », p. 27, et « Voiture », p. 37.

Bus

Un excellent réseau de bus, étendu et de qualité, opéré par des compagnies publiques et privées, couvre tout le pays. C'est le moyen le plus pratique pour vous déplacer à moindres frais.

Conseil – Conservez vos objets de valeur sur vous et prenez un pull si le bus est climatisé.

Bus d'État – La compagnie d'État **Baw Khaw Saw** propose des liaisons dans tout le pays. Les **bus climatisés**, confortables et rapides, ont des arrêts fixes. Plus rustiques et plus lents, les **bus sans air conditionné** s'arrêtent à peu près partout. Il peuvent donc mettre le double du temps initialement prévu. Le billet s'achète dans le bus même (tarifs fixes).

Bus privés – Les **bus privés climatisés** parcourent les longues distances. Ils sont ponctuels, confortables (fauteuils inclinables), et donc plus chers que les bus d'État.

Bus VIP – Ils offrent les mêmes prestations, avec plus de confort pour chaque passager.

Minibus privés – Plus rapides mais moins confortables, conçus pour les touristes étrangers, ils vous feront gagner du temps mais perdre tout parfum d'aventure et d'exotisme.

Tarifs – Pour un trajet Bangkok-Chiang Mai *(720 km, entre 10 et 13h de trajet)*, comptez env. 450 bahts en bus ordinaire, 600 bahts en bus privé climatisé et 900 bahts en bus VIP. Les billets s'achètent à la gare routière (tarifs affichés).

Train

Le **réseau ferroviaire** s'étire sur 4 500 km selon un axe nord-sud, et comprend quatre lignes principales (vers le nord, le nord-est, l'est et le sud), ainsi que quelques lignes secondaires. Plus lents mais plus sûrs que les bus, les trains sont (à peu près) ponctuels et confortables. Un dépliant indiquant horaires, destinations et tarifs, ligne par ligne, est à votre disposition à la gare de Hua Lamphong, à Bangkok, et dans la plupart des offices de tourisme.

State Railway of Thailand – www.railway.co.th. Site officiel, très complet et en anglais ; lignes, horaires, prix.

Catégories – Il existe trois types de train, plus ou moins rapides : express internationaux, express et trains ordinaires, certains comportant plusieurs classes de wagons :

La 3e classe : tarifs modiques, confort rudimentaire, pas de réservation.

La 2e classe : prix raisonnables, ventilation ou climatisation, sièges molletonnés (parfois inclinables).

La 1re classe climatisée : un rapport confort-prix imbattable ! À privilégier pour tout trajet supérieur à 3h.

Si vous voyagez de nuit, optez pour le confort des **couchettes** (draps et couvertures fournis). Pensez toujours à prendre un lainage, il fait froid dans les wagons climatisés.

Tarifs – À titre d'exemple, le trajet Bangkok-Chiang Mai en train de nuit, en 2e classe, coûte entre 271 et 820 bahts (7-21,50 €) selon l'option choisie (couchette, air conditionné, etc.).

Réservations – Elles sont possibles mais pas nécessaires, sauf à l'approche des jours fériés.

Thailand Rail Pass – Cette carte permet de voyager en train sur un trajet illimité pendant 20 j., en 1re ou en 2e classe. Elle n'est rentable que si vous parcourez au moins 110 km/j. Rens. au bureau des réservations à la gare de Hua Lamphong à Bangkok.

Bateau

Des bateaux réguliers, parfois vétustes et surchargés, permettent de rejoindre les îles. Les *express boat* sont plus rapides, mais parfois un peu légers et pas très stables. Trois compagnies principales desservent **Songserm** (www.songserm-expressboat.com), **Lomprayah** (www.lomprayah.com) et **Seatran** (www.seatrandiscovery.com).

Tarifs – À titre indicatif, le trajet Surat Thani-Ko Samui coûte env. 600 bahts.

À Bangkok – le **Chao Phraya Express** permet de se déplacer dans divers quartiers de la capitale beaucoup plus rapidement qu'en voiture et à des prix modiques. Vous pouvez également opter pour les *long tail*, plus rapides, des barques à moteur effilées qui sillonnent les *khlong*, c'est-à-dire les canaux adjacents au fleuve *(voir dans « Nos adresses à Bangkok », p. 155)*.

Croisières – Des agences de voyages à Bangkok organisent des croisières en **jonque de luxe** dans le golfe du Siam et vers quelques îles méridionales.

Avion

Pour les vols internationaux, voir « Aller en Thaïlande », p. 12.

Le pays étant étendu, certains vols domestiques peuvent représenter un réel gain de temps. Attention cependant si vous ne voyagez pas de ou vers Bangkok : la plupart des vols intérieurs comprennent une ou plusieurs escales.

Thai Airways – www.thaiairways.com. Plusieurs vols quotidiens de Bangkok vers Chiang Mai, Chiang Rai et Mae Hong Son.

Bangkok Airways – www.bangkokair.com. Env. 15 vols/j. au départ de Bangkok vers Ko Samui et Phuket, et un 1 vol vers Chiang Mai.

Nok Air – www.nokair.com. Plusieurs vols quotidiens de Bangkok (aéroport Don Muang) vers Chiang Mai, Phuket, Surat Thani, Loei…

Air Asia – www.airasia.com. Plusieurs vols quotidiens de Bangkok vers Chiang Mai, Chiang Rai, Krabi, Phuket, Udon Thani…

US ET COUTUMES

Que ce soit au marché, lieu d'échange par excellente, ou dans le train et le bus, qui prêtent à la convivialité, les Thaïlandais vous demanderont souvent, en s'excusant, votre âge, votre salaire, si vous êtes marié(e), si vous avez des enfants, etc. Ne prenez pas cela pour de l'indiscrétion :

votre interlocuteur souhaite juste déterminer votre rang social, votre statut, afin d'adopter l'attitude *ad hoc*. Plus vous vous éloignerez des endroits touristiques, et plus les échanges seront sympathiques et désintéressés.

Au temple – Le temple est un véritable lieu de convivialité, où les Thaïlandais se rendent en famille. Si vous avez de la sympathie pour le bouddhisme, suivez donc les usages des fidèles : aux marchands installés sur le parvis du temple, achetez trois bâtonnets d'encens et une bougie, que vous déposerez respectivement dans l'urne et sur l'autel prévus à cet effet dans l'enceinte du bâtiment principal, au pied de la statue de Bouddha.

À faire ou à ne pas faire

La vie en Thaïlande obéit aux règles d'une société hiérarchisée, imprégnée des traditions animistes, que le bouddhisme a intégrées. Aussi les Thaïlandais accordent-ils une grande importance à l'étiquette et au paraître, ainsi qu'aux croyances et aux interdits liés à l'honneur et aux esprits.

Salutations – Si, en ville, les citadins ont tendance à se serrer la main à l'occidentale, le véritable salut thaï, le **waï**, consiste à joindre les deux mains au niveau de la poitrine, en inclinant légèrement la tête. Plus le rang de la personne est élevé, comme l'est celui d'un moine, plus il convient de lever haut les mains – le degré le plus haut se situant au niveau du front – et de courber le buste et la tête.

Attitude en société – S'asseoir est un art : si les hommes adoptent la position en tailleur, les femmes replient leurs jambes sous elles, en principe légèrement déviées sur la gauche. On évite ainsi de pointer ses pieds – la partie la moins noble du corps – vers l'autre. Soyez-y particulièrement attentif lorsque vous êtes face à une statue de Bouddha, dans un temple ou devant l'autel de la maison. De même, ne croisez pas vos jambes quand vous êtes assis dans un fauteuil.

Évitez en outre toute accolade familière : il n'est pas convenable de toucher quelqu'un, ni la main, ni le bras ou l'épaule, encore moins la tête, siège de l'esprit vital. Les femmes doivent se garder de frôler un moine, par respect pour son vœu de célibat.

Conversation – Mode, sport, concours de beauté, sorties… vous pouvez aborder tous les sujets, sauf quelques tabous dont la religion, le sexe et certains points de politique : toute critique à l'égard de la famille royale est à bannir absolument (attention à ne pas froisser les billets à l'effigie du roi).

Croyances et interdits – Pour signer un papier ou pour offrir, ne proposez jamais de stylo rouge à un Thaïlandais : c'est à l'encre rouge que le nom des défunts est inscrit sur un côté du cercueil, avant la crémation.

Cadeaux – Si vous êtes invité dans une famille, venez tôt (à 19h au plus tard) et apportez un petit cadeau (fleurs, fruits ou gâteaux) que vous offrirez à la maîtresse de maison avec les deux mains.

Vêtements – En ville et dans les stations balnéaires, on peut porter short, minijupe ou débardeur. Une tenue plus stricte s'impose en revanche dans les temples et à la campagne, où bras et genoux se doivent d'être couverts. On se déchausse devant les temples et à l'entrée des maisons.

VÉLO

Sauf à Bangkok et à l'extérieur des douves à Chiang Mai, c'est un moyen de transport plaisant dans les villes de taille moyenne et les campagnes, à condition de disposer d'une bonne carte pour éviter les axes (rues et routes) principaux, très passants. Vous pourrez aisément en louer à votre pension ou dans les boutiques des centres touristiques. Comptez 1 €/j.

VOITURE

Voir aussi « Permis de conduire », p. 17.

Location avec chauffeur

Si votre budget vous le permet, cela reste le meilleur moyen de visiter le pays. Assurez-vous que le chauffeur possède quelques rudiments d'anglais et faites-vous confirmer que ses frais d'hébergement et de repas sont compris dans le prix. Le règlement de l'essence est à votre charge. Pour une journée, comptez en moyenne 50 €.

Location sans chauffeur

Assurez-vous que le prix de la location inclut l'assurance et lisez le contrat avec soin. Privilégiez les grandes compagnies internationales, plus chères mais disposant de meilleures garanties. **Auto Escape** *(℘ 0 899 87 05 00 - www.autoescape.com)* notamment propose de bons prix (compter 30 €/j. pour une voiture de catégorie économique).

Conduite

Soyez prudent en vous adaptant à la **conduite à gauche**, d'autant que la loi de la jungle domine sur les routes et que les deux-roues circulent parfois à contresens. Dès que l'on s'éloigne des grands axes routiers, la conduite redevient plutôt agréable. Attention aux heures de pointe (7h-9h et 16h-18h30) : les motos slaloment alors dangereusement entre les véhicules. La vitesse est limitée à 60 km/h en ville et à 90 km/h sur les nationales. Le port de la ceinture à l'avant est obligatoire.

Quelques règles à connaître – N'oubliez pas qu'en règle générale, le véhicule le plus imposant a la priorité ! Un véhicule vous précédant avec un clignotant à droite vous enjoint de ne pas le dépasser ; le clignotant à gauche vous signale au contraire que la voie est libre. Attention, la nuit, nombre de voitures circulent tous feux éteints au milieu de la route ! De même, redoublez de prudence pendant les vacances nationales thaïlandaises.

Essence – Nombreuses stations-service partout. Dans les zones reculées, la vente d'essence se fait dans des bidons au bord de la route. Comptez 40 bahts/l.

En cas d'accident – Si vous êtes impliqué dans un accident, appelez votre loueur, restez si possible dans le véhicule dans sa position accidentée, demandez impérativement l'arbitrage de la police et attendez son arrivée (votre absence vous désignerait comme coupable, ce qu'induit déjà votre statut d'étranger). La police vous demandera votre attestation d'assurance et tous vos papiers ; prévoyez de longues négociations.

Réseau routier – Il est excellent, sauf en saison des pluies, où certaines portions de route sont bloquées. La signalétique routière est bilingue et les principales curiosités sont fléchées en anglais (panneaux bleus). Dans les îles, les routes se réduisent souvent à de simples chemins de terre creusés d'ornières, impraticables pendant la mousson, sauf en 4x4. Prenez garde aux animaux.

Cartes

Carte Michelin NATIONAL n° **751** au 1/1 370 000, avec les noms des localités en thaï.

Mémo

Agenda

Voir aussi « Fêtes et festivals », dans la partie « Comprendre », p. 61 et, ville par ville, la rubrique « Agenda » des pages « Nos adresses à… ».

JANVIER

Festival de That Phanom – Durant une semaine, le Wat Phra That Phanom, le *chedi* le plus sacré du pays (province de Nakhon Phanom), voit affluer des pèlerins de toute la Thaïlande et même du Laos.

Nouvel An chinois – Fin janv.-mi-févr. Les Sino-Thaïs, surtout ceux de Bangkok et de Nakhon Sawan, célèbrent le renouveau par un grand nettoyage de la maison, des offrandes au temple, les danses du dragon et des feux d'artifice.

FÉVRIER

Festival Phra Buddhabaht – Durant la 2e quinz. de fév., les pèlerins bouddhistes se réunissent au sanctuaire de l'« Empreinte de pas sacré » de Bouddha, près de Saraburi (au nord de Bangkok). Musique, théâtre et jeux sont alors au rendez-vous.

Makkha Bucha – À la pleine lune, les fidèles commémorent le premier sermon de Bouddha en écoutant les textes lus par les moines. Processions à la chandelle autour de l'*ubosot* (bâtiment principal) du temple.

AVRIL

Songkran – Mi-avr., entre rites religieux et kermesses populaires, les Thaïlandais célèbrent le passage de la saison sèche à la saison des pluies.

MAI

Cérémonie des Labours royaux – Durant la 1re quinz. de mai, cette fête annonce la saison des pluies et le début des labours dans les rizières. Sur la place Sanam Luang, à Bangkok, le roi assiste au tracé des sillons par des bœufs blancs, tandis que des brahmanes (prêtres hindous) prédisent dans tout le pays les résultats des prochaines récoltes.

Visakha Bucha – À la pleine lune ; c'est la plus importante fête bouddhiste. Elle commémore la naissance, l'illumination et la mort de Bouddha. Partout, les fidèles se rendent dans les temples les plus sacrés pour psalmodier des textes, écouter les sermons des moines, faire des offrandes et prendre part aux processions aux chandelles.

Bun Bang Fai (fête des Fusées) – Vers la mi-mai, on lance des fusées vers le ciel pour attirer sur les récoltes des pluies abondantes. Dans le Nord-Est surtout, les paysans construisent des fusées de bambou géantes, qui défilent sur des chars avant d'être mises à feu. Danses, spectacles de rue et élection d'une reine de beauté jalonnent le programme.

JUILLET

Khao Phansa (fête des Bougies) – La fête marque le début des trois mois du retrait des pluies, époque à laquelle les moines se retirent dans les temples. C'est également la saison des ordinations. À Ubon Ratchathani, on organise des processions de chandelles géantes aux formes les plus diverses, sculptées dans les rues avant d'être présentées dans les temples.

OCTOBRE

Ok Phansa – Durant tout le mois, on célèbre la fin du carême bouddhique et la saison des *kathin* (« trousseau ») : les fidèles se rendent au temple pour offrir aux moines de nouvelles robes, sur un plateau, ainsi que des objets quotidiens. De son côté, le roi se rend en procession sur le Chao Phraya, en barque d'apparat, jusqu'au Wat Arun, où il accomplit les mêmes rites. Des régates sont organisées à Nan, Phichit, Surat Thani, Nakhon Phanom et Pathum Thani.

NOVEMBRE

Loy Krathong – À la pleine lune, pour marquer la fin de la saison des pluies, on lance sur des étendues d'eau (lac, rivière, fleuve, etc.) des petites barques chargées d'encens, de bougies, de noix d'arec ou de pièces de monnaie.

Bibliographie

HISTOIRE

Le Faucon de Siam, *L'Envol du faucon* et *Le Dernier Vol du faucon*, Aylwen A., LGF, 1999. Une trilogie romanesque qui met en scène Phaulkon, éminent conseiller du roi Naraï.
Louis XIV et le Siam, Van der Cruysse D., Fayard, 1991. La passionnante histoire des premiers jésuites et ambassadeurs français au royaume du Siam.

ART ET ARCHÉOLOGIE

A Guide to Khmer Temples in Thailand and Laos, Freeman M., River Books, 2009. La meilleure présentation, simple et illustrée, des vestiges khmers en Thaïlande.
L'Art de l'Asie du Sud-Est, collectif, Citadelles & Mazenod, 1994.

ACTUALITÉS ET SOCIÉTÉ

La Thaïlande des Thaïlandais, Demarcy M. et Morello M., coll. « L'Autre guide », Liana Levi, 2007.
Tsunami, le récit d'un rescapé, Dessard R., Éditions Zagros, 2005.
Thaïlande contemporaine, Dovert S., L'Harmattan, 2003.
Thaïlande, bouddhisme renonçant et capitalisme triomphant, Formoso B., Belin, 2000.
Les Musulmans de Thaïlande, Gilcain M., L'Harmattan, 2003.
Cuisines de Thaïlande : à la table de Jim Thompson, Warren W. et Tettoni L., Pacifique, 2006.

RELIGION

La Voix du Bouddha, Bareau A., Le Félin, 2001.
Cultes populaires et sociétés asiatiques, Forest Y., Ishizama A.Y., L'Harmattan, 2000.
Le Bouddhisme, Levenson C.B., coll. « Que sais-je ? », Puf, 2010.

ETHNOLOGIE

Fêtes et cérémonies en Thaïlande, Guersan P. et Gauer A., Chariot d'Or, 2004.

LITTÉRATURE

Le Pont de la rivière Kwaï, Boulle P., Juliard, 2011.
Bangkok 8, Burdett J., 10/18, 2009. Les tribulations d'un policier bouddhiste dans un Bangkok frénétique.
La Ligne d'ombre, Conrad J., Flammarion, 1997. Un roman invitant à l'aventure orientale dans la plus pure tradition conradienne.
Plateforme, Houellebecq M., J'ai lu, 2010.

Comme un collégien, Le Carré J., Seuil, 2001.
La Mer de la Fertilité, vol. 3 : Le Temple de l'aube, Mishima Y., coll. « Quarto », Gallimard, 2004.
Rien que la terre, Morand P., Grasset, 2000, et *Bouddha vivant*, Grasset, 1988.
Plusieurs vies, Pramoj K., L'Asiathèque, 2003. Vision bouddhiste de onze destinées à la même fin tragique.
Paradis Blues, Saul J., coll. « Rivages », Hachette, 2001. Aventures et poursuites policières à Bangkok, sur fond de drogue et de sexe.
Pour la plus grande gloire de Dieu, Sportes M., Points, 2007.
Terre de mousson, Sudham P., Picquier, 1998. Le récit romancé d'une enfance passée dans l'Isan rural, puis d'une jeunesse en Europe, révélant les contradictions de la société thaïlandaise.

RÉCITS DE VOYAGE

Journal de voyage au Siam fait en 1685 et 1686, Choisy (abbé de), Olizane, 2006.
Voyage dans les royaumes de Siam, Mouhot H., Olizane, 1999.
Bangkok, la nuit, Payen C. et Compain F., Picquier, 2006.

LANGUE

Parler le thaï en voyage, collectif, Harrap's, 2010.

Filmographie

Le Roi et Moi, Lang W., 1956. Avec Deborah Kerr et Yul Brynner.
Le Pont de la rivière Kwaï, Lean D., 1957.
Anna et le Roi, Tennant A., 1999.
Tropical malady, Weerasethakul A., 2004. Prix du jury à Cannes pour cette histoire entre mythe et réalité.
Thaïlande : les îles de la mer Andaman, documentaire de Dayan A., Croisières, DVD zone 2, 2006.
La Légende de Suriyothai, Yukol C., 2001. Ce film thaïlandais conte un épisode de l'histoire du Siam à travers l'épopée d'une reine d'Ayutthaya.
Le Pensionnat, Sugmakanan S., 2007.
Oncle Boonmee (celui qui se souvient de ses vies antérieures), Weerasethakul A., 2010. Palme d'or à Cannes pour ce film onirique dans la jungle thaïlandaise.

Discographie

Musiques et chants du Triangle d'Or, Thaïlande, Buda Musique, 2000.
Thaïlande, le pays du sourire, Origins, 2003.

COLLECTION
PATRIMOINE
DE FRANCE

Découvrez nos plus beaux
Parcs et jardins

La collection Patrimoine de France : des ouvrages complets et illustrés pour découvrir les « musts » de notre patrimoine, classés par régions.

MICHELIN
Une meilleure façon d'avancer

2/ COMPRENDRE LA THAÏLANDE

Moines visitant le Wat Yai Chai Mongkhon à Ayutthaya.
R. Mattès / MICHELIN

La Thaïlande aujourd'hui

Du flirt entre modernité rafraîchissante et traditions rassurantes naît le visage contrasté de la Thaïlande contemporaine. Quoi de commun entre cet homme d'affaire pressé dans le quartier de Sukhumvit, cet artisan potier aux gestes millénaires, ce bonze en robe safran partant à l'aube avec son bol à aumônes ou ce paysan menant son buffle dans la rizière ? Entre la flèche dorée de cette pagode hors du temps sur les bords du Mékong et les tours de verre futuristes de Bangkok ? Rien en apparence. Tout en réalité. Car si villes et campagnes vivent à des rythmes différents, frénétique dans la capitale, immuable dans les plaines et les montagnes, les Thaïlandais gardent en partage des valeurs profondément enracinées, un sens fort de la famille, une profonde dévotion au roi et au Bouddha, et, par delà les spécificités régionales d'un pays au carrefour de civilisations très différentes, un réel sentiment d'appartenance. Portrait d'une Thaïlande aux visages multiples.

La société

L'extraordinaire croissance économique qu'a connue la Thaïlande jusqu'à la crise financière de 1997, bénéficiant en premier lieu aux élites commerçantes, a entraîné une explosion de modernité qui a sensiblement bouleversé la physionomie des grandes villes. Accompagnant une plongée dans un univers de consommation à tout va, les immeubles ont poussé comme des champignons, les centres commerciaux ont fleuri, toujours plus nombreux, toujours plus grands, à la périphérie des agglomérations, pendant que les publicités envahissaient les écrans de télévision et les magazines. Malgré ces réels bouleversements, la société thaïe n'en demeure pas moins profondément attachée à ses valeurs traditionnelles : les « trois joyaux » du pays – le roi, le bouddhisme et la nation –, trois préceptes que l'on apprend dès l'école, régissent la pensée collective, et le respect de la hiérarchie demeure un véritable pivot structurant la famille comme l'ensemble de la société.

L'ORGANISATION FAMILIALE

Tout Thaïlandais se réfère avec fierté au cercle familial dont il fait partie. La famille s'entend au sens élargi : trois ou quatre générations peuvent cohabiter sous le même toit, en particulier à la campagne. On loge de préférence dans la maison de l'épouse, placée sous l'autorité du grand-père ou du père, ainsi que du fils aîné. D'autres membres peuvent faire partie du cercle : des proches ou des amis, que l'on considère comme des oncles ou des tantes, voire comme des frères ou des sœurs.

Jeunes filles à la fête des Fleurs, à Chiang Mai.
L. Rebmann / MICHELIN

Le respect des aînés

Dans la société thaïlandaise, l'individualité s'exprime peu et reste toujours subordonnée aux règles du groupe social, au sein duquel la **hiérarchie** des âges tient une place majeure.

Les personnes les plus âgées – 60 ans et plus – jouissent de ce fait d'une forte autorité morale. Ce profond respect qui imprègne les relations entre aînés et cadets, adultes et enfants, se traduit par un langage particulier, caractérisé par des termes honorifiques et des gestes adaptés : inclination de la tête, hauteur des mains au salut, etc.

Les jeunes apprennent tôt le sens de la hiérarchie familiale, qui implique d'obéir et de veiller à ne pas nuire à la réputation de ses parents. L'ultime devoir d'un enfant consistera à prendre en charge son père et sa mère lors de leur retraite. Il devra également acquérir des mérites pour eux, avant et après leur mort, par des offrandes et par le biais de l'ordination temporaire ou définitive.

Le rôle de la femme

Chez elle, la femme bénéficie d'une grande liberté, même si une tradition tenace la place au rang des personnes faibles, passant pour être plus vulnérables au pouvoir des esprits *(phi)* et plus soumises aux passions. Et si elle s'adresse à son époux en l'appelant l'« aîné », celui-ci la traite de plus en plus sur un pied d'égalité.

Dans les classes les plus aisées, à la ville surtout, la jeune femme célibataire est considérée comme un « objet de luxe » ; écartée des responsabilités sociales et économiques, elle est encouragée à participer à des concours de beauté. Une fois mariée, elle joue le second rôle au foyer, mais c'est elle qui tient les cordons de la bourse. Elle est la garante du budget familial : à elle de trouver le bon équilibre pour nourrir tous les membres de la famille, des enfants aux grands-parents, actifs ou non, et subvenir à leurs besoins. À la campagne et dans les milieux défavorisés, ce rôle de « gestionnaire » est parfois vu comme une véritable

LA PROSTITUTION, UNE LONGUE HISTOIRE
À l'époque féodale, les aristocrates entretenaient un nombre de concubines correspondant à leur rang. Abrogée au début du 20e s., la polygamie s'est néanmoins maintenue et l'institution de la *mia noi*, ou « petite épouse » reste tolérée. D'autres facteurs sont venus entretenir le commerce du sexe, pourtant illégal : l'immigration massive de coolies chinois entre le 19e s. et 1931, puis l'arrivée des GI's américains qui, durant la guerre du Vietnam (1964-1975), venaient se reposer en Thaïlande entre deux missions. Résultat, le pays est devenu en quelques décennies LA destination du tourisme sexuel. Les victimes en sont en général de jeunes paysannes originaires de régions défavorisées et qui, de retour dans leur village, sont souvent considérées par leur famille comme des « sauveuses ».

émancipation : la femme s'occupe en effet souvent d'un petit commerce qui améliore le quotidien et lui offre une certaine autonomie.
Signe d'une certaine évolution des mentalités, les femmes parviennent de plus en plus à des postes à responsabilités, même si elles restent considérées comme inférieures aux hommes dans la société.

LE CYCLE DE LA VIE

Régie par le cycle des incarnations et des renaissances, la vie des Thaïlandais est structurée par tranches de douze ans : l'enfance, l'entrée dans la vie adulte puis le mariage, la maturité, le mariage des enfants, et enfin l'art d'être grand-parent.

La naissance
La naissance du premier enfant est une véritable fête, surtout s'il s'agit d'un garçon, qui deviendra chef de famille. Un mois après la naissance du bébé vient l'heure du **tham kwan**, rite par lequel on rattache à l'enfant l'esprit vital *(kwan)* qui anime toute personne.

Le mariage
À 18 ou 20 ans à la campagne, vers 25 ans en ville, il est temps de penser au mariage. Le mariage arrangé, jadis en vigueur, a de nos jours cédé la place à l'union d'amour : les couples se choisissent eux-mêmes et annoncent leur décision à leurs parents. Ces derniers conservent néanmoins le droit d'intervenir, et il arrive qu'un père refuse d'accorder la main de sa fille s'il juge le prétendant incapable d'assurer son bonheur, notamment sur le plan matériel. À la campagne, où le choix des partenaires au sein du village est plus restreint, l'influence des parents demeure primordiale. Hiérarchie oblige, celle des âges venant doubler celle des sexes, l'usage veut que le jeune homme soit un peu plus âgé que sa future épouse (de trois ou quatre ans).
En cas d'approbation, le père de la jeune fille fixe la **dot** qui sera offerte par la famille du fiancé. Elle comprend une somme d'argent suffisante pour couvrir les frais de la cérémonie et des bijoux en or (une chaîne, un bracelet, une bague) pour la future épouse. Le jour du mariage, les invités offriront en cadeau une enveloppe contenant de l'argent.
Si le mariage civil consiste en une simple déclaration à la préfecture, il ne saurait se passer d'une bénédiction religieuse préalable. Le matin des noces, on reçoit donc d'abord des moines auxquels on fait des offrandes. Puis un ami respecté est chargé d'unir les fiancés, agenouillés par terre, en les liant ensemble par une tresse

de fils blancs enroulés autour de leur tête, siège de l'esprit vital. Se succédant par ordre d'importance, les membres de la famille et les invités versent ensuite sur les mains jointes des époux de l'eau lustrale contenue dans une conque.
Le soir, enfin, un grand banquet rassemble tout le monde : en ville, il a lieu dans un hôtel de luxe où se dresse un buffet de gala ; à la campagne, où la cérémonie peut se prolonger durant deux ou trois jours pour les familles les plus aisées, c'est tout le village qui est convié chez la fiancée.

La mort et les funérailles

Comme le veut la tradition du bouddhisme theravada, le défunt est incinéré. La cérémonie, qui obéit à un rituel complexe, se déroule au temple, où la dépouille est exposée plusieurs jours dans un cercueil blanc. Cependant, en cas de mort brutale, la **crémation** se fera sans attendre, de crainte que l'esprit du défunt, refusant le repos éternel, ne soit tenté de revenir.
De longues soirées de prière précèdent la crémation, qui se déroulera en fin de journée. Le jour venu, le cercueil est placé sur un char que la famille suit en procession autour de la chapelle funéraire. On le dépose ensuite sur le four, où chacun vient recouvrir le couvercle de bâtonnets d'encens. L'urne contenant les cendres est généralement enterrée dans un monastère.

L'HABITAT TRADITIONNEL

Sensibles à la valeur de leur patrimoine, tout au moins dans les milieux cultivés, les Thaïlandais ont pris conscience de la valeur de l'habitat traditionnel. Nombre de projets de restauration redonnent peu à peu vie aux villages sur pilotis de la campagne thaïlandaise. Beaucoup de foyers respectent aussi les rituels accompagnant traditionnellement la construction puis l'inauguration d'une maison : ils demandent la bénédiction des moines et les offrandes d'un maître laïc, destinées à inviter les esprits des lieux à accepter de partager l'espace avec les hommes.

À la campagne

Au milieu des rizières, entouré d'une cocoteraie ou d'une bananeraie, le long d'un canal *(khlong)* ou d'une rivière *(mae nam)*, le village thaïlandais se rassemble autour du *wat*, le monastère bouddhique, cœur social et religieux de la communauté. Les

UNE DEMEURE FAMILIALE

Des maisons plus confortables et réservant une plus grande part à l'intimité tendent progressivement à se substituer à la demeure traditionnelle. Mais on trouve encore dans les campagnes des habitations répondant au schéma traditionnel. Chacune ne comprend en principe qu'une seule pièce, suffisamment spacieuse pour loger grands-parents, parents et enfants, qui s'y réunissent, prennent leurs repas ensemble et dorment côte à côte sur des nattes au sol, parfois séparées par des moustiquaires. Une ou deux chambres minuscules, destinées aux jeunes couples, viennent souvent s'ajouter sur les côtés. La « cuisine » – plus exactement un espace où l'on range les ustensiles de cuisson – est reléguée sous les pilotis ou dans un cabanon bâti à côté de la maison. Quant à la salle d'eau, elle consiste en un simple enclos fermé, équipé d'une grande jarre d'eau fraîche. Un **grenier à riz** complète l'ensemble. Bâti lui aussi sur pilotis pour protéger les vivres des inondations et des prédateurs, il se dresse derrière la maison, dans la cour réservée aux animaux domestiques.

villages les plus traditionnels conservent leur habitat de bois sur pilotis, des maisons que leurs propriétaires ont souvent construites eux-mêmes, aidés de leurs parents, amis et voisins, avec les **matériaux naturels** de la région : bambou et rotin tressé pour les parois et le toit, bois de teck pour le reste de l'ouvrage. Rançon de la modernisation, le béton et la tôle ondulée tendent cependant de plus en plus à les remplacer.
Dans la journée, la famille vaque à ses occupations, dans les champs ou à la maison. Ceux qui ne travaillent pas profitent de l'ombre sous les pilotis, se détendent sur un lit de bambou tressé ou accueillent voisins et visiteurs qui pourront se désaltérer au portail, où trône une jarre d'eau potable, avec sa louche en noix de coco ou sa timbale en plastique.

En ville

À la fois unités administratives et centres d'échanges et de commerce, les villes révèlent deux types d'habitat distincts : autour des principales administrations se rassemblent les **résidences les plus cossues**, celles des notables et des familles aisées, tandis que les marchés, suivant l'organisation « à la chinoise », s'entourent d'un tissu serré de **maisons-boutiques** de trois ou quatre étages. Dans ces dernières, le rez-de-chaussée accueille le commerce, les étages étant affectés aux bureaux et aux espaces de vie privés des propriétaires.
Les citadins qui en ont les moyens optent de plus en plus pour le confort d'une **maison individuelle** en béton, comprenant un seul étage et entourée d'un jardinet. Un auvent fait office de garage pour la voiture, choyée comme un bien précieux. Des moustiquaires protègent chaque fenêtre et les balcons accueillent les gros blocs des climatiseurs. Dans la vaste salle de séjour-salle à manger, meublée à l'occidentale ou dans le goût colonial avec chaises et tables en teck, trône un petit autel réservé au Bouddha. Les chambres, elles, sont meublées plus sobrement.
Ce type d'habitat se développe dans toutes les villes, bordant sur des kilomètres les grandes avenues *(thanon)* qui rayonnent en étoile à partir du centre.

Le retour à la tradition

L'élite thaïlandaise se fait parfois bâtir d'élégants pavillons de teck coiffés de hautes toitures emboîtées, à la manière des temples, et nichés dans de vastes jardins agrémentés de bassins.
Une mode originale concilie habitat moderne et traditionnel : elle consiste à acheter à la campagne, notamment dans la plaine centrale, une ou plusieurs maisons sur pilotis, pour les démonter et les rebâtir en ville, à côté de la résidence principale en béton, où elles serviront de chambres à coucher.

L'ÉDUCATION

Avec un taux de 94 %, la Thaïlande s'enorgueillit de posséder l'un des plus hauts niveaux d'alphabétisation en Asie du Sud-Est. Mais alphabétisation ne rime pas nécessairement avec haut niveau d'éducation, et l'on reproche souvent aux étudiants thaïlandais leur passivité et leur manque d'esprit critique.
L'apprentissage « par cœur », tel qu'il est pratiqué dans les collèges et les lycées, et l'habitude de ne jamais remettre en cause l'enseignement reçu – respect envers le professeur oblige – sont pointés du doigt.

Privé et public

Les moines dispensaient jadis l'enseignement dans les monastères – ils continuent

d'ailleurs de le faire dans les régions rurales reculées. Aujourd'hui, c'est l'État qui prend en charge l'éducation scolaire.
L'école publique étant gratuite et obligatoire de 6 à 12 ans et la loi interdisant toute activité professionnelle avant l'âge de 12 ans, la plupart des enfants suivent le cycle primaire. Le cycle secondaire, optionnel, comprend six autres années.
Dans la pratique, la moyenne de la scolarité nationale se limite à moins de neuf ans. Dès la fin de la période obligatoire, beaucoup de parents défavorisés, surtout parmi les paysans, retirent leurs enfants de l'école pour les faire travailler.
Les familles aisées, quant à elles, s'efforcent d'envoyer leurs enfants dans des écoles privées de renom, parfois au prix de grands sacrifices. Les adolescents ayant la chance de poursuivre leurs études – la plupart sont issus de familles citadines bénéficiant d'un bon revenu – passeront, au terme du cycle secondaire, un certificat qui leur permettra de se présenter au concours d'entrée à l'université. Au-delà, les plus brillants pourront choisir leurs disciplines et leur lieu d'enseignement. Les plus fortunés, eux, préfèrent poursuivre leurs études à l'étranger, notamment aux États-Unis.

Les Thaïlandais

Seul pays de l'Asie du Sud-Est à n'avoir jamais subi de colonisation occidentale, la Thaïlande, qui compte environ 67 millions d'habitants, s'enorgueillit d'être une nation unifiée. Le groupe majoritaire, celui des Thaïs, constitue 75 % de sa population. Si la question de leur provenance exacte n'est pas complètement élucidée, la langue thaïe *(voir « Culture », p. 91)* révèle une origine sino-tibétaine. D'autres communautés importantes cohabitent sur le territoire, dont les Chinois (ou Sino-Thaïs, 14 %) et les Malais (ou Thaï Islam, 4,6 %), mais aussi des minorités ethniques ne parlant pas le thaï, tels les Khmers, les Môns, les Vietnamiens et les tribus montagnardes du Nord.

LES THAÏ-SIAMOIS, MAJORITAIRES

Des écrits chinois du 1er s. de notre ère évoquent les peuples barbares, ou **Taïs**, qui vivaient au sud du fleuve Yangzi, en Chine : d'après les historiens, ils seraient les ancêtres des Thaïs actuels.

La marche vers le sud

Confrontés à l'expansionnisme de l'empire du Milieu, les Taïs se virent contraints de se réfugier de plus en plus au sud, en particulier dans le Yunnan chinois. Dans leur exode progressif, ils suivirent les vallées creusées par les grands cours d'eau et gagnèrent finalement les États voisins. Le mouvement s'accéléra et se ramifia vers le 13e s., lorsque **Kubilaï**, le grand khan mongol, conquit la Chine : tandis que la majeure partie des Taïs s'implantait dans le nord de l'actuelle Thaïlande, dans la région de Chiang Mai et de Chiang Saen, puis plus tard dans la plaine centrale, d'autres essaimèrent ailleurs ; un groupe s'établit ainsi au nord du Vietnam, un autre (les **Laos**) dans le Laos septentrional, et un troisième groupe (les **Shans**), en haute Birmanie (aujourd'hui Myanmar).

L'essor de la plaine centrale

Les Taïs de la future Thaïlande, et plus précisément les Thaï-Siamois, s'organisent en une multitude de principautés, puis en des royaumes plus ou moins indépendants les uns des autres. Ils profitent du déclin des Khmers et des Môns pour s'imposer dans les plaines fluviales, avant d'assimiler la culture de ces grands peuples indianisés.

Au 13e s., le **royaume de Sukhothai**, dans la haute vallée du Chao Phraya, est le premier à conquérir son indépendance face aux Khmers, qui qualifiaient avec dédain ses habitants de *siam* (« barbares »). La cité-royaume de Sukhothai s'impose ainsi comme le prestigieux berceau de la civilisation thaïe. Une identité qui sera renforcée à la fin du 18e s. avec la **dynastie Chakri** (encore régnante), qui marque l'avènement d'un État moderne : les Chakri unifient en effet tous les royaumes rivaux du nord au sud et fondent Bangkok, où ils installent leur capitale, sur le delta du Chao Phraya. Terre très fertile, irriguée par un réseau dense de *khlong* (canaux), cette région rassemble aujourd'hui une grande population de paysans thaïs dont beaucoup vivent encore dans des maisons traditionnelles sur pilotis, en bambou ou en rotin tressé.

SINO-THAÏS ET THAÏS ISLAM

Les Chinois

Lorsque les Thaï-Siamois arrivèrent à l'embouchure du Chao Phraya, au 13e s., des commerçants chinois étaient déjà implantés là. Venus de Chine méridionale, ils migraient en effet depuis plus de deux mille ans par la mer, troquant épices, métaux et bois précieux avec les pays des mers du Sud. Au fil du temps, ils ont épousé des femmes thaïes, se sont intégrés comme citoyens thaïlandais, et certains d'entre eux, dotés d'une fortune considérable, ont même établi des liens avec la famille royale par mariages interposés.

Essentiellement citadins, ces **Sino-Thaïs** résident surtout à Bangkok et dans l'isthme de Kra, ainsi que sur les berges des grandes rivières de la plaine centrale. Si nombre d'entre eux sont des **commerçants** et des **artisans**, cette communauté compte de plus en plus d'**hommes d'affaires** particulièrement influents dans le monde de la finance et de la banque, tout comme dans le domaine des rizières et des plantations d'hévéas. Représentant une véritable manne économique, cette élite fortunée possédant luxueuses voitures et villas dans la capitale est protégée par les monarques.

Attachés à leurs racines, les Chinois de Thaïlande préservent leur culture confucéenne, symbolisée par le culte des ancêtres, dont l'autel trône dans toutes les maisons.

Les Malais

Concentrés dans l'extrême sud du pays, dans les provinces de Patthani, Songkhla, Yala et Narathiwat, les Malais vivent à la fois en bordure du littoral et dans

Coiffe de tribu Akha, nord de la Thailande, Chiang Rai..
R. Meucci / Marka / age fotostock

des plaines étroites surplombées par des montagnes escarpées. Ils tirent leurs ressources de la pêche, des cocoteraies et des plantations d'hévéas, deux cultures destinées à l'exportation. Ils réservent la récolte du riz à leur consommation personnelle.

Sur les côtes comme dans les plaines, les **kampong** (« villages ») malais regroupent leurs habitations en bois sur pilotis autour de la mosquée. Les Malais sont en effet de confession musulmane, d'où leur surnom de « **Thaï Islam** ». Sous l'égide d'un imam (chef religieux) et des *orang baik* (sages du conseil de village), assurant l'éducation religieuse de leurs enfants à l'école coranique, les Thaïs Islam conservent leur culture traditionnelle, tolérée tant bien que mal par le bouddhisme.

Mais la cohabitation est souvent émaillée de tensions. De petits groupes d'insurgés, sans représentation politique, ni réelle concertation, s'en prennent aux symboles de l'État, et les incidents entre les deux communautés se sont multipliés ces dernières années : depuis 2004, plus de 5000 personnes y ont laissé la vie. En 2013, devant la recrudescence des attentats, le gouvernement envisageait d'octroyer un statut particulier à la province de Patani qui jouirait ainsi d'une plus grande autonomie.

LES MINORITÉS ETHNIQUE DU NORD

Sur les hauts plateaux du Nord, près des frontières du Laos et de la Birmanie, les tribus montagnardes – ou « **chao khao** » comme les baptisent les Thaï-Siamois – vivent souvent au-dessus de 1 000 m d'altitude. La plupart sont venues des contrées septentrionales. À l'exception des Karens, émigrés de plus longue date, ces minorités ethniques se sont installées sur le territoire thaïlandais entre les 19e et 20e s.

Avec une population estimée à quelque 1,2 million de personnes, ces tribus se répartissent en six grands groupes ethniques parlant trois familles de langues : le tibéto-birman, le karénique et le sino-tibétain.

Elles ont en partage quelques traits caractéristiques : une vocation de cultivateurs, la vie en communautés villageoises, la culture du riz sur brûlis et un animisme imprégnant profondément la vie quotidienne. Chaque ethnie conserve pourtant ses traditions propres et nourrit un fort sentiment identitaire ; selon sa vision du monde, l'une cultive la recherche d'harmonie, l'autre affiche plutôt sa volonté d'indépendance.

Voir aussi « Les peuples des montagnes », p. suivante.

Les peuples des montagnes

LES KARENS

Vraisemblablement originaires du Tibet et du Yunnan chinois, les Karens forment, avec env. 400 000 membres, la population tribale la plus importante et la plus ancienne de Thaïlande. On ignore à quelle époque ils ont entamé leur migration vers la Birmanie, qui a reconnu sur son territoire un État karen. On sait cependant qu'ils reprirent leur marche vers le Siam au 18e s., pour se concentrer aujourd'hui de part et d'autre de la frontière entre les deux pays.

La volonté de vivre en paix pousse les Karens à rechercher des sites difficiles d'accès, même s'ils s'établissent finalement à des altitudes moins élevées que les autres peuples, entre 600 et 1 000 m. Accrochées à des pentes abritées et proches d'une source d'eau, leurs maisons de bambou sur pilotis sont entourées d'une véranda couverte qui sert de pièce à vivre et de cuisine. La plupart des Karens cultivent le riz sur brûlis au-dessus de 700 m, mais certains pratiquent la culture irriguée en terrasses à plus basse altitude.

Soucieux d'harmonie, ils vénèrent le seigneur de la Terre et de l'Eau, divinité gardienne du village – des croyances animistes qui coexistent avec la religion prédominante de chaque village, bouddhisme ou christianisme selon les cas. La longue et dure répression dont ils ont fait l'objet de la part des autorités birmanes, leur fuite vers la Thaïlande et leurs dramatiques conditions de vie dans les camps de réfugiés ont rendu les Karens tristement célèbres en Occident.

LES HMONGS

Les Hmongs, aussi appelés **Meos** (ou Miaos), viennent de Chine du Sud et ont transité par le Laos avant de poursuivre leur migration vers le Siam à la fin du 19e s. Le deuxième peuple montagnard du pays (300 000 membres) s'est établi autour de Chiang Mai, Chiang Rai et Mae Hong Son. Il compte deux sous-groupes principaux, que l'on identifie à leurs tenues vestimentaires : les **Hmongs blancs** et les Hmongs verts, plus souvent appelés **Hmongs bleus**. Très indépendants, les Hmongs sont prêts à défendre leur mode de vie par les armes s'il le faut.

La majorité de leurs villages s'étagent entre 1 000 et 2 000 m d'altitude, en particulier pour ceux qui cultivent le **pavot à opium** et en font le commerce (malgré la loi). Mais un grand nombre vit à des altitudes moins extrêmes et plus propices à la culture du riz et du maïs, des cultures de substitution qu'encourage le gouvernement thaïlandais afin de lutter contre la drogue.

Adossés à la montagne sur des pentes douces, hameaux et villages hmongs, non clôturés, se composent de maisons de pin légèrement surélevées. Le long des chemins qui y mènent, on franchit des « ponts » cérémoniels (au lieu de portes), édifiés selon des rituels précis. Au rythme des saisons et à mesure de l'épuisement des sols, les Hmongs continuent de se déplacer, tous les 15 à 20 ans en moyenne.

LES LAHUS

Troisième ethnie en nombre, la population lahu compte quelque 100 000 âmes résidant autour de Fang et de Chiang Rai. Vivant à l'origine dans le sud-ouest de la Chine, les Lahus ont émigré au 19e s. vers la Birmanie et le Laos, avant de rejoindre d'autres groupes déjà installés en Thaïlande.

Eux-mêmes se désignent comme « **bon ya** », les « enfants de la bénédiction ». Ils invoquent **G'ui sha**, un être suprême plein de bonté, pour obtenir santé et récolte. Certains se sont convertis au christianisme.
Construites autour de 1 000 m d'altitude, leurs maisons de bambou posées sur pilotis entourent le temple dédié à G'ui sha, situé en hauteur. La **tribu des Sheh Leh**, elle, remplace ce sanctuaire par une aire de danses rituelles clôturée, destinée au cérémonial de bénédiction.
Les Lahus cultivent le riz, le maïs et le pavot sur brûlis, ce qui les oblige à se déplacer tous les trois ans, les terres qu'ils habitent, particulièrement pauvres, se trouvant vite épuisées. Ils complètent leurs revenus en vendant des articles de **vannerie**.

LES AKHAS

Venus du Yunnan chinois, les Akhas sont arrivés en Thaïlande *via* la Birmanie vers le 19e s. On en compte aujourd'hui env. 80 500, installés pour la plupart sur les pentes du Doi Mae Salong (Nord) où ils implantent leurs villages dans une combe ou un creux bien ventilé par la brise, aux alentours de 1 000 m. Spécifiques aux Akhas, les portiques ou piquets dits « portes du village » délimitent leur territoire et les protègent des esprits maléfiques de la jungle. La porte principale, située sur le chemin d'accès le plus élevé, est signalée par deux figurines en bois, l'une d'aspect masculin, l'autre féminin, indiquant que le domaine des hommes s'ouvre lorsqu'on franchit l'entrée. Posées sur pilotis, les maisons de bambou ou de planches, sans fenêtre, se regroupent à distance égale de celle du prêtre du village. Guidés par une volonté de continuité, qui s'exprime particulièrement dans leurs relations avec leurs ancêtres, les Akhas leur dédient un autel, pendu à la cloison de la pièce réservée aux femmes.
Les cultivateurs akhas pratiquent le brûlis et doivent eux aussi changer de résidence tous les quatre à cinq ans, en quête de nouvelles terres où ils cultivent encore le lucratif pavot à opium.

LES YAOS

Appelés Yaos par les autres peuples, eux-mêmes se désignent sous le nom de « **Miens** ». Ils sont originaires de Chine du Sud et sont les seuls à posséder une langue écrite depuis des siècles.
On estime à 60 000 le nombre de Yaos résidant en Thaïlande, gravitant autour de Chiang Rai, Phayao et Nan. Leurs villages, non clos, sont dispersés dans la montagne entre 1 000 et 2 000 m d'altitude, installés sur des pentes douces. À moitié sédentarisés, les Yaos cultivent le riz et le maïs, tantôt sur brûlis, tantôt en irrigation, ainsi que le pavot pour compléter leurs maigres ressources. Le désir de droiture qui habite les Yaos se manifeste par le respect des ancêtres. Ils pratiquent aussi d'anciens rituels taoïstes, héritage de leurs racines chinoises.

LES LISUS

Arrivés en Thaïlande *via* la Birmanie, les Lisus, fiers de leurs somptueux costumes traditionnels, sont aujourd'hui 55 000, éparpillés sur 9 provinces (dont presque la moitié à Chiang Mai). Vivant de la culture du riz sur brûlis, à 1 000 m d'altitude, et de celle du pavot, 600 m plus haut, ils établissent leurs villages entre ces deux niveaux, sur une crête face à une rivière. Qu'elles soient bâties sur pilotis ou à même la terre battue, les habitations, en bois, comprennent une véranda ouverte. Une fois l'autel familial disposé dans la nouvelle maison, on invite les ancêtres à venir y résider.

Administration et économie

En dépit de la crise économique qui, en frappant l'Asie en 1997, a fragilisé son économie, le dynamisme des exportations a permis à la Thaïlande de maintenir une situation satisfaisante. La relance s'est progressivement affirmée avec la reprise des investissements étrangers et la prépondérance des activités liées au tourisme. Les exportations, en croissance régulière, contribuent pour plus de la moitié au développement économique.
La politique de rigueur lancée par le Premier ministre Leekpai lui ayant coûté son poste aux élections de 2001, son successeur, Thaksin (réélu en 2005), amorça une politique de stabilité économique qui lui permit de gouverner sans coalition jusqu'en 2006. Depuis le coup d'État militaire de 2006 *(voir p. 60)*, l'économie de la Thaïlande subit néanmoins des crises successives, reflets de l'instabilité politique du pays.

UNE DIFFICILE POLITIQUE DE DÉCENTRALISATION

Au petit jeu des similitudes, outre la superficie, la population, la grande variété des paysages et la réputation des Thaïs d'être les Latins de l'Asie, la Thaïlande partage avec la France un goût prononcé pour la **centralisation administrative**, qui va de pair avec un fort attachement au monde rural hérité du passé *(voir encadré ci-dessous)*. Le découpage du territoire en 7 régions et 76 provinces traduit le souci de relayer au mieux, sur l'ensemble du territoire, l'action et surtout les prérogatives du pouvoir central. Mais pour les habitants des 40 000 communes rurales, ce pouvoir se réduit souvent à l'image intouchable du roi et aux bruits lointains de corruption et de remaniements ministériels qui leur parviennent de la capitale.
Si ce maillage administratif rationnel et très centralisé a permis, entre autres, la scolarisation systématique, la mise en place de nombreuses infrastructures collectives et, plus généralement, la diffusion de tous les symboles qui font de la Thaïlande un pays à l'unité très forte, ce processus ne signifie pas forcément un développement équilibré entre le centre et la périphérie.

Bangkok, une mégapole

La centralisation administrative s'est accompagnée d'une

LA MISE EN PLACE DE L'ADMINISTRATION PROVINCIALE

Les *ban* (communautés villageoises), regroupés autour des *muang* (ou districts, le terme désignant à la fois la ville, son enceinte et le territoire environnant) composaient jadis l'organisation administrative traditionnelle. Au sommet se trouvait le monarque, dont les décisions s'imposaient avec une autorité inversement proportionnelle à l'éloignement géographique et à l'influence des notables locaux. Au début du siècle dernier, l'émancipation de la paysannerie, libérée du système des prestations en travail ou en corvées (aboli en 1899) et affranchie de toutes les formes d'esclavage (en 1905) au profit d'un impôt annuel par tête, établit un lien direct entre l'administration centrale et l'immense majorité de la population, désormais constituée essentiellement de petits exploitants indépendants. Ce système rendait indispensable un solide maillage administratif du territoire. L'administration provinciale comprit dès lors trois niveaux : les *monthon* (régions), les *changwat* (provinces) et les *amphoe* (nouveaux districts).

concentration économique et démographique considérable, autour d'une mégapole de 10 à 15 millions d'habitants (selon que l'on considère ou non la conurbation du Grand Bangkok). Le poids de la capitale pèse d'autant plus – et de loin – qu'elle constitue le seul centre urbain de cette taille en Thaïlande (50 fois la population d'Udon Thani, la deuxième ville du royaume).
Bangkok abrite ainsi **la moitié de la population urbaine** du pays, soit le sixième de la population totale. Surtout, elle réalise à elle seule **le tiers du PNB**, les secteurs du commerce, de l'industrie manufacturière et des services en constituant les moteurs.
Elle bénéficie aussi de la plus grande partie des dépenses de l'administration civile et militaire.
La capitale occupe également une position nodale dans les **réseaux de communication**, qu'ils soient nationaux (les quatre lignes de chemin de fer du pays en partent et toutes les autoroutes y aboutissent), ou internationaux.

Les centres régionaux

Inquiets de cette exorbitante primauté urbaine, les planificateurs ont tenté de réagir en promouvant des **pôles de croissance en province** dans les années 1960. Quatre villes – Chiang Mai, Nakhon Ratchasima (Khorat), Khon Kaen et la conurbation de Songkhla-Hat Yai – ont ainsi bénéficié d'une politique d'incitations fiscales et de délocalisation de certains services administratifs. Ces programmes ont dynamisé le développement de ces petites métropoles régionales, mais sans toutefois entamer le pouvoir attractif de Bangkok. Et, en termes de production, l'écart se creuse toujours davantage. Aussi les autorités thaïlandaises ont-elles préféré décongestionner le centre-ville en disséminant ses administrations et universités à travers le Grand Bangkok, dans un rayon de 50 km.

Des inégalités croissantes

Bangkok et sa région affichent également des records sur le plan des inégalités sociales. Dans chaque quartier de la capitale, on voit se côtoyer des écarts de revenus d'une ampleur inconnue ailleurs. La plaine centrale, dont l'aménagement a favorisé la constitution d'une classe de grands propriétaires terriens, a vu se dissoudre les solidarités villageoises, encore fortes dans le reste du pays. Et, alors qu'autrefois une grande partie de l'exode vers Bangkok était saisonnier (migration de travail et non due à la misère), l'augmentation inquiétante de la population des bidonvilles semble traduire une paupérisation durable.

L'ENJEU DES FRONTIÈRES

La bonne intégration des régions frontalières représentait un autre grand défi, plus politique et militaire qu'économique cette fois. Elle se heurtait à deux écueils : d'une part la physionomie de ces régions que le relief et la végétation rendaient particulièrement difficiles à contrôler, d'autre part les populations locales, véritable **mosaïque ethnique** aux spécificités culturelles marquées.
Le premier pari, celui de l'intégration géographique, a été remporté grâce à des défrichements pionniers et à l'aménagement d'un réseau routier dense, qui a désenclavé les contrées les plus reculées du Nord et du Nord-Est. Le second, visant à aider les populations locales à demeurer sur place, repose sur le développement régional de nouvelles activités économiques, en l'occurrence la mise en valeur du patrimoine culturel des diverses ethnies à des fins touristiques : bien des « tribus » vivent ainsi désormais

de leur **artisanat**. Mais cette activité dépend pour beaucoup de la situation politique du pays voisin, et on peut s'interroger sur les effets pervers d'un tourisme « ethnique » qui fait de certains peuples des « curiosités » et encourage la survie de coutumes barbares, comme celles des « femmes-girafes » du peuple Padaung.

L'AGRICULTURE, UNE VALEUR SÛRE

Comparativement à d'autres pays d'Asie, la Thaïlande demeure relativement peu urbanisée. Même si l'agriculture n'occupe plus la première place dans l'économie nationale, elle continue d'employer près de la moitié de la population active (40,7 %) sur un tiers de la superficie du pays. De plus, elle fournit ses matières premières à une importante **industrie agroalimentaire**, à laquelle la campagne – où continuent de vivre les deux tiers de la population – se consacre presque essentiellement. Aussi l'agriculture et ses activités dérivées conservent-elles un poids économique et social beaucoup plus fondamental que ne l'indique sa seule contribution au PIB.

Les ressources animales

Les paysans thaïlandais pratiquent surtout l'**élevage** de la volaille et des bovins (les buffles, pour le travail, mais également de plus en plus pour leur viande). Ces animaux occupent les premiers rangs d'un important cheptel, que complète le porc. Mais l'alimentation des Thaïs privilégie toujours largement le poisson, les mollusques et les crustacés. Activité traditionnelle du golfe de Thaïlande et de la mer d'Andaman, la **pêche** est ainsi devenue une véritable industrie qui, associée à une aquaculture en forte croissance, alimente une filière de transformation (conservation et surgélation) bien intégrée dans le marché international.

Une riziculture d'exportation

Avec une consommation annuelle de 119 kg par habitant, le riz constitue la base de l'alimentation nationale. Les dernières décennies ont vu la mise au point de nouvelles variétés de riz, l'utilisation à plus grande échelle d'engrais et de tracteurs, mais aussi la mise en culture de rizières dans le Nord, désormais désenclavé. Cette modernisation s'ajoutant à l'importance exceptionnelle des surfaces cultivées et à ses faibles coûts de production ont fait de la Thaïlande le **troisième exportateur mondial de riz**, avec près du quart de sa production annuelle (30 millions de tonnes) partant sur les marchés internationaux.

Les bonnes affaires de l'agrobusiness

Alternance du riz avec d'autres cultures (surtout dans le Nord, où l'on ne produit qu'une seule récolte), mise en valeur de terres récemment défrichées et d'espaces en terrasses, sur les collines et les montagnes : l'agriculture thaïlandaise a su diversifier ses productions. Les **oléoprotéagineux** – manioc, soja, arachide et, nouveau venu en plein essor, le maïs – ont été les grands bénéficiaires de cette évolution. Le pays exporte désormais du manioc dans le monde entier, sous forme de tourteaux destinés à l'alimentation du bétail. Tirant parti de conditions climatiques favorables, il a également développé l'**hévéaculture** pour prendre la place de premier producteur mondial de latex naturel.

Au tableau des productions tournées vers les agro-industries, ajoutons le **tabac**, le **coton**, le **coprah** (dérivé de la noix de coco,

Rizières, Chiang Rai.
R. Meucci / Marka / age fotostock

employé notamment dans les cosmétiques), la **canne à sucre**, le bois (dont le pin pour la pâte à papier), les fruits (dont ceux des climats tempérés) et les légumes.

LE DÉCOLLAGE DE L'INDUSTRIE

Pauvre en ressources minérales, sauf en **étain**, le pays produit principalement du tungstène, du zinc et de la fluorine. En matière énergétique, l'économie peut s'appuyer sur l'hydroélectricité, le lignite, le gaz naturel du Nord-Est et surtout sur les gisements de **méthane** du golfe de Thaïlande ; mais pour combien de temps encore ? On craint en efffet un net décroît des réserves d'ici une dizaine d'années.

Ces ressources couvrent pour l'instant le tiers des besoins énergétiques du pays. Le gouvernement, qui a relancé un programme de prospection pétrolière, va cependant devoir ouvrir le marché de l'énergie à la concurrence pour trouver de nouvelles sources d'approvisionnement.

Tout miser sur l'exportation

L'alimentation, les boissons, le tabac et les matériaux de construction constituaient l'essentiel des produits manufacturés dans les années 1960. Progressivement, l'accent fut mis sur les produits d'exportation exigeants en main-d'œuvre, au premier rang desquels s'affichent le **textile** (filatures de coton et confection), la maroquinerie et les cuirs, la bijouterie, le mobilier et les produits en bois (teck), ainsi que les petites industries métallurgiques.

Les industries agroalimentaires se sont développées dans de nouveaux secteurs, tandis que, dans les années 1980, de grands groupes japonais (Toyota, Mitsubishi, Sony) ont profité d'une main-d'œuvre moins chère et réputée habile pour monter des **filiales spécialisées** dans l'assemblage de voitures, la fabrication d'appareils électroniques et de circuits intégrés. Une stratégie suivie par quelques firmes européennes telles que Nestlé, ICI, Unilever et Michelin.

Des profits de l'agriculture aux capitaux spéculatifs

L'industrialisation s'est intensifiée non seulement grâce à l'accroissement du capital industriel et financier, mais aussi grâce au soutien de l'État, alimenté par les revenus de la **taxe d'exportation sur le riz**. Dans ces premières phases de développement (années 1970), la bourgeoisie sino-thaïe joua un rôle décisif. Possédant déjà 70 à 80 % du commerce d'exportation, elle détenait un capital disponible, dans lequel ses banques pouvaient puiser pour créer des entreprises industrielles, thaïlandaises ou mixtes, associant des partenaires japonais ou chinois de Taiwan (second investisseur en Thaïlande derrière le Japon). Et ce qu'elles ne gagnaient pas directement sur l'agriculture d'exportation, la Bangkok Bank, la Thai Farmers Bank et d'autres le tiraient de l'accroissement des dépôts provenant de leurs agences rurales, pour le réinvestir ensuite dans des affaires lucratives (industrielles, immobilières ou financières).

Depuis, les liens (directs ou par le biais de sociétés d'investissement) entre la banque, l'industrie et les milieux du pouvoir se sont sans cesse resserrés, un peu à l'image du modèle japonais. Dernière étape dans ce processus de développement, l'ouverture aux capitaux internationaux peut aussi se révéler la plus dangereuse, par le caractère spéculatif et la volatilité de ces placements, même si ceux-ci favorisent des investissements en équipements ou en immobilier.

L'AVENIR ÉCONOMIQUE

Dans un contexte de crise internationale, l'économie thaïe se trouve fragilisée, car elle repose principalement sur l'exportation de biens de consommation, qui représente les deux tiers de son PNB. Cette stratégie a d'ailleurs accentué la dépendance du pays à l'égard des États-Unis et du Japon dans le domaine des biens d'équipements, sans compter la facture pétrolière, payable en dollars. Mais, bien que ce type de spécialisation étroite n'ait pas permis à la Thaïlande, contrairement à la Corée du Sud ou à Taiwan, d'accroître et de diversifier ses structures industrielles, il ne semble pas pour l'instant être remis en cause.

La recherche de débouchés

Le royaume cherche plutôt à rééquilibrer ses échanges en mettant l'accent sur le commerce Sud-Sud, notamment en direction de ses voisins immédiats : Birmanie, Laos, Cambodge et Vietnam. Par des investissements, des transferts de technologies, elle souhaite devenir leur partenaire privilégié en contrepartie de l'ouverture de leurs marchés à ses produits. L'autre débouché possible serait sa propre demande intérieure, mais se pose alors la question de la répartition des richesses, dans un pays où subsistent de fortes inégalités de revenu.

Confrontée à la crise financière mondiale qui sévit depuis 2008, la Thaïlande tente de créer un fonds commun de réserves avec les pays de l'Asean (Association des nations d'Asie du Sud-Est), l'objectif étant de se prémunir face à d'éventuelles crises nationales.

Pour compenser les déséquilibres de sa balance commerciale, l'économie thaïlandaise peut aussi compter sur les recettes du **tourisme**, qui génèrent 6,5 % du PIB. Principal pôle touristique en Asie du Sud-Est, le pays attire en effet chaque année près de 20 millions de visiteurs, avec un chiffre exceptionnel de 22 millions en 2012.

La vie politique aujourd'hui

Le multipartisme galopant et l'instabilité gouvernementale chronique demeurent les traits marquants du jeu politique thaï. Pour les nouvelles élites civiles du monde des affaires, possédant plus de moyens financiers que de légitimité régionale, l'achat des voix pallie l'enracinement local. Le chaos du paysage politique reflète un véritable besoin de rupture ; mais la Thaïlande en est-elle capable aujourd'hui ?

UNE MONARCHIE CONSTITUTIONNELLE

Trois forces semblent capables de peser sur ce cercle vicieux pour l'infléchir : le roi, l'éthique bouddhique et la société civile.

La Thaïlande est une monarchie constitutionnelle. Le souverain est le chef de l'État et des armées, il nomme le Premier ministre et, sur proposition de ce dernier, le Conseil des ministres, qui exerce le pouvoir exécutif. Outre ses fonctions institutionnelles (en principe dénuées de pouvoir effectif), le roi n'intervient dans la vie politique qu'occasionnellement, mais c'est précisément la rareté de ces interventions qui lui confère une autorité absolue. L'actuel roi **Bhumibol**, ou **Rama IX**, avait ainsi appelé à l'arrêt de la violence en 1973 et en 1992. Il a pu, par des engagements personnels, notamment à travers des programmes sociaux, indiquer des priorités. Ses conseils et l'intérêt qu'il porte à son peuple lui valent un profond respect de la part de toute la nation.

La **religion bouddhique** – à dissocier du clergé, qui s'est parfois compromis avec les juntes et la répression anticommuniste – et sa morale de détachement peuvent susciter chez certains des comportements vertueux. Or, la vertu séduit les Thaïs.

Enfin, se méfiant des querelles de clans, la **société civile**, durement touchée par les crises depuis 1997, a vu des signes encourageants dans la réforme de la Constitution (2007 ; nouvelle révision prévue en 2013) et l'élection des sénateurs au suffrage universel.

D'UNE CRISE À UNE AUTRE

Les hommes d'affaires font une entrée remarquée en politique. Cette évolution a culminé avec l'élection, en 2001, au poste de Premier ministre, du magnat des

LA FAMILLE ROYALE

Les Thaïlandais vénèrent la famille royale, dont vous verrez des portraits partout dans le pays. Né aux États-Unis en 1927, **Bhumibol Aduljadej**, l'actuel souverain, fit ses études en Suisse. Il se préparait à une carrière scientifique quand, après le décès de son oncle puis de son frère aîné, il fut couronné, en 1946, sous le titre de **Rama IX**. Deux ans plus tard, il rencontra à Paris la fille de l'ambassadeur de Thaïlande en France, qui devint la reine Sirikit, en 1950. Ils ont quatre enfants : la princesse Ubol Ratana, le prince Maha Vajiralongkorn, et les princesses Maha Chakri Sirindhorn et Chulabhorn. Séjournant dans leurs résidences provinciales, le roi et la reine parcourent le pays pour soutenir de nombreux projets culturels et sociaux : aide aux minorités, développement de l'agriculture et de l'artisanat ou protection de l'environnement. Partageant la popularité de ses parents, la princesse Maha Chakri Sirindhorn participe à de nombreuses œuvres humanitaires et représente souvent la Thaïlande à l'étranger.

CHEMISES ROUGES ET CHEMISES JAUNES

Tout au long de l'année 2009, des manifestations opposent **Chemises rouges**, partisans de Thaksin, et **Chemises jaunes** (en référence à la couleur royale). En 2010, après la condamnation de l'ancien Premier ministre pour abus de pouvoir et conflits d'intérêt, ses partisans exigent des élections anticipées ; à Bangkok, les manifestations du 14 mars sont les plus grandes que la Thaïlande ait jamais connues. Mais la situation est bloquée ; en avril, les Chemises rouges construisent des barricades autour de Siam Square, paralysant le cœur de la capitale. Malgré les tentatives de conciliations, le gouvernement lance l'assaut avec l'aide de l'armée le **19 mai 2010**. Manifestations et émeutes s'étendent aux régions nord et nord-est du pays, connues pour être les fiefs des Chemises rouges. On dénombre plus de 80 morts et de 2 000 blessés à Bangkok. Le Premier ministre Abhisit Vejjajiva lance alors un **plan de réconciliation nationale**.

télécommunications **Thaksin Shinawatra**, leader du parti Thaï Rak Thaï (« les Thaïlandais pour la Thaïlande »).

Le coup d'État militaire de 2006

Triomphalement réélu en 2005, Thaksin a constitué le premier gouvernement sans coalition depuis des décennies. Cependant, sur fond d'accusations de corruption, sa décision de dissoudre l'Assemblée en 2006 et les élections aux résultats contestés qui ont suivi aboutissent à sa destitution. Le **19 septembre 2006**, profitant de son déplacement à l'étranger, un coup d'État militaire dirigé par le général Sonthi l'écarte du pouvoir. Dissolution du Parlement, gouvernement militaire, abrogation de la Constitution et instauration d'un Conseil national de sécurité : c'est le début d'une période de crises politiques successives.

L'influence de Thaksin

Un tournant a lieu en 2007, lorsqu'un tribunal exige la dissolution du Thaï Rak Thaï. Les vives réactions montrent l'ambivalence du bilan politique de Thaksin : adoré dans les milieux ruraux pour ses actions concrètes (salaire minimal et sécurité sociale), il est détesté par une partie de la population, qui voit en lui un homme d'affaires corrompu. Bien qu'il ait pris le chemin de l'exil, son influence est telle qu'en décembre 2007, le **Parti du pouvoir du peuple** (fidèle à l'homme et à sa politique) remporte les élections législatives à la grande déception des putschistes. Samak Sundaravej, nommé Premier ministre, forme alors un gouvernement composé de partisans de Thaksin.

Yingluck Shinawatra

Après des mois de conflits violents entre Chemises rouges et Chemises jaunes, des élections législatives sont convoquées le 3 juillet 2011. Elles sont remportées par le parti d'opposition représenté par la sœur de Thaksin, **Yingluck Shinawatra**, qui devient chef du gouvernement thaïlandais. En octobre, de graves inondations, les pires depuis des décennies, frappent le pays, menaçant Bangkok et provoquant la mort de centaines d'habitants. La gestion de la crise provoque le mécontentement populaire et conduit à une réorganisation du cabinet ministériel en 2012, qui intègre notamment le chef des Chemises rouges au rang de ministre de l'Agricuture.

Traditions et art de vivre

Si c'est pleine lune, il y a forcément fête quelque part : rythmée par les grandes dates du calendrier luni-solaire qui régit la vie des pagodes, fêtes de l'eau ou de la lumière, régates illuminées ou processions de chandelles géantes, le quotidien est émaillé de réjouissances rassemblant toute la population autour des moment phares de la vie du Bouddha. Dans un autre registre, les soieries, les bijoux, les meubles laqués et les mille autres trésors d'un artisanat particulièrement divers et vivace ajoutent à chaque heure, à chaque geste, ce raffinement et ce sens de l'esthétique et l'harmonie si présents dans la culture thaïe. Quant à la gastonomie de la Thaïlande, sa réputation n'est plus à faire : découvrir toutes les subtilités de sa cuisine fera sans conteste partie des plaisirs du voyage.

Fêtes et festivals

De nature joyeuse, les Thaïlandais insufflent le *sanuk* (« amusement ») à leur quotidien, d'où un calendrier chargé *(voir « Agenda », p. 38)*. Souvent teintées d'animisme, mêlant le profane et le sacré, ces festivités sont l'occasion de processions hautes en couleur, moments de liesse populaire qui offrent d'excellentes occasions de resserrer les liens sociaux.

LE PAYS DES FÊTES

La plupart des fêtes se déroulent pendant la saison sèche, entre novembre et février. Si les jours fériés historiques et les célébrations liées à la famille royale sont à date fixe, les fêtes religieuses obéissent aux variations du **calendrier bouddhiste luni-solaire**. Constitué de douze mois, celui-ci comprend vingt-neuf nuits les mois impairs et trente nuits les mois pairs, avec une « lunaison » supplémentaire (le huitième mois est alors doublé) tous les deux ou trois ans pour rattraper le calendrier grégorien. Quant aux années, elles se déclinent à partir de l'avènement de l'ère bouddhique, qui correspond à l'an 543 av. J.-C., date présumée de la mort du Bouddha. Si l'année commence officiellement le 1er janvier – le pays a en cela adopté la coutume occidentale –, les Thaïlandais respectent le calendrier lunaire pour célébrer en grande pompe les deux plus importantes fêtes : Songkran, le Nouvel An bouddhique, et Loy Krathong.

Songkran : à l'eau !

Au plus fort de la chaleur, sous le ciel clair et sec de la mi-avril, tous les habitants du royaume se retrouvent pour célébrer le Songkran, qui marque le début de l'année liturgique bouddhiste. Entre rites religieux et kermesses populaires, cette **fête de l'Eau** célèbre l'arrivée de la saison des pluies et annonce le retour aux champs.

Pour commencer la journée, les moines reçoivent de la nourriture en offrande. Puis, en signe de renouveau, chacun nettoie sa maison à grande eau, avant de se rendre au temple pour asperger d'eau purificatrice les statues de Bouddha, les plus vénérées faisant l'objet d'importantes processions dans les rues. À travers tout le pays, on rend visite aux parents et aux amis âgés pour demander leur bénédiction, après avoir oint leurs mains d'eau parfumée. Et dans la rue, les Thaïlandais se retrouvent avec des seaux pour s'arroser mutuellement en signe de purification, dans une atmosphère de joyeux débordements.
Dans le nord et le nord-est du pays, en particulier à Chiang Mai, les festivités revêtent une ampleur particulière. Elles durent sept jours, pendant lesquels les fidèles se rendent dans les plus grands temples pour y construire des *chedi* de sable, monuments éphémères destinés à acquérir des mérites, que l'on décore de fleurs et de drapeaux, tandis que le *piphat* (orchestre) accompagne la danse des tambours de guerre. D'autres manifestations complètent le programme, dont des concours de beauté, très en vogue en Thaïlande. À Bangkok, on sort la statue du Phra Buddha Sihing, le bouddha que renferme la chapelle Buddhaisawan, pour la « baigner » sur la place royale de Sanam Luang. À Phra Padaeng, une proche banlieue de la capitale, les fidèles libèrent des oiseaux captifs achetés sur le parvis des temples, tandis qu'une procession de jeunes filles mônes se rend sur les berges du Chao Phraya pour y relâcher des poissons.

Loy Krathong : eau et lumière

À la pleine lune de novembre s'achève la saison des pluies. Le temps est alors venu d'honorer les **esprits de l'eau**. La nuit tombée, tous les habitants, petits et grands, se rendent au bord du fleuve, du ruisseau ou du lac le plus proche pour y déposer leurs **krathong** (« coupes »), des barques miniatures en forme de bouton de lotus, tressées avec des feuilles de bananier ou de bambou. Composant une flottille – *loy* signifie « flotter » –, chacune est chargée de bâtons d'encens, de bougies, de noix d'arec ou de pièces de monnaie, frêles esquifs qui emportent au fil de l'eau péchés et soucis de l'année écoulée. Sur le site historique de Sukhothai, l'événement donne lieu à un magnifique spectacle de son et lumière, avec danses traditionnelles, tandis que Chiang Mai organise un lâcher de ballons illuminés.

LES PRINCIPAUX JOURS FÉRIÉS

Parmi les jours fériés *(voir aussi p. 26)*, certains donnent lieu à force réjouissances. Pour le **Nouvel An** grégorien (31 déc.), surtout célébré par les citadins, les grands hôtels de Bangkok organisent des soirées avec flonflons et cotillons. Les manifestations en l'honneur de la famille royale ne sont pas en reste : le **jour de Chakri** (6 avr.), tous les habitants de la capitale sont invités à se rendre au Wat Phra Kaeo pour faire des offrandes au bouddha d'Émeraude, en hommage à la dynastie des Chakri, dont descend le roi actuel. Le 12 août, jour de l'**anniversaire de la reine**, tous les monuments de la ville sont drapés de bleu (la couleur de son jour de naissance) et se couvrent de fleurs, tandis que le 5 décembre, **anniversaire du roi**, les bâtiments publics et privés se parent de jaune, de drapeaux et de portraits du souverain.

L'artisanat

Soieries, laques, céramiques, orfèvrerie, sculpture sur bois, etc. : au fil des siècles, la Thaïlande a

Danseuses à Sukhothai.
L. Rebmann / MICHELIN

développé une riche tradition artisanale. Un patrimoine dû sans doute à la coexistence d'un artisanat royal et d'un artisanat populaire. Artisans de la Cour et artisans du peuple ont en effet toujours rivalisé d'originalité et de raffinement pour que leurs ouvrages soient de véritables objets d'art. L'industrialisation a menacé nombre de techniques, mais des initiatives gouvernementales ont été mises en place, comme le label **OTOP** (One Tambon, One Product), qui valorise les produits du patrimoine artisanal local.

ÉTOFFES DU SIAM

Si les textiles les plus précieux, destinés à la cour royale, étaient jadis importés d'Inde et de Chine, la Thaïlande s'affiche de nos jours comme le foyer le plus riche d'Asie du Sud-Est en matière de production textile. Renommées dans le monde entier, **cotonnades** et **soieries** se distinguent par la richesse et la variété de leurs couleurs, de leurs motifs et des techniques de décor.

Indissociable de la culture siamoise, la **soie** était d'abord l'apanage des rois et des princes, étoffe de luxe dont on faisait de somptueux vêtements de brocart. Les gens du peuple possédaient eux aussi des tenues de soie, mais les réservaient aux grandes cérémonies. L'industrie de la soie, florissante jusqu'au 19e s., vécut des heures sombres avec l'apparition des textiles synthétiques importés de Chine et du Japon, bien meilleur marché. Mais après la Seconde Guerre mondiale, l'Américain **Jim Thompson** remit ce tissu au goût du jour, notamment en développant son exportation. Ce commerce connut un tel succès que la soie compta dès lors parmi les secteurs économiques les plus prospères du pays.
La technique du tissage demeure très artisanale et l'on confectionne toujours les étoffes à l'aide de métiers à tisser traditionnels, chaque région possédant son propre système. Dans l'Isan, par exemple, la **soie mutmee** est élaborée à l'aide de fils noués et

préalablement teints dans des couleurs aux nuances foncées qui, placées à intervalles réguliers, composent dessins géométriques, animaux, motifs végétaux ou personnages mythiques. Dans le Nord, les femmes arborent le ravisant **pha-sin**, un sarong typique du Lan Na, en soie brochée d'or, rehaussé de motifs linéaires ou de petits dessins complexes. D'autres portent des jupes tissées à la **teenjok** (« à liseré de brocart »), que l'on réalise en insérant des morceaux de soie colorés dans la trame.

Les **minorités ethniques** des montagnes excellent dans l'art du tissage et de la broderie : chaque tribu possède sa technique, et le vêtement est un signe d'identité culturelle. Les **femmes lisus**, mais aussi hmongs et yaos, sont ainsi réputées pour leurs tissus très colorés, parés de broderies, de motifs en batik ou d'incrustation de tissus. En Thaïlande méridionale, enfin, on trouve davantage d'artisans spécialisés dans le **batik**, une technique de coloration par réserve, à la cire, qui provient de Java (Indonésie).

VANNERIE ET POTERIE

Parmi les fibres végétales – joncs, roseaux, feuilles de palmiers – que la nature livre en abondance, les Thaïlandais ont beaucoup utilisé le **bois** et le **bambou**, demeurés jusqu'au début du 20e s. les principaux matériaux de la vie quotidienne, de l'habitation à la vaisselle en passant par le mobilier. Aussi les artisans thaïlandais sont-ils experts dans l'art de la **vannerie**, déclinant notamment une infinité de paniers qui ont chacun une fonction spécifique : conserver le riz, le stocker et cuire la nourriture à la vapeur. Autant d'objets qui, malgré leur fonction usuelle, ne manquent pas d'être décorés, suivant l'héritage ancestral : dessins géométriques, colorés ou délicatement tressés.

Autre tradition artisanale ancienne, la **poterie** connaît encore de belles heures, même si elle est menacée par la modernisation. La ville de **Ratchaburi**, par exemple, au sud-est de Bangkok, fabrique et exporte toujours dans tout le pays ses fameuses **jarres à eau** aux flancs bruns vernissés, décorés de motifs floraux ou de dragons. Le village de potiers de **Dan Kwian**, situé dans les environs de Nakhon Ratchasima, perpétue quant à lui une poterie artisanale non émaillée aux formes les plus diverses. Jusqu'à nos jours, la coutume voulait que chaque habitant place devant sa maison une jarre emplie d'eau, afin d'offrir un rafraîchissement au visiteur. Mais le pot de terre dédié au stockage de l'eau et des aliments se voit progressivement évincé au profit de matériaux modernes et, dans les campagnes, on ne voit plus guère, à côté de la maison, que d'énormes citernes de ciment.

LE TRAVAIL DU BRONZE

Armes, outils et bijoux, en bronze ou en étain : l'artisanat du métal compte lui aussi parmi les traditions les plus anciennes. Les découvertes faites sur le site archéologique de **Ban Chiang** ont révélé que la technique du bronze était connue en Thaïlande depuis le 3e millénaire av. J.-C. Mais c'est le royaume de **Sukhothai** qui lui donna ses lettres de noblesse avec la statuaire religieuse. De nos jours, le bronze sert toujours à la confection de **statues** pour les innombrables temples du pays, mais également pour les **cloches**, les **gongs** et la vaisselle liturgique. On continue aussi de fabriquer, comme jadis, des services de table en bronze doré et des statuettes à l'image des personnages du *Ramakien*.

L'ARTISANAT DES ROIS

De véritables chefs-d'œuvre d'**orfèvrerie** sont nés des ateliers royaux, notamment à l'époque du royaume d'Ayutthaya, rivalisant de virtuosité dans l'art de ciseler le moindre détail. Principaux matériaux employés, l'or et l'argent (martelés, tressés ou travaillés en filigrane) servent à la confection de bijoux, d'armes d'apparat, d'objets de culte, mais aussi de nécessaires à bétel, de pipes à opium, de coffrets, de statuettes, etc. Dès le 12e s., les orfèvres utilisent la **technique du niellage**, importée d'Europe, qui consiste en des incrustations de nielle (un émail noir issu d'un mélange de cuivre, d'argent et de soufre) sur de l'argent ou de l'or gravé. Ce procédé permettait par exemple de décorer des couvertures de livres de prières.

LES CÉRAMIQUES

Outre la découverte des bronzes, le site de **Ban Chiang** a dévoilé la technique cinq fois millénaire des céramiques à « motifs cordés ». Plus tard, au 11e s. de notre ère, les premiers émigrants chinois importèrent les secrets de fabrication de la **céramique bleu et blanc**, dont les délicats dessins floraux et géométriques allaient connaître un immense succès, bien au-delà des siècles, cette tradition demeurant encore la spécialité des artisans de la région de Lampang. Là encore, c'est au 13e s., avec le royaume de Sukhothai, que s'épanouissent les plus beaux styles. Hérités eux aussi du savoir-faire des artisans de l'empire du Milieu, deux genres voient le jour, l'un tiré de la dynastie chinoise des Yuan (13e s.), l'autre s'inspirant de la porcelaine de Suzhou, une ville côtière chinoise. Ce dernier style, aux tons gris-bleu ou bruns, deviendra l'apanage des potiers de **Sawankhalok**, autre nom de l'ancienne cité de Si Satchanalai. Grâce à l'exploitation d'une argile d'excellente qualité, la cité s'imposera comme le centre de fabrication le plus important du monde asiatique entre les 14e et 16e s. Les fours de potiers (encore visibles) donneront alors naissance à la **céramique de Sangkhalok**, connue pour ses **grès porcelaineux** vert jade et surtout pour ses fameux **céladons** aux teintes pastel.
Utilisée dans la fabrication de jarres, de vaisselle, de statuettes et d'objets religieux, sans oublier les tuiles vernissées des couvertures des temples, cette technique s'est transmise de génération en génération. C'est à Chiang Mai que vous pourrez, aujourd'hui, observer les diverses étapes de fabrication de cette céramique : traitement de l'argile, contrôle de chaleur des fours et décoration.
Commanditée par la cour royale siamoise, la **céramique de Bencharong** connut également un grand succès entre les 17e et 19e s., mais elle resta un artisanat royal. Elle donne une vaisselle raffinée, alliant cinq couleurs traditionnelles : le blanc, le bleu, le jaune, le vert et le rouge.

LES LAQUES

Importé de Chine *via* la Birmanie, le laquage fit son apparition au Siam vers le 11e s. Servant à l'origine à protéger le bois contre l'humidité et les insectes, ce revêtement imperméable était également apprécié pour ses qualités esthétiques, et on en recouvrait les objets en bambou ou en bois.
Issue de l'arbre à laque, ou **rak** (*Melanorrhea usitata*), la laque est une résine noire et huileuse à laquelle on mêle de l'argile et de la cendre de riz, un liant léger du nom

DES VILLAGES SPÉCIALISÉS

Les différentes corporations artisanales, comparables aux guildes médiévales de l'Occident, se regroupaient autrefois par quartiers ou par villages, chacun spécialisé dans un type d'activité. Ces communautés procédaient ensuite entre elles au troc. Sous l'égide de l'État, cette tradition perdure dans les principaux centres de production artisanale du pays, dans le Nord et le Nord-Est. De nombreux villages des régions de Chiang Mai et de Nakhon Ratchasima (Isan) conservent leur spécialité : poteries, ombrelles, vannerie ou sculptures sur bois. La plupart sont devenus touristiques, mais on peut toujours y observer les artisans à l'ouvrage, dans le respect des techniques d'antan.

de *samook*. Suivant la qualité du support à recouvrir, on l'applique soit directement, soit sur une trame constituée de crins de cheval. De même, le nombre de couches de vernis – la laque elle-même – varie : une pièce de valeur pouvant nécessiter jusqu'à six couches. Chacune demande un temps de séchage de plusieurs jours, suivi d'un lustrage à la cendre. Aussi la réalisation d'une laque peut-elle exiger six mois de travail !

L'art de la laque connut son âge d'or sous le royaume d'Ayutthaya et pendant la période de Ratanakosin, du 16e s. au 19e s. On l'utilisait dans le décor architectural, pour orner les portes et les fenêtres des édifices royaux ou religieux, mais aussi pour rehausser le mobilier, armoires à manuscrits et coffres. Les laques thaïlandais se reconnaissent à leurs motifs dorés à la feuille sur fond noir. Pour les pièces de vaisselle, la gamme traditionnelle décline le brun, le noir et le rouge.

OUVRAGES EN BOIS

Conséquence de sa surexploitation, le **teck** est devenu une denrée rare. Jusqu'au milieu du 20e s., pourtant, ce bois précieux abondait sur le territoire thaïlandais. Sa qualité et ses atouts – solide, imputrescible, résistant aux insectes – en ont fait le matériau idéal pour les travaux de construction (murs, planchers), d'ébénisterie ou pour la fabrication de nombreux objets utilitaires : lampes, plateaux et même cloches à bétail.

Les principaux commanditaires de pièces en teck furent le souverain et sa cour, les moines pour leurs temples et les artistes pour les arts de la scène. **Meubles**, statues, instruments de musique et ustensiles sortirent des ateliers, les artisans ciselant le bois avec un raffinement qui porta la valeur de leurs pièces au rang des sculptures en pierre et des bronzes. Il suffit pour s'en convaincre d'admirer les frontons, les vantaux de portes et les panneaux ajourés qui parent les temples, véritables dentelles de bois, ainsi que les reliquaires ou les autels qui ornent l'intérieur des *wihan*. Seuls les musées conservent des exemples du **mobilier de cour** : palanquins, trônes royaux, paravents et armoires à manuscrits, auxquels il convient d'ajouter les barges royales et les chariots funéraires.

La marqueterie de nacre

C'est, avec la laque, la plus importante technique décorative du bois. Nommée *(mook thai)*, elle est connue dès l'époque Dvaravati (11e s.). La nacre fut très en vogue durant le royaume d'Ayutthaya, entre les 14e et 18e s. Dans des plaques de nacre taillées et polies, on découpait divers motifs, fleurs, oiseaux, personnages ou encore figures porte-bonheur. Chaque élément était ensuite collé sur le bois, tandis que les surfaces restées vierges recevaient plusieurs couches de laque. Puis l'ensemble était à nouveau poli, à l'aide de sable. Ce type d'ornement, autrefois réservé à la royauté, s'est popularisé pour s'étendre désormais aux objets de la vie quotidienne, meubles, plateaux, horloges et gadgets… d'un goût discutable.

Le papier

Ombrelles, cerfs-volants, jouets et figurines de papier mâché… cet autre matériau issu du bois a toute sa place parmi les traditions artisanales thaïlandaises. Nombre d'accessoires du *khon*, le théâtre populaire dramatique – aujourd'hui presque totalement disparu –, font appel au papier mâché, tels ces étranges masques grimaçants utilisés dans la pantomime dansée.

Loisirs et sports

Du football au *takraw* en passant par la boxe, les sports offrent aux hommes l'occasion de se retrouver et de parier : la fièvre du jeu, tel est le sport national ! La boxe thaïe est de loin la discipline la plus populaire, mais le cerf-volant, transformé en compétition, rencontre un certain succès.

LA BOXE THAÏE

Autrefois, les combattants de *muay thai* (tels les rois d'Ayutthaya) s'entouraient les mains de bandelettes de tissu contenant du verre pilé pour augmenter l'effet des coups. Si le verre est tombé en désuétude, cet art « défensif » s'est aujourd'hui transformé en un sport plus violent encore, qui impose le port de gants.

Les adversaires utilisent toutes les parties du corps comme armes offensives, excepté la tête. Avant le match, les protagonistes rendent hommage aux maîtres, vivants et décédés, sur un air joué par un orchestre, ou *piphat*. La meilleure ambiance de compétition se découvre au **Lumphini Stadium**, à Bangkok *(voir dans « Nos adresses à Bangkok », p. 167)*.

LE TAKRAW

Très populaire, ce jeu réunit une demi-douzaine de jeunes gens placés en cercle, qui tentent de se passer une balle en rotin tressé (ou en plastique) appelée *luuk takraw*. Il est interdit de mettre la main ; seuls les coups de pied, de genou, de coude et de tête sont permis. Le *takraw* se pratique partout, mais en compétition, il requiert un espace équivalant à un terrain de volley-ball, le jeu adoptant sensiblement les mêmes règles. Des variantes existent pour les compétitions, opposant deux équipes, soit de part et d'autre d'un filet de volley-ball, soit autour d'un cerceau suspendu à 4 m du sol, comme au basket.

LE MASSAGE TRADITIONNEL

Héritage séculaire, le massage traditionnel obéit à des principes et à une connaissance du corps très rigoureux. Les masseurs vous palpent et vous étirent de manière à répartir uniformément les « énergies » à travers le système nerveux. La technique consiste à dénouer les points de tension le long des méridiens du corps. L'ensemble des muscles et des vertèbres est aussi manipulé comme dans la chiropractie et la réflexologie, et une heure de ce traitement suffit à vous détendre. Vous pouvez suivre des **cours de massage** au Wat Pho, dans la capitale *(voir dans « Nos adresses à Bangkok », p. 167)* : prévoyez sept jours d'apprentissage.

LES CONCOURS DE CERFS-VOLANTS

La tradition des cerfs-volants, très populaire, remonte à des temps anciens. Ces joutes se déroulent pendant les périodes de grands vents et en saison sèche (en mars et en avril) sur l'**esplanade de Sanam Luang**, à Bangkok. Véritable ballet aérien, le jeu prend aussi la forme d'une guerre des sexes. Manœuvré par quelque 70 hommes, le cerf-volant « mâle » *(chula)* ressemble à une étoile géante qui tente d'entraîner sur le territoire masculin, à l'aide d'un crochet en bambou, une « femelle » *(pakpao)* en forme de petit diamant blanc. Plus petit mais plus agile, celui-ci arrive parfois à enrouler son fil autour d'un « mâle » jusqu'à ce qu'il s'écrase sur le territoire féminin.

La gastronomie

La cuisine thaïlandaise, dont la renommée n'est plus à faire, compte parmi les meilleures du monde. Étals fumants sur le trottoir, restaurants ouverts à toute heure, gargotes ambulantes établies au bord de la route : tout est prévu pour proposer un en-cas au passant, car les Thaïlandais adorent grignoter toute la journée, gourmands de brochettes, de riz sauté ou de soupes aux parfums les plus divers… et les plus savoureux.

Voir aussi « Se restaurer », p. 21.

LE HUITIÈME ART

La cuisine thaïlandaise est à l'image de son histoire, influencée par l'Inde, la Chine et la Malaisie, dont les saveurs ont inspiré aux cuisiniers siamois toute une palette de recettes. Curries verts, jaunes ou rouges (selon la couleur du piment), plats de poisson, de fruits de mer ou de poulet, cuits au lait de coco, à la vapeur ou au citron vert, brochettes de bœuf au barbecue… Impossible d'énumérer toutes les spécialités imaginées au fil des siècles pour réjouir le palais.

Au raffinement du goût est venue s'associer la beauté de la **présentation** : sous le royaume d'Ayutthaya, la gastronomie, dévolue à la royauté et à sa cour, s'érigea en art, les femmes se font championnes dans l'art de la table et de la décoration florale. Une tradition que l'on peut apprécier de nos jours dans les restaurants de luxe, où les légumes et les fruits, délicatement ciselés, transforment chaque plat en une somptueuse composition artistique.

LA RONDE DES ÉPICES

Les gastronomes siamois ont appliqué à la lettre le précepte confucéen selon lequel « on ne doit pas manger de plat qui n'ait été proprement assaisonné ».

Un véritable principe fondé sur le mariage à l'infini des épices. Introduites au 16e s. par les missionnaires portugais, après leur passage en Inde, plus de quarante sortes d'épices sont venues ainsi rehausser les préparations culinaires locales : cannelle, poivre noir, noix de muscade, clous de girofle donnent aux curries leur caractère, sans oublier le curcuma. Quant aux **piments** *(prik)*, on en dénombre une douzaine, le plus violent d'entre eux, de couleur orange, étant le *prik kee nou luang*, ou « crotte de souris ».

Toute une gamme d'**herbes aromatiques** apporte aussi ses parfums. La cardamome et l'ail s'allient à merveille aux notes fruitées du tamarin. L'arôme de la **citronnelle**, le feu du piment et la fraîcheur de la **coriandre** se marient pour offrir aux plats une saveur miellée, tandis que l'acidité du citron vert s'associe fort bien au goût âcre du **galanga** (variété de gingembre). Ajoutons encore les

Marché aux fruits et légumes dans la province de Chiang Rai.
URF / age fotostock

arômes du **basilic**, de la **menthe**, de l'oignon vert ou de l'échalote. Qui dit épicé ne dit pas forcément pimenté. Si les Thaïlandais aiment les mets relevés, le piment n'entre en fait qu'assez peu dans la base des sauces thaïlandaises. À vous aussi de préciser simplement en thaï que vous souhaitez votre plat « *maï pet douay khra/khrap* » (non relevé).

QUELQUES CLASSIQUES

Toutes ces saveurs se découvrent et s'apprécient partout, du restaurant gastronomique aux plus modestes échoppes de rue. Pour trois fois rien, vous profiterez d'une excellente cuisine sur les **marchés de nuit**, qui proposent des plats traditionnels, aussi simples que savoureux, tels le *kai pat met ma mouang*, un sauté de poulet aux noix de cajou, le *kai pat bai kraphao*, sa version au basilic ou encore le *mou sap bai kraphao*, porc frit aromatisé au basilic, servi avec du riz. Les **végétariens** auront l'embarras du choix entre divers plats de légumes épicés de mille façons. Le plus populaire, le *prat pahak ruam*, combine haricots verts, chou, carottes et champignons frits dans une sauce aux huîtres. Vous pourrez aussi goûter au **tofu**, ce fameux fromage de caillé de soja, que l'on déguste frit avec une sauce à l'huître.

RIZ, NOUILLES, SOUPES ET CURRIES

Base de tous les repas, le **riz** *(khao)* comprend plus de cinquante variétés, auxquelles s'ajoutent sept saveurs différentes, du riz parfumé au jasmin – le plus recherché – au fameux riz gluant *(khao niao)*. Cuit à la vapeur *(khao suay)* ou sauté *(khao paat)*, on l'accommode avec le porc, les crevettes, le poisson ou le bœuf. Les amateurs de **nouilles** trouveront tout autant de choix, à déguster sur le pouce chez les marchands ambulants ou attablé dans un *noodle shop*, un restaurant spécialisé. Très populaire, le *phat thai* se compose de nouilles larges et plates, ou fines comme des cheveux d'ange, que l'on sert sautées ou frites et accompagnées

de porc ou de boulettes de poisson. Parmi les dizaines de variantes, la plus commune est le *kouay tio phat thai* : des nouilles plates sautées, mêlant germes de soja, œuf, arachides et crevettes séchées, le tout sucré et aromatisé de sauce au poisson.
Les **soupes** *(tom)* offrent une belle diversité de goûts. Parmi les *must*, essayez la *tom yam*, aux crevettes et au poisson, parfumée à la citronnelle, aux piments et à la sauce de poisson, la *tom kha gai*, du poulet au lait de coco, ou encore le *tom yam kung*, une soupe acidulée aux crevettes.
L'influence indienne se dévoile dans les **curries** *(kaeng)*, plats de bœuf, de crevettes, de poisson ou de poulet qu'on laisse mijoter dans un **lait de coco** parfumé de condiments et d'épices écrasés au mortier. Un régal, mais qui peut aussi enflammer le palais comme le **curry vert** ou *kaeng khieo wan*, sans doute le plus fort avec ses jeunes aubergines au lait de coco et au piment vert.

LES REPAS TRADITIONNELS

En guise de petit déjeuner, la journée de tout Thaïlandais débute avec un plat unique, en général une **soupe de nouilles** *(khao tom)* ou une préparation à base de riz, de légumes et de viande étuvée. Vous aurez le choix entre un *kouay tio nam*, soupe de nouilles blanches aux boulettes de poisson, de porc ou de poulet, ou un *bami nam*, soupe de nouilles jaunes.
Le déjeuner ou le dîner, lui, peut se satisfaire de beignets de crevettes, de pâtés impériaux ou de **satay**, ces délicieuses brochettes de poulet avec une sauce aux arachides, d'origine malaise. Un repas plus riche comprendra des soupes, des viandes ou des fruits de mer à la vapeur, du poisson frit, sans oublier le plat de riz, et le non moins rituel **yam**, une salade épicée à base de poisson ou de viande, ou composée de vermicelle de soja *(wun)*, agrémentée de laitue, de menthe, d'ail et de citron.
Un grand choix de **légumes** accompagne les poissons et les viandes : haricots, papayes vertes, aubergines, carottes, choux, tomates, pousses de bambou ou encore champignons chinois.
On dispose sur la table toutes sortes de **sauces** – petits bols contenant du vinaigre, du piment en poudre *(nam prik)*, de la sauce à base de poisson fermenté *(nam pla)* et de la sauce de soja, ces dernières servant de substitut au sel.

DOUCEURS DES TROPIQUES

Le repas s'achève avec des desserts légers servis dans des bols. Glaces, gâteaux, crème renversée, les **khanom** revêtent une infinité de formes et de couleurs. Très sucrés, ils sont faits pour la plupart à base de banane ou de noix de coco. Le *kluai bouat chii*, qui remporte les faveurs, consiste en des morceaux de banane cuits dans du lait de coco sucré et parfumé, servis chauds. Une multitude de friandises sont préparées par les marchands ambulants, comme le *khanom beuang*, crêpe agrémentée de noix de coco sucrée et de filaments de jaune d'œuf, cuite dans du sirop de crevettes séchées. Laissez-vous tenter par un *khao lam*, riz gluant au lait de coco sucré, cuit et présenté dans une tige de bambou.
Les agapes se terminent enfin par des **fruits tropicaux** : une occasion de goûter au durian, le « roi des fruits », très prisé en Thaïlande malgré son odeur nauséabonde.

SAVEURS RÉGIONALES

La créativité de la cuisine thaïlandaise se révèle aussi par l'infinie diversité des spécialités provinciales. Avec ses 2614 km de côtes, la Thaïlande offre un large éventail de plats de **poisson** et de **fruits de mer**, surtout dans le **Sud**. On vous proposera, selon la région, du bar, du thon, du poisson-chat, voire du requin de récif. Dans les restaurants spécialisés, vous choisirez votre poisson ou votre homard dans son aquarium. Les crustacés sont préparés en curry ou frits, grillés, cuits à la vapeur ou agrémentés d'une sauce aigre-douce, comme le très prisé *pla priaowan*. Le *pla phat king*, du poisson au gingembre, est un délice, tout comme le *tom ka kung*, des crevettes cuites dans du lait de coco avec une racine de galanga. Les plus téméraires goûteront le *kaeng tai pla*, un curry de poissons et de rognons. Influencé par la cuisine de la Malaisie, le Sud s'enorgueillit de servir les plats les plus épicés de tout le pays.

Mais les cuisines du **Nord** et du **Nord-Est** ne sont pas en reste en matière d'épices. La province de l'Isan est connue pour son *som tam*, salade de papayes vertes et de crevettes séchées, assaisonnée de citron et fortement pimentée. On la sert accompagnée de poulet grillé épicé et d'un riz gluant, cuit à la vapeur et servi dans son traditionnel panier de bambou tressé. Le *lab*, un plat très populaire, est un mélange de bœuf ou de porc émincé, accompagné d'échalotes, de piments, de chou et de feuilles de menthe. C'est dans l'Isan aussi que l'on déguste le riz aux arômes de jasmin, le plus parfumé de tout le pays.

Si vous voyagez dans la région de Chiang Mai, essayez de participer à un **repas kantoke**. Servi sur une table basse, il rassemble toutes les spécialités régionales, qui donnent un avant-goût de la cuisine birmane. On commence par les *cap mou*, des morceaux de peau de porc croustillante, avant d'attaquer un *kaeng kai* (curry de poulet) ou un *kaeng hang* (curry de porc au gingembre), et le traditionnel *khao soi* (nouilles en sauce).

LES BOISSONS

Du fait des températures parfois caniculaires, les Thaïlandais sont de grands consommateurs de **bière**, qu'ils sirotent en grignotant des amuse-gueules. Les hommes apprécient aussi le whisky local, le **Mékong**, distillé à partir de riz ou de canne à sucre fermentés, au goût très fort. On trouve du vin dans les établissements moyen et haut de gamme, mais à des prix élevés. Le repas est en général servi avec de l'eau, de la bière et des boissons gazeuses, le jus de canne à sucre accompagnant fort bien les curries ou les plats à base de riz. Dans la plupart des restaurants, en outre, on peut boire à volonté et gratuitement du thé vert. À toute heure de la journée, vous vous rafraîchirez de jus de fruits frais et de milk-shakes.

Religion

Religion d'État en Thaïlande, le bouddhisme rassemble près de 95 % de la population et confère au roi l'autorité d'un « cakravartin », c'est-à-dire d'un monarque universel, guidé par la loi qu'il défend. Le bouddhisme thaïlandais obéit à la tradition la plus pure de cette foi, le theravada, doctrine orthodoxe que véhicule une communauté de 250 000 moines, à travers les 30 000 monastères qui émaillent le pays. Cette religion dominante cohabite néanmoins avec les anciennes croyances locales : dans le nord du pays, les tribus montagnardes demeurent attachées au culte des esprits. Et, aux confins de la Malaisie musulmane, le bouddhisme cède le pas à l'islam, que pratique presque 4 % de la population thaïlandaise. Viennent ensuite le christianisme, troisième religion du pays avec 0,5 % de fidèles, puis une poignée de bouddhistes mahayanistes, d'hindouistes, de confucianistes et de taoïstes.

Le bouddhisme

Quelle est la racine de la souffrance humaine, et comment peut-on s'en affranchir ? À cette question fondamentale de l'existence, un prince, Siddharta Gautama, trouva la réponse au terme d'années d'ascèse et de méditation. Il découvrit la connaissance suprême et trouva la voie de la délivrance menant à la félicité absolue, le **nirvana**. C'est ainsi qu'il devint le Bouddha, c'est-à-dire « l'Éveillé » ou « l'Illuminé ».

LA VIE DE BOUDDHA

Siddharta Gautama naquit au 6e s. av. J.-C., au sein d'une famille princière du royaume de Kapilavastu, aujourd'hui Tilaurakot, au Népal. Sa mère lui donna naissance dans un jardin, et l'enfant fut élevé comme l'imposait son rang de futur *cakravartin*. À ceci près qu'il resta confiné au palais : sa mère avait fait le songe d'un éléphant blanc venu du ciel, qui s'introduisait dans son flanc droit, une image signifiant que son fils renoncerait au monde.

Les seules sorties du jeune prince se réduisaient donc à ses promenades dans le jardin où il avait vu le jour. Or, c'est précisément là qu'il fit les quatre rencontres qui changèrent sa destinée : il croisa tour à tour un vieillard, un lépreux, un mort et un moine mendiant, quatre allégories de la souffrance humaine. Les trois premières provoquèrent un terrible choc chez le jeune homme, qu'une existence dorée avait préservé des peines de ce monde. La dernière rencontre, celle avec le moine, devait fonder sa décision : à 29 ans, le prince abandonna son palais, son épouse et son jeune fils et partit en solitaire pour une quête spirituelle.

Au terme de sept ans d'ascèse et de méditation, sous le nom de « Gautama », il obtint enfin la réponse à ses interrogations. Par une nuit de pleine lune passée à méditer assis sous un banian, il atteignit l'**Éveil** : il avait trouvé la voie et était devenu le Bouddha. Dès lors, et pendant quarante-

Groupe de jeunes bonzes à Chiang Mai.
L. Rebmann / MICHELIN

cinq ans, il s'employa à diffuser sa doctrine. Bouddha mourut à l'âge de 80 ans, après une ultime nuit de méditation où il parvint au *mahaparinirvana*, la **grande et totale extinction**.

LES QUATRE NOBLES VÉRITÉS ET LA ROUE DE LA LOI

Son premier sermon, Bouddha le prononce à Sarnath, près de Bénarès (Inde), où il convertit ses cinq premiers disciples. Il y expose les **quatre nobles vérités** par ces aphorismes : l'existence n'est que souffrance, et la souffrance naît du désir. Quelles que soient les écoles et les pratiques, la doctrine bouddhique découle de ce constat premier.

La souffrance, explique Bouddha, est due au cycle incessant des renaissances (ou réincarnations), le **samsara** : éternellement insatisfait, l'homme développe des désirs, s'enchaîne à des passions, par nature illusoires, pour renaître encore et encore. Car ce cycle de réincarnations obéit à la **loi du karma**, qui obéit à une relation de cause à effet : l'homme est le fruit de ses propres actions, bonnes ou mauvaises, effectuées dans ses existences antérieures comme dans sa vie présente. Pour mettre fin à ce cercle vicieux, Bouddha prône le détachement, le rejet de tout désir, par une discipline morale rigoureuse – la meilleure voie étant la vie monacale. Cet enseignement marque pour les adeptes la « mise en mouvement de la **roue de la loi** », qui guide l'homme comme le soleil éclaire le monde.

LE SCHISME DU BOUDDHISME

Bouddha mourut sans laisser aucun traité écrit codifiant son enseignement. Après sa mort, de nombreux conciles réunirent les moines afin de fixer la doctrine bouddhique, le **dharma**. Mais dès les deux premières rencontres, des divergences se firent jour au sujet de la discipline monastique. Elles entraînèrent au 4e s. av. J.-C. une scission irrévocable : à l'école orthodoxe et conservatrice du theravada – la « doctrine des Anciens », plus directement fidèle à l'enseignement de Bouddha – s'opposèrent diverses branches réformatrices qui aboutirent au 1er s. à la formation de l'**école du mahayana**, ou **grand véhicule**. Par dérision, ses adeptes désignèrent ensuite le theravada sous le terme de « **hinayana** », le **petit véhicule**. Les textes sacrés des *theravadins*, qui consignent les paroles du Bouddha, furent rédigés au Sri Lanka à partir du 1er s. av. J.-C., en pali, la langue ancienne de l'Inde. Ces écrits, structurés comme un triptyque, constituent le **Tipitaka**, ou « triple corbeille » : la première partie porte sur la discipline communautaire, la deuxième assemble les textes et les sermons religieux, et la troisième présente la doctrine proprement dite, expliquée et commentée.

LE SANGHA ET LE DON MUTUEL

Les adeptes du theravada forment une communauté, le **sangha**. À l'origine, le *sangha* désignait à la fois les religieux (moines et moniales) et la confrérie des laïcs (hommes et femmes), mais le terme ne s'applique plus aujourd'hui qu'à l'assemblée monastique qui, recluse, mène une vie de renoncement et d'ascèse pour atteindre le nirvana. Les laïcs ont le devoir de les aider, dans l'espérance de se réincarner eux-mêmes en moines et d'atteindre l'« éveil » à leur tour.
Régies par la première corbeille du Tipitaka, les relations entre moines et laïcs obéissent ainsi à des règles précises, fondées sur le **don mutuel** : don matériel pour les laïcs qui pourvoient à l'entretien des religieux en gîte, en nourriture et en vêtements, auquel les moines, qui vivent de mendicité, répondent par le don spirituel de leur enseignement *(dharma)*.

La tradition bouddhiste thaïe

C'est seulement à la fin du 13e s. que le bouddhisme theravada, en provenance du Sri Lanka, s'imposa en Thaïlande, où les souverains du Nord (Chiang Mai) et du Nord-Est (Sukhothai) en firent la religion

QUELQUES MOTS-CLÉS DU BOUDDHISME

Bodhisattva – Dans le bouddhisme mahayana, saint personnage, masculin ou féminin, qui a renoncé à atteindre le nirvana pour guider autrui.
Dharma – Terme signifiant « loi » et, par extension, la doctrine enseignée par le Bouddha, transmise oralement. Désigne aussi la vérité ultime.
Hinayana ou **Theravada** – Appellation donnée au bouddhisme originel. On le désigne aussi sous le terme impropre de « petit véhicule » (« moyen inférieur de progression vers le salut »).
Karma – Ensemble des actes, bons ou mauvais, dont la somme accumulée lors des vies successives détermine les conditions de la renaissance.
Mahayana – Large voie de délivrance proposée à tous, à travers l'exemple vertueux des bodhisattvas. Apparue au début de notre ère, elle est appelée aussi « grand véhicule » (« grand moyen de progression vers le salut »).
Nirvana – L'« extinction », ou la cessation de la douleur et du désir, qui permet à ceux qui l'ont atteint de vivre dans un état de complète sérénité.
Parinirvana – La « grande extinction », ou « nirvana total ». Fin du cycle des renaissances marqué par la mort physique du bouddha ou du saint.
Samsara – Cycle des renaissances ou réincarnations, qui ne s'achève que par l'obtention de la délivrance.
Sangha – Communauté des moines bouddhistes.

officielle. Si à Sukhothai, la cour maintenait les rituels brahmaniques hérités des Khmers – à l'époque, ceux-ci dominaient encore le Sud-Est asiatique –, **Chiang Mai** devint un grand foyer de propagation du bouddhisme, notamment à partir du 14e s. sous l'impulsion du roi Ku Na, dont l'œuvre missionnaire se poursuivra jusqu'au 15e s. avec Muang Keo. Ce dernier fonda une multitude de temples, établissant ainsi la prééminence intellectuelle et culturelle du Nord pour plusieurs siècles. De nos jours, Chiang Mai s'enorgueillit encore d'une quarantaine d'édifices religieux intra-muros et de plus de 80 temples dans les collines environnantes. Le plus populaire d'entre eux reste le Wat Phra That, perché sur le Doi Suthep *(voir « Autour de Chiang Mai », p. 290)* ; en mai, une foule de pèlerins vient y célébrer l'anniversaire de la naissance, de l'illumination et de la mort du Bouddha.

LE SANGHA THAÏLANDAIS

La communauté monastique fut réformée au 19e s. par le futur roi **Mongkut**. Lui-même moine à Bangkok, il fonda le **thammayutika**, ordre adhérant au *dharma*, un mouvement contestant l'ancien ordre du **Mahanikaï** (grand recueil de textes sacrés) et qui se veut plus fidèle encore au bouddhisme originel. Bien qu'il soit aujourd'hui minoritaire, ce courant bénéficie du soutien appuyé de la famille royale. Les moines thammayutikin préconisent un plus grand isolement des monastères, en retrait des villages, sur des sites forestiers plus propices à la méditation, d'où leur nom de *wat pa*, les « monastères de la forêt ». Les deux ordres restent néanmoins dirigés par un même patriarche, nommé par le roi. À ses côtés, 45 moines de haut rang assurent le pouvoir législatif religieux, et 9 autres, le pouvoir exécutif. Cette hiérarchie supervise notamment l'ordination des moines, étape majeure puisqu'elle marque le passage de l'homme du stade d'être « cru » à celui d'être « cuit », c'est-à-dire civilisé.

L'ordination

Vous serez peut-être surpris par le nombre de jeunes bonzes qui animent la cour des temples. À croire qu'une bonne partie de la population thaïlandaise vit dans des monastères ! En fait, la plupart n'y font qu'un court séjour. Admis dès l'âge de 8 ans, les novices revêtent la traditionnelle robe safran au cours de la cérémonie de la **prise de l'habit**, où leurs cheveux sont rasés. Mais l'ordination elle-même, réservée à ceux qui promettent d'observer les 227 règles du code de discipline, ne sera prononcée qu'à l'âge de 20 ans.

Dans le bouddhisme, les vœux ne sont pas perpétuels, bien que certains moines s'engagent jusqu'à la mort. La vie monacale est également ouverte aux femmes, qui peuvent devenir moniales au sein de l'**ordre des mae chii**. En Thaïlande, elles sont environ 10 000 à mener une vie d'ascèse. Comme les moines, elles ont la tête rasée, mais elles se distinguent par une robe blanche, et les préceptes qu'elles doivent respecter se réduisent à huit.

L'égalité entre les moines et les nonnes n'est pas au goût du jour, mais certains signes (dont l'ordination d'une femme en 2002) montrent néanmoins une évolution des mentalités.

LE QUOTIDIEN DES MOINES...

La journée d'un moine suit un rythme strict, qui ne laisse aucune place à l'oisiveté. Réveillé au chant du coq, le moine fait d'abord sa toilette, avant de nettoyer sa

LA MAISON DES ESPRITS

Chez les animistes, on distingue deux types d'esprits : les *phi*, les fantômes ou âmes des défunts, et les *chao thi*, des esprits mineurs vivant aux côtés des humains. Ces derniers font l'objet d'une profonde vénération : toute habitation se doit d'avoir une « maison » pour les esprits protecteurs, afin qu'ils ne vagabondent pas et qu'ils ne portent pas malheur à ses occupants. Cette résidence miniature prend la forme d'un temple bariolé, de la dimension d'une cage à oiseau posée sur un socle. Elle est placée bien en évidence devant le bâtiment ou dans le jardin, à l'écart de l'ombre de la maison, et son installation est présidée par un maître (homme ou femme). L'intérieur accueille des figurines, dont celle du maître qui règne sur les esprits gardiens, parfois accompagné de sa famille et de ses serviteurs. Autant d'âmes qu'il convient de nourrir, chaque matin, par des offrandes de fruits et de bâtons d'encens.

cellule et d'aller balayer la cour du monastère et la **sala**, le préau réservé aux réunions. À 7h, tous quittent les lieux pour aller quêter leur nourriture de maison en maison : les yeux baissés, sans un mot, chaque moine présente son bol à aumônes aux habitants, qui le rempliront avec cérémonie.
Les denrées collectées serviront aux repas de la communauté, qui se prennent au réfectoire avant midi. La tradition veut en effet que Bouddha, après une méditation éprouvante, ait accepté, avant midi, un bol de gâteau de riz et de miel offert par des marchands. Deux repas (un seul pour les adeptes du *thammayutika*) ponctuent ainsi la matinée : à 8h et à 11h30.
L'après-midi est consacré à l'enseignement de la lecture, de l'écriture et de la morale auprès des novices et des enfants du village. Les autres moines s'adonneront à la récitation en chœur des versets du *dharma*, mais aussi à la lecture des vies antérieures du Bouddha, récits contenus dans la corbeille des textes du Tipitaka.
À l'intérieur comme à l'extérieur du temple, la méditation est au cœur de la doctrine bouddhiste ; les fonctionnaires peuvent par exemple prendre un congé payé pour aller faire une retraite monastique.

... ET DES LAÏCS

Pour rejoindre la confrérie, tout aspirant bouddhiste doit prononcer, en présence des moines, la formule signifiant qu'il prend refuge dans le **triple joyau** : le Bouddha, la loi *(dharma)* et la communauté *(sangha)*. Il promet en outre d'observer les **cinq préceptes** de moralité : ne pas tuer, ne pas voler, ne pas mentir, ne pas commettre d'adultère, ne pas consommer de boissons enivrantes. Enfin, il s'engage à écouter la doctrine au temple deux fois toutes les deux semaines, lors d'une journée de jeûne.
Plus que l'aspiration au nirvana, jugée trop difficile car fondée sur l'ascèse contemplative, les Thaïlandais espèrent simplement renaître dans une existence meilleure. D'où une grande ardeur à l'**acquisition des mérites**, qui prend plusieurs formes, l'acte le plus méritant étant l'ordination temporaire. Aussi tout homme revêt-il la robe safran pendant au moins une brève période de sa vie, d'une semaine à trois mois, après la fin de ses études et avant de se marier ou d'entamer sa carrière. Son entrée au monastère comme novice a lieu lors du carême, en juillet, à la saison des pluies. Elle est l'occasion d'une grande fête familiale car le

mérite de son acte rejaillira sur tous ses proches, en particulier sur sa mère.
D'autres actions méritantes seront comptabilisées dans les renaissances successives : offrir nourriture et vêtements aux moines, faire construire un monastère, libérer de sa cage un oiseau vendu sur les parvis des temples, faire l'aumône aux pauvres, déposer des offrandes (lotus, bougie et encens) au pied des statues de Bouddha et tapisser celles-ci de feuilles d'or, sans oublier, bien sûr, le respect des jours consacrés.

Les autres religions

L'ANIMISME

Antérieur à l'arrivée du bouddhisme, le culte des esprits demeure très vivace en Thaïlande. Bien des moines bouddhistes encouragent le culte des esprits pour renouer avec les puissances de l'au-delà, malgré l'opposition des fondamentalistes. Considérés par les laïcs comme des hommes de pouvoir du fait de leur pratique spirituelle, ces moines sont consultés pour toutes sortes de raisons : connaître son futur, exorciser un malade, acheter des charmes, ouvrir un commerce, etc. Certains vénérables se spécialisent dans la fabrication d'**amulettes** à l'effigie du Bouddha ou de ses disciples, de saints ou de génies ; d'autres préfèrent devenir experts dans la divination, dans la composition de diagrammes magiques ou dans l'art de faire des tatouages destinés à protéger celui qui les porte.

L'ISLAM

Avec 3,25 millions de pratiquants, surtout des **sunnites modérés**, l'islam est la deuxième religion du pays. Les musulmans thaïlandais, ou « Thaï Islam », sont des Malais, communauté qui se concentre dans le sud du pays, baignée de l'influence de la Malaisie voisine. Les mosquées – dont la plus grande se trouve à Patthani, dans la province de Yala – y remplacent les temples, et l'appel des muezzins rythme la vie quotidienne. Acte de foi majeur, les pèlerinages à La Mecque se multiplient chaque année. Une particularité thaïlandaise : le repos sacré du vendredi n'est pas respecté, car il représenterait un manque à gagner pour les adeptes les plus démunis.

LE CATHOLICISME

On dénombre quelque 292 000 chrétiens, catholiques ou protestants, en Thaïlande. Outre une part importante de la **communauté vietnamienne**, le christianisme concerne surtout des tribus montagnardes du Nord, les **Karens** et les **Lahus**, évangélisées au 19e s. par les missionnaires.

Art et architecture

Située au carrefour des zones d'influence des civilisations indienne, cinghalaise, mône, khmère, indonésienne et chinoise, la Thaïlande donna naissance à un art original qui rivalisa avec les plus grandes cultures de l'Asie du Sud. L'histoire de cet art, essentiellement inspiré par le bouddhisme, se divise en deux grandes périodes. La première s'inscrit dans le cadre général de l'indianisation de l'Asie du Sud-Est ; la seconde débute au 13e s. avec les premiers royaumes thaïs, représentés par Sukhothai puis par Ayutthaya. Face au développement du béton dans les villes, le gouvernement actuel manifeste un intérêt croissant pour le patrimoine du pays, favorisant les travaux de recherches sur les sites archéologiques et encourageant une meilleure protection des monuments.

Œuvres antiques

La culture de **Ban Chiang** (3000-200 av. J.-C.), village de la province de l'Isan, fait montre d'une industrie céramique élaborée. Les tertres funéraires présents sur le site ont livré toute une série de récipients à motifs incisés, cordés ou peints. Les plus anciens se caractérisent par leur fond caréné et leur revêtement de couleur noire, orné de dessins géométriques imprimés à la corde. Les poteries plus tardives (500-250 av. J.-C.) portent des motifs circulaires rouges sur fond grège. Les habitants de la région seraient aussi à l'origine des peintures rupestres (3000-2000 av. J.-C.), merveilleusement conservées, qui courent sur les falaises de Pha Taem, dans les environs d'Ubon Ratchathani : des figures ocre rouge qui montrent scènes de chasse et rituels sacrés. Les objets en métal mis au jour près de Ban Chiang témoignent également d'une maîtrise de la **technique du bronze** très avancée pour l'époque (à partir de 600 av. J.-C.).

Les royaumes indianisés

L'influence de l'Inde atteint le golfe du Siam aux premiers siècles de notre ère, avec l'arrivée sur ses côtes des premiers marchands indiens, qui sillonnaient les mers jusque vers des contrées fort lointaines. La présence d'objets romains tels qu'une médaille de l'empereur Victorien datée de 270, provenant d'U-Thong, et une lampe découverte à Phong Tuk, atteste l'ampleur du réseau de ces échanges maritimes.

Dès le 3e s., le roi indien **Ashoka** aurait envoyé des missionnaires sur cette mythique **Suwannaphum** (« Terre de l'or ») pour y introduire la religion bouddhiste. Si Thep, étape commerciale entre l'Inde et le plateau de Khorat, abrita une colonie indienne avant de constituer le centre le plus important de la culture de Dvaravati, des statues primitives de la Trinité hindoue (Shiva, Brahma et Vishnu) et les premières représentations de Bouddha, dans le style indien des **Gupta** (5e s.-

Le Wat Phra Kaeo dans l'enceinte du Grand Palais de Bangkok, construit au 18e s.
R. Schmid/Sime / Photononstop

6e s.), ont été découvertes sur de nombreux sites méridionaux, dont Chaiya et Takua Pa.

L'ÉCOLE DE DVARAVATI (6e S.-11e S.)

Avant l'arrivée des Thaïs, les **Môns** occupaient la basse Birmanie ainsi qu'un vaste territoire s'étendant sur le centre et le sud de la Thaïlande actuelle, formant une mosaïque de royaumes qui s'érigèrent en foyers de la culture indianisée, elle-même fondée sur le bouddhisme theravada. Des pièces de monnaie mises au jour dans le bassin du Chao Phraya portent une inscription en sanskrit évoquant l'un de ces royaumes de la plaine centrale, le Dvaravati (« Ville aux cent portes »). L'histoire de cet État môn, dont l'apogée se situe au 7e s., reste encore entourée de mystère. Mais son art a laissé des traces du raffinement de la société de l'époque. D'abord inspirés des écoles indiennes gupta et post-gupta, les artistes dvaravati s'en affranchissent rapidement pour créer un style original. De l'architecture de cette période ne subsistent que les soubassements des sanctuaires religieux et quelques **stupas**, édifiés en briques recouvertes de stuc. Mais la **statuaire** révèle des œuvres héritières de la plus ancienne tradition iconographique du bouddhisme indien, telle la **roue de la loi**, symbole de l'enseignement de l'Éveillé. Les statues du Bouddha se caractérisent alors par un visage carré, aux traits doux, doté de lèvres pleines et de sourcils jointifs. Bouddha est le plus souvent debout, sur un socle en forme de lotus épanoui, dans l'attitude de l'argumentation *(vitarka mudra)*, ou assis « à l'européenne », comme au *chedi* de Phra Pathom, à Nakhon Pathom.

L'ÉCOLE DE SRIVIJAYA (8e S.-13e S.)

Né de l'expansion du royaume de Sumatra dans la péninsule malaise, l'art srivijaya se distingue par son iconographie tour à tour brahmanique et bouddhique, mais inspirée par l'école du grand véhicule *(mahayana)*. La statuaire, en pierre et en bronze, est remarquable par sa qualité d'exécution : le **bodhisattva Avalokiteshvara**, trouvé à Chaiya et exposé au Musée national de Bangkok, en est un superbe exemple. Marquée d'influences gupta, post-gupta et pala, cette école artistique connut une expansion rapide, bien au-delà des limites du territoire thaï.

L'HÉRITAGE KHMER (7e S.-14e S.)

L'empire d'Angkor, qui fit du Siam une de ses principales provinces, a laissé dans la région de l'Isan, tout particulièrement sur le plateau de Khorat, quelques-unes des plus belles réalisations architecturales khmères. Les temples de Phimai, de Phanom Rung ou de Muang Tham, pour ne citer que les plus connus, étaient reliés à la prestigieuse Angkor par tout un réseau de voies pavées de latérite.
Fidèle à la tradition hindoue, l'**architecture religieuse khmère** suit le plan d'un mandala, représentation symbolique du cosmos dont le centre est matérialisé par le **mont Meru**, résidence des dieux. Le temple s'élève à l'intérieur d'une enceinte carrée, galerie couverte d'un toit en encorbellement et percée de fenêtres à balustres. Des douves ou des bassins complètent le dessin, symbolisant l'océan cosmique que l'on franchit par des ponts ornés de **naga** (serpents). Bâti en latérite et en grès, il montre une structure pyramidale en gradins, dominée au centre par un **prang**, tour-sanctuaire évoquant le mont sacré, qui vaudra aux temples khmers leur surnom de « **temple-montagne** » *(prasat hin)*. Des **gopura** (tour-porche) s'y adossent : elles matérialisent l'entrée dans l'espace sacré du temple, dédié au culte.
Ouvrant à l'est, un avant-corps, le **mandapa**, conduit au sanctuaire proprement dit, une salle exiguë où trône la statue du dieu ou bien un **linga**, symbole de Shiva. Seuls les prêtres et les souverains avaient le droit d'y pénétrer. C'est juste au-dessus d'elle que se dresse la **tour-sanctuaire**, en forme d'épi de maïs et rehaussée d'une dentelle de motifs sculptés. Quatre tours plus modestes l'encadrent, destinées à abriter, entre autres, l'épouse du dieu et sa monture : un cygne ou une oie pour Brahma, un aigle ou un vautour pour Vishnu, un taureau pour Shiva.
Les premiers édifices furent érigés en briques, puis plus tard en grès et en latérite, matériaux plus solides qui correspondaient mieux à la notion d'éternité des

LE MANGEUR DE TEMPS

Figure omniprésente de l'**art khmer**, le *kala*, tête monstrueuse crachant des guirlandes de fleurs, orne tous les linteaux des portes des sanctuaires. Pris un jour d'un appétit vorace, le *kala* demanda à Shiva de lui sacrifier une victime ; ce dernier, furieux, lui enjoignit de se manger lui-même, ce que le gourmand s'empressa de faire jusqu'à ce qu'il ne lui reste plus que la tête et les mains ; Shiva eut alors l'idée d'en faire le gardien des temples, afin de rappeler à tous son propre pouvoir. Mais la punition ne suffit pas : le *kala* tenta de subtiliser l'*amrita* qui conférait aux dieux hindous l'immortalité. Surpris par le Soleil et la Lune en train de boire le nectar, le *kala* n'eut alors de cesse d'essayer de les avaler pour se venger. Mais n'ayant plus de corps, il lui était désormais impossible d'ingurgiter les deux astres, qui réapparurent régulièrement. Seule conséquence de ses tentatives : les éclipses. Et depuis, en Thaïlande, cette créature mythique symbolise le temps qui « avale » les heures et les minutes…

BOUDDHA ET SES IMAGES

Les premières représentations du Bouddha datent de la fin du 1er s. Auparavant, le Bouddha était figuré par les événements marquants de sa vie : l'arbre représentait son éveil, le *chedi* son nirvana, l'empreinte de pied creusée dans une dalle, sa présence immatérielle. Toute une série de codes accompagne l'art bouddhique, et ce jusqu'à l'ère contemporaine. Le **visage de Bouddha** reçoit ainsi des marques distinctives – lobes d'oreilles allongés, trois plis concentriques sur le cou –, et sa robe montre divers drapés. Ses attitudes, les **asanas**, et les gestes de ses mains, les **mudras**, obéissent aussi à un canon. En Thaïlande, les **quatre attitudes principales** sont assis, debout, marchant ou couché. Parmi les postures de Bouddha assis, la figure la plus commune évoque la victoire sur Mara (le Mal). La position couchée illustre ses ultimes instants sur terre, aux portes du paranirvana. Le Bouddha marchant, lui, se réfère à un épisode succédant à l'illumination : le Parfait, après avoir prêché au ciel des 33 dieux, redescend sur terre pour enseigner sa doctrine. Si ces postures évoquent les thèmes clés du bouddhisme, les **lakshanas** (marques et signes) déterminent quant à elles l'apparence du Parfait. On en dénombre 32 principales et 80 secondaires, définissant l'homme d'essence exceptionnelle – et elles ne peuvent être attribuées qu'à un personnage appelé à devenir souverain universel.

lieux sacrés. Les artisans passèrent maîtres dans l'art de la sculpture du grès, employée dans le décor : linteaux, pilastres, tympans, frises de soubassement ou antéfixes marquant les bords des toits, etc. ; les temples de Phimai et de Phanom Rung en conservent de somptueux exemples.

Les apports thaïs : l'école de Lopburi

L'art khmer de Thaïlande est également désigné sous le nom d'« **école de Lopburi** » (10e s.-13e s.), du nom d'une des capitales régionales de l'Empire khmer. La ville s'afficha en effet comme le foyer d'un style local directement hérité de l'art khmer, mêlant également influences pala et régionales. Élément majeur de cette architecture proprement thaïe : le **prang**, la tour-sanctuaire d'origine, prend ici beaucoup plus d'ampleur. Encore plus proche de l'art khmer, la **statuaire** de Lopburi marque une continuité avec le style dvaravati : les bouddhas, en grès, montrent les mêmes visages carrés aux sourcils rectilignes et aux bouches larges, mais les traits se font plus expressifs. L'Éveillé est le plus souvent représenté assis en méditation, protégé par le capuchon déployé d'un *naga*. Un délicat bandeau souligne l'amorce de ses cheveux, et une protubérance ou un bouton de lotus couronne le sommet du crâne, symbolisant l'illumination.
Cet art khmer d'inspiration bouddhiste connut son apogée sous le règne de Jayavarman VII, dont le musée de Phimai possède une splendide statue, portrait au sourire lumineux et tout empreint de mansuétude.

L'ÉCOLE DU LAN NA (11e S.-18e S.)

S'étendant sur les confins nord du pays, le royaume du Lan Na développa un art dont l'originalité s'est perpétuée jusqu'au 20e s. Héritier du modèle artistique môn, qui inspira les premiers *chedi*, ce nouveau style fut d'abord connu sous le nom de **Chiang Saen** (11e s.-13e s.) ; il intégra ensuite des traits originaires de Sukhothai et du royaume birman de Pagan,

DÉMONS ET MERVEILLES

Les temples thaïlandais sont décorés d'une foule de personnages mythologiques. Évoquant un oiseau, les **chofa**, caractéristiques de l'art thaï, ornent tous les épis de faîtage ; ils reprennent en fait la forme du **garuda** hindou, créature mi-homme mi-oiseau servant de monture au dieu Vishnu. Les chapiteaux en **bouton de lotus** (fleur sacrée) offrent quant à eux une image de la pureté spirituelle. Le **naga**, serpent légendaire et génie des eaux, aurait protégé Bouddha lors d'une de ses premières méditations et l'aurait ainsi sauvé d'un déluge ; symbole de la quête d'illumination du fidèle et chargé de protéger les lieux, il orne la toiture du temple ou forme les rampes des escaliers conduisant au sanctuaire. Ses trois têtes représentent l'orgueil de l'homme, son ignorance et son intolérance.

avec lesquels les souverains du Lan Na entretenaient des contacts réguliers.

C'est surtout dans l'architecture que se révèle tout le raffinement de ce style à part, qui trouvera son expression la plus aboutie avec le **style Chiang Mai** (où l'on peut admirer les plus beaux temples de cette école) : à partir de la seconde moitié du 14e s., l'influence de Sukhothai se fait sensible et, à l'image des temples laos, les *wihan* sont entièrement construits en teck. Sous un toit surbaissé, le porche ouvre sur une triple nef marquée par des piliers massifs.

Dentelles de bois

L'**art tardif**, qui marque l'apogée du style Lan Na (14e s.-15e s.), s'illustrera par le travail du bois. Les façades des *wihan* et des *ubosot* s'ornent d'un foisonnement de motifs en bois sculptés et dorés, sur fond de mosaïque de verre bleu. Quant au **chedi**, blanc et or, il adopte d'abord une forme cubique empruntée à l'art épuré de Pagan (Birmanie).

L'un des plus beaux monuments de cette période est le Wat Phra That Lampang Luang, à Lampang, conçu comme une place fortifiée ceinte de remparts.

Il reste en revanche peu d'exemples de la **statuaire du Lan Na**, dont les effigies de Bouddha reprennent successivement les caractéristiques de Sukhothai puis d'Ayutthaya : un corps robuste aux formes arrondies, un visage plein marqué par des sourcils arqués, un bouton de lotus coiffant une chevelure aux boucles traitées en relief accusé.

L'âge d'or

À la fin du 13e s., le bouddhisme Theravada, originaire du Sri Lanka, s'impose définitivement en Thaïlande. Il importe avec lui des formes architecturales propres qui vont profondément influencer l'art du royaume de Sukhothai, et plus tard celui d'Ayutthaya. Quant à la statuaire, elle s'inspire d'abord de l'art birman de Pagan : la représentation de Bouddha « victorieux de Mara », prenant la Terre à témoin, devient prééminente dans les diverses écoles artistiques jusqu'au début du 18e s.

L'ÉCOLE DE SUKHOTHAI (FIN 13e S.-14e S.)

L'architecture de Sukhothai se caractérise par la forme unique de ses *chedi*, couronnés d'un bouton de lotus, comme le montrent celui du Wat Phra Si Mahathat à Sukhothai et celui du Wat Chedi Chet Thaeo à Si Satchanalai. L'influence khmère reste présente dans la réinterprétation du *prang* en une tour très élevée, comme à Lopburi, tandis que l'apport cinghalais se traduit par le **chedi**

Comprendre les temples thaïs

Voir illustration p. 86-87.

Pas un village ou presque qui ne possède son *wat*, c'est-à-dire son temple. Littéralement, le *wat* signifie la « demeure des élèves et des ascètes ». Il désigne ainsi le lieu où hommes et femmes pourront être ordonnés moines ou nonnes. Dans les campagnes, le *wat* cumule plusieurs rôles : outre sa fonction religieuse, il sert d'école secondaire, d'hôpital, de salle de réunion municipale, de cabinet d'astrologie, de pension pour les hôtes de passage, de sauna et de pompes funèbres. Il fait également office de centre communautaire et accueille les fêtes du village. Fruit de l'héritage animiste, de nombreux *wat* disposent dans leur enceinte d'une « maison de l'esprit », refuge de l'esprit local, attaché au domaine du temple.

Plus qu'un simple temple, le *wat* thaïlandais est un vaste complexe qui fait aussi fonction de monastère. Présentant toujours le même plan, il est entouré de **deux enceintes** symbolisant la séparation entre le sacré et le profane. La première comprend les édifices sacrés et les bâtiments fonctionnels destinés aux laïcs ou aux religieux. La seconde, formée d'une galerie ou d'un cloître abritant une série de bouddhas, est dédiée à la méditation.

AU CŒUR DU WAT

La seconde enceinte entoure le **phuttawat**, l'espace principal du temple. Au centre s'élève le bâtiment le plus sacré du *wat*, l'**ubosot**, réservé aux religieux, où se déroulent les cérémonies d'ordination. Orienté face à l'est, il renferme le **bouddha** le plus vénéré du monastère. Autour de l'édifice, huit pierres gravées en forme de feuilles, les **bai sema**, délimitent le périmètre sacré, protégeant le lieu des démons et des mauvais esprits. Ce sanctuaire rectangulaire, surélevé et entouré d'une colonnade, est couvert d'une toiture pentue à un ou plusieurs niveaux rehaussés d'une flèche.

Le **wihan**, ou **vihara**, la salle d'assemblée des fidèles, reprend le même modèle que l'*ubosot*, mais sans les *bai sema*. Cette salle hypostyle (sur colonnes) accueille elle aussi des statues de Bouddha et sert de cadre aux sermons des vénérables. À proximité se dresse le **chedi**, l'emblème du bouddhisme. En forme de cloche et rehaussé d'une spire annelée, il renferme une relique de Bouddha, d'un saint ou d'un personnage royal, enchâssée lors de la fondation du temple. Au fil des siècles, sa forme sera de plus en plus monumentale et élancée.

LES BÂTIMENTS ANNEXES

Parmi les bâtiments annexes, dans l'enceinte extérieure, le **mondop**, équivalent du *mandapa* indien, conserve des textes sacrés ou un objet de culte. De plan carré, il est coiffé d'un toit cruciforme ou d'une flèche. On trouve également le **ho rakang**, un édicule abritant un gong ou une cloche, qui rythme la journée des moines. Surélevé afin d'être protégé des insectes, le **ho trai** renferme quant à lui les manuscrits religieux.

Vient encore le pavillon ouvert de la **sala kanparien**, où se rassemblent moines et fidèles lors des sermons. Les **sala**, pavillons de repos disséminés autour des sanctuaires, servent aussi de lieux de prières. Au centre d'une petite cour, un banian rappelle l'arbre sous lequel Bouddha trouva l'illumination. Enfin, le **sanghawat**, isolé par un mur, rassemble les **kuti**, ou quartiers des moines.

en forme de cloche, reprise des *dagoba* du Sri Lanka, dont la base est souvent entourée d'éléphants cariatides sculptés en ronde bosse (les Wat Chang Lom de Sukhothai et de Si Satchanalai, le Wat Chang Rob de Kamphaeng Phet). Enfin, le **chedi à base carrée** et redentée s'inspire du style Lan Na. Au cœur du temple, un **mondop** (du sanskrit *mandapa*) de plan carré abrite une grande statue de Bouddha ou une empreinte de son pied.

Bronzes et céramiques

La statuaire de style Sukhothai privilégie le bronze, dont la maîtrise va contribuer à l'élaboration d'un art original. Elle frappe par son élégance et par un traitement presque féminin de l'image du Bouddha : silhouette idéalisée aux formes courbes, élancées et fluides, visage ovale à la coiffure surmontée d'une flamme (symbole de la force spirituelle), nez aquilin et sourire serein. L'attitude du bouddha **marchant** *(voir encadré p. 81)* reste l'une des principales innovations de l'école de Sukhothai. L'expression du visage, yeux mi-clos et sourire serein, associée au mouvement du corps expriment une grande intensité spirituelle.

Les artistes de Sukhothai se feront également une renommée dans le domaine de la céramique : sous la houlette de maîtres chinois s'élabore la **faïence de Sangkhalok**, des céramiques vernissées à motifs peints en brun ou en blanc, et des **céladons** aux teintes vert d'eau. Fabriquée dans les grands ateliers de poterie près de Sukhothai et de Si Satchanalai, cette production deviendra très populaire et sera exportée dans tout le Sud-Est asiatique.

L'ÉCOLE D'AYUTTHAYA (14e S.-18e S.)

Le royaume d'Ayutthaya reprend à son compte les traditions culturelles et artistiques de la civilisation khmère, allant jusqu'à revendiquer le statut de roi-dieu *(devaraja)* pour ses souverains. Principale image de cette volonté de puissance, les temples se doivent d'être les plus beaux et les plus grands, frappant les voyageurs par leur taille et la splendeur de leurs décors.

Les formes architecturales puisent dans toutes sortes d'inspirations. Ainsi, le *prang* des Khmers et de Lopburi, en forme d'épi de maïs, se fait de plus en plus haut, tandis que d'autres temples reprennent le **chedi en forme de cloche** de Sukhothai, rehaussé de colonnes à la base de la spire annelée. Les *wihan* visent également à refléter la gloire du royaume, avec une toiture de plus en plus élevée et une décoration foisonnant de stucs dorés.

Même tendance pour la **statuaire**, qui se fait colossale et surchargée

Statues de Bouddha autour du grand chedi Chaya Mongkol, Wat Yai Chai Mongkon, Ayutthaya..
W. Allgöwer / imagebroker / age fotostock

de symboles. L'intense spiritualité émanant du visage du Bouddha de Sukhothai disparaît ici pour faire place à une expression plus figée, plus hautaine et hiératique. Aux lignes épurées de l'art du 13e s., on préfère le foisonnement des ornements, dont la finesse atteste la maîtrise des techniques de sculpture de l'époque. Produite en série, la statuaire va cependant perdre de sa qualité à partir du 17e s.

Les temps modernes

Les conséquences de la prise d'Ayutthaya par les Birmans ont été désastreuses pour les arts : lors de la mise à sac de la ville, les temples furent dévastés et leurs chefs-d'œuvre furent détruits ou transportés en Birmanie.

L'ÉCOLE DE RATANAKOSIN (FIN 18e S.-DÉBUT 20e S.)

Réfugiée à Bangkok, la nouvelle capitale, la dynastie Chakri inspira cependant une réelle renaissance artistique : si la nouvelle architecture reste dans la lignée de l'art de l'ancien royaume, son style complexe et clinquant semble vouloir affirmer sa supériorité sur son modèle. Dès le début du 19e s., une profusion de motifs « tape-à-l'œil » couvre ainsi les édifices, comme pour rappeler que le Siam renaît toujours de ses cendres.

Les temples, au début de simples répliques de monuments de l'ancienne cité royale, deviennent de plus en imposants et de plus en plus élaborés, avec de hauts piliers soutenant la charpente d'une toiture à pans multiples.

Dans les années 1850, les souverains vont manifester un engouement pour l'art chinois et occidental. Ces influences seront visibles dans l'architecture tant religieuse que palatiale, comme en témoignent le palais royal et le Wat Phra Kaeo à Bangkok.

L'apogée des arts décoratifs

Les **arts graphiques et décoratifs**, en harmonie avec la peinture, marquent la période de Ratanakosin par leur qualité. Le travail de la **laque noire** et de l'**or**, particulièrement prisé en Thaïlande centrale et dans la région du Lan Na, compose de somptueux décors pour les coffres et les armoires liturgiques, le dessin, des plus raffinés, étant encore souligné par l'incrustation de nielle et la marqueterie de nacre. Fabriquée en Chine pour le compte de la cour siamoise, la **céramique « cinq couleurs »** *(bencharong)* rencontre également un vif succès.

Autre type de décor qui se développe dans les sanctuaires : les **peintures murales.** Elles obéissent aux prescriptions didactiques du bouddhisme : derrière la statue

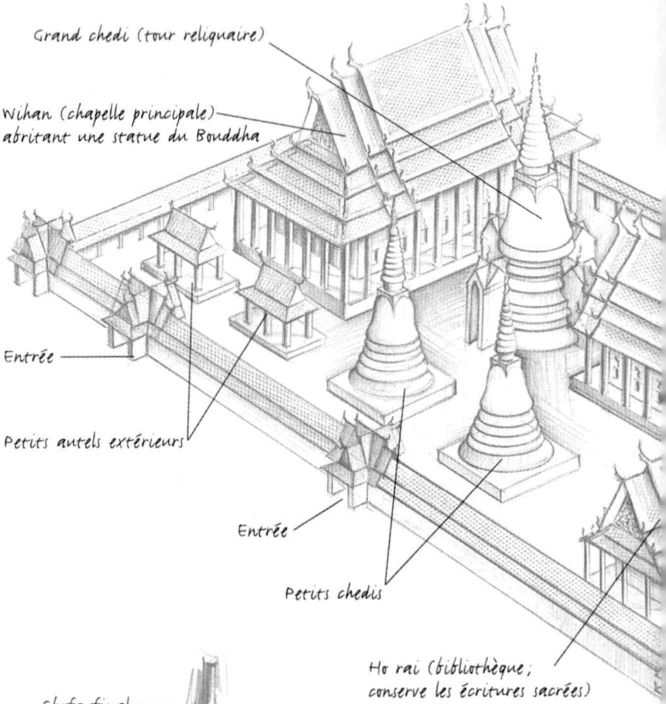

LES FAÇADES

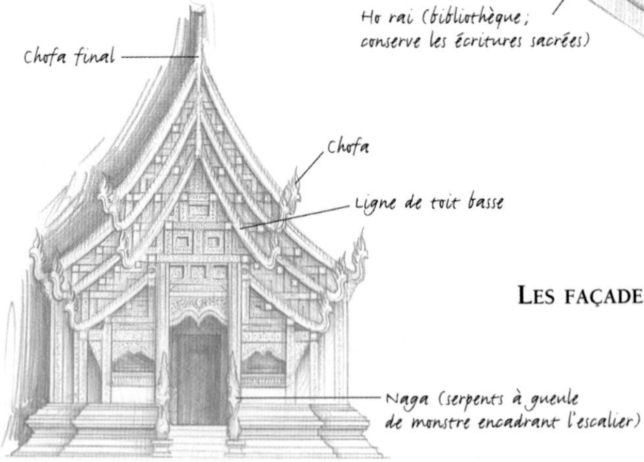

STYLE LAN NA

L'architecture thaïlandaise

Le temple (wat)

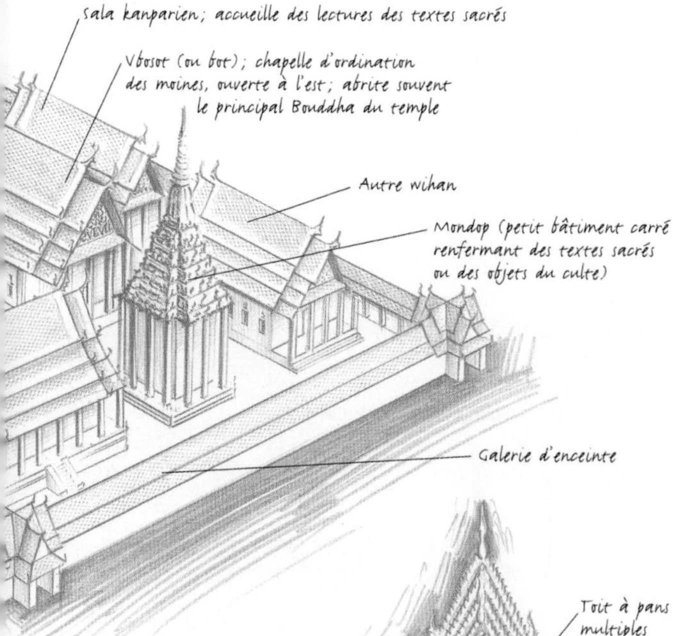

Des chapelles

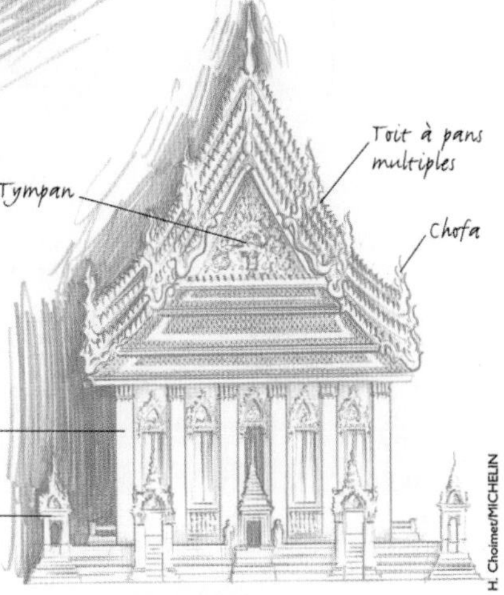

H. Choimet/MICHELIN

Style Ratanakosin

L'ARCHITECTURE THAÏLANDAISE

PRANGS ET CHEDIS

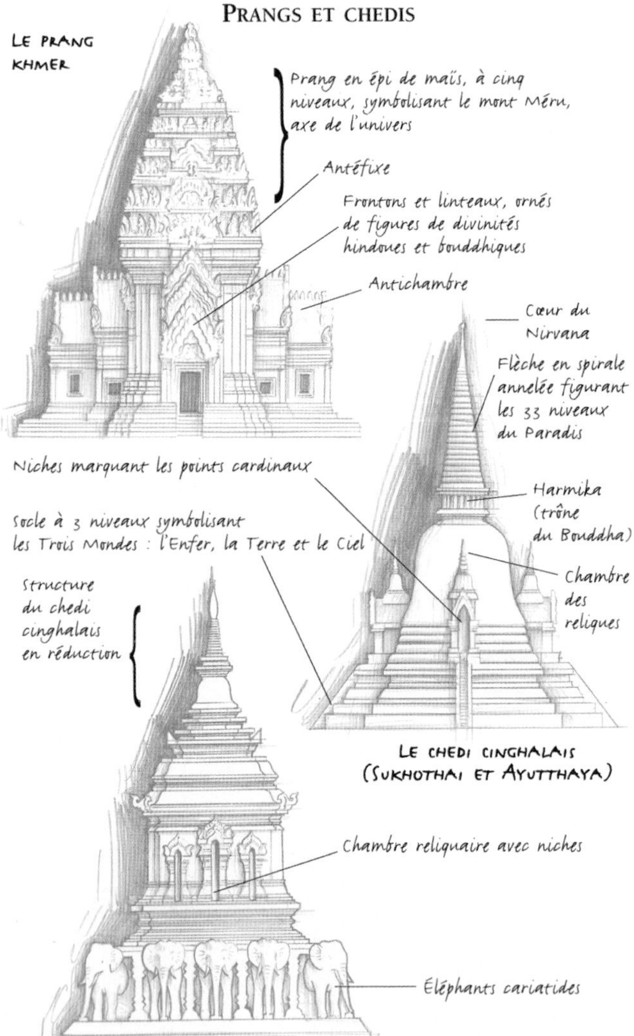

Le chedi de style Sukhothai

Le prang de style Lopburi (influence khmère ; Ayutthaya)

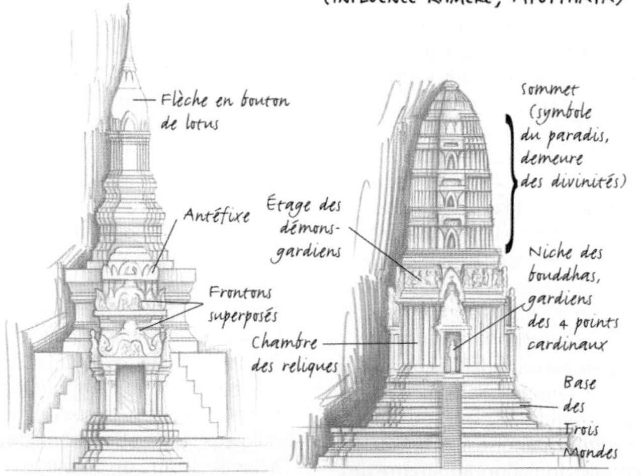

Les mudras, attitudes et postures du Bouddha

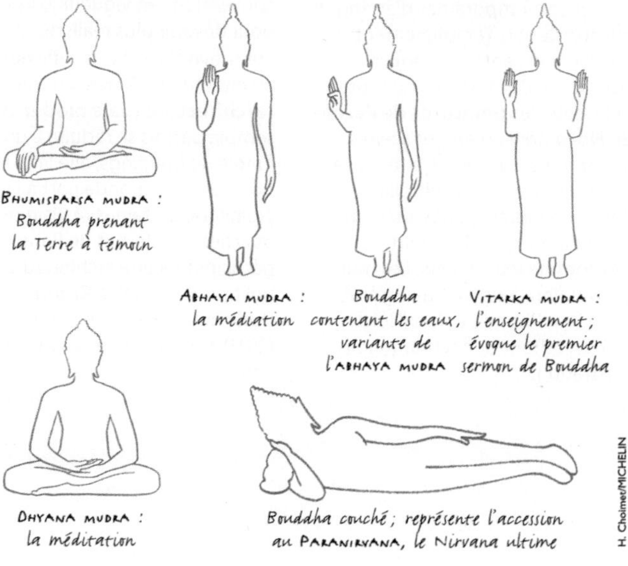

Bhumisparsa mudra : Bouddha prenant la Terre à témoin

Abhaya mudra : la médiation

Bouddha contenant les eaux, variante de l'abhaya mudra

Vitarka mudra : l'enseignement ; évoque le premier sermon de Bouddha

Dhyana mudra : la méditation

Bouddha couché ; représente l'accession au Paranirvana, le Nirvana ultime

H. Choimet/MICHELIN

de l'Éveillé se déroule la lutte du Maître contre Mara, la force du mal ; on y voit les trois mondes *(Traiphum)* de la cosmologie bouddhique : l'enfer, la terre et le paradis. Sur les parois latérales, des registres narratifs content les **jataka**, les vies antérieures du Bouddha, et quelques scènes de sa vie. Les visages des personnages sont dépourvus d'expression, leurs émotions étant traduites par une gestuelle et des postures empruntées aux conventions théâtrales. Une ligne brisée sépare ces récits du registre supérieur, où apparaissent des êtres célestes en adoration, des ermites ou des divinités vénérant le Bouddha.

La **peinture** connaîtra son âge d'or sous le règne de Rama III (1824-1851), renommé pour son goût de la culture chinoise. Les fresques murales font alors apparaître des motifs sinisants de rochers et de nuages, auxquels s'ajoutent des figures contemporaines d'étrangers, qui attestent le rétablissement des relations entre le Siam et l'Occident. Dans une veine toute différente, les **peintures de l'école du Nord** privilégient les scènes du quotidien qu'elles traitent avec un grand réalisme, multipliant les détails savoureux, individualisant les personnages et traitant les rois comme leurs sujets. Les murs du Wat Phra Singh à Chiang Mai, et du Wat Phumin à Nan (Nord-Est), en offrent une remarquable illustration.

L'ART CONTEMPORAIN

À la fin du 19e s., le Siam s'ouvre à l'Occident et l'art thaïlandais se libère brutalement de son carcan religieux. Initiateur de ce mouvement, Rama V (1868-1910), friand de voyages à l'étranger, s'inspire de l'urbanisme à l'européenne pour revoir certains quartiers de Bangkok, dont celui de Dusit, que l'on dote de larges boulevards et d'espaces verts. Cette influence occidentale engendre des associations inattendues : les palais royaux mêlent des styles néoclassique ou néobaroque à des éléments de l'architecture traditionnelle thaïe. Ces innovations, qui connaîtront un certain succès dans tout le pays, s'appliqueront aussi aux édifices religieux : le Wat Benchamabophit à Bangkok offre un parfait exemple de ce style hybride. Quant à la peinture, elle se libère des conventions en vigueur jusque là pour devenir plus réaliste.

Enfin, avec le 20e s., la réflexion architecturale s'ouvre au civil. Si l'**architecture thaïe moderne** semble parfois se réduire à une jungle de buildings, elle laisse pourtant une grande part à la créativité. Certaines réalisations des quartiers modernes de Bangkok participent à une architecture postmoderne, tel le **Robot Building** (1986) ou le Siriraj Hospital (2011), tous deux de l'architecte Sumet Jumsai.

Culture

Les divertissements contemporains prennent, bien souvent, la forme d'une soirée karaoké entre amis ou d'un film d'action où la violence l'emporte sur la subtilité. Mais la culture thaïe traditionnelle garde ses sanctuaires où l'on peut assister à une représentation de théâtre masqué ou de théâtre d'ombres, et où l'on vient écouter le « piphat », l'orchestre classique. Pour comprendre l'esprit thaï, il faut aussi essayer de décoder les cinq tons qui rythment la langue, gardiens d'une longue tradition orale qui marque encore les mentalités.

Les langues

La langue thaïe, le « **siamois** », appartient à la branche thaïe d'une famille linguistique d'origine sino-tibétaine, le **thaï-kadaï**. De cette même famille sont issues certaines langues des pays voisins de la Thaïlande, tels le *lao* du Laos, le *shan* du Nord-Est de la Birmanie ou le *thaï lu* de la Chine du Sud.

LE THAÏ, LANGUE NATIONALE

Voir également « Lexique », p. 464.
Le thaï se divise en quatre dialectes principaux, eux-mêmes subdivisés en sous-dialectes, correspondant aux grandes régions du royaume. Utilisé par les habitants de la province de Tak, le **thaï du Nord** est parlé le long de la frontière birmane. Le **thaï du Nord-Est**, lui, couvre les frontières du Laos et du Cambodge, tandis que le **thaï du Sud** englobe les provinces méridionales, de Chumphon aux marches de la Malaisie. Rattaché à la plaine centrale, berceau de l'histoire du pays, c'est le **thaï du Centre**, appelé aussi « thaï standard », qui s'est imposé comme langue officielle et nationale.
Le thaï emprunte de nombreux mots au **sanskrit** et au **pali**, deux langues sacrées de l'Inde ancienne. Autre héritage de l'Inde, les articulations du discours reflètent une société hiérarchisée : le vocabulaire fait appel à toutes sortes de déclinaisons suivant la position sociale, l'âge et le sexe du locuteur. Dans le même ordre d'idées, outre la coexistence d'un langage populaire et d'une forme plus académique, la famille royale possède son propre vocabulaire, le *rachasap*, dédié à son usage exclusif.

Sur tous les tons

Langue monosyllabique et tonale, le thaï révèle une grammaire plus simple que celle des langues européennes, ne comportant ni conjugaison, ni déclinaison de nombre ou de genre, ni article ; seuls des mots « modificateurs » servent à préciser ces modes.
En revanche, le thaï fait appel à **cinq tons** particuliers – grave, médium, aigu, descendant et ascendant – pour distinguer des sens divers. Une même syllabe peut ainsi disposer de cinq variations de tonalité, qui lui confèrent autant de sens différents. Indispensables à la compréhension, les tons constituent la principale difficulté d'apprentissage.

L'ÉCRITURE

Le thaï n'a été écrit qu'à partir du 13e s. La tradition attribue cette innovation au roi de Sukhothai, **Rama Khamhaeng**, qui s'inspira des versions khmères et mônes d'un ancien alphabet provenant de l'Inde du Sud. L'alphabet thaï moderne, qui en est issu, comprend 44 consonnes, 32 voyelles et diphtongues, ainsi que 4 signes diacritiques servant à indiquer les tons. Les mots s'écrivent de gauche à droite, comme pour l'alphabet latin, mais sans espace, et les voyelles se placent autour des consonnes : avant, après, au-dessus ou en dessous, selon la position des signes qui déterminent le sens.

LES LANGUES DES MINORITÉS

Si la langue nationale est parlée et écrite par la majorité des Thaïlandais, les nombreuses communautés ethniques qui peuplent le pays restent attachées à leur propre langue ou à leur dialecte.
Les **Sino-Thaïs**, en particulier, utilisent le cantonais, le *teo chew*, le fukienois ou le hainanais, dialectes originaires de Chine du Sud. Mais le **pékinois** (mandarin), c'est-à-dire le parler « officiel », tend à s'imposer comme la langue emblématique de cette influente communauté.
Les tribus montagnardes parlent pour leur part des langues monosyllabiques et tonales comme le thaï. Hormis les **Karens**, dont le dialecte reste inclassable malgré des similitudes avec la famille tibéto-birmane, les **Hmongs** (ou Meos, Miaos) et les **Yaos** (ou Miens) parlent un même dialecte **miao-yao** d'origine sino-tibétaine – les Yaos étant les seuls à posséder une écriture. Quant aux **Lahus**, aux **Akhas** et aux **Lisus**, ils partagent les mêmes racines linguistiques issues du **yi** (ou *lolo*), une branche des langues tibéto-birmanes.
D'origine tout autre, le **malais**, que parlent certains habitants du Sud, appartient à la famille linguistique malayo-polynésienne, un groupe extrêmement large auquel se rattachent presque toutes les langues d'Océanie et du Pacifique, de Madagascar à Hawaï.

La musique

« Dans la musique thaïe, pas une seule note, entre la première et son octave, ne correspond à une note de la gamme européenne », faisait remarquer sir Hubert Parry, compositeur anglais du 19e s. D'où quelques difficultés pour un Occidental à apprécier la musique traditionnelle : la gamme thaïe comprend 8 notes, arrangées en 7 tons pleins (sans demi-tons), dont seuls 5 tons sont fréquemment utilisés.

LA MUSIQUE CLASSIQUE

La musique siamoise possédait jadis ses propres instruments, portant le nom des sons qu'ils produisaient *(chap, ching, so, krong, khong)*. À l'époque de Sukhothai, au 13e s., les musiciens empruntèrent des éléments plus sophistiqués aux cultures mônes (notamment les 7 tons) et khmère. C'est de cette période que datent la plupart des instruments traditionnels encore en usage. Le *Trai Phumithaka*, ou *Les Trois Mondes du bouddhisme*, premier ouvrage en thaï à mentionner des instruments, daterait aussi de cette époque. Rédigé par un souverain de Sukhothai, il constitue la première théorie musicale nationale.

Les instruments

Version thaïe de l'orchestre classique occidental, le **piphat** réunit de 5 à 20 instruments à vent, à cordes et en bois, ainsi que des percussions. Il inclut toujours le *pinai*, un instrument à anche

Les mains des danseuses thaïes.
L. Rebmann / MICHELIN

cousin du hautbois, un xylophone incurvé, le *ranad ek*, un assortiment de cymbales à doigts baptisé *ching*, et le *khong wong*, un assemblage semi-circulaire de petits gongs de différentes tailles, suspendus à une structure en rotin, qui assure la mélodie. Quant au petit tambour à double face, ou *taphon*, il donne le tempo : son rôle de « conducteur » est si important que les artistes lui font des offrandes d'encens et de fleurs avant chaque représentation.

D'autres instruments viennent compléter cette panoplie, selon les occasions festives – danse, théâtre, combat de boxe, fêtes. Notamment le *wong yai*, parent lointain du xylophone occidental, qui se compose d'un ensemble de clés en bois séché ou en bambou, montées sur un cadre en bois plat ou légèrement recourbé. Élément clé d'un orchestre accompagnant une représentation de danse classique, il joue la mélodie, reprise sous forme de variations par les autres instruments.

Introduit dans les grandes formations musicales, le *chakhay* évoque une cithare au manche épais, tandis que le *pi*, instrument à vent muni d'un bec en roseau, se fait entendre lors des combats de boxe. Gongs, tambours et cymbales de tailles variées peuvent aussi étoffer l'orchestre.

Si le *piphat* était à l'origine exclusivement destiné à accompagner le théâtre dansé *(khon)* et le théâtre d'ombres *(nang)*, cet orchestre s'écoute aujourd'hui pour lui-même et anime également des fêtes religieuses.

LA MUSIQUE MODERNE

Très populaires, les compositions contemporaines empruntent à l'Occident ses rythmes rock, folk, jazz, ainsi que les mélodies sentimentales, mélangées parfois à des thèmes classiques ou folkloriques thaïlandais.

Où que vous soyez dans le pays, vous trouverez des clubs de **karaoké** – les Thaïs adorent chanter les derniers tubes – et des discothèques branchées qui les diffusent ou les reprennent à l'envi.

La littérature

Dans l'univers de légendes et de traditions orales qu'était la Thaïlande, l'écrit apparut tardivement. Version orientale de l'*Odyssée*, le *Ramakien (voir encadré ci-dessous)* reste le premier grand classique de la littérature thaïe. Le second est un ensemble de 547 fables et paraboles qui racontent les vies antérieures de Bouddha : les **jataka**.

La **littérature contemporaine** reste trop peu traduite en français. Quelques auteurs se sont fait connaître en Occident, tels **Pira Sudham**, anglophone nominé en 1990 au prix Nobel de la littérature (*Terre de mousson* et *Enfances thaïlandaises* ont été traduits en français) ou **Chart Korbjit**, impertinent et incontestablement doué, auteur de *La Chute de Fak* (2003) ou de *Chiens fous* (2011). Ces auteurs rencontrent pourtant peu de succès dans leur pays, où la jeunesse a tendance à bouder la lecture.

Le théâtre

Le théâtre traditionnel comptait autrefois six formes d'expression. Certaines ont disparu, comme le *lakhon lek* (« petit théâtre ») ou le *hun luang* (marionnettes royales), réservé à la cour. D'autres survivent, tel le *khon* (théâtre dansé), mais leur avenir est menacé.

LE KHON, DRAME MASQUÉ

Apparu vers l'époque du royaume d'Ayutthaya, le *khon* représente des scènes du **Ramakien**. Les acteurs, traditionnellement des hommes (les femmes ne furent admises qu'à partir du 19ᵉ s.), représentent quatre types de personnages, portant de somptueux costumes de brocart et identifiés par des masques spécifiques faits de papier mâché laqué : les hommes, les femmes, les démons et les singes, ces deux derniers étant toujours masqués. Exécutées au rythme d'un récit chanté ou raconté par un chœur, les danses obéissent à une gestuelle codifiée, renseignant autant l'action que le sentiment (une frappe du pied, par exemple, signifie la colère). Les thèmes musicaux joués par le *piphat* respectent les mêmes règles, prévenant l'auditoire que le personnage va passer, par exemple, de la colère au désespoir. Joué à l'origine uniquement devant la cour, sur une scène nue éclairée par des torches, puis au 19ᵉ s. hors des palais pour les fêtes, le *khon* s'est pratiquement éteint. Seuls le **Théâtre national de Bangkok** et le **Théâtre royal de Chalermkrung** *(voir dans « Nos adresses à Bangkok », p. 166)* proposent aujourd'hui des représentations publiques.

LE LAKHON

Le *khon* s'intégra à la culture populaire sous des formes moins

LE RAMAKIEN : UNE REPRÉSENTATION D'UN MOIS

Récit épique en vers, la version thaïe du *Ramayana* indien raconte le périple du roi Phra Ram d'Ayutthaya, qui, avec son frère Phra Lak, part à la recherche de son épouse, Nang Sita. Enlevée par le roi démon Thotsakan, Sita est retenue captive sur l'île de Lanka ; une armée d'hommes-singes conduite par le dieu-singe Hanuman vient en aide au roi, symbole du Bien, qui finit par vaincre les forces du Mal. Disparue lors de la mise à sac d'Ayutthaya au 18ᵉ s., l'épopée fut réécrite par Rama Iᵉʳ, puis écourtée par Rama II (sa représentation durait plus d'un mois !). De nos jours, on interprète seulement quelques scènes clés des 138 tableaux.

stylisées et plus sensuelles, connues sous le nom de *lakhon*. Le **lakhon nai**, ou *lakhon* intérieur (représenté à l'intérieur du palais) était jadis réservé à la petite noblesse. Outre les épisodes du *Ramakien*, il comprend des contes populaires, chantés par des troupes féminines. Exécuté par des acteurs des deux sexes, le **lakhon nawk**, ou *lakhon* extérieur (représenté à l'extérieur du palais), puise quant à lui uniquement dans les légendes populaires et associe des textes chantés et parlés.
Comme le *khon* royal, ces deux formes théâtrales sont des arts en voie d'extinction. Ce n'est pas le cas du **lakhon phut**, ou « jeux parlés », variante la plus récente et la plus populaire dans les villes. Assez répandu aussi, le **lakhon chatri** est un drame dansé sur un tempo rapide, qui se tient devant un sanctuaire à la demande d'un fidèle faisant acte de piété ou lors des festivals religieux. S'inspirant du *Ramayana* indien, il raconte le périple d'un prince parti à la recherche d'une femme-oiseau *(kinnari)* kidnappée.

LE LIKAY

Apanage des troupes ambulantes, le **likay** anime les fêtes de campagne. Il se joue dans l'enceinte des temples et séduit les foules par son mélange des genres : équivalent paillard du *Ramakien* royal, il associe plaisanteries crues, commentaires d'actualité et danses bouffonnes, le tout souligné par une musique classique et folklorique.
Le **manora**, un équivalent méridional du *likay*, s'inspire également du *Ramakien*, mais les acteurs y ajoutent des commentaires comiques de leur cru, et, à l'occasion des fêtes villageoises, les comédiens les plus réputés se défient au cours de joutes oratoires.

LE NANG OU THÉÂTRE D'OMBRES

Originaire de Malaisie et d'Indonésie, et donc plus répandu dans le Sud, cet art nocturne se pratique avec des **marionnettes plates** découpées dans du cuir de buffle d'eau ou de vache *(nang)*. Les silhouettes sont manipulées par des marionnettistes placés derrière un écran de tissu blanc éclairé par une source de lumière. Tradition la mieux conservée parmi les deux formes de théâtre d'ombres, le **nang talung**, du nom de la province de Phattalung, est joué lors des fêtes de temples, surtout à Songkhla et à Nakhon Si Thammarat. Tirés de pièces classiques, les personnages prolongés par un manche en corne de buffle sont animés par un unique marionnettiste.

Le cinéma

À l'heure où le cinéma asiatique connaît un réel succès en Europe, la Thaïlande peine encore à se faire connaître en la matière. Films d'action ou de science-fiction, comédies romantiques ou historiques : les Thaïs raffolent de ces divertissements qui se renouvellent chaque année. La palme du succès revient aux films d'action, où la violence exacerbée semble catalyser les tabous liés à la sexualité. Il existe néanmoins des réalisateurs d'avant-garde dont les films s'exportent de plus en plus. Leur chef de file est **Apichatpong Weerasethakul** dont le film *Oncle Boonmee, celui qui se souvient de ses vies antérieures* a remporté la palme d'or du festival de Cannes en 2010. Le cinéma thaïlandais fait actuellement un grand écart entre son public et le reste du monde, l'acte de création étant souvent synonyme de contestation. Il est bon de rappeler que l'hymne national est diffusé avant toute projection de film.

Nature et paysages

Avec ses 513 115 km² (soit à peu près la superficie de la France), la Thaïlande occupe le centre de l'Asie du Sud-Est continentale, se logeant entre la Birmanie (Myanmar), le Laos, le Cambodge et la Malaisie. Des confins birmans, au nord, à la frontière malaise, au sud, elle s'allonge sur près de 1 700 km, déclinant une étonnante variété de paysages. Véritable concentré d'Asie du Sud-Est, le territoire de l'ancien Siam rassemble à lui seul les montagnes et les forêts de Birmanie et du Laos, les plateaux du Cambodge, le sable blanc et les cocotiers des plages de Malaisie, les fonds coralliens d'Indonésie, et jusqu'aux rizières et grandes formations karstiques du Vietnam.

Géographie

Sa physionomie aux multiples facettes, la Thaïlande la doit aux caprices du relief, aux variations de latitude, et bien sûr à la mousson, plus ou moins forte selon les régions. Vu du ciel, **l'« angle de l'Asie »**, comme le surnomment les géographes, offre l'image d'une frontière entre le monde indien et l'Extrême-Orient. Il est marqué par les ultimes contreforts de l'Himalaya, étroites et modestes chaînes de montagnes qui divisent le territoire en deux grandes masses de terres basses. Cette ceinture rocheuse, entaillée au nord par de profondes vallées et quelques bassins (Chiang Mai, Chiang Rai, Lampang, Phrae), enserre une vaste plaine centrale drainée par le Chao Phraya, tandis qu'à l'est elle isole le plateau de Khorat, bordé sur sa façade orientale par le Mékong.

Au sud, enfin, séparant la mer d'Andaman du golfe de Thaïlande, une étroite cordillère descend sous des latitudes plus équatoriales vers l'isthme de Kra et la péninsule de Malacca, porte de l'Asie méridionale et musulmane.

UNE TERRE AUX CINQ VISAGES

Le royaume se compose de cinq grands ensembles géographiques – cinq univers, pourrait-on presque dire, si une forte unité culturelle ne les liait solidement ensemble : le Nord, le Nord-Est (ou Isan), le Sud péninsulaire, la région du golfe de Thaïlande (ou golfe du Siam) et la plaine centrale.

La plaine centrale, grenier à riz du pays

Ping, Yom, Nan, Wang : quatre torrents dévalent les hauteurs

Moment privilégié : le bain des éléphants, Chiang Mai.
A. Leiva / age fotostock

noyées de brumes pour gagner la plaine centrale par d'étroites vallées. À Nakhon Sawan, ces *mae nam*, ou « mères des eaux », ne sont plus que deux, qui se mêlent pour engendrer le fameux **Chao Phraya**. Sur 352 km, le « Prince Fleuve » irrigue ainsi la plaine centrale avant de se jeter dans le golfe de Thaïlande. Délimité à l'ouest par les sommets déchiquetés des Thanen Thong Dan et à l'est par les montagnes du Dong Phaya Yen, son immense delta s'étale sur 12 400 km², plaine alluviale des plus fertiles qui accueille environ 30 % de la population du pays.
Un damier de rizières miroitantes, limoneuses ou verdoyantes selon les saisons, alterne avec l'eau laquée des *khlong* (canaux), les étangs constellés de lotus et les bosquets de végétation tropicale. Les maisons de bois sur pilotis, les pirogues et les marchés flottants conservent ici leur caractère traditionnel, même si les techniques agricoles se modernisent à vive allure.
Berceau historique et politique du royaume depuis sa création, poumon économique de la Thaïlande moderne, cette région a fait l'objet d'un développement intensif. Une pluviosité insuffisante, aggravée par l'irrégularité des averses en début de saison (de mai à juillet), nécessitait en effet une **irrigation** d'appoint. Pensé dès le début du 20e s., le plan d'aménagement du Chao Phraya débuta par la construction du **barrage de Chainat** (1957) à la tête du delta. Il se poursuivit par l'édification de barrages-réservoirs sur la *mae nam* Ping et la *mae nam* Nan, puis par l'installation de réseaux secondaires acheminant l'eau jusque dans les rizières.
À l'ouest de la capitale s'étend encore un grand bassin hydrographique, alimenté notamment par la célèbre rivière Kwaï. Au-delà de Kanchanaburi, la nature reprend ses droits dans un pays de torrents, de cascades spectaculaires, telles celles d'Erawan, de grottes et de jungle épaisse.

La région du golfe, une luxuriance tropicale

Fruits tropicaux, hévéas, poissons, rubis et tourisme constituent l'essentiel de la richesse de cette région fertile, au climat nettement plus tropical que celui de la plaine centrale. Baignée par les eaux du golfe de Thaïlande et traversée par la chaîne des **Khao Soy Dao** (dont les sommets s'étagent entre 700 et 1 670 m), la plaine littorale ondoie et se rétrécit pour descendre en pointe le long de la frontière cambodgienne, à l'extrême sud-est du pays. Les forêts de conifères et les montagnes granitiques forment des paysages grandioses, tels le parc naturel de **Khao Chamao-Khao Wong** (1 024 m) ou la cascade de Phliu. Aux creux d'anses étroites se succèdent une myriade de villages de pêcheurs devenus pour certains de grandes stations balnéaires : Bang Saen, Pattaya et Rayong, qui barrent désormais le littoral de leurs immeubles de béton. Au large, pourtant, s'étendent les plus magnifiques parcs naturels du pays, dont **Ko Chang** et ses 52 îles émaillant le golfe de Thaïlande ou **Ko Samet**, avec ses plages de sable blanc et sa mer turquoise, à quelques heures de Bangkok.

Le Nord, pays de montagnes

Malgré le déboisement des dernières décennies, le Nord reste le domaine de la jungle, le royaume des brouillards et des **forêts de tecks**, de cèdres du Japon et d'arbres à feuilles persistantes.
Au nord-ouest, les montagnes peuvent dépasser 2 000 m d'altitude, le plus haut sommet du pays, le **Doi Inthanon**, culminant à 2 565 m. De nombreux cours d'eau – Mékong, Nan, Yom, Ping, Yang – ont taillé des canyons, formé des cascades, creusé des grottes dans ces reliefs calcaires aux tombants vertigineux. Les massifs, reliés les uns aux autres par des collines vallonnées, sont couverts d'une végétation basse luxuriante, qui a remplacé la forêt primitive. La lente érosion due aux pluies de mousson laisse apparaître par endroits une belle terre rougeâtre, contrastant avec la blancheur calcaire des sommets.
Au nord commence l'altiplano du pays shan, marqué par le tristement célèbre **Triangle d'Or** (Sop Ruak) : située aux confins de la Birmanie, de la Thaïlande, du Laos et de la Chine, cette région est l'un des principaux foyers de production d'opium dans le monde.
Plus à l'est, une ligne de crêtes dessine une frontière avec le Laos, matérialisée par le ruban argenté du **Mékong**. Né au Tibet, le Mae Nam Khong (Mékong) est le douzième fleuve du monde par sa longueur (4 022 km). Il entre en Thaïlande à Chiang Saen, au centre du Triangle, puis serpente le long des frontières nord et nord-est jusqu'à son delta, au Vietnam.
Dans les basses terres alluviales, fortement peuplées, se déploient une agriculture intensive et une amorce d'industrialisation, tandis que les hauteurs sont le territoire d'une pléiade de minorités ethniques – **tribus montagnardes** comptant quelque 1,2 million d'âmes *(voir « Les peuples des montagnes », p. 52-53)*.
Ce monde rural connaît lui aussi de profondes transformations, en particulier là où parviennent les routes goudronnées. Patronnés par le roi, des programmes de développement de cultures de substitution (café, vétiver) et de formation au tourisme et à l'artisanat incitent les Akhas, les Lisus et les Lahus à abandonner le pavot au profit de solutions économiques alternatives.
Certains secteurs sont en cours de reboisement, en **pins,** au-dessus de 1 000 m, pour la pâte à papier, en **tecks** et en **eucalyptus** en dessous. Les zones les plus difficiles d'accès conservent quant à elles leurs systèmes ruraux traditionnels et vivent de la culture du riz pluvial et du pavot en altitude, faute de pouvoir assurer une sécurité alimentaire à leurs habitant avec d'autres productions.
Au centre de la région, **Chiang Mai** la verdoyante constitue un important nœud de communications. Capitale administrative et ville universitaire aux allures provinciales, elle est devenue un pôle touristique majeur, tout comme Lampang ou

Mae Hong Son, ville frontière et antichambre de la Birmanie.

Le Nord-Est, la Thaïlande des confins

Dans la sphère orientale du pays, où se mêlent les influences thaïes, khmères et laotiennes, les habitants ont davantage de points communs avec leurs voisins, installés sur l'autre rive du Mékong, qu'avec la lointaine Bangkok. Si le Nord-Est, ou **Phak Isan**, fait figure de contrée isolée et défavorisée, cette région s'affiche aussi comme le dépositaire de la mémoire nationale.

Le vaste **plateau de Khorat** forme la plus grande partie de l'Isan, buttant à l'est sur les contreforts de la chaîne cambodgienne des Dongrek. Celle-ci stoppe l'humidité du sud-ouest, entraînant un climat continental et des amplitudes thermiques supérieures à la moyenne nationale. La moitié des terres subissent ainsi des pluies trop irrégulières, la saison sèche dure longtemps (cinq mois), et la plupart des saisons intermédiaires (un ou deux mois) se révèlent sèches elles aussi.

Peu à peu, la forêt dense, qui maintenait l'humidité des sols, s'est retirée sur les pentes escarpées du plateau (à l'ouest, au sud et à l'est de Khon Kaen), et au pied de ces massifs s'étendent désormais des zones de forêts clairsemées et de **savanes**. Elles-mêmes cèdent progressivement la place aux rizières, aux champs et aux étangs, mais la surface des terrains agricoles demeure insuffisante, et nombre d'habitants sont contraints d'émigrer vers les grandes villes.

Pourtant, si la nature paraît un peu moins généreuse que dans le reste de la Thaïlande (exception faite des très beaux **parcs naturels** à l'ouest et au sud de la région), l'occupation humaine s'y révèle plus ancienne – la culture de **Ban Chiang** remonte au 4e millénaire av. J.-C. – et bien plus dense que dans les autres régions agricoles à la même époque.

Le Sud, la Thaïlande des îles

Au sud, la Thaïlande s'effile en une étroite langue de terre qui s'étire jusqu'à la péninsule malaise, entre le golfe de Thaïlande à l'est

AU RYTHME DES MOUSSONS

La vie du pays dépend étroitement de la mousson, vent tropical revenant à intervalles réguliers, dispensateur de bienfaits et parfois de catastrophes. Sur la majeure partie du territoire, on distingue trois saisons :

- **La mousson d'hiver** (nov.-février) – Elle correspond à la **saison sèche**, marquée par un climat relativement tempéré. Mais dans les montagnes septentrionales, les brumes matinales s'accrochent au relief et les températures peuvent descendre jusqu'à 5°.
- **La mousson d'été** (mars-juin) – C'est la prémousson, qui apporte le climat le plus chaud de l'année : 30° à Chiang Mai, 35° et parfois plus à Bangkok, près de 40° dans le Nord-Est.
- **La mousson humide** (juil.-oct.) – Cette mousson du Sud-Ouest s'accompagne de précipitations abondantes (1 400 mm en moyenne annuelle) dans le Centre, plus faibles dans le Nord et dans l'Est. Durant cette **saison des pluies**, le soleil alterne avec de violentes averses, plus fréquentes en fin de journée.

Le Sud et l'extrême Sud-Est subissent moins de fluctuations, mais le climat varie d'une côte à une autre. Les pluies sont ainsi les plus fortes de mai à oct. à l'ouest (Phuket, Krabi, Ko Phi Phi, etc.), tandis que les averses sévissent de nov. à fév. à l'est (Ko Samui, Ko Phangan, Ko Tao).

et la mer d'Andaman (ouvrant sur l'océan Indien) à l'ouest. La longue crête montagneuse au littoral ponctué de baies et de criques sablonneuses est connue pour ses îles paradisiaques et ses pitons calcaires dévorés par la verdure et baignés d'eaux turquoise. Les archipels les mieux préservés cachent de riches **fonds marins**, véritables jardins coralliens à la faune aquatique multicolore. Le climat tropical, allié à la richesse du sol, favorise plutôt la culture de l'hévéa, du cocotier et du palmier à huile que celle du riz.

À l'intérieur des terres, les montagnes, escarpées, peuvent atteindre 2000 m. Vers l'ouest, les monts Tenasserim forment une frontière naturelle avec la Birmanie, avec pour point culminant le Khao Luang (1 494 m), tandis que plus au sud, la péninsule s'étrangle pour former l'**isthme de Kra** (22 km de large), qui sépare les deux pays. Plusieurs gouvernements ont envisagé d'y creuser un canal afin de gagner un millier de kilomètres sur la route maritime entre les ports de l'océan Indien et ceux du golfe de Thaïlande – une proposition encore à l'état de projet.

De l'ouest à l'est, les **deux côtes du Sud** montrent des différences saisissantes sur le plan morphologique. Le long du littoral ouest, de magnifiques **formations karstiques** aux pitons vertigineux jaillissent de la mer, joyaux des baies de Phangnga et de Krabi. À l'est, c'est le territoire de la **mangrove**, quoique certaines zones aient été partiellement déboisées pour permettre l'élevage des crevettes. Pour une villégiature de rêve, vous avez le choix entre les îles retirées du golfe de Thaïlande, telles Ko Samui, Ko Phangan et Ko Tao ou, côté mer d'Andaman, Phuket, Ko Phi Phi, l'archipel des Similan, Ko Lanta et les parcs nationaux moins connus de Mu Ko Surin et de Mu Ko Tarutao.

À l'extrémité sud, enfin, au-delà de la ville de Hat Yai, les monts San Sara Khiri se dressent à 1 490 m pour séparer la Thaïlande et la Malaisie. Les provinces de Satun, Yala, Patthani et Narathiwat restent majoritairement musulmanes. Ponctuellement, cette région montagneuse sert de refuge aux séparatistes musulmans.

Un éden en péril

À l'instar des autres territoires tropicaux, la Thaïlande abrite une flore et une faune d'une extraordinaire variété. Mais l'exploitation forestière, intensive et souvent illégale, les développements immobiliers et l'agriculture sur brûlis ont beaucoup réduit et endommagé ce patrimoine. Les violentes pluies des moussons ont aggravé la situation en provoquant, dans certaines régions, une érosion des sols irréversible.

Cependant, les mesures adoptées en 1989, notamment les programmes de reboisement et l'interdiction d'exporter certaines essences, traduisent le souci de protéger désormais l'environnement.

La **Wild Life Fund Thailand**, créée en 1983 sous le haut patronage de la reine et affiliée au WWF, mène des actions de sauvegarde en faveur des écosystèmes fragiles (comme la mangrove), en encourageant de nouvelles pratiques agricoles ou en luttant contre le commerce des animaux sauvages.

LA FLORE

Dans les régions rizicoles, à proximité des villages et jusque dans les agglomérations, vous apprendrez à distinguer jacarandas, papayers, aréquiers, rotins, ou reconnaîtrez d'autres espèces plus

Péninsule de Raileh, Krabi.
M. Bilbao / age fotostock

familières, comme les bananiers, les palmiers et les ficus, sans oublier les bambous dont il existe d'innombrables variétés, certaines poussant presque à vue d'œil (25 m en six semaines, voire davantage). Sur cette gamme de verts, les frangipaniers, les bougainvilliers, les flamboyants, les hibiscus, les acacias et les magnoliacées viennent jeter des notes violemment colorées : rouge carmin, fuchsia ou jaune.

Les eaux paisibles des canaux et des lacs sont le territoire des roseaux, des nénuphars et des **lotus**. Symbole de pureté et de lumière dans le bouddhisme, ce dernier, redoutable colonisateur, offre de mars à mai de ravissants tapis de fleurs roses, blanches ou jaunes.

Forêts et mangroves

Les **forêts du Nord** abritent essentiellement des essences à feuilles persistantes : le pin et le cèdre du Japon, le chêne (moins répandu), le palissandre d'Asie et surtout le teck, ce bois lourd et imputrescible dont l'industrie du meuble est friande.

Très humide, la **forêt tropicale du Sud** voit, sous le couvert de grands arbres, pousser surtout des plantes de la famille des diptérocarpacées (arbres des climats tropicaux donnant des huiles). Les **plantations** d'eucalyptus, de palmiers à huile, de cocotiers et d'hévéas servent les exploitations commerciales.

Des arbustes, des lianes, des fougères et de nombreuses espèces de fleurs prospèrent dans ces jungles épaisses. Les orchidées, les azalées et les rhododendrons, notamment, prospèrent sous le climat tempéré du Nord : la région de Chiang Mai et la vallée de la Mae Sa sont connues pour receler le plus grand nombre d'espèces sauvages d'**orchidées**, ces plantes parasites qui poussent généralement sans terre, et dont l'hybridation peut engendrer un nombre illimité de variétés.

Sur la côte orientale, de vastes **mangroves** nourries par les marées fournissent un habitat de choix à

DES ANIMAUX EMBLÉMATIQUES
Trois animaux domestiqués par l'homme symbolisent, chacun à sa manière, trois visages de la Thaïlande. Le **macaque à queue de cochon**, dressé à la cueillette des noix de coco, représente le Sud tropical. Le **buffle**, lui, reste associé aux rizières. Enfin, l'**éléphant**, jadis emblème du Siam, évoque la jungle. Employé dans le secteur du bois et lors des cérémonies officielles ou folkloriques, le pachyderme a même droit à un traitement de faveur : un nom enregistré à l'état civil et des conditions de travail réglementées.

de nombreuses espèces animales et végétales : la vase y est riche en mollusques, en crustacés, en bivalves et en gastéropodes, qui font les délices des macaques de Buffon, un singe arboricole, très bon nageur, qui se régale volontiers d'un plateau de fruits de mer.

LA FAUNE

La faune thaïlandaise appartient à la branche zoogéographique indochinoise. Les jungles du pays abritent quantité d'oiseaux, de reptiles et une grande variété de mammifères (éléphants, primates, félins, ours, cervidés, bovidés, sangliers, etc.).

Les oiseaux

La forêt vierge, les lacs et les côtes abritent une riche population d'oiseaux migrateurs ou résidents. Formé d'un lac d'eau douce peu profonde (1 m à 1,50 m) et de vastes marais, le **parc ornithologique de Thale Noi** est ainsi peuplé de plus d'une centaine d'espèces : cormorans, hérons, aigrettes, échassiers divers et canards. Reconnaissable à sa haute taille (près de 1,50 m), le **pélican à bec tacheté** est un habitué des eaux douces de Thaïlande. Quant à la **bondrée**, à tête blanche et plumage brun, c'est le rapace le plus commun du pays.

Les reptiles

Parmi les crocodiles hébergés à la ferme de Samut Prakan *(voir « Les environs de Bangkok », p. 170)*, la plupart sont des hôtes venus d'ailleurs, excepté le *Crocodylus siamensis*, un beau spécimen de 3 m de long qui fréquente les eaux douces et peu profondes. On y voit également de nombreuses variétés indigènes de reptiles, comme le cobra ou le serpent des palétuviers. Bien moins inquiétants, hormis les grandes espèces telles le varan noir, les **lézards** sont omniprésents. Le gecko, notamment, est considéré par les Thaïlandais comme le bon génie de la maison, peut-être à cause de son appétit pour les moustiques. Parmi les espèces de geckos plus ou moins grandes, prêtez l'oreille au chant du tokay, lézard multicolore de 30 cm.

Les mammifères

Si l'on peut encore apercevoir un **tigre** dans les parcs et les réserves naturelles, certaines espèces telles le **rhinocéros** à une corne et le rhinocéros de Sumatra à deux cornes ont disparu. D'autres, comme le **gibbon**, qui voit son territoire forestier trop réduit, sont menacées (un programme de réintroduction est tenté dans la baie de Phangnga). En revanche, les **macaques**, très présents dans les temples, ont intégré le tourisme à leur mode de vie.

Les **sangliers**, les **écureuils** – dont une variété à fourrure grise abonde à Bangkok, où elle se déplace sur les fils téléphoniques –, les **daims** et les **papillons** tropicaux demeurent nombreux dans les montagnes encore boisées qui entourent Phetchaburi, dans la région voisine d'Umphang et le long de la frontière au nord de Kanchanaburi. Ces contrées reculées, à forêt dense, abritent également une **panthère longibande**. Tout aussi rare, le **chat pêcheur**, qui peut atteindre 86 cm de long, descend volontiers dans les eaux peu profondes à la recherche de ses proies, nageant tel un poisson grâce aux palmures liant les griffes de ses pattes antérieures. La belette de Sibérie, l'athérure à longue queue (une sorte de porc-épic) ou le blaireau à gorge blanche fréquentent les forêts septentrionales. En revanche, l'**ours malais**, un petit ours brun (1 m à 1,40 m) à museau jaune, préfère les cocotiers et les forêts denses du Sud, comme son cousin l'ours à collier, qui dort dans des grottes en compagnie des roussettes des cavernes, avides de fruits.

Dans la catégorie des originaux, le **pangolin de Malaisie** occupe une place de choix. Cet insectivore diurne peut se mettre en boule en écartant ses écailles afin de décourager ses prédateurs. Et si cela ne suffit pas, il sécrète un liquide hautement nauséabond. Doublement familier des hauteurs, le **pétauriste** fréquente pour sa part les montagnes au-delà de 900 m et s'est spécialisé dans le vol plané. Cette espèce d'écureuil possède une membrane reliant les membres antérieurs et postérieurs, qui lui permet des vols planés jusqu'à 450 m de longueur.

Enfin, un panorama des mammifères en Thaïlande ne serait pas complet sans la mention au **chien errant** (une sorte de *bassenji*, cousin des chiens sauvages des villes africaines), que vous verrez toujours en quête d'une pitance ou d'un compagnon de jeu, dans les villes ou sur les plages.

Histoire

Le « pays des hommes libres » (Muang Thai), tel est le sens du mot Thaïlande, une nation fière de n'avoir jamais été colonisée. Les terres siamoises ont vu l'ascension et le déclin de plusieurs civilisations. Ébranlant la puissance des États môns et de l'Empire khmer, de puissants royaumes de langue et de culture spécifiquement thaïes vont émerger à partir du 13e s., parfois alliés, souvent rivaux : Sukhotai dans la plaine centrale, Lan Na dans le Nord, et la brillante Ayutthaya, qui rayonna sur un immense territoire. Ce n'est qu'au 19e s. qu'est fondée Bangkok, et que la dynastie Chakri, toujours régnante, posera les bases de l'actuelle Thaïlande. Issu d'une histoire pour le moins riche et complexe, le pays traverse aujourd'hui une phase d'instabilité politique et cherche de nouveau sa voie.

Un peuplement ancien

L'archéologie de la Thaïlande en est encore à ses débuts, mais de nombreuses traces attestent une occupation humaine très ancienne. Une branche de l'*Homo sapiens* habita en effet cette sphère géographique au cours du paléolithique inférieur (environ 40 000 ans avant notre ère). Il s'agissait probablement de populations australoïdes ou mélanésoïdes, celles-là mêmes qui peuplèrent ensuite l'Australie et la Mélanésie. Chasseurs-cueilleurs plus ou moins sédentaires, ces hommes utilisaient des outils de bois, de bambou et de pierre.

Les découvertes archéologiques faites dans des grottes de la région de Mae Hong Son ont révélé l'existence d'une agriculture naissante, fondée sur l'igname et le taro (la riziculture est plus tardive), dès les 10e-9e millénaires avant notre ère. Quant aux fouilles menées dans le Nord-Est, autour du site de **Ban Chiang**, elles permettent de dater la pratique de l'élevage à 3500 av. J.-C.

Acquise vers 500 av. J.-C. dans cette même région, la maîtrise du fer résulte manifestement d'un développement local, preuve du dynamisme de ces sociétés.

LES EMPIRES MÔN ET KHMER

L'histoire proprement dite commence avec les Môns et les Khmers : deux grandes civilisations qui poseront les bases d'une culture indianisée. Fruit de leurs multiples relations commerciales, intellectuelles, artisanales avec le monde indien depuis le 1er s. de notre ère, les Môns et les Khmers ont emprunté nombre de traits à la grande civilisation voisine : son système monarchique, ses langues (le sanskrit et le pali), ses canons esthétiques et ses techniques architecturales.

Mais tandis que les Môns adoptent très tôt le **bouddhisme du petit véhicule** *(theravada)*, les Khmers, d'abord convertis aux grandes religions hindouistes (le brahmanisme et le vishnouisme),

Le temple Wat Mahatat à Sukhothai.
L. Rebmann / MICHELIN

se tourneront ensuite vers le bouddhisme du grand véhicule *(mahayana)*.

Apparus vers le 7e s. de notre ère, les **États môns** couvrent une grande partie du territoire de l'actuelle Thaïlande ainsi que de la basse Birmanie, englobant le royaume de Hariphunchai (région de Lamphun, au nord) et celui de Dvaravati (du nom de la capitale de Krishna dans le *Mahabharata*). L'épicentre de la sphère mône semblait se situer entre Lopburi, Prachin Buri et Ratchaburi, avec Nakhon Pathom pour cité principale.

À partir des 9e et 10e s., les **Khmers** vont régner sur l'Est, rayonnant autour de leur capitale, Angkor Wat, la splendide ville-temple. Leur empire étendra son influence sur l'actuel Cambodge, mais aussi à toutes les basses terres au nord-est d'Angkor – la moitié sud du plateau de Khorat, la vallée de Vientiane (Laos), celle du Chao Phraya –, atteignant bientôt les terres du royaume môn de Hariphunchai et même la péninsule malaise.

L'ARRIVÉE DES THAÏS

Dès le 2e s. ap. J.-C., des vagues de populations de langue thaïe, venues de Chine, s'étaient établies dans les montagnes du Nord. Mais la véritable immigration débute avec les **Thaïs du Yunnan**, du 11e s. au 13e s. Vivant avant tout de la riziculture, ces peuples importèrent une nouvelle technique d'irrigation : tandis que les Khmers suivaient le système indien selon lequel le contrôle de l'eau des moussons s'opérait à partir de grands réservoirs, les Thaïs optent pour le système chinois des digues et des canaux, destinés à réguler les crues des fleuves.

Leur organisation, féodale et aristocratique, rappelle également celle de la Chine ancienne : le fief, ou **muang** – qui, sous la monarchie siamoise, donnera le district ou la province, selon son importance –, est soumis à un seigneur, chef civil et religieux, lui-même vassal d'un suzerain. Des conseils de notables administrent

les **ban**, les communautés villageoises. Quant aux rizières, elles appartiennent à la noblesse, qui en fait exploiter une partie à son profit par un système de corvées et redistribue le reste aux paysans.
L'organisation administrative et militaire des Thaïs emprunte, elle aussi, au mode de stratification sociale mongole, qui distinguait fortement les guerriers (les nobles), les roturiers et les serfs.
Sur le plan religieux, enfin, les Thaïs, à l'origine animistes, sont entrés en contact avec le bouddhisme bengali lors de leur séjour dans le Yunnan. Au fil du temps, les deux traditions se mêleront à celles des Môns et des Khmers.

L'ère de Sukhothai (1220-1349)

Au 13e s., la population thaïe devient prépondérante dans certaines régions sous domination khmère. Alors que les noblesses siamoises reconnaissaient jusque là l'autorité des souverains khmers, qui leur attribuaient titres et prérogatives, une élite spécifiquement thaïe se saisit progressivement du pouvoir.

LES DÉBUTS DE SUKHOTHAI

En 1238, deux seigneurs siamois chassent de Sukhothai le « proconsul » imposé par l'Empire, et l'un d'eux s'y fait couronner en prenant le titre khmer – ultime hommage – de **Si Intradit**. Dès la fin du 13e s., Sukhothai n'est plus cette place forte fondée par les Khmers. Surnommée l'« Aube du Bonheur », elle fait figure de cité autonome, dont la puissance se mesure à sa capacité de développer la région, coordonnant des travaux d'irrigation de grande ampleur qui feront de la plaine alluviale un riche grenier à riz.
L'influence grandissante de la cité sur l'ensemble du bassin du Chao Phraya permet l'émergence d'une véritable société thaïe, dotée d'institutions, d'une architecture et d'un art propres, dont les statues de Bouddha constituent l'expression la plus originale.
La promotion du **bouddhisme theravada** au rang de religion officielle va entériner l'ascendant des Siamois sur leur nouveau pays. La tradition a fixé cette mutation dans les **contes de Phra Muang** (un héros mythologique passant pour être le fondateur du premier grand royaume thaï), dans lesquels le bouddhisme theravada est étroitement lié à la volonté d'émancipation des Thaïs.
Cette alliance indissociable entre la religion et la monarchie siamoise restera jusqu'à nos jours l'un des fondements de l'histoire thaïe.

LES ÉTATS DU NORD

À la même époque, dans le Nord, deux États prennent l'ascendant sur la multitude des seigneuries thaïes rivales : la **principauté de Phayao** et surtout le **royaume du Lan Na**, ou « Million de Rizières », l'ancienne principauté de Chiang Saen, gouvernée par le souverain **Mengraï** (1239-1311 ou 1317).
Le roi unifie les Thaïs du Nord (Lawas) et édifie un véritable État en soumettant notamment la cité de Chiang Rai, en 1262, puis l'État môn de Hariphunchai (Lamphun) en 1281 (ou 1292). En 1296, Mengraï établit sa capitale à **Chiang Mai**, la « Nouvelle Ville », sur les berges de la Ping.
Après sa disparition, de nombreuses luttes de pouvoir affaiblissent le Lan Na, mais Chiang Mai conservera longtemps un gouvernement autonome et une culture originale, et ce malgré le déplacement progressif de l'épicentre de la civilisation thaïe vers les villes méridionales.

RAMA KHAMHAENG, LE SAINT LOUIS THAÏ

Malgré son échec, Rama Khamhaeng tient dans l'histoire thaïe une place comparable à celle de Saint Louis pour la France : il gouvernait avec justice et magnanimité et s'efforça de diffuser parmi ses sujets les commandements et les observances rituelles du bouddhisme. Sous son règne s'élabora le premier alphabet siamois, utilisant comme base l'écriture khmère. La principale source d'informations sur le royaume est une stèle que l'on a longtemps crue du 13e s. (et qui n'est peut-être qu'une compilation commandée par Rama IV dans les années 1850), reprenant probablement des inscriptions lapidaires originales.

LE RÈGNE DE RAMA KHAMHAENG

Troisième roi de Sukhothai, Rama Khamhaeng, « Rama le Fort », monte sur le trône en 1279 et régnera jusqu'en 1318. Profitant d'une conjoncture favorable – l'alliance avec les princes thaïs du Nord, la pression mongole sur ses rivaux birmans du Nord-Ouest et l'affaiblissement d'Angkor –, Sukhothai connaît sous son règne une formidable expansion territoriale, s'étendant de Luang Prabang, au nord-est, jusqu'à la péninsule méridionale, en passant par la plaine centrale et la basse Birmanie.

Rama Khamhaeng noue aussi des relations diplomatiques avec la Chine : les annales chinoises relatent la venue du souverain en 1294, et pas moins de sept missions en provenance de Sien (Sukhothai) se succéderont de 1282 à 1323. Des artisans chinois affluent dans la capitale, où ils apportent leur savoir-faire de potiers, donnant bientôt naissance aux fameuses céramiques de Sangkhalok *(voir « Si Satchanalai », p. 262)*.

Mais l'espace politique créé par Rama Khamhaeng, fondé sur quelques liens familiaux et sur l'allégeance de nombreux seigneurs, se révèle fragile. Il ne survivra pas à son architecte. Savants et pieux, ses deux successeurs Lo Thaï (1318-1347) et **Li Thaï** (1347-1368) négligent de veiller sur les grands vassaux, et Sukhothai devient une proie tentante pour le prince d'**U-Thong**, à la politique expansionniste. Fondateur d'Ayutthaya, celui-ci va étendre son pouvoir sur toute la plaine du Chao Phraya, imposant à Li Thaï de reconnaître sa suzeraineté en 1349.

L'ère d'Ayutthaya (1350-1782)

U-THONG, LE FONDATEUR

Chinois pour les uns, Môn-Khmer pour les autres, le prince d'U-Thong, fondateur d'Ayutthaya, semble avoir bénéficié de multiples alliances, notamment avec la maison du Lan Na et surtout avec celles de Lopburi et de Stuphan Buri, les deux cités dominantes du bassin inférieur du Chao Phraya. Établi vers 1350 à Ayutthaya – du nom d'Ayodhya, la capitale mythique de Rama dans le *Ramayana* –, U-Thong prend le titre de Ramathibodi Ier, dit « Rama le Grand » (1350-1369), pour régner sur un immense territoire qui s'étendra de Sukhothai, au nord, à la péninsule de Malacca, au sud, et d'ouest en est de Tavoy (aujourd'hui Dawei, en Birmanie) à Chanthaburi.

L'EXPANSION SIAMOISE

Parallèlement aux luttes intestines sanglantes qui opposent entre eux les prétendants au trône, le

royaume d'U-Thong mène de nombreuses guerres d'expansion et de fréquentes expéditions contre des vassaux séditieux. Avec Ayutthaya pour capitale, l'épicentre du royaume se rapproche des marches de l'Empire khmer : aussi les souverains siamois lancent-ils des attaques contre le Cambodge, qu'ils occuperont à plusieurs reprises. Le coup fatal sera porté à l'Empire khmer en 1431 par **Borommaracha II** (1424-1448), dont les troupes pénètrent dans Angkor après un siège de sept mois. Cédant le plateau de Khorat aux Siamois, le roi khmer abandonne son ancienne capitale pour Lovek et, plus tard, pour Phnom Penh.
Bien que cité vassale, Sukhothai demeure un foyer de contestation jusqu'en 1438, date à laquelle s'éteint la lignée de ses rois. Ayutthaya tourne alors ses appétits vers le royaume du Lan Na et les villes sous son influence, Lampang et Chiang Mai. Cette rivalité entre Siamois et Thaïs du Nord culminera sous le règne de **Boromtrai Lokanat**, ou **Trailok** (1448-1488), qui transférera sa capitale plus au nord, à **Phitsanulok**.

Le temps des réformes

Doté de tous les pouvoirs, Boromtrai Lokanat s'engage dans la réorganisation des structures administratives et sociales du Siam. Les affaires du royaume sont confiées à deux ministres, l'un chargé des affaires militaires, l'autre responsable des affaires civiles, chacun secondé par de nombreux fonctionnaires, tant civils que militaires. Il nomme des gouverneurs à la tête des provinces et « nationalise » les milices privées en les incorporant dans les troupes royales. Par le code de 1454, il réforme également l'attribution des terres et de leurs revenus, et impose un système de corvées obligeant tout homme valide et libre (exception faite des bonzes) à travailler une partie de l'année pour l'État.

LA MENACE BIRMANE

L'année 1529 marque le retour des Birmans dans l'espace thaï. Leur pression croissante, à la fois au sud contre le Siam, et au nord en direction de Chiang Mai et du royaume de Lan Chang (au Laos), conduit à trois guerres successives, en 1538, 1548 et 1569, dont les conséquences seront la chute d'Ayutthaya et son occupation durant quinze ans. En 1584, cependant, **Naresuan** (1590-1605) libère la cité et parvient à repousser les Birmans, reprenant la basse Birmanie et les ports du golfe de Martaban. Sous son règne, Ayutthaya connaît une période de prospérité, dont témoignent les descriptions que firent les marchands espagnols et portugais lors de leur visite de la métropole siamoise au 17e s.

AYUTTHAYA, PORTE DE L'ORIENT

En plus des luttes de succession entre clans d'ascendance royale (qui ne cessèrent qu'avec la dynastie des Chakri, au début du 19e s.), les guerres extérieures se font quasi permanentes, ne s'interrompant chaque année qu'avec la mousson. Les besoins financiers engendrés par ces conflits rendent indispensable l'ouverture du royaume aux marchands étrangers. C'est pourquoi le nombre d'étrangers présents au Siam ne fait que s'accroître tout au long du 17e s. Succédant aux Portugais, établis depuis le 16e s. dans la péninsule malaise et aux Philippines, les Hollandais, les Anglais, les Français, mais aussi les Perses, les Indiens et les Japonais firent leur apparition dans les ports et sur les côtes du Siam, puis dans sa capitale. Les

Européens agissaient pour le compte de leur **Compagnies des Indes orientales** respectives, excellents instruments de leur politique étrangère.
L'importance du Siam tenait, à l'époque, à sa position géographique au seuil de la Chine, dont les liaisons directes étaient coupées lors des moussons saisonnières. Aussi les ports d'Ayutthaya servirent-ils d'entrepôts aux marchandises qui transitaient entre l'Europe, l'Inde, les Indes occidentales, la Chine et le Japon. Soucieux d'obtenir des concessions et des monopoles, les étrangers n'hésitaient pas, le cas échéant, à employer la force, comme les Hollandais, qui bloquèrent l'embouchure du Chao Phraya en 1664. En contrepartie, les taxes sur le commerce alimentaient les revenus de la Couronne.

Convoitises européennes

Mus par l'intérêt, les Occidentaux entrèrent à leur tour dans les intrigues politiques intérieures pour la conquête du trône. En retour, les monarques siamois tentaient de neutraliser telle puissance étrangère, ancien allié devenu trop influent, en s'appuyant sur telle autre, attirée par la promesse d'un traité de commerce avantageux.
Ainsi **Naraï** (1656-1688) tenta-t-il, en vain, de s'appuyer sur les Anglais pour contrecarrer l'influence des Hollandais. Ceux-ci avaient en effet obtenu – une première dans l'histoire du Siam – les privilèges de l'extraterritorialité : si leurs ressortissants commettaient un crime au Siam, ils devaient être livrés au chef du comptoir de commerce et punis selon les lois des Pays-Bas. Le monarque se tourna ensuite vers les Français, mais en 1688, son successeur, le roi **Phetracha** (1688-1703), signait un nouveau traité avec la Hollande.
C'est à ses missionnaires catholiques que la France dut ses premières grandes relations avec le Siam : en 1662, Mgr de La Motte Lambert obtint l'autorisation de pratiquer le culte catholique. L'amitié du roi donna à croire aux pères que sa conversion était imminente. L'enthousiasme de leurs missives fit espérer à Louis XIV l'obtention d'un bénéfice territorial pour la France, à la faveur du salut des âmes païennes du Siam. Les deux souverains échangèrent des ambassades et, en 1685, Louis XIV dépêcha le **chevalier de Chaumont**, suivi en 1687 par Ceberet et de La Loubère, accompagnés de 1 400 soldats français et de 300 artisans.

Le départ des Français

À la mort de Naraï, en juillet 1688, son successeur Phra Phetracha exigea le départ des troupes françaises, après avoir mis au jour un complot les impliquant. Dès lors, exceptions faites des missionnaires français et des commerçants hollandais, les rapports avec les Européens cessèrent presque entièrement, marquant le début d'un siècle d'isolationnisme.
Les descriptions des derniers marchands européens témoignent d'une Ayutthaya précieuse : des palais royaux et des centaines de temples se dressaient à l'intérieur de l'enceinte entourant l'île-capitale. L'**abbé de Choisy**, envoyé de Louis XIV, écrivait ainsi : « Je n'ai jamais rien vu de plus beau, malgré le fait que les temples soient les seuls édifices qui ne puissent se confondre avec la nature. »
Sous le règne de **Boromakot** (1733-1758), le Siam vécut ensuite une période de paix inaccoutumée, qui marqua l'âge d'or d'Ayutthaya. Poètes et artistes étaient nombreux à la cour et donnèrent aux arts et aux lettres un essor sans précédent. C'est à cette époque

que des moines siamois furent invités à se rendre à Ceylan avec mission de purifier la communauté bouddhique cinghalaise.

La période de Bangkok (1782-1919)

RÉUNIFIER LE ROYAUME ET CONSTRUIRE L'ÉTAT (1769-1851)

Le roi **Taksin** tient son nom de la ville de Tak, dont il fut gouverneur. Officier brillant et audacieux, il rassembla une armée et, après avoir refoulé toutes les forces birmanes présentes dans le pays – sauf à Ayutthaya qui tombe en 1767 –, il s'autoproclama roi à **Thonburi**, ville dont il fit sa capitale, sur les rives du Chao Phraya. De 1768 à 1776, il entama une longue campagne qui le mena d'abord vers le nord-est, puis vers le Cambodge et Nakhon Si Thammarat dans le sud, pour s'achever par la prise de Chiang Mai et l'annexion du Lan Na, au nord. À la fin de 1776, le territoire du Siam se trouvait ainsi réunifié, et c'est un souverain vassal qui régnait à Phnom Penh.
Cependant, manifestement atteint de paranoïa aiguë et devenu agressif envers son entourage, Taksin fut discrètement éliminé en 1781, et le trône échut au **général Chakri**. Héros de la campagne du Laos (devenue principauté vassale du Siam en 1778), l'homme prit le titre royal de Ramathibodi, ou **Rama Ier** (1782-1809) : c'est le début d'une nouvelle dynastie.

Les premières mesures de la dynastie Chakri

Solidement établie, la dynastie Chakri ne connaîtra pas les guerres qui accompagnaient jadis la transmission du pouvoir. C'est d'ailleurs à une refondation de l'État que Rama Ier et ses successeurs vont consacrer leurs efforts durant la première moitié de 19e s. Siégeant désormais à **Bangkok**, la nouvelle capitale, les monarques étendent l'emprise de leur administration sur un pays aux limites mal définies. Pour ce faire, ils reconstituent un appareil législatif, unifient le dogme et les pratiques du culte bouddhique et, enfin, se saisissent d'une partie des ressources, notamment de la main-d'œuvre, indispensables aux grands travaux. La corvée annuelle obligatoire est ainsi portée à trois mois pour tout homme libre.

Le rôle des Anglais

Sur le plan extérieur, le conflit avec les Birmans continue de peser sur le premier tiers du 19e s. Cette menace cesse cependant lorsque les Britanniques se rendent maîtres de la **Birmanie** – un voisinage d'autant moins rassurant que la Grande-Bretagne a également pris pied dans la péninsule malaise, directement au contact avec les États thaïs du Sud, eux-mêmes en révolte ouverte contre l'autorité de Bangkok.
Mais les Anglais et les Américains, nouveaux venus en Asie, cherchent surtout à négocier de nouveaux marchés pour leurs industries, laissant le Siam et le Vietnam, à l'est, se disputer la prépondérance sur le Cambodge.

LA MODERNISATION (1851-1910)

Rama IV (1851-1868), également connu sous le nom de **Mongkut**, estimait que seule la modernisation mettrait le Siam sur un pied d'égalité avec l'Europe, permettant au royaume de choisir sa voie et de conserver son identité. La Grande-Bretagne sera la première nation européenne à bénéficier de cette ouverture. En 1855, un traité signé avec le représentant britannique du gouverneur de Hong Kong reconnaissait des privilèges extraterritoriaux à ses

Le portrait du roi Rama IX s'affiche partout dans le pays.
F. Guiziou / hemis.fr

ressortissants, limitait la taxe sur les importations à 3 % et autorisait l'entrée de l'opium indien en franchise. Des traités similaires seront conclus avec les États-Unis, la France, le Danemark, le Portugal, la Hollande, l'Allemagne, la Norvège, la Suède, la Belgique, l'Italie, le Japon. La fin du monopole d'État sur le riz fait alors de cette denrée le principal produit d'exportation du Siam.

Le règne de Chulalongkorn

La modernisation initiée par Mongkut s'intensifiera avec **Chulalongkorn** (1868-1910), ou **Rama V**, dont le règne sera le plus long de l'histoire thaïe.
Instruments d'une fiscalité centralisée, de nouveaux modes de transport vont, dans la première moitié du 20e s., s'ajouter aux anciennes voies de communication terrestres et fluviales (caravanes de chevaux, de mulets ou d'éléphants). Le savoir-faire et les capitaux britanniques et allemands se révéleront nécessaires pour la mise en place du **chemin de fer**, entre 1892 et 1941, qui sera complété après la Seconde Guerre mondiale par l'aménagement d'un réseau routier relativement dense, en partie construit par les Américains.

Le prix de l'indépendance

En politique étrangère, **Rama V** joue la carte du compromis, payant l'indépendance du Siam en cessions territoriales aux puissances coloniales.
Avec la conquête de l'Annam par la France en 1883 et l'annexion de la haute Birmanie par la Grande-Bretagne en 1886, le Siam se retrouve entre deux puissances expansionnistes rivales. Des conflits frontaliers, appuyés par une diplomatie de la canonnière, obligent alors le Siam à abandonner au profit de la France ses prétentions sur le Laos et le Cambodge occidental. De même, en échange du renoncement à ses droits extraterritoriaux au Siam, la Grande-Bretagne obtient des territoires dans la péninsule malaise en 1909 (Kedah, Perlis, Kelantan et

L'INFLUENCE DU MODÈLE OCCIDENTAL
Qu'elles aboutissent, dans les premières décennies du 20e s., à la création de l'université de Chulalongkorn, à l'introduction du calendrier grégorien, à l'adoption de deux fêtes nationales, au changement de drapeau, à l'école primaire obligatoire pour les garçons, à l'interdiction de la polygamie ou à l'imposition d'une nouvelle tenue pour les femmes (cheveux longs et jupes), les mesures destinées à moderniser le pays visaient, au bout du compte, à obtenir la reconnaissance des grandes puissances. La loi sur l'état civil et les noms de famille (obligatoires en plus du prénom) dota l'État d'un instrument indispensable au recensement et, par conséquent, à la fiscalité. Elle obligeait également les Chinois à adopter, pour conserver la nationalité thaïe, un nom thaï (choisi sur une liste dressée par le roi).

Trengganu). À la fin de son règne, Chulalongkorn aura ainsi cédé 120 000 km^2 de terres frontalières, mais il aura préservé la paix et l'indépendance du bassin du Chao Phraya.

L'armée au pouvoir ou la lutte des clans

RAMA VI ET L'IDÉAL NATIONALISTE

Éduqué en Angleterre, **Rama VI** (1910-1925) en revient avec une admiration exaltée pour l'idée de nation. Il devient l'initiateur d'un mouvement de nationalisme xénophobe qui prendra pour cible la communauté chinoise, de plus en plus importante ; les grands travaux (canaux et voies ferrées) avaient en effet favorisé l'immigration d'une main-d'œuvre de coolies chinois, tandis que les besoins de l'État et l'ouverture du système d'enseignement avaient permis à des Chinois d'entrer dans l'Administration.

Le Siam dans la guerre

Lorsqu'éclate la Première Guerre mondiale, le roi prend le parti de l'Angleterre tandis que les élites, plutôt hostiles à la France, penchent pour l'Allemagne. Resté neutre, le pays y gagnera une place de membre fondateur de la SDN (Société des Nations) et la possibilité, avec l'aide américaine, de renégocier les traités inégaux le liant à la France et à la Grande-Bretagne. Le Siam conquiert ainsi sa totale souveraineté et la maîtrise de ses douanes. Mais, entouré de favoris, Rama VI pratique une gestion autocratique et dépensière de l'État, dans une période de fort déséquilibre commercial du pays.

L'embryon d'un parlement

Son successeur, **Rama VII** (1925-1935), décide de rétablir les comptes publics et amorce une double rupture qui préfigure les transformations institutionnelles que va connaître le royaume. Il s'entoure du Conseil du royaume (composé de 5 princes) et du Conseil privé (élargi à 40 membres), organisation qu'il envisage comme l'embryon d'un parlement, formé sur le modèle anglais d'un sénat aristocratique et d'une chambre basse.

Mais les élites roturières, de plus en plus nombreuses, elles aussi formées à l'étranger, restent à l'écart de ce système et, de France ou d'Angleterre, des officiers, des juristes ou des médecins ramènent une critique du pouvoir oligarchique, revendiquant des idées de méritocratie, de justice sociale et de parlementarisme.

LA FIN DE LA MONARCHIE ET LES NOUVELLES ÉLITES

La crise de 1929 et le choix désastreux de maintenir la parité or de la monnaie indexée sur la livre sterling vont affecter gravement les exportations de riz. Par ailleurs, la politique de rigueur budgétaire qui s'ensuivit frappa surtout la bourgeoisie naissante, à travers la suppression de postes de fonctionnaires et la mise en place d'un impôt sur les seuls salaires, épargnant les revenus fonciers.
Cette situation de crise et le rapport de force devinrent favorables aux « jeunes-turcs » du régime. À l'été 1932, ceux-ci prirent le pouvoir sans difficulté et imposèrent au souverain une Constitution provisoire abolissant la monarchie au profit d'un régime transitoire, dont le caractère démocratique devait intervenir à moyen terme, lorsque la population serait suffisamment éduquée. Le choix des hommes placés aux postes clés, le droit de veto et de dissolution accordé au souverain, tout fut cependant mis en œuvre pour rassurer l'étranger et les milieux conservateurs.
Cette mutation avait eu pour instrument le **Parti du peuple**, animé par ceux que l'on appelait alors les « promoteurs ». Alliées de circonstance, deux factions composaient cette formation politique : les militaires, plus conservateurs, liés aux propriétaires terriens et à leurs clientèles populaires, et les civils, plus progressistes, appartenant aux bourgeoisies urbaines du commerce et du savoir. Deux courants, incarnés le premier par **Pridi**, un juriste, le second par **Phibun**, un officier.
Occultant une véritable démocratisation de la vie politique, leur rivalité allait désormais occuper – et occupe encore – le devant de la scène publique siamoise. Moins d'un an après le coup d'État, le programme économique et social proposé par l'aile gauche du parti allait provoquer la première crise du régime et fédérer les militaires et leurs alliés, le roi et les anciennes élites princières, en un bloc conservateur et anticommuniste. En novembre 1933, les premières élections donnaient la majorité aux civils, qui constituèrent un gouvernement d'union avec les militaires.

LE RÉGIME MILITAIRE

C'est la maîtrise de l'appareil administratif civil et militaire, et la conquête progressive des postes clés (l'Intérieur, la Défense) qui donnèrent à l'armée le contrôle du pays, alors même que les élections de 1938 envoyaient une majorité « sociale-démocrate » au Parlement. La trop brève expérience du pluralisme ne survécut pas à l'arrestation et à l'exécution des nombreux opposants.
Revendiquant explicitement l'influence du pangermanisme, les forces au pouvoir entendaient faire de la doctrine « pan-thaïe » – le Siam a désormais pris le nom de **Thaïlande** – un principe de gouvernement sur le plan intérieur. Cette idéologie se traduisit par une série de lois discriminatoires contre la diaspora chinoise et par un principe expansionniste visant à conquérir des territoires occupés en majorité par des populations appartenant à la famille linguistique thaïe.
Qu'il s'agisse de l'embrigadement de la jeunesse, de la diffusion d'une idéologie nationaliste ou du culte de la personnalité de Phibun, l'État adopta les méthodes des fascismes européens. Pendant ce temps, plus en désaccord avec la place réduite

qui lui était faite qu'avec la nature même du régime, Rama VII s'était exilé en Grande-Bretagne, en 1935, sans désigner de successeur. Le choix du prince **Ananda**, alors âgé de 10 ans, et la nomination d'un Conseil de régence équivalaient à une quasi-suppression de la fonction monarchique.

De la Seconde Guerre mondiale…

La débâcle militaire française de juin 1940 fournit à l'état-major thaï un prétexte pour réviser les traités accordant à la France la rive gauche du Mékong et les provinces cambodgiennes de Battambang, Siem Reap et Sisophon. Le gouvernement de Vichy s'opposa à cette décision, mais après quelques combats contre les troupes françaises et sous la pression du Japon, devenu dominant dans la région, la Thaïlande annexait ces territoires par le traité du 9 mai 1941.

Soutenu par une assemblée nommée pour moitié par son gouvernement, Phibun faisait figure de héros national, vainqueur de la France. Jusqu'à l'ultimatum des troupes japonaises (7 décembre 1941), exigeant de pouvoir traverser librement le territoire thaï en direction de la Birmanie britannique, le pays avait maintenu un équilibre neutre entre les belligérants, le Japon et la Grande-Bretagne. Mais, confronté à l'entrée de l'armée nipponne, Phibun signa une alliance militaire avec Tokyo et déclara la guerre à la Grande-Bretagne.

En dépit de sa relégation au Conseil de régence, un organe dépourvu de pouvoirs politiques, Pridi et certaines factions de l'élite – comme l'ambassadeur de Thaïlande à Washington, qui ne transmit jamais la déclaration de guerre au gouvernement américain – organisèrent la résistance aux troupes d'occupation japonaises à travers le mouvement Seri Thai, les « Thaïs libres ».

Les difficultés de la guerre (pénuries, rationnements, bombardements alliés, répression japonaise) affaiblirent la position de Phibun, qui démissionna à l'été 1944 au profit du tandem Pridi-Kuang. Pour ces derniers, la tâche consista d'abord à placer la Thaïlande dans le camp des vainqueurs, malgré les actes de guerre contre la Grande-Bretagne et la France.

… à la guerre froide

Grâce à l'appui des États-Unis et au prix de la restitution des territoires enlevés aux deux empires coloniaux, la Thaïlande entra à l'ONU en 1947. Dans le contexte de la guerre froide et de la guerre de Corée, le retour des militaires au pouvoir, en 1949, l'élimination brutale des opposants et la fin de la démocratie ne soulevèrent aucune réaction sur le plan international. Considéré comme le seul allié sûr dans une région menacée par le communisme, le pays entra dans l'orbite américaine. Washington y envoya des troupes accompagnées de crédits considérables au profit de l'éducation, de l'agriculture et des infrastructures – une manne dont les militaires et leurs alliés commerciaux détournèrent une part non négligeable.

Mais la menace que représentait le retour, en 1951, d'un nouveau roi, l'actuel **Rama IX**, incita le pays à revenir à la Constitution de 1932 (une chambre unique nommée pour moitié), confortant ainsi le pouvoir de la junte, qui entreprit une répression des activités antithaïes (sous-entendu communistes), frappant aussi bien les intellectuels que toute la « gauche » et les Chinois.

QUERELLES AU SOMMET SUR FOND DE CROISSANCE ÉCONOMIQUE

Malgré quelques timides signes d'assouplissement du régime (l'abrogation en 1955 des mesures discriminatoires à l'encontre des Chinois, l'autorisation du pluripartisme), les luttes pour le pouvoir se déroulaient exclusivement dans le cadre étroit des factions déjà installées, notamment entre la police et l'armée. Représentée par trois hommes, Sarit, Thanom et Prapat, cette dernière l'emporta en 1957, demeurant l'unique force au pouvoir. La seule véritable difficulté résidait dans les élections, toujours délicates à manipuler, même avec de nombreux et puissants instruments de pression, comme en témoigna l'échec de l'armée lors du scrutin de 1958.
Sarit s'attacha alors à mettre en place un régime combinant la dictature politique à un programme économique et social populiste – le tout coloré par un retour aux traditions, notamment à la monarchie, seule capable de légitimer le pouvoir. Sa mort, en 1963, mit en lumière l'étendue de la corruption dont il s'était rendu coupable.

L'appui des Américains

L'équipe Thanom-Prapat réintroduisit un certain pluralisme politique, tout en confisquant le pouvoir et en obtenant une légalité apparente grâce à des constitutions provisoires. Mais la pérennité du gouvernement de la **junte militaire** (1958-1973) s'explique surtout par le développement économique et social du pays, favorisé par l'aide financière américaine. La guerre en Indochine et les liens étroits des dirigeants thaïs avec les régimes nationalistes du Laos et du Cambodge en lutte contre les mouvements communistes (soutenus par le Vietnam du Nord et la Chine), puis l'intensification de la guerre du Vietnam (où la Thaïlande envoya 10 000 hommes) renforcèrent la présence militaire américaine sur le sol thaï.

LE RETOUR DE LA SOCIÉTÉ CIVILE

Depuis la fin de la Seconde Guerre mondiale, la population thaïlandaise a doublé. La classe moyenne urbaine est de plus en plus nombreuse et instruite, mais privée de débouchés. C'est donc tout naturellement les étudiants qui, en 1972, prennent la tête d'un vaste mouvement de mécontentement, visant aussi bien l'absence de constitution démocratique que le stationnement des troupes américaines et la hausse des prix. La contestation s'amplifiera pour aboutir aux grandes **manifestations d'octobre 1973**, qui tournèrent à l'émeute et furent violemment réprimées par la police, faisant de nombreux morts. Cet élan populaire, bien que sans précédent, n'aurait sans doute pas abouti à un changement de régime si les détenteurs du pouvoir n'avaient pas perdu le soutien du roi et celui de l'armée.
Avec un sénat nommé par le roi, une assemblée élue au suffrage universel et surtout l'inéligibilité des fonctionnaires et des militaires, la **Constitution du 5 octobre 1974** remettait le pays sur la voie de la démocratie, mais dans un climat d'extrême méfiance à l'égard de la classe politique.
Sur fond de fin de guerre du Vietnam, de retrait américain et de hausse du prix du riz, des groupes paramilitaires d'extrême droite vont se livrer à une impitoyable chasse anticommuniste, visant les étudiants et les syndicalistes paysans et ouvriers. Une lutte qui

culminera dans l'assaut donné, le 6 octobre 1976, à l'**université de Thammasat** (à Bangkok), dont certaines scènes, d'une violence inouïe, ont fait le tour du monde. Ignorant la Constitution, une énième reprise en main par l'armée ramène l'ordre, mais au prix de la suspension des libertés civiles. Dans un contexte difficile marqué par l'arrivée de près de 600 000 réfugiés cambodgiens et la forte augmentation du prix de l'énergie consécutive aux deux chocs pétroliers, la formation du premier cabinet du **général Prem**, au début des années 1980, devait pourtant ouvrir une ère d'exceptionnelle stabilité politique, avec un retour à la croissance et à la démocratisation. La transition, en 1988, par voie électorale, avec le gouvernement du **général Chatichaï** illustra ce processus, et le coup d'État du **général Suchinda** (février 1991), accompagné de manifestations qui firent l'objet d'une répression sanglante, ne put entraver le mouvement.

Pour l'histoire contemporaine, voir p. 59.

Chronologie

- **2e s.** – Implantation des Môns et premières migrations de peuplades de langue thaïe.
- **3e s.** – Des moines enseignent le bouddhisme theravada.

ROYAUME DE DVARAVATI

- **Milieu du 7e s.** – Le royaume de Dvaravati s'épanouit dans la plaine centrale.
- **7e s.-8e s.** – Fondation de Hariphunchai.
- **7e s.-13e s.** – L'empire de Srivijaya domine la péninsule du Sud.
- **9e s.-10e s.** – Avènement de l'Empire khmer.
- **12e s.** – Déclin de la civilisation de Dvaravati ; l'Empire khmer s'étend avec le roi Jayavarman VII.

L'ÈRE DE SUKHOTHAI

- **1238** – Un chef thaï se proclame roi sous le nom de Si Intradit.
- **1279-1318** – Règne du roi Rama Khamhaeng ; à sa mort, division du royaume en principautés.

ROYAUME DU LAN NA

- **1259** – Mengraï devient souverain de Chiang Saen.
- **1262** – Fondation de Chiang Rai.
- **1296** – Fondation de Chiang Mai.
- **1495-1526** – Âge d'or du Lan Na.

ROYAUME D'AYUTTHAYA

- **1350-1369** – Le prince d'U-Tong fonde Ayutthaya et règne sous le nom de Rama le Grand.
- **16e s.** – Les Portugais obtiennent des droits commerciaux.
- **1590-1605** – Naresuan le Grand libère Ayutthaya du joug birman. La France, la Hollande, l'Angleterre et le Japon établissent des comptoirs au Siam.
- **17e s.** – Âge d'or. Règne de Naraï le Grand. Échange d'ambassadeurs avec la cour de Louis XIV.
- **1760-1767** – Guerre avec la Birmanie. Chute du royaume d'Ayutthaya.

PÉRIODES DE THONBURI ET DE BANGKOK

- **1767** – Taksin fonde Thonburi et devient roi.
- **1782-1809** – Rama Ier fonde la dynastie Chakri et Bangkok.
- **1809-1824** – Reprise des échanges commerciaux avec l'Europe.
- **1851-1868** – Le roi Rama IV amorce la modernisation de l'État.
- **1868-1910** – Réformes de Rama V.

LES 20E S. ET 21E S.

- **1932** – Fin de la monarchie absolue après l'abdication de Rama VII.

- **Années 1930-1950** – Alternance du pouvoir entre le socialiste Pridi Panomyiong et le militariste Phibun Songkhram.
- **1939** – Le pays prend le nom officiel de « Thaïlande ». Pendant la Seconde Guerre mondiale, alliance militaire avec le Japon.
- **1946** – Accession au trône de Rama IX. La Thaïlande rejoint l'ONU.
- **1957-1992** – Succession de dictatures militaires.
- **1967** – Création de l'Asean (Association des nations du Sud-Est asiatique pour la coopération économique).
- **1998** – La nouvelle Constitution consolide la démocratie naissante.
- **26 déc. 2004** – Un tsunami ravage le sud de la Thaïlande.
- **2005-2006** – Violences sporadiques dans l'extrême Sud, à majorité musulmane.
- **2006** – Un coup d'État militaire renverse le Premier ministre Thaksin, qui s'exile à l'étranger.
- **Décembre 2008** – Les aéroports de Bangkok sont occupés par les partisans de l'Alliance du peuple pour la démocratie. Abhisit Vejjajiva devient Premier ministre.
- **2010** – Les partisans de Thaksin dressent des barricades dans le centre de Bangkok. Ils sont délogés par l'armée et le Premier ministre lance un plan de réconciliation nationale et promet des élections.
- **2011** – La tension monte entre la Thaïlande et le Cambodge qui revendiquent tous deux la zone frontalière contestée où se trouve le temple de Preah Vihear.
Les élections législatives (juil.) sont remportées par le parti d'opposition représenté par la sœur de Thaksin, Yingluck Shinawatra, qui devient Premier ministre.
De graves inondations (oct.-déc.), les pires depuis des décennies, frappent tout le pays pays et font des centaines de morts.
- **2012** – Regain de tension dans le Sud du pays entre séparatistes musulmans et pouvoir central. Le conflit a fait plus de 5 000 morts depuis 2004.

3/ DÉCOUVRIR LA THAÏLANDE

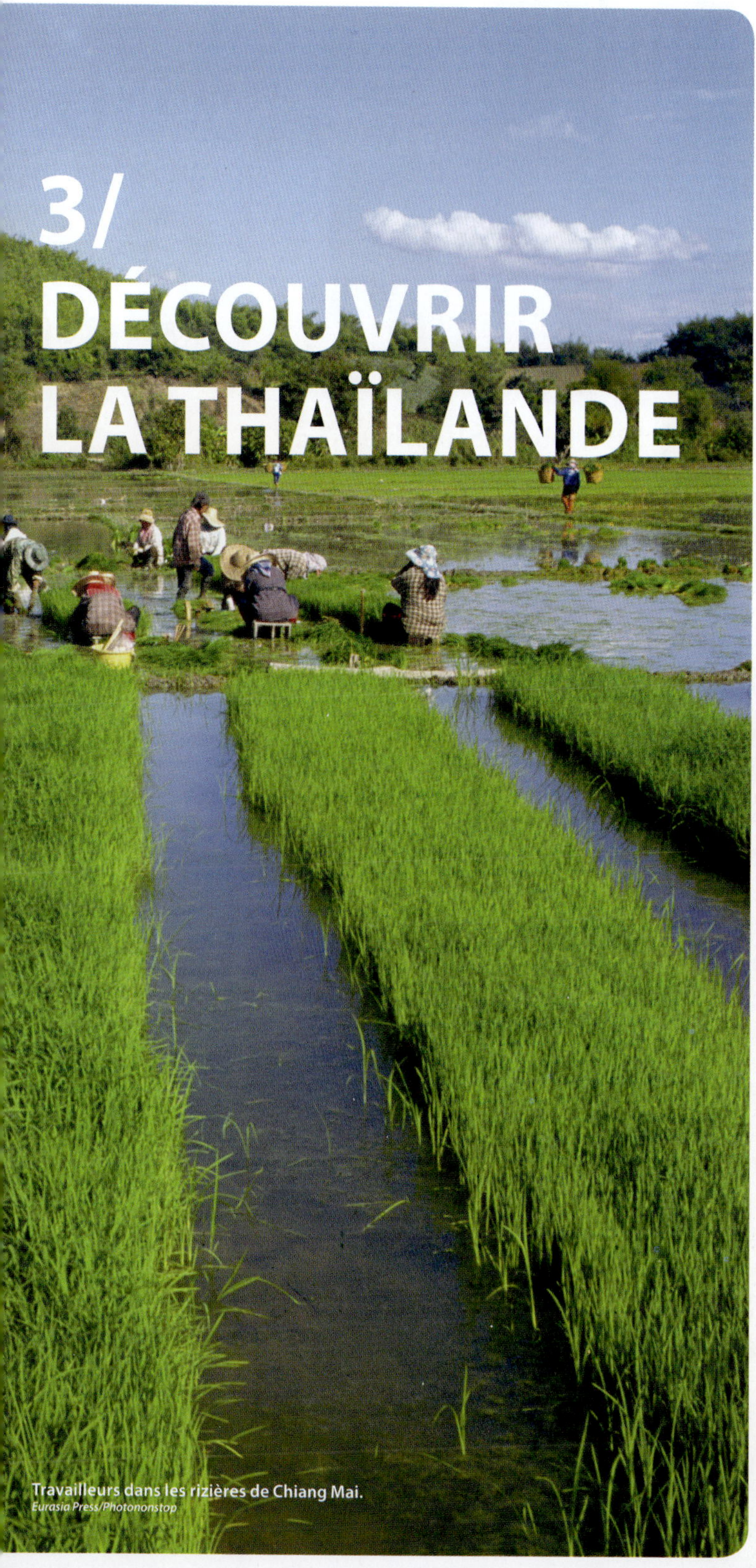

Travailleurs dans les rizières de Chiang Mai.
Eurasia Press/Photononstop

KHAOSAN PALACE
HOTEL
ホテル
OVER SE
G.P
AIR & SEAS & CAR
ERNET
L CENTER
SUWIMOL SILVER
★ WHOLESALE
★ RETAIL
★ EXPORT
MADE TO ORDER BY OWN FACTORY
OVER
G.
AIR & SEAS
FAX·COPY·ST
OVERSEA
FAX
INTERNET
KHAOSAN
HOT
GOLF TATTOO
EXCHANGE
INTERNET
E-MAIL
TAXI
TAXI-METER

Bangkok et le golfe du Siam 1

Carte Michelin National 751 au 1/1 370 000

Khao Soan Road, le quartier des voyageurs à Bangkok.

B. Gardel / hemis.fr

BANGKOK ET LE GOLFE DU SIAM

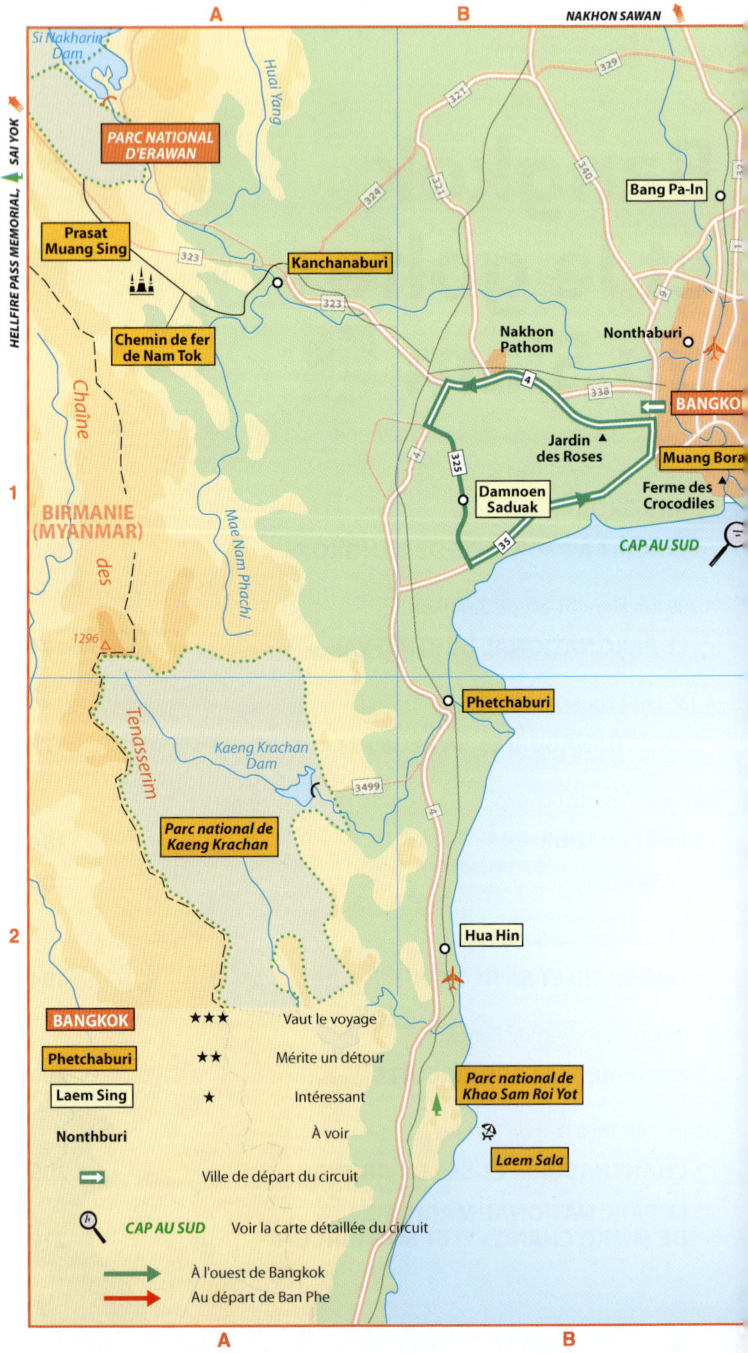

BANGKOK ET LE GOLFE DU SIAM

Bangkok

★★★

10 millions d'habitants (15 millions avec la banlieue) – Capitale de la Thaïlande et chef-lieu de la province de Bangkok

NOS ADRESSES PAGE 153

S'INFORMER

Tourism Authority of Thailand – *1 600 Th. Phetchaburi* Plan I, C3 - ✆ *02 250 55 00 - www.tourismthailand.org - 8h30-16h30.* Antennes à l'aéroport de Suvarnabhumi *(24h/24)* et sur Th. Ratchadamnoen Nok Plan III, D1

Bangkok Tourist Bureau – *17/1 Th. Phra Athit* Plan III, B1 - ✆ *02 225 76 12 à 14 - lun.-vend. 8h-19h, sam.-dim. 9h-17h.* Plans de la ville, informations sur les transports, etc. Bon accueil et accès Wifi sur place.

Attention à ne pas confondre les bureaux d'information touristique et les agences de voyages, nombreuses à Bangkok.

SE REPÉRER

Carte de région B1 (p. 122) – plan I pour l'agglomération p. 126, plan II pour le centre p. 128, plan III pour la zone historique p. 130.

Les longues avenues de cette ville tentaculaire changent de nom au fil de leur parcours. L'idéal est de vous repérer par rapport aux grands hôtels et aux embarcadères *(tha)* sur le fleuve.

Les artères principales *(thanon* ou *th.)* sont coupées de *soi*, ruelles ou impasses, numérotées de façon paire d'un côté de l'avenue, impaire de l'autre. Ainsi, l'adresse « Th. Sukhumvit, Soi 25 » désigne le croisement de cette avenue et du *soi* n° 25. Les artères s'étendant parfois sur plusieurs kilomètres, le numéro du *soi* est indispensable pour situer l'établissement recherché au niveau de l'avenue.

Voir aussi la rubrique « Arriver/partir » dans « Nos adresses ».

À NE PAS MANQUER

Le Wat Phra Kaeo et le Grand Palais; le Wat Pho; le palais Vimanmek; la maison de Jim Thompson; une séance shopping dans Siam Square; une promenade en bateau sur les *khlong* de Thonburi; un apéritif à la terrasse de l'Oriental Hotel au coucher du soleil.

ORGANISER SON TEMPS

Comptez 3 ou 4 jours *(voir encadré Programme, p. 133)*. Déplacez-vous en bateau sur le fleuve : c'est le plus agréable et le plus rapide. Sortez des grandes artères pour découvrir une Bangkok plus humaine et profiter d'un calme relatif.

AVEC LES ENFANTS

Une promenade au vert dans le parc Lumphini, une virée à bord du Chao Phraya Express et, pour les plus grands, les cinémas de Siam Square et Sukhumvit.

Le majestueux Chao Phraya, le « fleuve des Rois », décrit une courbe élégante au cœur de Bangkok, ancienne cité lacustre, et offre une vue imprenable sur la ville : architecture grandiose du palais royal, étincelantes flèches dorées des temples isolés, maisons anciennes bâties

Le Chao Phraya est animé d'un trafic incessant.
M. Thomas / Fotolia.com

sur pilotis… Le fleuve dessine une frontière entre une mégalopole aux ambitions futuristes et l'ancienne capitale du Siam, Thonburi, au charme oriental plus tranquille. Dans cette paradoxale « cité des anges », tout un lacis de ruelles et de canaux (les khlong), gardiens d'une Thaïlande plus traditionnelle, se tisse à côté des tours de verre de Sukhumvit. Mais partout, des bars de Siam Square prisés par la jeunesse dorée aux marchés saturés de China Town, vous serez entraîné dans le tourbillon d'énergie qui anime cette ville trépidante – et au hasard de vos pérégrinations, sous l'ombre d'un banian sacré, la cour d'un temple de quartier vous semblera un petit coin de paradis échappé à cette folle frénésie.

Se promener

Bangkok s'est d'abord développée autour du fleuve, le Chao Phraya, pour s'étirer ensuite à l'ouest et à l'est sur des dizaines de kilomètres.

La rive orientale – Le centre historique est marqué par les créneaux blancs de l'ancien palais royal, qui occupe l'îlot artificiel de **Ratanakosin**. Là se rassemblent les monuments prestigieux : le Grand Palais, le Wat Phra Kaeo, le Wat Pho et le Musée national, tous à quelques minutes à pied les uns des autres. Plus au sud se trouve le **quartier chinois**, et à l'ouest s'ouvre le quartier indien. L'artère de Thanon Rama IV, à l'est, divise la ville moderne en deux. Au sud, le quartier des affaires se déploie autour de **Thanon Surawong** et de **Thanon Silom**. Au nord de Rama IV, le quartier touristique réunit les centres commerciaux, les hôtels et les restaurants, notamment sur **Thanon Sukhumvit**, Thanon Phetchaburi et **Siam Square**. Plus au sud, on rejoint le quartier résidentiel et la plupart des ambassades. Au nord, le parc de **Dusit** abrite le palais Vimanmek, et près de l'Assemblée s'élève le Wat Benchamapophit, l'un des plus beaux temples de la ville.

La rive occidentale – Thonburi a conservé une partie de son lacis originel de canaux, et reste encore à l'écart de l'atmosphère survoltée de la ville moderne.

BANGKOK
Agglomération-Plan I
1 Chatuchak Week-end Market
2 Thailand Cultural Center
Sky Train (BTS)
0
4 km
SUPHAN BURI
BANG PA-IN, AYUTTHAYA
AYUTTHAYA
SARABURI
NAKHON NAYOK
CHACHOENGSAO
SAI NOI
NAKHON PATHOM
LAM LUK KA
MIN BURI
KHLONG SAM WA
BAN KHLONG SONG
KHAN NA YAO
SAI MAI
BANG KHEN
BUNG KUM
Wang Thonglang
LAT PHRAO
HUAY KHWANG
DIN DAENG
DON MUANG
LAK SI
CHATUCHAK
BANG SUE
PAK KRET
Nonthaburi
BANG BUA THONG
BANG YAI
BANG KRUAY
TALING CHAN
BAN BANG PHRAEK
BAN KHLONG BANG NA
PATHUM THANI
Ko Kret
MAE NAM CHAO PHRAYA
AÉROPORT DE DON MUANG
SAFARI WORLD
SIAMCITY PARK
NORTHERN TERMINAL
CHATUCHAK PARK
Wat Chalerm Phra Kiat
WAT SANGKATAN
WAT CHALO
WAT BANG O
Khlong Lam Pho
K. Bang Bua Thong
Khlong Bang Yai
Khlong Maha Sawat
Khlong Om
Bangkok Noi
K. Bang Kruai
Khlong Prem Pracha
Chun Talat
Lang Thong Bang
Prachakorn
K. Sam
Tawantok
Khlong Samwa
Saen Saep
Thanon Lam Luk Ka
Th. Sukhaphiban 5
Thanon Hat Hairat
Thanon Nimit Mai
Thanon Suwit Thawong
Th. Sukhaphiban 2
Ramkhamhaeng
Inthira
Sukhaphiban 1
Thanon Ram Inthra
Phahon Yothin
Th. Lat Phrao
Ratchadaphisek
Th. Chaeng Wathana
Thanon Tiwanon
Th. Pracha Rat
Phibun Songkram
Thanon Rattana Thibet
340
3215
9
302
345
307
306
3110
301
3312
31
346
351
336
304
3202
3261
352
3119
338
A
B
C
D
1
2

PATTAYA CHONBURI
PATTAYA CHONBURI
NAKHON PATHOM
JARDIN DES ROSES
DAMNOEN SADUAK, PHETCHABURI
SE RESTAURER
Colombe d'Or (La)......1
Lemon Grass......4
Seafood Market and Restaurant......5
Sha Raku......2
Suk 11......3
Tong Kee......7
Zanzibar......6
SE LOGER
City Lodge Soi 19......3
JW Marriott Hotel......4
Rembrandt Hotel......6
Smart Suites......8
Stable Lodge......5
Swiss Park Hotel......7
The Ambassador......1
SUVARNABHUMI INTERNATIONAL AIRPORT
LAT KRABANG
SAPHAN SUNG
PRAWET
SUAN LUANG
PHRA KHANONG
BANG NA
BANG PHLI
SAMUT PRAKAN
KHLONG TOEI
YANNAWA
PHRA PRADAENG
BANG KHOLAEM
RAT BURANA
BANGKHAE
Thonburi
Wat Phra Kaeo
Bangkok Centre Plan II
MAE NAM CHAO PHRAYA
Muang Boran
Ferme des Crocodiles
POM PHRA CHULACHOMKLAO
WAT PHRA SAMUT CHEDI
AUTORITÉS PORTUAIRES
EASTERN TERMINAL
WAT BANG KO BUA
RAMA IX PARK
WAT KING KAEO
WAT KAMPHAENG
WAT RATCHA OROT
WAT SAI
SUKHUMVIT
THE SIAM SOCIETY
Expressway

A
B
1
2
3
4
SE RESTAURER
Aoï.............................. 10
Ban Chiang................. 5
Ban Khun Mae........... 1
Bussaracum................ 2
Café de Laos............. 3
Gargotes de
Hua Lamphong........ 7
Himali Cha-Cha.......... 4
May Kaidee................ 12
Silom Village............. 8
The Mango Tree........ 9
SE LOGER
Hua Lamphong.......... 3
Oriental Hotel............ 5
Patumwan House....... 6
Peninsula.................... 7
Rajata......................... 8
Riverline Guesthouse. 12
Résidence (La)............ 15
River View Guest. 9
Shangri-La.................. 10
Sukhothai (The)......... 11
Win Long Place.......... 14
BANGKOK PHLAD
WAT RATCHA THIWAT
LIBRAIRIE NATIONALE
Samsen
WAT DAOWADUNG SARAM
Chonnani
CHAO PHRAYA
WAT SAMPHRAYA
Thanon
Khlong Phadung
BANGKOK NOI
Wat Suwanaram
Bangkok historique - Plan III
GARE DE THONBURI
BANG LAMPHU
Th. Ratchadamnoen
WAT SUTTHAWAT
WAT CHIMTHAYAKAWAT
MAE NAM
Thanon
Phrannok
Thanon
Issaraphap
WAT CHONGLOM
WAT YANGSUTTHARAM
RATANAKOSIN
WAT PHRA KAEO
Wat Suthat
Grand Palais
WAT DONGMULEK
WAT AMPHAWA
WAT CHINOROT
WAT PHO
Khlong Mon
Thanon
Wat Arun
MAE NAM
CHINA TOWN
WAT DIDUAT
Santa Cruz
CHAO
THA RATCHAWONG
BANGKOK YAI
PHRAYA
Issaraphap
WAT CHAOHUN
WAT THONG THAMMACHAT
Th. Prachatipok
Th. Somdet Chao Phraya
WAT THAPHRA
WAT SANG KRACHAI
WAT PICHAI YAT
Th. Tha Din Daeng
WAT THON NOPHAKHU
Kasem
Yai
Khlong
Th.
Thanon Lat Ya
Th. Inthraphitak
KING TASKIN
Thanon Charoen Rat
Thanon
WONGWIAN YAI
WAT KLANG
Bangkok
WAT INTHARARAM
WAT SUWAN UBASIKARAM
WAT THONG PHLENG
Oriental
Khlong
Ratchadaphisek
TALAAT PHLU
Thanon Krung Thonburi
WAT PROTHINIMT
Th. Somdet Phra Chao Taksin
Nam
K. Chon
Khlong Samre
Bang Sakai
Th. Wutthakar
WAT KANLAYARAM
Bang
THONBURI
KHLONG SAN
Th. Charoen Nakhon

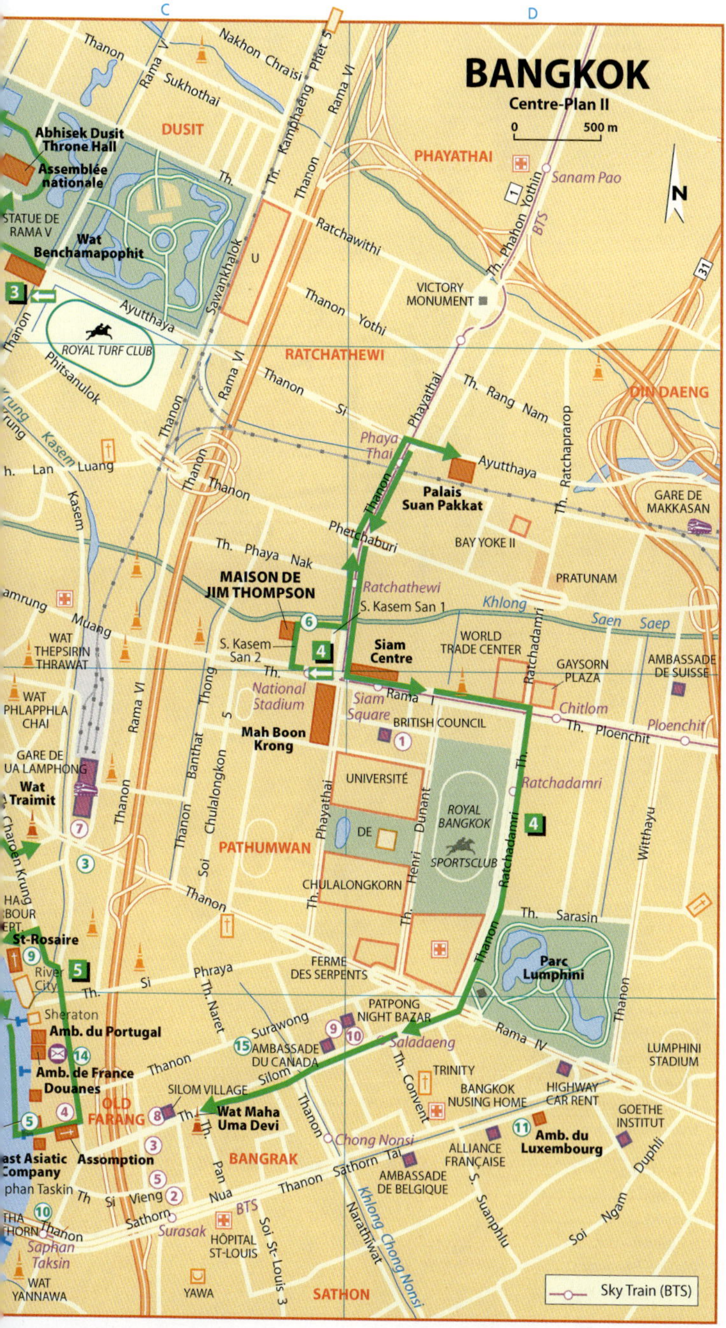
C
D
BANGKOK
Centre-Plan II
0
500 m
N
DUSIT
PHAYATHAI
RATCHATHEWI
DIN DAENG
PATHUMWAN
BANGRAK
SATHON
OLD FARANG
Thanon Sukhothai
Nakhon Chraisi
Th. Kamphaeng Phet 5
Rama VI
Thanon Rama V
Abhisek Dusit Throne Hall
Assemblée nationale
STATUE DE RAMA V
Wat Benchamapophit
Th. Sawankhalok
U
Thanon Ratchawithi
Sanam Pao
Th. Phahon Yothin
BTS
1
31
VICTORY MONUMENT
Thanon Yothi
Ayutthaya
ROYAL TURF CLUB
Phitsanulok
3
Thanon Rama VI
Thanon Si
Th. Rang Nam
Th. Ratchaprarop
Phayathai
Phaya Thai
Ayutthaya
Palais Suan Pakkat
GARE DE MAKKASAN
Krung Kasem
Th. Lan Luang
Kasem
Thanon
Thanon Phetchaburi
BAY YOKE II
Th. Phaya Nak
MAISON DE JIM THOMPSON
Ratchathewi
S. Kasem San 1
Khlong Saen Saep
PRATUNAM
Bamrung Muang
WAT THEPSIRIN THRAWAT
6
S. Kasem San 2
4
Siam Centre
WORLD TRADE CENTER
Ratchadamri
GAYSORN PLAZA
AMBASSADE DE SUISSE
Th.
National Stadium
Siam Square
Rama I
Chitlom
Th. Ploenchit
Ploenchit
WAT PHLAPPHLA CHAI
Rama VI
Thong
Banthat
Mah Boon Krong
BRITISH COUNCIL
1
GARE DE HUA LAMPHONG
Wat Traimit
Soi Chulalongkon 5
UNIVERSITÉ
DE
CHULALONGKORN
Th. Phayathai
Th. Henri Dunant
ROYAL BANGKOK SPORTSCLUB
Th. Ratchadamri
Ratchadamri
4
Witthayu
7
3
Charoen Krung
HARBOUR DEPT.
St-Rosaire
9
River City
5
Thanon
Th. Sarasin
Parc Lumphini
Thanon
FERME DES SERPENTS
Si Phraya
Th. Naret
Sheraton
Amb. du Portugal
14
Amb. de France
Douanes
PATPONG NIGHT BAZAR
9
10
Surawong
15
AMBASSADE DU CANADA
Silom
Saladaeng
Rama IV
Th. Convent
TRINITY
BANGKOK NUSING HOME
HIGHWAY CAR RENT
LUMPHINI STADIUM
SILOM VILLAGE
8
4
Wat Maha Uma Devi
Th.
Thanon
Chong Nonsi
11
Amb. du Luxembourg
GOETHE INSTITUT
5
East Asiatic Company
Assomption
3
ALLIANCE FRANÇAISE
AMBASSADE DE BELGIQUE
Sathorn Tai
BANGRAK
Charoen Krung
Pan
Nua
Thanon
Th. Si Vieng
2
5
Saphan Taskin
10
SATHORN
Thanon Sathorn
BTS
Surasak
Saphan Taksin
HÔPITAL ST-LOUIS
Soi St-Louis 3
Khlong Chong Nonsi
Narathiwat
S. Suanphlu
Soi Ngam Duphli
WAT YANNAWA
YAWA
Sky Train (BTS)

A
B
1
2
3
4
Musée des Barges royales
Khlong Bangkok Noï
BANGKOK NOI THONBURI
WAT AMARINTHARAM
BANGKOK NOI
THA RAILWAY
THA SIRIRAJ
WAT WISETKAN
Phrannok
THA PHRANNOK
Trok Wang Lang
THA MAHARAJ
S. Sala Tonchai
Soi Wat Rakhang Khositaram
WAT RAKHANG KHOSITARAM
THA CHANG
NAVAL HARBOUR DEPARTMENT
THA ROYAL
Khlong Mon
WAT KHRUA WAN
WAT NAKKLANG
THA TIEN
THA WAT ARUN
Wat Arun
WAT MOLILOKAYARAM
Soi Wat Hong
BANGKOK YAI
Khlong Bangkok Yai
WAT HONG RATTANARAM
Issaraphap 28
Wat Kalyanamit
Soi Wat Kanlaya
Santa Cruz
S. Kudi Chain
THA RATCHINI
Soi Tha Klang
PAK KHLONG
Thanon Arun Amarin
Soi Ban Chang Lo
MAE NAM CHAO PHRAYA
THA PHRA ATHIT
Phra Pin Klao
Th. Phra Athit
UNICEF
Th. Chao Pha
Soi Rambuttri
WAT CHANA SONGKHRAM
Chakraphong
GALERIE NATIONALE
THÉÂTRE NATIONAL
Musée national
THAMMASAT UNIVERSITY
THA PHRA CHANG
Th. Phra Chang
Thanon Na Phra That
SANAM LUANG
THORANI
WAT BURANASI
Thanon Ratchadamnoen Nai
Khlong Lot
Wat Mahathat
Thanon Maharat
Marché aux amulettes
Trok Silapakorn
Lak Muang
Th. Lak Muang
Th. Na Phra Lan
U
WAT PHRA KAEO
MUSÉE
Musée des Monnaies
Grand Palais
RATANAKOSIN
MINISTÈRE DE LA DÉFENSE
Th. Saran Rom
WAT RATCHAPRADIT
PALAIS SARANROM
Thanon Sanam Chai
Thanon Rachini
Khlong Ku Muang Doem
Th. Thai Wang
WAT PHO
Th. Chetuphon
Th. Phra Phiphit
S. Settakan
Maharat
SE LOGER
Baan Chart 1
Chinatown Hotel 2
Erawan House 4
Lamphu House 5
Navalai River Resort 11
New Siam Riverside 10
Shanghai Mansion 8
SE RESTAURER
Aquatini 1
Hemlock 2
Soi Itsaranuphat 3
Wan Fah Restaurant 4
voie piétonne

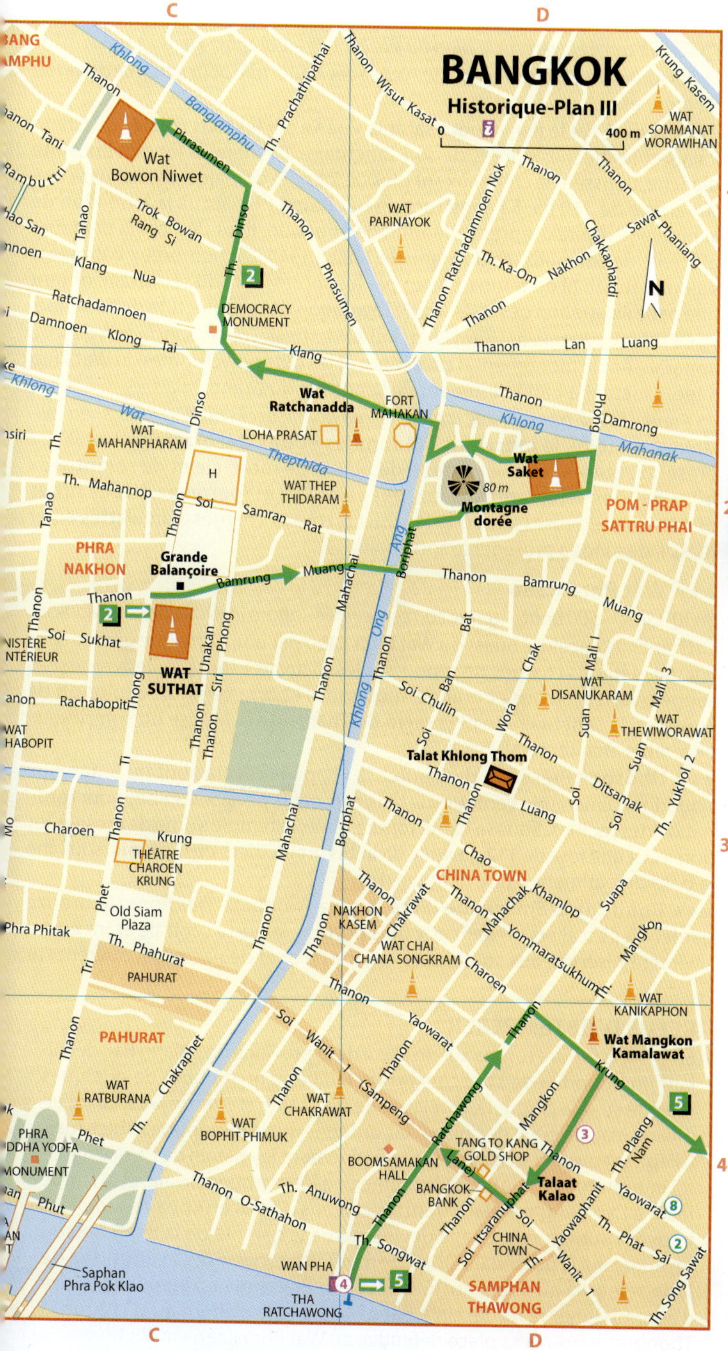
BANGKOK
Historique-Plan III
0
400 m
Wat Bowon Niwet
DEMOCRACY MONUMENT
WAT PARINAYOK
WAT SOMMANAT WORAWIHAN
Wat Ratchanadda
FORT MAHAKAN
LOHA PRASAT
WAT MAHANPHARAM
WAT THEP THIDARAM
Wat Saket
80 m
Montagne dorée
POM - PRAP SATTRU PHAI
PHRA NAKHON
Grande Balançoire
WAT SUTHAT
WAT DISANUKARAM
WAT THEWIWORAWAT
Talat Khlong Thom
THÉÂTRE CHAROEN KRUNG
Old Siam Plaza
CHINA TOWN
NAKHON KASEM
WAT CHAI CHANA SONGKRAM
PAHURAT
WAT KANIKAPHON
Wat Mangkon Kamalawat
WAT RATBURANA
WAT BOPHIT PHIMUK
WAT CHAKRAWAT
TANG TO KANG GOLD SHOP
BOOMSAMAKAN HALL
BANGKOK BANK
Talaat Kalao
CHINA TOWN
SAMPHAN THAWONG
WAN PHA
THA RATCHAWONG
Saphan Phra Pok Klao
N
1
2
3
4
C
D

1

★★★ LE QUARTIER ROYAL Plan III

Circuit tracé en vert sur le plan du site (p. 135) – Comptez 2h.
Débarcadère Tha Phra Chang (nº 9) - venez dès l'ouverture pour tenter de devancer les groupes.
Il faut arriver par le fleuve pour saisir la **vue★★** sur les toits colorés du Grand Palais et les flèches dorées de son sanctuaire. Derrière sa longue enceinte blanche, hérissée de créneaux sur plus de 2 km, le domaine royal couvre une superficie de 260 ha. Sa construction par **Rama Ier** marqua la fondation de la nouvelle capitale, après l'abandon de Thonburi. Il fut dès lors la demeure officielle des monarques du Siam, de 1782 à 1946. De nombreux bâtiments s'ajoutèrent au fil du temps, élevés par les successeurs du souverain, offrant une belle illustration des styles et de l'évolution de l'architecture thaïlandaise.
De l'entrée principale (Th. Na Phra Lan), suivez l'allée vous faisant face. À gauche apparaissent le monumental *chedi* doré et les toits polychromes du Wat Phra Kaeo, sanctuaire bâti à l'intérieur de l'enceinte du Grand Palais.
Prenez l'allée transversale à gauche, qui donne accès au Wat Phra Kaeo (billeterie). À droite, le **musée des Monnaies et des Décorations** Plan III, B2 présente, outre un bel ensemble de pièces de monnaie et de somptueux **bijoux★**, des vêtements royaux, des ceintures et fourreaux d'épée ornés de pierres précieuses ainsi que les colliers royaux chargés d'amulettes en or massif, destinés à protéger le souverain.

★★★ Wat Phra Kaeo Plan III, B2 - Plan du site

8h30-15h30 - 500 bahts - tenue correcte exigée - photo interdite dans les édifices.
On franchit l'enceinte ouest du Wat Phra Kaeo par une porte que gardent des *yaksha*, démons chargés de repousser les mauvais esprits. Tuiles vernissées rouges, vertes, bleues et orange, mosaïques et ors : véritable explosion de couleurs, le sanctuaire le plus sacré de Thaïlande compose un somptueux ensemble architectural.
★★★ **Ubosot** – Précédée d'un autel, la chapelle royale abritant le fameux bouddha d'Émeraude s'entoure de plusieurs petits pavillons utilisés pour l'ordination des moines. Sous sa haute toiture irisée, le temple s'orne de mosaïques dorées, et une frise de **112 garuda**, divinités protectrices du royaume, souligne la base du bâtiment d'une dentelle d'or.
★★★ **Bouddha d'Émeraude** (Phra Ratana Pimpha) – Des lions de bronze gardent les escaliers menant aux trois portes – la porte centrale étant exclusivement réservée aux souverains –, toutes d'or et de nacre, qui ouvrent sur

REFUS D'OBTEMPÉRER

En 1434, la foudre tomba sur un *chedi* de la province de Chiang Rai, dévoilant un bouddha de stuc couvert de feuilles d'or. Au bout de quelques mois, le stuc se craquela, révélant une ravissante statue de jade. Le roi de Chiang Mai, suzerain de Chiang Rai, ordonna qu'on lui apporte l'objet, mais l'éléphant qui le transportait prit obstinément le chemin de Lampang. Le roi interpréta cet entêtement comme une intervention divine, et la statue resta à Lampang pendant trente-deux ans. On lui attribua dès lors des pouvoirs surnaturels, et elle devint même la garante de la légitimité du royaume qui la possédait. Objet de multiples convoitises, le **bouddha de jade** séjourna au cours du 16e s. à Luang Prabang et à Vientiane, avant d'accompagner le roi Taksin à Bangkok. Installé d'abord au Wat Arun, à Thonburi, il trouva sa place définitive au Wat Phra Kaeo en 1784.

Si vous disposez de 3 jours à Bangkok

Jour 1 : le quartier royal (p. 132) et les temples des rives du Chao Phraya (p. 136). Déjeuner au bord du fleuve (p. 163) et flânerie l'apr.-midi dans China Town (p. 149). Dîner-croisière sur le Chao Phraya (p. 163).

Jour 2 : le quartier de Thonburi (p. 152) et balade en bateau au fil des *khlong*. Déjeuner dans le quartier de Silom (p. 162). L'apr.-midi, visite de la maison de Jim Thompson (p. 147). En soirée, spectacle de danse traditionnelle au Théâtre national (p. 166).

Jour 3 : shopping dans le quartier de Siam Square (p. 165) ou, le w.-end, au grand marché aux puces de Chatuchak (p. 165). Massage traditionnel au Wat Pho (p. 167). Spectacle de boxe thaie au Lumphini Stadium (p. 167).

la salle du trône, luxueux écrin de la statue la plus vénérée de Thaïlande *(voir encadré ci-contre)*. Haut d'à peine 66 cm, ce petit bouddha de jade (et non d'émeraude !) se perche au sommet d'un impressionnant autel de 11 m de hauteur, véritable cascade d'or. Encadré par ses disciples en prière, le bouddha trône, vêtu d'une tunique, à l'abri d'un dais et sous un petit parasol à neuf étages. Trois fois l'an, au cours d'une cérémonie solennelle, le roi vient changer les vêtements de l'Éveillé : en été, on l'habille d'une tunique dorée ornée de diamants; à la saison des pluies, d'une robe d'or émaillée de bleu; en hiver, d'une robe aux mailles d'or pur.

Venus de toute l'Asie, les fidèles se pressent pour faire offrande de boutons de lotus, fleurs de jasmin ou bâtons d'encens. Asseyez-vous parmi eux *(veillez à ne pas pointer les pieds vers l'autel)* le temps d'admirer les **fresques murales★★** relatant la vie du Bouddha, superbe témoignage de la vie quotidienne au Siam au 18e s. En sortant du temple, notez les huit *prang* alignés le long du mur oriental, de style khmer.

Terrasse extérieure – Sur le côté gauche de l'*ubosot*, dressés sur une terrasse dallée de marbre, le panthéon royal, la bibliothèque et le chedi d'or rivalisent de splendeur. Une multitude de créatures mi-humaines, mi-animales peuplent les lieux, statues dorées figurant les habitants de la forêt mythique d'Himavamsa, qui cerne le mont Meru *(voir « Art et architecture », p. 80)*. Quant aux géants et aux singes sur le socle des *chedi*, ils appartiennent à la légende du *Ramakien (voir « Littérature », p. 94)*.

★★ **Panthéon royal** (Prasat Phra Thepbidom) – *Au centre de la terrasse*. L'édifice en croix grecque est gardé par deux petits *chedi* dorés. Derrière ses murs de faïence bleue se cachent les statues grandeur nature des souverains de la dynastie Chakri *(non visibles)*. Ses portes, surmontées de couronnes en mosaïque d'or et de verre, ne s'ouvrent qu'une fois par an, le 6 avril, jour de la fête de la dynastie.

★★ **Bibliothèque** (Phra Mondop) – *Juste derrière*. Bâtie par Rama Ier, elle dresse son élégante colonnade devant des murs de porcelaine verte et conserve les livres sacrés du bouddhisme. Les bouddhas de pierre marquant chaque angle s'inspirent du style javanais de Borobudur et dateraient du 14e s. Sur la droite, une **maquette du temple d'Angkor Wat★**, commandée par Rama IV, rappelle que le Cambodge fut autrefois vassal du Siam. Le souverain avait pensé déplacer la totalité du complexe afin de le faire admirer à ses sujets, mais l'ampleur de la tâche l'en dissuada. De petits pavillons, dédiés aux éléphants blancs sacrés, symbole de la royauté, entourent la bibliothèque.

★ **Chedi d'or** (Chedi Phra Si Ratana) – *À l'extrémité de la terrasse*. Servant de reliquaire au sternum du Bouddha, il fut édifié par le roi Mongkut, avec pour modèle le Phra Si Sanphet d'Ayutthaya.

★★★ **Galerie du Ramakien** – Contournant le sanctuaire, elle s'orne de magnifiques peintures murales illustrant la version thaïe du *Ramayana* indien, véritable bande dessinée composée de 178 panneaux que séparent des piliers de marbre où s'inscrivent les vers de l'épopée (leur lecture se fait en partant de la gauche de la porte principale). La première fresque retrace les combats livrés par le roi Rama d'Ayutthaya et son allié Haruman contre Ravana, roi du Lanka, qui avait enlevé la belle épouse de Rama. Exécutées sous le règne de Rama III en 1830 et entièrement rénovées en 1932, ces peintures offrent un passionnant témoignage sur la vie des Siamois au 19e s.

Aile nord – Trois édifices occupent l'aile nord du temple. La **bibliothèque auxiliaire** (Ho Phra Montien Tham), où les novices préparaient leurs examens, abrite des écrits bouddhiques. À côté, le **Phra Wihan Yod**, aux murs couverts de porcelaine chinoise, cache des statues de Bouddha ; son décor passe pour l'un des meilleurs exemples du style Ratanakosin (notez la beauté des ornements de nacre des portes). Vient enfin le **mausolée** (Ho Phra Nak), écrin des urnes funéraires de la famille royale.

En continuant de longer le mur d'enceinte, on rejoint à l'opposé la porte de sortie (porte sud) qui ouvre sur le palais royal.

★ Le Grand Palais Plan III, B3 et plan du site

Entrée par le Wat Phra Kaeo - seule une petite partie du palais se visite - 8h30-15h30.

Le style occidental de certains bâtiments, cernés de jardins à la française, reflète la politique d'ouverture au monde extérieur prônée par les souverains siamois du 19e s. Le palais n'est plus habité, et seules quelques cérémonies officielles s'y tiennent encore.

Côté gauche, des grilles laissent deviner le **palais Borom Phiman**, élégant bâtiment néoclassique entouré des **jardins Siwalai** *(photos interdites)*. Construit en 1903, il accueille aujourd'hui les hôtes officiels du roi.

Côté droit, on accède au **Phra Mahamontien**, la « Grande Résidence » des souverains, composée de trois pavillons édifiés par Rama Ier. Sur la gauche, trois portes gardées par des statues chinoises ouvrent sur la salle du trône, **Amarindra Vinichai**, unique pièce de la résidence royale accessible au public. C'est dans ce décor de dorures que se déroulent les grandes cérémonies d'investiture et les réceptions officielles. À côté du trône, coiffé de son dais à neuf étages – symbole royal –, se dresse un autel en forme de navire. Derrière la porte close se cache la **salle Phaisan Taksin**, où le souverain recevait les insignes royaux lors de son couronnement. Après quoi, selon la coutume, il passait la première nuit de son règne dans le troisième pavillon, l'antichambre du palais Chakraphat Phiman.

L'allée principale débouche sur une pelouse plantée de vieux ébéniers taillés, avec une belle perspective sur le **palais Chakri Mahaprasat**★ *(fermé au public)*. Conçu par un architecte anglais, ce bâtiment pastel combine avec originalité une toiture thaïe et une façade néoclassique. Monument à la gloire de la monarchie, il fut élevé par Rama V en 1867 pour célébrer le centième anniversaire de la dynastie Chakri et de la fondation de Bangkok. Le roi y vécut jusqu'au début du 20e s., avant de s'installer dans le palais Vimanmek, au nord de Bangkok *(voir p. 146)* ; après sa mort (1910), les lieux n'accueillirent plus que les cérémonies officielles. À l'étage, une **urne en or** renferme les cendres des rois de la dynastie régnante ; les cendres des princes sont conservées dans les ailes adjacentes. Des escaliers mènent à la **salle du trône** et aux **salons de réception** où se tenaient les banquets officiels. C'est au bas des marches qu'a lieu la relève des gardes. De part et d'autre de l'escalier central, la galerie du rdc abrite un **musée de l'Armurerie**. À gauche du palais, une porte que seul le souverain pouvait franchir donnait accès à la **Ville interdite**, le harem *(fermé au public)*.

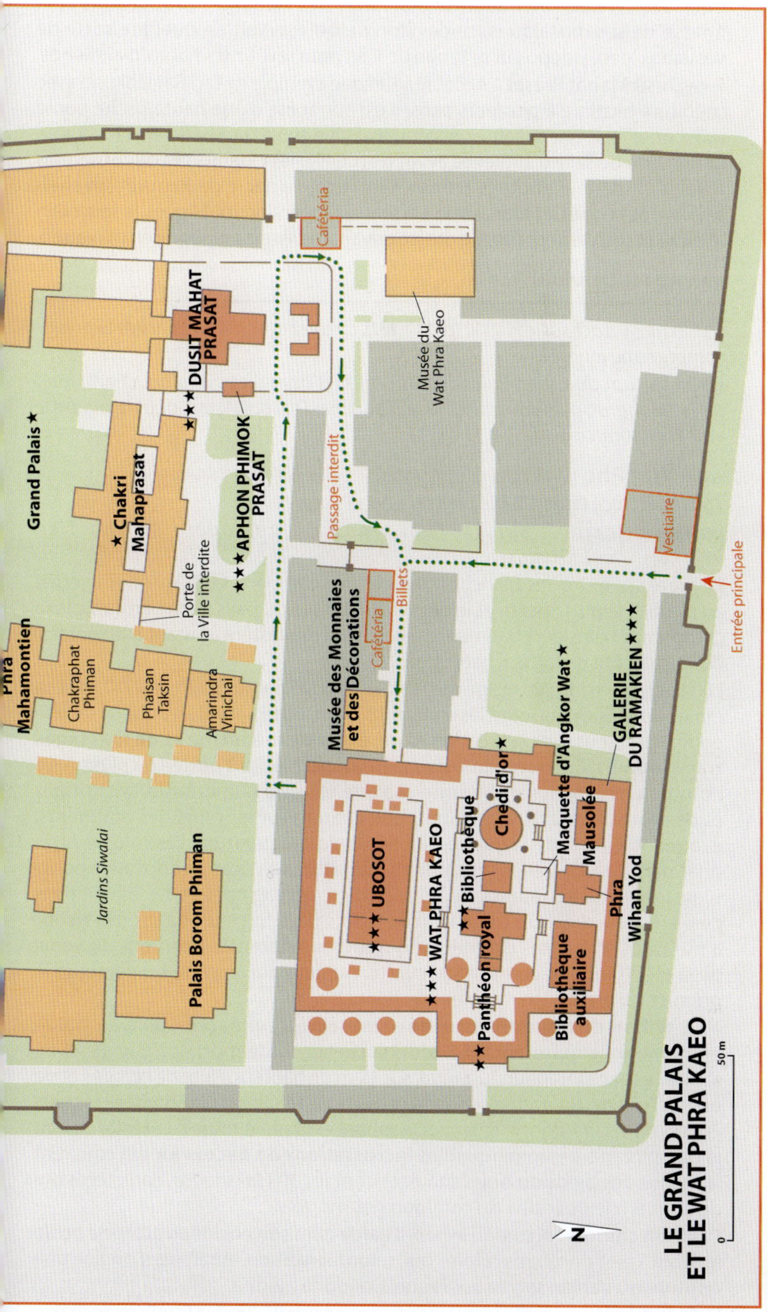
LE GRAND PALAIS ET LE WAT PHRA KAEO
N
0
50 m
Grand Palais ★
★ Chakri Mahaprasat
★★★ DUSIT MAHAT PRASAT
★★★ APHON PHIMOK PRASAT
Porte de la Ville interdite
Phra Mahamontien
Chakraphat Phiman
Phaisan Taksin
Amarindra Vinichai
Jardins Siwalai
Palais Borom Phiman
Cafétéria
Musée du Wat Phra Kaeo
Passage interdit
Billets
Cafétéria
Vestiaire
Entrée principale
Musée des Monnaies et des Décorations
★★★ UBOSOT
★★★ WAT PHRA KAEO
★★ Bibliothèque
★★ Panthéon royal
Chedi d'or ★
Maquette d'Angkor Wat ★
Mausolée
Phra Wihan Yod
Bibliothèque auxiliaire
GALERIE DU RAMAKIEN ★★★

★★★ **Aphon Phimok Prasat** – *Revenir sur l'allée principale et franchir l'enceinte.* Chef-d'œuvre de l'architecture thaïe avec ses élégantes proportions et la finesse de ses mosaïques, ce pavillon de bois servait en quelque sorte de vestiaire : le roi y déposait sa tenue de ville pour revêtir ses habits d'audience.
★★★ **Dusit Mahat Prasat** – *À côté.* Magnifique exemple de l'art Ratanakosin avec sa toiture bicolore à plusieurs pans, il est surmonté d'une haute flèche dorée ayant pour base une spirale à neuf étages. Édifié en 1789, ce bâtiment cruciforme fit fonction de salle d'audience avant d'accueillir les cérémonies des obsèques royales. L'intérieur abrite le **trône★★** incrusté de nacre de Rama Ier, un chef-d'œuvre de l'école de Ratanakosin. Lors de ses apparitions publiques, le souverain s'installait sous le petit porche dressé devant l'édifice, sa réplique en miniature.

★★★ AU FIL DE L'EAU Plan III

Circuit 1 tracé sur le Plan III (p. 130-131). Circulez avec le Chao Phraya Express – comptez une journée.
En sortant du Grand Palais, contournez les murailles sur la gauche, le long de Th. Maharat, puis prenez la 1re rue à gauche, Th. Thai Wang, pour rejoindre le Wat Pho (10mn à pied).

★★★ Wat Pho (Wat Phra Chetuphon) Plan III, B3 - Plan du site

Circuit tracé en vert sur le plan du site (ci-contre).
Entrée principale sur Th. Thai Wang - débarcadère de Tha Tien (n°8) - 8h-17h - 100 bahts.
Derrière ses murailles blanches percées de seize portes (deux sont ouvertes au public), le plus ancien et le plus vaste temple du pays forme un complexe comprenant plusieurs bâtiments, ainsi qu'un monastère abritant 300 moines, de l'autre côté de la Th. Chetuphon.
Le sanctuaire originel, érigé au 16e s. et rénové par Rama Ier en 1781, prit sa dimension historique dans les années 1830, lorsque Rama III lui attribua un rôle éducatif majeur avec la création d'une **école de médecine et de massages traditionnels**. Ce souverain visionnaire voulait mettre à portée du plus grand nombre un savoir réservé jusque-là à une élite. De nombreuses inscriptions et peintures à caractère pédagogique courent sur les murs des bâtiments, évoquant les arts de la guerre, l'archéologie, la littérature, l'astrologie ou la pharmacopée. De curieuses **collines miniatures** à vocation éducative ponctuent le sanctuaire, réunissant des spécimens géologiques et des échantillons de plantes médicinales provenant de tout le pays. Sur leurs flancs, des **rishis**, amusantes statuettes d'ermites, figurent les différentes positions du yoga, de la méditation et du massage curatif. Aujourd'hui, le Wat Pho demeure le premier centre d'enseignement de Bangkok.
★★★ **Wihan du bouddha couché** – *Juste après l'entrée principale.* La statue monumentale représentant Bouddha sur son lit de mort, longue de 46 m, sature l'espace intérieur du *wihan*, sur 15 m de hauteur. Faite de briques et de plâtre, l'œuvre est entièrement recouverte de feuilles d'or. Admirez les traits épurés du visage, dont le regard et le sourire expriment toute la sérénité devant le paranirvana. Les remarquables **incrustations de nacre★★★** qui couvrent la plante des pieds du bouddha décrivent les 108 *lakshanas*, caractères qui distinguent le Bouddha du commun des mortels.
Pavillon chinois – *À côté du wihan.* Il garde dans son enclos un arbre de *bodhi* au tronc ceint de rubans colorés qui, selon la tradition, aurait pour origine une bouture du banian sacré sous lequel Bouddha médita.
En face du *wihan*, on pénètre dans une cour centrale *(laissez la grosse cloche sur votre gauche)* où s'élancent **quatre chedi** monumentaux décorés de faïences

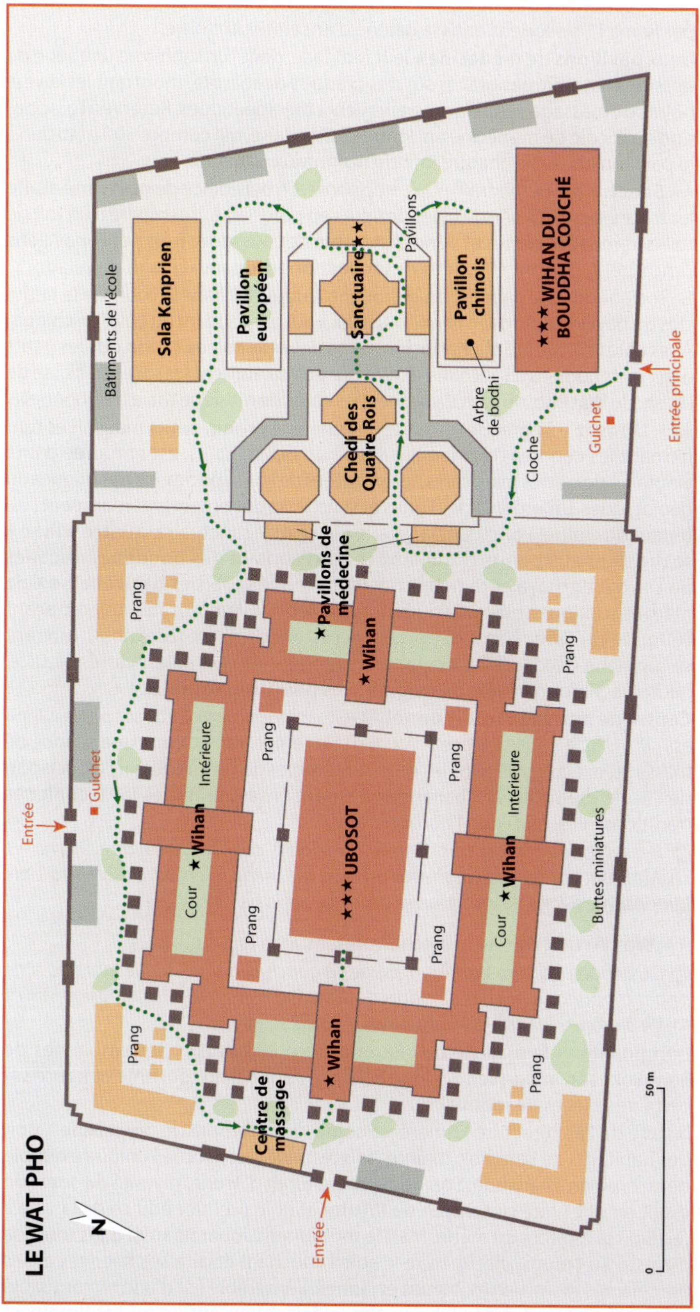
LE WAT PHO
N
0
50 m
Entrée
Centre de massage
★ Wihan
Prang
Cour
★ Wihan
Intérieure
Guichet
Entrée
★★★ UBOSOT
Prang
Prang
Prang
Prang
Cour
★ Wihan
Intérieure
Buttes miniatures
Prang
Prang
★ Wihan
★ Pavillons de médecine
Chedi des Quatre Rois
Sanctuaire ★★
Pavillons
Pavillon européen
Pavillon chinois
Sala Kanprien
Bâtiments de l'école
Arbre de bodhi
Cloche
Guichet
Entrée principale
★★★ WIHAN DU BOUDDHA COUCHÉ

colorées, dédiés à la mémoire des quatre premiers rois de la dynastie Chakri. Protégés derrière des vitres, une multitude de bouddhas, ramenés d'Ayutthaya par Rama Ier, s'alignent dans la galerie d'enceinte du cloître.

Deux **pavillons de médecine★** leur font face, dont l'un renferme une série de dessins anatomiques gravés sur des plaques de marbre, montrant les divers points de massage et quelques traitements thérapeutiques. Réservé à l'association de l'École de médecine ancienne thaïlandaise, qui compte 500 praticiens, le pavillon accueille chaque jour de nombreux patients.

★★ **Sanctuaire★★** (ho trai) – *Du côté opposé*. Ce bel édifice de plan carré abrite les textes sacrés. Ornée de frises de fleurs en porcelaine, il est coiffé d'un toit de tuiles vernissées jaunes et vertes, en forme de couronne. Trois petits pavillons l'encadrent, où sont exposées des collections de manuscrits et de céladons. En sortant du côté gauche, on débouche à nouveau dans la cour, sur le jardin clos du pavillon européen *(fermé au public)*, qui fait pendant au pavillon chinois. À ses côtés s'élève le **Sala Kanprien**, siège des assemblées, tandis que les petits bâtiments adossés à l'enceinte extérieure du *wat* abritent les salles de classe de l'école du Wat Pho, où sont dispensés des cours de musique thaïe traditionnelle.

★★★ **Ubosot** – Sa grande enceinte jalonnée de **prang**, petits mausolées renfermant les cendres de la famille royale ou des reliques, est entourée d'une vingtaine de buttes miniatures agrémentées de leurs spécimens botaniques ou géologiques. L'harmonie des lignes et la richesse des ornements marquent l'intérieur du cloître. Ponctuant la galerie qui ceint le sanctuaire, **quatre wihan★** se dressent aux points cardinaux, chacun abritant des bouddhas rescapés du sac d'Ayutthaya et ramenés par Rama Ier. De superbes **bas-reliefs★★** de marbre soulignent la base du bâtiment central (l'*ubosot* même), retraçant l'épopée du *Ramakien*. Les portes, incrustées de nacre *(côté nord)*, ouvrent sur un riche décor : rythmée par deux rangées de huit piliers carrés, la salle, haute de plafond, révèle de magnifiques **peintures murales★★**.

Centre de massage traditionnel – *Quittez l'enceinte de l'*ubosot *par le* wihan *est - 8h-17h*. Si vous disposez d'un peu de temps, offrez-vous une séance de massage, exécutée ici dans les plus pures règles de l'art. Tenu par l'association de l'École médicale de Thaïlande, le centre enseigne toutes les techniques traditionnelles, ainsi que l'herboristerie.

▶ *Ressortez du temple par l'entrée principale, sur Th. Thai Wang. Traversez Th. Maharat et prenez la petite rue en face, qui mène à l'embarcadère Tha Tien. L'imposante flèche du Wat Arun se découpe sur la berge opposée.*

★★ Wat Arun (Wat Arun Ratchaworaram) Plan III, A4 p. 130

▶ *Du débarcadère du Wat Arun, prenez à gauche pour passer devant une série de petits bouddhas dédiés aux jours de la semaine. Traversez la pelouse et suivez l'allée à droite - 8h-18h- 50 bahts - tenue correcte exigée.*

L'originalité et la majesté de ce temple en ont fait l'un des emblèmes de Bangkok : son image sert de logo à l'office national du tourisme et figure sur certaines pièces de monnaie.

Inspiré de l'architecture khmère, ce somptueux temple de porcelaine – don des habitants de Bangkok, maintes fois restauré – constitue l'unique exemple de ce type en Thaïlande. Son nom proviendrait d'Aruna, divinité du Jour : on disait en effet que ce **temple de l'Aube** était le premier édifice de la ville à recevoir la lumière du matin. Mais le monument apparaît aussi dans toute sa majesté au crépuscule, lorsque le soleil couchant éclaire ses faïences et ses porcelaines roses, vertes, bleues et jaunes. L'ensemble est d'une remarquable élégance avec ses dentelles de faïence, foisonnement de motifs floraux et de personnages.

La dentelle de bois des toits du Wat Pho.
Ph. Robic / MICHELIN

1

L'immense **prang central★★** de style khmer (114 m de hauteur), figure le mont Meru, centre de l'univers. Ses trois terrasses, desservies sur chaque côté par un escalier raide, matérialisent les étages symboliques de la religion hindoue. Seul le 1er niveau est accessible, étroit palier que l'on parcourt dans le sens des aiguilles d'une montre ; l'étage central, domaine des dieux, est gardé par **Indra** monté sur Erawan, son éléphant tricéphale.
Quatre *prang* plus modestes marquent les angles du sanctuaire, flanqué de ses deux chapelles : images des quatre océans et des vents cardinaux, ils portent sur leur registre supérieur des personnages à cheval, effigies du dieu du Vent **Nayu**, et sont creusés de niches abritant des bouddhas figurant respectivement l'enseignement, l'illumination, la naissance et la méditation.
Retraversez de nouveau le fleuve. Arrivé sur la rive opposée, reprenez le Chao Phraya Express jusqu'à l'embarcadère Tha Phra Chang.

★★ Le Musée national Plan III, B1 p. 130

Th. Na Pra That - embarcadère de Tha Phra Chang (nº 9) - ✆ 02 224 13 33 - merc.-dim. 9h-16h - 200 bahts (visite guidée gratuite en français ou en anglais merc. et jeu. 9h30) - plan du musée distribué à l'entrée - comptez au moins 2h.
Fondé en 1874 par le roi Chulalongkorn (Rama V, fils de Mongkut), le Musée national occupe les superbes bâtiments du **palais Wang Na**, ancienne résidence du « second roi » (prince héritier). Lorsque cette fonction fut supprimée, Rama V y déplaça les collections privées de son père, constituant le noyau du premier – et bientôt du plus grand – musée de Thaïlande. Parmi les plus riches de l'Asie du Sud-Est, il conserve de remarquables collections couvrant tous les grands courants artistiques du pays, de la préhistoire à la période de Ratanakosin (18e s.-20e s.). Sa visite constitue donc une excellente entrée en matière avant la découverte des cités anciennes de la plaine centrale, de Sukhothai à Ayutthaya. L'ancien palais, au centre, conserve les collections royales d'origine, magnifiques objets de cour appartenant à Mongkut. De part et d'autre, les bâtiments plus récents – ailes sud et nord – présentent chronologiquement les grandes périodes de l'art thaïlandais.

Premiers pavillons – Dans le pavillon de gauche, la **galerie de l'histoire thaïe** retrace par de belles maquettes les grandes lignes de l'évolution du pays, depuis ses origines. On y voit la stèle gravée du roi Rama Khamhaeng, où figurent les premiers écrits connus en caractères thaïs, qui relatent l'histoire du royaume de Sukhothai.

★★ **Chapelle Buddhaisawan** – *Presque en face, à droite après l'entrée.* Bâtie en 1795 dans le style Ratanakosin, la ravissante chapelle privée du prince héritier abrite le fameux **Phra Buddha Sihing**★★ (15e s.), la statue la plus sacrée du pays après le bouddha d'Émeraude. Les **peintures murales**★★ – les plus anciennes de Bangkok – forment une véritable bande dessinée évoquant la dernière vie de Bouddha.

En sortant de la chapelle, prenez à droite l'allée principale, où vous devrez montrer à nouveau votre ticket.

★★ **Pavillon rouge** (Tamnak Daeng) – Remarquable maison traditionnelle en bois de teck, construite au 18e s. pour abriter les appartements privés d'une des sœurs de Rama Ier. La pièce de droite conserve une partie de son **mobilier d'origine**★, notamment un lit chinois du 18e s. en teck.

Aile sud – *Salles 301 à 308 - montez directement au 1er étage par l'escalier central.* À droite, couvrant une période qui va du 3e millénaire au 4e s. avant notre ère, la salle de la **préhistoire** *(salle 302)* rassemble une collection de céramiques et de bronzes, notamment des poteries de Ban Chiang, dans l'Isan *(voir p. 346)*. En face *(salle 303)*, remarquables **têtes de bouddhas**★★ en terre cuite du florissant royaume môn de Dvaravati (fin 6e s.-11e s.) : admirez la noblesse de ces visages aux contours carrés et aux lèvres charnues. L'influence birmane des Môns se révèle aussi dans les grands bouddhas aux avant-bras levés – attitude de l'argumentation – et dans leurs tuniques constituées de deux pans superposés. Au centre de la pièce trône une superbe **roue de la loi**★★ – emblème de la doctrine bouddhiste –, mise au jour à Nakhom Pathom.

Consacrée à l'art hindou de Java, culture qui domina le sud de la Thaïlande du 8e s. au 13e s., la *salle 304* réunit des pièces provenant du royaume javanais de Borobudur (7e s.-11e s.). Une imposante **statue de Ganesh**★★, symbole de sagesse montre le fils de Shiva assis sur un socle cerné de crânes, indiquant qu'il règne sur le monde des Enfers. À droite *(salle 305)*, deux œuvres illustrent le raffinement du royaume de Srivijaya, originaire de Sumatra (7e s.-9e s.) : un **bodhisattva Avalokiteshvara**★ en grès (7e s.) et un **bouddha assis**★ (13e s.) protégé par un *naga*.

Redescendez au rdc pour gagner la salle 306.

Un **Vishnu**★★ aux lignes très pures précède de superbes divinités hindoues mises au jour à Si Thep et dans le Sud. Plus loin *(salle 308)*, un **bouddha en méditation** protégé par un *naga* montre le style Lopburi (11e s.-14e s.) dont on reconnaît l'inspiration khmère dans la sobriété pleine de noblesse des attitudes et des visages. Des **linteaux de porte**★ animés de scènes de la mythologie hindoue illustrent la richesse du symbolisme de la culture khmère.

Aile nord – *Salles 401 à 408 - quittez l'aile sud pour l'aile opposée, en passant par l'arrière du palais. Commencez la visite par le côté ouest, au rdc.* L'aile nord rassemble des œuvres appartenant aux royaumes qui se succédèrent après la période khmère : royaume du Lan Na (15e s.-16e s. - *salles 401 et 402*), avec des pièces trouvées à Chiang Saen et Chiang Mai, très empreintes de l'influence birmane et colossal **bouddha assis**★ de style Dvaravati (7e s.-12e s. - *salle 403, à l'étage*) en quartzite blanc. Mais ce sont les royaumes de Sukhothai (13e s.-14e s.) – l'apogée de l'art siamois – et d'Ayutthaya (14e s.-18e s.) qui ont livré les plus beaux joyaux *(salles 405 et 406)*, dont le fleuron de l'art de Sukhothai : le fameux **bouddha marchant**★★, d'une grâce extrême. De délicats **cabinets**★

Histoire d'eau

LA VENISE DE L'ORIENT

Naissance de la ville

En 1767, la chute d'Ayutthaya sous les assauts des armées birmanes poussa le roi Taksin à déplacer la capitale du Siam à Thonburi, important centre d'échanges commerciaux établi sur la rive droite du Chao Phraya. Mais, considérant que l'endroit était encore trop exposé à la menace birmane, son successeur, Rama Ier, décida de l'abandonner pour Bangkok, modeste bourg peuplé de négociants chinois et de paysans, occupant la rive opposée du fleuve. On bâtit la nouvelle cité sur une île artificielle, en forme de mangue, aménagée sur un méandre de la rivière isolé par un canal. Bientôt s'y élevèrent un palais et une chapelle royale abritant une statue sacrée qui donna son nom à l'île, Ratanakosin : la « demeure du bouddha d'Émeraude ».

Reflet de l'économie

La vie s'articulait autour du fleuve et d'un large réseau de canaux *(khlong)* sur lesquels s'alignaient les habitations, construites sur pilotis ou même flottantes. Au 19e s., la ville devait faire le ravissement des voyageurs occidentaux, qui la surnommèrent la « Venise de l'Orient ». La première rue pavée, l'actuelle Thanon Charoen Krung *(New Road)*, n'apparut qu'en 1861. Dans les années 1950, Bangkok connut un essor économique sans précédent qui bouleversa sa physionomie : la plupart des canaux furent comblés et les immeubles remplacèrent progressivement les maisons traditionnelles. Aujourd'hui, Bangkok centralise toutes les activités politiques, économiques et culturelles du pays. C'est ainsi que la majorité des marchandises destinées à l'import comme à l'export transitent par le port de la ville, Khlong Toey.

MARÉCAGES

Le pompage excessif de la nappe phréatique par les industries locales a provoqué un affaissement des sols et, bâtie sur des marécages, Bangkok s'enfonce de 3 cm par an. De nombreux quartiers se retrouvent ainsi au-dessous du niveau de la mer, de plus en plus à la merci des inondations.

AU RYTHME DU FLEUVE

Dès le lever du soleil, les artères aquatiques de la capitale, les fameux *khlong (voir p. 152)*, sont animées par le va-et-vient des péniches chargées de sacs de riz, de produits frais pour les marchés du matin ou de sable pour la construction des maisons. Le dédale formé par les petits canaux appartient quant à lui aux femmes : accroupies près de leur maison sur pilotis, les plus dévotes remplissent de riz les bols à aumône des moines qui passent, assis dans leur barque individuelle. À leur côté, les enfants font une rapide toilette dans les eaux polluées avant de se rendre à l'école par les trottoirs de bois qui relient les canaux à la terre ferme. D'autres femmes, à bord de leur sampan, pagaient vers le marché local pour vendre la production du jardin familial. Si le traditionnel marché flottant de Bangkok a disparu, celui de Damnoen Saduak *(voir « Les environs de Bangkok », p. 173)* offre un spectacle charmant fait de tissus colorés, d'odeurs alléchantes et d'une activité étourdissante !

LA CRÉMATION ROYALE
Le souverain étant considéré comme un bouddha vivant, la cérémonie funéraire royale obéit à un processus très codifié. Enveloppé dans un linceul en soie tissée de fils d'or, le corps du monarque défunt est déposé dans une grande urne en argent où il restera toute une année (contre sept jours pour le commun des mortels). Une fois l'année écoulée, les restes de la dépouille seront recueillis dans une urne de bois de santal que l'on placera sur un chariot funéraire, symbole du mont Meru. Pendant trois jours, le cortège funèbre fera le tour des temples de l'île de Ratanakosin, le rituel s'achevant par la cérémonie de crémation sur le Champ royal.

laqués ou sculptés conservant des écrits sacrés bouddhiques et des **céramiques de Sangkhalok★**, très prisées entre le 15e et le 16e s. dans toute l'Asie du Sud-Est, complètent l'évocation de cette période.
Quittez l'aile nord et revenez vers l'entrée.
★★ **Galerie des chariots funéraires** – *Salle 7 - au bout de l'allée, à gauche.* Ce pavillon abrite de splendides véhicules du 18e s., utilisés lors des cérémonies de crémation royale pour le transport des urnes. Le chariot en teck, pesant 20 tonnes, nécessitait la force de 160 hommes pour être déplacé.
★★ **Ancien palais** – *Salles 501 à 514 - au centre, entrée par le côté sud.* Le corps central du palais se partage en trois sections : les appartements, séparés par de charmants jardins intérieurs, étaient habités à tour de rôle selon les saisons. C'est un plaisir de déambuler de salle en salle; leur décor et la richesse des collections évoquent le faste de la cour du Siam. Derrière la salle des audiences royales, avec son trône en forme de bateau, la **salle centrale★★** *(503)* abrite une impressionnante série de **palanquins★★** et de **chaises à éléphant★** *(howdah)* – dont une, magnifique, tout en ivoire –, ces dernières étant réservées aux princesses. Les autres appartements s'organisent autour de ce vestibule. Face à vous, un escalier monte à la salle des cinq **emblèmes royaux** *(504 - se déchausser)*, insignes sacrés du roi de Thaïlande : la couronne, l'épée dorée, l'ombrelle à étages, le chasse-mouches et les chaussures dorées. À gauche, la **salle des arts du théâtre et des jeux★** *(505)* conserve un superbe ensemble de marionnettes et de masques de théâtre classique, portés durant le *khon*, version théâtrale du *Ramakien (voir « Théâtre », p. 94)*.
On traverse une petite cour pour rejoindre la salle des armes *(508)*, gardée par un **éléphant** grandeur nature équipé de sa cuirasse de combat. Le souverain et les hauts dignitaires, combattaient en effet à dos d'éléphant, le corps d'armée restant à pied. Derrière *(salle 510)*, de superbes **objets en bois de teck★**, les plus anciennes pièces datant du 17e s.
Une courette isole la salle 512, où vous pourrez admirer une luxueuse exposition de **costumes d'apparat★★** soieries, brocarts et cotonnades originaires d'Asie du Sud-Est, de Chine et d'Inde et rivalisant de somptuosité par la richesse de leurs motifs et la qualité de leur exécution. La **galerie de musique** *(514)*, enfin, rassemble tous les instruments de l'orchestre traditionnel.

Autour du Musée national Plan III

▶ *Au sud du musée, vous retrouvez Th. Phra Chang, belle avenue ombragée d'arbres. Sur le trottoir de gauche, une porte donne accès au Wat Mahatat.*
Wat Mahatat Plan III, B2 – *Entrée principale sur Th. Maharat - 8h-17h - gratuit.* Le sanctuaire doit son nom à la relique que conserve le *chedi* principal. Fondé sous le règne de Rama Ier, au 18e s., le « temple de la Grande Relique » est le siège de la plus grande **université bouddhique de Thaïlande**. Le roi Mongkut, alors

prince héritier, y fit sa retraite religieuse avant de se retirer au Wat Bowon Niwet. Les écoles et les bâtiments monastiques qui encadrent le cloître font du Wat Mahatat une véritable cité religieuse, où sont notamment enseignées les techniques de méditation. Les étrangers peuvent suivre des cours de bouddhisme au **Centre de méditation** *(rens. sur place)*. Entre deux pavillons, une étroite allée conduit au **mondop**, la bibliothèque du domaine, élevée au milieu d'une délicieuse courette rafraîchie de bananiers et de plantes tropicales.

Marché aux amulettes Plan III, A2 – *Th. Maharat.* La rue entière est investie par des marchands assis sur le trottoir et qui, coincés entre deux étals de confiseries ou des gargotes, exposent leurs collections d'amulettes. Armé d'une loupe, le chaland se penche sur les talismans pour en vérifier l'authenticité. Leur degré d'efficacité dépend de leur origine, et les amulettes ayant un pouvoir reconnu sont évidemment plus chères.

Sanam Luang (Champ royal) Plan III, B2 – Cette vaste esplanade de pelouse marque le cœur du centre historique de la capitale. En fin de journée, les habitants viennent s'y détendre à l'ombre des tamariniers, puis, à la fraîche, l'endroit s'anime de parties endiablées de football, tandis que des dizaines de **cerfs-volants** dansent dans le ciel *(surtout vers mars-avril, époque de nombreux concours)*. La place sert de siège aux cérémonies de crémation royale *(voir encadré p. 142)*. À l'angle sud-est de l'esplanade *(de l'autre côté de Th. Ratchadamnoen Nai)* se dresse un petit temple très populaire abritant un *linga*, le **Lak Muang** Plan III, B2, la borne de fondation de la cité. On lui attribue le pouvoir d'exaucer les vœux.

GANESH, DIEU OMNIPOTENT

En Thaïlande le dieu-éléphant hindou est le patron des arts, fervent défenseur de la vie avec son pouvoir de franchir les obstacles, de repousser la mort et d'attirer le succès : les amulettes à son effigie sont extrêmement populaires.

1

★★ LE CENTRE DE BANGKOK Plan III

Circuit 2 *tracé sur le* Plan III *(p. 130-131) – Comptez 1/2 journée.*

★★★ Wat Suthat Plan III, C2

Th. Bamrung Muang - 8h30-21h (chapelle : 9h-16h) - 20 bahts.

Juste à côté de la Grande Balançoire *(p. 144)* est érigé l'un des plus vastes temples de Bangkok, considéré aussi comme l'un des plus beaux du pays. Un chef-d'œuvre de l'art Ratanakosin (19e s.), à découvrir de préférence en fin d'après-midi, quand la lumière rasante souligne l'harmonie du site.

Sa construction débuta en 1807 et s'acheva trente ans plus tard. Le temple se situait alors au cœur de Bangkok, matérialisant le centre de l'univers bouddhique et hindouiste. Symbole du syncrétisme religieux entre ces deux doctrines, le Wat Suthat était à l'origine dédié au dieu Indra qui apparaît au-dessus de la porte principale, chevauchant l'éléphant tricéphale Erawan.

Pavillon chinois – L'édifice en pierre face à vous représente le Khao Mor, colline évoquant le mont Méru, cerné de sa forêt sacrée Himavamsa. Plusieurs *chedi* chinois s'élèvent sur la terrasse de la cour intérieure, toute de marbre blanc, gardée aux angles par quatre chevaux de bronze.

★★ **Wihan** – Immense, fermé par deux magnifiques portes en bois de teck, c'est le joyau du temple. La tradition veut que les portes aient été sculptées par le roi Rama II en personne ; celui-ci, trop fier de son œuvre, aurait fait jeter les outils dont il s'était servi pour que personne ne puisse la reproduire. À l'intérieur du temple se cache un remarquable bouddha en bronze doré, le **Phra Phutta**

Sakyamuni★★, l'un des plus grands bronzes de Sukhothai (8 m de haut) qui nous soient parvenus, parfait exemple de l'art de cette époque. Provenant du Wat Mahatat – le temple le plus important de Sukhothai *(voir p. 247)* –, la statue fait l'objet d'une grande vénération. Les superbes **fresques★★** qui couvrent les murs illustrent les 28 incarnations de Bouddha.

Contournez le bâtiment sur la droite.

Une porte latérale permet de sortir de l'enceinte pour conduire par une allée à l'**ubosot**, bâti perpendiculairement au *wihan*. D'amusantes statues de *farang* (Occidentaux) flanquent ses portes : les visages expressifs et les costumes à double rangée de boutons garnis d'épaulettes évoquent quelque grognard !

★ Détour par la Montagne dorée Plan III, CD2

Comptez 1h.

Grande Balançoire (Giant Swing) Plan III, C2 – *À l'angle de Th. Dinso.* L'étonnant portique de teck rouge fait 27 m de hauteur. Chaque année, en janvier, se déroulait jadis une cérémonie en l'honneur de **Shiva** : rivalisant de témérité, les moines brahmaniques se balançaient alors sur ce portique – représentation du mouvement du dieu dans le ciel – pour tenter d'arracher avec leurs dents des sacs d'or accrochés au sommet. Le rituel, jugé dangereux, fut aboli en 1935.

Thanon Bamrung Muang Plan III, CD2 – La longue artère qui s'étire d'est en ouest jusqu'au Wat Phra Kaeo invite au lèche-vitrines. Sur la dernière portion s'aligne toute une série de boutiques et d'ateliers destinés aux temples voisins, vendant statues de Bouddha, cierges et articles religieux en tout genre.

★ **Wat Saket** Plan III, D2 – *Accessible à pied de la place du Democracy Monument - 4h-21h - gratuit.* Il est peu fréquenté par les touristes, mais vaut le détour. Le *wihan (en face)* conserve de superbes **peintures murales★★** aux tons rouges et or, et la chapelle abrite un remarquable bouddha debout, le **Phra Attharot★**, originaire de Sukhothai. De la cour intérieure, on jouit d'une belle vue sur la Montagne dorée qui s'élève en face.

▶ *Passez dans la 2e cour du* wat, *reprenez l'allée principale, puis sur votre droite.*

★ **Montagne dorée** (Phu Khao Thong) – *Un escalier en colimaçon grimpe au sommet - 9h-17h - 10 bahts - temple : 7h30-17h30.* Couronnée par une petite forteresse, cette colline artificielle, haute de 80 m, demeura longtemps le point culminant de Bangkok. En 1897, lord Curzon, vice-roi des Indes, offrit à Rama V des reliques de Bouddha, que le roi entreprit de conserver dans un *chedi* perché au sommet d'un tertre ; le terrain, trop meuble, ne cessant de s'affaisser, le projet rencontra bien des difficultés et il fallut recommencer l'ouvrage plusieurs fois. Mais son majestueux **chedi doré** s'élève finalement bel et bien au-dessus des remparts et l'ascension vaut la peine pour le **point de vue★★** qui s'offre sur la ville : le temple en contrebas, avec ses quartiers monastiques, le fleuve, le palais royal et les flèches du Wat Arun au loin. Chaque année sur le site, du 9 au 11 novembre, la Montagne dorée est en fête. Les fidèles montent en procession au sommet, tandis qu'une fête populaire prend place au pied de la colline.

▶ *Dirigez-vous vers le Khlong Ong Ang longe et franchissez le petit pont qui enjambe un canal animé.*

Wat Ratchanadda (Wat Rachanatdaram) Plan III, C2 – *Th. Mahachai - 9h-17h - gratuit.* Au bout d'une esplanade, bordé d'une double enceinte, le **Loha Prasat** (palais de Métal - *à droite du sanctuaire*) fut érigé par Rama III, au 19e s. Le monarque s'inspira d'un temple indien du 3e s., que la tradition voulait couvert d'or pur – d'où son nom. L'ouvrage, dont le style rappelle les temples de Pagan en Birmanie, comprend trois étages, chacun souligné par une série d'édicules aux flèches effilées. Un escalier central en colimaçon dessert chaque niveau, débouchant sur trois galeries de circulation bordées de bouddhas. Tout proche, le **fort Mahakan** Plan III, D2 est l'une des quatorze tours de guet qui renforçaient les remparts originels de la cité.

Pour rejoindre le Wat Bowon Niwet, passez par le Democracy Monument.

★ Wat Bowon Niwet (Wat Bowon Niwet Wihan) Plan III, C1

Th. Phrasumen - au nord du quartier de Banglamphu - débarcadère Phra Athit (n° 13) - 8h-17h - gratuit.

Havre de paix, le temple se cache derrière des murailles blanches. Bordé par un canal, il conserve de jolies maisons pastel. Le roi Mongkut, temporairement écarté du trône, s'y retira à partir de 1824 pour vingt-sept ans de vie monacale. Nommé abbé, il fonda la stricte secte bouddhique Thammayut, dont le temple est resté le siège. Depuis, les futurs monarques ont coutume d'effectuer leur retraite ici avant d'accéder à leurs fonctions. Siège de la **deuxième université bouddhique** du pays, le Wat Bowon Niwet accueille en outre le patriarche suprême, chef du clergé, et le **Sangha**, le collège sacré. Le temple est devenu un centre de méditation renommé, très fréquenté par les étrangers.

Une seconde enceinte garde l'*ubosot (à droite après l'entrée)*, flanqué d'une terrasse où les moines prennent place lors des cérémonies d'ordination. L'édifice en T montre une architecture originale avec ses piliers carrés, précédés d'escaliers ornés de *garuda*. À travers la fenêtre centrale, sous le porche orné de faïences, on aperçoit le **Phra Puttha Chinasi★**, un bouddha de style Sukhothai (14e s.) qui fut rapporté de Phitsanulok en 1829. Voyez surtout les **peintures murales★★** du moine Khrua In Klong, qui introduisit la notion de perspective dans l'art thaï – un apport qui marque l'influence de l'art occidental à la cour du roi Mongkut.

Un **chedi doré** encadré de petits pavillons chinois s'élève à l'arrière. Une porte latérale, à gauche du *chedi*, conduit au charmant **quartier monastique★** cerné de canaux. Par un sentier à droite, on franchit un canal pour rejoindre de jolies maisons coloniales aux couleurs vives, tandis que d'autres allées bordées de frangipaniers et de bananiers conduisent à une série de maisons traditionnelles en bois clair, blotties au cœur d'une végétation luxuriante.

En quittant le temple, vous pourrez voir les derniers vestiges des fortifications qui entouraient l'ancienne cité de Ratanakosin.

★★ LE QUARTIER DE DUSIT Plan II

Circuit 3 tracé sur le Plan II (p. 128-129) – Comptez 1/2 journée. De l'embarcadère Tha Tewet - n° 15, prenez un taxi.

Enthousiasmé par son voyage en Occident au début du 20e s., Rama V fit tracer dans le quartier de Dusit, site de la résidence royale, de larges boulevards bordés d'arbres, à l'image de ceux des grandes villes européennes. Aussi le quartier présente-t-il un visage aéré avec ses avenues ombragées, ses jardins et ses résidences privées cernées de verdure.

Fief du pouvoir politique, Dusit rassemble la plupart des ministères et des grandes administrations. Sur la longue **Thanon Ratchadmnoen Nok** (la Voie royale) se dresse l'élégante façade de style italien de l'**Assemblée nationale**, précédée par la statue de Rama V.

★★ Wat Benchamapophit Plan II, C1

Th. Si Ayutthaya - 8h30-18h - 20 bahts.

La majesté de ce temple se remarque de loin. Le marbre clair des murs, la toiture rouge à trois pans et les *chofa* dorés scintillant au soleil composent un tableau harmonieux. Fondé en 1899 par le prince Naris, demi-frère de Chulalongkorn (Rama V), ce temple cruciforme tient son nom du **marbre de Carrare** importé pour sa construction. Son architecture, que l'on doit à l'Italien Hercules Manfredi, combine avec grâce et originalité les styles européens et orientaux.

Deux hiératiques **lions de marbre★** gardent la porte centrale de l'*ubosot*. À l'intérieur, un imposant **bouddha** de style Lopburi prend la Terre à témoin ; son socle conserve les cendres de Rama V *(ne pas marcher sur l'estrade en face de l'autel, réservée aux moines)*. Remarquez les **vitraux**, inspirés des églises occidentales, avec des personnages bouddhiques.

Dans les galeries encadrant le cloître, le roi Chulalongkorn fit rassembler des reproductions de quelques-uns des plus beaux **bouddhas★** d'Asie pour montrer l'évolution et la variété des styles. Vous verrez ainsi des copies de statues de Sarnath, en Inde (style Gupta), de Lahore, au Pakistan (style Gandhara), de Pagan et de Mandalay, en Birmanie, du Japon, ainsi que des œuvres de Sukhothai, de Lopburi et d'Ayutthaya. Au centre de la cour se dresse un superbe **bouddha debout★** de style Dvaravati.

Un canal, à gauche du temple, sépare le sanctuaire des habitations des moines. Tradition curieuse : au petit matin, ceux-ci ne partent pas en procession en quête de leur pitance, comme le veut la coutume. Ils s'alignent à l'extérieur de l'enceinte, où les fidèles viennent leur remettre leurs dons.

★★★ Le palais Vimanmek (Phra Thinang Vimanmek) Plan II, C1

Parc de Dusit - entrée par Th. Ratchawithi - ✆ 02 628 63 00 à 09 - tlj sf lun. 9h30-15h30 - 100 bahts - visite guidée en anglais à 11h et 14h -tenue correcte exigée (se déchausser) - consigne obligatoire (20 bahts) - photo interdite.

À l'écart de l'agitation de la ville, le palais se dresse au milieu d'un magnifique parc orné de parterres et de canaux invitant à la promenade.

Le **Palais céleste**, la résidence royale proprement dite, constitue le moment phare de la visite. Monté sur l'île de Ko Si Chang avant d'être déplacé à Dusit en 1902, ce superbe bâtiment en bois de teck blond – le plus grand de ce genre au monde – est entièrement assemblé avec des chevilles de bois. Haut de quatre étages, il compte pas moins de 80 pièces dont le luxueux décor reflète tout le faste d'antan et l'influence occidentale alors en vogue. Au fil des couloirs, les salles (que l'on observe uniquement depuis le pas de leur porte) montrent meubles, cristaux, porcelaines et objets d'art rapportés d'Europe ainsi que diverses photos de la famille royale. L'ensemble laisse imaginer la vie quotidienne à la cour. L'édifice est exceptionnel mais sa sur-fréquentation nuit considérablement à la visite.

En sortant, une flânerie dans le parc vous conduira d'un pavillon à l'autre, chacun abritant une exposition *(même billet et mêmes conditions de visite) :* horloges anciennes, tissus traditionnels, photos et même un pavillon dédié à l'éléphant royal. Elles sont d'intérêt inégal, la plus belle étant sans conste celle de l'**Abhisek Dusit Throne Hall★**, solennelle salle du trône érigée en 1903. Dans une immense salle montrant un intéressant mélange de styles orientaux, mauresques et Art nouveau, ce pavillon expose des pièces d'artisanat raffinées, toutes spécialités confondues (vannerie, orfèvrerie, travail du verre, textile, etc).

★★ LA VILLE MODERNE Plan II

Circuit 4 tracé sur le Plan II (p. 128-129) – Comptez 1/2 journée.

L'idéal est de prendre le métro aérien, rapide et agréable, pour profiter du panorama sur la ville, qu'on croirait bâtie sur deux niveaux dans ce quartier.

Bangkok, la maison de Jim Thompson.
B. Barbier / Photononstop

1

★★★ La maison de Jim Thompson Plan II, C2

Th. Rama Ier, Soi Kasemsan 2 - BTS National Stadium ou accès par le khlong Saen Saep - ✆ 02 216 73 68 - www.jimthompsonhouse.com - 9h-17h - visite guidée obligatoire (dép. ttes les 15mn - en français - durée 40mn) - 100 bahts.

Nostalgique d'un Extrême-Orient de légende, ne manquez à aucun prix la visite de cette magnifique demeure traditionnelle, un univers de teck et de quiétude tout empreint du charme du passé. En contraste radical avec le béton qui l'entoure, la maison de Jim Thompson se niche au cœur d'un luxuriant jardin tropical, au bord d'un des rares *khlong* encore ouverts du quartier moderne. Le propriétaire, un citoyen américain du nom de Jim Thompson, s'installa en Thaïlande en 1945 avec l'ambition de relancer l'industrie de la soie, alors moribonde face à la concurrence de la soie chinoise et à l'avènement du synthétique. Sa brutale disparition, en 1967, au cours de vacances en Malaisie, reste un mystère.

Outre la beauté de la résidence – un ravissant exemple de l'architecture traditionnelle thaïe, que Thompson conçut en assemblant six maisons anciennes –, vous découvrirez une extraordinaire collection d'objets d'art, parmi les plus belles que l'on puisse voir en Asie du Sud-Est.

Amateur éclairé d'art asiatique, Jim Thompson a rassemblé de véritables chefs-d'œuvre : **sculptures birmanes**, **porcelaines chinoises** de la dynastie Ming, objets de la vie quotidienne, etc. Sur les murs de son bureau s'étalent de précieuses **cartes du Siam** contemporaines de l'ambassade du chevalier de Chaumont, au 18e s. Dans la salle à manger, une élégante table de mah-jong porte le sceau de Rama IX, tandis que l'ancienne cuisine abrite une remarquable série de **céramiques Bencharong**.

L'Américain avait adopté les coutumes siamoises : des panneaux ornés de *jataka* gardent la porte d'entrée, empêchant les mauvais esprits (qui ne se déplacent qu'en ligne droite) de pénétrer à l'intérieur. Les invités, qui arrivaient à l'époque par le canal bordant le jardin, étaient reçus dans le somptueux **salon ouvert★**, paré de portes chinoises du 19e s.

À la fin de la visite, profitez encore de ce havre de paix en prenant un verre (ou le déjeuner) à la maison de thé, au rez-de-chaussée.
Avant de reprendre le métro, vous pouvez faire un crochet pour quelques emplettes dans les **centres commerciaux** géants de Mah Boon Krong (MBK) et de Siam Square, fief de la jeunesse dorée de Bangkok *(voir p. 165)*.

★★ Le palais Suan Pakkat Plan II, D2

Th. Si Ayutthaya - BTS Phaya Thai - ✆ 02 245 49 34 - www.suanpakkat.com - 9h-16h - 100 bahts.
Cette ancienne résidence princière tranche elle aussi avec ses alentours immédiats : cinq petits **pavillons traditionnels** du 19e s., tout de bois sombre, reliés entre eux par des passerelles occupent un jardin tropical, enclave de verdure bienvenue dans ce quartier futuriste de verre et d'acier. Édifié par le prince et la princesse Chumbot dans les années 1950, le palais traduit tout le raffinement de ses propriétaires.
La maison 1 conserve de superbes **statues khmères**, dont un torse du dieu Uma du 7e s. et un bouddha assis de l'époque **U-Thong** (13e s.-14e s.), pièces maîtresses de l'exposition. Une passerelle mène au salon de réception, où meubles anciens (coffres incrustés de nacre, boîtes à bétel, etc.) et objets usuels illustrent la vie quotidienne à la cour au 19e s.
La salle ouverte de la maison 3, qui offre une vue délicieuse sur le jardin, accueille divers objets ayant appartenu à la famille royale : palanquins, instruments de musique, etc. Sur les murs de la chambre, des **dessins français** du 17e s. représentent le Siam selon la perception occidentale de l'époque.
Attenante à une chapelle royale où trônent de nombreux bouddhas, la maison 4 faisait office de salle à manger. Une autre petite salle abrite une série de **masques de théâtre khon** *(voir « Théâtre », p. 94)* accompagnés de panneaux explicatifs sur les techniques de fabrication.
Consacrées à la préhistoire, les maisons 5 et 6 conservent quant à elles un important choix de pièces découvertes au village de Ban Chiang *(voir p. 345)*, notamment des **poteries à spirales rouges et blanches**★★ datant du 3e millénaire av. J.-C. et des poteries de l'âge du bronze.
Le **pavillon de laque**★★★ au fond du jardin *(à gauche - remarquez au passage la jolie barque de teck)* date du 17e s. Cette ancienne bibliothèque de monastère provenant d'Ayutthaya mérite à elle seule la visite : ses magnifiques **peintures sur laque**★★★ noir et or constituent l'unique exemple en Thaïlande de l'art décoratif du 18e s., et comptent sans doute parmi les plus belles de Bangkok.

Le quartier des affaires Plan II CD3-4

Accès par les deux stations de BTS Surasak et Sala Daeng.

TOURISME SEXUEL : L'ENVERS DU DÉCOR

Comment visiter Bangkok sans penser au tourisme sexuel ? Les enfants qui en font les frais viennent souvent de familles rurales pauvres du Nord et de l'Isan qui les ont vendus à des proxénètes de la capitale pour pouvoir survivre. Ces jeunes filles et garçons se retrouvent dans le quartier de Patpong, sur Th. Silom, succession de néons roses annonçant bars à strip-tease et autres lieux de « plaisir ». Là fleurissent les salons dits de « massages » – qui n'ont rien à voir avec les centres de massage traditionnel : triste alignement de vitrines derrière lesquelles une vingtaine d'adolescentes attendent qu'un client les choisisse, en désignant le numéro qu'elles portent sur un badge… La prostitution est illégale en Thaïlande depuis 1960.

La visite du quartier est l'occasion de prendre un bol d'air dans l'un des rares espaces verts de Bangkok, le **parc Lumphini** (Plan II, D3-4 – *Th. Rama IV - 4h30-20h - gratuit*). La statue de Rama VI en marque l'entrée, sa silhouette casquée se dressant au pied des parois vitrées du **Silom Center**, au-dessus des hordes de voitures qui se pressent sur l'avenue dans un orage de décibels. Pour retrouver un peu de paix, allez vous détendre sur les rives du lac artificiel. De l'autre côté du carrefour s'étend le **quartier des affaires**, concentré entre Th. Silom et **Th. Surawong** Plan II C-D4. Des tours de verre bordent ces longues avenues, regroupant bureaux, banques, centres commerciaux et hôtels de luxe. Cette façade d'une Bangkok high-tech ne parvient pas toutefois à dissimuler le vieux quartier voisin de **Patpong**, aux ruelles de triste réputation : entre les deux artères s'alignent à l'envi les gogo bars, territoire de la prostitution.

Sur Th. Silom, l'insolite silhouette du **temple de Maha Uma Devi★** (Sri Mahammarian Temple – Plan II C4 - *à l'angle de Th. Silom et de Th. Pan - 6h-20h - gratuit - photos interdites*) affiche ses dômes bariolés et surchargés de divinités. Fondé en 1879 par des Tamouls venus du sud de l'Inde, ce sanctuaire est consacré à Uma Devi, déesse qui matérialise le syncrétisme entre hindouisme et bouddhisme. Une grande animation règne dans la cour, où les visiteurs, aussi bien Thaïlandais qu'Indiens, se pressent pour déposer leurs offrandes et se recueillir auprès de la déesse ou de Bouddha. Dans un festival de couleurs, le bleu vif et l'or des statues répond au jaune éclatant des fleurs qui parent le *linga* de Shiva. Sur l'autel trône la statue d'Uma Devi, encadrée de Ganesh, de Kali et de Krishna, parmi d'autres divinités du panthéon indien.

★★ AU SUD DE BANGKOK Plans II et III

Circuit 5 tracé sur les Plan II et III (p. 128-129 et 130-131) – Comptez 1/2 journée.
Entre les empreintes chinoises de China Town et les influences occidentales d'Old Farang, le sud de la capitale est marqué par son cosmopolitisme.

★★ China Town Plans II et III

Débarcadère Tha Ratchawong (n° 5). Circulez plutôt à pied, le trafic est dense.
Chassée de l'île de Ratanakosin par Rama Ier, qui entendait y installer son palais, la communauté chinoise de Bangkok se déplaça à l'est de la cité, hors les murs. Elle y établit un centre de commerce florissant, regorgeant bientôt de fumeries d'opium, de maisons de joie et de tripots de basse catégorie. Depuis, ces établissements ont fermé leurs portes, mais les Chinois ont gardé leur légendaire esprit d'entreprise et le quartier n'a rien perdu de son dynamisme. Le spectacle est dans la rue, théâtre d'une activité trépidante. Enveloppé par un bruit continu et des senteurs mêlées d'essence, de cuisine, d'épices et le parfum âcre des durians, vous êtes en Chine.

Th. Ratchawong Plan III, D4 – Au début de l'avenue, il reste quelques vieux **entrepôts de bois** et des **maisons coloniales** au charme suranné dont les volets clairs se détachent sur des façades poussiéreuses. Nombreuses sont les **maisons-boutiques**, typiques de China Town, que bâtirent les riches marchands chinois d'antan : le magasin occupe le rez-de-chaussée, l'étage accueille le logis du propriétaire. Le quartier réserve mille petites surprises et chaque boutique garde son autel familial dédié à l'une des innombrables divinités du panthéon chinois.

Continuez sur Th. Ratchawong. La massive façade dorée de l'hôtel Grand China, au carrefour de Th. Ratchawong et de Th.Yaowarat, constitue un bon point de repère. Un bloc plus loin, prenez la grande Th. Charoen Krung vers la droite.

1

Thanon Charoen Krung Plan III, D4 – Parmi le rouge écarlate des lampions et l'or des offrandes funéraires en papier, les boutiques de la rue débordent de corpulents petits bouddhas en porcelaine et autres pieux articles destinés au temple voisin.

Wat Mangkon Kamalawat (Neng Noi Yee) – Plan III, D4 – *À l'angle de Th. Charoen Krung et de Th. Mangkon.* Sur le trottoir de gauche, des colonnes rouges autour desquelles s'enroulent des dragons dorés annoncent l'entrée du temple. Considéré par la communauté chinoise comme l'un des plus importants de Bangkok, il relève d'une triple confession : taoïste, confucianiste et bouddhiste. Passé les vendeurs de fleurs qui campent à l'entrée, vous arrivez dans la cour intérieure, théâtre des allées et venues des moines et des fidèles. Dans un dédale de pièces saturées d'encens, des bouddhas bedonnants – l'embonpoint étant symbole de prospérité – trônent devant des autels chargés de cierges où chacun, toutes générations confondues, vient prier ses ancêtres.

▶ *Tournez à gauche en sortant du temple, puis traversez la rue.*

Soi Itsaranuphat Plan III, D4 – Engagez-vous dans le passage qui s'ouvre juste en face de vous : un des principaux marchés du quartier a transformé la ruelle en un gros bazar coloré où se serrent, sous une colonie d'auvents, une quantité de gargotes et d'étals d'épices *(voir « Restauration » p. 161).*

▶ *Le soi débouche dans Th. Yaowarat. Tournez alors à droite, marchez 50 m, puis traversez la rue au passage clouté. Le soi continue de l'autre côté.*

Marché aux poissons de Talaat Kalao Plan III, D4. Les étals de poissons séchés y alternent avec de gros sacs de jute débordant de champignons, de fèves et autres aliments séchés, entre lesquels les portefaix se frayent un chemin, les épaules chargées d'impressionnantes balles de marchandises.

En poursuivant dans la même direction, vous rejoindrez bientôt le croisement du **Soi Wanit★** (ou Sampeng Lane – Plan III, D4). Tournez à droite : la ruelle, fort étroite, laisse à peine aux piétons la place de se croiser. Étalages de jouets, habits, ustensiles de cuisine et autres objets ménagers envahissent le passage. Continuez sur 25 m jusqu'au croisement de Th. Mangkon et Sampeng Lane, marqués par deux bâtiments d'architecture européenne du 19e s. : la **Bangkok Bank** et le **Tang To Kang Gold Shop** Plan III, D4.

En continuant tout droit, au carrefour de Th. Ratchawong et de Sampeng Lane, on arrive au cœur du **quartier du textile**. Dans les boutiques longeant le *soi* s'empilent des rouleaux de soieries et de cotonnades aux tons chatoyants. La plupart des magasins sont gérés par des Sikhs – reconnaissables à leur large turban –, qui ont fait fortune en Thaïlande avec ce commerce. Au-delà s'ouvre le charmant **quartier de Pahurat** Plan III, C4, fief de la communauté indienne de Bangkok.

Reprenez Th. Ratchawong à droite pour revenir sur Th. Yaowarat (2e rue à droite).

Thanon Yaowarat Plan III, D4, l'une des principales artères de circulation du quartier, est le royaume des **bijouteries**, ou plutôt des boutiques de chaînes en or, complément indispensable des amulettes protectrices que tout Thaï porte autour du cou. Le soir venu, la rue se métamorphose : illuminées par des enseignes électriques en chinois, gargotes et restaurants de plein air colonisent la rue jusqu'au petit matin.

▶ *Parcourez la rue jusqu'à son extrémité : elle forme un angle avec Th. Charoen Krung. Continuez sur cette dernière jusqu'à la 1re rue à gauche.*

Wat Traimit (Wat Trimitwittharayam) Plan II, C3 – *À la jonction de Th. Charoen Krung et de Th. Yaowarat - 8h-17h - entrée payante.* Son imposant **bouddha★** de style Sukhothai en or massif, haut de 3 m, fut découvert lors de travaux le long du fleuve. Cette remarquable statue originaire d'Ayutthaya aurait été jadis recouverte de stuc pour la soustraire à la convoitise des armées birmanes.

ChinaTown, Bangkok.
G. Azumendi / age fotostock

Gagnez Tha Ratchawong (n° 5) ou Tha Si Phraya (n° 3) Plan III, CD4 *pour reprendre le Chao Phraya Express et descendre le fleuve.*

Old Farang, le « quartier des Étrangers » Plan II, C3-4

Débarcadère Tha Oriental (n° 1). À bord du Chao Phraya Express, tâchez de vous placer sur le côté gauche.

Peu avant d'arriver au débarcadère de l'Oriental Hotel, vous apercevrez l'**église du St-Rosaire** (Plan II, C3 – *juste avant le complexe du River City*), construite au 18e s. par les Portugais. Viennent ensuite l'**ambassade du Portugal** (Plan II, C4 – *au pied du Sheraton*), l'une des plus anciennes représentations diplomatiques au Siam et la maison coloniale de l'ancien **bâtiment des douanes** *(juste avant le débarcadère)*, siège de la brigade anti-incendie de la police fluviale.

Face à l'embarcadère, le siège de l'**East Asiatic Company** Plan II, C4, belle maison coloniale dressée sur la rive du fleuve, compte parmi les derniers témoins du 19e s., époque à laquelle les premières sociétés européennes et leurs ambassades s'établirent au Siam pour développer les échanges commerciaux.

Autre vestige du « quartier des Étrangers », l'**Oriental Hotel★** (Plan II, C4 – *tenue correcte exigée*), fondé en 1876 mais largement agrandi jusqu'en 1976, conserve le souvenir de célèbres écrivains voyageurs, tels Joseph Conrad ou Somerset Maugham. Ce dernier séjourna à l'hôtel pendant six mois pour écrire *Un gentleman en Asie*. Dans l'aile coloniale d'origine, le très chic salon des Écrivains n'a rien perdu de sa magie avec ses murs couverts de vieilles photos.

De l'hôtel, une petite rue sur la droite débouche sur la place de l'**église de l'Assomption** Plan II, C4, lourde bâtisse rouge d'architecture éclectique, construite en 1910. L'intérieur montre le même mélange de styles, jusqu'au pur rococo : un plafond bleu nuit piqueté d'étoiles dorées se développe au-dessus de murs ocre et d'arcs romans aux pierres bicolores.

Revenez sur vos pas et prenez la rue en face, à l'angle de la belle **China House**, l'un des restaurants les plus huppés de Bangkok *(voir « Restauration », p. 163)*. À votre gauche, non loin des anciens locaux de l'ambassade de France, il reste de jolies **maisons coloniales** en bois Plan II, C4 aux tons pastel. Prenez à droite pour rejoindre **Th. Charoen Krung** Plan II, C3, assiégée par un incessant trafic. Ses boutiques d'antiquités et ses quelques maisons traditionnelles rappellent que cette avenue tracée au 19e s. fut la première du genre à Bangkok.

Par le Chao Phraya Express, vous pourrez revenir dans le centre historique (pour Sanam Luang et le Grand Palais, débarcadère de Tha Phra Chang) ou continuer sur Thonburi (de l'autre côté du fleuve).

★★★ THONBURI Plans II et III

Jumelle de Bangkok au 19e s., Thonburi est longtemps restée comme oubliée du temps. Épousant les courbes du fleuve, elle dessine le long de sa rive ouest un quadrillage de canaux, ancienne cité lacustre que le béton et la modernité grignotent peu à peu. Contrairement à Bangkok, qui a vu ses canaux comblés et systématiquement remplacés par des avenues, Thonburi conserve son réseau de *khlong* bordés de vieilles maisons sur pilotis.

Autour de l'église Santa Cruz Plan III, B4 p. 130-131

De l'embarcadère de Tha Ratchini (n° 7 - rive est), des navettes traversent le fleuve pour vous déposer devant l'église Santa Cruz.

Bâtie à la fin du 18e s., lorsque Thonburi était la capitale de la Thaïlande, l'**église Santa Cruz** (Plan III, B4) est, avec son clocher jaune pastel, l'un des derniers témoins de la présence portugaise à Bangkok.

Remontez vers le nord la promenade piétonne aménagée le long du fleuve.

Vous longerez des maisons sur pilotis et un ravissant temple chinois aux boiseries ouvragées avant de rejoindre *(à env. 200 m)* le **Wat Kalyanamit★★** (Plan III, B4 – *6h-18h - gratuit*), un temple rutilant, ignoré des touristes. Fondé en 1825, il compte parmi les cinq temples que Rama III fit édifier à Bangkok. En pénétrant dans le jardin, vous verrez sous un pavillon blanc une énorme **cloche de bronze★**, la plus grande de Thaïlande. Le *wihan* principal cache un colossal bouddha assis. Le style du **chedi octogonal** et des nombreuses statues qui parsèment le sanctuaire témoigne du goût du roi pour l'art chinois.

En continuant à pied sur env. 400 m, vous rejoindrez le Wat Arun (voir p. 138).

★★ Balade sur les khlong Plans II et III

Pour sillonner les khlong *librement, l'idéal est de louer un* long tail *(comptez 1 000 à 1 200 bahts/h) aux embarcadères de Tha Tien ou de Tha Phra Chang (rive est). En 1h, vous pourrez parcourir les khlong Mon* Plan III, A3, *Bangkok Noi* Plan III, A1 *ou Bangkok Yai* Plan III, AB4.

« Bangkok est la Venise de l'Orient : on n'y entend que le bruit des rames, celui des ancres, le chant des matelots ou les cris des rameurs », écrivait l'explorateur Henri Mouhot. C'était en 1870 et l'évocation fait sourire devant l'actuelle Bangkok. Mais une balade sur les canaux de Thonburi réssuscitera quelques images de ce passé. Au fil de ce labyrinthe aquatique, vous découvrez un surprenant foisonnement de verdure, disparu de la ville moderne. Les immeubles de béton cèdent la place aux maisons sur pilotis et un temple esseulé se dresse çà et là au-dessus des derniers vieux toits de bois. Mais dépêchez-vous : le monde ancien disparaît très vite.

★★ **Musée des Barges royales** Plan III, A1 – *Sur le quai du khlong Bangkok Noi - 9h-17h - 100 bahts - photo 100 bahts).* Cet immense hangar renferme plusieurs vaisseaux d'apparat de la flotte royale, jadis utilisés pour les cérémonies officielles. Trop fragiles, ces barges ne naviguent plus qu'à titre exceptionnel. Elles servirent pour la dernière fois lors de la célébration du 50e anniversaire du règne de Rama IX, le 7 novembre 1996. Les témoins de l'événement évoquent encore la magnificence de la procession : 50 barges rutilantes de pourpre et d'or entouraient la nef du souverain pour descendre le fleuve, manœuvrées par 2000 rameurs en tenue traditionnelle. Au centre de l'exposition, la **barge royale Suphannahong★** (« le Cygne doré »), porte en figure de proue l'oiseau mythique Hamsa. Taillé d'une seule pièce dans un tronc de teck, le vaisseau mesure 46 m de long et nécessite 50 rameurs. Une autre barge arbore une proue dorée à la feuille en forme de *naga*.

★★ **Wat Suwanaram** (Wat Ratchaworawihan) Plan II, A1-2 – *Plus loin, sur la berge gauche du* khlong *- 5h-21h - chapelle : 8h-9h, 16h-18h*. Au 18e s., sous le règne de Taksin, le temple fut le théâtre de l'exécution des prisonniers de guerre birmans. Restauré dans les années 1820, il accueillit les cérémonies de crémation de certains membres de la famille royale et de hauts dignitaires. Un bouddha assis tourne le dos au fleuve. Sous une toiture rehaussée de *garuda* et de mosaïques de verre, l'*ubosot* conserve de superbes **peintures murales★★** du début du 19e s., relatant les vies antérieures de Bouddha.

NOS ADRESSES À BANGKOK

INFORMATIONS UTILES

Banque / Change – Nombreux bureaux de change et distributeurs de billets **ATM** dans les quartiers touristiques et à l'aéroport. **En cas de perte ou de vol de carte de crédit**, contactez : American Express - *✆ 02 273 55 44* ; Visa - *✆ 001 800 11 535 06 60* ; Mastercard - *✆ 001 800 11 887 06 63*.

Poste – General Post Office - *1216 Th. Charoen Krung (New Road) - 8h-20h (w.-end et j. fériés 13h)* ; autre bureau de poste - *Th. Na Phra Lan (face au Grand Palais)*.

Téléphone – Service de téléphone et de fax 24h/24 derrière la poste centrale, sur Th. Charoen Krung.

Internet – Cybercafés dans les quartiers touristiques *(50 bahts/h)*. Ouverts tlj, ils proposent aussi un service de télécommunications internationales et de fax.

Santé – Bangkok compte un grand nombre d'hôpitaux et de cliniques de qualité. En cas de problème sérieux, demandez conseil à votre ambassade. Parmi les médecins francophones : Dr Philippe Ballankura - *PSE Clinic, 1 Th. Nares - ✆ 02 236 13 89* ; Dr Singhasivanon Vanvarothai - *27/2 Soi Yommaraj, Saladaeng - ✆ 02 233 47 06*.

Sécurité – Bangkok figure parmi les villes les plus sûres d'Asie ; respectez néanmoins les précautions élémentaires. En cas de problème : **Tourist Hotline** *✆ 11 55 (24h/24)*.

Visa - Immigration Bureau – Plan II, D4 - *507 Soi Suan Plu, Th. Sathorn Tai - ✆ 02 287 19 82 - lun.-vend. 8h30-16h30*.

Représentations diplomatiques – **Ambassade de France** – Plan II, C4 - *Tour CAT - 23e étage- Charoenkrung - ✆ 02 657 51 00 - www.ambafrance-th.org* ; **ambassade de Belgique** – Plan II, D4 - *Sathorn Square Building, 16e étage - 98 Th. North Sathorn - ✆ 02 108 18 00 (✆ 081 833 99 87 en cas d'urgence) - www.diplomatie.be/bangkokfr* ; **ambassade du Canada** – Plan II, C4 - *15e étage, Abdulrahim Place, 990 Th. Rama IV - ✆ 02 646 43 00 - www.canadainternational.gc.ca* ; **ambassade de Suisse** – Plan II, D3 - *35 Th. Witthayu - ✆ 02 674 69 00 (✆ 081 822 49 21 en cas d'urgence) -www.eda.admin.ch/bangkok* ; **ambassade du Luxembourg** – Plan II, D4 - *Q House Lumpini 17e étage, 1 Th.*

Sathorn Tai - ✆ 02 677 73 60 - http://bangkok.mae.lu/en/The-Embassy.

ARRIVER / PARTIR

En avion

Aéroport international Suvarnabhumi (prononcez « Suwan-napoum ») – Plan I, D3 - *À 30 km à l'est de Bangkok - ✆ 02 132 38 38 - www.suvarnabhumiairport.com.* À l'arrivée, vous trouverez : bureaux de change ; consigne ouverte 24h/24 ; guichets pour des réservations d'hôtels ; agences de location de voitures ; bureau d'information touristique.

De l'aéroport au centre-ville – Des **taxis** stationnent à la sortie du hall des arrivées. Prenez les véhicules avec licence (plaque noir et jaune). Trajet vers le centre : env. 450 bahts.

Airport Express : 4 lignes de bus climatisés relient l'aéroport aux principaux quartiers : Silom, Banglamphu, Th. Sukhumvit et Hua Lamphong. Dép. fréquents de la sortie du hall des arrivées (150 bahts).

Moins rapides et moins fréquents, les **bus publics** assurent une liaison entre l'aéroport et Bangkok : n°s 549, 550, 551, 552, 553, 554. Dép. et arrivée au Transport Center de l'aéroport, d'où un **Shuttle Bus** *(gratuit)* assure la liaison entre les deux aéroports de la ville.

Airport Rail Link (*http://airportraillink.railway.co.th)* – Pratique et rapide, ce train rejoint 8 points du centre-ville (connexion avec le MRT et le BTS, *voir ci-contre*). Dép. ttes les 15mn du niveau inférieur, de 6h à 0h ; prix variant selon le nombre de stations *(45 bahts en moyenne ou 150 bahts avec la ligne Express).*

Du centre-ville à l'aéroport – Outre l'Airport Express et les bus publics, efficaces et réguliers, vous pouvez aussi prendre les **minibus privés** des *guesthouses* du quartier de Th. Khao San ou vous faire déposer en taxi à une des stations de l'**Airport Rail Link** si vous devez circuler aux heures de pointe.

Aéroport domestique et international Don Muang – Plan I, C1 - *À env. 20 km au nord de Bangkok - ✆ 02 535 12 53 - www.airportthai.co.th.* Assure les vols intérieurs (Nok Air, Air Asia et Orient Thai) et les vols *low-cost* vers les pays voisins.

De l'aéroport au centre-ville – **Taxis** à la sortie du hall des arrivées *(trajet vers le centre : env. 500 bahts)*. De l'aéroport, une passerelle conduit directement à la **gare** *(train ttes les h pour Hua Lamphong - env. 1h30 - 40 bahts)* et à l'arrêt des **bus** urbains *(n° 59 pour Banglamphu, n° 504 pour Silom - comptez 2h).* **Navette** gratuite (sur présentation du billet d'avion) ttes les 30mn de 5h à 0h pour l'aéroport international Suvarnabhumi *(1h).*

En train

Bangkok Railway Station (gare de Hua Lamphong) – Plan II, C3 - *Th. Rama IV.* Les grandes villes sont desservies et le mythique *Orient-Express* rejoint Singapour *(4j./3 nuits)*. Les trains ne sont pas rapides, mais leur confort rend les longs trajets agréables (réservez dans ce cas vos billets à l'avance).

Bangkok Noi Station (gare de Thonburi) – Plan III, A1 - *Th. Arun Amarin.* Dessert surtout le Sud et l'Ouest.

En bus

Optez pour les bus climatisés (n'oubliez pas votre pull, il y fait un froid polaire !), beaucoup plus rapides que les bus ordinaires.

Northern Bus Terminal (Moh Chit Mai) – Plan I, B2 - *Th. Paholyothin, près de Chatuchak*. Dessert les grandes villes du Nord et de l'Isan, dont Phitsanulok *(4 dép./j. - 5h30 de route)* et Sukhothai *(3 dép./j. - 7h30)*. Env. 20 dép./j. vers Chiang Mai *(10h)* et Chiang Rai *(12h)*.

Eastern Bus Terminal (Ekamai Station) – Plan I, C3 - *Th. Sukhumvit, Soi 40 - BTS Sukhumvit*. Dép. tlj pour Pattaya *(2h30)*, Rayong *(3h)* et Chanthaburi *(4h)*.

Southern Bus Terminal (Sai Tai Mai) – Hors plan I, par B1 - *Très excentré - comptez 45mn de taxi.* Bus pour le sud : Phetchaburi *(2h)*, Hua Hin *(3h)*, Chumphon *(7h)*, Surat Thani *(11h)*, Ko Samui *(16h)*, Nakhon Si Thammarat *(12h)*, Krabi *(12h)*, Phuket *(14h)*.

En minibus privés

Proposés par les agences de voyages, ils sont intéressants pour les trajets courts, mais manquent de confort. Pour les longues distances, préférez les bus grand luxe (VIP).

TRANSPORT

Les avenues de Bangkok étant saturées à toute heure, la circulation devient vite un cauchemar. Le mieux est de circuler par le **fleuve** dès que vous le pouvez. **Piétons**, attention, vous devez emprunter les *fly over*, passerelles et passages protégés, sous peine d'amende ; et les escalators y sont rares. La carte **Groovy Map** (en librairie) indique le tracé du métro (BTS et MRT) avec accès aux sites, hôtels et magasins.

Métro aérien

Bangkok Transit System (BTS) – *www.bts.co.th - 6h-0h*. Le Sky Train est de loin le meilleur moyen de circuler entre Th. Sukhumvit, Siam Square et les quartiers environnants. La **ligne Sukhumvit**, longue de 17 km, dessert le nord de la ville (Eastern Bus Terminal, Siam Square, Victory Monument et Moh Chit) ; la **ligne Silom** suit un tracé sud-ouest (Silom, Sathorn, parc Lumphini, Siam Square et National Stadium). Comptez de 10 à 40 bahts selon la distance. Jetons à l'unité et systèmes de *pass* prépayés. Connexion avec le MRT aux stations Chatuchak, Sukhumvit et Silom.

Métro

Mass Rapid Transit (MRT) – *www.bangkokmetro.co.th - 6h-0h*. L'unique ligne (18 stations) désenclave l'axe de Ratchadapisek et dessert la gare Hua Lamphong, le Thailand Cultural Center, le parc Lumphini et de nombreux hôtels. Trois stations (Chatuchak, Sukhumvit et Silom) permettent une correspondance avec le Sky Train (BTS). Comptez de 15 à 40 bahts selon la distance. Jetons à l'unité et systèmes de *pass* prépayés.

Bus urbains

Le réseau est très étendu et bon marché (excellent rapport qualité-prix pour les bus climatisés) mais entre détours et embouteillages, le bus prend beaucoup de temps : parfait pour prendre le pouls de la mégalopole, mais à éviter si vous avez peu de temps à consacrer à Bangkok. Le ticket s'achète à bord. Pour se signaler à l'arrêt du bus, faire un signe de la main, paume vers le bas.

Bateau

Chao Phraya Express – *www.chaophrayaexpressboat.com*. Les bateaux font escale près des sites touristiques : Grand Palais, Wat Pho, quartier chinois, Oriental Hotel et Saphan Taksin (1re station du métro aérien). Sachez décoder la couleur des drapeaux : orange *(ligne Nonthaburi/Sathorn/Ratburana - arrêt aux principaux embarcadères)*, rouge *(ligne Nonthaburi/Wat Rajsinnkorn)* ou vert *(ligne Pakkred/Nonthaburi / Sathorn)*. Comptez de 10 à 25mn entre chaque passage et de 10 à 30 bahts/trajet (on paie à bord). Attention : les bateaux ne s'arrêtent pas longtemps et les talons hauts sont déconseillés… Certains bateaux (drapeau bleu) marqués **Chao Phraya Tourist Boat** *(9h30-16h30, 150 bahts pour un pass d'une journée, avec guide en anglais et carte)* desservent les 9 embarcadères les plus touristiques.

En long tail taxi – Les *long tail* (ainsi nommés en raison de la tige, à l'arrière, qui relie l'hélice au moteur), motorisés et bruyants, font office de taxis collectifs sur le fleuve et sillonnent aussi les *khlong* de Thonburi. Ils s'arrêtent aux mêmes embarcadères que le Chao Phraya Express. Pour en louer un, comptez 1 200 bahts/h pour 2 à 4 pers. (attention, les prix doublent à l'embarcadère de Tha Oriental ou face au River City).

Sur le khlong Saeng Saep – Plan II, D2 - Pratique pour gagner la maison de Jim Thompson, le quartier de Siam Square et se rapprocher de Sukhumvit. Les bateaux partent de Democracy Monument et remontent le canal sur plusieurs km *(env. 20 bahts)*.

Taxi

Certes moins pittoresque que le *tuk-tuk*, le taxi est bien plus confortable et revient moins cher. Vous en trouverez partout. Optez pour les *taxis meters* (compteur), en veillant à ce que le chauffeur le mette en route au départ de la course. La prise en charge est de 35 bahts, et il est rare qu'une course en centre-ville dépasse 100 bahts. Munissez-vous toujours de votre adresse ou d'une carte, écrite en thaï si possible : les chauffeurs lisent rarement l'anglais (utilisez des repères connus, comme les grands hôtels ou les arrêts de métro). Prévoyez de la monnaie, car ils font rarement l'appoint.

Moto-taxi

Le moyen le plus rapide de se déplacer, mais au prix d'un véritable rodéo motorisé ! Les pilotes se repèrent à leur dossard de couleur. Négociez votre tarif avant de monter. À réserver aux cas d'urgence.

Tuk-tuk

Version motorisée du pousse-pousse, mobiles et rapides, ces triporteurs sont légion à Bangkok : à réserver aux trajets courts et à éviter aux heures chaudes (bain de pollution) et quand il pleut. La plupart des chauffeurs de *tuk-tuk* ne sachant pas lire, mieux vaut connaître le nom de votre destination en thaï. Négociez le tarif *avant* de partir et ne vous laissez pas embarquer dans une tournée des tailleurs et des bijouteries, un grand classique ! Les chauffeurs travaillant sans compteur, la course se négocie, et difficilement, en particulier aux abords des zones touristiques.

Voiture de location

Tarifs prohibitifs pour une voiture avec chauffeur, beaucoup moins élevés si vous conduisez vous-même. Ce qui n'est toutefois pas recommandé à Bangkok intra-muros et dans les environs proches où la circulation est anarchique. Avis, Lumphini Car Rent, Hertz, Budget, Grand Car Rent et Highway Car Rent sont représentées à l'aéroport.

HÉBERGEMENT

Dans les hôtels de luxe, il faut ajouter 10 % de service et 7 % de TVA aux tarifs annoncés. En toutes saisons, les palaces proposent sur leur site Internet des « packages » et des tarifs promotionnels.

À Banglamphu Plan III, B1 et Plan II, B1

Débarcadère Phra Athit (nº 13). Rendez-vous des voyageurs de toute la planète, le quartier de Banglamphu rassemble surtout des hôtels bon marché, mais quelques adresses confortables équilibrent l'offre. En toute saison, il est indispensable de réserver ; si vous venez à l'improviste, c'est entre 11h et 13h que vous aurez le plus de chances de trouver une chambre.

PREMIER PRIX

Riverline Guesthouse – *59/1 Soi Samsen 1 - ✆ 02 282 74 64 - ▤ ✕ - 33 ch. - 300/500 bahts.* La plupart des chambres sont exiguës, mais de belles terrasses communes à chaque étage, offrant une jolie vue sur la rivière, assurent des soirées plaisantes. Quelques chambres donnent directement sur le jardinet. Wifi.

Lamphu House – *Th. Chakraphong - Soi Rambuttri - ✆ 02 629 58 61 - www.lamphuhouse.com - ▤ ✕ - 60 ch. - 440/800 bahts* ☕. On accède à l'hôtel par une petite impasse (juste après le 7 Eleven, face au temple), qui mène à une cour verdoyante. Évitez les chambres les moins chères, qui manquent d'air. Les plus chères, en revanche, jouissent de tout le confort. Savourez le petit-déj. au calme, à l'ombre des frangipaniers.

BUDGET MOYEN

Rajata– *46 Th. Samsen - Soi 6 - ✆ 02 628 80 84 - ▤ - 35 ch. - 900 bahts.* Toutes identiques, les chambres s'agencent au 1er étage d'un bâtiment en U. Confortables et relativement grandes, elles constituent une bonne option dans le quartier, à l'écart de l'agitation de Th. Khao San *(5mn à pied).* Wifi.

Erawan House – *Th. Phra Athit, 17/1-2 - Soi Chana Songkhram (accès depuis Soi Rambuttri) - ✆ 02 629 21 21 - ▤ - 54 ch. - 850/1 100 bahts.* L'entrée, discrète, se fait par l'agence de voyage du même nom. Ce bâtiment rénové dans un goût architectural moderne abrite des chambres, bien décorées, toutes avec fenêtres, mais un peu petites. Pour le petit-déj., vous trouverez pléthore de cafés sur le Soi Rambuttri.

New Siam Riverside – *Th. Phra Athit - Chana Songkhram (accès depuis Soi Rambuttri) - ✆ 02 282 45 54 - www.newsiam.net - ▤ ✕ - 114 ch. - 1 390/2 990 bahts* ☕. Voisin du New Siam 2 Guesthouse, il offre un confort appréciable et une vue imprenable sur le Chao Phraya. Différentes catégories de chambres, dont certaines communicantes. Les services (wifi, petit-déj. buffet, agence de voyages) font oublier l'accueil un peu froid.

POUR SE FAIRE PLAISIR

Baan Chart – *98 Th. Chakrapong - ✆ 02 629 01 13 - ▤ ✕ 300/450 bahts - 42 ch. - 2 800 bahts* ☕. Donnant sur le wat Chana Songkhram, cet hôtel ouvert en 2012 propose, à deux pas de Th. Khao San, une option de bien meilleure qualité que les multiples *guesthouses* environnantes. Chambres joliment carrelées et décorées avec goût et simplicité, mini-piscine et spa sur le toit au 5e étage. Wifi.

Navalai River Resort – *45/1-2 Th. Phra Athit - ✆ 02 280 99 55 - www.navalai.com - ▤ ✕ - 52 ch. -*

3 000/4 800 bahts ☕. Niché au fond d'une ruelle tranquille, il apporte la sérénité sur un plateau. Les chambres, bien décorées, sont confortables et lumineuses. Certaines, avec balcon, jouissent d'une vue époustouflante sur le Chao Phraya. La piscine sur le toit offre un moment de détente et de calme, à deux pas du quartier animé de Banglamphu. Accueil chaleureux.

À China Town Plan II

Débarcadère Tha Ratchawong (nº 5).

BUDGET MOYEN

@Hua Lamphong – Plan II, C3 - *326/1 Th. Rama IV - ✆ 02 639 19 25 - www.athualamphong.hostel.com* - ▤ - *23 ch. - 900/1 000 bahts.* Une situation très pratique, à la sortie de la gare et du métro de Hua Lamphong, et des chambres impeccablement propres font de cet hôtel l'un des plus attrayants du quartier. Un peu bruyant toutefois. Wifi.

River View Guesthouse – Plan II, C3 - *Th. Songwat - 768 Soi Panurangsi - ✆ 02 234 54 29 - www.riverviewbkk.com* - ▤ ✕ - *47 ch. - 400/1 500 bahts.* Le plus simple est d'y accéder depuis le débarcadère Pha Marine Dpt. Chambres de diverses catégories, toutes propres et confortables. Les moins chères (sanitaires communs), avec une terrasse aux étages supérieurs, donnent côté fleuve, d'où une vue magnifique au coucher du soleil. Les chambres avec ventilateur et sdb sont toutes côté ville, dans les étages inférieurs. Réservez au 4e étage, d'où l'on voit les toits d'un temple et au-delà du fleuve. Vue splendide aussi du restaurant installé en terrasse, au dernier étage (curries savoureux).

Chinatown Hotel – Plan III, D4 - *526 Th. Yaowarat - ✆ 02 225 02 04 - www.chinatownhotel.co.th* - ▤ ✕ - *75 ch. - 1 300/1 800 bahts* ☕. Une haute façade lisse en granit poli, au cœur de China Town, cache des chambres peu spacieuses mais confortables (moquette) et plutôt calmes. Dans les derniers étages, belle vue sur Bangkok. Bon à savoir pour les familles : la chambre Dragon, une des plus lumineuses de l'hôtel, peut accueillir jusqu'à 5 pers. Excellent accueil. Wifi.

POUR SE FAIRE PLAISIR

Shanghai Mansion – Plan III, D4 - *479-481 Th. Yaowarat - ✆ 02 221 21 21 - www.shanghaimansion.com* - ▤ ✕ - *76 ch. - 2 500/3 300 bahts* ☕. La façade de l'immeuble n'est qu'un avant-goût de ce que réservent les chambres : lits à baldaquin, fenêtres aux carreaux bariolés, paravents discrets et chinoiseries revues au goût du jour. L'ambiance feutrée et le cadre rétro vous plongeront dans un univers de délices et de tentations ! Sol de béton poli et sdb modernes (quelques superbes baignoires). Personnel aux petits soins.

Autour de Siam Square Plan II

BTS Siam Square.

BUDGET MOYEN

Patumwan House – Plan II, C2 - *Th. Rama Ier - 22 Soi Kasemsan 1 - ✆ 02 612 35 80/99 - www.patumwanhouse.com* - ▤ ✕ - *100 ch. - 1 200/1 400 bahts* ☕. À deux pas du quartier animé de Siam Square et pourtant à l'écart de toute agitation, le Soi Kasemsan est une rue bien calme, et cet hôtel offre un havre de paix. Un code est nécessaire pour accéder aux vastes chambres. Certaines ont un parquet de teck, d'autres un bar américain. Réserv. conseillée.

À Sukhumvit Plan I, zoom

BTS Nana, Asok et Phrom Phong, MRT Sukhumvit.

Un quartier d'affaires où les hôtels, souvent des chaînes internationales de standing, poussent aussi vite que les grattes-ciel…

PREMIER PRIX

Stable Lodge – *39 Th. Sukhumvit, Soi 8 - BTS Nana - ✆ 02 653 00 17 - www.stablelodge.com - ▤ ⛱ ✕ - env. 700 bahts - 45 ch. - 1 700 bahts*. Simples, toutes avec petite terrasse, les chambres de cet établissement présentent une alternative abordable pour le quartier. Une étape agréable au calme dans une rue peu passante. Buffet scandinave le w.-end *(495 bahts)*.

BUDGET MOYEN

City Lodge Soi 19 – *Th. Sukhumvit, Soi 19 - BTS Asok - ✆ 02 253 77 10 - www.oamhotels.com/citylodge19 - ▤ - 34 ch. - 1 300/1 700 bahts* ☕. Un charmant petit hôtel aux chambres spacieuses et confortables (élégantes sdb de granit noir), certaines avec lecteur DVD. Dommage que les fenêtres n'offrent d'autre perspective que la masse du grand Westin Hotel. Bon rapport qualité-prix. Wifi.

Swiss Park Hotel – *155/23 Th. Sukhumvit, Soi 11 - BTS Nana - ✆ 02 254 02 28/29 - www.swissparkhotelbangkok.com - ▤ ⛱ ✕ - 108 ch. - 1 400/2 800 bahts* ☕. Passé le hall, un peu froid avec son décor de marbre et son éclairage cru, les chambres dispensent une vue vertigineuse sur Bangkok. Accueil charmant et confort à la hauteur des standards internationaux. Les plus : piscine au 7e étage et buffet pantagruélique pour le petit-déj.

POUR SE FAIRE PLAISIR

Smart Suites – *43/17 Th. Sukhumvit, Soi 11, North Khlong Toey - BTS Nana - ✆ 02 254 65 44 - www.smartsuites11.com - ▤ ✕ - 26 ch. - 1 900/2 900 bahts*. Décoration acidulée et accueil pétillant dans cet hôtel au look futuriste. Plus sobres que la réception, les chambres disposent de sdb remarquables. Service sympathique et bons conseils touristiques. Wifi.

UNE FOLIE

La trépidante Sukhumvit concentre les hôtels haut de gamme prisés par les hommes d'affaires du monde entier – plus que par les touristes, qui préfèrent loger plus près du fleuve et des principaux centres d'intérêt. Parmi les grands classique du quartier, vous retrouverez **The Ambassador Bangkok** *(www.amtel.co.th)*, **Rembrandt Hotel** *(www.rembrandtbkk.com)* et **JW Marriott Hotel** *(www.marriott.com)*. La chambre double vous y coûtera entre 6 000 (promotions sur Internet) et 15 000 bahts.

À Silom, Surawong et Sathorn Plan II

BUDGET MOYEN

La Résidence – Plan II, C4 - *173/8 Th. Surawong - BTS Chong Nonsi - ✆ 02 233 33 01 - www.laresidencebangkok.com - ▤ - 26 ch. - 1 100/1 900 bahts* ☕. Un hôtel à taille humaine assurant un service impeccable. Les chambres sont charmantes, lumineuses et confortables, les coloris pétillants donnent des envies de légèreté ! Les suites, véritables atouts de La Résidence, accueillent des familles dans un cadre moderne et sympathique. Évitez les chambres simples, un peu étroites. Wifi.

UNE FOLIE

The Sukhothai – Plan II, D4 - *13/3 Th. Sathorn Tai - BTS Sala Daeng - ✆ 02 344 88 88 - www.sukhothai.com - ▤ ⛱ ✕ - 210 ch. - 10 000 bahts mini.* ☕. Sans doute le plus bel hôtel de Bangkok :

au milieu de bassins couverts de lotus, de petits pavillons d'architecture traditionnelle se dispersent dans un magnifique jardin, entourant le restaurant et l'immense hall de réception. Les chambres et les sdb montrent le même raffinement avec leur délicat décor en teck, et le service est, lui aussi, plein de style.

Sur Th. Charoen Krung

Plan II, C4

Les hôtels de l'ancien quartier colonial pratiquent des tarifs moins élevés que les établissements installés sur les berges du fleuve.

BUDGET MOYEN

Win Long Place – *1179/42 Th. Charoenkrung, Soi 47 - Débarcadère Tha Si Phraya - ✆ 02 639 11 60/65 - www.winlongplace.com - ▤ ⛱ ✕ à partir de 200 bahts - 90 ch. - 1 800/2 000 bahts.* Au calme au fond d'un *soi*, une façade souriante abrite des chambres sans prétention, mais d'un bon rapport qualité-prix. Celles du second bâtiment, tout récent, ont des fenêtres minuscules. Accueil sympathique. Wifi.

Au bord du fleuve Plan II, BC4

Ces hôtels, parmi les plus luxueux de Bangkok, offrent un panorama superbe sur le Chao Phraya.

UNE FOLIE

Shangri-La – *Th. Charoen Krung, 89 Soi Wat Suan Plu - ✆ 02 236 77 77 - www.shangri-la.com/bangkok/shangrila/ - ▤ ⛱ ✕ - 820 ch. - 8 000 bahts mini.* L'établissement rivalise de raffinement avec son voisin : les chambres « luxe » réservent un décor fastueux de peintures siamoises, avec sdb donnant directement sur le fleuve.

Oriental Hotel – *48 Th. Oriental - ✆ 02 659 90 00 - www.mandarinoriental.com - ▤ ⛱ ✕ - 393 ch. - 14 000 bahts mini.* ☕. Les illustres voyageurs qui le fréquentèrent ont bâti sa légende et l'établissement remporte la palme de la meilleure prestation de services au monde ! Les chambres montrent un décor raffiné avec leurs tentures de soie et leur mobilier de teck et d'acajou, et il faut visiter le salon de la petite maison coloniale, dans le jardin, qui remonte au début du 20e s. Sacs à dos interdits.

RESTAURATION

Bangkok regorge de restaurants proposant presque toutes les cuisines du monde. La nourriture y est généralement excellente, et bien moins coûteuse qu'en Occident – mais commander du vin peut doubler l'addition. Le soir et le week-end, dans certains endroits fréquentés ou renommés, mieux vaut réserver.

À Banglamphu Plan III, B1

Débarcadère Phra Athit n° 13.

Dans ce quartier à l'atmosphère survoltée, la cuisine s'est internationalisée avec la clientèle et la gastronomie se montre rarement au rendez-vous. On y va surtout pour l'ambiance, particulièrement animée sur Th. Khao San où bars, boutiques et restaurants rivalisent de décibels. Pour une cuisine de rue, plus populaire et plus au calme, direction les *soi* s'ouvrant de part et d'autre de Th. Samsen, en particulier les Soi 2 et 4 : brochettes, grillades de viande ou de poisson et fruits frais joliment préparés (*50/150 bahts - 16h-20h*).

PREMIER PRIX

May Kaidee – Plan II, B1 *-33 Th. Samsen - face à l'entrée du Soi 2 - ✆ 089 137 31 73 - 12h-22h - ; - 150/250 bahts.* Ce restaurant propose jusqu'à 20h un buffet à 150 bahts. Si sa carte, essentiellement végétarienne, vous séduit, inscrivez-vous à un de ses cours de cuisine ou de sculpture sur fruits.

BUDGET MOYEN

Hemlock – *24 Th. Phra Athit - ✆ 02 282 75 07 - lun.-vend. 16h-0h, sam. 17h-0h - ▤ ⌿ - 350/450 bahts*. Pour sortir des classiques, goûtez le riz à l'indonésienne ou aux graines de lotus, ou bien le cou de cochon grillé. La salle climatisée aux nappes blanches accueille régulièrement des expos de photos ou de peinture. Concerts de musique traditionnelle à l'occasion.

Aquatini – *Embarcadère de Phra Athit - 12h-23h - ✆ 02 280 99 55 - 500/700 bahts*. Sa belle terrasse sur le Chao Phraya, particulièrement appréciée au coucher du soleil, invite à un dîner romantique. Une carte variée mais sans surprise mêlant cuisine thaïe, italienne et internationale. Buffet de 12h à 14h *(250 bahts)*.

À China Town Plans II et III

Débarcadère Tha Ratchawong (n° 5). De part et d'autre de Th. Yaowarat, de petites gargotes investissent le trottoir et les *soi*, à la nuit tombée. Atmosphère exotique pour un dîner tout simple mais savoureux !

PREMIER PRIX

Gargotes de Hua Lamphong – Plan II, C3 - *Sur la place de la gare - ⌿ - 9h-22h - 50/150 bahts*. En sortant de la gare, à gauche sur la place, quatre ou cinq petits restaurants de rue (carte en anglais) servent d'excellentes soupes et des brochettes dans une ambiance populaire. Parfait pour un repas sur le pouce.

Soi Itsaranuphat – Plan III, D4 - *Près du Talat Kalao - ⌿ - 11h-19h - 50/150 bahts*. Canards, poulets, pièces de viande, poissons frais ou séchés pendent au-dessus des tables surchargées de légumes. L'occasion de goûter à quelques spécialités chinoises, petits plats mijotant çà et là dans d'immenses poêles fumantes, savoureux *jiaozi* (des raviolis à la viande très populaires en Chine), ou traditionnelle soupe de nouilles. À accompagner d'un jus de noix de coco verte, énergétique et rafraîchissant.

BUDGET MOYEN

Wan Fah Restaurant – Plan III, CD4 - *292 Tha Ratchawong - ✆ 02 622 76 57 61 - www.wanfah.in.th - 11h-22h - ▤ - 250/500 bahts*. Quoique touristique, ce restaurant au bord de l'eau reste une table de choix pour sa bonne cuisine chinoise et sa belle vue sur le Chao Phraya. Organise aussi des dîners-croisières.

À Siam Square Plan II, D3

BUDGET MOYEN

Ban Khun Mae – *Th. Phra Rama Ier, Soi 8 - à proximité du Novotel - BTS Siam - ✆ 02 658 41 12 - www.bankhunmae.com - 11h-23h - ▤ ⌿ - 250/450 bahts*. Beau décor de boiseries typique de l'architecture traditionnelle pour cet établissement servant de bonnes spécialités thaïlandaises. Menu pour 2 pers. à 460 bahts. Musique instrumentale de 19h à 21h.

À Sukhumvit Plan I, zoom

PREMIER PRIX

Tong Kee – *308/312 Th. Sukhumvit - entre les soi 12 et 14 - BTS Asok ou MRT Sukhumvit - ✆ 02 229 44 40 - ▤;- 8h-16h - 150/350 bahts*. Depuis des générations, une institution de la cuisine chinoise avec des spécialités de canard, crabe, raviolis et fruits de mer en tous genres. Service rapide.

1

BUDGET MOYEN

Lemon Grass – *5/1 Th. Sukhumvit, Soi 24 - BTS Phrom Phong - ☎ 02 258 86 37 - ▤ - 11h-14h, 18h-23h30 - 350/650 bahts.* Excellente cuisine thaïlandaise servie dans trois salles climatisées ornées de boiseries à l'ancienne, de tableaux et d'antiquités. Une adresse hors du temps.

Suk 11 – *1/33 th. Sukhumvit, Soi 11 - BTS Nana - ☎ 02 253 59 27 - 8h-14h, 16h30-23h- 250/400 bahts.* Maison traditionnelle charmante, aménagée au rdc pour les voyageurs au long cours (coussins, terrasse), le 1er étage donnant l'impression de dîner chez soi. Joli mobilier de teck et décoration fleurie : le charme opère avant d'avoir lu le menu ! Côté assiette, c'est un peu moins séduisant, mais les classiques (soupes et currys) restent corrects. Service très lent.

POUR SE FAIRE PLAISIR

Sha Raku – *14 Th. Sukhumvit, Soi 23 - BTS Asok ou MRT Sukhumvit - ☎ 02 664 03 48- ▤ - 11h-14h30, 17h-1h - 650/1 100 bahts.* Toutes les spécialités japonaises servies dans la salle climatisée ou sur la terrasse au mobilier de bambou. En fin d'apr.-midi, le restaurant se transforme en bar à saké.

Zanzibar – *1/39 Th. Sukhumvit, Soi 11 - BTS Nana - ☎ 02 651 27 00- ▤ - 17h-2h - 800/1 200 bahts.* Si la salle présente un design sympathique, la terrasse enfouie sous la végétation offre un cadre bien plus charmant encore pour savourer une cuisine thaïe relevée. Ambiance jazz, carte des vins. Personnel prévenant.

La Colombe d'Or – *59 Th. Sukhumvit, Soi 8 - BTS Nana ou Asok - ☎ 02 253 55 56 - www.le-banyan.com -▤- lun.-vend. 18h-23h, w.-end 11h-23h - 850/1 500 bahts.* Pour les nostalgiques de la gastronomie française, l'établissement propose de délicieuses spécialités : foie gras et divers plats de canard. Installé dans une agréable salle vitrée au milieu d'un jardin tropical, le lieu contraste avec les immeubles de béton environnants.

UNE FOLIE

Seafood Market and Restaurant – *89 Th. Sukhumvit, Soi 24 - BTS Phrom Phong - ☎ 02 661 12 52 59 - www.seafood.co.th - 11h30-0h - 1 000/1 500 bahts.* Vous faites votre marché en sélectionnant le poisson ou les fruits de mer que vous désirez, vous réglez à la caisse et vous choisissez le type de cuisson. Vérifiez si la quantité servie correspond à la commande. Une adresse où mieux vaut venir nombreux, sans chercher l'intimité : la salle dispose de 1 500 couverts !

À Silom, Surawong et Sathorn Plan II, DC4

BUDGET MOYEN

Ban Chiang – *14 Th. Si Vieng - ☎ 02 236 70 45 - ▤ - 11h30-14h, 17h30-22h30 - 350/700 bahts.* Très jolie maisonnette de bois dans un quartier calme. Entouré d'une ravissante décoration années 1930, on remonte le temps en se régalant d'une savoureuse cuisine thaïe.

Silom Village – *286 Th. Silom - au niveau du Soi 24 - ☎ 02 234 44 48 - www.silomvillage.co.th - 10h-22h30 - 350/600 bahts.* Ce vaste complexe de restaurants et de boutiques accueille un grand nombre de touristes, qui peuvent déjeuner ou dîner en terrasse. Le soir, spectacles traditionnels.

Café de Laos – *16 Th. Silom, Soi 19 (Trok Wet) - ☎ 02 635 23 38 - www.cafedelaos.com - ▤ P - 11h-14h, 17h-22h - 400/600 bahts.*

En contraste radical avec les alentours, cette petite maison traditionnelle est empreinte d'une atmosphère coloniale. Plats de l'Isan et cuisine laotienne. Accueil souriant.

The Mango Tree – *Th. Surawong, 37 Soi Tantawan (Soi 6 - continuité de Soi Silom 6) - BTS Sala Baeng - ✆ 02 236 28 20 - www.coca.com/mangotree - 11h30-0h - 450/750 bahts.* Ancienne demeure siamoise agrémentée d'une petite terrasse. Bercé par une musique traditionnelle, vous dégusterez de délicates spécialités thaïes ; goûtez le canard au tamarin.

Bussaracum – *1 Th. Si Vieng - ✆ 02 630 22 16 - www.bussaracum.com - ▤ P - 11h-14h, 17h30-22h30 - 450/600 bahts.* Dans un ravissant pavillon de bois, assis dans la salle climatisée ou en terrasse, vous aurez l'occasion de découvrir les plats servis à la cour royale de Thaïlande. Présentation des plus raffinées et excellente cuisine, d'où une réputation internationale. Réserv. impérative.

POUR SE FAIRE PLAISIR

Aoï – *132/10-11 Th. Silom, Soi 6 - BTS Sala Baeng - ✆ 02 664 85 90 - www.aoi-bkk.com - ▤ - lun.-vend. 11h30-14h30, 18h-23h (17h30-22h30 w.-end et j. fériés) - 650/1 300 bahts (le midi, menu à 1 000 bahts).* Que les gourmands fassent attention, la carte de ce restaurant japonais donne envie de faire des folies ! Véritable institution dans le quartier, l'établissement a ouvert ses portes il y a une vingtaine d'années. Superbe *sushi bar*, où les *sashimi* règnent en maîtres incontestés. Preuve de succès, le restaurant est très fréquenté par les hommes d'affaires à midi. Service impeccable.

UNE FOLIE

Le Celadon – *Hôtel The Sukhothai, 13/3 Th. Sathorn Tai - BTS Sala Baeng - ✆ 02 344 88 88 - 12h-15h, 18h30-23h - 1 200/1 800 bahts - tenue correcte exigée.* Dans une superbe salle aux murs en teck, entourée de bassins tapissés de fleurs de lotus, vous dégusterez toute une gamme de plats thaïlandais divins : un plaisir pour les papilles.

Sur Th. Charoen Krung
Plan II C4

BUDGET MOYEN

Himali Cha-Cha – *1229/11 Th. Charoen Krung, Soi 47/1 - ✆ 02 235 15 69 - www.himalichacha.com - 11h-15h30, 18h-22h30 - 400/550 bahts.* Niché au fond d'une impasse, le restaurant propose une excellente cuisine du nord de l'Inde que l'on savoure dans un cadre digne des *Mille et Une Nuits*. Le cuisinier a repris le flambeau de son père, un chef ayant travaillé pour les ambassades. Personnel attentif.

Au bord du fleuve Plan II, C4

UNE FOLIE

China House – *Th. Oriental, Soi Burapa - ✆ 02 659 90 00 - www.mandarinoriental.com/bangkok - ▤ P - 11h30-14h30, 18h-22h30 - 1 200 bahts mini.* Au cœur d'un jardin miniature, cette ancienne résidence privée de style colonial jouxte l'hôtel Oriental, auquel elle appartient. Elle abrite l'un des restaurants les plus prestigieux de la capitale, au cadre exquis, rendez-vous de l'élite thaïe et occidentale de Bangkok. Excellente cuisine cantonaise (essayez les *dim. sum*). Réserv. indispensable.

Lord Jim – *Restaurant de l'Oriental Hotel (voir « Hébergement ») - ▤ P - 12h-14h30 (buffet - 2 300 bahts), 19h-22h30 - 2 000 bahts mini.* Au bord du Chao Phraya, pour un repas de fruits de mer dans un somptueux décor évoquant un paquebot. Réserv. indispensable.

1

Le Normandie – *Restaurant de l'Oriental Hotel (voir « Hébergement ») - ▤ P - 12h-14h30, 19h-22h30, sf dim. midi - 3 000 bahts mini. Menu dégustation 5 500 bahts. Tenue correcte exigée (veste et cravate pour les hommes).* Le meilleur restaurant français de Bangkok comblera autant les nostalgiques que les fins gourmets. Réserv. indispensable.

DÎNERS-CROISIÈRES

Comptez entre 400 et 2 000 bahts/pers.

Le Yok Yor Marina Restaurant – Plan II, B4 - *885 Th. Somdet Chao Phraya 17, Khlongan - ✆ 02 863 05 65 - www.yokyor.co.th.* Dîners-croisières de 20h à 22h.

Loy Nava Dinner Cruises – Plan II, C4 - *Quai Si Phraya Express Boat - à côté du Sheraton - ✆ 02 437 49 32 - www.loynava.com.* À bord d'une ancienne barge à riz en bois de teck, un beau buffet thaïlandais pour le coucher du soleil (18h) ou le dîner (20h).

Manohra – Plan I, zoom - *Au Marriott Resort & Spa, côté Thonburi - ✆ 02 476 00 22 - www.manohracruises.com.* Dép. à 19h30, pour un dîner-croisière *(3h de navigation)* à bord d'une ancienne barge à riz.

PETITE PAUSE

Salons de thé

Café Doitung – Plan II, C1 - *Entre le complexe de Vimanmek et l'Assemblée nationale - mar.-dim. 10h-18h - ✆ 02 252 71 14.* Dans le style de ceux du parc, un petit pavillon doté d'une terrasse.

Bangkok Baking Company – Plan I, zoom - *À Sukhumvit - à côté du JW Marriott Hotel - 4 Th. Sukhumvit, Soi 2 - ✆ 02 656 77 00 - 6h-22h.* Pour savourer en terrasse un *bagel* au saumon fumé ou une tarte aux noix de macadamia. Idéal pour les nostalgiques de la baguette et du pain au chocolat !

Shangri-La – Plan II, C4 - *Au bord du fleuve - Th. Charoen Krung, 89 Soi Wat Suan Plu - ✆ 02 236 77 77.* Le buffet salé-sucré du dimanche est organisé dans le *lobby lounge*.

The Verandah – Plan II, C4 - *Au bord du fleuve - 48 Th. Oriental - 6h-1h - ✆ 02 659 90 00.* L'élégant salon de l'Oriental.

BOIRE UN VERRE

Thanon Rama Ier, à Siam Square, est devenue le fief de la jeunesse étudiante locale : discothèques, bars et restaurants à la mode s'y succèdent. Dans le quartier de Sukhumvit, le soi 33 (ou Th. Thon Lo) concentre les pubs aux noms peu ambigus : Moulin Rouge, Madame Claude, etc.

Pubs

Gulliver's Travellers Tavern – Plan III, BC1 - *2/2 Th. Khao San - ✆ 02 629 19 88 - www.gulliverbangkok.com - 11h-2h.* Pub mythique du quartier de Banglamphu. Ses décibels rivalisent avec le bruit de la rue. Wifi.

Huntsman's Pub – Plan I, zoom - *À Sukhumvit - Au sous-sol de l'hôtel Landmark - 138 Th. Sukhumvit - ✆ 02 254 04 04 - 11h30-2h.* Un pub anglais dont la télévision diffuse actualités et informations sportives tout au long de la journée. Orchestre à partir de 17h30, *happy hour* de 15h30 à 21h.

Clubs de jazz

Brown Sugar – Plan III, C1 - *469 Th. Prasumen - à côté de Democracy Monument - ✆ 085 155 52 63 - www.brownsugarbangkok.com - lun.-vend. 20h-1h, w.-end 20h30-2h.* L'un des pubs les plus renommés de la ville pour ses groupes de jazz et de blues ; il y a d'ailleurs toujours foule ! Décor de bois et de brique, rehaussé de peintures d'artistes connus, et ambiance décontractée.

Saxophone Bar – Plan II, D1 - *3/8 Victory Monument, Th. Phayathai* - ✆ *02 246 54 72* - http://saxophonepub.com - *19-2h*. Un peu excentré, ce bar de jazz et de blues connaît un grand succès auprès des locaux comme des expatriés.

Witch's Tavern – Plan I, hors zoom - *À Sukhumvit - Th. Sukhumvit - Soi 55* - ✆ *02 391 97 91 - www.witch-tavern.com - 11h-1h*. Un cadre cossu et une ambiance feutrée pour écouter du jazz avec sérénité.

Jazz happens – Plan III, B1 - *62 Th. Phra Athit* - ✆ *02 632 03 13 - 18h30-1h*. Une salle minuscule où se produit un orchestre chaque soir. Consommation obligatoire de 200 bahts/pers.

The Bamboo Bar – Plan II, C4 - *Au bord du fleuve - Dans l'hôtel Oriental Hotel (voir « Hébergement ») - 11h-1h (2h le w.-end)*. Du jazz dans une atmosphère feutrée.

ACHATS

Marchés

Chatuchak Plaza Market – Plan I, B2 - *BTS Mochit ou MRT Chatuchak*. Il mérite à lui seul une excursion : en semaine sont installés nombre d'antiquaires et de boutiques de déco. Le w.-end (dès vend. 11h), place au plus grand marché de la ville ! Vous y trouverez de tout : cerfs-volants, luminaires, bijoux, antiquités, vêtements, étoffes, sculptures sur bois, etc.

Khlong Thom – Plan III, D3 - *Entre Th. Luang, Th. Worachak et Th. Chaleamkrung*. Le sam. soir et le dim. apr.-midi se déploie ici un gigantesque marché aux puces.

Pahurat – Plan III, C3 - *Entre Th. Chakrapet et Th. Pahurat - embarcadère Tha Ratchawong*. Un large éventail de cotonnades indiennes et de soieries.

Pak Khlong – Plan III, B4 - *Th. Chakpetch - embarcadère Tha Ratchini*. Marché aux fleurs et aux fruits.

Centres commerciaux

Nombreux, ils sont généralement ouverts de 10h à 22h. Les prix sont sensiblement équivalents à ceux que l'on trouve en Europe.

Mah Boon Krong-MBK – Plan II, C3 - *BTS National Stadium*. Sur 5 étages, un gigantesque bazar proposant de l'électronique, du prêt-à-porter et des souvenirs.

Siam Centre – Plan II, D3 - *BTS Siam*. Des boutiques de vêtements originaux et créatifs dans un décor qui vaut le détour.

River City – Plan II, C3-4. Antiquités, bijouterie, ventes aux enchères.

Gaysorn Plaza – Plan II, D3 - *BTS Chit Lom*. Articles de luxe.

Siam Paragon – Plan II, D3 - *BTS Siam*. Les grandes enseignes occidentales.

Artisanat et antiquités

Art of Living – Plan I, hors zoom - *104 Th. Sukhumvit, Soi 33* - ✆ *02 204 20 30*. Une très belle qualité d'objets anciens, et des prix en conséquence.

Golden Tortoise Deco – Plan I, hors zoom - *100 Th. Sukhumvit, Soi 49* - ✆ *02 662 56 00 -10h-18h*. Mobilier oriental en teck et bois de rose.

Sop Moei Arts-Racket Club Compound – Plan I, hors zoom - *104 Sukhumvit 49 - à l'angle de Soi Promsri et de Soi Klang - mar.-sam. 9h30-17h - www.sopmoeiarts.com*. Cette œuvre caritative vend des produits artisanaux, tissages et vanneries, fabriqués dans

1

des villages du Nord. Très belle qualité, prix assez élevés.
Thai Celadon – Plan I, zoom - *8/3 th. Ratchadapisek (Sukhumvit, Soi 16) - BTS Asok ou MRT Sukhumvit - 9h-17h.* Un choix important de céramiques et de céladons de belle facture.

Art contemporain

Bangkok Art & Culture Center – Plan II, C2 - *939 th. Rama I - BTS National Stadium - vend.-dim. 9h-17h.* Petit marché de l'art devant ce musée d'Art contemporain.

Rotin

Pipop Pinyo – Plan I, C3 - *843/3-4 th. Sukhumvit, entre les Soi 45 et 47.* Très beaux meubles, pour un bon rapport qualité/prix.

Soieries

Jim Thompson – Plan II, D4 - *9 th. Surawong - 9h-21h.* Superbes étoffes de soie et de coton, à des prix élevés toutefois. Le magasin propose de copier vos vêtements dans le tissu de votre choix.

Livres

Asia Books – Plan II, D2-3 - *Emporium Building - 3e étage, Siam Square - World Trade Center - Central City Plaza - www.asiabooks.com - 9h-19h.* Une jolie sélection de livres en anglais, du roman au guide de voyage. Quelques grands succès de librairie sur les tables.
Bookazine – Plan II, D3 - *Amarin Plaza Building - 496-502 Th. Ploenchit.* Journaux et magazines du monde entier.
Book Lovers – Plan III, B1 - *59 Soi Rambuttri - 12h-22h30 sf lun. 12h-18h.* Livres d'occasion, dont un solide rayon de français.
Dasa Book Café – Plan I, hors zoom - *714/4 Th. Sukhumvit - entre soi 26 et 28 - BTS Phrom Phong - 10h-20h.* Vente et échange de livres d'occasion avec un rayon de poches en français au 3e étage.
Naim Book Shop – Plan II, C3 - *Au 3e étage du centre commercial MBK - BTS National Stadium - 10h30-21h.* Ouvrages en anglais et bon rayon de cartographie.
Elite Book House – Plan I, hors zoom - *593/5 Th. Sukhumvit, entre les soi 33 et 35 - BTS Phrom Phong - 10h-20h.* Livres en toutes langues.

EN SOIRÉE

Le site www.thaiticketmajor.com recense les spectacles et les concerts qui se donnent dans la capitale.

Cinéma

Major Cineplex – Plan II, D3 - *Centre commercial Siam Paragon 991/1 Th. Rama Ier - BTS Siam - www.majorcineplex.com/paragoncineplex - 10h30-0h.* IMAX.
Scala – Plan II, C3 - *À Siam Square - à côté du centre commercial MBK - BTS Siam.* 5 séances/j. à 120 bahts.
Alliance française – Plan II, D4 - *À Sathorn - 29 Th. Sathorn Tai - ✆ 02 670 42 31 - http://afthailande.org.* Films en français.

Concerts et spectacles

Théâtre national – Plan III, B1 - *Th. Rachinee - à côté du Musée national - ✆ 02 223 35 10 - lun.-vend. 8h30-16h30.* Spectacles de danses traditionnelles et concerts de musique thaïe.
Sala Chalermkrung Royal Theatre – Plan III, C3 - *66 Th. Charoen Krung - à l'angle de Th. Tri Phet - ✆ 02 222 04 34.* Représentations de *khon* (théâtre masqué) durant les mois d'hiver.
Aksara Theatre – Plan II, D1 - *Dans le restaurant Ramayana - Th. Rang Nam - King Power Complex - BTS Victory Monument - ✆ 02 205 88 88 - 17h-21h30.* Dîner-buffet *(800 bahts)* avec spectacle de marionnettes traditionnelles.

Discothèques

Concept CM2 – Plan II, D3 - *Novotel Siam Square - BTS Siam - ✆ 02 209 88 88 - www.cm2bkk.com - 21h-2h.* Plusieurs salles avec bars à vin, karaokés et pistes de danse. Des groupes y jouent tous les jours.

Spasso – Plan II, D3 - *À Siam Square - Hôtel Grand Hyatt Erawan, à l'intersection de Th. Ratchadamri et Th. Ploenchit - ✆ 02 254 12 34 - tlj sf dim. 22h-2h.* Dès 22h, le restaurant fait place à une boîte très prisée par les Thaïs et les expatriés. *Cover charge* 750 bahts les vend. et sam.

Narz – Plan I zoom - *112 Th. Sukhumvit Soi 23- BTS Asok ou MRT Sukhumvit - ✆ 02 258 48 05 - www.narzclubbangkok.net - tlj sf dim. 22h-2h.* DJ's et concerts dans cette toute nouvelle discothèque.

ACTIVITÉS

Boxe thaïe

Sport national, la boxe thaïe déchaîne les passions. Pour assister à un combat :

Lumphini Stadium – Plan II, D4 - *Th. Rama IV - ✆ 02 251 43 03 - www.muaythailumpini.com - mar., vend. et sam.*

Rajadamoen Stadium – Plan III, D1 - *1 Th. Ratchadamnoen - près du TAT - ✆ 02 281 42 05 - www.rajadamnern.com - lun., merc., jeu. et dim. à partir de 18h30.*

Massages traditionnels

Body Tune – Plan I, hors zoom - *Th. Sukhumvit, Soi 39 - à côté du Sea Food Market - ✆ 02 662 77 78 - www.bodytune.co.th - 10h-0h.* Massages traditionnels de qualité.

École de massage du Wat Pho – Plan II, B3 - *Th. Chetuphon - ✆ 02 221 29 74 (voir p. 138).* Le centre le plus réputé du pays. Vous pourrez y suivre des cours.

Taï-chi-chuan

Au parc Lumphini – Plan II, D3-4 - *5h-7h30.* Réservé aux matinaux, l'ancien art chinois du taï-chi mêle méditation et gymnastique.

Vélo

Velo Thailand – Plan II, B1 - *Soi 4, Th.Samsen ✆ 02 628 86 28 - http://velothailand.com.* Excursions en VTT de 5 à 6h le long des canaux ou dans les vieux quartiers de la ville. Dép. à 9h.

AGENDA

Nouvel An – On le célèbre autour de l'esplanade de Sanam Luang.

Chakri Day – *6 avr.* Jour commémoratif de la dynastie Chakri. Les Thaïlandais vont au temple du Bouddha d'Émeraude pour rendre hommage aux souverains.

Songkran – *12-14 avr.* Les principales manifestations *(voir p. 38)* se déroulent sur Sanam Luang, sur Th. Khao San et sur Th. Silom.

Coronation Day – *5 mai.* Fête du Couronnement, célébrée dans la chapelle royale du Grand Palais.

Ploughing Day – *Mi-mai.* Cérémonie du « Labour royal », qui ouvre la saison du repiquage du riz. Sur l'esplanade de Sanam Luang, en présence du roi.

Thailand Father's Day – *5 déc.* Anniversaire du roi.

1

À proximité de Bangkok

★

Provinces de Bangkok et de Phra Nakhon Si Ayutthaya

NOS ADRESSES PAGE 153

SE REPÉRER
Carte de région B1 (p. 122-123) – Bangkok agglomération, plan I p. 126-127.

ORGANISER SON TEMPS
Comptez deux jours et demi pour découvrir les environs de Bangkok, en excursions à la journée ou à la demi-journée.

AVEC LES ENFANTS
La ferme des Crocodiles et ses séances de dressage.

Si vous prolongez votre séjour à Bangkok et souhaitez échapper à l'affolante agitation de la capitale pour quelques heures, vous pouvez explorer ses abords en deux ou trois excursions d'une journée chacune. Une résidence royale hors du temps, un chedi sacré entre tous, un condensé de l'architecture thaïe version miniature vous attendent dans les environs proches de Bangkok – et si vous ne résistez pas aux images de carte postale, vous inclurez à vos balades l'incontournable marché flottant et le très touristique spectacle traditionnel du Thai Village.

Excursions

LE LONG DU CHAO PHRAYA Carte de région, plan agglomération Bangkok

Au nord de Bangkok – comptez une journée.
Dès l'aube, le Chao Phraya devient le théâtre d'une circulation intense : une multitude de *hang yao*, les fameuses barques « à longue queue », mêlent leurs silhouettes effilées aux lourdes barges débordant de riz, aux jonques chargées de touristes et aux péniches croûlant sous le charbon. Le bruit strident des moteurs annonce de loin les bateaux transportant les riverains ; nettement

L'architecture éclectique de la résidence royale de Bang Pa-In.
R. Mattes / Michelin

plus rapides que les autres embarcations, ces pirogues jaune vif rencontrent beaucoup de succès auprès des Thaïlandais. Il faut attendre la nuit pour que ce va-et-vient ralentisse et que le fleuve retrouve sa quiétude.
Le long des berges, les temples défilent, reflétant leurs toits dans les eaux brunes du fleuve. Peu à peu, les immeubles se font plus rares et cèdent la place aux traditionnelles maisons sur pilotis.

Nonthaburi Plan agglomération Bangkok AB2
À 10 km au nord de Bangkok. Du terminus du Chao Phraya Express (arrêt n° 30), louez un bateau pour traverser le fleuve puis prenez un moto-taxi pour rejoindre le temple.
Agréable bourgade peuplée de Môns, de Chinois et de musulmans, Nonthaburi faisait jadis partie du royaume d'Ayutthaya. En amont de la ville, sur la rive gauche du fleuve, se découpent les créneaux blancs du **Wat Chalerm Phra Kiat★** B1. Ses murailles ont remplacé les fortifications d'origine en bois qui protégeaient la forteresse bâtie sous le règne de Naraï, au 17e s.
Du débarcadère, une esplanade plantée d'arbres précède le *wat*. Une fois l'enceinte franchie, on débouche dans un **jardin★** coloré de lauriers-roses et de flamboyants. Entourant le sanctuaire, il est dédié à la mémoire des parents de Rama III (1824-1851). Des *nagas* et des figures de céramique ornent les toits et les frontons des trois édifices, des dragons – symbole de bonheur et de fortune – rehaussent la balustrade soulignant le **chedi** *(sur la gauche)* et des paysages chinois ornent les panneaux laqués de la porte du sanctuaire central.
Quelques kilomètres plus loin en amont, toujours sur la rive gauche, un **chedi blanc** abîmé par les intempéries annonce **Ko Kret** A1, un îlot formé par un bras du fleuve ; l'endroit marque les limites méridionales de la région d'adoption des **Môns**, cette communauté d'origine birmane qui s'établit au Siam en 1774, lorsque son roi, Môn Phya Jeng, en obtint l'autorisation royale.

★ Bang Pa-In Carte de région B1
À 50 km au nord de Bangkok - accès en train de la gare de Hua Lamphong, à Bangkok - 8h-16h - 100 bahts – comptez 45mn de visite - tenue correcte exigée.
Cette résidence d'été royale, installée sur la rive droite du fleuve, fut sans doute bâtie au 17e s. par le roi Prasat Thong. Abandonnée après la chute d'Ayutthaya au 18e s., elle fut ensuite restaurée sous le règne de Mongkut, et certains bâtiments accueillent encore des cérémonies officielles.
Le curieux **clocher gothique** du Wat Niwet Tham Prawat, le temple du palais, érigé sur une petite île, attire le regard. Construit en 1878, ce sanctuaire

bouddhiste aux allures d'église reflète la vogue de l'époque pour l'architecture occidentale, composant avec les autres édifices du domaine un ensemble éclectique.

Passé l'entrée principale, une allée court le long d'un canal pour mener au cœur d'un vaste parc ombragé de manguiers. Un ravissant pavillon thaï, le **Phra Thinang Aisawan Thiphtaya★**, se dresse au milieu d'un plan d'eau cerné de gracieuses sculptures. Construit en 1876, c'est une réplique en miniature du Phra Thinang Aphon Phimok Prasat du Grand Palais de Bangkok *(voir p. 135)*. En retrait, au bord de l'eau, le **Pratu Tevaraj Kanlai**, qui tenait lieu de hall de réception, découpe ses élégantes arcades d'inspiration russe.

Une galerie couverte, jadis empruntée par les femmes du harem royal pour rejoindre à l'abri des regards la partie privée du jardin, conduit au **Phra Thinang Warophat Phiman** *(à gauche - fermé au public)*, un pavillon de style colonial italien où se tiennent quelques cérémonies officielles.

À proximité, la silhouette élancée du **Ho Withunthasansa**, rehaussée de bandes ocre et pourpres, évoque un minaret. L'édifice servait d'observatoire d'astronomie au roi Mongkut. On le rejoint en passant devant un étonnant bâtiment mauve au porche Art nouveau, le **Phra Thinang Uthayan Phumisathian** *(fermé au public)*.

À l'arrière, un pavillon chinois, le **Phra Thinang Wehat Chamrung**, se veut la fidèle réplique d'un monument de l'empire du Milieu que de riches marchands chinois offrirent à la famille royale. Au rez-de-chaussée, attardez-vous sur les reliefs ornant le plafond de la salle du trône, qui évoquent l'histoire des trois royaumes. L'étage, qui comprend les appartements royaux privés – encore utilisés de nos jours – abrite une profusion de meubles d'ébène, tous remarquablement travaillés avec leurs incrustations de nacre et d'ivoire.

La promenade s'achève par le joli **pont vénitien**, éclairé de réverbères, qui conduit au mémorial élevé en hommage à la première épouse de Rama V. Celle-ci se noya dans la rivière avec ses filles en 1881 ; l'étiquette interdisant tout contact physique avec une personne de sang royal, leur entourage ne put leur porter secours !

CAP AU SUD Plan agglomération Bangkok

70 km AR au départ de Bangkok – comptez une demi-journée.
Deux visites ludiques jalonnent le circuit.

La ferme des Crocodiles (Crocodile Farm) C3

À 30 km au sud-est de Bangkok par la route 34 - 8h30-17h30 - 300 bahts.

Ce parc d'élevage – le plus grand du genre en Thaïlande – accueille plus de 60 000 pensionnaires appartenant à diverses espèces d'eau douce ou d'eau de mer et provenant de différentes zones du globe. On peut les observer à tous les stades de leur croissance… jusqu'à leur métamorphose en sac à main, à la boutique du domaine. Les repas *(de 16h à 17h)* et les **démonstrations de dressage** rencontrent un vif succès. La ferme propose aussi quelques représentations avec des éléphants.

★★ Muang Boran (Ancient City) C3

Muang Borang Office – *296/1 Th. Sukhumvit - ✆ 02 709 16 44.*

À Samut Prakan, à 3 km de la ferme des Crocodiles par la Old Sukhumvit Highway. De Bangkok, prendre le bus n° 511 (Pinklao-Paknam) jusqu'au terminus, puis taxi (env. 200 bahts) ou le minibus n° 36 qui passe devant l'entrée de Muang Boran - ✆ 02 709 16 44 - www.ancientcity.com - 8h-17h - 500 bahts. Location de vélos à l'entrée.

Édifices emblématiques de l'histoire thaïe, représentatifs d'un courant artistique, d'un trait culturel ou figurant un événement majeur, ce site original baptisé « Ville ancienne » embrasse l'ensemble du patrimoine architectural du pays. Sur 80 ha plantés de bougainvilliers et de lauriers-roses, ponctués de romantiques pièces d'eau couvertes de lotus, le parc reprend en miniature la forme de la Thaïlande et y rassemble **109 répliques** des temples, palais et monuments les plus renommés du pays. Un immense musée en plein air que l'on doit à un milliardaire philanthrope et amateur d'art. L'homme, qui engloutit toute sa fortune dans ce projet, s'entoura des meilleurs historiens pour reproduire chaque édifice le plus fidèlement possible – grandeur nature ou au tiers de ses dimensions réelles –, mais aussi pour restaurer les originaux dans tout le pays. Un projet grandiose qui permit de sauver nombre de monuments abandonnés, et qui relança également les métiers d'autrefois, offrant à nouveau du travail à de nombreux artisans dans les villages.

Le **musée★** consiste en une succession de maisons alignées le long d'une allée, illustrant l'habitat traditionnel et la vie quotidienne. Non loin, la réplique du **Dusit Mahat Prasat**, l'un des bâtiments du palais royal de Bangkok, côtoie des copies conformes du Wat Mahatat de Sukhothai et du Wat Phra Si Sanphet d'Ayutthaya. Un **marché flottant** aménagé sur un bassin raconte le mode de vie lacustre dans la campagne d'antan. D'authentiques maisons sur pilotis furent déplacées à cet effet, pièce par pièce, pour être installées sur le domaine. Une série de sculptures évoquent des épisodes de l'histoire et de la mythologie thaïlandaises. Une promenade aussi agréable qu'instructive !

1

Circuit conseillé

En boucle au départ de Bangkok, circuit vert foncé de 200 km tracé sur la carte de région (p. 122-123) – comptez une journée.

À L'OUEST DE BANGKOK Carte de région

Botanique au jardin des Roses, culture à Nakhon Pathom, pittoresque au marché flottant : ces visites comptent parmi les classiques des tours organisés autour de la capitale.

Le jardin des Roses (Rose Garden) B1

À 32 km à l'ouest de Bangkok par la route 4.

Inscrite au programme de tous les circuits organisés, cette vaste **roseraie** appartenant à un luxueux complexe hôtelier sert de cadre à un spectacle destiné avant tout au tourisme de masse, le **Thai Village Culture Show**. Au programme, les facettes de la culture traditionnelle thaïe, des danses régionales à la boxe thaïlandaise en passant par les noces ou les cérémonies d'ordination de moines.

Poursuivez vers l'ouest par la route 4 sur 24 km.

Nakhon Pathom B1

Accès en train de la gare de Thonburi à Bangkok (destination Kanchanaburi) en 1h30 environ.

Cette cité commerçante et universitaire bourdonnante d'animation doit sa célébrité à son impressionnant *chedi*, le sanctuaire le plus ancien et le plus vénéré de Thaïlande, et le monument bouddhiste le plus haut du monde : de ses 127 m, le **Phra Pathom Chedi★★** domine la ville tel un énorme dôme doré. Dès le 3e s. de notre ère, un édifice fut élevé pour commémorer l'arrivée des premiers missionnaires bouddhistes en terre siamoise, envoyés par le souverain indien **Ashoka** *(voir « Les royaumes indianisés », p. 78)*. Ce *stupa* de style khmer de 40 m de haut couvrait lui-même un sanctuaire primitif conservant une sainte relique apportée par les moines. Au 19e s., alors que la ville avait été délaissée depuis des siècles *(voir encadré ci-contre)*, le futur roi **Mongkut** s'y rendit en pèlerinage et, sensible à l'aura du sanctuaire, se mit en devoir de le restaurer pour en faire un monument phare du bouddhisme. Les travaux débutèrent en 1853, pour s'achever sous le règne du souverain suivant, Rama V (1868-1910). Le *stupa* d'origine fut alors coiffé d'un dôme colossal, couvert de tuiles vermeilles et surmonté d'une immense spire annelée.

Nouveau foyer de dévotion, de surcroît fort bien situé à proximité de la capitale et sur un axe routier important, ce *chedi* monumental confère à la ville un prestige toujours plus grand. Et la grande foire qui se déroule dans l'enceinte du temple à la pleine lune de novembre connaît un succès constant.

Vue d'ensemble – *Dans l'enceinte du temple, tenue décente requise - se déchausser à l'entrée de chaque sanctuaire - soyez discret si vous prenez des photos.* Le *chedi* dresse sa masse colossale sur plusieurs terrasses successives que relient sur chacun des côtés une volée de marches. Quatre *wihan* abritant un bouddha marquent les points cardinaux de l'édifice, où des peintures murales *(sauf côté ouest)* retracent les principaux événements de la vie de l'Éveillé.

Côté nord – Un large escalier de marbre gardé par des **naga** grimpe au **wihan principal**, qui renferme la statue la plus vénérée du *chedi*, un grand **bouddha debout★** de style Sukhothai. À ses pieds, sur sa gauche, un moine donne sa bénédiction aux fidèles, tandis que dans des petits pavillons, des nonnes proposent des fleurs de jasmin et de lotus pour les offrandes.

Faites le tour du monument par la gauche, dans le sens des aiguilles d'une montre. Ponctuant l'enceinte, parmi les **banians sacrés** *(bo)* cerclés de rubans de couleurs – signe de vénération – qui entourent le *chedi*, plusieurs niches abritent des bouddhas couverts de feuilles d'or. Sur la terrasse supérieure, cernant la base de l'édifice, de petits kiosques abritent des cloches que les pèlerins font sonner pour annoncer leur présence aux dieux.

Côté est – Le *wihan* est renferme un bouddha dans l'attitude de l'Illumination. Il jouxte l'*ubosot (au sud)*, où trône un **bouddha★★** en quartzite, assis à l'occidentale en attitude de prédication. L'œuvre, majestueuse, reflète l'influence artistique de Dvaravati, caractérisée par des lobes d'oreille allongés, des boucles de cheveux serrées et une robe ample.

« AUSSI HAUT QU'UN VOL DE COLOMBES »

Des devins auraient prédit à **Phaya Kong**, roi de Nakhon Chaisi (ancien nom de Nakhon Pathom), qu'il mourrait de la main de son propre fils. Le seigneur décida alors de tuer l'enfant, mais sa mère s'en fut l'abandonner en secret dans la forêt, où une vieille femme du nom de Yai Hom le recueillit et l'éleva. Devenu adulte, le jeune **Phaya Pan** fut adopté par le roi de Ratchaburi, un vassal de Phaya Kong ; à ses côtés, il partit en guerre contre le suzerain, que tous dans la régio considéraient comme un oppresseur. Il le tua et, suivant la tradition, épousa sa femme… sans savoir qu'il venait d'assassiner son propre père et d'épouser sa mère. Quand il apprit l'identité de son ennemi, de colère il fit mettre à mort sa tutrice Yai Hom. Accablé de remords, il alla consulter des moines qui lui conseillèrent de bâtir un *stupa* « aussi haut qu'un vol de colombes » pour expier ses crimes. Ainsi naquit le **Phra Pathom Chedi**.

GLOIRE ET DÉCLIN
Capitale du royaume môn, Nakhon Chaisi était une cité prospère, établie depuis le 1er s. av. J.-C. sur les rivages du golfe du Siam (celui-ci s'est comblé depuis). La ville connut un grand rayonnement pendant toute la période Dvaravati (6e s.-11e s.), puis les invasions birmanes et khmères entraînèrent son déclin et son abandon, pour huit siècles. Il fallut attendre le 19e s. pour que Nakhon Pathom renaisse enfin de ses cendres et que la restauration de son célèbre sanctuaire soit entamée.

Côtés sud et ouest – Le *wihan* sud garde un bouddha prêchant à ses cinq disciples. Sur la terrasse, une maquette représente le *stupa* primitif. Le dernier sanctuaire, côté ouest, héberge quant à lui un **bouddha couché** aux portes du nirvana.
Passez les arcades séparant le cloître de la plate-forme supérieure. La **galerie** qui cerne le *chedi* abrite des salles de classe destinées aux novices.
Phra Pathom Chedi National Museum – *tlj sf lun., mar. et j. fériés. 9h-16h.* Il retrace l'histoire de la cité et conserve diverses œuvres Dvaravati retrouvées sur le site, bien mises en valeur : bas-reliefs provenant d'un *chedi*, **têtes de stuc** U-Thong (13e s.-14e s.), belles **roues de la loi** et poteries à usage domestique ou rituel.

★ Le marché flottant de Damnoen Saduak B1

À 36 km au sud de Nakhon Pathom - prenez le bus n° 78 au Southern Bus Terminal de Bangkok (dès 6h20) et, à l'arrivée, rejoignez l'embarcadère pour prendre un bateau-taxi jusqu'au marché. Évitez les excursions organisées par les agences de voyages au départ de Bangkok : vous arriveriez avec la foule.
C'est très tôt *(de 6h à 9h)* qu'il faut visiter le marché du village de Damnoen Saduak, avant la marée quotidienne des touristes. Vous profiterez bien plus du spectacle coloré de ces barques, serrées par dizaines les unes contre les autres, à bord desquelles les villageoises, coiffées de leur traditionnel chapeau en paille de riz, marchandent fruits tropicaux, légumes et poissons de bateau à bateau.
Louez ensuite les services d'un batelier pour vous faire sillonner les canaux adjacents, frangés par la mangrove. L'occasion de découvrir un mode de vie lacustre qui vous donnera une idée de ce qu'était Bangkok il y a à peine cent ans…

Le parc national de Khao Yai

★★

Provinces de Saraburi, de Prachinburi, de Nakhon Nayok
et de Nakhon Ratchasima

NOS ADRESSES PAGE 176

S'INFORMER

Khao Yai National Park – *Bureau du parc - ✆ 04 424 93 05 - www.dnp.go.th.* Brochure présentant les randonnées du parc avec distances, niveau de difficulté, topographie et précautions d'usage.

SE REPÉRER

Carte de région CD1 (p. 122-123) – *carte Michelin 751, G6.* À 209 km au nord-est de Bangkok.

Voir aussi la rubrique « Arriver/partir » dans « Nos adresses ».

ORGANISER SON TEMPS

Pour vous déplacer plus librement, l'idéal est de disposer d'un véhicule. Pour un trekking de plusieurs jours, faites-vous accompagner d'un guide.

Océan vert de collines et de montagnes sauvages, le parc de Khao Yai, classé au patrimoine mondial par l'Unesco en 2005, couvre une superficie de 2 172 km². Vallées, prairies, plateaux et rochers y servent de refuge à plus de 300 espèces d'animaux, que l'on surprend du haut des tours d'observation ou que l'on croise au hasard des sentiers qui sillonnent le domaine. Khao Yai, premier parc créé en Thaïlande (1962), est un site de choix pour les amateurs de nature et de calme. Randonnée, rafting sur les rivières en saison des pluies, ascension des sommets, chacun trouvera l'excursion qui lui convient, jusqu'aux moins sportifs qui pourront se délasser dans l'eau fraîche de l'une des piscines naturelles creusées au pied de quelques cascades.

Se promener

★★ RANDONNÉES DANS LE PARC

Comptez au moins une journée.
6h-18h - centre d'accueil, bureau du parc et campement : 8h-18h - 500 bahts (suppl. de 50 bahts pour votre véhicule).

À l'approche du parc, la route suit la **chaîne des Dongrek**, qui dresse sa crête sur le côté ouest du domaine. La forêt s'étend à perte de vue jusqu'au sommet du **Khao Khleo**, la bien nommée « Montagne verte », qui culmine à 1 351 m. Il faut dire que le bassin de Khao Yai reçoit plus de 3 000 mm de précipitations par an, alimentant six cours d'eau qui vont ensuite irriguer la plaine centrale et le bassin du Mékong.

De la savane aux forêts d'arbres à feuilles caduques, divers types de végétation se côtoient, cachant une faune aussi abondante que variée : daims, cerfs sambars, gibbons, léopards et chats sauvages, ours, gaurs (bovins sauvages), éléphants, sans oublier 318 espèces d'oiseaux – calaos, faisans, chouettes,

Chutes d'eau dans le parc national de Khao Yai.
I. Schulz / Arco images / age fotostock

coucous-éperviers –, que l'on aura plus de chance d'apercevoir à l'aube ou au crépuscule.

Passé l'entrée principale, vous serez peut-être accueilli par un groupe de macaques ayant investi la route. Les plus chanceux pourront même entrevoir la silhouette d'un **tigre** ; il paraît que ceux-ci s'approchent parfois du bureau d'accueil, et l'on raconte même que l'un d'eux, affamé, n'hésita pas à attaquer un garde posté sur le pas de la porte ! Au bureau du parc national, une exposition présente un beau catalogue des espèces animales recensées dans le parc.

Le sentier de randonnée n° 1 *(Kong Kaeo-Haew Suwat)* conduit aux chutes d'eau de **Heo Suwat★** *(8 km - 3h de marche ou 20mn en voiture)*. Il s'enfonce sous le couvert végétal, accompagné par le chant du calao dont l'écho se perd parmi les frondaisons de *Nypa fruticans*, le **plus vieux palmier du monde** – le feuillage de ce dernier sert à fabriquer des paniers et le toit des maisons. Autre type de palmier présent sur le site, le **sagoutier**, dont les fécules entrant dans la composition de farines et de biscuits.

Des chutes, le sentier n° 5 *(Haew Suwat-Khao Laem Grassland - 3 km - comptez 1h)* permet un majestueux **point de vue★★** sur le second sommet du parc, le **Khao Laem** (1 328 m). Passant à travers la jungle, franchissant les rivières sur des ponts suspendus, le sentier grimpe sous les entrelacs de lianes et de **rotangs épineux**, une plante qui s'enroule autour des arbres pour se frayer un chemin vers le soleil. Peut-être apercevrez-vous des gibbons, ces singes dégingandés qui voltigent d'arbre en arbre.

D'autres sentiers balisés conduisent à des pierres à sel, rendez-vous des fauves et des **éléphants sauvages**.

NOS ADRESSES DANS LE PARC DE KHAO YAI

ARRIVER / PARTIR

En voiture
De Bangkok, prenez l'A1 vers le nord jusqu'à Saraburi, puis l'A2 jusqu'à Pak Chong. De là, rendez-vous directement au bureau du parc, à 14 km de la porte principale.

En bus
De Bangkok, les bus pour le parc de Khao Yai partent de la gare Moh Chit *(Northern Bus Terminal)*. Descendre à **Pak Chong**, à 7 km de l'entrée principale, que l'on rejoint en *songthaew (env. 2h30-3h de trajet)*.

En train
De Bangkok, 9 trains/j. pour Khorat *(4h30 de trajet)* avec une halte à Pak Chong *(voir ci-dessus)*.

TRANSPORT

En voiture
C'est le moyen de transport idéal pour circuler dans le parc en toute liberté.

En pick-up
Profitez des pick-up qui sillonnent le parc assez régulièrement. Vous pouvez aussi en louer un à la demi-journée ou à la journée au bureau du parc. Ce dernier organise par ailleurs des virées de 1h en pick-up au crépuscule *(19h-21h - comptez 500 bahts)*.

HÉBERGEMENT ET RESTAURATION

Dans le parc national

BUDGET MOYEN

Khao Yai National Park – *✆ 02 561 07 77 ext. 1743, 1744 - www.dnp.go.th - 81 ch. - 800/2 400 bahts*. Vous pouvez passer la nuit dans le parc, à proximité du bureau des visiteurs, où sont regroupées toutes les infrastructures. Un permis est exigé, à retirer au bureau.

Sur la route de Pak Chong
Nombre d'hôtels jalonnent la route de Pak Chong jusqu'à l'entrée du parc national. La plupart d'entre eux organisent des randonnées.

PREMIER PRIX

Green Leaf Guest House – *À 7,5 km de Pak Chong - ✆ 04 436 50 73 - http:// greenleaftour.com - ✕ ✉ - 21 ch. - 300 bahts*. Les chambres sont sommaires mais bien tenues. Possibilité d'excursions dans le parc.

ACTIVITÉS

Randonnées – Le site comprend 14 sentiers pédestres balisés de 1 à 9 km. Si vous comptez effectuer une randonnée de plusieurs jours, faites connaître votre itinéraire aux rangers du parc et prenez un guide. L'œil exercé de ces derniers repère bien plus rapidement la faune environnante, et vous éviterez de vous perdre. Munissez-vous d'une boussole, et protégez-vous les pieds et les jambes, car les moustiques et les sangsues abondent, particulièrement en saison humide *(mai-oct.)*. Entre nov. et fév., prenez des vêtements chauds : la température descend jusqu'à 10 °C.

Kanchanaburi et sa région

★★

540 000 habitants – Chef-lieu de la province de Kanchanaburi

NOS ADRESSES PAGE 182

S'INFORMER

Tourism Authority of Thailand – *Th. Saengchuto - au sud de la ville, à 50 m du terminal de bus - 03 451 12 00/25 00 - 8h30-16h30.* Anglophone et efficace.

SE REPÉRER

Carte de région A1 (p. 122-123) – carte Kanchanaburi et la rivière Kwai p. 180 – *carte Michelin 751, GH3-4.* À 130 km à l'ouest de Bangkok. Vous ne vous éloignerez jamais vraiment de la rivière, qui allie beauté et centres d'intérêt.

Voir aussi la rubrique « Arriver/partir » dans « Nos adresses ».

À NE PAS MANQUER

Le coucher du soleil sur la rivière Kwaï; un voyage sur la ligne de chemin de fer de Nam Tok; une journée au parc national d'Erawan.

ORGANISER SON TEMPS

La région mérite que l'on s'y attarde : comptez au moins 2 jours. Découvrez le pont sur la Kwaï le matin de bonne heure pour éviter les groupes de touristes venus de Bangkok.

Cernée de champs de cannes à sucre et de montagnes aux tons fauves, « Kan'buri » s'étire sur les berges de la rivière Kwaï, rendue tristement célèbre par l'un des plus sombres épisodes de la Seconde Guerre mondiale. Avec ses pittoresques maisons flottantes, transformées en hôtels et en restaurants, la ville est devenue l'une des destinations favorites des habitants de Bangkok, qui viennent y profiter de la fraîcheur... Aussi aurez-vous du mal à échapper aux décibels des discothèques flottantes, même en semaine. Rassurez-vous, le calme règne en maître incontesté dans les somptueux parcs nationaux, qui regorgent de cascades et de grottes. Kanchanaburi est surtout un excellent camp de base pour explorer la région, superbe, qui s'étend jusqu'aux contreforts de la Birmanie.

Se promener Carte Kanchanaburi et la rivière Kwai

VISITE DE LA VILLE

Longez la Kwaï vers le nord en suivant Th. Mae Nam Kwae; vous apercevrez le pont au bout de 4 km – comptez env. 3h à pied, mais le plus agréable pour cette balade est de louer un vélo.

Protégée à l'ouest par une barrière de collines boisées, Kanchanaburi occupe la rive orientale de la Kwaï, ses deux principales artères, parallèles, s'allongeant sur des kilomètres. La rive opposée reste le territoire des bananeraies, un cadre de verdure qui invite à une agréable promenade au coucher du soleil.

À moins que vous n'optiez, après votre visite de la ville, pour une excursion en bateau sur la rivière *(vers le sud)* à partir du fameux pont qui l'enjambe.

La renommée du **pont de la rivière Kwaï** – en thaï *Khwae* – n'est plus à faire : qui ne se souvient pas de l'air sifflé par les prisonniers dans le film de **David Lean** (1957), tiré du roman de Pierre Boulle ? Mais ceux qui gardent cette image en tête seront déçus : le pont actuel, en métal, n'a pas la sveltesse du pont d'origine, en bois de teck, qui servit de copie aux studios d'Hollywood. Soumis à de nombreux sabotages par ceux-là mêmes qui le bâtirent, il fut bombardé à maintes reprises par les forces alliées, et l'ouvrage actuel date de l'après-guerre.

À proximité, le **musée de la Seconde Guerre mondiale** *(*World War II Museum *– 8h-17h - entrée 40 bahts)* présente une collection hétéroclite d'objets et de documents relatifs à la guerre et à l'histoire militaire thaïlandaise. Seuls les passionnés apprécieront.

Du musée, reprenez à droite Th. Mae Khwae vers le centre-ville. La rue prend bientôt le nom de Th. Chaokunen.

Sur la gauche dans le vaste **cimetière militaire de Kanchanaburi** *(*Kanchanaburi Allied War Cemetery*)* reposent 6 982 prisonniers de guerre qui périrent pendant la construction de la voie ferrée *(voir page ci-contre)*. Il jouxte un **cimetière chinois**, dont les tombes aux couleurs vives créent un contraste saisissant.

Continuez toujours sur cette rue, puis prenez à droite en gardant le Wat Neua sur votre droite. Tournez ensuite dans Th. Pak Phraek, la 1re rue à gauche avant le pont.

Avec ses **maisons traditionnelles** et ses vieilles **bâtisses coloniales**, Thanon Pak Phraek et le quartier du marché donnent une idée de ce qu'était Kanchanaburi au début du 20e s. C'est là aussi que se dresse le pilier de fondation de la ville, le **Lak Muang**, un phallus recouvert d'or que l'on peut voir à l'angle de Thanon Lak Muang *(juste après le bureau de poste)*.

Revenez sur Th. Pak Phraek et poursuivez vers le sud, jusqu'à l'intersection de Th. Visutharangsi, marquée par le Wat Chai Chumpon.

« J » pour Japan, « E » pour England, « A » pour America et Australia, « T » pour Thailand, et « H » pour Holland : le **JEATH Museum★** *(8h-16h30 - entrée 30 bahts)* présente une reconstitution poignante des conditions de vie des prisonniers de guerre, dans des huttes de bambou à l'image de leurs habitations sommaires. Le musée expose aussi de vieux outils, des coupures de presse, des photos et des témoignages de captifs évoquant les conditions atroces de la vie quotidienne au camp. Une des photos – sans doute la plus lumineuse – montre le sourire des survivants à l'annonce de l'armistice.

Excursions

★★ SUR LE CHEMIN DE FER DE NAM TOK Carte Kanchanaburi et la rivière Kwai

Quatre trains (6h, 11h, 13h, 21h) partent tlj de la gare en centre-ville pour relier Nam Tok (env. 2h30 de trajet aller). Le dernier train de retour vers Kanchanaburi part à 15h15.

Il serait dommage de ne pas emprunter le train haut en couleur qui suit le cours de la Kwaï (Khwae Noi). Du fond de la vallée aux champs de cannes à sucre qui s'étagent vers les hauteurs, ce petit tortillard de bois traverse de ravissants **paysages★★**, avec en toile de fond la crête pourpre des montagnes alentour. À l'origine, cette ligne reliait Nong Padluk *(à 50 km de Kanchanaburi)* à Thanbyuzayat, située près du golfe de Martaban, en Birmanie. Mais il n'en

Une histoire mouvementée

Dans les années 1940, pendant la guerre, alors qu'il travaillait sur la voie ferrée traversant l'actuel parc de **Sai Yok**, un prisonnier hollandais du nom de Van Heekeren mit au jour les traces d'une civilisation remontant à 10000 ans av. J.-C., et notamment des outils. Depuis, les chercheurs ont obtenu la confirmation que la province était en effet déjà peuplée en ces temps reculés.

UN DESSEIN DÉFENSIF

La région, de par sa situation aux portes de la Birmanie, attira très tôt les convoitises. Kanchanaburi n'entra, quant à elle, que tardivement dans l'histoire : fondée à la fin du 17e s. par Rama Ier, cette petite ville de garnison avait pour but d'assurer la défense des marches du royaume contre les invasions birmanes. Les troupes ennemies passaient en effet par le **col des Trois Pagodes**, à 220 km de là, un passage stratégique qui demeure toujours d'actualité, les insurgés birmans continuant de le franchir pour se réapprovisionner sur le territoire thaïlandais.

LE CHEMIN DE FER DE LA MORT

Rapidité d'exécution

Au début de la Seconde Guerre mondiale, après leur victoire fulgurante en Asie du Sud-Est, les **Japonais** tentent de poursuivre leur progression jusqu'aux Indes britanniques, avec pour objectif de les envahir. Ils décident alors la construction d'une **voie ferrée** qui relierait la Thaïlande et la Birmanie par le col des Trois Pagodes. Longue de 415 km, cette ligne devait également faciliter l'acheminement des renforts et du matériel vers les troupes japonaises basées en Birmanie. Après la chute de Singapour en 1942, les Japonais expédient ainsi tous leurs prisonniers de guerre sur le chantier. Les travaux, d'une ampleur titanesque, débutent dès septembre 1942 et ne s'achèveront qu'en octobre 1943.

Pas moins de **60000 prisonniers** et de **270000 travailleurs asiatiques** sont soumis à ces travaux forcés, dans des conditions inhumaines. Le bilan se révélera très lourd : plus de 12000 prisonniers et 100000 travailleurs asiatiques y laisseront leur vie; pour deux traverses posées, on comptera un mort. Un sacrifice d'autant plus terrible et absurde que le chemin de fer, une fois terminé, ne restera opérationnel que deux ans, avant d'être démoli par les Alliés.

Et aujourd'hui ?

Le pont de la rivière Kwaï fut détruit par les bombardements alliés en 1945, puis reconstruit par les Japonais à titre de dommages de guerre. À l'image de ce pont, la ligne de chemin de fer fut démantelée pour des raisons stratégiques, notamment près du col des Trois Pagodes. Cependant, entre Kanchanaburi et Nam Tok, la voie est toujours utilisée par les chemins de fer thaïlandais, qui veulent ainsi promouvoir le tourisme historique. Cette ligne offre une succession de paysages sublimes sur 130 km environ *(voir page ci-contre)*.

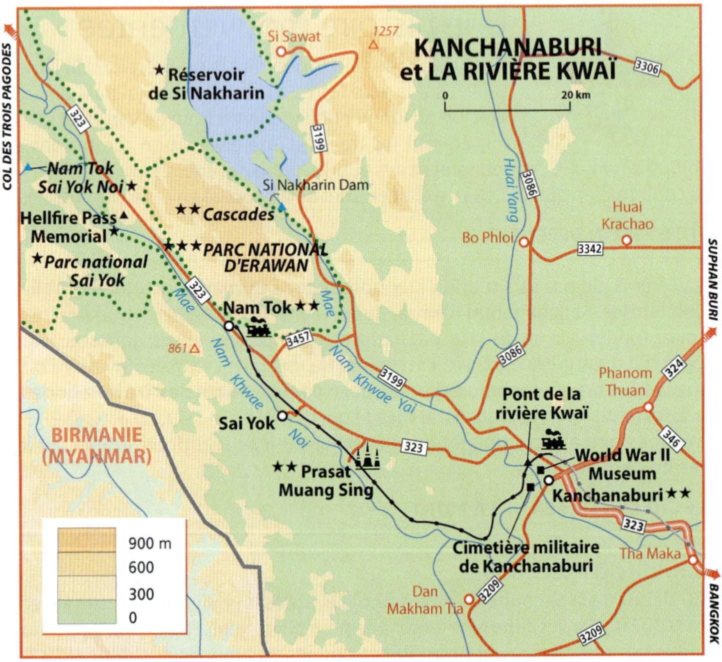

reste à présent qu'un tronçon de 77 km, compris entre Kanchanaburi et Nam Tok. Par endroits, la voie est creusée à même la roche. Profitez du rapide passage sur le pont de la rivière Kwaï pour une photo-souvenir. Plus loin, le train passe sur un pont de bois surplombant une vallée encaissée, belvédère de choix d'où l'on profite d'une très belle **vue panoramique★**.

Arrivé à Nam Tok, enfin, vous pourrez prendre un taxi collectif pour rejoindre les majestueuses **chutes de Sai Yok Noi★** *(voir page ci-contre)*.

★★ LE LONG DE LA FRONTIÈRE BIRMANE Carte Kanchanaburi

L'excursion proposée, qui suit en grande partie la route 323 vers le nord-ouest, exige une voiture. Mais vous pouvez aussi circuler en bus ou en train. Comptez une journée, deux si vous voulez profiter de tous les attraits du parc d'Erawan, où vous pourrez passer la nuit.

★ Le parc historique de Prasat Muang Sing

À 43 km de Kanchanaburi - train depuis la gare de Thonburi, à Bangkok : descendre à Ban Tao (3h de trajet) - 8h-17h - entrée 100 bahts (suppl. voiture 50 bahts).

Protégé par des remparts, cet avant-poste de l'Empire khmer servit sans doute également de relais commercial. Il n'en reste aujourd'hui qu'un vaste ensemble de ruines, datées du 13e s. Sur votre gauche s'élève le sanctuaire principal, le **Prasat Muang Sing★★**, auquel des murs aux gros blocs de latérite confèrent encore une allure imposante. Une antichambre ouvrant à l'intérieur de l'édifice abrite un **Bodhisattva Avalokiteshvara**. Il ne reste en revanche pratiquement rien des autres bâtiments qui se tenaient au nord du domaine. Un **musée** à l'entrée du parc conserve des poteries, des objets religieux et divers bouddhas découverts sur le site.

★★★ Le parc national d'Erawan

À 65 km de Kanchanaburi - suivez la route 323 puis bifurquez à droite vers la route 3199, ou prenez le bus nº 8170 à Kanchanaburi (2h de trajet) - 8h30-16h30 (fermeture du sentier vers les différents niveaux de cascade dès 16h) - 500 bahts - possibilité de dormir sur place (location de tentes et bungalows, rens. : ✆ 03 457 42 22).

Véritable chef-d'œuvre de la nature, le parc d'Erawan emporte sans conteste la palme d'une des plus belles **chutes d'eau★★** de Thaïlande. Dans une forêt magnifique, idéale pour fuir les chaleurs tropicales, plusieurs cascades ponctuent la rivière sillonnant le parc.

On les découvre une à une au cours d'une superbe **randonnée** plus ou moins sportive le long des berges *(comptez 3h AR avec de bonnes chaussures ; prenez votre maillot de bain)*. Du parking, un chemin de 2 km s'enfonce sous les frondaisons pour aboutir à une série de **piscines naturelles★** en escalier, délicieux bassins d'eau turquoise s'étageant dans la verdure.

En amont, à partir du premier niveau de la cascade, il faut suivre le sentier escarpé qui grimpe dans les hauteurs vers les niveaux les plus élevés, un vrai parcours sportif : on franchit des petits ponts suspendus, puis on escalade la montagne pour longer ou surplomber les **sept bassins naturels** qui se succèdent, rivalisant de beauté. Le parc doit d'ailleurs son nom à la dernière chute *(niveau 7)*, dont la forme fait penser à l'éléphant (*erawan* en thaï) à trois têtes de la mythologie bouddhiste.

Si vous êtes motorisé, faites un crochet jusqu'au **réservoir de Si Nakharin★** *(prenez la route à gauche à la sortie du parc sur 5 km)* : le lac, les îles et les montagnes environnantes composent un **paysage★★** d'une beauté à couper le souffle.

★ Hellfire Pass Memorial (Mémorial du col des Feux de l'Enfer)

À 80 km de Kanchanaburi - bus depuis Kanchanaburi (dir. Sangkhlaburi - env. 1h30 de trajet).

Dans un **cadre★** superbe, un sentier bétonné de 1 km vous mène, à l'ombre d'une bambouseraie, jusqu'à la **tranchée de Konyu** (Hellfire Pass). Les prisonniers y travaillaient jadis sans interruption, nuit et jour, pour creuser des passages dans l'énorme chaos des rochers. Un travail harassant qui donna à l'un d'entre eux, lorsque les flammes des foyers perçaient la nuit, la vision des bouches de l'enfer… Un bloc de pierre colossal, coupé en deux, atteste la rudesse du travail des captifs, qui disposaient de surcroît d'outils rudimentaires. Au départ du sentier, un **musée** très bien fait, géré par le gouvernement australien, rassemble explications et témoignages. Vous pouvez faire de belles randonnées en suivant le tracé de l'ancienne voie ferrée.

★ Le parc national Sai Yok

À 104 km de Kanchanaburi et à 2 km de la gare de Nam Tok - train depuis Kanchanaburi à 6h, 11h et 13h ; descendre à Nam Tok - bus nº 8203 au départ de Kanchanaburi (2h de trajet) - entrée 500 bahts - possibilité de dormir sur place (rens. : ✆ 03 468 60 24).

Le parc, qui s'étend jusqu'à la frontière birmane, englobe les **anciens chantiers du chemin de fer**, avec des vestiges du campement de l'armée japonaise et des segments de voie. Le pont suspendu qui enjambe la Khwae Noi, au cœur du parc, offre une très belle vue sur les **chutes d'eau de Sai Yok Noi★**. À la base du pont, vous pouvez aussi louer un bateau pour explorer les grottes creusées dans les falaises alentour, où habitent des **chauves-souris** minuscules, dites « kitti à nez de cochon » : mesurant à peine 3 cm, elles comptent parmi les plus petits mammifères du monde.

NOS ADRESSES À KANCHANABURI

INFORMATIONS UTILES

Poste – *À l'angle de Th. Pak Phraek et de Th. Lak Muang.*
Sécurité – Police touristique - *Th. Sangchutoe ✆ 03 451 26 68* ou *11 55.*

ARRIVER / PARTIR

En train

De Bangkok *(gare de Thonburi),* 4 trains desservent les gares de Kanchanaburi *(3h15 de trajet),* avant de poursuivre en dir. de Nam Tok *(3 retours/j. vers Bangkok).*

En bus

De Bangkok, départs pour Kanchanaburi ttes les 15mn de 5h à 22h *(2h de trajet)* ; de Kanchanaburi pour Bangkok, ttes les 20mn, de 4h à 19h.

En bus privé

Les agences de voyages proposent la jonction Bangkok-Kanchanaburi en minibus privé *(2h30 de trajet).*

HÉBERGEMENT

Au bord de la rivière

Sur les berges de la Kwaï se concentrent les pensions les plus romantiques, mais aussi les plus bruyantes…

PREMIER PRIX

Sugar Cane Guesthouse I – *22 Soi Pakistan, Th. Mae Nam Khwae - ✆ 03 462 45 20 - www. sugarcaneguesthouse.com - 32 ch. - 150/550 bahts.* On se sentirait presque chez soi dans cette *guesthouse* ! De jolies chambres dotées de moustiquaires sont dispersées dans un petit jardin. D'autres sont installées dans des maisonnettes sur pilotis et offrent un plus grand confort, avec l'air conditionné et l'eau chaude. Vous profiterez d'une vue superbe sur la rivière. L'accueil cordial rehausse encore une atmosphère pleine de charme.

Sugar Cane Guesthouse II – *7 Soi Cambodia, Th. Mae Nam Khwae - ✆ 03 451 49 88 - www. sugarcaneguesthouse.com - 200/550 bahts.* Proche du précédent, il offre un cadre similaire, mais avec vue sur le pont de la rivière Kwai, distant de 1 km.

BUDGET MOYEN

Kasem Island Resort – *44-48 Th. Chaichumphon - accès avec le bateau de l'hôtel uniquement - ✆ 081 499 49 41 - www. kasemisland.com - 35 ch. - 900/1 600 bahts.* Bâti sur une île au milieu de la Kwaï, un agréable hôtel aux petites maisons de bambou impeccables et calmes, où l'on se sent comme un Robinson Crusoé des temps modernes. Bar-restaurant en terrasse et navette gratuite (7h-22h).

POUR SE FAIRE PLAISIR

Felix River Kwai Resort – *91/1 Moo Thamakham - ✆ 03 455 10 00 - www.felixriverkwai. co.th - 255 ch - 3 000/3 500 bahts mini.* Situé à l'extérieur de la ville, cet établissement de luxe se niche au cœur d'un superbe jardin tropical. Location de vélos et de canoës.

Sur Thanon Saengchuto

BUDGET MOYEN

River Kwai Hotel – *284/15-16 Th. Saengchuto - ✆ 03 451 01 11 - www. riverkwai.co.th - 150 ch. - 1 800 bahts et plus.* Grand hôtel offrant la plupart des services (spa, massages) de son standing et doté de chambres confortables. On apprécie particulièrement la piscine au 2e étage.

RESTAURATION

Bon à savoir –De nombreux restaurants flottants bordent les rives de la Kwaï dans un cadre agréable. Attention, leur personnel parle souvent uniquement le thaï.

PREMIER PRIX

Mae Nam River Restaurant – *À l'extrémité de Th. Lak Muang - 03 451 28 11 - 9h-0h - 100/250 bahts.* Vous pourrez y déguster le *pla Ysok*, spécialité de poisson de la région.

The River Kwai Floating Restaurant – *En contrebas du pont de la rivière Kwaï - 03 451 25 95 - 9h-22h - 100/300 bahts.* Une véritable usine à touristes, servant cuisines thaïe et chinoise. N'y allez que si vous tenez absolument à manger près du pont. En dehors des heures de repas, la large terrasse fleurie est agréable pour prendre un verre.

Keereetara Restaurant – *À 50 m du pont, peu après le River Kwai Floating Restaurant - 03 462 40 93 - 11h-23h - 100 bahts mini.* Une construction mêlant modernisme et architecture traditionnelle avec une jolie terrasse dominant la rivière. Belle carte tournée vers les spécialités de poissons.

Nita's Rafthouse Restaurant – *27/1 Th. Phakphraek - www.nitarafthouse.com -100/300 bahts.* Un restaurant flottant à l'atmosphère relaxante. Bonne cuisine thaïe et chinoise.

BOIRE UN VERRE

The Beer Barrel Bar – *265/2 Th. Mae Nam Khwae - 18h-0h.* Sans doute le bar le plus original de la ville, avec ses tables de bois rustiques dispersées dans un jardin éclairé de lanternes. Sans oublier le cheval dans l'enclos… et les coqs perchés dans les arbres. Cadre fantaisiste et charmant pour prendre un verre.

AGENDA

River Kwai Bridge Week– Cette commémoration des événements de la Seconde Guerre mondiale a lieu chaque année entre fin novembre et début décembre. Impressionnant spectacle de son et lumière sur le pont.

Phetchaburi

★★

43 969 habitants – Chef-lieu de la province de Phetchaburi

NOS ADRESSES PAGE 188

S'INFORMER
Tourism Authority of Thailand – *500/51 Th. Phetkasem - ✆ 03 247 10 05 - 8h30-16h30.*

SE REPÉRER
Carte de région B2 (p. 122-123) – *carte Michelin 751, H4.* À 160 km au sud-ouest de Bangkok.
Voir aussi la rubrique « Arriver/partir » dans « Nos adresses ».

À NE PAS MANQUER
Une visite du palais royal de Phra Nakhon Khiri au coucher du soleil; la découverte à pied des temples du centre-ville; une excursion au parc de Kaeng Krachan.

À l'écart des grands flux touristiques, Phetchaburi, l'une des plus anciennes villes de Thaïlande, semble ignorée du monde moderne. Les berges de la rivière éponyme conservent encore leur alignement de maisons traditionnelles en bois, tandis que les ruelles du centre-ville abritent des temples aux peintures magnifiques, gracieux mariage des traditions khmère et thaïe. Dans les rues alentour, agréablement ombragées, l'animation bat son plein, colorée et joyeuse.

Se promener

VISITE DE LA VILLE

Comptez une journée.
Du haut du palais royal de Phra Nakhon Khiri se dévoilent les secrets de Phetchaburi, plus familière aux Thaïlandais sous le nom de « Pethburi ». Vers l'ouest, la **vue**★★ s'étend sur les reliefs sombres de la chaîne des Tenasserim, frontière naturelle avec la Birmanie, tandis qu'à l'est on devine les lueurs bleues du golfe du Siam; la mer n'est qu'à 20 km.

Phra Nakhon Khiri (Khao Wang)
À 2 km du centre-ville - comptez 30mn en taxi (puis montée en funiculaire) - 8h30-16h30 - 70 bahts, funiculaire et musée inclus.
En 1858, séduit par la beauté du site, le roi Mongkut fit construire un palais à proximité de la ville, perché sur les trois sommets du **Maha Samana**. Outre le point de vue sans égal, l'endroit – surnommé par les Thaïlandais « Khao Wang » (« la Cité céleste de la montagne ») – offrait au roi un cadre idéal pour se livrer à l'une de ses passions : l'astronomie. Les bâtiments de ce palais néoclassique révèlent une variété singulière de styles architecturaux : thaï, occidental et chinois, témoins de l'ouverture d'esprit de Mongkut.
Reflets des fastes de la Cour, les trois pavillons blancs composant le palais servent d'écrin aux collections du **Musée national Phra Nakhon Khiri**

Temple Wat Mahathat Worawihan, Phetchaburi.
O. Protze / age fotostock

(sur le sommet le plus à l'ouest - 9h-16h), bel ensemble de céramiques et de meubles ayant appartenu à la famille royale. Le premier bâtiment, néoclassique, était réservé aux invités du roi ; le deuxième abritait les appartements royaux. Quant au pavillon d'apparat situé à l'arrière – le plus sophistiqué avec son *prang*, ses tourelles d'angle et ses frontons dorés –, il renferme un buste du roi Mongkut en costume de cérémonie. À l'opposé se dresse l'**observatoire**, petite tour ronde où le souverain s'adonnait à ses études d'astronomie. En suivant le sentier ombragé de frangipaniers, on rejoint l'éminence centrale *(à droite)*, site du **Phra Tat Chompet**, un imposant *chedi* blanc dû à Rama V. Puis on atteint la terrasse du **Wat Phra Kaeo**, élégant édifice bâti à l'image du temple royal de Bangkok. Un curieux **prang en grès ocre rouge** se dresse à côté, accompagné d'un **chedi** de marbre gris et de trois pavillons d'une blancheur immaculée. La terrasse offre aussi un magnifique **panorama★★** sur les alentours.

Du palais, des songthaew *vous emmènent au Wat Mahathat, en centre-ville.*

★ Les temples du centre-ville

Héritage de la puissance khmère, quantité de cours décorées de temples s'ouvrent au cœur de la ville, tandis que, çà et là au détour d'une ruelle, s'élancent quelques *prang* esseulés. Le long de la rivière, l'animation, baignée d'une atmosphère surannée, évoque la vie quotidienne au siècle passé et invite à la flânerie. Des échoppes bigarrées colonisent la rue, leurs étals débordant de marchandises en tout genre, dans un joyeux capharnaüm. Orfèvrerie, sculptures de bois, soieries indiennes : renommés depuis des siècles, le commerce et l'artisanat local restent de tradition à Phetchaburi. Assis sur le trottoir, les marchands débattent des dernières nouvelles, tout en jetant un regard à la fois distrait et curieux sur l'étranger de passage…

★ **Wat Mahathat Worawihan** – *Th. Damnoen Kasem.* Repérable à son impressionnant **prang blanc★**, haut de 40 m, le temple semble écraser de sa masse les frêles maisons alentour. Outre sa remarquable architecture, il vaut le détour

LA CITÉ DU DIAMANT

Phetchaburi tient son nom d'une légende selon laquelle on ramassait, jadis, des pierres précieuses dans le lit de la rivière. Image d'une réalité prospère, sans doute : sous le royaume de Dvaravati (7e s.-11e s.), la ville jouait déjà un rôle économique notoire, favorisé par ses échanges avec l'Inde et l'Occident. Son influence lui permit de devenir au 13e s. l'une des capitales régionales de l'Empire khmer, puis la cité conserva sa prééminence comme comptoir commercial sous les royaumes de Sukhothai et d'Ayutthaya. Aux 19e s. et 20e s., elle gagna encore les faveurs des souverains Mongkut et Chulalongkorn, qui firent d'elle une somptueuse résidence royale.

pour l'agitation qui y règne. Les Thaïlandais y viennent en famille, du plus âgé au plus jeune, pour brûler des bâtons d'encens et ajouter des feuilles d'or à la statue de Bouddha. Probablement érigé à l'époque d'Ayutthaya (14e s.), le Wat Mahathat comprend **cinq prang** d'inspiration khmère, véritable dentelle de stuc ouvragé.

Un bouddha assis trône dans la cour intérieure, à côté d'un *chedi* creusé de niches où sont abritées d'autres images de la divinité. Il garde l'entrée du **Wihan Luang** (chapelle principale), rehaussé de belles peintures murales. On peut y voir une **roue de la loi**, recouverte d'or, et un autel enchâssant trois statues de Bouddha accompagné de ses disciples.

Prenez la rue faisant face au temple et traversez la rivière. Tournez dans la 2e rue à gauche (Th. Panichjaroen), puis dans la 3e à droite (Th. Phongsuriya), avant de continuer tout droit.

★★ **Wat Yai Suwannaram** – *Th. Phongsuriya.* En pénétrant dans l'enceinte, vous croiserez sans doute un moine drapé dans sa robe safran, venu méditer à l'ombre d'un banian ou déambulant paisiblement sous les superbes **toits de bois★★** des pavillons. Bâti en 1660, le temple fut rénové par Rama V à la fin du 19e s. À droite, le **sala★★** (pavillon de repos) provient d'Ayutthaya et fut déplacé là lors du sac de la ville par les armées birmanes. L'une de ses superbes portes sculptées garde d'ailleurs le souvenir d'un assaut violent : l'entaille d'un coup de sabre.

Mais attardez-vous surtout sur les **peintures murales★★** des murs en teck de l'**ubosot**, le hall des ordinations *(à gauche de la porte d'entrée)*. Merveilleusement conservées, elles illustrent avec un grand réalisme la vie quotidienne au temps d'Ayutthaya, un témoignage unique rehaussé de détails sur la flore et la faune de l'époque. Des divinités rendent hommage à Bouddha, occupé à chasser les forces du mal. Non loin, un petit **sanctuaire** *(ho trai)* tout en bois, siège des écritures bouddhiques, est installé sur pilotis au centre d'un bassin ombragé de cocotiers.

En sortant du temple, continuez sur Th. Phongsurya ; à votre gauche, jetez un coup d'œil aux **Wat Borom** et **Wat Trailok**, dotés de dortoirs en bois sur pilotis.

Poursuivez votre chemin sur Th. Phongsuriya, puis prenez la 1re rue à droite. Continuez jusqu'à la rue à droite suivante, Th. Phrasong.

★ **Wat Kamphaeng Laeng** – *entrée sur la droite.* Côtoyant un temple aux toits bleu et or, qui jaillit derrière un bouquet de verdure à l'angle de la rue, ce sanctuaire fondé au 12e s. marque le point le plus méridional de la sphère d'influence khmère en Thaïlande. Dédié à l'origine aux divinités hindoues, il accueillit ensuite le culte bouddhiste. Cinq petits **prang★** de pierre, aux lignes typiques, longent l'allée principale, gardant encore la trace de leurs délicats ornements.

Continuez sur Th. Phrasong. Un temple, le Wat Phra Suang, forme un angle avec Th. Matayawong, que vous prendrez à gauche. Au croisement marqué par une horloge, prenez la rue à droite.

★★ **Wat Ko Kaew Sutharam** – *Th. Boripha.* Dernier temple à ne pas manquer, ce *wat* montre un ravissant ensemble de pavillons de bois sur pilotis. Il recèle de remarquables **peintures murales**★★ du 18e s., d'une qualité rare, ayant pour thème les visites des missions européennes au royaume d'Ayutthaya. On y voit notamment un prêtre jésuite vêtu de la tunique des moines bouddhistes ou encore des marchands persans à cheval. Notez la délicatesse des visages, tous très expressifs. Sur le mur occidental, des scènes évoquent avec originalité la vie de Bouddha, dont sa victoire sur le démon du mal, Mara.

À proximité Carte de région

★★ LE PARC NATIONAL DE KAENG KRACHAN A2

À 20 km au sud de Phetchaburi – comptez une journée pour le parc et 2 jours si vous allez aux chutes.

Le plus simple est de louer un taxi pour la journée (les motos sont interdites) - ✆ 03 245 92 93 - www.dnp.go.th - 200 bahts.

Fondé en 1981, ce parc national constituant la plus vaste réserve naturelle de Thaïlande couvre 2 920 km². Arrosé d'une multitude de rivières, il abrite une quarantaine d'espèces d'animaux sauvages, dont des éléphants, des tigres, des léopards, des ours, des gibbons et des daims.

La route traverse d'abord des terres agricoles aux tons rouges ; puis, dans un majestueux décor de collines boisées, elle atteint le **barrage** et le **lac** artificiel de Kaeng Krachan, une immense nappe d'eau cernée de montagnes. Constellé d'îlots, refuges temporaires de centaines d'oiseaux migrateurs, il s'étend sur une superficie de 45 km², énorme réservoir qui irrigue la plaine.

Mais les passionnés de grands espaces verront surtout là un vrai jardin d'éden : le lac et ses abords invitent en effet à toutes sortes d'activités « nature ». Vous pourrez ainsi explorer des grottes, gravir le plus haut sommet du parc, le **Phanoen Thung** (1 207 m), ou encore partir à la découverte des **cascades de Pala U**, de **Pala Noi** ou de **Pala Yai**. Les plus sportifs pourront également faire la descente en radeau de la Phetchaburi et de la Pranburi, les deux rivières qui traversent et irriguent le parc.

Si vous manquez de temps, optez pour la **promenade en bateau**★★ : les lumières de la jungle jouant sur les eaux du lac et l'ombre de ses îles créent un paysage d'une saisissante beauté.

NOS ADRESSES À PHETCHABURI

ADRESSES UTILES

Poste – *À l'angle de Th. Ratwithi et de Th. Damnoen Kasem.*

ARRIVER / PARTIR

En train

Env. 12 départs tlj pour Bangkok *(3h de trajet)*. Connexions pour Hua Hin *(1h)*, Surat Thani *(9h)* et le Sud.

En bus

La gare routière se trouve à 5mn à pied du funiculaire du Phra Nakhon Khiri. Départs tlj pour Hua Hin *(1h)* et Bangkok *(2h)*.

HÉBERGEMENT

À Phetchaburi

BUDGET MOYEN

Sun Hotel – *À 100 m du funiculaire - ✆ 03 240 00 00 - ▤ ⊠ ✕ - 52 ch. - 800/950 bahts* ☕. Dans un immeuble récent, des chambres propres. Le meilleur rapport qualité-prix de la ville. Wifi.

The Royal Diamond Hotel – *555 Mull 1, Th. Phetkasem - ✆ 03 241 10 61 à 70 - www.royaldiamondhotel.com - ▤ ✕ - 58 ch. - 890/1 090 bahts* ☕. Vous aurez le choix entre deux types de bruit : celui des voitures sur l'autoroute à côté de l'hôtel, ou celui des haut-parleurs du bar, ouvert dans le jardin. Malgré la belle vue sur le Phra Nakhon Khiri, les chambres sont honteusement chères.

Dans le parc national de Kaeng Krachan

BUDGET MOYEN

Kaeng Krachan National Park – *Kaeng Krachan Sub-district - Amphur Kaeng Krachan - Phetchaburi - ✆ 03 245 92 93 - www.dnp.go.th - 45 ch. - 1 200/2 700 bahts*. Les bungalows sont assez éloignés du lac. Possibilité de camper.

RESTAURATION

PREMIER PRIX

Ban Khanom Thai – *130 Th. Phetkasem - 200/400 bahts*. Pour goûter les confiseries typiques de Phetchaburi, tels le *khanom mo kaeng*, crème à base de noix de coco, d'œufs et de sucre de palme, ou le *khao kriap*, délicieuse pâtisserie aux graines de sésame, au sucre de palme et à la noix de coco, ou encore le *kluai khai*, un dessert à base de banane.

AGENDA

Phra Nakhon Khiri – En fév. Festival avec spectacle son et lumière en haut du palais.

Hua Hin

★

47 948 habitants – Province de Prachuap Khiri Khan

NOS ADRESSES PAGE 192

S'INFORMER
Municipality Tourist Office – *114 Th. Phetkasem (à l'angle de Th. Damnoen Kasem, non loin de la gare) - 02 250 55 00 - 8h30-16h30.*

SE REPÉRER
Carte de région B2 (p. 122-123) – *carte Michelin 751, I4.* À 63 km au sud de Phetchaburi et à 230 km au sud-ouest de Bangkok.
Voir aussi la rubrique « Arriver/partir » dans « Nos adresses ».

À NE PAS MANQUER
Prendre un verre à l'ancien Railway Hotel ; une excursion au parc national de Khao Sam Roi Yot.

ORGANISER SON TEMPS
Ne vous attardez trop pas à Hua Hin : la ville ne peut rivaliser avec les plages du Sud.

Encadrée de collines rocheuses, la baie qui s'ouvre sur le golfe du Siam donna son nom au village de pêcheurs : Hua Hin signifie en effet en thaï la « Tête de pierre ». De nos jours, c'est une paisible bourgade, encadrée de longues plages de sable blanc, qui dut son succès, au début du 20e s., à la haute société de Bangkok. En 1911, la construction de la première voie de chemin de fer nationale devait désenclaver la province en reliant Hua Hin à la capitale et, dès lors, le village devint une station balnéaire huppée dont on apprécie aujourd'hui la douceur désuète.

Se promener

★ PETITE BALADE EN VILLE

Comptez 1h à pied.
La façon la plus agréable de découvrir Hua Hin est d'effectuer une promenade en ville, puis sur la plage, avant de s'installer à la terrasse du Railway Hotel, le plus vieil hôtel de la ville, pour boire un verre ou prendre l'apéritif.
Cette cité balnéaire n'offre que peu de curiosités, et vous vous y déplacerez facilement à pied. La rue qui longe le front de mer a malheureusement perdu tout attrait, occupée d'un côté par les restaurants et les pensions sur pilotis, de l'autre par les agences de voyages et les boutiques de confection. Les dernières maisons traditionnelles font pâle figure devant l'hôtel Hilton, énorme tour de béton qui barre l'extrémité de l'artère.
Vous retrouverez néanmoins le charme de l'ancienne Hua Hin dans le **vieux quartier** touchant aux quais, un lacis de ruelles bordées de maisons de pêcheurs. L'atmosphère est plus chaleureuse, aussi, au **marché de nuit** *(Th. Phetkasem)*, où des gargotes proposent, outre toute la panoplie des souvenirs, de savoureux plats à déguster sur le pouce.

1

ON EST REPÉRÉ !
Hua Hin eut la fortune – ou l'infortune – de gagner les faveurs de Son Altesse le prince Chakrabongse, frère de Rama VI, qui découvrit l'endroit en 1911 lors d'une partie de chasse. Le charmant village de pêcheurs devint rapidement une station balnéaire huppée. Dès 1922, le prince y fit construire un golf et un hôtel, le **Railway**, suivi en 1926 de sa résidence estivale, le **Klai Klangwon** ou « palais du Sans Souci ». Ironie de l'histoire : c'est là qu'en 1932, le roi Rama VII devait apprendre le coup d'État qui mettait fin au régime de la monarchie absolue dans le pays. Hua Hin n'en devint pas moins un lieu prisé de l'aristocratie thaïlandaise, ainsi que des riches étrangers. Aujourd'hui, la **famille royale** se rend toujours dans son palais d'été, conférant un certain prestige à la plus vieille station balnéaire du pays.

Si vous n'êtes pas arrivé en train, ne manquez pas de faire un crochet par la **gare ferroviaire★** *(au bout de Th. Damnoen Kasem)*, un ravissant bâtiment traditionnel en bois de teck peint de couleurs vives. Le mythique **Orient-Express** y marque toujours un arrêt sur sa route vers Singapour, et l'endroit baigne du souvenir des grands voyages d'antan.
Vous pourrez ensuite aller siroter un thé à la terrasse du **Railway Hotel★** (ex-Sofitel Centara), autre vestige de la grande époque du chemin de fer. L'édifice a conservé sa **réception★** 1920 : meubles coloniaux, vieilles photos aux murs, etc. Il servit de cadre à certaines scènes du film *La Déchirure*, de Roland Joffé.

Excursion Carte de région

La réserve naturelle de Khao Sam Roi Yot cache de magnifiques plages de sable blanc.

★★ LE PARC NATIONAL DE KHAO SAM ROI YOT B2

À 65 km au sud de Hua Hin – comptez une journée.
En voiture, prenez la route 4 jusqu'à Pranburi, puis tournez à gauche au km 286 et poursuivez sur 20 km - bureau du parc situé à Ban Khao Daeng - ✆ 03 261 90 78 - 400 bahts.
La route qui mène au parc national de Khao Sam Roi Yot traverse des plantations d'ananas, spécialité de la province. Puis le paysage se fait plus tourmenté : d'étranges masses rocheuses se découpent sur le ciel, impressionnante série de crêtes dentelées qui porte bien son nom : la « **montagne aux Trois Cents Pics** ». Jaillissant au-dessus d'une vaste savane, ces collines calcaires sculptées par l'érosion composent le décor presque lunaire du parc, qui s'étend sur une superficie de 98 km².
Entre les mois d'août et d'avril, des **oiseaux migrateurs**, venus de Chine et de Sibérie, font étape dans les marais qui bordent le littoral, avant de reprendre leur route vers les côtes

ÉCLIPSE
Le 18 août 1868, le roi Mongkut, astronome émérite, arriva au parc de Khao Sam Rot Yoi accompagné de toute sa cour et de visiteurs étrangers. Le souverain avait annoncé l'éclipse : ce fut la fin d'une vieille croyance selon laquelle un géant gourmand avalait de temps à autre le Soleil – la coutume étant alors de frapper sur des gongs pour le lui faire recracher.

Le parc national de Khao Sam Roi Yot.
Zoonar / URS FLUEELER / age fotostock

australiennes. Près de 300 espèces d'oiseaux habitent également les lieux : hérons, cigognes et aigles impériaux, partageant leur territoire avec des cerfs, des loutres, des mangoustes et des varans.
Sur un rivage de mangrove se succèdent de splendides **plages désertes**★★ aux eaux limpides que vous pourrez rejoindre en bateau à partir du village de **Ban Phu** *(à 2 km de l'entrée du parc)*, installé au bord d'un canal.

★★ La plage de Laem Sala (Hat Laem Sala) B2

Le plus simple est de louer un bateau de pêche (300 bahts) près de Ban Phu.
Si vous optez pour la randonnée pédestre, vous serez récompensé par le **panorama**★★ sur les îles et les plages environnantes. Le long du chemin, des petits macaques mangeurs de crabes vous accompagneront, cachés dans les arbres ; on les reconnaît à leurs yeux cerclés de blanc. La plage apparaît ensuite, dans toute sa beauté sauvage *(location de bungalows)*.
Derrière une forêt de pins, un sentier assez raide conduit à la grotte calcaire de **Tham Praya Nakhon**★★ *(comptez 1h de marche - mieux vaut prendre un guide)*. Cette cathédrale naturelle cache d'étonnantes cascades pétrifiées. Plusieurs niveaux ouvrent successivement sur des arches et des gouffres, jusqu'à la dernière salle, où vous ferez une découverte insolite : un joli **pavillon thaï**, construit en 1890 et déplacé là sous le règne de Rama V.

NOS ADRESSES À HUA HIN

ADRESSES UTILES

Poste – *21 Th. Damnoen Kasem.*
Sécurité – Police touristique - *Th. Damnoen Kasem, juste avant la plage - ✆ 11 55.*
Visa – Immigration Center - *Th. Canal - ✆ 03 265 36 17 - lun.-vend. 8h30-15h30.*

ARRIVER / PARTIR

En train

Gare ferroviaire – *Au bout de Th. Damnoen Kasem - ✆ 03 251 10 73.* Env. 10 trains/j. pour Bangkok *(4h de trajet).*

En bus

Les bus s'arrêtent à l'angle de Th. Sasong et de Th. Dechanuchit. De et vers Bangkok, dép. ttes les 45mn de 5h à 22h *(3 à 4h de trajet).*

En minibus privé

Dép. pour Bangkok à 8h30 et 14h30. Rens. dans les agences de voyages.

En taxi

Ceux qui stationnent sur Th. Damnoen Kasem se rendent à Bangkok *(3h).*

HÉBERGEMENT

Sur Th. Naresdamri, certains hôtels sont construits sur pilotis : vous y serez bercé par le bruit de la mer. Attention : les prix grimpent en fin de semaine. Le prix des chambres avec air conditionné est deux fois plus élevé que celui des chambres munies d'un simple ventilateur.

PREMIER PRIX

Pattana Guesthouse – *52 Th. Naresdamri - ✆ 03 251 33 93 - www.observergroup.net/pattana.htm - réserv. indispensable - ✗ ✕ - 13 ch. - 450/550 bahts.* Cette maison traditionnelle en bois de teck est sûrement le plus bel hôtel dans sa catégorie. Les propriétaires, des Hollandais, sont une véritable mine d'informations sur la région. Salle de bains commune.

Fulay Guest House – *110/1 Th. Naresdamri - ✆ 03 251 31 45 - www.fulayhuahin.com - réserv. indispensable - ▤ ✕ - 20 ch. - 450/1 800 bahts.* Le plus bel hôtel de la rue. Sur pilotis, les élégants bungalows ont été construits selon l'architecture thaïe traditionnelle, tout de bois peint en blanc. Ne confondez pas cet établissement avec l'hôtel du même nom (en face). Wifi.

Sirima Guesthouse – *31 Th. Naresdamri - ✆ 03 251 10 60 - ▤ ✕ - 30 ch. - 800/1 000 bahts.* Avec leurs murs en bois, les chambres ressemblent à des cabines de bateau, certaines donnant sur la mer. Ne confondez pas cet hôtel avec son voisin de gauche, où la vue est moins intéressante. Terrasse sur l'eau.

BUDGET MOYEN

White Sand Beach Hotel – *Th. Phetchkasem, soi 7 - ✆ 03 252 04 10 - www.whitesandbeachhotel.com - ▤ ≋ ✕ - 20 ch. - 2 600/3 400 bahts ☕.* Un hôtel moderne au décor raffiné. Les chambres, au mobilier oriental, sont spacieuses. Mise à disposition gracieuse de kayaks et de vélos. Wifi.

UNE FOLIE

Centara Grand Beach Resort & Villas Hua Hin – *1 Th. Damnoen Kasem - ✆ 03 251 20 21 - www.centarahotelsresorts.com - ▤ ≋ ✕ - 207 ch. - 8 000 bahts mini. et 41 villas à partir de 9 000 bahts.* Fondé en 1923, le mythique hôtel Railway est sans doute la plus belle demeure de style colonial en Thaïlande. Derrière un escalier somptueux, la réception ouvre sur un parc tropical semé de sculptures végétales. Les chambres, superbes, sont entièrement de teck et de marbre.

RESTAURATION

Les restaurants situés autour de Th. Naresdamri sont très touristiques. Pour manger dans une cantine locale, vous trouverez plusieurs adresses sur Th. Naeb Khehars, notamment au croisement de Th. Chomsin.

PREMIER PRIX

Tanachote Restaurant – *11 Th. Naresdamri - ✆ 03 251 13 93 - 9h-22h30 - 100/300 bahts.* L'établissement propose toute une gamme de fruits de mer, à découvrir. Essayez également les poissons, sortis tout droit des cales des bateaux.

BUDGET MOYEN

Baan Itsara – *7 Th. Naeb Khehars - env. 1 km au nord de la Clock Tower - ✆ 03 253 05 74 - 11h-22h - à partir de 200 bahts.* Vous aurez le choix entre un repas sur la terrasse ou dans la maison traditionnelle en bois peint en blanc, au bord de la plage. Restaurant le plus réputé de la ville, le Baan Itsara a orienté sa carte vers les poissons et les fruits de mer.

Brasserie de Paris – *3 Th. Naresdamri - ✆ 03 253 06 37 - http://brasseriedeparis.net - 18h-22h - à partir de 400 bahts.* Comme son nom l'indique, ce restaurant propose une cuisine française, ainsi que des fruits de mer. Aménagé sur deux étages, il séduit par son joli cadre : une grande baie vitrée et un ameublement de style colonial.

POUR SE FAIRE PLAISIR

Railway Restaurant – *restaurant du Centara Grand Beach Resort & Villas Hua Hin (voir « Hébergement ») - 6h30-22h30 - plus de 500 bahts.* La salle du restaurant, ravissante, reproduit la gare de Hua Hin. Vous y ferez votre choix entre une cuisine asiatique, thaïe ou japonaise, et des plats européens, notamment français.

PETITE PAUSE

Cool Breeze Café Bar – *62 Th. Naresdamri - ✆ 03 253 10 62 - www.coolbreezecafebar.com - 11h-0h - 250/600 bahts.* Décoration coloniale feutrée avec une petite cour au calme à l'arrière de la belle maison. Les prix sont excessifs pour la cuisine proposée ici, mais on viendra avec plaisir profiter du cadre, le temps d'un cocktail ou d'un dessert.

BOIRE UN VERRE

Blue Elephant Terrace – *33/14 Th. Naresdamri - ✆ 03 253 21 03 - 10h-1h.* Une jolie terrasse tout en bois dans le style des pubs anglais. Ambiance décontractée.

ACHATS

Soieries

Mike & Co. Tailors – *18/1 Th. Naeb Khehars - ✆ 03 253 11 55 - http://mikeandcotailor.com - 9h-21h.* Vêtements et soieries haut de gamme. Vous pourrez aussi commander des costumes sur mesure.

ACTIVITÉS

Golf

Royal Hua Hin Golf Club – *✆ 03 251 24 75 - www.golfhuahin.com/royalhuahin.htm - 6h-18h.* Le cadre des distractions royales depuis 1924.

Massages traditionnels

Thai Ancient Massage – *Th. Petchkasem, à côté du palais royal - ✆ 03 251 58 32 - 7h-21h.* Des massages de qualité, pratiqués par des non-voyants.

Chonburi et sa région

Bang Saen et Ko Si Chang

960 000 habitants à Chonburi – Province de Chonburi

NOS ADRESSES PAGE 199

SE REPÉRER

Carte de région C1-2 (p. 122-123) – *carte Michelin 751, H5-6*. Chonburi se trouve à 70 km au sud de Bangkok; en voiture, comptez 1h de trajet par la route 34 ; en bus, prévoyez 1h45 (départs fréquents du Southern Bus Terminal de Bangkok).

Voir aussi la rubrique « Arriver/partir » dans « Nos adresses ».

ORGANISER SON TEMPS

Comptez 3 jours. Pour explorer la région en toute liberté, louez un véhicule. Les week-ends et jours fériés, évitez Bang Saen et Ko Si Chang, toutes deux surpeuplées.

AVEC LES ENFANTS

La réserve zoologique de Khao Khieo.

De Bangkok, la route qui file vers la côte orientale n'offre qu'une succession ininterrompue de complexes industriels, conséquence du projet gouvernemental Eastern Seabord Development Project : un programme de développement intensif de la région, initié dans les années 1980, destiné à décongestionner Bangkok. Voies ferroviaires, usines, ports et raffineries jalonnent ainsi une bonne partie du littoral. Mais ne vous laissez pas décourager : passé Chonburi, l'arrière-pays se distingue par sa luxuriance, et le relief tourmenté de la côte réserve de majestueux panoramas. En route vers le sud, la petite ville de Bang Saen, la plage de Chom Thian à Pattaya et l'île de Si Chang constitueront des étapes de charme, agréable transition pour les amateurs de nature, qui poursuivront ensuite leur voyage vers Ko Samet ou Ko Chang.

Excursions Carte de région

Chonburi C1

Difficile d'imaginer que Chonburi, devenue aujourd'hui une zone très urbanisée, était au siècle dernier le lieu de villégiature favori de la famille royale thaïlandaise. La ville, comptant près d'un million d'habitants, est la capitale d'une province fertile où l'on cultive le manioc, la canne à sucre et la noix de coco. Mais elle a également su tirer un profit économique de sa situation en bord de mer, et son port en eau profonde, **Laem Chabang**, constitue le noyau d'une activité industrielle internationale. La région doit en outre une bonne part de sa

GOURMANDISE

À Chonburi, des affiches montrent un singe coiffé d'un curieux couvre-chef. Message : ne pas les nourrir avec des noix de coco ! Une anecdote raconte en effet que deux jours furent nécessaires pour attraper un singe trop gourmand ; sa tête était restée prisonnière à l'intérieur du fruit, et l'animal, pris de panique, courait en tous sens.

Plage à Pattaya.
A. Cavalli / age fotostock

prospérité à l'ostréiculture, comme en témoignent les nombreuses cages à huîtres s'égrenant sur le littoral.

En quittant Chonburi

Dès la sortie de la ville, en allant vers le sud, le paysage se révèle moins ingrat. Juché sur la **colline de Sam Muk**, un temple chinois moderne exhibe son décor foisonnant : divinités chinoises et dragons s'enroulent autour des piliers écarlates du sanctuaire et de ses pavillons secondaires. De la terrasse supérieure du bâtiment, on jouit d'un beau **point de vue★** sur les environs : collines escarpées s'avançant sur la mer, dominant une nappe de verdure piquée de flamboyants rouges et de cocotiers.

En route vers Bang Saen, un chemin à droite mène à la « colline des Singes », elle aussi couronnée par un temple chinois. Le **Chao Mae Kao Samuk** fut élevé au 18e s. à la mémoire d'une jeune Chinoise qui mit fin à ses jours en se noyant, parce que ses parents avaient refusé qu'elle se marie avec son amant. La tradition populaire l'a élevée au rang de déesse, et le temple accueille une foule de Thaïlandais d'origine chinoise. Très présents alentour, des singes viennent là sans crainte attraper la nourriture que leur distribuent les fidèles. La visite se révèle également pittoresque pour les multiples grottes alentour peuplées de bouddhas.

Bang Saen C1

À 10 km au sud de Chonburi - accessible de Bangkok en bus (1h45 de trajet).

Avec son sable fin et ses cocotiers, la plage de Bang Saen pourrait inviter à quelque délicieux farniente… si ce n'étaient les ordures qui viennent s'y échouer au petit matin. La promenade du front de mer reste néanmoins très agréable avec son animation colorée.

Le soir, quand la chaleur s'estompe, il fait bon flâner sous les cocotiers, entre les petites cantines et les marchands ambulants. On vient s'y restaurer et profiter de la brise marine, tandis qu'à l'horizon la silhouette de la petite île de Si Chang disparaît peu à peu.

Le **Musée océanographique** (Institute of Marine Science Aquarium and Museum – *✆ 03 839 16 71 - tlj sf lun. 8h30-16h30 - 160 bahts)* de l'université Burapha abrite quelques aquariums de poissons tropicaux, mais aussi des requins de récifs et des murènes. Des fiches signalétiques donnent diverses informations intéressantes sur les pensionnaires du musée. Au 1er étage, des panneaux pédagogiques exposent les secrets de la vie sous-marine, et des vitrines conservent quelques spécimens de requins.

Si Racha C1

À 18 km au sud de Chonburi - accessible de Bangkok en bus (2h de trajet).

Petite ville de pêcheurs, Si Racha ne manquait pas de charme, autrefois, avec ses maisons sur pilotis alignées sur le rivage. Mais le béton, là aussi, achève de défigurer le littoral, et la ville ne présente pas d'autre intérêt que de constituer le point de départ vers l'îlot de Si Chang. Vous pouvez tout de même profiter de l'étape pour savourer quelques plats de fruits de mer agrémentés de la spécialité culinaire locale : une sauce pimentée portant le nom de *nam phrik Si Racha*.

Amarrées à l'embarcadère, composant un joli tableau, des barques de pêcheurs aux couleurs vives attendent de vous emmener sur l'île, en compagnie de quelques-uns des habitants du lieu.

Ko Si Chang C1-2

Au large de Si Racha - les bateaux partent de Th. Chermchompol, le front de mer de Si Racha, ttes les h, de 6h à 20h (de Ko Si Chang, dernier bateau à 18h) - comptez 45mn de traversée - 50 bahts.

Pour partir à la découverte de l'île, adoptez donc le moyen de transport local : de curieux tricycles motorisés, propulsés par l'avant d'une moto.

À 5mn à pied du port, faites une première halte au village de **Tha Bon**. Un chemin partant sur la droite conduit au temple chinois de **Sam Jao Phaw Khao Yai**, adossé à la montagne. Un escalier assez raide grimpe vers un dédale de grottes ornées de dragons, où trônent des bouddhas riants et ventrus, symboles de fortune. La terrasse du temple livre une belle **vue★** sur le village et les collines de l'île.

Quittez le village par la route étroite qui file vers le sud, sur 1 km.

Quelques balustrades blanches, des bassins et des volées de marches ne menant nulle part : c'est tout ce qui reste de la résidence d'été en teck, le **Kao Chula Chom Klao**, que le roi Mongkut fit construire à Ko Si Chang à la fin du 19e s. En 1893, à la suite de l'occupation de l'île par les troupes françaises, le bâtiment royal fut en effet déplacé à Bangkok, où l'on peut le voir depuis 1902 : c'est l'actuel palais Vimanmek, joyau du quartier de Dusit *(voir « Bangkok », p. 146)*.

Des vestiges de la résidence d'été, un sentier pavé grimpe en pente douce jusqu'au sommet de l'île, que couronne le **chedi Asadang Nimit**, un édifice circulaire qui servait jadis de point de repère aux marins. L'endroit offre un superbe **point de vue★★** sur le littoral et sur les collines au vert profond, qui évoquent les paysages de Chine méridionale. Côté mer, le lent ballet des pétroliers et des supertankers rappelle l'activité industrielle de la région. L'île servit d'ailleurs longtemps de point de contrôle douanier pour les bâtiments se rendant à Bangkok.

La route descend ensuite en pente assez forte sur l'autre versant de l'île *(ouest)*, où vous attend le sable clair des plages de **Hat Sai Khaeo★** et de **Hat Tham Phang★**. Leurs flots cristallins invitent à d'agréables baignades, et les gargotes à l'entrée de Hat Sai Khaeo vous permettront de prendre un petit en-cas sur place.

La réserve zoologique de Khao Khieo C1

À 22 km au sud de Chonburi - suivez la route 7 - www.kkopenzoo.com - 8h-18h - 300 bahts - location de vélos à l'entrée.

Ce parc englobe une forêt tropicale de 500 ha, qui constitue un refuge adapté pour les 130 espèces d'animaux évoluant là en semi-liberté. Son majestueux décor de collines verdoyantes invite à une plaisante promenade, à l'écart d'un littoral bétonné.

Une route que l'on parcourt à pied, en voiture ou à bicyclette dessert plusieurs volières et de vastes enclos abritant des gibbons, des girafes, des daims, des ours, des rhinocéros et des éléphants. La route conduit ensuite vers un cirque de collines habité par des léopards et divers fauves, qui ne dorment que d'un œil dans leur cage. Animation intéressante, le zoo organise des trekkings nocturnes à travers le domaine.

Bang Saray C2

À 65 km de Chonburi et à quelques kilomètres au nord de Pattaya par la route 3.

Loin du béton et de l'agitation de Pattaya, Bang Saray aligne ses maisons et ses restaurants le long d'une série de jolies plages de sable fin. Un havre de paix où il fait bon se poser pour déguster des fruits de mer. Le village est aussi le point de départ d'excursions de **pêche en haute mer**, l'occasion de vous essayer à ferrer requins ou barracudas.

Pattaya C2

Tourism Authority of Thailand – *609 Moo, 10 Th. Pratamnak - sur la colline séparant le centre de Pattaya de Chom Thian - ✆ 03 842 76 67 - 8h30-16h30.*

À 60 km au sud de Chonburi - accessible en bus de Chonburi ou de Bangkok.

La cité de Pattaya offre une concentration unique en Asie de bars à strip-tease, de night-clubs et d'hôtels de passe, d'où son surnom de « Patpong-sur-Mer », en référence à l'un des quartiers les plus chauds de Bangkok.

La ville vit à la lumière de ses milliers d'enseignes au néon, et si la perspective de nuits sans sommeil vous laisse froid, rejoignez sans tarder Hua Hin *(voir p. 189)*, située de l'autre côté du golfe du Siam, ou rendez-vous sur la belle île de Ko Chang *(voir p. 210)*, aux portes du Cambodge.

La ville s'articule en trois grands quartiers correspondant aux trois baies : Pattaya même et sa frénésie au centre, Na Klua et ses petites **plages★** au

UNE RÉPUTATION SULFUREUSE

Jadis, Pattaya avait des airs de paradis, avec ses longues plages protégées par des caps rocheux. Ancien village de pêcheurs, le site attira ses premiers vacanciers dès 1950. Mais sa véritable métamorphose débuta dans les années 1970, avec la guerre du Vietnam. Basés à Sattahip, un camp militaire établi au sud, les soldats américains jetèrent leur dévolu sur les plages de l'endroit. Bientôt, on y installa des bungalows, et d'autres types de distractions virent le jour : année après année, le tourisme sexuel prit possession des lieux. Le village se mua ainsi en une grosse station balnéaire internationale sans âme, et son expansion incontrôlée acheva de ternir la beauté du cadre. Certes, le gouvernement thaïlandais, à travers la promotion d'un tourisme familial, tente de redonner à Pattaya un peu de respectabilité : l'excellente infrastructure hôtelière lui permet d'accueillir conventions et séminaires internationaux, et les passionnés de sports nautiques y trouvent une large gamme d'activités. Cependant, la tâche des autorités s'avère très difficile tant le passé et la réputation sulfureuse de Pattaya lui collent à la peau.

nord et l'immense écharpe de sable de Chom Thian, au sud, qui constitue le quartier familial de Pattaya.

Parallèle à la Th. Pattaya Beach, l'artère principale montre une succession ininterrompue d'hôtels, de restaurants, de bars et de magasins. Cette « promenade des Anglais », ombragée de banians et d'acacias, épouse la baie centrale de Pattaya, longue de 3 km. Suivant toujours le front de mer, elle se poursuit vers la colline rocheuse qui ferme la baie et sépare la plage de Pattaya de celle de Chom Thian.

En chemin, vous pouvez faire une halte au **Royal Cliff Beach Resort**, perché sur la colline, un hôtel au luxe tapageur qui se réserve les plus belles vues de Pattaya. De sa terrasse, on bénéficie d'un somptueux **panorama★★** sur la baie et les petites anses de sable en contrebas.

Plage de Chom Thian (Jomtien) – Dédiée au tourisme familial, la plage de Chom Thian révèle une atmosphère bien plus sereine et calme que dans le centre de Pattaya : ici, pas de gogo bars. Ombragée de palmiers, elle se déroule sur 14 km et accueille une multitude d'activités nautiques : balade en voilier, parachute ascensionnel, jet-ski, ski nautique ou planche à voile, etc. Vous aurez l'embarras du choix.

À l'horizon se découpent les silhouettes montagneuses des îles de **Ko Lan**, **Ko Lin** et **Ko Khrok**, qui offrent d'agréables excursions journalières et divers spots de plongée, si l'on fait abstraction de la vue sur les pétroliers du port de Bangkok…

Sachez toutefois que les coraux, victimes du va-et-vient incessant des bateaux et des jet-skis, sont en mauvais état, et que les centres spécialisés dans cette activité à Chom Thian pratiquent des prix prohibitifs.

NOS ADRESSES DANS LA RÉGION DE CHONBURI

INFORMATIONS UTILES

À Pattaya

Poste / Téléphone – Soi Post Office, Pattaya - *Soi 15.*
Santé – Bangkok Pattaya Hospital - *301 Moo 6, Th. Sukhumvit - ✆ 17 19.* Médecins étrangers et interprètes.
Sécurité – Police touristique - *609/1 Moo 10, Th. Prathamnak - ✆ 03 841 46 69 ou 11 55.*

ARRIVER / PARTIR

En avion – Aéroport à 30 km au sud de Pattaya. Vols de/vers Bangkok.
En bus – De Bangkok, dép. réguliers vers la côte orientale du golfe : comptez 1h45 de trajet vers Chonburi et 2h pour Pattaya.

HÉBERGEMENT

À Bang Saen

BUDGET MOYEN

Bang Saen Resort Hotel – *325 Beach Rd - ✆ 03 838 17 72 - 76 ch. - 1 500/1 600 bahts.* Confortables et claires avec leurs baies vitrées, les chambres sont cependant mal éclairées le soir. Les plus chères disposent d'une vue sur la mer. Le petit-déjeuner comme le dîner sur la terrasse du restaurant, face à la mer, sont un vrai plaisir. Tarifs dégressifs en basse saison et en hausse le w.-end. Wifi.

À Ko Si Chang

BUDGET MOYEN

Sichang Palace Resort – *81 Moo, 1 Th. Atsabang - ✆ 03 821 62 76 - www.sichangpalace.com - 60 ch. - 1 500/1 600 bahts.* Cet établissement d'allure kitsch propose des chambres confortables, avec de belles vues sur la côte. Une étape agréable, loin du flux touristique des environs de Pattaya. Un peu cher toutefois pour la prestation proposée.

À Pattaya

Les hôtels ne manquent pas et ce à tous les prix. En revanche, hormis dans les établissements haut de gamme, et comme dans nombre de sites touristiques très courus, l'accueil est souvent assez peu chaleureux.

POUR SE FAIRE PLAISIR

Jomtien Garden Hotel & Resort – *31/71 Moo, 12 Th. Chom Thian - ✆ 03 875 65 23/36 - www.jomtiengarden.com - 190 ch. - 2 400/ 3 500 bahts.* Situé à Chom Thian, au calme en retrait de la rue, cet hôtel moderne au luxe feutré dispose d'agréables chambres aux tentures crème, avec une belle vue sur la piscine et la végétation exubérante des alentours. Groupes.

RESTAURATION

À Pattaya

BUDGET MOYEN

Pic Kitchen – *Th. Pattaya Soi 5 - ✆ 03 842 83 74 - www.pic-kitchen.com - 11h-14h, 17h-0h - 200/500 bahts.* Des maisons traditionnelles blotties dans un jardin offrent un cadre romantique pour déguster des plats thaïlandais ou européens. Concerts de jazz et spectacles de musique traditionnelle.
Natan's – *406/333 Moo, 12 Th. Jomtien Thappraya - Nongprue Banglamung - ✆ 03 825 12 50 - tlj sf dim. 15h-0h - env. 500 bahts.* Tenu par des Français, il propose de la cuisine thaïe et française à un prix très raisonnable ainsi qu'une vaste sélection de tapas.

1

Ko Samet

★

1 700 habitants – Province de Rayong

NOS ADRESSES PAGE 204

S'INFORMER

Tourism Authority of Thailand à Rayong – *153/4 Th. Sukhumvit - Tambon Taphong - ✆ 03 865 54 20 - http://en.tat-rayong.com - 8h30-16h30.*

SE REPÉRER

Carte de région CD2 (p. 122-123) – carte de l'île p. 202 – *carte Michelin 751, I6*. À 6 km au large de Rayong et à 185 km au sud-est de Bangkok.

Voir aussi la rubrique « Arriver/partir » dans « Nos adresses ».

À NE PAS MANQUER

Les plages de Hat Sai Kaew et d'Ao Thian ; le coucher du soleil sur Ao Phrao.

ORGANISER SON TEMPS

Rendez-vous à Ko Samet le matin, avant l'affluence touristique. Si vous venez chercher la tranquillité, évitez les week-ends et les jours fériés.

Au large de Rayong émerge la crête montagneuse de Ko Samet. Tout en longueur, l'île dessine une flèche s'étirant sur 6 km pour à peine 1,5 km de large. Jouissant d'un climat plus sec que l'ensemble de la région, elle est devenue le lieu de villégiature favori des Thaïlandais, qui s'y rendent en toute saison. Malgré son succès, Ko Samet garde une grande part de sa beauté sauvage : à l'exception de la côte nord-est, où se concentrent la plupart des bungalows et des restaurants, l'infrastructure touristique reste encore assez discrète, et les hôtels et boutiques sont nichés parmi les palmiers qui bordent les plages. Plus on file vers le sud, plus la foule se raréfie, et vous dénicherez même quelques criques ou plages quasi désertes. Quant à la côte ouest, que son relief tourmenté préserve de la cupidité des promoteurs, elle n'abrite qu'une seule plage, cachée entre les rochers… pour ceux qui ont l'âme d'un Robinson.

UN SABLE « POUSSIÈRE DE CRISTAL »

L'île doit son nom au *samet*, un arbre dont le bois est très utilisé en Asie dans la construction navale. Mais c'est le poète et dramaturge **Sunthorn Phu** (1787-1855) qui lui donnera son plus beau surnom : « l'île au sable semblable à la poussière de cristal ». Natif de la région de Rayong, l'homme de lettres se retira à Ko Samet pour composer ses œuvres. En faveur sous le règne de Rama II, Phu collabora avec le souverain à la rédaction d'une des versions du *Ramakien* et rédigea le *Phra Aphaimani*, une vaste épopée romantique qui compte aujourd'hui parmi les classiques de la littérature thaïe. Les statues présentes sur la plage de Hat Sai Kaew figurent d'ailleurs les deux héros du *Phra Aphaimani* : un prince, condamné par son père à vivre dans les profondeurs de la mer aux côtés d'un monstre, et une belle sirène qui interviendra pour le sauver. Histoire qui finira par un mariage, évidemment…

Sur une plage de Ko Samet.
R./P. Holzbachova/Benet / MICHELIN

1

Circuits conseillés

Circuits tracés sur la carte de l'île (p. 202).

★ **LE TOUR DE L'ÎLE** Carte de l'île

Circuit marron tracé sur la carte de l'île (p. 202) – en deux-roues, comptez une journée, haltes comprises.

Embarquement à Ban Phe, à 14 km au sud de Rayong. De Rayong, suivez la route 3 vers l'est, puis prenez à droite au km 231, sur 5 km. Dép. à l'embarcadère de Saphaan Nuan Tip ttes les h de 8h à 14h - 100 bahts.

La route qui mène à **Ban Phe**, port d'embarquement pour Ko Samet, longe une superbe **plage**★ bordée de pins, longue de 12 km. De nombreux embarcadères, témoins du succès de l'île, s'alignent face aux maisons des pêcheurs. Après 40mn de traversée, on accoste au port de **Na Dan**, ancien point de contrôle des jonques chinoises en route vers Bangkok.

De Na Dan à Ao Phutsa

Prenez à gauche face au débarcadère - à 200 m au sud du village, une pinède annonce l'entrée du parc national - 200 bahts.

La route s'enfonce pour rejoindre la côte sud-est. Elle débouche d'abord sur **Hat Sai Kaew**★ (Diamond Beach), la plus belle plage de l'île – et la plus fréquentée. Hôtels, pensions, restaurants et bars se succèdent sans trêve le long de la piste bordant la plage. Un site saturé, que les contraintes imposées par les autorités du parc n'ont pas réussi à sauvegarder. Certes, les bungalows et autres constructions ne franchissent pas la limite des arbres, mais ils convoitent les flancs des collines alentour. La plage elle-même reste néanmoins fort belle

CONSEILS

Soyez très prudent en deux-roues et évitez de circuler par temps de pluie. Préférez les plages méridionales, moins prisées.

avec ses eaux claires et son sable immaculé. Profitez-en le matin, lorsqu'elle est encore déserte. La « plage aux Diamants » tient son surnom de la teneur très forte de son sable en silice, qui, avant la création du parc en 1981, servait à la fabrication du verre. Au centre de la plage trônent sur un rocher les statues kitsch du prince et de sa sirène, les deux héros de la plus célèbre épopée romantique thaïlandaise, le **Phra Aphaimani**.

Plus au sud *(5mn de marche)*, au-delà des deux statues, vient la ravissante plage d'**Ao Hin Khok★★**, qui prolonge la première.

Puis on franchit un petit cap rocheux pour accéder à celle d'**Ao Phai★**, agréable quoique encore assez fréquentée. Elle jouxte celle d'**Ao Phutsa**, nettement plus calme.

Au-delà, si vous continuez à pied, la promenade devient plus fastidieuse : des promontoires rocheux, parfois escarpés, séparent chaque plage, livrant en compensation quelques beaux **panoramas★**.

Vers la pointe de l'île

Vous pouvez aussi suivre la piste qui se poursuit au sud en passant par la jungle. Véritable îlot de sérénité, la petite crique solitaire d'**Ao Nuan★★** *(en reprenant à gauche vers la mer)* se cache derrière une avancée rocheuse.

Plus loin, de rocher en rocher, vos pas vous mèneront à la crique d'**Ao Cho**, une anse un peu plus grande, mais sans le charme de sa voisine : les coraux y sont bien abîmés, victimes de la pêche à la dynamite.

Cachée par un autre escarpement se déroule la grande plage d'**Ao Wong Duan** *(à 2,5 km de la plage d'Ao Pai)*, aussi peuplée et construite que celle de Hat Sai Kaew : second port d'embarquement de l'île, elle est défigurée par un môle qui la coupe en deux.

Reprenez plutôt le chemin à son extrémité : des marches conduisent à la plage d'**Ao Thian★** (Candle Light Beach), un havre de paix ignoré où vous ne trouverez que quelques pensions au confort très basique.

Plus au sud, enfin, la côte se fait plus sauvage, et il faut emprunter les sentiers à travers la jungle pour accéder aux plages d'**Ao Wai** puis d'**Ao Kiu Na Kok★★**, superbe étendue de sable isolée près de la pointe sud de l'île *(difficile d'accès : le mieux est de louer un bateau au départ de Ban Phe ou d'y aller en* songthaew*)*.

De la plage, en prenant la piste intérieure qui remonte tout droit vers le nord, vous pouvez achever votre tour de l'île côté ouest, pour admirer le coucher de soleil du haut des **falaises★** qui découpent le littoral.

Enfin, pour profiter de son cadre paisible, faites donc une dernière halte à la plage d'**Ao Phrao★** *(Paradise Beach – à 2,5 km de Na Dan ; de l'embarcadère, des* songthaew *vous y conduisent directement)*.

1

AU DÉPART DE BAN PHE Carte de région

Au départ de Ban Phe, circuit rouge de 50 km tracé sur la carte de région (p. 122-123) – comptez 1/2 journée. Véhicule indispensable.

Du port de Ban Phe, suivez la route du littoral vers Laem Mae Phim : sur 25 km, la route 3 égrène de superbes **plages★** blanches ombragées de pins et de filaos. Passé la pinède de Suan Son *(à 5 km de Ban Phe)*, non loin du village de Tha Rua Klaeng, un **marché aux poissons** s'ouvre sur une plage. En compagnie des familles thaïlandaises, vous y dégusterez des produits de la mer d'une fraîcheur sans pareille, accompagnés de la sauce de poisson locale, le *nam pla*.

★ Le parc national de Khao Chamao D2

Suivez la route 3 jusqu'à la petite ville de Klaeng (km 274), puis prenez à gauche sur 12 km - le parc est difficile d'accès si vous n'êtes pas motorisé - 400 bahts - bouteilles en plastique interdites - agréable restaurant installé à l'entrée du domaine, dans la végétation. N'oubliez pas votre maillot de bain.

Englobant un vaste massif granitique couvert d'une luxuriante forêt tropicale, le parc de Khao Chamao abrite sur 80 km² une riche faune de mammifères – gibbons, cerfs sambars, tigres, gaurs, ours – et d'oiseaux.

À gauche du parking, un sentier aménagé grimpe au flanc de la montagne, qui culmine à 1 028 m. Il conduit aux chutes d'eau de **Khao Chamao★** (Nam Tok Khao Chamao) qui, de cascade en bassin, s'étagent sur huit niveaux à travers un impressionnant chaos de rochers *(baignade interdite au 1er niveau ; le dernier est inaccessible pendant la saison des pluies)*.

À partir du 4e niveau, la progression devient sportive. Mais l'effort en vaut la peine : le niveau 7 *(sentier de 2 km à partir du parking)* forme une jolie piscine naturelle baignée d'eau claire, idéale pour se délasser, dans un paisible décor de verdure.

NOS ADRESSES À KO SAMET

INFORMATIONS UTILES

Santé – Ko Samet Health Center - *juste après le village de Ban Phe.*
Sécurité – Police touristique - *Th. Phae-Klang-Krum - ☎ 03 865 16 69* et *☎ 11 55.* Bureaux à Ban Phe et à l'entrée du parc, sur l'île.

ARRIVER / PARTIR

En bus – De Bangkok *(Ekamai Bus Terminal)* à Ban Phe, port d'embarquement pour l'île, env. 10 bus/j. directs *(env. 4h de trajet).*

TRANSPORTS

En bateau privé – À chaque embarcadère de Ban Phe, pour gagner directement la plage de votre choix ou faire le tour de l'île *(env. 1 500 bahts/pers.).*

HÉBERGEMENT / RESTAURATION

À Ko Samet, certains hôtels ne disposent pas d'électricité en permanence ; renseignez-vous avant de réserver.

À Hat Sai Kaew

BUDGET MOYEN

Laem Yai Hut Home – *À l'extrémité nord de la plage, près du promontoire rocheux - ☎ 03 864 42 82 - ▤ ✕ - 30 ch. - 1 100/2 500 bahts ☕.* Face à la mer, des bungalows de bois abritent de charmantes chambres décorées de bambou, avec des sdb carrelées noir et blanc. Au calme.

À Ao Phai

BUDGET MOYEN

Silver Sand Resort – *☎ 03 864 43 01 - http://silversandbar.wix.com/silversandresort - ▤ 🏊 ✕ - 50 ch. -1 500/2 500 bahts ☕.* Chaque bungalow de bois, peint en blanc, est installé dans un écrin de verdure où s'épanouissent fleurs, palmiers et frangipaniers. Les intérieurs sont simples et confortables et certains peuvent recevoir 4 personnes. Wifi.

À Ao Wong Duan

BUDGET MOYEN

Vongduern Villa – *☎ 03 864 42 60 - www.vongduernvilla.com - ▤ ✕ - 31 ch. - 1 200/3 500 bahts ☕.* Grimpant sur la colline face à la plage, les bungalows sont décorés avec goût, les plus chers avec plancher et mobilier de teck.

Vong Deuan Resort – *☎ 03 864 41 71 - www.vongdeuan.com - ▤ ✕ - 64 ch - 2 100/3500 bahts ☕.* L'adresse est intéressante pour les chambres de catégorie supérieure, aménagées dans de ravissants bungalows en bois, à l'architecture thaïe traditionnelle.

À Ao Wai

POUR SE FAIRE PLAISIR

Samet Ville Resort – *☎ 03 865 16 81 - www.sametvilleresort.com - ▤ 🏊 ✕ - 69 ch. - 1 700 /4 500 bahts ☕.* Sur cette plage de bout du monde, les bungalows disséminés dans un jardin composent un véritable éden. Simples, meublés avec goût, ils sont de taille variable, certains pouvant accueillir jusqu'à 10 pers. Seul hôtel *resort* sur cette plage, l'établissement est prisé. De Ban Phe, des bateaux s'y rendent directement. Réserv. conseillée.

À Ao Phrao

UNE FOLIE

Ao Phrao Resort – *☎ 03 864 41 00 - www.aopraoresort.net - ▤ ✕ - 52 ch. - 6 500/21 000 bahts ☕.* Noyés dans un ravissant jardin tropical, des bungalows raffinés, dotés de larges terrasses offrant de superbes vues sur la mer.

Chanthaburi et ses environs

★

95 038 habitants – Chef-lieu de la province de Chanthaburi

NOS ADRESSES PAGE 209

SE REPÉRER

Carte de région D2 (p. 122-123) – *carte Michelin 751, I7.* À 62 km au nord-ouest de Trat et à 190 km au sud-est de Pattaya.

Voir aussi la rubrique « Arriver/partir » dans « Nos adresses ».

À NE PAS MANQUER

Une balade dans le quartier vietnamien, avec la cathédrale N.-D.-de-l'Immaculée-Conception ; le marché aux pierres précieuses ; une excursion à Laem Sing (si vous êtes en voiture).

ORGANISER SON TEMPS

Si vous disposez de votre propre véhicule, vous pourrez explorer les environs en une journée.

Encerclée de montagnes bleutées, Chanthaburi s'étend au cœur d'une vaste plaine agricole, écrin de verdure dans lequel elle semble se fondre. Ici, le béton n'a pas encore sévi, et sur la berge de la rivière éponyme, les maisons traditionnelles du quartier vietnamien reflètent toujours leurs pilotis. En fin de semaine, il faut faire un tour au marché aux pierres précieuses, rendez-vous des marchands venus du pays entier pour négocier les gemmes qui, depuis cinq siècles, font la renommée de la cité. Vous pouvez aussi siroter un rafraîchissement dans une de ces jolies maisons-boutiques au bord de la rivière. Une étape de charme donc, doublée d'un bon point de départ pour explorer la région et goûter aux attraits du littoral.

Se promener

VISITE DE LA VILLE

Commencez par une promenade hors du temps dans le **quartier vietnamien★**, qui longe la rivière. Du pont qui l'enjambe *(en venant de la route 3, sur Th. Tha Luang)*, on jouit d'un ravissant point de vue sur les **maisons sur pilotis★** s'égrenant au bord de l'eau. Passé le pont, à votre gauche, jetez aussi un coup d'œil à la petite boutique qui regorge d'articles de vannerie – cages à oiseaux, ustensiles de cuisine, paniers de toutes tailles, etc. –, un artisanat local réputé. À proximité, un escalier grimpe au **Wat Bot Muang**, qui trône au sommet d'un tertre et dont la façade nord est entièrement couverte de peintures figurant divers épisodes de la vie de Bouddha.

Reprenez l'escalier pour tourner dans la ruelle à droite (Th. Rim Nam), qui suit la rivière.

Derrière leurs volets de bois ouvragé, de coquettes **maisons coloniales** abritent ici un salon de coiffure, là une épicerie, ailleurs des étalages d'articles religieux. Assis sur leur pas de porte, les occupants vous adresseront un sourire avant de retourner à leur ouvrage.

RUBIS SUR L'ONGLE

Fondée sans doute au 3e s. av. J.-C., « la cité de la Lune » connut une grande prospérité à partir du 15e s. avec l'exploitation des gisements de pierres précieuses de la région. Aujourd'hui, ces mines sont presque épuisées, mais les manufactures de taille de rubis fonctionnent toujours, et la tradition du commerce demeure à Chanthaburi, où l'on vend désormais des pierres provenant de Birmanie et du Cambodge (la Thaïlande reste le plus important centre de vente de rubis au monde). Avec l'exploitation et le commerce des pierres, nombre de négociants étrangers viennent régulièrement grossir les rangs de la population de la ville, surtout en fin de semaine, ce qui confère au lieu une animation particulière. La tradition birmane, accordant comme bien d'autres des vertus aux pierres précieuses, considère que le rubis apporte l'invulnérabilité, la pierre annonçant en outre un danger lorsqu'elle change de couleur ou d'éclat.

Plus loin, une colonne ornée d'un dragon précède un minuscule **temple chinois**, emblème de la communauté chinoise de la ville. Cachées derrière les bananiers qui frangent le rivage, d'autres **maisons coloniales★** se succèdent, ornées de stucs et de bois sculptés *(Th. Sukka Phiban),* tandis qu'au large, quelques pêcheurs attendent le poisson dans leurs embarcations.

Passé 100 m, un petit pont franchit la rivière pour conduire à la **cathédrale N.-D.-de-l'Immaculée-Conception★**, dont l'imposante façade ocre-gris se détache sur l'encre des montagnes. Bâtie en 1711, la chapelle d'origine fut reconstruite par les Français au 19e s. pour devenir la plus grande église catholique de Thaïlande. De style néogothique, l'intérieur vaut le coup d'œil pour le plafond de teck, les vitraux européens, les voûtes en ogives et les statues ornées de fleurs de jasmin. Notez aussi l'escalier en colimaçon qui grimpe sur 15 m de hauteur.

Revenez sur vos pas et franchissez à nouveau le pont. Reprenez Th. Rim Nam sur la droite, puis la 1re rue à gauche, Th. Khwang, et encore à gauche (Th. Si Chang).

Si vous passez à Chanthaburi en fin de semaine, ne manquez pas le **marché aux pierres précieuses★** (Talat Phloi), qui occupe Th. Si Chang *(les tractations se déroulent surtout le matin, mais certaines boutiques restent ouvertes en fin d'après-midi)*. Dans les boutiques qui jalonnent la rue, les négociants indiens, thaïlandais ou cambodgiens discutent âprement, faisant cercle autour des tables couvertes de petits tas de saphirs ou de rubis.

Pour achever la balade, vous pouvez aller vous détendre dans la verdure du **King Taksin Park** *(en poursuivant tout droit vers l'ouest par Th. Tha Kwang)*, un

VILLE OCCUPÉE, VILLE REFUGE

En 1769, Chanthaburi servit de bastion de résistance au roi **Taksin** après la chute d'Ayutthaya. Le monarque s'y retrancha lors de son combat contre les Birmans, avant de commencer sa reconquête du Siam. Bien plus tard, de 1893 à 1905, la ville fut occupée par les troupes françaises, alors en conflit avec la royauté siamoise sur les questions frontalières relatives au Laos et au Cambodge. Chanthaburi est toutefois surtout connue pour avoir constitué très tôt une terre d'asile pour les **chrétiens vietnamiens**, longtemps victimes de persécutions religieuses et politiques. Ceux-ci forment aujourd'hui la communauté chrétienne la plus importante de la ville (4 %).

Plage de Laem Sing.
Schmid Reinhard / Sime / Photononstop

1

agréable jardin serti d'un lac artificiel où les familles et les amoureux aiment se promener. Sur la presqu'île trône une imposante statue équestre du roi Taksin.

À proximité Carte de région

Khai Noen Wong D2

À 5 km au sud de Chanthaburi - suivez la route 3, puis prenez la route 3146 à droite sur 100 m.

Des **murailles** élevées par Rama III pour se protéger des invasions vietnamiennes (milieu du 19e s.), il ne reste plus qu'une modeste section de 50 m de long, sur laquelle s'alignent quelques canons ombragés de flamboyants. En revanche, le **musée d'Archéologie sous-marine★** (National Maritime Museum – *merc.-dim. 9h-16h - entrée payante)* mérite une visite, autant pour la qualité des explications fournies que pour la reconstitution grandeur nature d'une **jonque★**. À travers elle, on découvre les conditions de navigation au cours des siècles, avec les méthodes de stockage des marchandises.

Vous y trouverez également de passionnantes informations sur les techniques de fouilles archéologiques sous-marines, grâce auxquelles furent retrouvées, au fond du golfe du Siam, des épaves contenant des terres cuites et des **céramiques de Sangkhalok** *(voir « L'âge d'or », p. 84).*

★ Vers Laem Sing (cap du Lion) D2

À 25 km au sud de Chanthaburi - accès en voiture par la route 3, puis prenez à droite la route 3147 sur 15 km.

La route file d'abord dans les cocoteraies, puis elle traverse un décor de champs de canne à sucre et de rizières dans lesquelles le ciel se reflète. Mais la spécialité de la région reste la crevette, que l'on élève dans des bassins équipés d'hélices servant à battre l'eau pour l'oxygéner.

À l'embouchure de la Chanthaburi, le village de pêcheurs de **Ban Pak Nam** offre une halte plaisante. Vous pourrez y prendre un en-cas dans l'une des

FRUITS DU LABEUR

Située à proximité de la mer et protégée par de hautes collines, la plaine de Chanthaburi jouit tout le long de l'année d'une douce température, propice au développement de cultures variées. Vous verrez certainement des files ininterrompues de camionnettes, garées à la queue leu leu le long de la route, débordant de ces fameux petits fruits chevelus rouges : les **ramboutans**. Les paysans de la région improvisent ainsi leurs marchés, un peu partout au voisinage de leurs plantations, provoquant parfois de véritables embouteillages. D'autres véhicules disparaissent sous des pyramides de **durians**, considéré comme le roi des fruits avec sa taille énorme et son écorce couverte de piquants. Son odeur forte le rend peu populaire auprès des Occidentaux, mais les Thaïlandais se régalent de sa chair doucereuse. À Chanthaburi et dans les villages alentour, une grande fête des fruits célèbre la saison de la récolte, au mois de mai. À cette occasion, des chars couverts de fleurs et de fruits colorent et animent toutes les rues de la ville.

gargotes installées sous les pins ombrageant la plage, plutôt belle. Au centre du village se dresse une grosse bâtisse rouge : elle abritait l'ancien quartier général du fort de Phitak Patchamit, occupé par des officiers français.

Au bout du village, à quelques encablures du quai et de son animation, se découpe le **Laem Sing** ou « cap du Lion » – en fait un îlot assiégé par une multitude de bateaux de pêche composant un ravissant tableau multicolore.

Wat Khao Sukim D2

À 30 km au nord-ouest de Chanthaburi - de la route 3, prenez la petite route 3322 vers le nord.

En chemin, vous pourrez faire un arrêt au **marché aux durians** *(route 3 ; à 20 km de Chanthaburi)* : camions et stands y croulent sous d'imposantes piles de ces gros fruits verts.

Le temple de **Khao Sukim** (Wat Khao Sukim) compte parmi les plus populaires du pays. Récent (1966), cet immense sanctuaire abrite la résidence de Luang Pho Somchai, l'un des maîtres de méditation les plus révérés de Thaïlande. Le temple se perche au sommet du **mont Sukim**. On y accède par un funiculaire ou par un escalier, encadrés tout le long par deux *naga* ondulants aux couleurs pimpantes.

D'innombrables échoppes se serrent au pied de la colline, attestant (avec le parking !) la popularité du sanctuaire. Au sommet, un beau **point de vue★** s'ouvre sur les montagnes et la plaine alentour, immense velours de cocotiers.

Un musée annexe conserve quelques centaines de donations parfois insolites. Véritable cabinet de curiosités au charme désuet, il réunit pêle-mêle des statues en cire grandeur nature du moine, des bijoux, des poteries, des meubles de teck incrustés de nacre, des défenses d'ivoire et même des crânes de baleine !

NOS ADRESSES À CHANTHABURI

INFORMATIONS UTILES

Poste / Téléphone – *Bureau de poste à l'intersection de Th. Amphaan et Th. Si Chan.*
Santé – Bangkok Chantaburi Hospital - *25/15 Th. Tha Luang.*

ARRIVER / PARTIR

En bus – Au départ de Bangkok *(de l'Eastern Bus Terminal)*, bus toutes les 30mn *(4h de trajet).*

HÉBERGEMENT

BUDGET MOYEN

Chanthaburi River Side Hotel & Resort – *63 Moo 9, Th. Chanthanimit - ✆ 03 931 17 26 - - 72 ch. - 700/2 400 bahts.* À 2 km du centre-ville, un établissement blotti dans son jardin tropical. Amusante piscine en forme de bateau ; dommage que l'eau ne soit guère avenante. Chambres confortables, dotées d'un balcon au 1er étage. Un excellent rapport qualité-prix.
New Travel Lodge Hotel – *14/5 Mai Moo 3, Th. Luksakshamul - ✆ 03 930 18 88 - www.newtravellodgehotel.com - - 80 ch. - 1 700/2 500 bahts.* Les chambres font un peu bonbonnières. Bien que situé sur une rue très passante, l'hôtel est étonnamment calme. Excellent accueil.

RESTAURATION

PREMIER PRIX

Dream Café – *À côté du terminal de bus, un peu en retrait de Th. Saritidet - 10h-23h - 100/200 bahts.* Un petit restaurant flanqué d'un *beer garden*, proposant des plats thaïlandais dans un cadre agréable.
San Chandra – *À côté du terminal de bus (à l'opposé du Dream Café), sur Th. Saritidet - 100/200 bahts.* Un genre de fast-food très prisé par les Thaïlandais.

ACHATS

Marché aux pierres précieuses – Il s'adresse aux professionnels. Si vous comptez y faire des folies, faites-vous accompagner d'un expert. Les boutiques sont ouvertes uniquement le vend., le sam. et le dim.

AGENDA

Fruit Fair – En mai. Cette « fête des fruits » donne prétexte à des défilés de chars fleuris et à divers spectacles culturels.

Le parc national maritime de Mu Ko Chang

★★

5 356 habitants – Province de Trat

NOS ADRESSES PAGE 213

S'INFORMER

Tourism Authority of Thailand à Trat – *100 Moo 1, Th. Trat-Laem Ngob - au bout de la rue principale en venant de Trat, juste à côté du port de pêche de Laem Ngop - ☏ 03 959 72 55 - 8h30-16h30.* Vend une carte de Ko Chang ; documentation sur l'île.

Site des parcs nationaux : *www.dnp.go.th.*

Un centre d'informations installé à Hat Sai Khaeo propose des excursions en bateau dans les îles avoisinantes.

Le centre d'informations en face des chutes d'eau de Than Mayom distribue une fiche sur le parc décrivant la faune et la flore locales.

SE REPÉRER

Carte de région D2 (p. 122-123) – carte du parc ci-contre – *carte Michelin 751, IJ7.*

À 15 km au sud-ouest de Trat, à 85 km au sud de Chanthaburi, à 315 km au sud-est de Bangkok.

Longue de 30 km pour 14 km de large, l'île se découvre à moto ou à VTT : une route goudronnée de 24 km en fait le tour. Les marcheurs, eux, peuvent longer les plages du nord, et emprunter un chemin qui traverse l'île dans sa largeur, au départ de Ban Bang Bao *(sud-ouest).*

Voir aussi la rubrique « Arriver/partir » dans « Nos adresses ».

À NE PAS MANQUER

La plage de Hat Khlong Phrao ; le village de pêcheurs de Ban Bang Bao et sa plage ; plonger sur les massifs coralliens du parc maritime.

ORGANISER SON TEMPS

Comptez 3 à 4 jours.

À 8 km au large de Trat, Ko Chang, l'« île de l'Éléphant », découpe sa silhouette évoquant – avec un peu d'imagination… – un troupeau de pachydermes. Elle doit en effet son nom au relief de petites collines serrées les unes contre les autres, qui inspira une légende locale. La plus haute d'entre elles, le Khao Salak Phet, culmine à 743 m, dominant la jungle qui recouvre toute l'île. Posée sur la mer, soulignée d'un trait de sable blanc, Ko Chang conserve une beauté sauvage. Deuxième île de Thaïlande par sa taille (460 km²), elle veille sur un petit archipel d'une cinquantaine d'îlots, certains inhabités, et tous englobés dans le parc national maritime qui porte son nom. Perdue aux confins du golfe du Siam, aux portes du Cambodge, cette île demeure encore assez peu fréquentée, n'attirant pour le moment que les vacanciers thaïlandais. Pour l'étranger de passage, l'exploration de Ko Chang, à travers une nature préservée, garde un parfum d'aventure.

Circuit conseillé Carte du parc

Circuit pourpre tracé sur la carte du parc (ci-dessous).

Domaine protégé, Ko Chang et ses eaux sont le refuge d'une riche faune terrestre et aquatique : plus de 74 espèces d'oiseaux y ont été recensées, ainsi que de nombreux mammifères et reptiles. Avec un peu de chance, vous rencontrerez au hasard de vos randonnées des sangliers, des macaques, des cerfs, ou encore des varans d'eau, des pythons et autres cobras royaux.

Encore recouverte à 70 % de forêt vierge, l'île ne compte que quatre villages, leurs habitants vivant principalement de la pêche. Au sud, de larges bassins sont dédiés à l'élevage des crevettes, tandis que de modestes plantations de cocotiers et d'hévéas parsèment le paysage. Les plus belles plages s'alignent sur la côte occidentale.

★★ LA CÔTE OUEST

Du débarcadère de Tha Than Mayom (côte est), où accostent les bateaux venant de Laem Ngop, prenez la route qui remonte vers le nord en suivant la côte. Accès au parc national : 200 bahts.

Hat Sai Khaeo★ (White Sand Beach)

À 5 km de Ban Khlong Son et à 14 km de Tha Than Mayom.

De la pointe nord de l'île, passé le petit débarcadère d'Ao Sapparot et le village de Ban Khlong Son, la route redescend vers la « plage de sable blanc ».

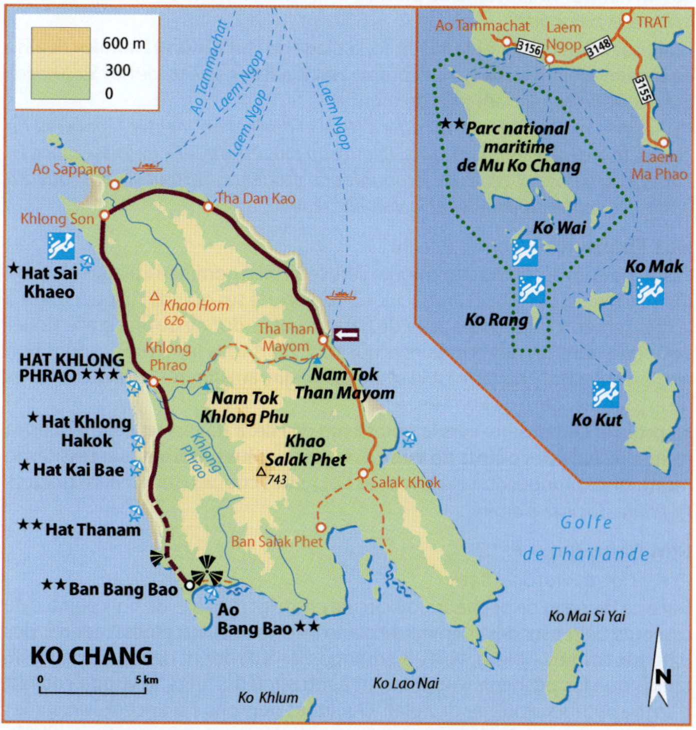

Fief privilégié des vacanciers, qui y viennent le temps d'un week-end, le lieu concentre à peu près tout ce que l'île compte d'hôtels et de restaurants. Aussi, passez votre chemin si vous recherchez un havre de paix…

La plage n'en garde pas moins son cadre sauvage, avec ses collines abruptes et ses éperons rocheux qui s'avancent sur la mer. Mais les vagues, qui viennent se briser sur les coraux morts et les rochers, rendent parfois la baignade dangereuse *(attention en basse saison)*.

De Hat Sai Khaeo, vous pouvez partir plonger au large, sur les plateaux coralliens entourant les îlots voisins de **Ko Wai** et de **Ko Rang**, ou encore de **Ko Kut** et **Ko Mak**, où vous pouvez même séjourner.

Continuez la route vers le sud durant 4 km.

Hat Khlong Phrao★★★

C'est sans conteste la plus belle plage de l'île : le Khlong Phrao, un canal naturel en partie souterrain qui traverse l'île sur toute sa largeur, jaillit de la forêt pour se jeter dans la mer, formant de part et d'autre de son lit une étendue de sable immaculé de 2 km de long. Au bord du canal, un charmant village de pêcheurs rehausse encore le décor, avec ses maisons sur pilotis.

Seul moyen d'aller d'un bout à l'autre de la plage : traverser le canal à gué. Quelques bungalows de bambou sur pilotis ont colonisé la plage, complexes hôteliers de luxe dont les aménagements, discrets, s'alignent à l'ombre des pins et des eucalyptus, face à un chapelet d'îlots déserts.

De la plage, un chemin s'enfonce dans la forêt pour conduire aux chutes de **Khlong Phu** (Nam Tok Khlong Phu). Après une marche facile de 2 km, un bassin naturel vous attend au pied de la cascade, dont l'eau douce et fraîche invite à la baignade.

Prolongement de Hat Khlong Phrao, la plage de **Hat Khlong Hakok★** rivalise de beauté avec sa voisine, tout comme **Hat Kai Bae★** *(à 7 km de Hat Sai Khaeo)*, qui accueille cependant plus de monde.

Au-delà de Hat Kai Bae, la route s'élève et devient accidentée, épousant un littoral aux dénivelés importants. Beaucoup plus étroite, elle ne laisse place en largeur qu'à un seul véhicule. Redoublez de prudence, surtout si vous roulez à moto : les pentes sont raides et la visibilité réduite.

Hat Thanam★★ (Lonely Beach)

Passé 3 km, la route littorale remonte vers cette bien nommée « plage solitaire » qui se déroule, déserte et immaculée à l'ombre de ses grands cocotiers, face à la mer semée d'îlots. Un petit air de paradis qui ne donne qu'une envie : louer pour une nuit l'un des bungalows qui s'égaillent sous les arbres – atout non négligeable, Hat Thanam est la seule plage qui, aux heures les plus chaudes de la journée, offre de l'ombre.

En progressant ensuite vers la pointe sud de l'île, à travers les cocoteraies, la route présente des **points de vue★★** de plus en plus superbes : succession de montagnes plongeant dans la mer et de petites criques (sans réelles plages).

Prenez la piste à droite.

Ban Bang Bao★★

À 17 km de Hat Sai Khaeo.

Dans ce hameau de pêcheurs, on circule entre les maisons de bois peintes de couleurs claires sur des chemins de planches. Amarrés aux embarcadères, des bateaux colorés – bleus, verts ou orange vif – attendent de repartir en mer, tandis que les pêcheurs s'appliquent à réparer leurs filets, le visage couvert d'argile pour se protéger du soleil. Quelques pontons s'avancent loin sur les vagues pour conduire à des maisonnettes isolées, perchées sur leurs pilotis.

Profitez donc de cette halte pour déjeuner : la rue principale, la seule « artère » cimentée du village, accueille des restaurants de fruits de mer. Après, vous pourrez embarquer à bord d'un des bateaux d'excursion pour une balade de quelques heures, voire d'une journée, autour des petites îles qui s'égrènent au sud de Ko Chang, dont **Ko Lao Nai**.

Baie de Bang Bao★★ (Ao Bang Bao)

Environ 1 km plus loin.

La route, en s'élevant, découvre un ravissant **panorama★★** sur la baie et sa longue plage de sable blanc (qui disparaît presque entièrement à marée haute), colonisée par le village sur pilotis.

Quelques centaines de mètres après, la route s'achève pour céder place à la jungle. De là, les amoureux de nature sauvage pourront partir explorer le **cœur de l'île**. Mais prévoyez de bonnes chaussures, et ne partez surtout pas sans guide *(renseignez-vous dans votre hôtel)* : les rares sentiers disparaissent sous une végétation indomptée, et on a vite fait de s'y perdre.

Excursion Carte du parc

LA CÔTE EST

Avec ses criques rocheuses et ses plages couvertes de galets, la côte est invite moins à la baignade et au farniente. Ses rivages sont davantage dédiés aux pêcheurs, qui y ont installé leurs casiers à huîtres.

De l'embarcadère de Tha Than Mayom, une route s'achevant en chemin conduit à l'intérieur des terres vers les chutes d'eau de **Than Mayom** *(*Nam Tok Than Mayom *– à 8 km)*, le pendant des chutes d'eau de Khlong Phu. De l'entrée, on atteint après 500 m le premier niveau de la cascade – le seul accessible pendant la saison des pluies *(à partir de mai)*. Les deux autres niveaux se cachent au-delà, sous un épais couvert végétal. Rien de spectaculaire, mais les chutes s'inscrivent dans un beau décor de verdure.

NOS ADRESSES À MU KO CHANG

INFORMATIONS UTILES

Banque / Change – À Trat, nombreuses banques avec distributeurs ATM sur Th. Sukhumvit, en centre-ville, autour du marché. À Ko Chang, bureau de change sur la route de Hat Sai Khaeo, mais les taux sont exorbitants.

Poste / Téléphone – Bureau de poste de Trat - *excentré, sur Th. Reua Jang, au nord de la ville* ; bureau de poste de Ko Chang - *près de l'embarcadère d'Ao Sapparot.*

Santé – Ko Chang Hospital - *à 8 km de l'embarcadère de Tha Yom, au sud-est de l'île* ; clinique - *près d'Ao Sapparot (au nord)* ; Health Center - *à Hat Kai Bae.*

Sécurité – Police touristique - *2/3 Moo 6, Th. Laem Ngom, à Trat - ✆ 03 955 38 09 et ✆ 11 55 ; 23/4 Moo 4, Th. Ko Chang, à Ko Chang - ✆ 03 955 73 82 et ✆ 11 55.*

ARRIVER / PARTIR

En bus – De Bangkok (Eastern Bus Terminal), bus pour Trat ttes les h *(5 à 6h de trajet)*. Arrivé à Trat, des *songthaew* vous emmeneront à Laem Ngop *(30mn de route, tarif inclus dans le billet du bateau)*, port d'embarquement pour Ko Chang.

En minibus privé – Les agences de voyages de Bangkok et de Ko Samet (Ban Phe) proposent des liaisons AR tlj avec Laem Ngop (*à Bangkok, dép. de Th. Khao San*).

En bateau – **Laem Ngop** compte 3 embarcadères principaux pour Ko Chang *(30 à 40mn de traversée)* : l'un à 500 m du TAT, l'autre près du Center Point, 4 km plus loin. À l'ouest de Laem Ngop, beaucoup plus excentré, **Ao Tammachat** dessert Ao Sapparot. De Laem Ngop, des bateaux (haute saison uniquement) vont à l'île de Ko Mak *(3h30 de traversée, horaires au TAT)*. De Ko Mak, le bateau fait une escale à Ko Kut.

Attention, les liaisons avec les îles sont beaucoup moins fréquentes pendant la saison des pluies.

En voiture – Vous pourrez embarquer votre véhicule à bord d'un des ferries desservant Ko Chang.

HÉBERGEMENT / RESTAURATION

En basse saison, tous les hôtels proposent des réductions de 20 à 50 %. La plupart possèdent un restaurant. Les prix sont souvent plus élevés en fin de semaine.

À Hat Sai Khaeo

UNE FOLIE

Banpu Resort – *9/11 White Sand Beach - ✆ 081 863 73 14 - www.banpuresort.com - ▤ ⛱ ✕ - 31 ch. - 3 500/5 000 bahts ☕.* Dans un jardin tropical, un bâtiment abrite de superbes chambres lambrissées de teck et équipées de belles salles de bains aux carreaux turquoise. Le cadre et le luxe justifient le prix, excepté pour les bungalows, surévalués.

Grand View Resort – *9/3 Moo 4, White Sand Beach (à l'extrémité de la plage en allant vers Hat Khlong Phrao) - ✆ 03 955 11 40 - www.grandviewgroupresort.com - ▤ ✕ - 52 ch. - 4 000/7 000 bahts ☕.* Disséminés sous les arbres, des bungalows avec terrasse ouvrant sur la mer abritent chacun deux chambres simples mais confortables. Un havre de paix, bercé par les chants des vagues, des geckos et des grillons. Excellent restaurant. Un bon rapport qualité-prix. Attention toutefois aux bungalows les moins chers, installés de l'autre côté de la route dans un décor bien moins agréable. Wifi.

À Hat Khlong Phrao

BUDGET MOYEN

K. P. Huts – *✆ 084 0 77 59 95 - ▤; ✕ - 50 ch. - 700/1 200 bahts.* Une piste conduit à des huttes sommaires en bambou, dressées en bord de mer dans un superbe cadre sauvage. Quelques bungalows en bois plus confortables, avec sdb privée. Pour les premiers prix (sdb commune), réservez un des bungalows en lisière de plage, installés sur pilotis pour ne pas gêner la vue des autres vacanciers. Ils donnent dans les feuillages des palmiers…

UNE FOLIE

Panviman Resort – *Klong Prao Beach - ✆ 03 955 12 90 - www.panviman.com - ▤ ⛱ ✕ - 50 ch. - 4 200/6 700 bahts ☕.* Si les infrastructures sont récentes, l'architecture est traditionnelle avec de beaux toits de tuiles rouges. Les vastes bungalows abritent des chambres d'un grand raffinement. Mer et palmiers complètent le décor.

À Hat Kai Bae

UNE FOLIE

Sea View Resort – *✆ 086 325 71 43 ou 03 955 28 00 - www.seaviewkohchang.com - ▤ ✕ - 100 ch. - 4 000/15 000 bahts ☕.* Au bord de la plage, dans un jardin tropical soigné, des bungalows s'étagent sur le versant d'une colline, ouvrant leur balcon sur la mer. Les chambres, spacieuses, sont décorées avec goût (parquet de bois, sdb de pierre apparente).

Ko Chang Cliff Beach Resort – *03 955 70 34/35 - www.kohchangcliffbeach.com - - 50 ch. - 5400/15 000 bahts*. Sur une colline, ces luxueux bungalows offrent tout le confort attendu. Les plus proches de la route (peu passante) abritent des appartements ; une option pour un long séjour. Le restaurant panoramique livre un beau point de vue sur la baie.

À Hat Thanam

BUDGET MOYEN

The Mangrove – *Bailan Bay - entre la plage de Thanam et celle de Bang Bao - 081 949 78 88 -* the-mangrove@mail.com - ; *- 7 ch. - 1 000 bahts.* De grands bungalows sommaires mais aménagés avec goût, comme en témoignent les salles de bains d'ardoise et de pierre à ciel ouvert. Les chambres sont en partie peintes à la chaux et disposent de larges ouvertures sur la jungle environnante.

Siam Beach Resort – *100/1 Moo 4 - Lonely Beach - 089 922 44 95 - www.siambeachkohchang.com - - 70 ch. - 900/2 900 bahts.* Très appréciées des baroudeurs, ces huttes de bambou sur pilotis, au confort basique, s'alignent face à la plage. Un site d'une quiétude parfaite, où l'on se sent coupé du monde. L'hôtel organise aussi des excursions au Cambodge, par les lignes régulières de bateau *(avec minibus jusqu'à la frontière)*. Un nouvel hôtel complète l'adresse avec des chambres plus haut de gamme.

À Ban Bang Bao

POUR SE FAIRE PLAISIR

Bang Bao Sea Hut – *Au bout de la passerelle traversant le village, à droite avant l'embarcadère - 081 285 05 70 - www.kohchang-seahut.com - - 14 ch. - 2 500 bahts*. Les bungalows sur pilotis en bois peint en vert avec leur toit de chaume sont reliés les uns aux autres par des passerelles. Préférez ceux à la périphérie pour profiter de la vue sur la baie ou sur le port de pêche.

ACTIVITÉS

Randonnées – Tous les hôtels proposent des excursions dans la jungle.

Balades à dos d'éléphant – Ban Chang Thai Elephant Camp - *à Hat Khlong Phrao - 081 761 15 54 - www.banchangthaikohchang.com* ; Chang Chutiman Tour - *à Hat Khlong Phrao - 083 939 66 76.* Comptez 500 bahts/h.

Promenades en bateau – Le centre d'informations de Hat Sai Khaeo et les hôtels de luxe proposent des excursions en bateau autour des îles du parc.

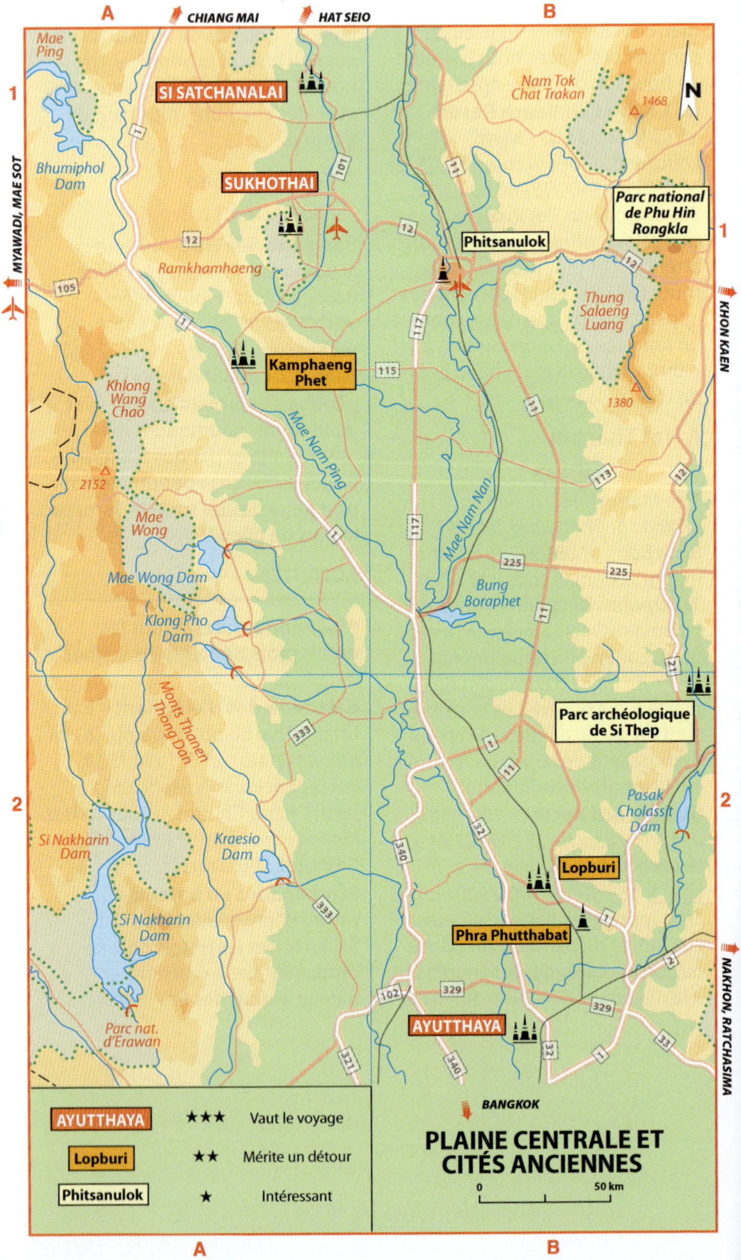
CHIANG MAI
HAT SEIO
MYAWADI, MAE SOT
KHON KAEN
NAKHON, RATCHASIMA
BANGKOK
SI SATCHANALAI
SUKHOTHAI
Phitsanulok
Kamphaeng Phet
Parc national de Phu Hin Rongkla
Parc archéologique de Si Thep
Lopburi
Phra Phutthabat
AYUTTHAYA
Mae Ping
Bhumiphol Dam
Ramkhamhaeng
Nam Tok Chat Trakan
1468
Thung Salaeng Luang
1380
Khlong Wang Chao
2152
Mae Wong
Mae Wong Dam
Klong Pho Dam
Mae Nam Ping
Mae Nam Nan
Bung Boraphet
Monts Thanen Thong Dan
Pasak Cholassit Dam
Si Nakharin Dam
Kraesio Dam
Si Nakharin Dam
Parc nat. d'Erawan
AYUTTHAYA ★★★ Vaut le voyage
Lopburi ★★ Mérite un détour
Phitsanulok ★ Intéressant
PLAINE CENTRALE ET CITÉS ANCIENNES
0 50 km

Plaine centrale et cités anciennes 2

Carte Michelin National 751 au 1/1 370 000

Ayutthaya

★★★

82 406 habitants – Chef-lieu de la province d'Ayutthaya

NOS ADRESSES PAGE 229

S'INFORMER

Tourism Authority of Thailand – *Th. Si Sanphet (dans le même bâtiment que la galerie d'art contemporain) - ✆ 03 524 60 76/77 - 8h30-16h30.* Vous y trouverez un plan de la ville, des informations sur les temples, les horaires de bus ou de trains, ainsi qu'une liste d'hôtels et de restaurants.

SE REPÉRER

Carte de région B2 (p. 216) – plan du parc historique p. 220 – *carte Michelin 751, G5.* À 66 km au nord de Bangkok, à 89 km au sud de Lopburi. Le parc historique jouxte la ville nouvelle, qui s'étend de l'autre côté de la rivière Mae Nam Pasak.

Voir aussi la rubrique « Arriver/partir » dans « Nos adresses ».

À NE PAS MANQUER

Le Wat Ratchaburana et le Wat Phra Si Sanphet, sur l'île ; le Wat Chai Wathanaram, au bord du fleuve ; le Musée national Chao Sam Phraya ; le tour des temples en bateau en fin de journée ; une promenade à vélo de nuit dans le parc, quand les monuments sont illuminés *(19h-21h).*

ORGANISER SON TEMPS

Comptez 2 jours si vous voulez voir tous les monuments, dont les plus excentrés. Louez un vélo, garantie d'une totale liberté, surtout le soir venu, quand les *tuk-tuk* font cruellement défaut ; restez néanmoins vigilant, les routes sont très passantes.

AVEC LES ENFANTS

Un tour au Kraal des éléphants.

Inscrite au Patrimoine mondial de l'Unesco depuis 1991, Ayutthaya est une étape incontournable pour retrouver les traces des anciens royaumes siamois. Installée sur une île artificielle au confluent de trois cours d'eau, l'ancienne capitale royale conserve une myriade de vestiges, parmi les plus beaux du pays. À son apogée, au 17e s., elle ne comptait pas moins de 500 temples couverts d'or, et l'île était quadrillée de canaux et de rues arborées, le long desquels s'alignaient boutiques, marchés et ateliers d'artisans. Établie à moins de 100 km du golfe du Siam, centre politique majeur et plaque tournante du commerce international, la ville accueillait alors des jonques, des galions et des caravelles venus d'Extrême-Orient et, parfois, d'Europe. Aujourd'hui, Ayutthaya, très dynamique sur le plan industriel, s'est étendue au-delà des rivages de l'île originaire, vers le nord-est. Même si certains temples sont noyés dans le tissu urbain, ses plus beaux monuments se concentrent toujours dans la partie ouest de l'île, au cœur d'un ensemble de pelouses ombragées de banians et de frangipaniers. Le plus plaisant est de les découvrir à l'occasion d'une excursion en bateau qui vous entraînera le long des maisons sur pilotis et des églises, parmi les lourdes barges chargées de riz.

Emblème d'Ayutthaya, la tête de Bouddha dans les racines d'un banian.
JTB Photo / age fotostock

Se promener Plan parc historique

2

Les vestiges couvrent une superficie de 15 km², mais les temples les plus intéressants se concentrent dans l'ancienne cité et sur les rives du fleuve, ou dans un périmètre de 5 km à l'extérieur. L'idéal est de louer un vélo (attention à la folle circulation) pour visiter la cité historique, puis un *tuk-tuk* pour vous rendre sur les sites périphériques.

★★★ SUR L'ÎLE

Comptez une journée.

Ne restez pas sur votre première impression de la ville, quadrillage sans âme d'avenues larges comme des autoroutes : outre le parc historique, côté ouest, l'île révèle des quartiers animés et agréables, en particulier autour du **marché de nuit**. Il est vrai qu'à l'arrivée, on peine à imaginer l'apparence de la « Venise de l'Asie » (surnom qui baptisa ensuite Bangkok) au 17e s. : elle était alors ceinte d'un rempart de brique long de 12 km, ponctué de 17 forts et percé d'une centaine de portes, et un réseau serré de canaux, de 140 km de longueur totale, sillonnait la ville, une myriade de ponts en bois servant à franchir les *khlong*.

Wang Luang (palais royal)

8h-17h - même billet que le Wat Phra Si Sanphet.

Fief du pouvoir, le **palais royal** occupait le nord de l'île. Derrière une enceinte de brique, ses cinq *chedi* et ses bâtiments de bois dorés, dont il ne reste que les soubassements, s'élevaient au cœur de jardins arborés et fleuris. Dans la cité, un temple marquait chaque jonction entre routes et canaux ; quatre marchés flottants se tenaient à l'extérieur des remparts, complétés par des marchés le long de la route d'accès. Au sud s'étendaient les quartiers des Siamois et des étrangers, distinctement séparés, tous deux ouvrant sur les entrepôts du port où mouillaient les bateaux qui remontaient le fleuve (le golfe du Siam n'était pas encore ensablé).

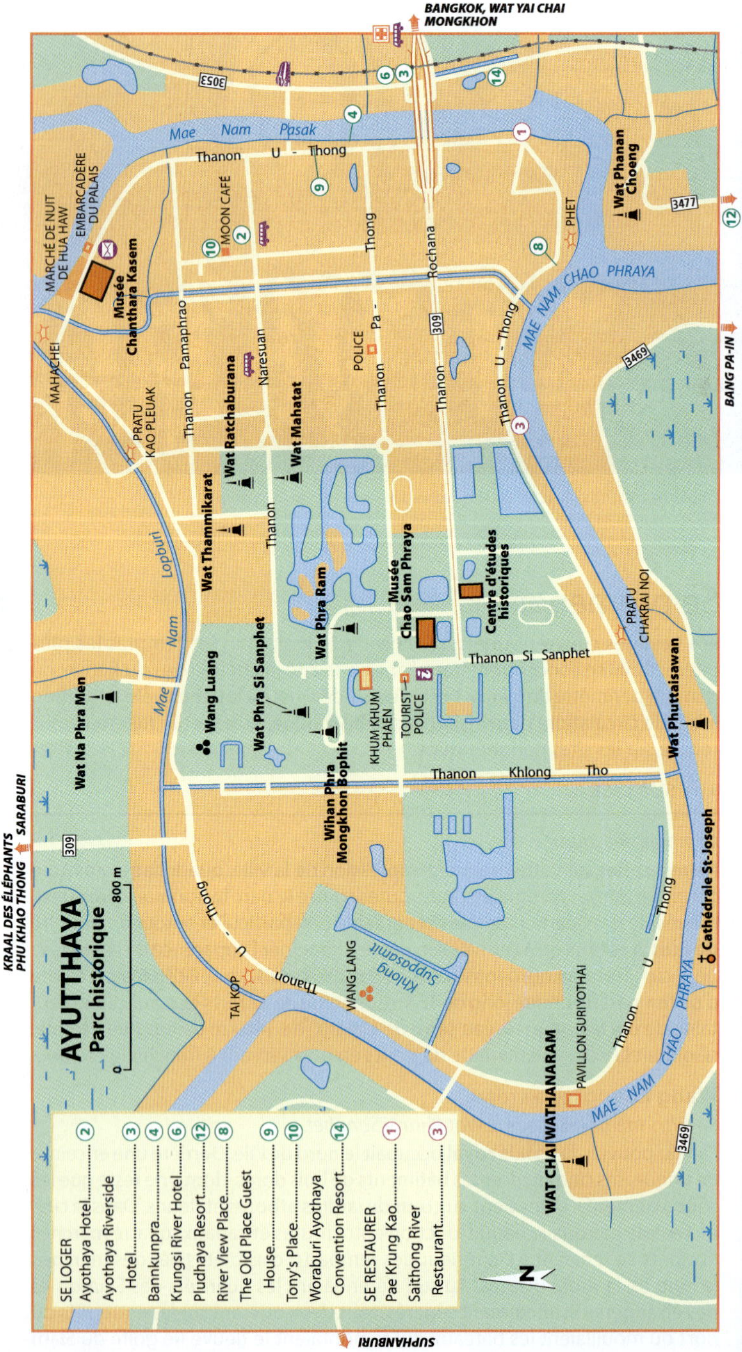
AYUTTHAYA
Parc historique
0
800 m
SE LOGER
Ayothaya Hotel........ 2
Ayothaya Riverside Hotel........ 3
Bankunpra........ 4
Krungsi River Hotel........ 6
Pludhaya Resort........ 12
River View Place........ 8
The Old Place Guest House........ 9
Tony's Place........ 10
Woraburi Ayothaya Convention Resort........ 14
SE RESTAURER
Pae Krung Kao........ 1
Saithong River Restaurant........ 3
BANGKOK, WAT YAI CHAI MONGKHON
BANG PA-IN
SUPHANBURI
KRAAL DES ÉLÉPHANTS
PHU KHAO THONG
SARABURI
Mae Nam Pasak
MAE NAM CHAO PHRAYA
Mae Nam Lopburi
Thanon U - Thong
Thanon Pamaphrao
Thanon Naresuan
Thanon Pa - Thong
Thanon Rochana
Thanon Si Sanphet
Thanon Khlong Tho
Khlong Suppasamit
MARCHÉ DE NUIT DE HUA HAW
EMBARCADÈRE DU PALAIS
MOON CAFÉ
Musée Chanthara Kasem
MAHACHEI
PRATU KAO PLEUAK
POLICE
PHET
Wat Phanan Choeng
Wat Ratchaburana
Wat Mahatat
Wat Thammikarat
Wat Phra Ram
Musée Chao Sam Phraya
Centre d'études historiques
Wang Luang
Wat Phra Si Sanphet
Wat Na Phra Men
Wihan Phra Mongkhon Bophit
KHUM KHUM PHAEN
TOURIST POLICE
PRATU CHAKRAI NOI
Wat Phuttaisawan
Cathédrale St-Joseph
TAI KOP
WANG LANG
PAVILLON SURIYOTHAI
WAT CHAI WATHANARAM
3053
309
3469
3477
N

★ Wat Mahatat

Th. Naresuan - 8h-17h -50 bahts.

Fondé en 1374 par le roi Borommaracha Ier, ce centre spirituel sacré accueillait à l'origine un monastère royal et le siège du Patriarche suprême, chef de la congrégation bouddhiste. De nombreux trésors ont été mis au jour, dont des boîtes d'orfèvrerie et des statuettes de Bouddha, aujourd'hui conservées au musée Chao Sam Phraya *(voir p. 224)*.

À droite de l'entrée principale, le style inhabituel du **chedi octogonal**, percé de niches stuquées, reflète des influences chinoises. Plus loin, l'emblème d'Ayutthaya attend paisiblement : les racines d'un banian – symbole de l'arbre *bo* de l'éveil – retiennent prisonnière la **tête d'un bouddha★★** *(voir photo p. 219)*. En poursuivant votre chemin, vous serez frappé par la taille monumentale du soubassement visible à l'arrière du premier sanctuaire : c'est tout ce qui reste d'un énorme *prang*, aujourd'hui écroulé, qui occupait le sanctuaire central. L'ampleur des terrasses donne une idée de l'aspect colossal de l'édifice, qui atteignait 50 m de hauteur. Une chronique rapporte qu'il aurait abrité une relique de Bouddha apparue là « par miracle ».

Les escaliers, restaurés, permettent d'accéder au sommet pour bénéficier d'une belle perspective sur le temple, les ruines des deux sanctuaires (à l'est et à l'ouest de l'édifice principal), et sur la succession des **chedi** de style Sukhothai, le long du mur.

★★ Wat Ratchaburana

8h-17h - 50 bahts.

De l'autre côté de la route, un majestueux *prang* indique le Wat Ratchaburana, un temple fondé en 1424 à la suite d'un duel de succession entre deux frères. L'issue du combat, qui se déroula à dos d'éléphant suivant le rituel traditionnel, fut fatale pour les deux protagonistes, et c'est le cadet qui monta sur le trône. Couronné roi sous le nom de **Borommaracha II** (1424-1448), celui-ci fit édifier deux *chedi* pour renfermer les cendres de ses frères, monuments funéraires qu'il compléta plus tard d'un temple et d'un *prang* khmer.

On accède au domaine en traversant le petit sanctuaire principal, de style khmer, tandis que, à l'arrière, le **prang★★** repose sur une large plate-forme encadrée de *chedi* et flanquée de beaux *garuda*. Des niches abritent des bouddhas montrant le geste de l'apaisement, tandis que des escaliers permettent d'accéder aux cryptes du monument. L'intérieur cachait de véritables trésors, exposés au musée Chao Sam Phraya : **bijoux en or massif**, armes, tablettes votives d'une très grande valeur.

2

L'ÂGE D'OR D'AYUTTHAYA

Jacques de Coutres, un marchand venu de Bruges, visite Ayutthaya en 1593. C'est l'année de la victoire de Phra Naresuan sur les Birmans, et le roi célèbre l'événement en restaurant les temples de la ville. Le Brugeois témoigne : « Chaque pagode avait une très haute tour de pierres et de briques maçonnées. Elles étaient dorées depuis la flèche jusqu'au milieu et avaient quatre escaliers de plomb doré. Le roi conservait dans ces pagodes des idoles d'or et parées de bijoux. Il était seul à monter dans ces tours édifiées au milieu de très grandes cours carrées et carrelées. Chaque patio avait aux quatre angles un bassin orné de nombreux arbres. La tour était ceinte d'une petite balustrade maçonnée. Les murs étaient sertis d'escarboucles, de topazes et de beaucoup d'autres pierres moins précieuses. »

De là, un escalier très raide plonge dans les profondeurs vers deux étroites cellules gardant des peintures murales du 15e s. (en mauvais état); celles de la première crypte, aux tons rouges et or, relatent les 24 premières vies du Bouddha.

Prenez à gauche en sortant du temple, puis encore à gauche pour suivre tout droit Th. U-Thong.

★ Wat Thammikarat

8h-17h - gratuit.

Bien que très endommagé, ce temple tranquille conserve un *chedi* octogonal de la première époque d'Ayutthaya, encadré d'une série de magnifiques **singha★★**, hiératiques lions assis en brique stuquée. Un petit **wihan** attenant cache un beau bouddha couché, entièrement recouvert d'or.

Après le temple, tournez à droite. L'enceinte du Wat Phra Si Sanphet est percée de deux entrées : à l'est, en face de la route, et une entrée principale en face du parking.

★★ Wat Phra Si Sanphet

8h-17h - 50 bahts.

Le majestueux alignement des **trois chedi★★** en forme de cloche, rehaussé par les frangipaniers qui l'entourent, témoigne avec force de l'importance du temple. Bâti en 1448 sur le domaine du palais, il doit son nom à un Bouddha haut de 16 m, le **Phra Si Sanphet**. Cette statue entièrement recouverte d'or trônait à l'origine dans le sanctuaire principal que le roi Ramathibodi II fit édifier en 1500; dépouillée de son or par les troupes birmanes au cours du sac de la ville, l'œuvre a désormais trouvé refuge au Wat Pho (Wat Phra Chetuphon), le plus vaste temple du pays, situé à Bangkok.

À l'image du Wat Phra Kaeo de la capitale, le Wat Phra Si Sanphet tenait lieu de chapelle royale. Il comprenait de nombreux édifices que les souverains successifs ajoutèrent au fil des siècles. Marquant originellement le centre du cloître, les trois *chedi* conservent les cendres du roi Boromtrai Lokanat et de ses fils. D'inspiration cinghalaise, ils s'alignent sur un axe est-ouest, reliés entre eux par des *mondop* dont ne subsistent que les assises.

Il ne reste que peu de vestiges des autres bâtiments du temple. À l'est se trouvait le **sanctuaire principal**, qui abritait la statue du Phra Si Sanphet. Seules en subsistent des parties centrales en brique et des colonnes surmontées de chapiteaux en forme de lotus, le toit en bois ayant disparu. Quelques piliers de brique et des portions de murs signalent la **chapelle royale** voisine.

À l'ouest s'élevait un autre sanctuaire, de plan cruciforme, construit par le roi Phra Narai. C'est probablement dans cet édifice que l'on procédait aux crémations. Les petits *chedi* s'élevant le long du mur conservent les cendres d'autres membres de la famille royale.

En quittant le temple, jetez un coup d'œil au **Wihan Phra Mongkhon Bophit**, à votre droite : bâti entre 1448 et 1601, il recèle l'une des statues les plus imposantes de Thaïlande, un monumental **bouddha assis★** qui remonterait au 15e s. et attire toujours une foule de fidèles.

Continuez tout droit en sortant du parking, puis tournez à droite.

★★ Wat Phra Ram

8h-17h - 50 bahts.

Le Wat Phra Ram, que l'on repère à son *prang*, aurait été bâti en 1369 par Naresuan sur les lieux de crémation de son père, le roi U-Thong. Le temple aurait ensuite bénéficié de plusieurs restaurations, l'une au 15e s., l'autre sous le règne de Boromakot, en 1741.

Histoire d'une cité royale

La fondation d'Ayutthaya, datée de 1350, est l'œuvre d'U-Thong, un prince en exil qui a fui son fief ravagé par une épidémie de choléra. Le prince devient le premier suzerain de la cité sous le nom de **Ramathibodi Ier**, le « Maître suprême » *(voir aussi « L'ère d'Ayutthaya » dans le chapitre Histoire, p. 107).*

UN ÉTAT GUERRIER

Établie sur un méandre du Chao Phraya et au confluent de deux rivières, Ayutthaya occupe une position stratégique. Le creusement d'un canal traversant la boucle du Chao Phraya achève de créer l'île sur laquelle la cité se bâtit. La jeune Ayutthaya s'épanouit alors très vite à la faveur d'un commerce florissant avec la Chine, et elle profite également de l'affaiblissement de l'Empire khmer, en plein déclin. Aussi ne tarde-t-elle pas à étendre son influence et à montrer ses ambitions territoriales : dès 1402, ses armées envahissent l'empire d'Angkor, puis, en 1412, s'emparent de celui de Sukhothai.
Ayutthaya tombe brièvement sous les coups du royaume birman de Pegu, mais le futur prince **Naresuan**, dès 1584, brise l'hégémonie birmane et rend son indépendance au royaume. Il part alors à la conquête du Cambodge et de Chiang Mai, affirmant bientôt sa suprématie sur l'ensemble du Siam.

L'ÂGE D'OR

Aux 16e et 17e s., Ayutthaya connaît un rayonnement sans précédent et compte plus d'un million d'habitants ! Ville cosmopolite par excellence, elle accueille dans ses murs plus de 30 nations différentes. Les comptoirs commerciaux fleurissent, les marchands se pressant dans cet actif centre de transit, qui exporte ses richesses vers l'Europe.
Sous le règne de **Narai** (1656-1688), on assiste à une ingérence croissante de l'Occident dans les affaires du royaume siamois. Le souverain intensifie les rapports avec les puissances asiatiques et européennes, et il se fait seconder par un conseiller grec, **Constantin Faulkon**, qui jouera un rôle de premier plan dans l'histoire des relations franco-siamoises. Le roi de France **Louis XIV** envoie sur place plusieurs ambassades, dont la plus prestigieuse sera conduite par le **chevalier de Chaumont**, en 1685, et deux ambassades siamoises se rendront en retour à la cour de Versailles. Avec les vaisseaux marchands arrivent dès le 16e s. les « caravelles du Christ », à bord desquelles se sont embarqués les premiers missionnaires. Bouddhiste convaincu, Narai montrera tout au long de son règne une grande tolérance à l'égard des croyances étrangères.

LE CRÉPUSCULE

La mort de ce souverain libéral, en 1688, met fin à l'ouverture au monde du Siam. La faction conservatrice de la Cour chasse tous les étrangers hors des frontières. En outre, les siècles de confrontations avec les armées birmanes aboutissent, en 1767, à la victoire de l'ennemi, qui sonne le glas d'Ayutthaya. Après 15 mois de siège, la prestigieuse capitale n'est plus que cendres : trésors pillés, ville ruinée et population massacrée. De cette terrible chute, Ayutthaya ne se relèvera jamais : le général Taksin, qui chassera enfin les Birmans à la fin du 18e s., lui préférera Thonburi, selon lui mieux protégée. Seul hommage rendu à l'ancienne cité royale, Rama Ier fera installer de nombreuses statues originaires d'Ayutthaya dans les temples de sa nouvelle capitale, Bangkok.

Une porte en arc brisé ouvre sur un petit **wihan** flanqué à sa gauche d'imposants **chedi**. Au centre s'élève le **prang★**, bâtiment en croix grecque que l'abbé de Choisy surnommait la « grande pagode ». L'édifice conserve une bonne partie de ses ornements de stuc : en montant les marches qui mènent à la crypte haute, on peut mieux observer les statues de *garuda*, de *naga* et de Bouddha qui sculptent la partie inférieure, côté nord. À l'arrière, une agréable pièce d'eau reflète les formes élégantes de l'édifice.
Reprenez la route et continuez tout droit jusqu'à Th. Rochana.

★★ Musée national Chao Sam Phraya (Chao Sam Phraya Museum)

Tlj sf lun. et mar. 9h-16h - 150 bahts.
Ce musée, qui offre un riche panorama de l'histoire de l'art siamois, mérite qu'on lui consacre un peu de temps.
Au rez-de-chaussée sont exposés de remarquables **bouddhas de style U-Thong★★**, statues de bronze d'une grande noblesse avec leurs drapés rigides et leur visage carré au front ceint d'un bandeau. La plupart adoptent le geste de la victoire sur Mara, prenant la Terre à témoin. Les **statues de style Sukhothai★** *(2e vitrine à droite)* ne sont pas en reste. Sur le mur de gauche, de superbes **panneaux de porte★★** en bois du 18e s. figurent les gardiens du temple; ces délicats ouvrages de style Ayutthaya sont les plus anciens qui nous soient parvenus. Au fond de la salle siègent des bouddhas de style Lopburi, assis en méditation sous la protection d'un *naga*. Une petite salle attenante renferme une collection de **céladons et de céramiques Bencharong**, témoins des échanges commerciaux entre le Siam et la Chine.
Le 1er étage rassemble de nombreuses tablettes votives, mais surtout les **objets précieux★★★** qui furent découverts dans les cryptes principales du Wat Mahatat et du Wat Ratchaburana. La **salle du trésor★★★**, à droite, garde le fleuron du musée : un magnifique ensemble de pièces d'orfèvrerie provenant du Wat Ratchaburana.
En quittant le musée par la droite, vous passerez devant une **maison traditionnelle thaïe**, que vous pouvez visiter.
Tournez à gauche dans Th. Rochana.

★ Centre d'études historiques d'Ayutthaya

(Ayutthaya Historical Study Center)
Th. Rochana - ✆ 03 245 12 34 - lun.-vend. 9h-17h - 100 bahts.
Ce passionnant musée s'articule suivant trois thèmes : historique, ethnologique et économique, pour brosser un tableau très vivant du royaume à son apogée. À droite, une **maison traditionnelle** grandeur nature et des diaporamas évoquent les us et coutumes de la vie siamoise, tandis que l'aile gauche du

L'EMPRISE DE L'EMPIRE

À l'opposé de Sukhothai, le royaume d'Ayutthaya montre une fascination pour l'empire d'Angkor, qu'il vient de conquérir. Aussi les rois siamois reprennent-ils nombre d'éléments de la culture khmère : la langue, les systèmes administratif et politique, la religion (bouddhisme mahayana pour les Khmers, bouddhisme theravada pour les Siamois) et l'architecture. Les premiers temples d'Ayutthaya reflètent ainsi nettement l'attachement à Angkor avec l'adoption du *prang*, imposante tour-sanctuaire en épi de maïs, dressée sur une base carrée ou polygonale. Son association au traditionnel *chedi* s'imposait comme le symbole de la suprématie d'Ayutthaya sur l'Empire khmer et ses splendeurs.

musée traite des relations commerciales du royaume avec l'ensemble de l'Asie, mettant notamment l'accent sur l'administration et le processus d'acheminement des marchandises vers la cité.
Une carte ancienne permet de se faire une idée de l'Ayutthaya d'autrefois, complétée par des maquettes de ses principaux monuments, de son port et d'une jonque.

Musée Chanthara Kasem (Chandra Kasem Museum)
Th. U-Thong (en face du marché de nuit) - tlj sf lun. et mar. 9h-16h - 100 bahts.
S'il vous reste du temps, allez voir ce musée qui se cache derrière les hautes murailles à créneaux blancs d'un ancien palais du 17e s., bâti pour le roi Naresuan. Entièrement détruit par les Birmans et abandonné, il fut restauré par Rama IV, qui en fit sa résidence d'été.
Divers bâtiments s'organisent autour d'une cour, dont le **Phiman Rattaya**, l'ancien quartier des femmes, qui abrite divers objets de la vie quotidienne.

★★ AU FIL DE L'EAU

Comptez de 2 à 4h selon votre embarcation et la durée des arrêts (deux ou trois, à définir avec votre « pilote »). Les bateaux partent en face du palais Chanthara Kasem.
Idéal pour découvrir les temples jalonnant ses berges, le circuit proposé, qui descend la Mae Nam Pasak vers le sud, invite à une agréable promenade fluviale autour de la cité.
Au fil de l'eau, le bateau semble remonter le temps. Sur les berges où s'alignent les traditionnelles maisons sur pilotis, ombragées de bambous ou de bananiers, des enfants se baignent et saluent votre passage d'un large sourire. Ayutthaya conserve ses anciennes habitudes : les riverains partent travailler ou faire leurs courses en bateau, et l'on croise à tout instant des petits sampans chargés de fruits ou des barges à riz ventrues, aux flancs noirs, qui descendent la rivière jusqu'aux entrepôts de Bangkok.

★★ Wat Phanan Choeng (Sum Por Khong)
8h-17h - 20 bahts.
Il fut érigé en 1324 au confluent du Chao Phraya et de la Pasak. À la manière des temples taoïstes, le temple comprend trois chapelles, dont un *wihan* central où trône un grand **bouddha assis★** en brique stuquée et entièrement recouvert d'or, prenant la Terre à témoin.
Haute de 19 m, la statue, qui se dressait sans doute à l'origine à l'extérieur, en plein air, apparaît d'autant plus imposante qu'elle emplit tout l'espace intérieur, jusqu'au plafond. Une légende raconte que des larmes perlèrent de ses yeux lors de la prise de la cité d'Ayutthaya en 1769. L'éléphant à gauche de l'entrée principale aurait été installé pour lui tenir lieu de monture.
Protecteur des marins et des voyageurs, ce Bouddha est particulièrement vénéré par les Thaïlandais d'origine chinoise, et il règne autour de lui une grande animation, notamment les week-ends. Les fidèles défilent au pied du colosse pour lui offrir d'immenses écharpes de tulle safran, de plusieurs mètres de longueur, qu'ils ont achetées à l'entrée du temple. Perché sur les cuisses du Bouddha, un homme se charge toute la journée de lancer une à une ces étoffes sur les épaules de la statue ; un moyen pour les pèlerins d'acquérir des mérites.
Remarquez aussi les murs du sanctuaire : plus de 80 000 petites niches y sont creusées, sur toute la surface, abritant autant de bouddhas miniatures.

Wat Phuttaisawan

8h-17h - gratuit

Le bateau parvient ensuite devant le Wat Phuttaisawan, repérable à son énorme **prang★** blanc, un gros pain de sucre qui paraît flambant neuf. Hormis cette tour, il ne reste que peu de chose du domaine d'origine (14e s.) où résida le roi U-Thong avant de fonder Ayutthaya.

À l'entrée principale, côté ouest, trois statues s'alignent sur un large piédestal, représentant trois des grands rois de l'histoire siamoise : U-Thong, Naresuan et Ekathot Sarot, le frère cadet de Naresuan.

Si votre bateau fait l'escale, allez jeter un coup d'œil à l'ancienne résidence du patriarche, un bâtiment à votre droite, qui conserve des peintures du 17e s., très endommagées, relatant des légendes bouddhiques. On longe ensuite la résidence des moines et l'*ubosot* pour arriver au **cloître** protégeant le *prang*, décoré tout le long de bouddhas dorés.

Cathédrale St-Joseph

Intérieur 18h-19h, enceinte extérieure 6h-20h.

Souvenir de l'ancienne présence européenne, la façade de la cathédrale se découvre au bord de la rivière. Le Français Lambert de La Motte fut à l'origine de sa construction, sous le règne de Phra Narai, à la fin du 17e s. Entièrement en bois, elle fut détruite après la chute de la ville, pour être reconstruite en dur au 19e s. Ses portes sont souvent fermées, mais si vous vous y présentez à l'heure des offices, vous aurez tout loisir d'admirer son intérieur baroque.

★★★ Wat Chai Wathanaram

8h-17h - 50 bahts.

Escale incontournable, ce temple est l'un des joyaux architecturaux d'Ayutthaya. De la rivière, ses majestueux *prang* de brique rousse offrent un splendide spectacle, et leur noblesse confère au site une atmosphère de profonde sérénité, notamment au coucher de soleil.

Du débarcadère, une volée de marches conduit à l'**ubosot** où trônent, sur des parties de brique, quelques bouddhas restaurés. Le temple fut fondé en 1630 par le roi Prasat Thong pour célébrer son couronnement. Érigé peu de temps après une nouvelle victoire siamoise sur le royaume d'Angkor, il s'inspire nettement de l'architecture khmère, dont témoigne son grand **prang central★★** hérissé d'antéfixes.

Conservant des reliques de Bouddha, l'édifice jaillit au centre de l'enceinte d'un **cloître★** ponctué de beaux bouddhas de pierre (érodée), chaque angle de l'enceinte étant marqué par un *chedi* conservant – chose rare – son plafond à caissons en bois, jadis recouvert de laque. Les murs extérieurs étaient quant à eux décorés de motifs en stuc figurant les *jataka*.

AU NORD DE L'ÎLE

Boucle au nord et à l'extérieur de la ville – comptez une demi-journée.

★ Wat Na Phra Men

8h-18h - 20 bahts.

De Th. U-Thong, un pont mène au Wat Na Phra Men, qui se dresse en face de l'ancien palais royal, légèrement en retrait de la rivière. Protégé par une douve, ce temple fut construit au début du royaume d'Ayutthaya puis rebâti sous le règne de Prasat Thong (1629-1656). Une chronique rapporte que le roi birman y installa ses canons pour bombarder le palais mais que, blessé par ses propres armes, il se retira en Birmanie.

Le Wat Yai Chai Mongkhon, à l'est de l'île.
M. Irles / Fotolia.com

Sur le fronton du porche de l'**ubosot★**, admirablement travaillé, vous reconnaîtrez le dieu hindou Vishnu chevauchant un *garuda*, lui-même assis sur un démon.

2

À l'intérieur, deux rangées de colonnes écarlates, surmontées de chapiteaux en bouton de lotus, encadrent un superbe **bouddha paré★** prenant la Terre à témoin de sa victoire sur Mara, l'incarnation du Mal. La statue, recouverte d'or pur, affiche une allure insolite avec son costume royal serti de pierres précieuses.

Phu Khao Thong

À 5 km au nord de la ville - prenez la route 309 vers le nord, puis à gauche la route 3060.

Ce **chedi de style birman**, surmonté d'une flèche dorée, domine les rizières environnantes : le Phu Khao Thong, ou « temple de la Montagne d'or », fut fondé en 1569 par les Birmans, lors d'une éphémère victoire sur les armées siamoises. En 1744, il fut restauré pour reprendre les codes de l'art thaï, ceux que l'on voit aujourd'hui.

À L'EST DE L'ÎLE

★ Wat Yai Chai Mongkhon

À 4 km à l'est de la cité historique, par la route 309 - 8h-17h - 20 bahts.

De l'entrée, une allée passe devant un **bouddha couché** (7 m de long) pour rejoindre un curieux petit autel, noyé sous une myriade de jouets. Les fidèles déposent ici ces objets à l'intention de l'esprit qui occupe le domaine.

L'allée à droite conduit au cloître, écrin d'un imposant *chedi*. Des bouddhas drapés de tulle safran se succèdent tout autour, dans une parfaite symétrie. Au centre d'un beau jardin fleuri de bougainvilliers, un monument élevé en 1592 par le roi Naresuan commémore sa victoire sur les Birmans.

Excursion Carte de région

Si vous êtes en route vers les provinces du Nord, ne manquez pas de faire une halte au Phra Phutthabat, l'un des temples les plus sacrés de Thaïlande. Le week-end surtout, une foule de fidèles envahit les lieux, leur conférant une grande animation. Les deux fêtes qui s'y déroulent en février et en mars rassemblant des pèlerins venus de tout le pays.

★★ SARABURI, LE PHRA PHUTTHABAT B2

À 63 km à l'est d'Ayutthaya - en voiture, prenez la Highway 32 vers le nord, puis la route 329 qui rejoint la Highway 1 ; évitez de vous rendre au temple en transport en commun.

Rasé par les armées birmanes, le temple originel, adossé à la montagne, fut reconstruit par Rama Ier au 18e s. pour devenir l'un des foyers majeurs du bouddhisme en Thaïlande. Témoins de la vivacité de cette ferveur, d'innombrables échoppes se serrent le long de la route qui mène au site, proposant nourriture et amulettes.

Passé les **yaksha** (lions) qui gardent l'entrée du domaine, le fidèle fait tinter les **cloches de bronze** qui s'alignent sur le côté de l'esplanade, annonçant ainsi aux dieux sa venue. Au sommet de l'escalier flanqué de *naga*, un moine assis à l'ombre d'un banian purifie chaque pèlerin en l'aspergeant de quelques gouttes d'eau bénite.

On accède ensuite au **mondop★★** gardant la fameuse empreinte de pied du Bouddha *(voir encadré ci-dessous)*, un magnifique bâtiment érigé sur une terrasse de marbre. Sous son toit de tuiles vertes, de superbes **portes★** noires incrustées de nacre ouvrent sur une salle aux murs rouges et au sol recouvert d'une fine couche d'argent. Au centre, un **baldaquin** perché sur des piliers protège l'empreinte, devant laquelle les fidèles apportent des fleurs de jasmin, des pièces de monnaie, des billets de banque ou des feuilles d'or qu'ils collent sur la relique, en hommage au Bouddha et pour acquérir des mérites (l'acquisition de mérites, qui peut se concrétiser de diverses manières, vise pour un bouddhiste à renaître dans une existence meilleure).

En suivant l'escalier qui grimpe sur la montagne, vous pouvez voir plusieurs **chedi**, mais l'ascension vaut surtout pour le **panorama★**. De là, un sentier mène à des **grottes** où se retiraient des ermites.

PIED DIVIN

Au début du 17e s., des moines en mission au Sri Lanka apprirent, à la lecture d'une inscription en pali (langue indienne), l'existence au Siam d'une empreinte du Bouddha. De retour au royaume, ils se mirent en quête de ce trésor, mais leurs recherches restèrent infructueuses. La découverte revint finalement à un chasseur qui, au cours d'une chasse au cerf, mit au jour une vasque en forme d'empreinte de pied. Or, il se trouva que l'eau claire qu'elle contenait guérit les blessures de l'animal. L'homme lui-même, atteint d'une maladie de peau, s'y plongea à son tour, pour en ressortir aussitôt soigné. Il n'en fallait pas plus pour qu'on élevât un temple à cet endroit, le Phra Phutthabat.

NOS ADRESSES À AYUTTHAYA

INFORMATIONS UTILES

Poste / Téléphone – *Th. U-Thong.*
Santé – Navanakorn Hospital - *Th. Rochana - ☎ 03 533 55 55 à 60.*
Sécurité – Police touristique - *Th. Si Sanphet - ☎ 03 524 23 52 ou 11 55.*

ARRIVER / PARTIR

En train

Gare ferroviaire – *À l'est de la cité historique, de l'autre côté du canal.* 30 trains/j. au dép. de Bangkok *(1h15 de trajet)*. D'Ayutthaya, 20 trains/j. pour Lopburi *(1h)* et Phitsanulok *(6h30)*.

En bus

Pour les bus en provenance et à destination de Bang Pa-In et Bangkok, gare routière sur Th. Naresuan. Pour les autres destinations, gare routière face à l'Ayutthaya Grand Hotel, sur Th. Rochana.

HÉBERGEMENT

PREMIER PRIX

The Old Place Guest House – *K-102 Th. U-Thong- ☎ 03 521 11 61 - one1449@hotmail.com - ▤ ✕ - 8 ch. - 350/600 bahts.* Les chambres aux murs de bambou tressé sont assez classiques et bien tenues. Le charme de cette pension réside dans le petit jardin, au bord de la rivière, qui fait également office de restaurant. Wifi.

Tony's Place – *Th. Naresuan, 12/18 Soi 8, Horatanachai - ☎ 03 525 25 78 - http://tonyplace-ayutthaya.com - ▤ ✕ - 34 ch. - 500/1 200 bahts.* Quelques chambres avec sanitaires privés. La maison, d'architecture traditionnelle, abrite de belles chambres tout en bois, calmes et propres, en retrait du vaste restaurant en plein air qui ouvre sur la rue. Tony, le propriétaire, qui a longtemps séjourné aux États-Unis, a très bien compris les attentes des visiteurs, et son établissement fait également office d'agence de voyages, fournissant un excellent support logistique pour la suite de votre itinéraire. La pension ne prend pas de réservation, mieux vaut donc arriver de bonne heure et visiter plusieurs chambres.

Bannkunpra – *48 Moo 3 Th. U-Thong - ☎ 03 524 19 78 - www.bannkunpra.com - ▤ ✕ - 15 ch. et 1 dortoir - 600/1 100 bahts pour une chambre ; 250 bahts le lit dans le dortoir.* Le Bannkunpra est plus cher que ses concurrents, mais la maison traditionnelle en bois, au bord de la rivière, est superbe, et les chambres ont du caractère, même si le confort est parfois spartiate. Évitez les quatre chambres installées dans l'annexe : elles donnent sur la rue et sont sans charme. Vous pouvez déguster les spécialités du restaurant sur la terrasse. Accueil souriant. Wifi et location de vélos.

BUDGET MOYEN

Ayothaya Riverside Hotel – *91 Moo 10 - en retrait de Th. Rochana, voisin du Krungsi River Hotel - ☎ 03 523 48 73 - www.ayothayariversidehotel.com - ▤ ✕ - 102 ch. - 950/1 200 bahts ☕.* À 10mn de la gare, des chambres tout confort avec une très belle vue sur le fleuve et la ville en contrebas (demandez-en une dans les derniers étages). Le tout baigne dans une atmosphère calme, servie par un bon accueil. L'établissement dispose d'un restaurant flottant. La meilleure adresse de cette catégorie, et il est

2

en outre possible de négocier les prix en basse saison.

POUR SE FAIRE PLAISIR

Ayothaya Hotel – *Th. Thetsaban, 12 Soi 2 - ✆ 03 523 28 55 - www.ayothayahotel.com - ▤ ⛱ ✕ - 117 ch. - 1 500/3 500 bahts - ☕.* Malgré un hall assez prétentieux, avec son étalage de marbre rose et ses fresques chinoises, l'établissement propose des chambres un peu tristes, mais confortables. Le personnel fait des efforts pour parler anglais.

Woraburi Ayothaya Convention Resort – *89 Th. Watkluay - ✆ 03 524 96 00 - www.woraburi.com - ▤ ⛱ ✕ - 170 ch. - 1 750/3 000 bahts ☕.* Ne vous fiez pas au hall de réception un peu pompeux : les chambres offrent tout le confort moderne et l'ambiance est relativement charmante (moquette, meubles de teck et soieries). Les chambres supérieures offrent une vue imprenable sur la rivière. Une petite terrasse au rez-de-chaussée permet de boire un verre sur place.

Krungsi River Hotel – *27/2 Mo 11 Th. Rochana - ✆ 03 524 43 33 - www.krungsriRiver.com - ▤ ⛱ ✕ - 202 ch. - 1 800/4 000 bahts ☕.* Un beau hall d'accueil, mais le personnel maîtrise peu l'anglais. Les chambres, au confort classique, répondent aux standards internationaux, avec salle de bains dallée de marbre. Un point négatif, toutefois : l'hôtel, excentré, se situe au-dessus d'une rue très passante. Wifi.

River View Place – *K. 35/5 Horatanachai - Th. U-Thong - ✆ 03 524 14 44 - www.riverviewplace.com - ▤ ⛱ ✕ - 99 ch. - 2 200/5 000 bahts ☕.* Dans cet hôtel d'une élégance discrète et raffinée, le bois est l'élément dominant. Les chambres spacieuses offrent une vue magnifique sur le fleuve. Le restaurant entouré de baies vitrées, la terrasse, la petite piscine et le *fitness center* contribuent à faire de cet établissement le meilleur de sa catégorie. Personnel très efficace.

UNE FOLIE

Pludhaya Resort – *12/3 Mo 7 Th. Tambol Klongsuanplu - ✆ 03 570 75 65 - www.pludhaya.com - ▤ ⛱ ✕ - 9 ch. - 4 000/6 000 bahts.* Situé à 2 km de la ville, entre une rizière et un champ où paissent des vaches, cet enclos de sérénité comprend quelques bungalows luxueusement aménagés : soieries, literie impeccable, Jacuzzi… On regrette l'absence de bois dans la facture des maisonnettes, mais l'accueil est très professionnel. Avec sa piscine, son jardin luxuriant, son restaurant et son spa, l'endroit est parfait pour se mettre au vert. Wifi.

RESTAURATION

Quantité de restaurants flottants bordent la rivière, accessibles de Thanon U-Thong. La plupart se regroupent sur la portion sud-est de l'île, à hauteur de la cathédrale St-Joseph et du Wat Phanan Choeng (tous deux sur l'autre rive). Attention, la ville s'endort tôt ; évitez de vous présenter passé 20h30.

PREMIER PRIX

Marché de nuit de Hua Haw – *Devant les murailles du palais Chanthara Kasem - autour de 50 bahts.* De petites cantines présentent des produits frais que vous choisissez avant leur cuisson : soupes, crêpes, nouilles, etc. Très apprécié des habitants d'Ayutthaya, l'endroit mérite également une étape pour son atmosphère animée. Au milieu des fumets des innombrables gargotes, vous pourrez vous promener le long des étals proposant montres, vêtements, fruits tropicaux, jouets et gadgets divers.

Pae Krung Kao – *K4 Mo 2 Th. U-Thong - au sud-est de l'île - ✆ 03 524 15 55 - 10h-21h - 100/300 bahts.* Installé dans le jardin ou sur la terrasse flottante au bord du fleuve (descendre tout en bas), vous pourrez goûter une bonne cuisine thaïe, dont des crevettes géantes, spécialités de la maison. L'endroit est assez fréquenté, mieux vaut donc réserver.

Saithong River Restaurant – *45 Th. U-Thong - env. 2,5 km au sud du centre-ville - ✆ 03 524 14 49 - 100/300 bahts.* Pour savourer des spécialités de poisson. C'est une excellente adresse pour dîner au bord de l'eau, le restaurant étant d'ailleurs très prisé par les locaux pour sa qualité.

Tony's Place – *Th. Naresuan, 12/18 Soi 8 - Horatanachai - ouvert jusqu'à 23h - 100/300 bahts.* Le restaurant de la pension du même nom, dans le quartier animé de la ville. L'établissement propose une carte variée de plats occidentaux et thaïs, à déguster en terrasse ou près du billard. Les prix sont tout de même un peu élevés pour cette catégorie.

ACTIVITÉ

Kraal des éléphants – *À 4 km du Phu Khao Thong en suivant la route 3060 - www.elephantstay.com. Séjours de 3 j. et plus.* Réhabilités pour le tourisme, les pachydermes servaient autrefois dans l'armée. Après leur capture, on les dressait à l'art de la guerre et au transport dans des *kraal*, c'est-à-dire des arènes de bois. Le pays ne compte plus aujourd'hui que 5 000 éléphants, alors que ces animaux, jadis emblèmes du Siam, étaient encore environ 20 000 au début du 20e s.

Lopburi

★★

400 000 habitants – Chef-lieu de la province de Lopburi

NOS ADRESSES PAGE 237

S'INFORMER

Tourism Authority of Thailand – *Th. Wat Phra Thạt - à côté du Wat Mahatat - ✆ 03 642 27 68/69 - 8h30-16h30.* Plan de la ville, liste d'hôtels et de restaurants.

SE REPÉRER

Carte de région B2 (p. 216) – plan de la ville p. 234 – *carte Michelin 751, G5.*
À 89 km au nord d'Ayutthaya, à 155 km au nord de Bangkok.
Voir aussi la rubrique « Arriver/partir » dans « Nos adresses ».

À NE PAS MANQUER

Le Wat Mahatat ; la résidence Vichayen ; le palais du roi Phra Narai et son musée ; le banquet offert aux singes de la ville, fin novembre.

ORGANISER SON TEMPS

Comptez une journée pour découvrir la ville et le parc archéologique de Si Thep. Prévoyez l'excursion sur les sites historiques de Lopburi depuis Ayutthaya, car la ville moderne manque de charme.

« Lopburi est au Siam ce que Versailles est à la France », s'exclamait, ébloui par les fastes de la cour siamoise, l'historien Nicolas Gervaise lorsqu'il accompagna l'ambassade de Louis XIV au Siam, en 1685. Depuis, la physionomie de cette grosse ville de garnison a évidemment bien changé avec son trafic agité et ses avenues tentaculaires. Ancien lieu de villégiature de la famille royale, elle conserve néanmoins quelques beaux fleurons de son noble passé, à découvrir à pied en sillonnant les rues du vieux centre-ville. Ses temples, notamment, qui mêlent styles siamois et influences occidentales, raviront les amateurs d'architecture, d'autant qu'ils sont bien restaurés et que la plupart s'inscrivent dans un agréable cadre de verdure. Une balade dans le temps des plus attrayantes.

Se promener Plan de ville

SITES HISTORIQUES

Circuit tracé en vert sur le plan de ville (p. 234) – comptez une demi-journée minimum à pied - départ de la gare.

★ Wat Phra Si Ratana Mahatat

Th. Nakala, accès face à la gare - tlj sf lun. et mar. 7h-17h - 30 bahts.
Dominé par un superbe *prang* central, ce temple réunit des bâtiments de styles et d'influences divers. Remarquez les fenêtres en ogive du grand **wihan**, tels les vitraux d'une église, qui trahissent bien leur inspiration européenne. Fondé au 12e s., le *wat* fut restauré à plusieurs reprises et prit son aspect définitif sous le règne de Phra Narai, au 17e s., avec l'ajout de l'*ubosot*.

Phra Narai, Ratchaniwet, Lopburi.
JTB Photo / age fotostock

Le **prang★★**, de style Lopburi, conserve sur ses linteaux de superbes **compositions stuquées★★**. Faites le tour de l'ancienne enceinte du cloître : de part et d'autre s'élèvent des chapelles aux toits en encorbellement, caractéristiques du style Sukhothai, ainsi qu'une série de *wihan* endommagés.

Prenez également le temps d'admirer les ornements des **petits chedi** de style Ayutthaya qui longent l'enceinte. Au nord-ouest, enfin, se dresse un beau **prang cannelé** en forme d'épi de maïs, cerné d'anges assis.

Quittez le temple par l'arrière, continuez tout droit et prenez à droite Th. Sorasak pour longer sur votre gauche les murailles du palais.

★★ Phra Narai Ratchaniwet

Th. Sorasak, accès par la porte est - tlj sf lun. et mar. 9h-16h - entrée payante.

À la demande du roi Phra Narai, dont le règne, au 17e s., marqua l'âge d'or de la cité, des architectes français apportèrent leur concours à la construction de cette résidence royale. Ponctués de sept fortins, des remparts crénelés et percés de portes monumentales en ogive encadraient le domaine. Des toitures ornées de lotus coiffaient ces porches, reflétant l'architecture en vogue à l'époque de Narai.

Ces murs protégeaient trois cours intérieures, chaque porte étant éclairée la nuit par des lanternes de cuivre. Des jardins agrémentés de fontaines et de bosquets d'arbres séparaient les divers bâtiments. À l'origine, souverains, ambassadeurs et hauts dignitaires arrivaient au palais par la rivière Mae Nam, côté ouest, en franchissant la **porte des cérémonies** (mais un bloc de maisons sépare désormais le palais de la rivière).

À votre gauche, dans la **cour extérieure**, trône encore l'ancienne citerne qui approvisionnait en eau les divers pavillons du palais. Elle côtoie les ruines des magasins ou **pavillons des trésors**, à l'origine au nombre de douze, qui servaient sans doute d'entrepôts aux marchands d'étoffes de la ville.

À proximité, quelques murs de brique sont tout ce qui subsiste du **pavillon des étrangers**.

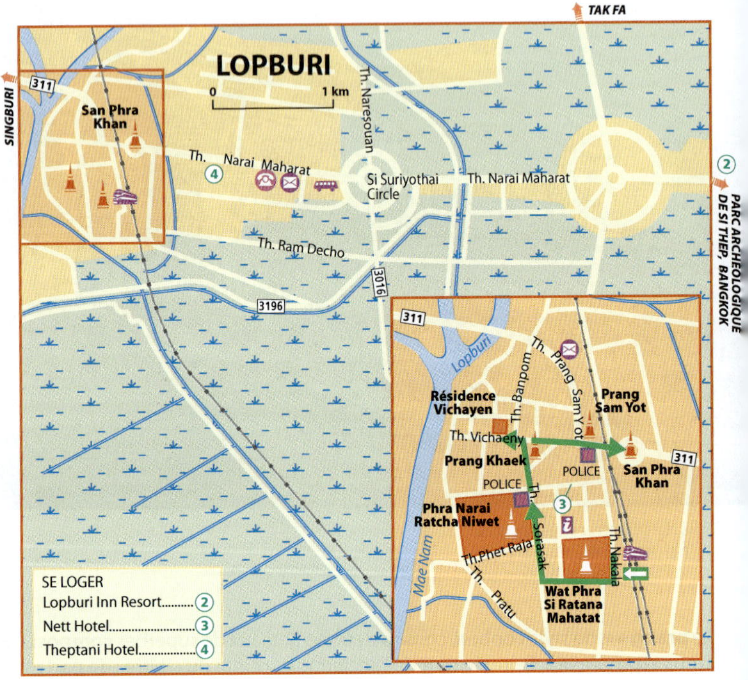

C'est de l'ancien **sanctuaire royal**, adossé aux remparts, que le régent Okphra Petratcha déposa le roi Narai et proclama sa prise du pouvoir, en 1688. Le long du mur séparant la cour extérieure de la cour centrale, quelques pans signalent les **écuries aux éléphants**.

En reprenant l'allée principale, on débouche ensuite dans la **cour du Milieu**, protégée par un muret creusé de niches abritant des lanternes. En face s'ouvre le pavillon **Chantara Phisan**★, que garde un élégant bouddha en méditation, protégé par un *naga*. Bâti en 1665, il servit de résidence royale avant d'être reconverti en salle d'audience. Il renferme divers témoignages et correspondances évoquant les nombreux échanges entre les royaumes de France et du Siam.

À gauche, le pavillon **Phiman Mongkut** (19e s.), du nom du roi qui l'édifia, a été aménagé en un intéressant **musée**★ *(9h-16h)*, consacré à l'art et à la culture du Siam. À l'étage, vous verrez également une reconstitution de la chambre du roi Mongkut.

À droite s'étendent les restes du **Dusit Sawan Thanya Maha Prasat**, où se tenaient les audiences royales officielles. Le roi Phra Narai y rencontra notamment le chevalier de Chaumont et son ambassade. De la fastueuse salle du trône ne subsiste plus grand-chose. Difficile d'imaginer le luxe des lieux qui, jadis, éblouit tant les visiteurs étrangers : des miroirs apportés de France par les ambassadeurs siamois garnissaient les murs, tandis que des fleurs d'or et des cristaux de Chine rehaussaient les plafonds. Au fond de la salle, en hauteur, se dressait le trône, flanqué d'escaliers menant à deux portes closes. Lors des grandes audiences, le roi apparaissait dans toute sa superbe par la fenêtre centrale, qui s'ouvre en hauteur dans le mur divisant la salle en deux.

En franchissant le porche à gauche, on rejoint par une allée pavée la **cour intérieure** et ses jardins, domaine privé du roi. Le pavillon de Sutthan Sawan, qui se dressait au centre *(disparu)*, abritait les luxueux appartements royaux, accessibles à un nombre très restreint de personnes. Quatre bassins marquaient les angles de la cour, où le souverain prenait ses bains, protégé par de riches tentures.

Quittez le palais par l'entrée principale, pour poursuivre à gauche sur Th. Sorasak.

La vieille ville

L'avenue Sorasak débouche sur un petit carrefour où trône le **Prang Khaek**, un temple composé à l'origine de trois *prang*, mais dont seul subsiste celui du centre. D'origine hindoue, ce sanctuaire fut fondé au 10e s., et Phra Narai se chargea de sa rénovation.

Rejoignez Th. Vichayen, face à vous, puis prenez à gauche.

★ **Résidence Vichayen** – *Vichayen House - 9h-16h - entrée payante.* Trois portails monumentaux ouvraient sur ce domaine, dont les vestiges témoignent de la fortune et de la puissance du conseiller royal. La demeure, présentant une architecture d'inspiration occidentale, pourrait aisément s'inscrire dans une ville européenne. Proche de la rivière Mae Nam, elle comprenait de nombreuses dépendances et même une maison de bains alimentée par une citerne. C'est là que séjournèrent au 17e s. le chevalier de Chaumont et sa suite, ainsi que les jésuites de l'ambassade française.

Une volée de marches conduit à une chapelle portant en façade la trace d'une rosace, tandis qu'à droite s'ouvrait le presbytère. Plus à l'est se tenait la salle d'audience, où l'on pouvait voir un portrait en pied de Louis XIV.

Prenez à gauche et continuez tout droit sur Th. Vichayen.

★★ **Prang Sam Yot** – *6h-18h - entrée payante.* Les majestueux bâtiments de ce temple marquent le cœur de la ville. Bon nombre de « descendants » d'Hanuman *(voir encadré page suivante)* escaladent sans vergogne cet édifice sacré :

2

UNE VILLE CAPITALE

Sous le nom de « Lavo », Lopburi apparaît déjà dans l'histoire à l'époque Dvaravati (6e s.-12e s.) comme un important centre économique, politique et culturel. Capitale provinciale de l'Empire khmer, et rebaptisée « Lavapura » – d'où dérive son nom actuel –, la cité devient le foyer d'un art local original, associant les styles môn et khmer. Son essor se poursuit en intégrant le royaume de Sukhothai, dès la fin du 13e s., mais le royaume d'Ayutthaya, un siècle plus tard, relègue la ville au rang d'État vassal.

La cité connaît un rayonnement sans précédent sous le règne de **Phra Narai** (1656-1688) qui, attiré par la douceur du climat, en fait sa résidence estivale. Le monarque délaisse peu à peu Ayutthaya au profit de Lopburi, qu'il élève au rang de deuxième capitale du royaume. En 1685, il y reçoit l'ambassade du **chevalier de Chaumont**. Très influencé par **Constantin Faulkon**, un aventurier grec devenu son conseiller, le roi mène une politique d'ouverture vers l'Occident, permettant ainsi à une large communauté de religieux et de commerçants d'Europe, de Malaisie et de Perse d'établir des missions et des comptoirs commerciaux à Ayutthaya et à Lopburi. Mais en 1687, une seconde ambassade, royale cette fois, visant à imposer une « protection militaire » au Siam, achève d'irriter les traditionalistes de la Cour, qui déclenchent la déposition du roi. Le nouveau monarque rompt toute relation avec le monde extérieur et retourne à Ayutthaya, laissant Lopburi sombrer dans l'oubli jusqu'au 19e s. La ville devra son renouveau à Rama III, qui la restaure et en fait sa capitale auxiliaire.

EN L'HONNEUR DU SINGE

Le dieu hindou Rama voulut offrir une cité au singe **Hanuman**, son fidèle soldat, en récompense de sa fidélité. Il tira une flèche vers le ciel et, à l'endroit où celle-ci retomba, il posa la première pierre de la ville. Le dieu singe utilisa ensuite sa queue pour en construire les murs. Depuis, les primates ont investi le **Prang Sam Yot** *(voir page précédente)*, colonisant jusqu'aux poteaux électriques des rues environnantes, qu'ils s'amusent à secouer comme de véritables cocotiers ! Considérés comme les « enfants » du dieu Kala, ces macaques font l'objet d'un certain respect, et malheur à qui leur ferait du mal. Leur présence contribue d'ailleurs pour une large part au succès touristique de Lopburi. En signe de gratitude, les habitants leur préparent chaque année, à la fin du mois de novembre, un **grand banquet** réunissant leurs friandises favorites : pastèques, ananas, œufs durs, concombres ou citrouilles. Un spectacle haut en couleur !

toute une population de singes vous accueille là, en effet, les plus effrontés n'attendant que de vous chaparder quelque chose d'intéressant.
Seul refuge : l'intérieur des trois *prang*, où les macaques ne pénètrent jamais, de peur d'y rester enfermés ! Profitez-en pour admirer les plafonds des cellules, à l'origine en bois. Fondé probablement au milieu du 13e s., ce sanctuaire primitivement hindou offre un exemple typique du style Lopburi.
Poursuivez dans la même rue et passez le carrefour.
San Phra Khan – Autre sanctuaire prisé par les primates, ce petit temple, très populaire à Lopburi, est dédié au dieu Kala. Il ne reste presque rien de l'édifice originel, remontant au 10e s., mais une chapelle moderne conserve sur son linteau de pierre une belle représentation de Vishnu reposant sur un *naga*.

Excursion Carte de région

En route vers les provinces du Nord, les ruines de l'ancienne cité de Si Thep, nichée dans un agréable parc, vous offriront une halte détente. Deux édifices seulement valent vraiment le détour, mais la promenade est pleine de charme.

★ LE PARC ARCHÉOLOGIQUE DE SI THEP B2

À 80 km au nord de Lopburi - prenez la route 21 puis la bifurcation à gauche qui conduit à l'entrée du parc, 8 km plus loin (parc difficile d'accès par les transports en commun) - 8h-17h - 100 bahts.
Peuplé dès le 6e s., à l'époque Dvaravati, Si Thep devint un important centre économique sous l'Empire khmer, jusqu'à la fin du 13e s. Un **pont de pierre** décoré de têtes de *naga* conduit à la cité.
Environ 2 km après l'entrée, la **chaussée royale★** s'étire jusqu'au **Prang Si Thep**, un sanctuaire du 11e s. érigé sur une base carrée. Le registre supérieur du *prang* de droite, orné d'un remarquable **linteau sculpté★** en grès, rappelle le style artistique khmer du Bayon, temple central de l'ancienne cité d'Angkor. Le *prang* a conservé ses poutres d'origine en bois, ainsi qu'une statue du dieu Vishnu, en bois également. Sa couronne de grès en forme de lotus gît à proximité, sur le sol.
À droite, le grand monticule de brique est tout ce qui reste d'un probable dépôt d'armes ou trésor, le **Kho Klang Nai**. Notez aussi, côté sud *(à l'arrière)*, une belle **roue de la loi** bien restaurée, et surtout les étonnants **personnages de stuc★** qui courent le long du mur oriental, d'époque Dvaravati.

NOS ADRESSES À LOPBURI

INFORMATIONS UTILES

Poste – *Th. Prang Sam Yod - à côté du temple du même nom.*
Sécurité – Police touristique - *732 Th. Naresuan - ✆ 03 642 45 15 ou 11 55.*

ARRIVER / PARTIR

En train

Gare ferroviaire – *En face du Wat Phra Si Ratana Mahatat.* Départs tlj de et pour Ayutthaya *(1h de trajet),* Bangkok *(env. 2h30)* et Phitsanulok *(env. 4h).*

En bus

Gare routière – *Si Suriyothai Circle.* Départs tlj ttes les 20mn de 5h à 20h pour Ayutthaya *(1h30 de trajet)* et ttes les 15mn pour Bangkok *(2h).*

HÉBERGEMENT

Lopburi offre peu de choix en matière d'hôtels. Les seuls établissements corrects sont dispersés dans la ville moderne. Petit conseil, évitez les pensions situées dans la vieille ville, autour des temples : ce secteur est le repaire des hôtels de passe.

PREMIER PRIX

Nett Hotel – *17/1-2 Th. Radchadumnoen - ✆ 03 641 17 38 - netthotel@hotmail.com -* *- 30 ch. - 400/550 bahts.* Situé au cœur du site historique, il est le seul hôtel recommandable du quartier. Pas d'ascenseur.

Theptani Hotel – *Th. Narai Maharat, ✆ 03 641 10 29/34 55 -* *- 40 ch. - 450 bahts.* Un hôtel correct et sans prétention, installé dans une rue passante. Les chambres sont propres, même si l'état de la moquette est inégal.

POUR SE FAIRE PLAISIR

Lopburi Inn Resort – *144 Th. Paholyothin - à 6 km du centre, environ 500 m à gauche après le centre commercial Big C - ✆ 03 642 07 77 - www.lopburiinnresort.com -* *- 92 ch. - 1 800/2 600 bahts.* C'est de loin la meilleure adresse de la ville. Des bungalows de style espagnol aux murs blanchis à la chaux disposent de belles chambres spacieuses. L'établissement est toutefois très excentré.

AGENDA

En l'honneur de Phra Narai – Mi-fév. Une fête célèbre le règne de Narai (17e s.). Pour l'occasion, les habitants défilent en costume d'époque.

Banquet des singes – Fin nov. Les habitants de Lopburi offrent un banquet aux singes, très présents aux abords de certains temples.

2

Phitsanulok

★

86 884 habitants – Chef-lieu de la province de Phitsanulok

NOS ADRESSES PAGE 242

S'INFORMER

Tourism Authority of Thailand – *209/7-8 Surasi Trade Center, Th. Boromtrai Lokanat - ✆ 05 525 27 43 - 8h30-16h30;* autre antenne sur *Th. Phuttha Bucha, face à la poste.* Horaires des trains et des bus, plans de la ville et de la région (indiquant les curiosités des environs et de la route de l'Est), documentation sur Sukhothai et Phitsanulok, liste d'hôtels et de restaurants.

SE REPÉRER

Carte de région B1 (p. 216) – plan de la ville p. 240 – *carte Michelin 751, E5.*
À 58 km à l'est de Sukhothai, à 390 km au nord de Bangkok.
Voir aussi la rubrique « Arriver/partir » dans « Nos adresses ».

À NE PAS MANQUER

Le Wat Phra Si Ratana Mahatat; la fonderie de bouddhas; le musée des Traditions populaires.

ORGANISER SON TEMPS

Dînez dans un restaurant flottant pour retrouver un peu de l'atmosphère d'autrefois.

AVEC LES ENFANTS

Les jouets anciens au musée des Traditions populaires.

Du passé glorieux de Phitsanulok, ancienne cité satellite de la puissante Sukhothai, seul subsiste un temple. Mais quel temple! Installé sur les berges de la rivière Nan, le Wat Phra Si Ratana Mahatat compte parmi les plus renommés du pays. La ville, ravagée par un incendie en 1960, n'est plus guère qu'un lieu de passage. Située au centre d'un important réseau routier, commerçante et dotée d'une bonne infrastructure hôtelière, elle constituera pourtant une étape agréable et pratique pour rayonner vers les autres cités royales de la plaine centrale, ou avant de poursuivre sa route vers les provinces du Nord.

Se promener Plan de ville

Comptez une demi-journée.

Bordées de petites maisons et de restaurants flottants, les rives de la Nan invitent à une agréable promenade, qui repose un peu de la frénésie urbaine. Près du **pont Naresuan**, sur la rive orientale, se dresse l'imposant *prang* doré du Wat Phra Si Ratana Mahatat, seul monument notoire de la ville.

★★★ Wat Phra Si Ratana Mahatat

Th. Phuttha Bucha (face à la rivière) - tlj 6h30-21h.

La chronique attribue la fondation de ce temple, en 1357, au roi Li Thaï lui-même, mais son *prang* serait dû à Boromtrai Lokanat (fin du 15e s.), pour symboliser la puissance du royaume d'Ayutthaya. Protégé par ses dépendances,

Les peintures murales du Wat Phra Si Ratana Mahatat.
A. Lagarde / MICHELIN

le *wat* fut épargné par l'incendie qui détruisit la majeure partie de la ville en 1960, ce qui ne fit que renforcer sa renommée et la ferveur des fidèles : les pèlerins y affluent de tout le pays.

Passé l'entrée principale s'ouvre une très belle perspective sur le temple, dominé par son majestueux *prang* et son **wihan★** à l'élégante toiture à trois pans. En pénétrant dans ce bâtiment, attardez-vous sur les **panneaux de porte★★** en ébène incrusté de nacre, magnifique ouvrage de 1756.

À l'intérieur, sous un plafond à caissons, des colonnes bleu et or aux chapiteaux en bouton de lotus séparent l'espace en trois nefs, encadrant l'une des statues les plus vénérées de Thaïlande, le **Phra Phuttha Chinarat★★★** *(voir encadré page suivante)*. Ce magnifique bouddha prenant la Terre à témoin compte au nombre des grands chefs-d'œuvre de l'art de Sukhothai. Nimbé d'un halo de flammes et protégé par deux *naga*, il trône devant un mur bleu rehaussé de peintures dorées, entouré de ses disciples.

Le long du mur de droite s'alignent **sept petits bouddhas** couverts de feuilles d'or, dans diverses attitudes : ils représentent chacun un jour de la semaine, les fidèles adressant leurs prières au bouddha qui correspond au jour de leur naissance. À gauche, des moines tiennent un étal d'amulettes ; plus loin, des urnes de verre attendent les dons des fidèles, qui inscrivent leur nom sur le livre d'or.

En sortant, remarquez les ravissantes **peintures murales★★** qui figurent l'illumination de Bouddha et sa renonciation au monde.

En quittant le *wihan*, prenez à droite pour pénétrer dans le **cloître**, galerie couverte conservant une série de Bouddhas assis. Au centre, le *prang* d'inspiration khmère se dresse sur 36 m de haut. Hérissé d'antéfixes et couvert de tuiles dorées, il est creusé, sur chacun des côtés, de niches abritant des bouddhas.

★ La fonderie de bouddhas (Buddha Casting Foundry)

Th. Wisuthi Kasat - tlj sf lun. et mar. 8h-17h - gratuit.

Pour savoir comment sont réalisés les innombrables bouddhas de bronze qui parsèment le pays, ne manquez pas la visite de ces ateliers, où les artisans

vous révéleront les secrets de leurs techniques, issues d'un très ancien savoir-faire.

Un concert de tourterelles vous accueillera à votre arrivée : enfermés dans des cages accrochées partout sur les murs et au plafond, ces oiseaux sont destinés à des concours de chant. Sur le sol, des cages rondes en osier dissimulent, quant à elles, de superbes coqs de combat. Tous ces oiseaux participeront aux festivités du très populaire Nouvel An chinois *(janv.-fév.)*.

Au bout du hangar, vous verrez les ouvriers travailler suivant la technique de la **cire perdue**, expliquée sur des panneaux didactiques. Prenez le temps de les observer, manipulant un à un des bustes de bouddhas en bronze – la plupart à l'image du fameux bouddha Chinarat – enfermés dans des filets.

INTERVENTION DIVINE

Le souverain **Li Thaï** (1347-1368), désireux d'acquérir le plus beau bouddha du royaume, commanda trois statues à ses trois meilleurs sculpteurs. Deux des œuvres, Phra Chinasi et Phra Satsada, furent installées à Bangkok. La troisième, Phra Chinarat, bénéficia quant à elle de la touche personnelle du dieu Indra, ce qui érigea la statue au rang de chef-d'œuvre. C'est celle-ci que le souverain choisit pour trôner dans le sanctuaire de sa capitale, en 1357. La beauté et la finesse de ce bouddha de style Sukhothai en firent un modèle pour tous les artistes du pays, et une statue similaire siège dans le temple de Marbre, à Bangkok. Au fil des siècles, tous les souverains vinrent rendre hommage à l'**Éveillé de Phitsanulok** en le parant de feuilles d'or, et en organisant de grandes festivités en son honneur.

LA CITÉ STRATÉGIQUE

Phitsanulok existait déjà à l'époque des Dvaravati (6e s.-12e s.), mais c'est bien avec l'avènement du royaume de Sukhothai que la ville entre dans l'histoire, lorsque le roi **Li Thaï** (1347-1368) installe dans la cité sa résidence royale. La ville connaît dès lors un grand essor artistique, politique et religieux, et sa réputation est telle que, même après la chute du royaume en 1378, le futur roi d'Ayutthaya, **Ramesuan** (1448-1488), s'y fait encore sacrer sous le nom de Boromtrai Lokanat. Phitsanulok obtiendra même l'honneur suprême de devenir la nouvelle capitale du jeune royaume, statut qu'elle conservera jusqu'à la mort du souverain. Elle jouera également un rôle stratégique dans la bataille contre le royaume rival du Lan Na, au nord, et ses habitants seront en outre souvent mis à contribution dans le combat opposant Ayutthaya aux armées birmanes. La cité tombera néanmoins sous le joug birman au 16e s., avant d'être annexée par le roi Taksin à la fin du 18e s.

★ Le jardin des Oiseaux de Thaïlande (Thai Bird Garden)

Th. Wisuthi Kasat - tlj sf lun. et mar. 8h30-17h - 100 bahts.

Au-delà de la fonderie, le jardin des Oiseaux renferme quelques espèces rares, dont certains spécimens comptent parmi les derniers dans le pays. Au total, une centaine d'oiseaux sont réunis dans ce lieu : les uns parlent, les autres présentent un plumage bariolé, les plus impressionnants étant des géants aux allures préhistoriques. Ne quittez pas les volatiles des yeux, le cadre manque en effet de charme !

★★ Musée des Traditions populaires

(Sergent Major Thawee Folklore Museum)

Th. Wisuthi Kasat - tlj 8h30-16h30 - 50 bahts.

Aménagé dans plusieurs pavillons dispersés dans un jardin, le musée se consacre au monde rural et à ses traditions. Une passionnante exposition retrace la vie quotidienne dans les campagnes siamoises depuis les temps les plus anciens. Le propriétaire de ce musée privé passa en effet une bonne partie de sa vie à parcourir le pays pour rassembler toutes sortes de pièces.

Le premier bâtiment, aux murs recouverts de bambou tressé et au plancher de teck, présente l'histoire de la ville à travers des photos.

De jolies maisons de bambou et de bois reconstituent les **intérieurs traditionnels** : la cuisine occupe le rez-de-chaussée, avec tous ses ustensiles, tandis que la pièce à vivre, où se réunit la famille, s'ouvre au-dessus. De vieux métiers à tisser évoquent la confection des étoffes, que l'on colorait avec des teintures naturelles issues de plantes. Des pièges à singes et à serpents, des costumes de paysans, des pressoirs à canne à sucre et des racloirs à noix de coco complètent ce panorama. La présentation des travaux des champs, elle, comprend un vieil araire et une **charrette à roues pleines**, tirée par un buffle grandeur nature. Des panneaux expliquent toutes les étapes de la plantation et de la récolte du riz, ou encore les techniques de castration des jeunes buffles.

À l'étage sont présentés des objets religieux, des céramiques, des armes, mais aussi des **jouets** et des instruments de musique. Une autre section est consacrée au matériel utilisé dans la médecine traditionnelle, ainsi qu'à des outils de tatouage.

Le dernier pavillon présente le mode de vie des **Songs**, une minorité habitant la région.

Excursion Carte de région

Si vous disposez d'une bonne demi-journée et d'un véhicule particulier, profitez de l'étape à Phitsanulok pour faire un tour dans la campagne, côté est, vers Lom Sak ou jusqu'au parc de Phu Hin Rongkla. La **route★★** qui y mène grimpe progressivement sur les hauteurs, offrant un panorama grandiose sur les montagnes, dont le manteau de velours vert tranche sur la terre rousse des labours.

★ LE PARC NATIONAL DE PHU HIN RONGKLA B1

À 120 km à l'est de Phitsanulok - quittez la ville par la route 12, puis bifurquez vers la 2013 ; avant d'arriver à Nakhon Thai, prenez à droite la 2331 sur 31 km - entrée payante.

Situé à la fois à proximité de la frontière laotienne et à 300 km de la province chinoise du Yunnan, le massif du Phu Hin Rongkla fut le bastion du Parti communiste thaïlandais (PCT) de 1968 à 1982, ses hautes collines offrant un refuge idéal et une base de choix pour les entraînements à la guérilla. C'est également le territoire de la tribu des **Ban Maeo**, dont les villages se perchent à 1 000 m d'altitude.

Le parc, qui couvre une superficie de 307 km², englobe tout le massif. De l'entrée, ouverte au sommet (1 500 m), la route principale conduit vers **Lan Hin Riep★**, un curieux plateau de gros rochers saillants qui strient sa surface d'une mosaïque de crevasses où poussent des lichens et des mousses. Un vague sentier, mal indiqué, permet de se promener à travers cet étrange paysage de « dalles », que le visiteur franchit par de petites passerelles *(prudence, regardez bien où vous mettez les pieds et ne vous éloignez pas des passerelles)*. L'excursion vaut aussi pour le spectaculaire **point de vue★★** qui s'étend à l'infini.

En regagnant la route et en poursuivant sur 2 km, vous arriverez au quartier général du parc, où se tient une petite exposition sur l'histoire des combattants du PCT, complétée par un **musée de plein air** évoquant leurs conditions de vie. Si vous quittez le parc par la route 1820 qui file vers Lopburi, vous pouvez faire une étape au pittoresque **marché maeo**.

NOS ADRESSES À PHITSANULOK

INFORMATIONS UTILES

Poste / Téléphone – *Th. Phuttha Bucha.*

Santé – Phitsanulok Ruamphat Hospital - *224-30 Th. Boromtrai Lokanat.*

Sécurité – Police touristique - *31/15 Th. Ekathot Sarot - ✆ 05 524 53 57 et ✆ 11 55.*

ARRIVER / PARTIR

En avion

Aéroport de Phitsanulok – *Au sud-est de la ville.* 3 à 5 vols/j. au départ de Bangkok *(45mn de trajet)* avec Nok Air et vols tlj pour Chiang Mai.

En train

Gare ferroviaire – *Th. Ekathot Sarot* - Phitsanulok se trouvant sur la ligne Bangkok-Chiang Mai, la ville est parfaitement desservie. Trains réguliers et directs pour Chiang Mai *(3h30 de trajet)*, Lopburi *(4h)*, Ayutthaya *(5h)*, ainsi que pour Bangkok *(5h à 6h)*.

En bus

Terminal routier – *À 2 km à l'est de la ville.* Dessert Sukhothai ttes les 30mn *(1h de trajet)* et les villes proches. Env. 15 bus/j. pour

Bangkok et Chiang Mai *(5h à 6h)*.
En bus privé – Les compagnies Yan Yon Tour et Win Tour *(bureaux en centre-ville)* desservent chacune Bangkok avec env. 10 bus/j. *(5h de trajet)*.

HÉBERGEMENT

Étape pratique pour rayonner dans la région, Phitsanulok dispose d'un large parc hôtelier, convenant à tous les budgets.

PREMIER PRIX

Lithai Guest House – *73/1-5 Phayalithai Rd - ✆ 05 521 96 26 - ▤ ✕ - 60 ch. - 450/600 bahts* ☕. Au cœur de la ville, entre les gares ferroviaire et routière, il propose des chambres lumineuses réparties autour d'un patio, garant de calme pour le voyageur. Wifi.

BUDGET MOYEN

Amarin Nakorn Hotel – *3/1 Th. Chaopraya - ✆ 05 521 90 69 - ▤ ✕ - 120 ch. - 680/1 240 bahts* ☕. À 2mn de la gare ferroviaire, cet établissement propose des chambres confortables, d'un rapport qualité-prix imbattable. En revanche, l'ensemble manque de charme. Accès Internet.

POUR SE FAIRE PLAISIR

The Grand Riverside Hotel – *59 Th. Praroung - ✆ 05 524 83 33 - www.tgrhotel.com - ▤ ✕ - 80 ch. - 2 500/3 200 bahts* ☕. Idéalement situé sur les rives de la Nan, face au marché de nuit, cet hôtel concilie calme et confort avec une situation assez centrale. Navette gratuite depuis l'aéroport.

Topland Hotel – *68/33 Th. Ekathot Sarot - ✆ 05 524 78 00 - www.topland hotel.com - ▤ ✕ - 253 ch. - 2 000/8 000 bahts*. Un hôtel de standard international, proposant de belles chambres décorées de boiseries et jouissant de très belles vues sur les environs. Il a l'avantage de posséder une piscine, mais le rapport qualité-prix reste moyen.

RESTAURATION

La plupart des restaurants se concentrent sur **Thanon Naresuan** et **Thanon Phuttha Bucha**, le long des berges de la rivière. Au niveau du marché de jour, légèrement en retrait par rapport à la rivière, vous trouverez également de nombreuses gargotes ouvertes midi et soir.

PREMIER PRIX

Marché de nuit – *Le long de la rivière, au sud de Th. Naresuan - dès 18h30*. C'est l'endroit idéal pour s'imprégner de l'atmosphère de Phitsanulok. Une multitude de stands proposent les spécialités locales, telles que les bananes sucrées ou le **thao mai luai**, un plat de légumes frits.

Phae Fa Thai Restaurant – *Th. Wangjan, ✆ 05 521 56 74 - 11h-23h - 100/300 bahts*. Un restaurant flottant amarré aux environs du Wat Mahatat, de l'autre côté de la rivière. La carte est simple, mais les plats sont savoureux. Le cadre d'architecture traditionnelle, avec son jeu de toitures en bois, comblera les amateurs.

BOIRE UN VERRE

Calito Coffee & Restaurant – *Phitsanulok Bazar - à côté du Grand Riverside Hotel - 8h-19h*. Ce café « branché » dispose d'une belle terrasse surplombant la rivière.

AGENDA

Boat Racing Festival – 3e semaine de sept. Des courses de bateaux sont organisées en face du Wat Mahatat.

Sukhothai

★★★

34 849 habitants – Chef-lieu de la province de Sukhothai

NOS ADRESSES PAGE 254

S'INFORMER

Tourism Authority of Thailand – *130 Th. Charot Withi Thong - 05 561 62 28 - 8h30-16h30.*

SE REPÉRER

Carte de région A1 (p. 216) – plan du parc historique p. 246-247 – plan de la ville p. 252 – *carte Michelin 751, D4*. À 326 km au sud de Chiang Mai, à 57 km à l'est de Phitsanulok, à 427 km au nord de Bangkok.

Voir aussi la rubrique « Arriver/partir » dans « Nos adresses ».

À NE PAS MANQUER

Le Wat Mahatat et le Wat Sa Sri, à l'intérieur de l'enceinte ; le Wat Phra Phay Luang, hors les murs côté nord, et le Wat Phra Chetuphon, côté sud.

ORGANISER SON TEMPS

Explorez le site à vélo et le matin de bonne heure : vous éviterez la chaleur et bénéficierez de la meilleure lumière pour vos photos. Réservez la visite du musée Rama Khamhaeng pour les heures les plus chaudes.

À l'ombre des cocotiers, les bouddhas et les temples de Sukhothai se mirent dans des pièces d'eau fleuries de lotus. Une myriade de sanctuaires parsèment la plaine, jusque loin à l'extérieur des murs de la cité, perchés sur les collines alentour. Autant de vestiges évoquant la splendeur de la première capitale siamoise, du temps où son empire s'étendait bien au-delà des frontières de l'actuelle Thaïlande… Laissée à l'abandon pendant des siècles, Sukhothai vit peu à peu ses temples disparaître sous la végétation et ses joyaux pillés par les chasseurs d'antiquités. Sa renaissance débuta dans les années 1960, sous l'impulsion d'hommes comme Nikom Moosigakama, un archéologue thaïlandais qui obtint jusqu'au soutien du roi lui-même. Inscrite en 1991 au Patrimoine mondial de l'Unesco, avec les villes satellites de Si Satchanalai et de Kamphaeng Phet, Sukhothai a retrouvé son plan originel et une part de sa grandeur passée.

Se promener

LE SITE HISTORIQUE Plan parc historique

Circuit tracé en vert sur le plan du parc historique (p. 246-247) – comptez 1/2 journée pour la visite des temples intra-muros et 1 journée pour l'ensemble du site. À 12 km de la ville moderne - de New Sukhothai accès en bus, en tuk-tuk ou en voiture par la route 12 - entrée principale située à l'intérieur des murs de la cité, à la porte est. Droit d'entrée de 100 baht pour chaque secteur.

Le parc historique s'étend sur une superficie de 70 km² et comprend **cinq secteurs** : la **cité royale**, protégée derrière sa triple enceinte en briques, et les **temples hors les murs**, distribués au nord, à l'est, à l'ouest et au sud. Les

Parc historique de Sukhothai, fête de Loi Krathong.
R. Cintract / hemis.fr

vestiges les plus importants se concentrent néanmoins à l'intérieur des murs, autour du Wat Mahatat, et à une distance maximale de 2 à 3 km à l'extérieur de l'enceinte.

★ Le Musée national Rama Khamhaeng

À gauche avant l'entrée principale, porte est - 8h30-16h30 - 150 bahts - photos interdites.

Passé le **Wat Traphang Thong**, petit temple édifié sur un îlot au centre d'un grand bassin couvert de fleurs de lotus, le musée constitue une bonne introduction à la découverte du parc ou un excellent complément de visite aux heures les plus chaudes. Il regroupe des fragments de décors architecturaux provenant de Sukhothai, mais aussi de Si Satchanalai et Kamphaeng Phet, et sa collection de bouddhas montre bien l'évolution de l'art de Sukhothai, et ses diverses influences.

Sur les murs de la grande salle centrale s'alignent des photos aériennes du site. Plus loin, fleuron du musée, le **bouddha marchant★★★**, gracieuse statue de bronze des 14e s.-15e s., ouvre la visite. La délicatesse de ses lignes en fait une œuvre majeure, représentative aussi d'une innovation dans la technique de la sculpture, introduisant l'art de la ronde-bosse. Remarquez la fluidité des mouvements et l'élégance de la silhouette, caractéristiques de la période.

À sa gauche se trouve une copie du bas-relief originaire du Wat Traphang Thong Lang *(voir p. 253)*. Vous verrez aussi une copie de la **stèle du roi Rama Khamhaeng**. Elle est datée de 1292, mais son authenticité est contestée par de nombreux chercheurs. Or, l'histoire de Sukhothai se fonde en partie sur ce texte évoquant un royaume idyllique. Témoignage ou propagande ? Telle est la question !

En contrebas de l'escalier, sur le mur de droite, un superbe **linteau de pierre★★** provenant du Wat Phra Pay Luang montre de curieuses créatures à tête d'homme, buste de femme, pattes d'oiseau et queue de paon.

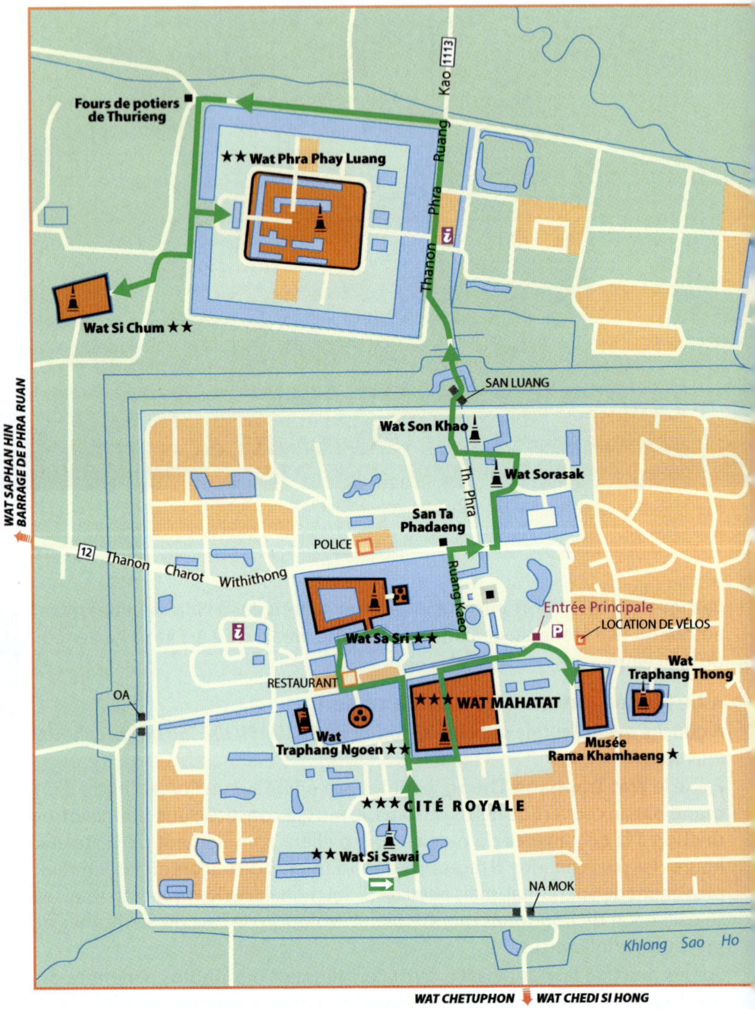

Le 1er étage rassemble une collection de **jarres** des 14e s. et 15e s., des **céramiques de Sangkhalok** *(voir « Art et architecture », p. 84)* et des céladons (13e s.-14e s.) aux douces teintes vert pâle ou crème renommées dans toute l'Asie. Attardez-vous sur les **panneaux de porte en bois★★** (17e s.-18e s.), sculptés de divinités, qui donnent un bel exemple du style Ayutthaya. Des statues de Bouddha originaires de Lopburi et un bouddha paré en méditation, de style Ayutthaya, témoignent encore de la diversité des tendances.

En sortant, faites un tour dans le **jardin** : la reconstitution d'un four à céramiques illustre les méthodes de cuisson. On y trouve aussi des objets de la période de Dvaravati provenant du site archéologique de Si Thep, notamment une belle **roue de la loi★** (7e s.-11e s.), des poissons en céramique (13e s.-15e s.) et une balustrade de terre cuite du Wat Mong Korn (14e s.-15e s.).

Juste après le musée, on rejoint l'esplanade de l'entrée principale.

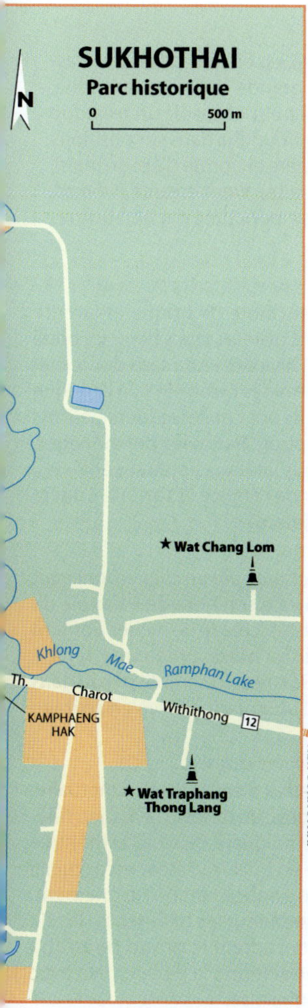

★★★ La cité royale

Entrée porte est - 6h-21h - 100 bahts - supplément de 50 bahts pour les vélos.

Passé les guichets, prenez un peu plus loin à gauche pour aller au Wat Mahatat.

★★★ **Wat Mahatat** – Cernée par des douves, une grande enceinte basse de plan carré, de 200 m de côté, protège le cœur spirituel de la ville. Fondé, selon une inscription, dans les premières années du royaume, vers 1240, et agrandi au cours des règnes suivants, ce temple était réservé aux dévotions de la famille royale. Le domaine comprenait, outre l'*ubosot*, dix *wihan* et pas moins de 200 *chedi* ! Sa configuration reflète la cosmogonie brahmanique, le *chedi* central symbolisant le mont Meru, demeure des dieux et axe du monde, tandis que huit *chedi* représentaient les petits Himalayas, entourés des quatre continents. Le plan carré du temple évoque le monde céleste, et ses douves, les océans.

À droite en entrant dans l'enceinte, sur une terrasse haute, se dressent les imposantes colonnes de latérite d'un **wihan**, précédées par les ruines d'un autre bâtiment où trône un grand bouddha assis. Le *wihan* abritait la statue la plus importante de Sukhothai : le **Phra Si Sakyamuni**, déplacé aujourd'hui au Wat Suthat de Bangkok *(voir p. 143)*.

À l'arrière se cache l'édifice principal, le **Si Mahatat★★**, un *chedi* monumental en forme de bouton de lotus, de pur style Sukhothai. Le roi Li Thaï l'aurait reconstruit pour y placer un cheveu et une vertèbre du Bouddha, rapportés du Sri Lanka. La base carrée de l'édifice comprend trois niveaux : remarquez la frise inférieure, en stuc, ornée de moines marchant en adoration. Signalant les points cardinaux, quatre tours d'angle en briques encadrent le *chedi*, accompagnées de chapelles en latérite de style khmer. Des stucs rehaussent les niches de ces petits *chedi* : ils retracent les diverses étapes de la vie de l'Éveillé ; au nord, de beaux bas-reliefs le représentent couché, aux portes du nirvana.

Disposés de part et d'autre de cet ensemble, deux **mondop** abritent deux imposants bouddhas de 9 m, nommés **Phra Attharot** ; au nord *(côté droit)* s'étalent les vestiges de l'**ubosot**. En revenant par le sud de la terrasse, on passe devant un **chedi** flanqué de quatre bouddhas, qui conserve une belle **frise★** de stuc ornée d'éléphants et de divinités.

En quittant le temple, faites-en le tour par la droite et prenez l'allée un peu plus loin à gauche qui mène au Wat Si Sawai.

L'ORGANISATION DES TEMPLES

Les temples de Sukhothai sont tous orientés d'est en ouest. La salle d'assemblée des fidèles (le *wihan*), où trône une grande statue de Bouddha, précède l'élément principal du temple, qui peut être soit un *mondop* (édifice carré dont les quatre faces présentent Bouddha dans ses positions canoniques), soit un *prang* (tour d'origine khmère en forme d'épi de maïs), soit plus souvent un *chedi* (monument reliquaire). Vient ensuite *l'ubosot*, ou hall des ordinations, entouré d'une enceinte ponctuée par huit bornes sacrées *(bai sema)*.

★★ **Wat Si Sawai** – Au-dessus de sa double enceinte de brique et latérite jaillissent trois ravissants **prang★★** encore ornés de leurs stucs blancs. Fondé sous les Khmers au 12e s., ce sanctuaire dédié à Shiva demeura sans doute inachevé après leur départ : les *prang* ne furent terminés qu'au 15e s., à l'époque d'Ayutthaya. Orientés selon un axe est-ouest, ils ont conservé leurs délicats reliefs témoignant du raffinement du style Lopburi. Parmi les personnages, on reconnaît Vishnu et Shiva, et sur les deux épis latéraux apparaissent aussi de gracieuses *apsara* et des *naga*. Faites le tour de l'édifice : à l'arrière s'ouvre un joli bassin dans lequel les trois *prang* se reflètent.

Rejoignez la route principale, puis prenez à gauche.

★★ **Wat Traphang Ngoen** – *À l'ouest du Wat Mahatat, par un chemin longeant une pièce d'eau couverte de lotus*. Le cadre lui a valu son nom de « temple du Lac d'argent ». Devant un *chedi* en bouton de lotus, creusé de niches abritant des bouddhas debout, un majestueux **bouddha blanc** prenant la Terre à témoin trône au-dessus des ruines du *wihan*. Son regard semble perdu dans la contemplation du lac, écrin romantique de l'*ubosot* qui s'élève en solitaire sur un îlot.

Poursuivez sur la même route, puis prenez la première à droite.

★★ **Wat Sa Sri** – Une vaste pièce d'eau sert là aussi d'enceinte au sanctuaire. Entouré de banians et d'acacias, le temple compose un tableau ravissant, l'élégance de ses proportions et la beauté du site témoignant du souci esthétique des bâtisseurs. Après avoir franchi la passerelle en bois, le visiteur est accueilli par un gracieux **bouddha marchant** – posture symbolisant l'enseignement. En prenant à droite, on a une belle vue d'ensemble sur les bâtiments : les six rangées de colonnes du sanctuaire principal encadrent le **grand bouddha** de stuc, bien restauré, tandis qu'un ample **chedi** ferme la perspective avec son dôme en forme de cloche, d'influence cinghalaise.

Prenez à gauche la route qui longe l'étang, vers la porte nord (Th. Phra Ruang Kao). Traversez la grande route 12 qui coupe la ville, pour prendre en face une piste.

San Ta Phadaeng – *Sur votre gauche*. Ce curieux bâtiment esseulé, à l'allure ramassée, formé d'une antichambre et d'une haute pièce carrée en latérite, tiendrait son nom d'une montagne sainte habitée par des esprits et des fantômes. Construit au 12e s., ce temple brahmanique est le plus vieil édifice khmer de la région. Il abritait des statues de divinités khmères, découvertes au cours de sa restauration.

La piste rejoint ensuite une route, à droite, menant au **Wat Sorasak**, un beau *chedi* de style cinghalais entouré d'éléphants cariatides. Une inscription indique qu'il fut élevé en 1412, sous le royaume d'Ayutthaya. À noter ici l'emploi du grès et non de la latérite, habituellement utilisée à cette époque pour la construction des temples. Juste à côté, un autre petit sanctuaire, le **Wat Son Khao**, occupe un îlot cerné d'eau où barbotent des gamins.

Quittez la Cité royale par la porte nord.

Une ville et une nation

Le nom de Sukhothai viendrait du pali *Sukha-Udaya*, l'« Aube du bonheur » : un présage de la gloire que connut le royaume du 13e au 15e s. Des racines indiennes que l'on retrouve dans la structure même de la cité.

LA NAISSANCE D'UN IMMENSE EMPIRE

La ville apparaît dans l'histoire sous l'Empire khmer, dont elle est l'avant-poste le plus septentrional. Vers 1238, deux princes thaïs, Phra Muong et Bang Klang Thao, s'allient pour chasser l'occupant khmer. Bang Klang Thao se fait sacrer roi de Sukhothai, sous le nom d'**Intharathit**, et gouverne ce qui devient le premier État siamois indépendant. La situation stratégique de Sukhothai, sur la route commerciale entre la Chine et la péninsule indochinoise, fait rapidement la prospérité économique de la cité.

Le règne de **Rama Khamhaeng**, ou « Rama le Fort » (1279-1298), troisième fils de Bang Klang Thao, va marquer l'âge d'or du royaume : **première écriture thaïe**, expansion du bouddhisme theravada et développement d'un art nouveau, caractérisé par la sculpture et l'usage du bronze. Outre l'établissement de relations diplomatiques avec la Chine, il affirmera sa puissance en étendant son empire sur un immense territoire, de la Birmanie au Laos et, au sud, jusqu'à la péninsule malaise.

LE TEMPS DU DÉCLIN

Le royaume entre dans un long déclin dès l'arrivée au pouvoir de ses successeurs, Loe Thai (1317-1347) et surtout **Li Thaï** (1347-1368). Si l'empire se morcelle, la sculpture de Sukhothai, en revanche, s'impose comme un nouveau style. Les rois font venir du Sri Lanka des artisans qui introduisent de nouveaux motifs et de nouvelles techniques artistiques. Bouddhiste fervent, Li Thaï rédigera aussi un traité de cosmologie bouddhique, qui restera la première œuvre littéraire en thaï. Mais devant la montée en puissance du jeune royaume d'Ayutthaya (1350), le souverain est contraint de se soumettre. Dès 1378, sous le règne de Mahathammarachat IV (1419-1538), Sukhothai devient l'ombre d'elle-même.

LA VILLE-MONDE : UN URBANISME RICHE EN SYMBOLES

L'organisation de Sukhothai obéit à des règles bien définies, fondées sur la cosmogonie brahmanique : le mont Meru marque le centre de l'univers, flanqué de quatre petites montagnes représentant les continents. De même, la cité-royaume s'entourait de quatre villes-États vassales, chargées de sa protection aux quatre points cardinaux de son territoire : une route reliait notamment Sukhothai à la ville jumelle de Si Satchanalai.

Le plan intérieur de la cité reprend le même principe : le Wat Mahatat occupait, avec le palais royal, le centre de la ville et trois enceintes concentriques percées de portes protégeaient la cité. Aménagé au sud-ouest de la ville, un réservoir alimentait en eau les habitants, par un savant réseau de canaux et de canalisations souterraines en terre cuite.

Grand foyer du bouddhisme theravada, Sukhothai s'afficha comme un centre religieux très actif et ouvert, où se côtoyaient brahmanisme et cultes animistes. Aussi la ville se couvrit-elle très vite d'une myriade de temples et, à son apogée, lorsqu'elle compta jusqu'à 300 000 habitants, elle détenait également nombre de monastères. Quantité d'édifices étaient toutefois en bois, et seuls demeurent aujourd'hui les sanctuaires religieux bâtis en latérite ou en brique.

Hors les murs, côté nord

Par la porte de San Luang - 100 bahts.

Au-delà des murs de la cité royale, les pelouses soignées du parc font place à une plate campagne plantée de haies de grands arbres. La route file vers le nord. Dépassez le **Visitors Center** *(côté droit)*, vaste et rutilant ensemble d'architecture traditionnelle ; plus loin, laissez à gauche la passerelle qui mène au Wat Phra Phay Luang, et prenez le chemin suivant à gauche, qui passe par les **fours de potiers de Thurieng** *(moins intéressants que ceux de Si Satchanalai)*. Sur le côté droit, de modestes mottes de terre sablonneuse marquent l'emplacement de fours de brique, où l'on fabriquait les fameuses céramiques de Sangkhalok, connues sous le nom de « céladons » *(voir « Si Satchanalai », p. 262)*.

★★ **Wat Phra Phay Luang** – *Poursuivez le chemin (qui revient vers le sud), en continuant à longer les douves qui ceinturent la double enceinte du temple.* Érigé à la fin du 12e s. par le roi Jayavarman II, ce magnifique sanctuaire marquait le centre de la cité khmère, et son plan est le même que celui du Wat Mahatat. À l'origine, trois douves protégeaient les bâtiments, alimentées par un réservoir d'eau. Des linteaux ouvragés ornaient chacune de ses portes ; on peut en voir un au musée Rama Khamhaeng *(voir p. 245)*.

Le temple ne conserve qu'un seul de ses trois *prang* de latérite, mais celui-ci, presque intact, a gardé ses superbes **reliefs en stuc★★**, dont l'un, visible sur le fronton nord, montre un admirable bouddha entouré de ses disciples. Du *wihan* principal ne subsistent que quatre rangées de colonnes alignées sur

LA STRUCTURE DU CHEDI

Tour reliquaire, le *chedi* constitue le symbole majeur du bouddhisme Theravada en figurant les principes de l'enseignement de Bouddha. Trois niveaux le structurent : une cloche surmontée d'un *harmika* cubique et d'une flèche spiralée, représentant de bas en haut l'Enfer, la Terre et le Ciel ; les sillons de la spirale reproduisant les 33 niveaux du Ciel. Mais la tradition veut aussi que l'édifice soit une image du Bouddha lui-même : la base du monument rappelle sa robe, le dôme, son bol d'aumône, et la spirale, son bâton.

À Sukhothai, on trouve trois types de *chedi* : le *chedi* en bouton de lotus, qui se compose d'un *stupa* en forme de *prang* posé sur trois socles carrés superposés ; le *chedi* rond de type cinghalais, reconnaissable à sa flèche annelée ; le *chedi* de style Srivichai, qui adopte, sur un soubassement, un haut corps cubique parfois percé de niches abritant des bouddhas.

Parc historique de Sukhothai.
Ch. Heeb / hemis.fr

une terrasse, tandis qu'à l'arrière sont dispersées les ruines du *chedi*, creusé de niches abritant jadis des bouddhas assis. Quelques bouddhas sans tête décorent la base d'un mur et, sur la paroi encore debout du *mondop*, on distingue les contours d'un bouddha marchant, au pied duquel se dessinent les formes tout aussi évanouies d'un bouddha couché.

Quittez le temple pour prendre la route vers la gauche, puis tournez à droite.

★★ **Wat Si Chum** – Son *mondop* surgit tel un gros cube lisse, fendu en deux sur sa hauteur. Un colossal **bouddha assis**, haut de 14,70 m, apparaît dans l'ouverture. On ignore l'origine de l'ouvrage ; seule une stèle du roi Rama Khamhaeng évoquerait la statue sous le nom de **Phra Achana**, « Bouddha impassible ». Creusé à l'intérieur du mur sud, un escalier *(fermé au public)* donne accès à un espace aménagé derrière la tête de la statue, chemin qui symboliserait l'ascension de l'Éveillé vers le nirvana. La tradition raconte que le roi Naresuan, en guerre contre les Birmans, emprunta cet escalier pour haranguer ses troupes ; fort de cette voix semblant sortir de la statue, son discours eut un certain effet… Si les Khmers avaient coutume d'orner les galeries de leurs temples d'un foisonnement de bas-reliefs, les architectes de Sukhothai optèrent ici pour la sobriété : les seules scènes figurées, illustrant les *jataka* (vies antérieures de Bouddha), sont incisées au trait sur les dalles de schiste ornant la voûte de l'escalier. Vous ne pourrez pas les voir sur place, mais les musées nationaux de Bangkok *(voir p. 140)* et de Sukhothai *(voir p. 245)* en exposent quelques panneaux.

HORS LES MURS

Secteur ouest

S'il vous reste de l'énergie, revenez à l'intérieur des murailles de la cité pour en ressortir par la porte ouest, en prenant Thanon Charot Withithong (route 12), la 2e à droite. Une fois l'enceinte franchie, suivez sur 2 km l'agréable route qui sinue doucement vers les collines, puis, à l'embranchement, prenez à droite sur 1 km - 100 bahts

Sous le règne de Li Thaï, des moines du Sri Lanka, appelés à la cour par le souverain, habitaient les temples de la forêt. Ces « moines forestiers » observaient les règles austères de la congrégation bouddhiste Pansukulika, une secte fondée en Inde au 8e s. et qui prônait un ascétisme absolu. Les ermitages devaient être éloignés d'au moins 1 km du village le plus proche, isolés dans la jungle, où les moines vivaient dans un total dénuement, consacrant leurs journées à la méditation et à la prière.

★ **Wat Saphan Hin** – *À 3 km de la cité.* C'est le plus intéressant des nombreux petits temples forestiers qui jalonnent la route. Appelé « temple du Pont de pierre », il doit son nom à son étrange rampe d'accès, chaotique et raide, composée de grossières dalles d'ardoise. Au sommet vous attendent un imposant **bouddha en stuc** de 12,20 m de haut, le Phra Attarot, et une belle **vue★★** sur les vestiges de Sukhothai. À l'arrière du *wihan* en ruine, la statue trône adossée à un mur, esquissant le geste de l'apaisement. On dit que le roi Rama Khamhaeng, monté sur un éléphant blanc, venait lui rendre hommage à chaque nouvelle lune.

En poursuivant plus loin sur la même route, puis à droite, les férus d'archéologie iront voir les vestiges du **barrage en terre de Phra Ruan**, élément principal du système d'irrigation qui alimentait la cité royale en eau. Cette digue devait également retenir les eaux du Khlong Sao Ho, un canal toujours visible au sud de la ville.

Secteur sud

À 2 km au sud du mur d'enceinte - 100 bahts.

★★ **Wat Chetuphon** – L'emplacement de ce temple, éloigné des murailles de la ville, laisse supposer une vocation forestière. Fondé en 1417, il se distingue par son architecture, unique à Sukhothai : des douves, puis un mur de brique et enfin quelques traces d'une enceinte de schiste ceinturent le sanctuaire, tandis qu'un muret et un sol dallé d'ardoise entourent le *mondop*. L'utilisation de matériaux variés – schiste, ardoise, brique et stuc – montre la parfaite maîtrise des techniques de construction par les artisans de l'époque. Sur les quatre murs du *mondop* figure le Bouddha dans ses différentes positions :

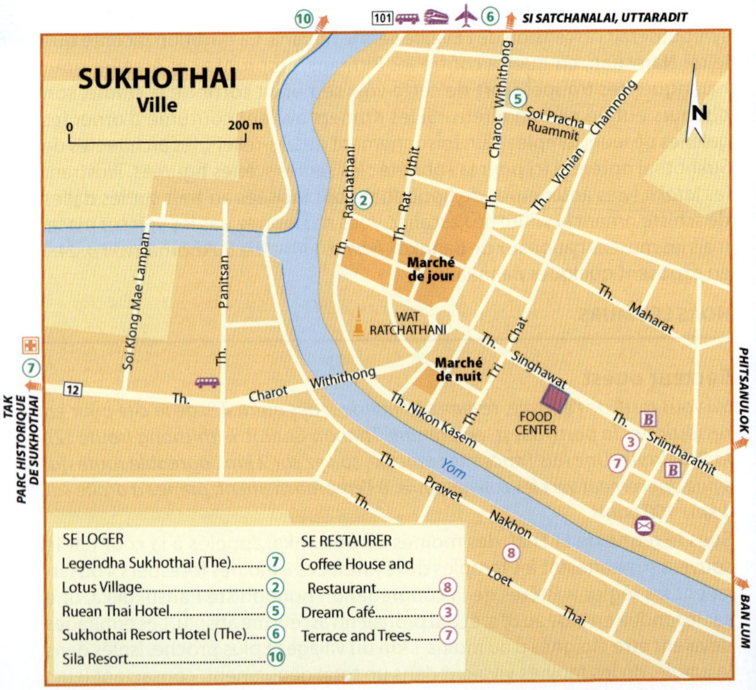

remarquez surtout Bouddha marchant *(façade est)* et Bouddha debout *(côté ouest)*. À l'extérieur des murs subsistent les ruines d'un *wihan*, bâti avec des panneaux d'ardoise.

De l'autre côté de la route, jetez un coup d'œil au **Wat Chedi Si Hong** : son *chedi* conserve à sa base une jolie frise de **bas-reliefs★** en stuc, où l'on voit des éléphants chevauchés par des lions, accompagnés de divinités portant des bols d'eau bénite et des vases de fleurs.

Secteur est

Revenez vers l'entrée principale et quittez les murs de la cité en suivant la route 12 sur 600 m environ. Prenez alors à gauche vers le Thai Village - 100 bahts.

★ **Wat Chang Lom** – Élevé au 14e s., le « temple entouré d'éléphants » fut un des premiers sanctuaires d'influence cinghalaise. Il doit son nom aux 36 éléphants cariatides qui flanquent son imposant *chedi*, représentation des pachydermes célestes de la mythologie indienne qui portent sur leur dos l'univers en forme de voûte. Dans le Siam ancien, cependant, l'éléphant symbolise également la révérence envers le bouddhisme et la puissance du pouvoir royal. D'où la prédilection pour ce type de *chedi*, que l'on retrouve à Si Satchanalai et à Kamphaeng Phet. Un *wihan*, à votre droite, prolonge l'ouvrage de huit *chedi* de brique.

Revenez sur la route 12 en direction de New Sukhothai et tournez à droite.

★ **Wat Traphang Thong Lang** – *À 2 km de l'entrée principale.* Pillé et saccagé par les chasseurs d'antiquités, il a perdu presque tous les bas-reliefs de stuc qui faisaient sa beauté. Mais le *mondop* conserve une pièce du 14e s. comptant parmi les chefs-d'œuvre de l'art de Sukhothai : sur sa façade sud, une niche abrite un **bouddha★★** de stuc représentant l'Éveillé « descendant du ciel des 33 dieux » (où il était allé prêcher devant sa mère) sur une triple échelle, accompagné d'Indra et de Brahma. Bien qu'assez érodées, les silhouettes conservent toute leur finesse et leur grâce. Un *wihan* doté de quatre rangées de colonnes précède l'arche d'entrée du temple.

NEW SUKHOTHAI Plan de ville

À 12 km du parc historique, sur les rives de la Yom – Comptez 1h.

La plupart des visiteurs logent dans la partie moderne de la ville. Point de rencontre de tous les paysans de la région, qui viennent y vendre leurs produits, la petite bourgade ne manque pas de charme avec son animation simple et sa vie commerçante. Dans les rues du centre et jusqu'au bord de la rivière, le **marché de jour**, déborde de fruits et de légumes. Non loin, le **marché de nuit**, tout aussi pittoresque et coloré, vous donnera l'occasion de goûter des tamarins confits, vendus en sachets, ou, pour les amateurs de curiosités culinaires, des sauterelles ou des larves de bambou grillées.

NOS ADRESSES À SUKHOTHAI

INFORMATIONS UTILES

Poste / Téléphone – *Th. Nikon Kasem - New Sukhothai.*
Santé – Sukhothai Hospital - *Th. Charot Withithong - New Sukhothai.*

ARRIVER / PARTIR

En avion

Aéroport – *À 27 km au nord de la ville.* 2 vols/j. depuis Bangkok avec Bangkok Airways.

En bus

Gare routière – *À 2 km du centre-ville sur la route 101.* Grand nombre de destinations : Kamphaeng Phet, Si Satchanalai, Phitsanulok, Tak, Chiang Mai, Chiang Rai, etc. Pour Ayutthaya et Bangkok, 11 bus/j. *(départs ttes les h le matin).*

HÉBERGEMENT

À New Sukhothai

PREMIER PRIX

Sila Resort – *3/49 Moo 1 Th. Pakkaew - ✆ 05 562 03 44 - www.resort-sila.com - ▤ ✕ - 3 ch. et 4 bung. - 500/1 200 bahts.* À 2 km du marché, au nord de la ville, se trouvent quelques bungalows modernes sur pilotis. Ouvert en 2008, cet hôtel offre une bonne solution pour un séjour au calme. Accueil souriant et services intéressants : Internet, Wifi, vélos à disposition, location de motos et navettes gratuites depuis la gare routière.

BUDGET MOYEN

Lotus Village – *170 Th. Ratchathani - ✆ 05 562 14 84 - www.lotus-village.com - ▤ - 19 ch. - 950/1 600 bahts ☕.* Noyés dans la verdure, de beaux bungalows d'architecture traditionnelle, sur pilotis et en teck, abritent des chambres spacieuses, confortables et joliment meublées. Le bungalow familial, avec 2 chambres et un salon, offre tout le confort *(2 850 bahts).* Les propriétaires, un Français et son épouse originaire de Sukhothai, vous donneront maintes informations sur la région. Excellent service (Internet, journaux en anglais) et petit-déjeuner raffiné.

POUR SE FAIRE PLAISIR

Ruean Thai Hotel – *181/20 Th. Charot Withithong, Soi Pracha Ruammit - ✆ 05 561 24 44 - www.ruenthaihotel.com - ▤ ✕ 🏊 -30 ch. - 1 800/3 700 bahts ☕.* Un peu excentrée, une charmante maison sur pilotis cachée dans une ruelle calme. Chambres spacieuses, claires et confortables, bénéficiant d'un décor original. Les plus chères sont réparties autour de la piscine dans de nouveaux bâtiments respectant l'architecture traditionnelle. Un très bon rapport qualité-prix. Navettes depuis la gare routière et vélos à disposition. Wifi.

Sur la route du parc historique

POUR SE FAIRE PLAISIR

The Legendha Sukhothai – *214 Th. Charot Withithong - à côté du Wat Chang Lom - ✆ 05 569 72 49 - www.thelegendhasukhothai.com - ▤ 🏊 ✕ - 62 ch. - 3 000/3 500 bahts ☕.* Installés au cœur d'un parc charmant, les bungalows assurent tout le confort. L'ensemble est simple, et de très bon goût : meubles de teck, soieries et orchidées. Petit-déjeuner raffiné pour commencer la journée et un plongeon dans la piscine d'eau salée pour se délasser après la visite du parc historique, situé à deux pas. Personnel efficace. Wifi.

Sur la route de Si Satchanalai

PREMIER PRIX

The Sukhothai Resort Hotel – *99 Moo 7 Tambol Samruen - à mi-chemin entre Sukhothai et Si Satchanalai - ✆ 05 568 17 00 - - 80 ch. - 500 bahts*. Au cœur d'un beau parc verdoyant, un pont suspendu au-dessus d'un étang conduit aux chambres, toutes claires et très confortables. Assez excentré, l'hôtel est surtout fréquenté par des groupes.

RESTAURATION

La majorité des restaurants de qualité se trouve au centre de la ville nouvelle.

À New Sukhothai

PREMIER PRIX

Dream Café – *86/1 Th. Singhawat - ✆ 05 561 20 81 - 10h-22h30 - - 180/250 bahts*. Cuisine thaïlandaise ou européenne servie dans un cadre original : autour des tables de bois massif, des vitrines chargées d'objets de collection, de vaisselle et d'antiquités entretiennent une ambiance « caverne d'Ali Baba » sympathique. Agréable terrasse fleurie pour boire un jus de fruits, tous exquis ou, plus insolite, une boisson (alcoolisée) à base de plantes médicinales.

BUDGET MOYEN

Coffee House and Restaurant – *29 Th. Rat Uthit - ✆ 05 561 12 86 - 17h-23h - 250/350 bahts*. Juste à côté du Lotus Village, ce restaurant de plein air offre un cadre verdoyant, où l'on savoure une bonne cuisine thaïlandaise. Manguier au cœur du jardin, ambiance musicale, éclairage à la bougie, accueil chaleureux : un restaurant qui donne envie d'avoir faim !

Dans le parc historique

Pour un déjeuner sur le pouce, vous trouverez des restaurants dans le parc intra-muros près du Wat Traphang Ngoen.

BOIRE UN VERRE

Terrace and Trees – *56/2-5 Th. Singhawat - ✆ 05 561 15 67 - 18h30-0h*. Charmante terrasse ombragée et au calme, car située en retrait de la rue. On y vient surtout pour siroter une bière à la fraîche, mais l'établissement assure aussi une petite restauration (plats thaïs un peu aseptisés, poulet au curry et *tom yam*, la fameuse soupe épicée aux crevettes).

AGENDA

King Rama Khamhaeng Day – 17 janv. Processions et cérémonies religieuses pour honorer la mémoire du roi.

Loy Krathong – Nov.-déc Célèbre la 12e pleine lune par des spectacles de son et lumière dans le parc historique. À ne pas manquer.

Si Satchanalai

★★★

22 504 habitants – Province de Sukhothai

NOS ADRESSES PAGE 263

SE REPÉRER

Carte de région A1 (p. 216) – plan du parc historique ci-contre – *carte Michelin 751, D4*. À 46 km au nord de Sukhothai, à 122 km au nord de Kamphaeng Phet.

Voir aussi la rubrique « Arriver/partir » dans « Nos adresses ».

À NE PAS MANQUER

Le Wat Mahatat à Chaliang et les fours de potiers de Ban Ko Noi ; le panorama de la colline où se dresse le Wat Khao Suwan Khiri ; une balade dans le village ; le Wat Chang Lom et le Wat Chedi Chet Thaeo.

ORGANISER SON TEMPS

Logez à Sukhothai, où les infrastructures sont plus confortables, et faites une excursion d'une journée à Si Satchanalai. Débutez votre visite par les temples de Chaliang, continuez par l'ancienne cité, et terminez par les fours de potiers.

Ignorée par nombre de visiteurs, l'ancienne cité de Si Satchanalai, dont la plupart des édifices remontent au 14e s., n'a pourtant rien à envier aux splendeurs de sa voisine Sukhothai et compte parmi les plus beaux sites archéologiques de Thaïlande. Comme prête à engloutir à nouveau ses vestiges, la forêt qui la cerne ajoute encore à son charme : une atmosphère empreinte d'une grande sérénité règne dans les allées ombragées du parc, entre les temples majestueux sous les frangipaniers et les acacias. Du haut des collines, le point de vue sur le site est superbe, révélant çà et là, noyées dans une nature luxuriante, les flèches blanches des chedi s'élançant vers le ciel. Inscrit au Patrimoine mondial de l'Unesco depuis 1991, le site fait depuis l'objet d'un vaste programme de fouilles et de défrichement.

Se promener Plan parc historique

LA CITÉ ANCIENNE

Circuit tracé en vert sur le plan du parc historique (ci-contre) – comptez 2h pour les temples à l'intérieur des murailles et une journée pour l'ensemble du site. À 15 km au sud de la ville moderne de Si Satchanalai - 6h-21h (les portes auxiliaires ferment dès 16h) - 100 bahts.

Les vestiges de l'ancienne cité de Si Satchanalai s'étendent sur quelque 7 km^2. Pas moins de 137 édifices y ont été recensés, qui se répartissent en trois grandes zones : **au centre**, la cité à l'intérieur des remparts, construite sous le règne de Sukhothai (13e-15e s.) ; **à l'est**, le village de Chaliang, antérieur à la cité puisqu'il remonte à l'époque khmère ; à 13 km au **nord des murailles**, le long de la rivière, les vestiges des 200 fours de potiers des villages de Ban Ko Noi et Ban Pa Yang.

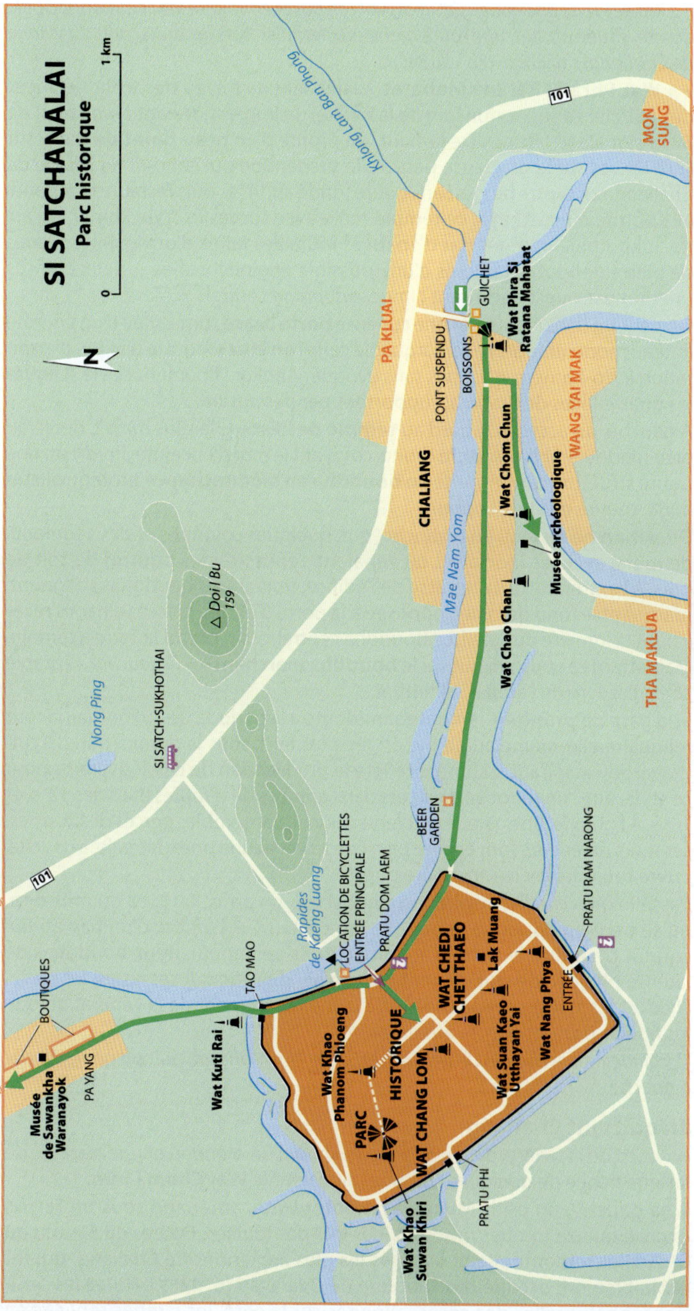
SI SATCHANALAI
Parc historique
0
1 km
N
Khlong Lam Ban Phong
101
MON SUNG
SUKHOTHAI, SAWAN KHALOK
GUICHET
Wat Phra Si Ratana Mahatat
PA KLUAI
PONT SUSPENDU
BOISSONS
WANG YAI MAK
CHALIANG
Wat Chom Chun
Musée archéologique
Mae Nam Yom
Wat Chao Chan
THA MAKLUA
Doi I Bu
159
Nong Ping
SI SATCH-SUKHOTHAI
SI SATCHANALAI (NOUVELLE VILLE), HAT SIEO
BEER GARDEN
PRATU RAM NARONG
LOCATION DE BICYCLETTES
ENTRÉE PRINCIPALE
PRATU DOM LAEM
Rapides de Kaeng Luang
TAO MAO
BOUTIQUES
KO NOI
Musée de Sawankha Waranayok
PA YANG
Wat Kuti Rai
WAT CHEDI CHET THAEO
Lak Muang
Wat Nang Phya
ENTRÉE
Wat Khao Phanom Phloeng
PARC HISTORIQUE
WAT CHANG LOM
Wat Suan Kaeo Utthayan Yai
PRATU PHI
Wat Khao Suwan Khiri

★★ Chaliang et le Wat Mahatat

À 2 km de la cité ancienne - site accessible en bus et en voiture (de l'entrée principale du site, située au sud, une route mène aux temples hors les murs, près du village de Chaliang) - tlj 8h30-17h - 50 bahts.

★★ **Wat Phra Si Ratana Mahatat** – Jaillissant au milieu des troncs élancés des palmiers à sucre, non loin de la rivière, un impressionnant *prang* haut de 60 m signale le temple. De là-haut, on profite d'un beau **point de vue★** sur la rivière et sur la gracieuse passerelle suspendue qui conduit au village de Chaliang, sur l'autre berge. Sans doute fondé au 14e s., puis restauré et agrandi à l'époque d'Ayutthaya, ce temple mêle avec succès le style khmer et l'art de Sukhothai. Protégés par d'épaisses murailles faites d'orthostates (dalles de pierre debout) – témoins d'une possible origine fortifiée –, deux édifices orientés est-ouest encadrent l'imposant *prang* central.

On pénètre dans la cour par une curieuse **porte basse** surmontée d'un énorme linteau monolithique. Le remarquable **relief en stuc★★** qui le décore, d'inspiration indo-khmère, n'est pas sans évoquer Angkor : finement ciselé, il figure les quatre faces de Brahma, supportées par des *apsara*.

À gauche, on accède d'abord au **temple de l'Est★★**, le plus massif, dédié au dieu hindou Brahma. À votre droite, côtoyant le mur d'enceinte *(nord-est)*, une petite structure carrée abrite un **bouddha en méditation★★** protégé par un *naga*, œuvre de style Lopburi.

Du **wihan** ne restent, en revanche, que quelques colonnes et des segments de murs, avec les mortaises où venaient s'encastrer les poutres du toit de bois. À l'extrémité de la terrasse de l'édifice, trois autres bouddhas s'alignent, marquant le fond de la nef, opposée à la porte d'entrée ; placés ainsi, ils recevaient la lumière du soleil. Le bouddha central, assis, prend la Terre à témoin. Mais attardez-vous surtout sur le **bouddha marchant★★** *(à gauche)*, véritable chef-d'œuvre de l'art de Sukhothai.

Si la base du **prang★★** remonte sans doute à la période de Sukhothai, la tour reliquaire elle-même aurait été érigée plus tard, sous la domination d'Ayutthaya. Son inspiration khmère reflète la prédilection de ces souverains pour ce style, que l'on retrouve d'ailleurs dans nombre de temples thaïs des 17e s. et 18e s. À l'origine, une galerie couverte ceignait l'ensemble ; percés de lucarnes, ses murs extérieurs sont encore bien conservés et une porte latérale, à gauche, ouvre toujours sur le sanctuaire ouest.

Passé le gros *chedi* d'inspiration cinghalaise, on arrive au pied du **mondop**, où se tient un bouddha debout, le Phra Attarot. À l'ombre d'un banian qui connut peut-être le temple au temps de sa splendeur, deux bouddhas de latérite plaquée de stuc siègent dans la nef du *wihan*. À ses côtés, les petits *chedi* et les statues drapées d'étoffe jaune témoignent de la vénération que les fidèles portent encore au temple.

Continuez sur le chemin de terre qui longe le Wat Mahatat, puis prenez le sentier à gauche.

En quittant Chaliang

Au bord de la rivière, un *chedi* de style khmer, un *mondop* et une terrasse de latérite fichée de quelques colonnes signalent le **Wat Chom Chun**.

À sa gauche, un petit **Musée archéologique**, aménagé sous un tertre, expose quinze tombes mises au jour lors des fouilles. Datées du 5e s. ou du 6e s., elles remontent aux origines les plus anciennes de Chaliang, qui fut probablement occupé dès l'époque de Dvaravati (6e-12e s.). Notez les positions inhabituelles des corps, allongés sur le côté, les jambes repliées en position fœtale.

LA VOISINE DE SUKHOTHAI

Au 13e s., les Thaïs s'emparèrent de Si Satchanalai et en firent la résidence des vice-rois de Sukhothai, imposant ainsi leur hégémonie dans la région. Dès 1340, sous l'égide du roi **Li Thaï**, la cité allait s'afficher comme un grand centre artistique et religieux, au rayonnement sans précédent : le roi s'entoura de moines érudits, qui l'assistèrent notamment dans la rédaction de son traité de cosmologie bouddhique, le *Traiphum*. La cité connut aussi son heure de gloire grâce à la renommée de sa céramique, dont la production fut florissante jusqu'au 16e s. Au siècle suivant, pourtant, la cité subit le même sort que Sukhotai : réduite au rang de vassal d'Ayutthaya, elle déclina lentement. Au 18e s., épuisée par les guerres incessantes avec la Birmanie, la population déserta une ville ravagée par le feu, les massacres et les pillages.

En sortant du musée, dépassez le Wat Chom Chun et continuez tout droit.
Les intempéries ont érodé les bouddhas du **Wat Chao Chan★**, leur modelant des visages aux traits épurés qui évoquent les statues des Cyclades. Amplement restauré, un **prang** érigé par Jayavarman VII s'élève à l'arrière des ruines du *wihan*. Des statues occupaient sans doute les niches creusées dans les trois fausses portes de l'édifice.
À droite, un **mondop**, jadis couvert d'un toit de bois, conserve les restes d'un bouddha debout. Les archéologues supposèrent longtemps que l'édifice servait, sous l'Empire khmer, de pavillon de repos pour les voyageurs. On sait maintenant qu'il était principalement destiné aux cérémonies religieuses.
Revenez sur vos pas et reprenez le chemin qui longe la rivière, entre bananeraies et gargotes, pour rejoindre l'ancienne cité.

★★★ Dans les murs de l'ancienne cité

L'entrée principale (Pratu Dom Laem) de l'ancienne cité se trouve en face de la rivière. Une autre porte, Ram Narong, s'ouvre au sud-est du site (en face se trouve un centre d'information où sont exposés quelques photographies du site et divers objets trouvés sur place). Les vestiges les plus importants, à l'intérieur des murailles, se concentrent dans un périmètre restreint que l'on peut sillonner aisément à pied ou à vélo (location à côté de l'entrée principale). Vous pouvez aussi parcourir le parc en voiture. tlj 8h-17h - 100 bahts.
Il ne reste que quelques traces des imposants remparts qui entouraient la ville, carrés de briques de 800 m de côté, flanqués de douves larges de 12 m qu'alimentait l'eau du fleuve. Il n'en fallait pas moins pour protéger ce qui fut un centre politique, administratif et religieux majeur, exemple typique du *muang*, c'est-à-dire de la cité-État version thaïe *(voir encadré p. 54)*. La population de la ville vivait en fait à l'extérieur des remparts et ne venait dans l'enceinte de la cité que pour effectuer des démarches administratives ou pour prier dans les temples.
Au centre, quatre sanctuaires s'alignent sur un axe nord-ouest/sud-est : le Wat Chang Lom et le Wat Chedi Chet Thaeo, suivis de deux temples plus petits, le Wat Suan Kaeo Utthayan Yai et le Wat Nang Phya. À l'est, entre ces édifices et la rivière, subsistent quelques vestiges du palais du souverain, le **Phra Ratcha Wang**, que jouxte le **Lak Muang**, ou pilier de fondation de la ville. Au nord, enfin, deux temples couronnent les collines alentour, offrant un magnifique **point de vue★★** sur le site.
Franchissez les murailles et continuez tout droit.

★★★ **Wat Chang Lom** – Il marque le cœur de la cité. Dans un de ses écrits, le roi Rama Khamhaeng s'attribue la paternité de ce temple, qu'il fit élever en 1290 pour conserver des reliques sacrées, et son petit-fils Li Thaï se serait ensuite chargé de sa restauration. Les recherches archéologiques feraient cependant remonter le bâtiment au 15e s. Repérable à son dôme en forme de cloche, il offre en effet un prototype de l'architecture bouddhique theravada, d'influence cinghalaise – un modèle que l'on retrouvera ensuite dans certains temples de Sukhothai et de Kamphaeng Phet.

Trente-six **éléphants de stuc** en ronde bosse, séparés par des piliers de latérite, entourent l'édifice, structuré sur trois niveaux. L'escalier central, que les fidèles empruntaient pour accéder à la terrasse supérieure, symbolisait le voyage entre la terre et le ciel, tandis que les niches abritant les bouddhas évoquent les grottes dans lesquelles les moines ascètes se retiraient pour méditer. Les quelques colonnes encadrant la terrasse sont tout ce qui reste de la galerie voûtée qui ceignait l'étage supérieur. Au-dessus de l'*harmika* – image du monde supérieur – repose un cube orné d'un haut-relief figurant des moines marchant (orants), image de la procession des fidèles autour du *chedi*. D'autres colonnes signalent l'emplacement du **wihan** qui précédait l'édifice.

Passez de l'autre côté de la route.

★★★ **Wat Chedi Chet Thaeo** – Reflet du royaume de Sukhothai à son apogée, il apparaît au terme d'une majestueuse succession de *chedi*. Fondé aux alentours de 1340, ce temple doit son nom à ces sept rangées de *chedi*, encore largement parés de leurs stucs, qui abritent vraisemblablement les reliques de la famille royale. Les *wihan* ont également conservé des portions de leurs beaux murs ajourés. Divers styles se côtoient, certains bâtiments rappelant les temples birmans de Pagan.

À l'image du Wat Mahatat de Sukhothai *(voir p. 247)*, le *chedi* principal reprend la forme caractéristique du bouton de lotus, représentant avec grâce la domination de la capitale sur l'ensemble du royaume. À ses côtés, le *chedi* central, plus modeste, garde encore un superbe **bouddha en méditation★** reposant sur un *naga*. Au registre supérieur subsistent quelques sculptures d'animaux mythiques – *kala*, *naga* et *makara* –, symboles de fertilité destinés à assurer au royaume une agriculture prospère. Le même type de compositions stuquées orne le tympan des petits *chedi* annexes, qui seraient les répliques exactes des sanctuaires des cités voisines.

À l'arrière, le *mondop* montre quelques fragments des seules **peintures murales** de style Sukhothai qui nous soient parvenues. Elles représentaient les vies antérieures de Bouddha. Enfin, prolongeant le *chedi* principal, les imposantes colonnes de latérite du *wihan* laissent imaginer la taille du bâtiment et le faste des cérémonies religieuses qui s'y déroulaient.

De retour sur la route, prenez à droite.

Vous passez devant les derniers vestiges du **Wat Suan Kaeo Utthayan Yai**, réduit à un *chedi* de brique et à quelques colonnes.

★ **Wat Nang Phya** – *Poursuivez jusqu'aux remparts - puis à droite.* Le « temple de la Reine » a conservé ses remarquables **reliefs de stuc★★★** *(sur le mur sud)*, datés de la période d'Ayutthaya. Imitant la sculpture sur bois, ils reprennent avec la même délicatesse des motifs floraux inspirés de l'art nordique du Lan Na. Bien conservés, ses murs ajourés donnent aussi une idée de l'élégance originelle du sanctuaire. Sur la terrasse élevée du *wihan*, on peut voir également un autre *chedi*, d'inspiration cinghalaise.

Regagnez la route et revenez sur vos pas.

Wat Chang Lom, Si Satchanalai.
S. Paterna / age fotostock

2

En chemin, jetez un coup d'œil à votre droite sur le **Lak Muang**, la borne de fondation de la cité, de style khmer.

★ **Wat Khao Phanom Phloeng** – *Sur les hauteurs - accès par un escalier.* Insolite et majestueux, un arbre solitaire s'élance au centre de l'escalier monumental menant au temple, qui coiffe l'une des deux collines dominant le site. Une chronique indique que l'édifice était dédié à la conservation du feu sacré. Le « temple du Feu sacré » tient sans doute son nom des cérémonies d'incinération qui s'y déroulaient, et les ruines des petits *chedi* alignés sur le côté ouest renfermaient jadis les cendres de hauts dignitaires du royaume. Juché sur un autel en avant d'un *chedi* plus central, un **bouddha assis** prend la Terre à témoin, tandis qu'à ses pieds des fidèles viennent déposer des boutons de lotus et brûler des cierges.

★★ **Wat Khao Suwan Khiri** – *À l'arrière du temple, par une allée pavée de latérite qui descend dans la forêt pour remonter ensuite sur l'autre colline.* Au sommet, on est d'abord saisi par le **panorama★★★** : d'un côté les *chedi* blancs de la cité, jaillissant çà et là d'une mer vert émeraude, de l'autre le damier des rizières se perdant jusqu'au pied des montagnes.

L'imposant *chedi* se dresse sur une base carrée creusée à chaque angle d'une niche qui devait abriter jadis un bouddha. Au fond du sanctuaire s'élève un autre *chedi*, protégé par une petite enceinte aux blocs de pierre massifs et aux **portes** surmontées de sculptures de style chinois.

Revenez sur vos pas, puis prenez à gauche pour ressortir de l'enceinte par la porte Dom Laem. Tournez ensuite à gauche pour longer la rivière (à votre droite, un panneau indique les rapides de Kaeng Luang). Passez devant la porte Tao Mo et continuez sur 50 m.

Au nord du site, le quartier des potiers

Le **Wat Kuti Rai** s'élève un peu plus loin sur la gauche, au bord de la route. Son *ubosot* de latérite, aux proportions légères et harmonieuses, présente une architecture atypique, imitant celle des édifices en bois. Remarquez son

CÉLADONS DE SANGKHALOK

Art royal, les céramiques étaient à l'origine fabriquées à Sukhothai. Mais lorsqu'on découvrit une argile de bien meilleure qualité à Si Satchanalai, nombre d'artisans y déplacèrent leurs fours. En 1292, au cours d'une de ses ambassades avec l'empire du Milieu, le roi **Rama Khamhaeng** fit également venir de Chine de talentueux potiers afin de former les artisans de son royaume. Très vite, un nouveau style s'épanouit, auquel la ville – rebaptisée Sawankhalok durant l'ère d'Ayutthaya – prêta son nom, déformé en « Sangkhalok ». Reconnaissables à leur couleur vert pâle, tendant parfois vers le bleu ou le beige, les céladons de Sangkhalok firent la réputation de la cité dans toute l'Asie : pendant trois cents ans, ils s'exportèrent à Bornéo, aux Philippines et au Japon, et les berges de la Yom comptèrent jusqu'à 200 ateliers de production. Les artisans de Sukhothai attribuaient des propriétés curatives à leurs céladons ; on disait aussi qu'un plat changeait de couleur si on le mettait en contact avec de la nourriture empoisonnée. La clé du succès ?

toit en encorbellement, une technique de construction très utilisée par les architectes de Sukhothai. Du *wihan*, en revanche, ne subsistent que les bases de quelques colonnes octogonales.

Continuez sur la même route sur 11 km, jusqu'au village de **Pa Yang**.

★ **Musée de Sawankha Waranayok** – *Sur la rue principale - ✆ 05 561 43 33 - 8h-17h - 100 bahts*. Ce lieu d'exposition est consacré à la céramique de Sangkhalok, dont la production, particulièrement florissante de 1257 à 1557, fut un des facteurs essentiels de l'essor économique du royaume de Sukhothai. Une carte murale retrace les grandes routes maritimes empruntées par les jonques chargées de cette précieuse et fragile marchandise. Beaucoup d'entre elles firent naufrage, et certaines des pièces exposées proviennent d'épaves découvertes au fond du golfe du Siam.

La première salle présente une collection hétéroclite de récipients (jarres à eau, bols, etc.), de figurines, de miniatures et de coffrets ouvragés en grès vernissé, ainsi que des céladons. Sur la vaisselle, on retrouve très souvent le poisson, probablement un motif d'origine chinoise. La plupart de ces objets avaient un usage domestique ; d'autres, plus raffinés, étaient utilisés pour les cérémonies religieuses ou s'inscrivaient dans des décors architecturaux. La deuxième salle, particulièrement intéressante, expose les **fours de potiers★★** mis au jour sur le site 61, qui illustrent les techniques de cuisson. Ce site se spécialisait dans la fabrication des céramiques architecturales de haute qualité.

Regagnez la route et continuez sur 2 km.

Ban Ko Noi *(nº 42)* – Des petites mottes surmontées d'arbres signalent l'emplacement de plusieurs fours de potiers. Autour de leurs murs de brique incrustés de tessons de céramique, des centaines de fragments de bols et d'assiettes jonchent le sol d'une couleur vert d'eau, leur multitude montrant l'ampleur de cette industrie.

Les archéologues ont recensé 58 fours de potiers sur ce seul site. Les fouilles ont mis en évidence les différentes techniques de fabrication au fil des siècles. Le four, aménagé au niveau du sol ou souterrain, se composait ainsi de trois sections : on posait les poteries au centre, sur un sol sablonneux ; le bois était placé dans le foyer, à l'une des extrémités ; un conduit de cheminée, à l'autre extrémité, permettait l'évacuation de la fumée. La fabrication était assez délicate. Mais la céramique de Si Satchanalai connaissait une telle renommée que l'on réussissait toujours à vendre les objets, même lorsqu'ils comportaient des malfaçons.

À proximité Carte de région

HAT SIEO A1 en dir.

À 15 km au nord de Si Satchanalai.

Après avoir regagné la route 101, vous atteignez le village de Hat Sieo, habité depuis le 19e s. par des Thaïs Puan, originaires du Laos.

Le **Saathon Gold Textiles Museum** renferme un bric-à-brac insolite d'antiquités exposées dans des vitrines de bois sculpté. On peut y voir de vieux meubles, des lampes, des statues et des objets religieux, ainsi que des sarongs et autres pièces de tissu à usage religieux, que l'on portait lors des cérémonies d'ordination, des mariages ou pour les parades à dos d'éléphant *(voir « Nos adresses » ci-dessous).*

NOS ADRESSES À SI SATCHANALAI

ARRIVER / PARTIR

En bus – Liaisons régulières entre Sukhothai et Si Satchanalai *(arrêt devant le parc - 1h de trajet).*

ACHATS

Céramiques

À Pa Yang, en face du musée Sawankha Waranayok, la route est bordée d'une suite ininterrompue de boutiques proposant des céramiques. Vous n'aurez que l'embarras du choix.

Tissus

À Hat Sieo, le **Saathon Gold Textiles Museum** propose un choix de magnifiques cotonnades, de soies et de vêtements très colorés, tissés par les habitants.

ACTIVITÉS

Excursions – La majorité des hôtels de Sukhothai *(voir « Nos adresses » p. 254)* proposent des excursions journalières en minibus sur le site historique de Si Satchanalai.

Kamphaeng Phet

★★

45 190 habitants – Chef-lieu de la province de Kamphaeng Phet

NOS ADRESSES PAGE 269

SE REPÉRER

Carte de région A1 (p. 216) – plan du parc historique ci-contre – *carte Michelin 751, E4*. À 82 km de Sukhothai, à 110 km de Si Satchanalai et à 357 km de Bangkok.

Voir aussi la rubrique « Arriver/partir » dans « Nos adresses ».

À NE PAS MANQUER

Le Wat Phra Kaeo, à l'intérieur des remparts; les temples Arannyik, dans la forêt; le musée d'Artisanat régional.

ORGANISER SON TEMPS

Visitez le site le matin pour profiter de la meilleure lumière. Débutez par la ville fortifiée, puis enchaînez avec les temples forestiers Arannyik, à 2 km au nord-ouest des murailles (la balade peut se faire avec son véhicule privé).

Troisième capitale du royaume de Sukhothai, Kamphaeng Phet longe la courbe de la rivière Ping. L'ancienne cité doit son nom, les « murailles de Diamants », aux imposantes fortifications qui l'entourent encore en partie – solides mais vains remparts contre les incursions birmanes. Sans exercer le même rayonnement que ses rivales Sukhothai et Si Satchanalai, Kamphaeng Phet compta néanmoins parmi les cités les plus florissantes du royaume, tant sur le plan administratif que religieux, supplantant même Sukhothai dès la fin du 14e s. Profitez de la modeste fréquentation du site pour vous promener au milieu des majestueux vestiges. La ville moderne, qui s'est développée au sud-est de la cité fortifiée, se révèle en revanche assez quelconque, mais l'atmosphère qui règne le long des berges verdoyantes de la Ping ne manque pas de charme. À la tombée du jour, les citadins s'y retrouvent en famille, avant d'aller savourer sur le marché de nuit la spécialité locale, le kluay kai, un savoureux plat de bananes à l'œuf.

Se promener Plan parc historique

LE SITE HISTORIQUE

Circuit tracé en vert sur le plan du parc (ci-contre) – comptez 1/2 journée. 8h-19h - 150 bahts - véhicule 50 bahts; billet combiné avec la visite du site Arannyik.

Inscrit au Patrimoine mondial de l'Unesco en 1991, le site, qui s'étire sur 16 km^2, bénéficie d'un programme de défrichement et de restauration. Pas moins de 80 temples ont été répertoriés de part et d'autre de la rivière, mais seuls quelques-uns ont été dégagés à ce jour. La cité s'étendait jadis au-delà de son secteur fortifié, mais la ville moderne, au sud-est, en a submergé les vestiges. Au nord-ouest, en revanche, la forêt cache toujours sous son couvert les temples retirés des moines Arannyik.

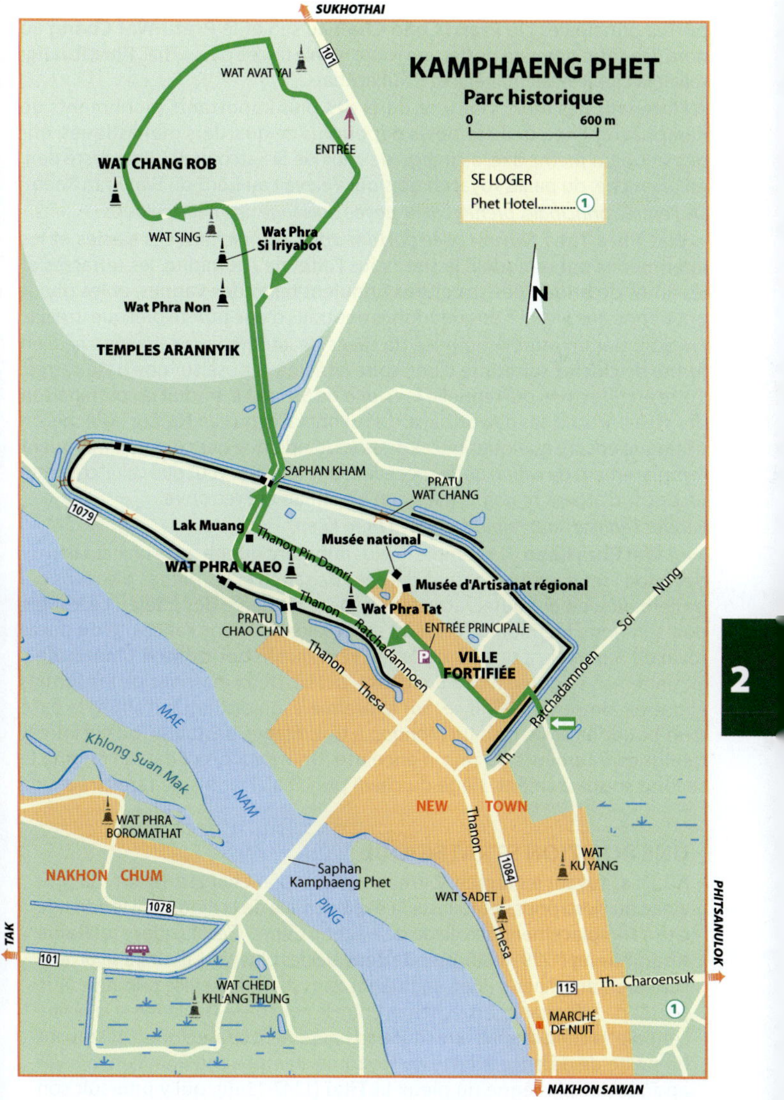

★★ Ville fortifiée

Entrée principale sur Th. Ratchadamnoen, après avoir franchi le pont vers la rive orientale de la Ping.

Percés de dix portes, les remparts dessinent un trapèze allongé de 2 km sur 500 m de large. Il est probable que la cité ne fut fortifiée que longtemps après sa fondation, lors des premières menaces birmanes. La conception de cet imposant ouvrage défensif, long serpent de brique jadis haut de 5 m, fait apparaître l'influence des voyageurs portugais. Alimentées par des canaux amenant l'eau de la rivière, des douves larges de 30 m entourent les murailles crénelées, elles-mêmes renforcées de fortins, tels ceux qui gardent les deux

portes principales : le **Pratu Chao Chan** au sud et le **Pratu Wat Chang** au nord. De cette dernière porte, une route royale tracée par Li Thaï, **Phra Ruang**, reliait la cité à Si Satchanalai et à Sukhothai.
À l'intérieur des murs s'élèvent deux des plus importants monuments de Kamphaeng Phet, deux temples dépourvus de quartiers monastiques, érigés selon un même axe, à l'image de ceux de Si Satchanalai. Il ne reste rien, en revanche, du palais royal en bois qui s'élevait au nord du Wat Phra Kaeo.
De l'entrée principale, prenez l'allée pavée qui longe une belle pelouse.
★ **Wat Phra Tat** – *Suivez l'allée partant après les guichets.* Les siècles et les intempéries ont remodelé le site : sous l'effet de l'humidité, les terrasses et les âmes de brique des structures ondulent telles des vagues, et les pluies ont donné aux visages des bouddhas des traits d'une pureté presque irréelle. Encadré par un muret composé de blocs de latérite verticaux, un *chedi* en forme de cloche, surmonté d'une spire annelée, repose sur une base carrée. Cette architecture, qui rappelle les *stupa* du Sri Lanka, traduit la combinaison des styles artistiques d'Ayutthaya, de Sukhothai et du Lan Na. Sur la flèche, on distingue encore quelques traces de stucs, tandis que des colonnes marquent l'emplacement du *wihan* qui le précédait. Une légende veut que celui-ci portait un décor d'argent massif… mais rien n'a jamais été retrouvé.
Longez l'édifice pour rejoindre le Wat Phra Kaeo.
★★★ **Wat Phra Kaeo** – Le temple le plus imposant du site reste un haut lieu de dévotion : ses superbes statues drapées de safran et les bâtons d'encens qui brûlent au pied des autels attestent la visite régulière des fidèles. Le temple doit son nom, identique à celui du sanctuaire bâti dans l'enceinte du palais royal de Bangkok, à une légende qui veut que le **bouddha d'Émeraude** y ait un temps séjourné *(voir « Bangkok », p. 132)*. Deux massives plates-formes alignées composent l'édifice. Sur la première, on distingue d'abord la base d'un bouddha assis, puis un *mondop* à trois étages (restauré), qu'encadrent quelques fragments du mur d'enceinte. Un *wihan* précédait à l'origine le second soubassement, siège du *chedi* principal. Hormis de rares traces de

UNE POSITION STRATÉGIQUE

Au 11e s., fuyant les armées birmanes, le roi môn Chaigasiri quitte sa province du Nord pour s'établir sur la rive orientale de la Ping, où il fonde une cité à l'emplacement du village de Nakhon Chum. C'est là que le roi **Rama Khamhaeng** (1279-1298), près de deux siècles plus tard, établira sa propre capitale, Kamphaeng Phet, englobant dans ses murs la ville primitive. Aux portes de la Birmanie, à mi-chemin entre le nord de la Thaïlande et la plaine centrale, la cité occupait une situation hautement stratégique, constituant un poste de défense avancé du royaume. Kamphaeng Phet connaît son apogée sous le règne du pieux **Li Thaï** (1347-1368), qui y poursuit son œuvre religieuse en fondant un grand nombre de sanctuaires. Avec lui, un art local s'épanouit peu à peu, mêlant au 15e s. la noble influence de Sukhothai à celle de la birmane Moulmein, avant que ne prédomine l'art du Lan Na *(voir « Art et architecture », p. 81)*. Mais dès les années 1350, le roi d'Ayutthaya prend ombrage du rayonnement de Sukhothai et multiplie les attaques contre le royaume ; en 1378, le roi de Sukhothai doit lui prêter allégeance ; la ville perd dès lors son statut de capitale royale pour n'être plus qu'un simple poste de garnison sur la route du Nord et du royaume du Lan Na. Au 18e s., les armées birmanes traversent à nouveau la ville, cette fois pour atteindre Ayutthaya : en 1767, épuisée par les guerres successives, la population désertera la cité, pour n'y revenir qu'un siècle plus tard.

stuc sur la flèche, le parement a disparu, et les seize niches qui l'encerclent ont perdu leurs bouddhas. Trente-deux lions en stuc entouraient également la terrasse, complétés d'un bouddha en latérite encore visible à l'arrière du monument.
Mais le regard s'attarde surtout sur le groupe des deux **bouddhas assis★★** : entre les colonnes ruinées d'un autre *wihan*, cernés par de petits bouddhas rongés par le temps, ils veillent sur un magnifique **bouddha couché★★** dont le visage, empreint d'une parfaite sérénité, repose sur trois coussins de pierre. Une composition qui révèle le style Ayutthaya dans la forme carrée des visages. Notez également les yeux allongés : des artisans chinois seraient les auteurs de ces œuvres, auxquelles ils apportèrent leur touche personnelle.

TOUT SAVOIR
D'excellents panneaux explicatifs accompagnent chaque temple, et des pancartes indiquent l'origine de certains arbres. Complétez votre exploration par le Musée national et son annexe, puis par le musée d'Artisanat régional.

Plus à l'ouest, à l'ombre d'un acacia, se dressent les vestiges de **trois chedi**, dont celui du milieu conserve de beaux éléphants en stuc. Enfin, dans l'axe du Wat Phra Kaeo, près de trois petits bassins, on reconnaît le **Lak Muang**, le pilier de fondation de la cité.
Quittez la cité fortifiée par le nord (porte Saphan Kham) et suivez la route 101 pour rejoindre le site archéologique des temples Arannyik, 2 km plus loin au nord-ouest. Les temples s'alignent le long de la route.

★★★ Temples forestiers Arannyik

Originaire du Sri Lanka, une secte bouddhiste prônant l'ascétisme rencontra une grande popularité dans le royaume de Sukhothai. Témoin de cette ferveur religieuse, une multitude de temples est disséminée dans les forêts. Là, loin du tumulte des cités, se retiraient les moines Arannyik, afin de pratiquer la méditation dans la plus grande austérité.
Les divers sanctuaires de Kamphaeng Phet, bien conservés dans leur écrin végétal, ont été édifiés pour la plupart entre les 15e et 16e s. Le cadre forestier ne fait qu'ajouter à l'intérêt de leur architecture, offrant au visiteur une superbe promenade.
★★ **Wat Phra Non** – À l'entrée, de l'autre côté de la route, vous remarquez d'abord les ruines d'un pavillon, d'une salle d'eau et d'un bassin carré protégé par un muret de latérite. Les fidèles procédaient ici à des rituels de purification avant de se rendre au sanctuaire. Les vestiges du temple donnent encore une belle idée de ses proportions monumentales.
De l'entrée principale du Wat Phra Non, une volée de marches conduit à la terrasse de l'*ubosot*, dont seuls subsistent les imposants piliers de latérite, mêlés aux troncs des tecks environnants. Derrière, les hauts murs percés d'étroites lucarnes signalent le *wihan*, où gît un bouddha couché aux formes effacées. Une pièce attenante abritait trois bouddhas assis, dont il ne reste que les âmes de brique. Les piliers massifs de l'édifice, larges de 1 m et hauts de 5 m, supportaient une toiture de bois ; au sommet, on distingue les mortaises où venaient s'encastrer les poutres.
Reposant sur un socle carré, un grand **chedi★** octogonal se dresse à l'arrière du *wihan*. D'influence cinghalaise, il reprend la forme du bouton de lotus, surmonté d'une structure en cloche de pur style Sukhothai.
Autrefois jalonné de colonnes où s'accrochaient des lanternes, un sentier s'enfonce dans la forêt pour conduire au **mondop**, qui cache une empreinte

de pied de Bouddha. Ce type d'édifice était très en faveur sous le règne du pieux Li Thaï, au 14e s. : le souverain aurait, en effet, missionné plusieurs moines au Sri Lanka, sur le mont du Sri Pada, pour prendre les mesures exactes de l'empreinte sacrée qui s'y inscrit, sur un rocher du sommet. À leur retour, la trace fut ainsi reproduite dans nombre de sanctuaires du royaume.

★★ **Wat Phra Si Iriyabot** – *Env. 50 m plus loin.* Son superbe **bouddha debout★** marque l'emplacement du *mondop*, à l'arrière du temple. Haut de 9 m, il révèle des traits de pur style Sukhothai, que vous retrouverez dans les quatre statues en haut relief qui encadrent l'édifice, adossées à ses quatre pans incurvés. À l'origine du nom du temple, elles représentent l'Éveillé dans ses positions canoniques : assis, debout, couché et marchant – un type de représentation souvent associé aux temples forestiers et caractéristique de l'art de Sukhothai.

Dernier vestige du *wihan* – dont la terrasse conserve sa balustrade en latérite –, un bouddha drapé dans sa traditionnelle étoffe safran trône sur l'autel. Dans les quartiers des moines, on distingue encore la salle d'eau, avec sa base de latérite couverte d'une dalle de pierre grise.

Poursuivez votre chemin vers le nord.

★★★ **Wat Chang Rob** – L'éclat des flamboyants s'ajoute à la beauté de ce temple, le joyau du site. Sur une base carrée, un magnifique *chedi* de style cinghalais s'entoure de **68 éléphants de stuc★**, sculptés en ronde bosse. Tels des atlantes, ils supportent l'édifice, qui symbolise ici le mont Meru, centre de l'univers bouddhique. Des motifs de stuc ou de terre cuite séparent chaque animal – arbres de l'éveil, démons et *apsara* –, et sur le côté gauche, les pachydermes conservent même leurs parures d'origine : colliers et bracelets. Des motifs floraux figuraient également la forêt de Himaphan qui, dans la symbolique brahmanique, cerne la montagne mythique.

Gardés par des lions de pierre *(singha)*, quatre escaliers aux marches raides mènent à la terrasse supérieure, où les pèlerins effectuaient leur déambulation rituelle. Un *chedi* en forme de cloche et prolongé d'une flèche s'élevait au centre, tandis que le grand *wihan*, à gauche, garde sa plate-forme, où s'asseyaient les moines. À proximité s'ouvre la carrière (aujourd'hui transformée en bassin) d'où furent extraites les pierres de l'édifice.

Rejoignez votre point de départ pour visiter les musées.

★ Musée national

À proximité du Wat Phra Tat - ☏ 05 571 15 70 - tlj sf lun. et mar. 9h-16h - 50 bahts.

Une agréable cour vous accueille, agrémentée de bougainvilliers et de frangipaniers. À droite, les deux superbes **éléphants de stuc★** que vous verrez, entièrement restaurés, proviennent du Wat Chang Rob. Les collections retracent les grandes époques de l'art thaïlandais, de la préhistoire à la période contemporaine.

Le rez-de-chaussée réunit les trouvailles faites à proximité des temples de Kamphaeng Phet, dont un bronze de style U-Thong (14e s.), un **bouddha terrassant Mara★★**, qui compte parmi les pièces maîtresses du musée.

Le 1er étage conserve des statues hindoues, dont un remarquable **buste de Vishnu★★** et la statue en pied de **Lakshmi★★**, tous deux datés du 16e s. Remarquez aussi le beau **Shiva★★** de bronze, du royaume d'Ayutthaya, qui reflète l'art khmer du Bayon (temple central de l'ancienne cité d'Angkor, au Cambodge). Son socle porte une inscription proclamant le règne des dieux sur les hommes et les animaux. Vous pourrez également voir une intéressante collection de céramiques et de terres cuites (14e-18e s.) comprenant d'élégantes **jarres de Sangkhalok** (15e s.) et des fragments de stucs.

★★ Musée d'Artisanat régional

À côté du Musée national - 9h-16h - entrée payante – comptez 25mn.
Aménagé dans un ensemble de maisons traditionnelles, ce musée original offre un excellent aperçu des traditions et des coutumes régionales.
À l'étage de la première maison, des maquettes montrent l'architecture d'une **habitation traditionnelle** et les techniques de construction d'un *chedi*, avec son échafaudage de bambou. Des **diaporamas** relatent l'histoire de la Thaïlande.
Le pavillon de gauche est consacré aux **minorités du pays**, présentées dans leurs costumes et leur environnement : Hmongs, Yaos ou Karens. De nombreuses ethnies vivent en effet dans la région de Kamphaeng Phet, principalement originaires du Laos, mais aussi de Phetchaburi (Lao Songs) et de Birmanie (Karens et Lisus).
Un troisième pavillon présente les grands festivals thaïlandais, dont la très populaire **fête de la Banane** (Wan Sart Festival) de Kamphaeng Phet (la culture de la banane représente un tiers de l'agriculture régionale).
Un dernier pavillon propose une exposition présentant les diverses ressources naturelles dont dispose la province : marbre, pétrole et gaz.

NOS ADRESSES À KAMPHAENG PHET

ARRIVER / PARTIR

En bus

Gare routière – *à 200 m à droite sur la route de Tak, passé le pont.* De là, des *samlor* vous conduisent au site historique. Liaisons régulières avec Sukhothai *(1h de trajet)*, Phitsanulok *(10 bus/j.)*, Tak *(1h)*, Mae Sot *(3h)* et Bangkok *(5h)*.

HÉBERGEMENT

Kamphaeng Phet n'offre pas un grand choix d'hébergements, les rares touristes n'y passant qu'une journée.

BUDGET MOYEN

Phet Hotel – *189 Th. Bumrungrat - ☎ 05 571 28 10 - www.phethotel.com - ▤ ⛱ ✕ - 215 ch. - 700/1 000 bahts ☕*. Un excellent rapport qualité-prix pour cet hôtel fréquenté surtout par les habitants du pays : chambres claires, calmes et confortables. Wifi, location de voitures, massages.

RESTAURATION

PREMIER PRIX

Marché de nuit – *Sur la rivière - autour de 50 bahts*. Pour vous restaurer, optez pour l'ambiance du marché de nuit, le long de la rivière.

ACTIVITÉS

Excursions – Comme c'est le cas pour Si Satchanalai, les hôtels et les *guesthouses* de Sukhothai proposent des excursions d'une journée à Kamphaeng Phet.

AGENDA

Wan Sart Festival – Fin sept. ou début oct. Ces festivités célèbrent Bouddha. À cette occasion, les habitants dégustent la spécialité de la ville, le *kluay kai* (bananes à l'œuf).

Chiang Mai et le Nord 3

Carte Michelin National 751 au 1/1 370 000

Les ombrelles de Chiang Mai.

jf Lefèvre / Fotolia.com

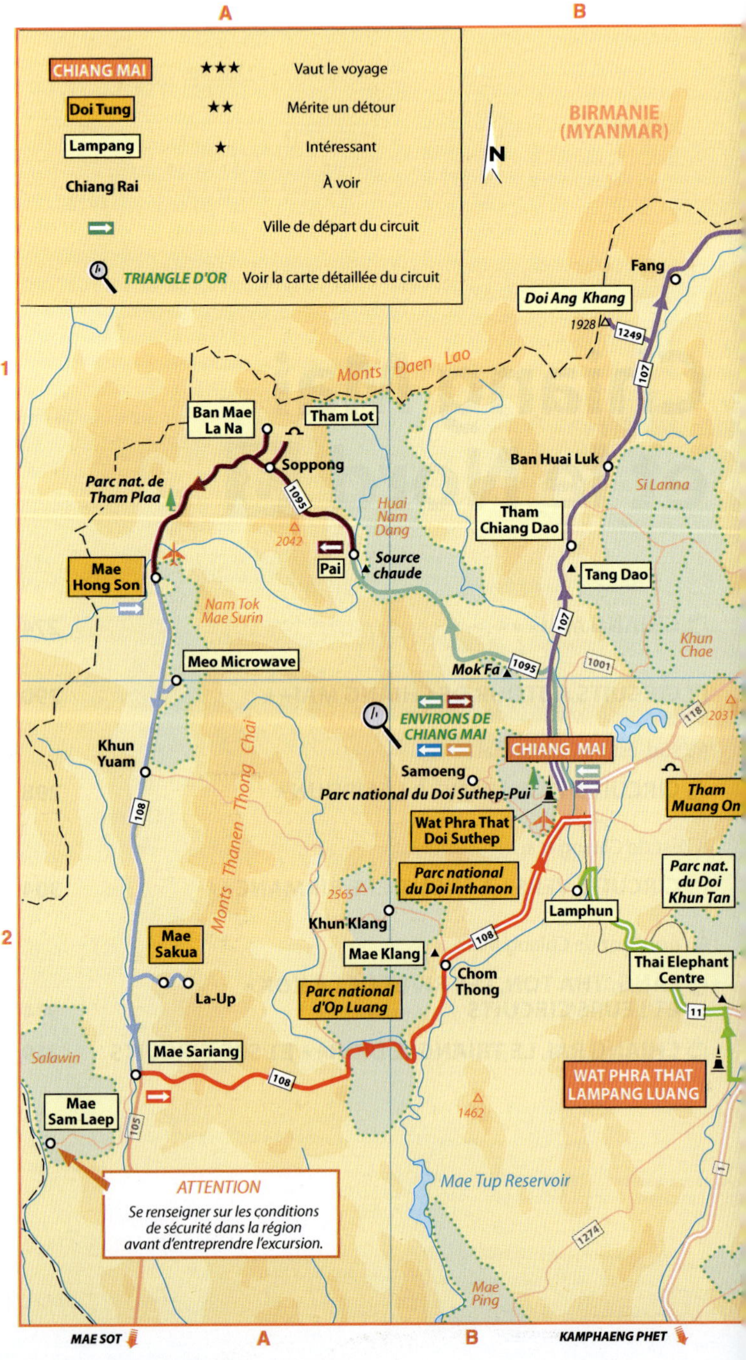
A
B
CHIANG MAI ★★★ Vaut le voyage
Doi Tung ★★ Mérite un détour
Lampang ★ Intéressant
Chiang Rai À voir
Ville de départ du circuit
TRIANGLE D'OR Voir la carte détaillée du circuit
N
BIRMANIE (MYANMAR)
1
2
Fang
Doi Ang Khang
1928
1249
107
Monts Daen Lao
Ban Mae La Na
Tham Lot
Soppong
1095
Parc nat. de Tham Plaa
Huai Nam Dang
2042
Pai
Source chaude
Mae Hong Son
Nam Tok Mae Surin
Ban Huai Luk
Si Lanna
Tham Chiang Dao
Tang Dao
Khun Chae
Meo Microwave
Mok Fa
1001
ENVIRONS DE CHIANG MAI
118
2031
Khun Yuam
Samoeng
CHIANG MAI
Parc national du Doi Suthep-Pui
Tham Muang On
Wat Phra That Doi Suthep
108
Monts Thanen Thong Chai
Parc national du Doi Inthanon
Parc nat. du Doi Khun Tan
2565
Lamphun
Khun Klang
Mae Sakua
Mae Klang
Chom Thong
Thai Elephant Centre
La-Up
Parc national d'Op Luang
11
Mae Sariang
Salawin
WAT PHRA THAT LAMPANG LUANG
Mae Sam Laep
105
1462
ATTENTION
Se renseigner sur les conditions de sécurité dans la région avant d'entreprendre l'excursion.
Mae Tup Reservoir
1274
Mae Ping
MAE SOT
KAMPHAENG PHET

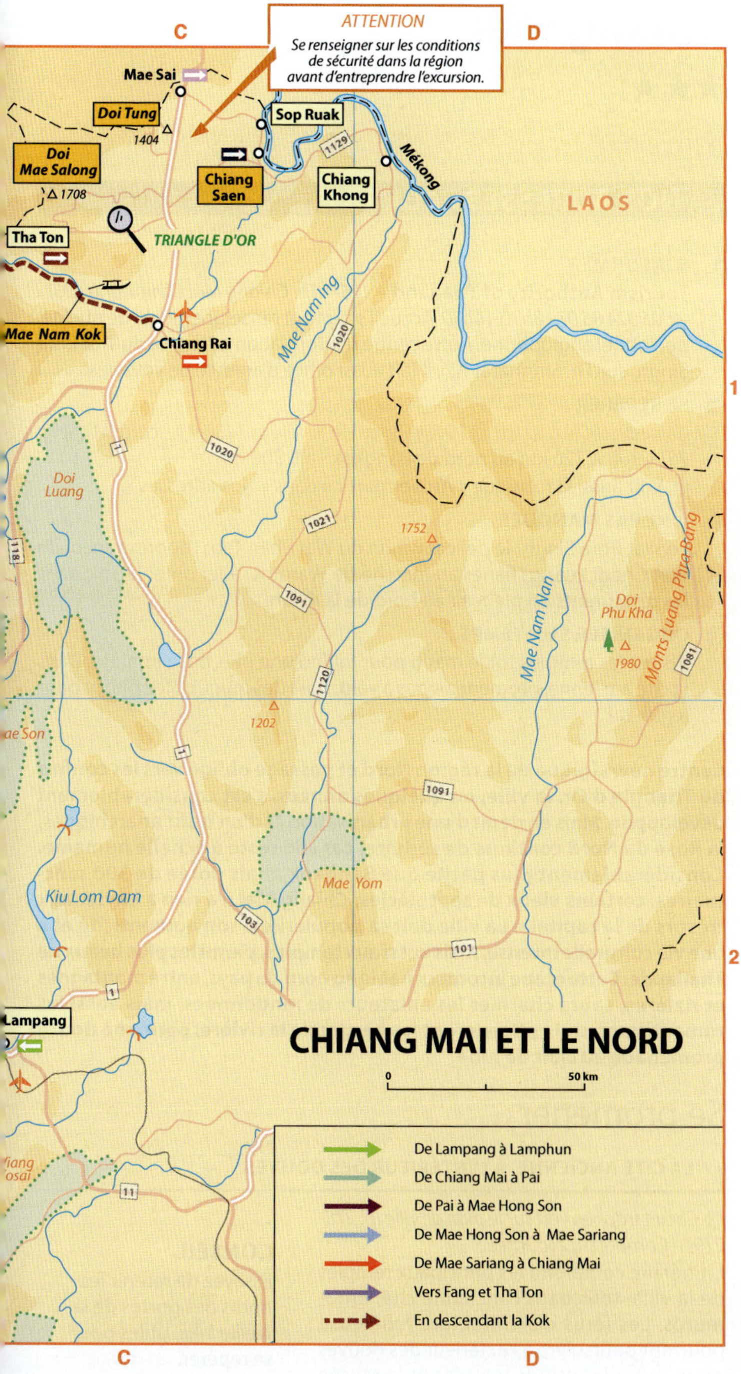
ATTENTION
Se renseigner sur les conditions de sécurité dans la région avant d'entreprendre l'excursion.
C
D
Mae Sai
Doi Tung
1404
Sop Ruak
Doi Mae Salong
1708
Chiang Saen
Chiang Khong
Mékong
LAOS
Tha Ton
TRIANGLE D'OR
Mae Nam Kok
Chiang Rai
Mae Nam Ing
1129
1020
1
Doi Luang
1021
1752
118
1091
Mae Nam Nan
Doi Phu Kha
1980
Monts Luang Phra Bang
1081
1120
1202
ae Son
1091
Kiu Lom Dam
Mae Yom
103
101
2
Lampang
11
iang osai
CHIANG MAI ET LE NORD
0
50 km
De Lampang à Lamphun
De Chiang Mai à Pai
De Pai à Mae Hong Son
De Mae Hong Son à Mae Sariang
De Mae Sariang à Chiang Mai
Vers Fang et Tha Ton
En descendant la Kok

Chiang Mai

★★★

184 887 habitants – Chef-lieu de la province de Chiang Mai

NOS ADRESSES PAGE 283

S'INFORMER

Tourism Authority of Thailand – *105-1 Th. Chiang Mai Lamphung (D3) - 05 324 86 07 - 8h30-16h30.* Accueil soigné et renseignements de qualité, personnel anglophone. Autre centre d'information à l'entrée du Wat Phra Singh, sur Th. Singharat A2; il fait aussi office d'agence de voyages.

SE REPÉRER

Carte de région B2 (p. 272-273) – plan de la ville p. 278-279 – *carte Michelin 751 C3-4.* À 720 km au nord de Bangkok - alt. 300 m.

Voir aussi la rubrique « Arriver/partir » dans « Nos adresses ».

À NE PAS MANQUER

Le Wat Phra Singh; le délicat *wihan* du Wat Phan Tao; l'énorme *chedi* du Wat Chedi Luang; flâner au marché de Warorot; aller dîner le soir dans les restaurants en plein air au bord de la rivière.

ORGANISER SON TEMPS

Visitez les temples tôt le matin pour jouir d'une plus belle lumière. Dans la cité ancienne, promenez-vous à vélo; hors des murs, optez plutôt pour le *tuk-tuk*.

Centre névralgique de la région Nord et passage obligé vers les confins du Triangle d'Or, la ville, en quelques années, s'est considérablement développée. Mais en dépit d'une urbanisation et d'un trafic anarchiques, la Rose du Nord continue de séduire, car elle reste à échelle humaine. Considérablement plus petite que Bangkok, mais dotée de 300 sanctuaires, certains vieux de sept siècles, Chiang Mai n'a rien à envier aux trésors de la capitale. La ville doit sa popularité à son authenticité et à une vie culturelle intense, mais aussi aux temples, parmi les plus beaux de Thaïlande. Cette étape incontournable au nord du pays, entre montagnes et rizières, saura charmer les amateurs de randonnées, mais aussi les romantiques, qui apprécieront les berges de la rivière, pour une douce promenade au clair de lune.

Se promener Plan de ville

★★ LA CITÉ ANCIENNE, À L'INTÉRIEUR DES DOUVES

Circuit tracé en vert sur le plan de ville (p. 278-279) – Comptez 1/2 journée.

L'itinéraire comprend les principaux temples de la ville, tous dans l'ancienne cité, intra-muros. Les férus d'architecture religieuse pourront poursuivre à l'extérieur des douves pour visiter les autres temples et le Musée

CONSEIL

Essayez de retenir les noms des portes de la vieille ville, utiles pour se repérer.

Le Wat Phra Singh.
Super Stock/age fotostock

national. Malgré le va-et-vient des *tuk-tuk* et des *samlor*, les rues de la vieille cité conservent une atmosphère sereine, contrastant avec la frénésie du trafic hors des murs. Il faut s'y balader en deux-roues, à moteur ou à pédales, meilleur moyen de s'arrêter à son gré devant chaque *wat*. Car le cœur historique de Chiang Mai compte, à lui seul, pas moins de 36 temples. C'est dire qu'il vous faudra choisir. Prenez le temps de les découvrir, connus ou moins connus, en pénétrant au fil de votre itinéraire dans ces cours paisibles où tintent les clochettes accrochées aux corniches. De ses fortifications de brique, la vieille ville n'a conservé que ses bastions d'angle et ses portes (en fait reconstruits), mais les **douves** dessinent toujours leur carré parfait, non loin de la courbe de la Ping (à l'origine, la rivière coulait plus à l'écart).

On franchit cette enceinte d'eau par la porte est, la **porte de Tha Phae** C2, transformée en esplanade piétonne *(pour pénétrer en voiture ou en deux-roues dans la vieille ville, il faut faire le tour par la gauche)*.

★★★ Wat Phra Singh A2

Th. Phra Singh (appelée aussi Th. Ratchadamnoen) - 6h-17h30 - gratuit.

Avec en toile de fond la crête bleutée des montagnes alentour, le « temple du Bouddha-Lion » compose un majestueux tableau. Fondé en 1345 par le roi Pa Yo pour recueillir les cendres du roi Kham Fu, c'est le temple le plus important de la ville ancienne, et le plus riche : ses divers bâtiments, véritables chefs-d'œuvre de l'architecture Lan Na, offrent autant d'exemples du talent des ébénistes locaux.

Autre charme des lieux : l'animation joyeuse qui envahit la cour, où se croisent écoliers et fidèles, tandis que résonne la sourde oraison des moines, en prière dans le **wihan**★ *(Lai Kham)*. Commencez là votre visite, en admirant son beau fronton en bois sculpté et doré, qui se découpe sur une mosaïque de verre bleu. Bâti au 19e s., l'édifice reflète le style Ratanakosin avec sa structure fermée, ses murs de brique et sa toiture élevée.

Mais attardez-vous surtout sur le **sanctuaire**★★ *(ho trai - à droite)*, délicat ouvrage de bois dressé sur un soubassement de brique stuquée, orné de

LES TEMPLES PASSÉS

Stucs, peintures, nacres, émaux et surtout boiseries – le travail du bois domine – rendent compte de la richesse du syncrétisme artistique de Chiang Mai. Hélas, peu de temples présentent encore un pur témoignage du style Lan Na, du fait des rénovations et remaniements successifs, parfois discutables. Les restaurations dirigées par le moine **Khruba Srivijaya** dans les années 1930 pour « revitaliser » le style officiel de Bangkok, alors sur le déclin, ont par exemple beaucoup altéré le décor original. Un bel exemple de fresque murale se trouve néanmoins au Wat Phra Singh.

divinités en bas relief. À l'arrière de la chapelle principale, il faut voir l'**ubosot★**, tout de bois sculpté.

Sur sa gauche, une allée conduit au **Phra Wihan Lai Kam★★★**, le joyau du temple avec son **pignon de bois★★** magnifiquement travaillé. Édifié au début du 19e s. dans le style Lan Na tardif, il renferme le très vénéré **bouddha Phra Singh★★**, ravissante statue de bronze dans le style Sukhothai.

Des **fresques murales★★**, superbes quoique très abîmées, couvrent les murs. Dues à l'artiste local Jek Seng, elles montrent un émouvant panorama de la vie quotidienne dans le nord de la Thaïlande au 19e s. Prenez le temps d'observer les personnages : ici des femmes occupées à tisser ou à bavarder derrière des paravents, là des jeux d'enfants ou encore des amoureux cachés derrière un buisson. La représentation minutieuse des maisons et des palais offre de précieux témoignages sur l'habitat régional de cette époque.

En sortant du grand *wihan*, jetez encore un coup d'œil au **chedi**, à l'arrière de l'*ubosot*. Ceinturé d'un large ruban safran en signe de dévotion, il conserve ses éléphants cariatides en stuc, d'inspiration cinghalaise.

★★ Wat Phan Tao B2

Th. Phra Pho Klao - 8h-17h - gratuit.

Non loin de l'angle des deux rues, en retrait, le petit temple de Phan Tao, qui héberge une dizaine de moines, offre aux passants la façade de son remarquable **wihan★★★** de style Lan Na, tout en bois de teck, fort bien conservé. Sous sa **toiture★★** à cinq niveaux, remarquez le **fronton★★** orné d'un paon bleu et or, symbole solaire birman. Les **boiseries dorées★★** des linteaux, véritable dentelle de bois, présentent un exemple typique de la tradition Lan Na.

À l'intérieur, entre les piliers rouges qui soutiennent la charpente, des fenêtres à trumeaux torsadés s'ouvrent dans les panneaux de bois des murs, dessinant des rais de lumière sur le majestueux **bouddha de style Lan Na** trônant sur l'autel, accompagné de ses adeptes.

★★ Wat Chedi Luang B3

20 m plus loin - 8h-17h - gratuit.

Entrez dans le vaste **wihan★**, intéressant pour ses panneaux peints représentant les *jataka* et son bouddha debout haut de 8 m, le **Phra Attharot★** (1437), belle statue de style Sukhothai, entouré de ses nombreux disciples.

En sortant de la chapelle, à votre droite *(à gauche de l'entrée principale)*, vous remarquerez un **arbre de l'illumination**, au tronc ceint d'une multitude de rubans colorés – signe d'une grande vénération. Une croyance veut en effet que la ville durera aussi longtemps que ce gommier vivra. L'arbre ombrage le **pilier de fondation de la cité** (Lak Muang), un édicule qui marque l'endroit précis où le roi Mengraï trouva la mort, frappé par la foudre.

Bouillon de cultures

LA « ROSE DU NORD » OU LA FLEUR DE L'INDÉPENDANCE

Mengraï, roi de Chiang Rai, est à l'origine de Chiang Mai, la « Ville nouvelle », en 1296. Sous son règne, la cité devint rapidement le nouveau centre économique et religieux du royaume. Bénéficiant de la protection du puissant souverain de Sukhothai, le monarque s'attacha à ce que sa nouvelle capitale soit aussi belle et dynamique que possible : des temples aux somptueux décors émaillèrent la ville, encadrant le palais royal et les résidences raffinées de l'aristocratie locale, le tout protégé par un large carré de murs et de douves.

Mengraï régna ainsi pendant vingt ans, posant les bases de la dynastie puissante et prospère du **royaume du Lan Na Thai** (« Million de rizières »), qui domina les territoires du Nord pendant deux siècles. Cette période vit aussi le grand épanouissement du bouddhisme theravada, dont Chiang Mai deviendra un important foyer. En 1477, sous le règne de Tilokarat, qui marqua l'apogée du royaume, la ville accueillit le huitième concile bouddhique, commémoration du deuxième millénaire du bouddhisme theravada, et se couvrit pour l'occasion d'une multitude de nouveaux temples.

La ville subira néanmoins les assauts répétés du roi d'Ayutthaya et des **Birmans** : après une première incursion au 11e s., ces derniers prirent la ville en 1556, inaugurant deux longs siècles d'occupation qui marqueront Chiang Mai d'une forte empreinte culturelle, notamment artistique.

UNE FENÊTRE SUR LE SIAM

La chute de sa capitale, Ayutthaya, en avril 1767, entraîna l'éclatement du royaume du Siam. Dès lors, le général **Taksin** se lança à la reconquête des territoires pris par les Birmans et se consacra à la restauration de la puissance siamoise. Dans le même temps, exaspérée par le joug d'une administration birmane de plus en plus dure, la population de Chiang Mai se souleva contre l'oppresseur et, en 1775, Taksin, sacré roi à Thonburi, reprit la ville aux Birmans et en fit un État vassal du Siam.

Cependant, épuisée par des siècles de guerre, la population déserta la ville. Elle n'y reviendra qu'en 1796, lorsque Rama Ier installa sur le trône de la cité le souverain de Lampang, Kavila. C'est le début d'un nouvel essor, Chiang Mai devenant un important centre de négoce du teck et un foyer renommé d'artisanat. L'État resta néanmoins longtemps isolé, et il fallut attendre la fin des années 1920 pour que le chemin de fer relie Chiang Mai à la capitale siamoise. Enfin, en 1939, le Nord rejoignit la jeune nation thaïlandaise.

DANS LE RESPECT DU PATRIMOINE

Aujourd'hui, si le tourisme a succédé au négoce, Chiang Mai garde son âme colorée d'ancien carrefour commercial et de grand centre artisanal, cette dernière activité traditionnelle s'étant d'ailleurs parfaitement adaptée au nouveau marché du tourisme « ethnique » et « nature ». Aussi l'urbanisation sauvage que la ville a subie dans les années 1990 semble-t-elle se ralentir au profit d'un mouvement de sauvegarde plus respectueux du patrimoine architectural : en 1996, le 700e anniversaire de Chiang Mai fut l'occasion de rénover et de restaurer temples et bâtiments historiques, signe tangible d'une volonté de repenser l'identité et l'avenir de la cité.

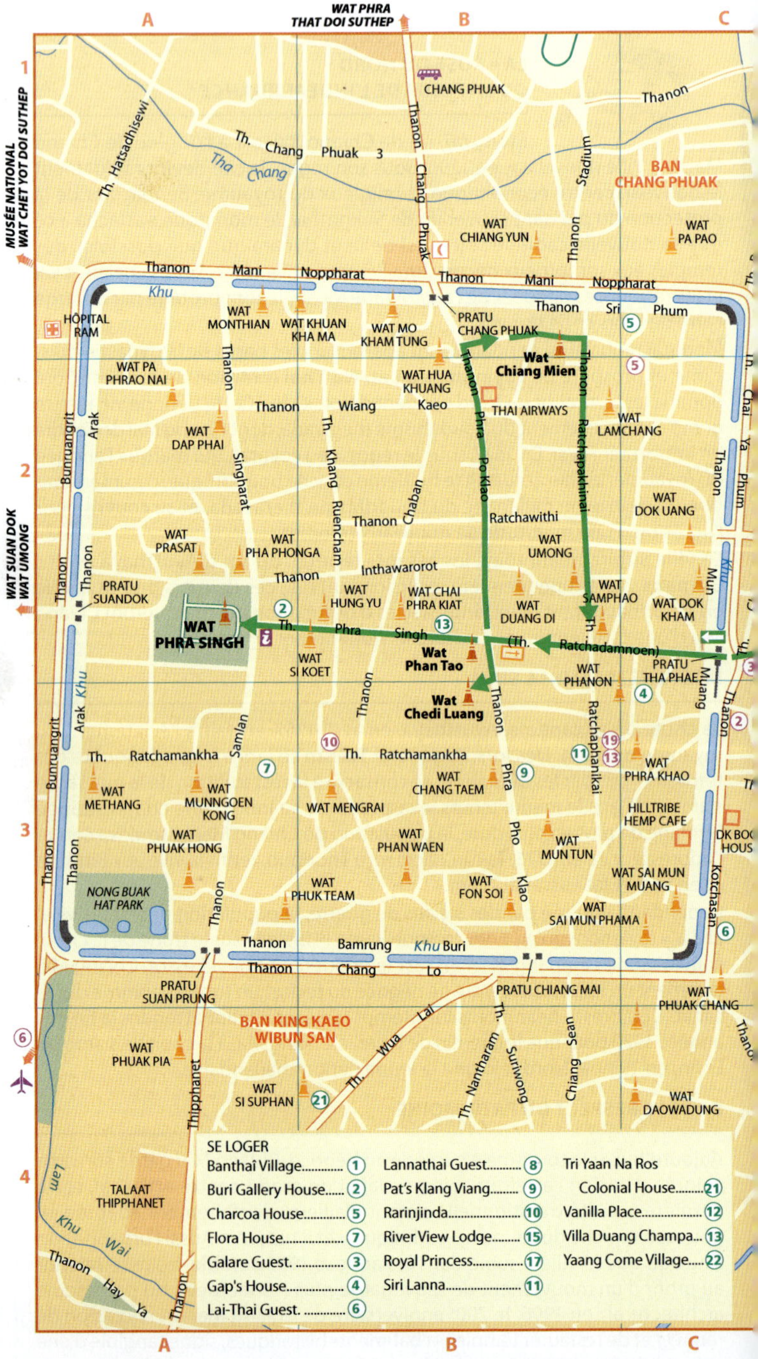
WAT PHRA THAT DOI SUTHEP
MUSÉE NATIONAL WAT CHET YOT DOI SUTHEP
WAT SUAN DOK WAT UMONG
A
B
C
1
2
3
4
CHANG PHUAK
Thanon
Th. Chang Phuak 3
Tha Chang
Th. Hatsadhisewi
Thanon Chang Phuak
Stadium
Thanon
BAN CHANG PHUAK
WAT CHIANG YUN
WAT PA PAO
Thanon Mani Noppharat
Khu
Thanon Sri Phum
HÔPITAL RAM
WAT MONTHIAN
WAT KHUAN KHA MA
WAT MO KHAM TUNG
PRATU CHANG PHUAK
Wat Chiang Mien
WAT PA PHRAO NAI
WAT HUA KHUANG
Thanon Wiang Kaeo
THAI AIRWAYS
WAT LAMCHANG
WAT DAP PHAI
Thanon Singharat
Th. Khang Ruencham
Chaban
Thanon Phra Po Klao
Thanon Ratchapakhinai
Thanon Chai Ya Phum
Bunruangrit
Arak
Thanon Ratchawithi
WAT DOK UANG
WAT PRASAT
WAT PHA PHONGA
Thanon Inthawarorot
WAT UMONG
PRATU SUANDOK
WAT HUNG YU
WAT CHAI PHRA KIAT
WAT DUANG DI
WAT SAMPHAO
WAT DOK KHAM
Mun
WAT PHRA SINGH
Th. Phra Singh
Wat Phan Tao
(Th. Ratchadamnoen)
WAT SI KOET
Wat Chedi Luang
WAT PHANON
PRATU THA PHAE
Muang
Thanon
Th. Ratchamankha
Samlan
Th. Ratchamankha
Thanon Phra Pho Klao
Ratchaphanikai
WAT PHRA KHAO
WAT METHANG
WAT MUNNGOEN KONG
WAT CHANG TAEM
WAT MENGRAI
HILLTRIBE HEMP CAFE
DK BOO HOUS
WAT PHUAK HONG
WAT PHAN WAEN
WAT MUN TUN
NONG BUAK HAT PARK
WAT PHUK TEAM
WAT FON SOI
WAT SAI MUN MUANG
WAT SAI MUN PHAMA
Kotchasan
Thanon Bamrung Buri
Khu
Thanon Chang Lo
PRATU SUAN PRUNG
PRATU CHIANG MAI
WAT PHUAK CHANG
BAN KING KAEO WIBUN SAN
Th. Wua Lai
Th. Nantharam
Suriwong
Chiang Sean
WAT PHUAK PIA
Thipphanet
WAT SI SUPHAN
WAT DAOWADUNG
TALAAT THIPPHANET
Lam Khu Wai
Thanon Hay Ya
Thanon
SE LOGER
Banthaî Village 1
Buri Gallery House 2
Charcoa House 5
Flora House 7
Galare Guest. 3
Gap's House 4
Lai-Thai Guest. 6
Lannathai Guest 8
Pat's Klang Viang 9
Rarinjinda 10
River View Lodge 15
Royal Princess 17
Siri Lanna 11
Tri Yaan Na Ros Colonial House 21
Vanilla Place 12
Villa Duang Champa 13
Yaang Come Village 22

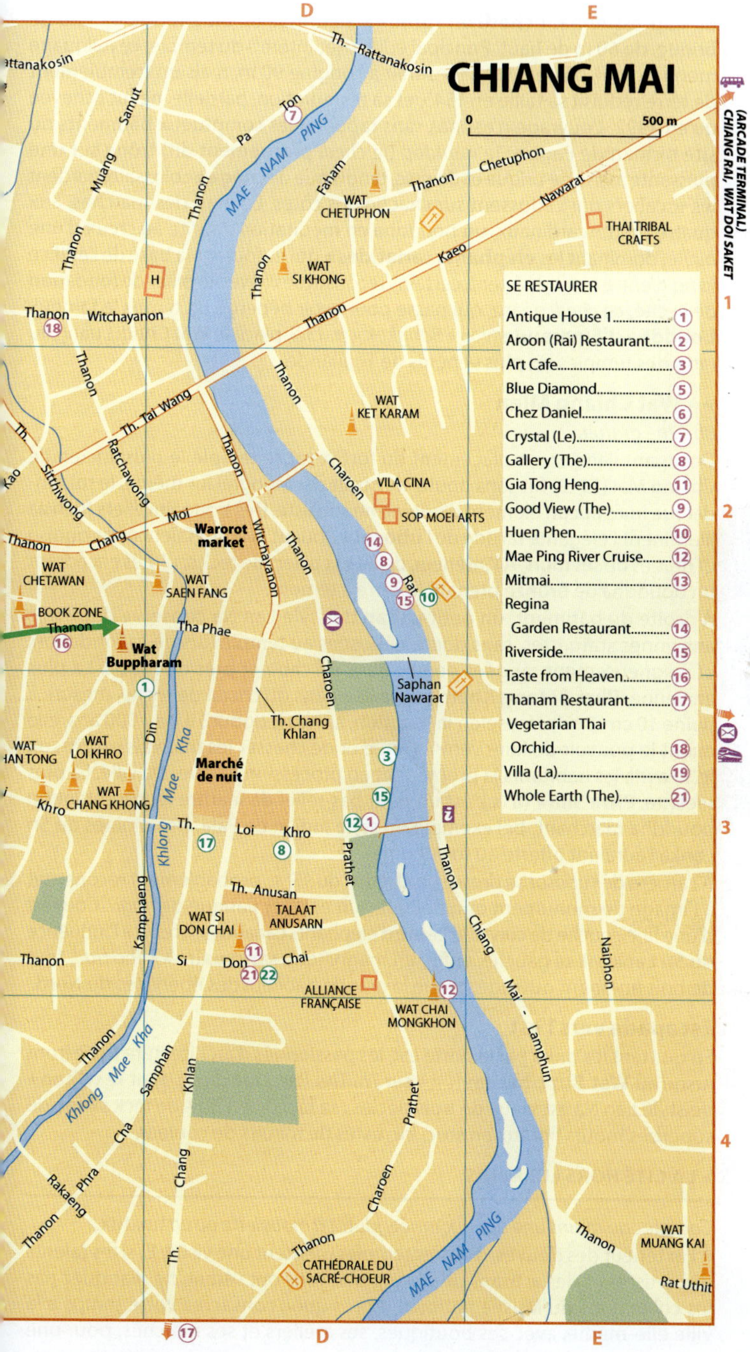
CHIANG MAI
0
500 m
D
E
1
2
3
4
(ARCADE TERMINAL) CHIANG RAI, WAT DOI SAKET
SE RESTAURER
Antique House 1 1
Aroon (Rai) Restaurant 2
Art Cafe 3
Blue Diamond 5
Chez Daniel 6
Crystal (Le) 7
Gallery (The) 8
Gia Tong Heng 11
Good View (The) 9
Huen Phen 10
Mae Ping River Cruise 12
Mitmai 13
Regina Garden Restaurant 14
Riverside 15
Taste from Heaven 16
Thanam Restaurant 17
Vegetarian Thai Orchid 18
Villa (La) 19
Whole Earth (The) 21
Th. Rattanakosin
MAE NAM PING
WAT CHETUPHON
Thanon Chetuphon
Thanon Kaeo Nawarat
THAI TRIBAL CRAFTS
WAT SI KHONG
Thanon Witchayanon
Th. Tai Wang
WAT KET KARAM
VILA CINA
SOP MOEI ARTS
Warorot market
Thanon Chang Moi
WAT CHETAWAN
WAT SAEN FANG
BOOK ZONE
Thanon Tha Phae
Wat Buppharam
Saphan Nawarat
Th. Chang Khlan
Marché de nuit
WAT LOI KHRO
WAT CHANG KHONG
Th. Loi Khro
Khlong Mae Kha
Thanon Kamphaeng Din
Th. Anusan
TALAAT ANUSARN
WAT SI DON CHAI
Thanon Si Don Chai
ALLIANCE FRANÇAISE
WAT CHAI MONGKHON
Thanon Charoen Prathet
Thanon Chiang Mai - Lamphun
Naiphon
Thanon Samphan
Th. Chang Khlan
Thanon Rakaeng Phra Cha
Thanon Charoen Prathet
CATHÉDRALE DU SACRÉ-CHOEUR
WAT MUANG KAI
Thanon Rat Uthit

Une surprise vous attend ensuite au fond de la cour : caché par le *wihan*, un impressionnant **chedi en ruine★★** se dresse tel un énorme gâteau de brique, de 60 m de haut. Principal édifice (et intérêt) du temple, ce reliquaire monumental, bâti en 1391, mesurait à l'origine 90 m, mais un tremblement de terre réduisit sa taille en 1545, et sa restauration, partielle, ne fut achevée qu'en 1992. L'ouvrage n'est pas sans rappeler les somptueux bâtiments du site birman de Pagan : le *mondop* (le *chedi* proprement dit) trône sur une puissante assise de brique et de grès, tandis que des **naga★** colossaux gardent les escaliers qui s'adossent sur chacun des côtés. En haut des marches, aux quatre points cardinaux, un bouddha en méditation s'abrite au creux d'une niche, dominant les **éléphants cariatides★** qui entourent la base de l'édifice (cinq d'entre eux subsistent, certains reconstitués). Avec le pilier de fondation de la cité, ce *chedi* géant, qui passe pour avoir hébergé un temps le fameux **bouddha d'Émeraude** *(voir « Bangkok », p. 132)*, place le Wat Chedi Luang au rang des temples les plus vénérés de Thaïlande.

★★ Wat Chiang Mien B1-2

8h-17h - gratuit.

Occupant l'ancien emplacement du fort royal, le temple le plus ancien de Chiang Mai (13ᵉ s.) fut sans doute construit par Mengraï lui-même, le roi fondateur, mais aucun élément d'origine ne subsiste. Des bougainvilliers fuchsia illuminent l'élégante façade de l'**ubosot★**, jouant avec les faïences turquoise et dorées de ses murs. À l'intérieur, de beaux piliers de teck sculptés encadrent un bouddha de bronze prenant la Terre à témoin.

À droite du bâtiment, un petit **wihan** de style Lan Na conserve deux très anciennes statuettes, sans doute déposées au temple lors de sa fondation, et soigneusement rangées depuis dans un cabinet près de l'autel. La plus ancienne, **Phra Setang Khamani**, taillée dans du cristal de roche, mesure à peine 10 cm. Sculptée, selon la tradition, à Lavo (Lopburi) il y a 1 800 ans, elle aurait le pouvoir de faire venir la pluie et de chasser les mauvais esprits, et, le 1er avril, les habitants la promènent en procession à travers la ville. La plus récente, **Phra Sila★** (8e s.), est un petit bas-relief de marbre représentant un bouddha marchant, bel exemple du style indien de Pala. Des moines du Sri Lanka l'auraient offerte au roi Mengraï.

À l'arrière de l'*ubosot* se dresse un **chedi★** du 15e s., probablement reconstruit à l'image du monument originel, avec un escalier flanqué de *naga*. Couvert d'une fine couche de cuivre et cerné d'éléphants cariatides, il reflète l'influence du Sri Lanka. À sa gauche, enfin, un magnifique **sanctuaire★★** *(ho trai)*, tout de bois finement ouvragé, révèle la grande habileté des ébénistes du Nord.

Escapade vers l'est

En quittant les murs par la porte est, les passionnés d'architecture thaïe iront jusqu'au **Wat Buppharam** (C2 – *sur Th. Tha Pae, côté droit*) dont le **wihan★** de style Lan Na est vieux de trois siècles : sa façade en bois de teck s'orne de superbes motifs floraux en stuc, incrustés de miroirs de couleur.

★ LA CITÉ HORS LES MURS

Comptez au moins une demi-journée, plutôt à mobylette ou en tuk-tuk.

À l'extérieur des douves, d'autres temples méritent une visite. Et si les talents des artistes et des artisans de Chiang Mai vous ont séduit, ne manquez pas les collections du Musée national. Après quoi, consacrez votre temps à la ville elle-même, avec ses boutiques, ses ateliers et ses marchés, pour une authentique balade thaïlandaise.

Quittez la vieille ville par Pratu Suandok (porte ouest) et prenez tout de suite à droite Th. Bunruangrit, pour longer les douves jusqu'à l'angle nord-ouest de l'ancienne cité (500 m). Prenez alors à gauche Th. Huai Kaeo en dir. du Doi Suthep sur env. 1,5 km. Au feu rouge, tournez à droite pour rejoindre le boulevard circulaire, Th. Nimmanhemin, sur env. 2 km.

★ Wat Chet Yot A1 en dir.

Le temple, bien indiqué, se trouve sur la gauche de Th. Nimmanhemin, au bout d'un court chemin de terre - 8h-17h - gratuit.

Peu fréquenté par les touristes, ce temple jouit d'un grand charme avec sa cour ombragée d'aréquiers et de palmiers. D'après les chroniques, il fut fondé par le roi Tilokarat en 1455, et il accueillit le huitième concile bouddhique (1477). Fidèles aux canons de l'architecture birmane de Pagan, ses bâtiments entourent un **chedi★★** d'une conception singulière : inspiré du temple Mahabodhi de Bodhgaya (Inde), où Bouddha atteignit l'illumination, le monument se libère du modèle indien pour imposer une architecture tout à fait originale, unique en Thaïlande. Le soubassement, un socle rectangulaire de grès et de latérite recouvert de stucs rosés, renferme une chambre voûtée en berceau où siège un bouddha. Au-dessus – référence au temple indien –, sept flèches imbriquées s'élancent vers le ciel pour symboliser les sept années que le Bouddha passa en Inde avant d'atteindre l'éveil. Faites le tour de l'édifice pour admirer ses **bas-reliefs de stuc★★**, certains en assez bon état : 70 gracieuses divinités ailées, d'une remarquable finesse, s'égrènent sur les quatre côtés, debout ou assises en lotus, superbe témoignage du raffinement de l'art du Lan Na à son apogée. Attardez-vous aussi autour des trois *chedi* voisins : l'un d'eux, le **Phra Chedi★** *(à droite de l'entrée principale)*, abrite les cendres du roi Tilokarat. Sur une base à gradins de latérite, le reliquaire est couronné d'une cloche prolongée par une flèche annelée, et il conserve ses niches et ses pilastres rehaussés de stucs. *Reprenez le boulevard circulaire à gauche et continuez 100 m vers le nord.*

★ Musée national A1 en dir.

✆ 05 322 13 08 - tlj sf lun. et mar. 9h-16h - 100 bahts - en rénovation, seul le rdc se visite.

Installé dans un bel ensemble de bâtiments blancs, le musée de Chiang Mai renferme d'intéressantes collections représentatives de l'art du Nord, mais aussi de l'art siamois à diverses époques, de la préhistoire à la période de Ratanakosin (19e s.-20e s.).

Dans le hall d'entrée, à gauche près de l'escalier, une superbe **tête de bouddha★** en bronze accueille le visiteur. Datée du 15e s., cette pièce maîtresse – à laquelle on attribue encore des pouvoirs magiques – traduit à merveille la délicatesse du style artistique du Lan Na. Imaginez la taille de l'œuvre, cette tête étant tout ce qui reste d'une statue colossale, sans doute l'un des plus grands bouddhas fabriqués en Thaïlande. Notez aussi les jolis **coffrets à écriture** en bois, laqués rouge et or, ou incrustés de nacre.

Viennent ensuite les découvertes archéologiques faites dans la région, les objets des salles suivantes évoquant divers épisodes de l'histoire du royaume du Lan Na. Remarquez la variété des types de **céramiques** (14e s.-16e s.), provenant des fours de San Kamphaeng et de Chine. Dans la salle du fond trône une très belle **empreinte de pied de Bouddha★★** en bois, exécutée en 1727, parée de feuilles d'or et incrustée de nacre sur fond rouge. Notez aussi l'élégant **bouddha** Lan Na en bronze, dans la vitrine au fond de la salle.

Au 1er étage, une section du musée évoque l'économie, l'agriculture, l'artisanat traditionnel de la région, notamment celui des minorités ethniques des

montagnes. On y montre l'exploitation du bois de teck et les techniques du travail de l'argent et du bois. Une **jonque** « scorpion », au profil effilé, un piège à poisson, des textiles, un métier à tisser, une maison traditionnelle grandeur nature illustrent les divers aspects de la vie quotidienne au fil des siècles.
Une intéressante série de **bouddhas**, étayée par des panneaux pédagogiques montre les différentes tendances de l'art thaïlandais. Des **statues de terre cuite★** complètent ce panorama artistique : œuvres de Haripunchai (12e s.-13e s.) et du Lan Na (15e s.-16e s.), mais aussi d'U-Thong, de Sukhothai et de Lopburi.

★★ Wat Suan Dok A2 en dir.

De la porte ouest (Pratu Suandok), continuez tout droit sur Th. Suthep sur 1 km - 8h-17h - gratuit.
Un endroit charmant pour finir la journée : au coucher du soleil, la lumière sur les *chedi* blancs, qui projettent leur ombre sur la façade dorée du *wihan*, est de toute beauté. Profitez aussi de l'animation : le temple attire beaucoup de monde, fidèles et jeunes moines, qui n'hésitent pas à jouer au football dans l'enceinte sacrée – une activité pourtant interdite, car jugée contraire à un état « serein ». Protégé par de hauts murs blancs, ce temple, édifié en 1383, a plutôt des allures de monastère fortifié que de « jardins de fleurs » – son nom en thaï, car il occupe l'emplacement des anciens jardins royaux de Mengraï.
La **porte d'entrée monumentale★**, un bâtiment à part entière, typique des anciens sites religieux, s'inspire des *gopura*, ces pavillons qui composaient l'entrée des temples hindous. À la fois porte d'entrée et sanctuaire, ils abritaient les divinités gardiennes des lieux, le temple étant alors considéré comme la demeure des dieux.
Derrière un immense *wihan* moderne se dresse un imposant **chedi★** du 14e s. *(à votre droite en arrivant)*, de style cinghalais : encadré de petites flèches, il reprend le traditionnel *stupa* en forme de cloche et surmonté d'une flèche, qui inspira aussi les architectes de Sukhothai. Seule note discutable : les faïences multicolores de l'*harmika*, ajoutées plus tard. Le monument abrite une sainte relique ramenée par un moine de Sukhothai, Sumana, à qui l'on doit l'introduction du bouddhisme theravada au royaume du Lan Na. À proximité, une série de **chedi mineurs**, édicules commémoratifs ou reliquaires conservant les cendres de la famille royale, composent un étrange ensemble.
En suivant l'allée qui passe devant le *wihan* principal, on rejoint le petit **wihan** où trône un magnifique **bouddha de bronze★★** (Phra Chao Kao Tu) de style Lan Na, vieux de 500 ans. Entouré de ses disciples, l'Éveillé prend la Terre à témoin. De très belles **peintures murales★** évoquent ses vies antérieures.
Reprenez Th. Suthep vers l'ouest (gauche) sur 2 km, puis, après avoir dépassé Talat Phayom, encore à gauche sur 2 km. Des flèches indiquent le Wat Umong.

Wat Umong A2 en dir.

Ce « temple du souterrain », fondé en 1296 pour le bénéfice de quatre moines cinghalais, passe pour être l'un des plus vieux de Chiang Mai. S'il ne reste rien des bâtiments d'origine, le temple vaut le détour pour son atmosphère sereine et pleine de fraîcheur : on se promène au cœur d'un bois agrémenté d'un plan d'eau.
En prenant le chemin tout droit puis à droite, vous déboucherez au bas d'un promontoire où sont creusées trois galeries conduisant à des **cellules de méditation**. Centre religieux actif, comme l'attestent les diatribes de Bouddha, signes moralisateurs accrochés sur chaque tronc d'arbre, le temple accueille les bouddhistes européens. Ceux-ci pourront assister à des sermons en anglais prononcés par les moines *(théoriquement chaque dim. apr.-midi)* ou même y faire une retraite.

BALADE AU MARCHÉ

Marché de nuit D3
Le soir, après la découverte des temples, ne manquez pas de faire une visite au marché de nuit qui envahit le quartier à l'est de la vieille ville. Dès 18h, l'endroit se métamorphose : la circulation est stoppée et les trottoirs de Th. Chang Khlan se couvrent de stands, qui colonisent également les ruelles adjacentes. Ravissement des yeux, il présente tous les produits de l'artisanat régional, notamment de magnifiques étoles de soie, mais aussi toutes sortes d'objets en bois de teck. Pour le plaisir des papilles, les brochettes semblent se multiplier dans les farandoles de gargotes ! La musique de quelque spectacle éphémère de danse ou de théâtre rythme la marche des curieux.

Marché Warorot D2
Angle de Th. Chiang Mai et Th. Witchayanon - 6h-18h
Il mérite également un détour si vous êtes en quête d'un peu plus d'authenticité. Ce marché s'adresse en effet davantage aux Thaïlandais qu'aux touristes. Des villageois, parfois en costume traditionnel, y vendent fruits et légumes, poissons séchés, épices et piments, entre deux cuisines ambulantes.

NOS ADRESSES À CHIANG MAI

Voir le plan de la ville, p. 278-279

INFORMATIONS UTILES

Poste / Téléphone – E3 en dir. - Poste centrale - *Th. Charoen Muang - près de la gare ;* autre bureau – D2 - *Th. Charoen Prathet - près du marché aux fleurs.*
Santé – A1 - Hôpital Ram - *8 Th. Bunruangrit.*
Sécurité – D2 - Police touristique - *un bureau à l'aéroport, un autre en ville, non loin du Wat Ket Karam - ✆ 05 324 73 17* et *✆ 11 55.*
Visa – A4 en dir. -Bureau d'immigration - *Th. Mahidon - juste avant d'arriver à l'aéroport - ✆ 05 327 75 10 - lun.-vend. 8h30-16h30.*
Centre culturel – D3 - Alliance française - *138 Th. Charoen Prathet - ✆ 05 327 52 77 - www.afthailande.org - lun.-vend. 9h30-12h, 14h-18h30, sam. 9h-12h.* Ouvrages et magazines à consulter sur place. Fait également office de consulat *(de 10h à 12h).*

ARRIVER / PARTIR

En avion

Aéroport international – A4 en dir. - *À 3 km au sud-ouest de la ville ✆ 05 277 78 97 - www.chiangmaiairportonline.com.* Env. 15 vols tlj pour Bangkok avec Thai Airways, Bangkok Airways, Air Asia, Nok Air, et de nombreux vols pour les grandes villes d'Asie du Sud-Est. Vols tlj pour Ko Samui, Mae Hong Son, Mae Sot, Udon Thani et Phuket.

En train

Gare ferroviaire – E3 en dir. - *À l'est de la ville, près de la poste principale.* Dessert Bangkok et toutes les grandes villes du pays. Le train de nuit est conseillé pour le trajet Bangkok-Chiang Mai *(14h).*

En bus

La ville compte deux gares routières.
Arcade Terminal – E1 en dir. - *À l'est de la ville, sur la route de Chiang Rai.* C'est la plus importante. Elle dessert toutes les destinations hors de la province

3

de Chiang Mai. De Bangkok, nombreux départs du terminal nord de la capitale.

Chang Phuak – B1 *-Th. Chang Phuak*. Relie toutes les villes de la province.

TRANSPORTS

Location de véhicules

Agences de location partout en ville et à l'aéroport. Faites attention à l'état du véhicule et à l'assurance, qu'il s'agisse d'un vélo, d'une voiture ou d'une moto.

À vélo

Pratique et bon marché, c'est un bon moyen pour sillonner la vieille ville. Extra-muros, ne tentez pas l'exploit!

À moto ou en voiture

La circulation à Chiang Mai suit une logique particulière : deux rues principales font le tour de la cité ancienne, à l'intérieur et à l'extérieur des douves, chacune dans un sens unique. À l'intérieur des douves, la circulation est à main gauche, dans le sens inverse des aiguilles d'une montre.
À l'extérieur des douves, elle est à main droite.

En songthaew

C'est le type de transport le moins onéreux *(env. 10 bahts/trajet)*. Pratique pour une excursion dans les environs de la ville. Départs fréquents et depuis de nombreux points.

En tuk-tuk

Idéal pour traverser Chiang Mai sans être trop tributaire des embouteillages *(50 bahts en moyenne)*. Bien plus agréable ici qu'à Bangkok!

HÉBERGEMENT

La plupart des adresses sélectionnées se trouvent dans la vieille ville. En pleine saison, tâchez de réserver le plus longtemps possible à l'avance.

À l'intérieur des douves

PREMIER PRIX

Gap's House – C3 *- 3 Th. Ratchadamnoen, Soi 4 - ✆ 05 327 81 40 - www.gaps-house.com - ▤ ⊠ ✕ - 20 ch. - 470/700 bahts ☕*. Des pavillons traditionnels en bois au milieu d'un jardin à la végétation exubérante. Les chambres, sans être de grand standing, sont décorées avec beaucoup de goût. Succès oblige, l'adresse affiche souvent complet. Pas de réservation. Wifi.

BUDGET MOYEN

Flora House – A3 *- 177/1 Th. Ratchamankha, Soi 1 - ✆ 05 327 77 01 - http://rachamankhaflorahouse.com - ▤ ≋ - 8 ch. - 1 500 bahts ☕*. Hôtel sans prétention, lumineux et confortable. Les orchidées balisent le chemin dans ce bâtiment décoré avec goût et sobriété. Accueil efficace et jardin agréable. Wifi.

Pat's Klang Viang – B3 *- 154/1-2 Th. Phra Pho Klao - ✆ 05 320 82 80 - www.patsklangviang.com - ▤ ≋ ✕ - 9 ch. - 1 450/1 750 bahts ☕*. Ouvert fin 2008, cet hôtel cosy oscille entre charme et élégance. Admirez le superbe escalier de bois et profitez de l'anglais parfait de la propriétaire pour comprendre les étapes de restauration de la maison. Un coup de chapeau pour un des rares hôtels de la ville ayant un accès handicapé. Wifi.

Charcoa House – C1 *-Th. Sri Phum, Soi 1 - ✆ 05 321 26 81 - www.charcoa.com - ▤ ✕ - 12 ch. - 1 400/1 800 bahts ☕*. Un petit coin de paradis à l'ombre de l'agitation de la ville. L'attrait des chambres, confortables et joliment décorées, est rehaussé par un personnel efficace et par les services proposés sur place (agence de voyages, location de vélos, Internet, etc.).

POUR SE FAIRE PLAISIR

Buri Gallery House – A2 - *102 Th. Ratchadamnoen - ✆ 05 341 65 00 - www.burigallery.com* - ▤ ♨ ✕ - *21 ch. - 1 600/2 800 bahts* ☕. Dans un style traditionnel Lan Na, quelques chambres à l'atmosphère flamboyante : lits à baldaquin, rouge omniprésent, balcons, soieries… Tout pousse au farniente et le spa à l'entrée semble vous rappeler que vous êtes là pour vous détendre ! Internet gratuit. Transfert gratuit de la gare ou de l'aéroport.

Villa Duang Champa – B2 - *82 Th. Ratchadamnoen - près du Wat Phan Tao - ✆ 05 332 71 98 - www.duangchampa.com* - ▤ ✕ - *12 ch. - 2 800/3 800 bahts* ☕. Un réaménagement a transformé cette demeure de type colonial en un véritable bijou ! Meubles contemporains, luminaires chinés, chambres confortables : laissez-vous envahir par la sérénité du lieu. Spa.

UNE FOLIE

Siri Lanna – B3 - *89/3 Th. Ratchapakhinai - ✆ 05 279 10 78 - www.sirilanna.com* - ▤ ✕ ♨ - *21 ch. - 4 500/5 500 bahts* ☕. Ode au style architectural Lan Na, cet hôtel cosy a des airs de palais de maharadjah : lits à baldaquin, Jacuzzi privés, bas-reliefs, plafond à caissons, meubles de teck, piscine, etc. Charmant et confortable, cet hôtel a ouvert ses portes en 2008 et réserve bien des surprises.

Autour des douves

BUDGET MOYEN

Lai-Thai Guesthouse – C3 - *111/4-5 Th. Kotchasan - ✆ 05 327 17 25 - www.laithai.com* - ▤ ♨ ✕ - *110 ch. - 800/900 bahts*. Une situation idéale en centre-ville, de jolies chambres au décor de bois et de bambou, une belle piscine, de nombreux services (massages, trekkings, Wifi etc.). Les tarifs sont en outre très corrects et le tout fait de cet hôtel l'un des meilleurs de sa catégorie.

POUR SE FAIRE PLAISIR

Tri Yaan Na Ros Colonial House – B4 - *156 Th. Wua Lai - ✆ 05 327 31 74 - www.triyaannaros.com* - ▤ ♨ ✕ - *8 ch. - 3 800 bahts* ☕. Les chambres, merveilleusement décorées dans le style du Lan Na, sont réparties dans un joli bâtiment autour d'une petite piscine. Services et restauration à la hauteur du cadre.

Près du marché de nuit et au bord de la rivière

PREMIER PRIX

Lannathai Guesthouse – D3 - *41/8 Th. Loi Khro - ✆ 05 327 55 63 - www.lannathaiguesthouse.net* - ▤; ✕ - *28 ch. - 450/650 bahts*. Au cœur de l'animation nocturne de la ville, cette pension bien tenue et à l'atmosphère conviviale propose des chambres d'un bon niveau de confort. Bon rapport qualité-prix, même si les salles de bains sont décevantes. Wifi.

BUDGET MOYEN

Vanilla Place – D3 - *72/2-3 Th. Charoen Prathet - ✆ 05 323 39 25 - www.vanillaplace-chiangmai.com* - ▤ - *15 ch. - 900/1 100 bahts* ☕. Cet hôtel miniature offre des chambres simples et confortables, à deux pas du marché de nuit. Kem, chaleureux maître de maison, se fera un plaisir de vous aider dans votre découverte de la ville. Choisir les chambres côté jardin.

Galare Guesthouse – D3 - *7 Th. Charoen Prathet, Soi 2 -*

3

05 381 88 87 - www.galare.com - 35 ch. - 950/1 150 bahts. Au bord de la rivière, une grande pension à l'architecture avenante, dotée de chambres simples mais chaleureuses et calmes. Nombreux services, et le restaurant donnant sur la rivière est bien agréable. Accueil souriant.

River View Lodge – D3 - *25 Th. Charoen Prathet, Soi 2 - 05 327 11 09 - www.riverviewlodgch.com - 36 ch. - 1 500/2 200 bahts.* Juste à côté de la Galare Guesthouse, un hôtel de charme, aux chambres spacieuses et joliment meublées, jouissant d'un cadre ravissant avec son jardin et sa piscine sur la rivière. Un délicieux refuge au calme, à deux pas de l'animation du marché de nuit. Très bons services.

POUR SE FAIRE PLAISIR

Royal Princess – D3 - *112 Th. Chang Khlan - 05 325 39 00 - www.dusit.com - 198 ch. - 2 500/5 000 bahts.* Cet établissement moderne et luxueux possède un certain cachet avec ses chambres à l'élégant décor zen et aux tons feutrés. Belle piscine et personnel attentionné. Deux restaurants et de nombreux services. Wifi.

UNE FOLIE

Yaang Come Village – D3 - *90/3 Sri Don Chai - 05 323 72 22 - www.yaangcome.com - 42 ch. - 4 500/5 500 bahts.* Ce superbe complexe propose des chambres magnifiquement décorées, avec boiseries et peintures murales, dans un style traditionnel. Les salles de bains sont particulièrement remarquables. L'ensemble respire le calme. Spa, Wifi.

Banthaî Village – CD3 - *19 Th. Tha Phae, Soi 3 - 05 325 27 89 - www.banthaivillage.com - 23 ch. - 6 000/8 000 bahts.* Cet hôtel semble loin de la rumeur de la ville et pourtant, il est situé à deux pas du marché de nuit. Un ensemble moderne qui respecte parfaitement l'architecture du nord de la Thaïlande. Salles de bains originales avec baignoires carrées et sol de ciment poli. Excellent rapport qualité-prix. Fortes réductions sur Internet.

Rarinjinda – D2 - *14 Th. Charoen Rat - en face du restaurant Riverside - 05 330 30 30 - www.rarinjinda.com - 35 ch. - 6 500/10 000 bahts.* Une architecture alliant traditionalisme et modernisme au sein d'un bâtiment du 19e s. : défi relevé ! La décoration est simple, le jardin luxuriant, l'ambiance sereine. Profitez du calme qui berce les lieux, de la piscine au spa, et laissez-vous guider par un personnel aux petits soins. Wifi.

RESTAURATION

À l'intérieur des douves

PREMIER PRIX

Blue Diamond – C2 - *35/1 Th. Mun Muang, Soi 7A - 05 321 71 20 - 7h-21h - 125 bahts.* En retrait de la rue, un petit restaurant charmant proposant de savoureux pains et gâteaux maison, ainsi que des plats végétariens locaux. Faites une infidélité au riz blanc le temps d'un repas et essayez le riz complet ! Idéal pour une pause déjeuner.

Huen Phen – B3 - *112 Th. Ratchamankha - 05 381 45 48 - 8h30-15h, 17h-22h - 150 bahts.* Une excellente cuisine du Nord, soignée et authentique, à prix doux. Venez avant midi, l'endroit, renommé, attire beaucoup de monde. À ne pas manquer.

Mitmai – B3 - *42/2 Th. Ratchamankha - ✆ 05 327 50 33 - 10h-22h - 100/200 bahts*. Une savoureuse cuisine du Yunnan, bon marché. Propriétaires charmants, qui prennent le temps d'expliquer en anglais les différents plats.

La Villa – B3 - *130 Th. Ratchapakinai - ✆ 05 327 19 14 - 200/250 bahts*. Il faut faire le détour pour goûter ces excellentes pizzas cuites au feu de bois, élevées au rang d'institution dans Chiang Mai. Le bonheur est dans l'assiette, pas dans la décoration du restaurant !

Autour des douves

PREMIER PRIX

Vegetarian Thai Orchid – C1 - *419/24 Th. Witchayanon - ✆ 05 387 62 32 - tlj sf dim. 7h30-15h - ⊭ - 40 bahts*. Une adresse de déjeuner très prisée des Thaïlandais. Ici, pas de menu, on pointe du doigt ce que l'on veut manger. Cuisine exclusivement végétarienne, excellente mais épicée (et pour vous désaltérer, sachez qu'on n'y boit que de l'eau !).

Aroon (Rai) Restaurant – C3 - *45 Th. Kotchasan - ✆ 05 327 69 47 - 10h-21h30 - ⊭ - 70/100 bahts*. Aussi populaire auprès des habitants que des touristes, ce restaurant propose une bonne cuisine, locale et chinoise. La réputation des currys n'est plus à faire ! Une adresse parfaite pour le déjeuner.

Taste from Heaven – C2 - *237 Th. Tha Phae - ✆ 05 320 88 03 - www.taste4heaven.com - 8h30-22h - ⊭ - 130/250 bahts*. Un endroit parfait pour faire une pause climatisée au moment du déjeuner. Uniquement fréquenté par les touristes, cet établissement surfe sur les premières vagues bio. Excellent café. Possibilité de cours de cuisine.

Art Cafe – C2 - *291 Th. Tha Phae - ✆ 05 320 63 65 - www.artcafechiangmai.com - 8h-23h - 150/300 bahts*. Un restaurant très central, à l'atmosphère aseptisée, attirant une clientèle essentiellement étrangère. Cuisines occidentale (notamment italienne) et asiatique. Pratique pour une pause à la mi-journée.

Au bord de la rivière

PREMIER PRIX

Regina Garden Restaurant – D2 - *69/73 Th. Charoen Rat - ✆ 05 326 28 82 - http://reginagarden.com - 10h30-22h30 - ⊭ - 100/200 bahts*. Pour un repas au bord de la rivière Ping dans une ambiance calme et feutrée. La carte est simple, les prix sont raisonnables.

Riverside – D2 - *9-11 th. Charoen Rat - ✆ 05 324 32 39 - www.theriversidechiangmai.com - 100/200 bahts*. Toujours dans le même quartier, l'un des lieux les plus branchés de la ville, rendez-vous de la jeunesse aisée de Chiang Mai. L'établissement possède deux scènes où se produisent deux groupes de musique en même temps... Pour plus de tranquillité, vous pouvez opter pour un repas-croisière *(un peu plus d'1h, 110 bahts)*. Juste en face, le Riverside 2 est le lieu de rendez-vous des expatriés (musique live).

The Good View – D2 - *13 Th. Charoen Rat - ✆ 05 324 18 66 - http://www.goodview.co.th - 18h-2h - ⊭ - 150/250 bahts*. De toute cette rive très animée le soir, c'est l'un des endroits les plus bondés. Ambiance de fête garantie, où se rencontrent Occidentaux et Thaïlandais. La salle est un immense espace, comprenant plus de 60 tables : on y trouve toujours de la place pour manger.

Thanam Restaurant – D4 en dir. *-43/3 Moo 2, Th. Chang Klan - ✆ 05 327 51 25 - 8h-23h - 200/300 bahts*. Le restaurant se trouve au bord de la Ping, dans une très belle maison centenaire en bois de teck, prolongée par une immense terrasse, très agréable en soirée. Cuisine locale de qualité et service attentionné. Musique traditionnelle le soir *(19h-22h).*

BUDGET MOYEN

The Gallery – D2 - *25-29 Th. Charoen Rat - ✆ 05 324 86 01 - www.thegallery-restaurant.com - 12h-1h - 250/450 bahts.* Le plus réputé et le plus somptueux des restaurants de la rive gauche. Superbe terrasse ombragée en escalier descendant vers la Ping et boutique d'artisanat de qualité à l'entrée.

Mae Ping River Cruise – D3 - *133 Th. Charoen Prathet - ✆ 05 327 48 22 - www.maepingrivercruise.com - 550 bahts.* Pour déjeuner ou dîner, le temps d'une promenade de 2h en bateau. Une expérience sympathique à un prix raisonnable. Réservez avant 17h30 le jour même, pour un départ du bateau vers 19h.

UNE FOLIE

Le Crystal – D1 - *74/2 Th. Paton - ✆ 05 387 28 90 - www.lecrystalrestaurant.com - 18h-22h30 - 1 500/2 000 bahts.* C'est le grand restaurant gastronomique français de la ville. Tout est impeccable dans cette vaste maison vitrée au bord de l'eau : la cuisine, le service et le cadre. Carte des vins impressionnante.

Autour du marché de nuit

PREMIER PRIX

Antique House 1 – D3 - *71 Th. Charoen Prathet -http://antiquehousechiangmai.com - ✆ 05 327 68 10 - 11h30-15h, 18h-0h- ⊠ - 100/200 bahts.* Installé dans une belle demeure en teck de 1870, ce restaurant regorge d'antiquités qui lui confèrent l'atmosphère d'un musée. Les plats manquent d'originalité, mais pas de saveur, et l'accueil est agréable – c'est moins vrai à l'Antique House 2, au sud sur la rivière.

BUDGET MOYEN

The Whole Earth – D3 - *88 Th. Si Don Chai - ✆ 05 328 24 63 - www.wholeearthrestaurant.com - 11h-22h - 280/350 bahts.* Les tables parsèment un vaste jardin au cœur de la ville. Lieu idéal pour un dîner. Les cuisines indienne, thaïlandaise et végétarienne se révèlent tout à fait correctes, mettant les fruits de mer à l'honneur.

Gia Tong Heng – D3 - *193/2 Th. Si Don Chai - ✆ 05 382 08 60 - www.jiarestaurant.com - 10h-22h - 200/400 bahts.* Les canards laqués vous accueillent à côté de l'entrée : un restaurant chinois haut de gamme, à la cuisine aussi raffinée que le sont le décor et le service. Ambiance toutefois un peu froide.

Hors du centre

POUR SE FAIRE PLAISIR

Chez Daniel – A4 en dir. - *255/18 Th. Mahidol - ✆ 05 320 46 00 - 11h-14h, 18h-22h - autour de 500 bahts (menus entre 150 et 200 bahts le midi).* Cuisine française, normande en particulier. Le camembert et la charcuterie sont faits maison. La carte change en fonction des saisons et des produits du marché.

BOIRE UN VERRE

Salon de thé

Raming Tea – D2 - *158 Th. Tha Pae - ✆ 05 323 45 18 - 9h30-18h.* Cette belle demeure de type colonial, avec petit jardin à l'arrière, offre un cadre frais et raffiné. La compagnie, qui cultive ses thés depuis cinquante ans, sert également de délicieuses pâtisseries. Petite boutique où acheter du thé mais aussi très belle expo-vente d'objets en céladon.

Bar

Brasserie – D2 - *37 Th. Charoen Rat - ✆ 05 324 16 65 - 19h-2h.* Pour boire un verre ou dîner sur le pouce au son d'un orchestre de jazz, sur fond de coucher de soleil sur la rivière. Tous les ingrédients pour passer une excellente soirée.

ACHATS

Textiles

Thai Tribal Crafts – E1 - *208 Th. Bumrungrat - ✆ 05 324 10 43 - www.ttcrafts.co.th - lun.-sam. 9h-17h.* Depuis plus de 25 ans, ce centre de production et de vente d'objets d'artisanat tente, par le biais d'un commerce équitable, d'œuvrer en faveur des minorités montagnardes qui les fabriquent. Beaucoup de jolies choses très bon marché.

Sop Moei Arts – D2 - *150/10 Th. Charoen Rat - ✆ 05 330 61 23 - www.sopmoeiarts.com - lun.-dim. 10h-18h, sam. 12h-16h.* Une boutique de grand luxe créée par un designer américano-suédois. Objets d'art et d'artisanat de toute beauté.

Gold Finger Crafts – D3 - *Au marché de nuit, sur Th. Chang Khlan - dans le centre commercial The Peak - ✆ 081 287 34 05.* Une petite boutique tenue par une charmante famille lahue, proposant des objets des minorités montagnardes. Prix très corrects.

Vila Cini – D2 - *30-34 Th. Charoen Rat - ✆ 05 324 62 46.* Une belle maison de la soie de luxe. Choix raffiné.

ACTIVITÉS

Cours de massages traditionnels

Lek Chaiya – B2 - *25 Th. Ratchadamnoen - ✆ 05 327 83 25.*

Old Medicine Hospital – *Soi Siwaka Komarat - à l'opposé du Chiang Mai Cultural Center - ✆ 05 320 16 63 - www.thaimassageschool.ac.th -* Sessions de 5 j., cours 9h-16h *(2 000/6 000 bahts).*

Cours de cuisine

Chiang Mai Thai Cookery School – C2 - *47/2 Th. Mun Muang - en face de la porte de Tha Phae - ✆ 05 320 63 88 - www.thaicookeryschool.com. - 1 450 bahts pour une journée.* Possibilité de stages et de logement sur place dans de très bonnes conditions.

AGENDA

Loy Krathong – Nov-déc. (12e pleine lune). Des lanternes sont disposées dans les temples et les maisons de la ville puis emportées dans les airs par des ballons. Enchanteur !

3

Autour de Chiang Mai

★★

Provinces de Chiang Mai et de Mae Hong Son

NOS ADRESSES PAGE 297

SE REPÉRER
Carte de région A-B2 (p. 272-273) – carte des environs p. 293 – *carte Michelin 751, BC3-4.*

À NE PAS MANQUER
Le temple de Doi Suthep ; une balade dans le parc national du Doi Inthanon ; le belvédère de la forêt de Samoeng ; les grottes de Muang On ; les geysers de San Kamphaeng ; en préambule à un trekking, une visite au Musée ethnographique.

ORGANISER SON TEMPS
Louez une moto, le moyen de transport idéal pour explorer la région.Pour le Doi Inthanon, prévoyez un pull, car il fait frais dans les hauteurs. Logez à Chiang Mai ou, dans le cadre d'un trekking, dormez dans les villages.

AVEC LES ENFANTS
Les costumes des minorités montagnardes au Musée ethnographique.

Au cœur d'une des plus belles régions de la Thaïlande, Chiang Mai est devenue depuis les années 1970 le camp de base des amateurs de trekking : les montagnes et les vallées alentour, alternance de forêts de tecks et de rizières en damier, composent un somptueux décor naturel, propice aux excursions. Pour un jour ou plus, divers circuits permettent d'explorer les sentiers des parcs nationaux et d'admirer les trésors qui s'y cachent. À travers la jungle, de vallée en sommet, ils vous conduiront ici aux portes d'un temple, là dans quelque village isolé. Car les hauteurs de Chiang Mai sont aussi le refuge de minorités montagnardes aux traditions originales. Accordez-vous un peu de temps, et vous tomberez sans nul doute sous le charme des richesses naturelles et humaines de la province de Chiang Mai.

Circuits conseillés

Circuits tracés sur la carte des environs (p. 293).

★★ DANS LES HAUTEURS Carte des environs

Circuit vert d'env. 40 km AR – comptez 2 à 3h. Quittez Chiang Mai par l'est, en prenant à gauche à la porte Chuang Phuak (Th. Mani Noppharat)

★★ Wat Phra That Doi Suthep

À 16 km au nord-ouest de Chiang Mai - songthaew *réguliers, privés ou publics (départ de la porte Chang Phuak) - 8h-17h.*

En quittant Chiang Mai vers le nord-ouest, la route grimpe en lacet sur les flancs boisés du **Doi Pui**, dont le sommet se dresse à 1 685 m d'altitude. Elle découvre tout le long de beaux **points de vue**★ sur la ville qui se dessine en contrebas.

Détail de costume Hmong.
Dallas Jonh Heaton / Stockconnection / age fotostock

Puis on arrive au majestueux Wat Phra That Doi Suthep, caché au milieu des arbres, à 1 000 m de hauteur. Le temple compte parmi les plus vénérés du nord du pays, et les Thaïlandais s'y rendent en masse en pèlerinage – animation haute en couleur qui contribue au charme des lieux.

À gauche du parking, gardé par deux impressionnantes têtes de **naga**, un long escalier de 360 marches conduit aux portes du temple, mais vous pouvez aussi opter pour le funiculaire.

Parvenu sur l'esplanade, un beau **panorama★** vous attend, qui, par temps clair, s'étend très loin au-delà de Chiang Mai. Le silence n'est rompu que par le son des quatre **cloches de bronze** que les fidèles font tinter à leur arrivée pour attirer l'attention des divinités.

Fondé en 1383, le temple conserve deux *wihan* et un cloître datant du 16e s., maintes fois restaurés par les souverains successifs. Mais la principale attraction des lieux est son **chedi★★** d'origine, remarquable ouvrage de style Lan Na embelli en 1478. Sur 24 m de hauteur, ses plaques d'or scintillent au soleil, tandis que quatre ombrelles ornementales en soulignent les angles. Dans une joyeuse cacophonie, les fidèles se pressent au pied du monument pour se faire prendre en photo, avant d'en entamer le tour rituel, en famille, en serrant entre leurs mains un bouton de lotus. Sur chaque côté du socle trône un bouddha sur un autel, devant lequel il convient de se recueillir. Le **bouddha de verre** est une réplique du bouddha d'Émeraude de Bangkok.

Les deux **wihan** ne manquent pas non plus d'attrait avec leurs murs et leurs pignons superbement décorés, l'intérieur du sanctuaire principal abritant un beau bouddha du Lan Na. Pour finir, faites le tour du **cloître★**, la galerie d'enceinte qui encercle le temple : des bouddhas s'alignent devant de belles peintures murales.

Vous pouvez poursuivre vers le sommet du Doi Pui sur 4 km, pour une agréable promenade en altitude, dans les jardins à l'anglaise

CLIMAT

Gardez toujours une petite laine sur vous : le fond de l'air fraîchit vite en altitude.

L'ÉLÉPHANT MONTRE LA VOIE

À la fin du 14e s., un moine du nom de Sumana rapporta à la cour du roi Ku Na (1335-1385) de saintes reliques du Bouddha. Celles-ci, conte la légende, furent aussitôt placées sur le dos d'un éléphant blanc, dans un palanquin. Puis on laissa l'animal errer à sa guise, le roi et sa cour à sa suite. L'éléphant entreprit alors l'ascension du **Doi Pui** mais, peu avant d'atteindre le sommet, il s'arrêta sur une éminence nommée **Wasuthep**, un site réputé avoir accueilli un ermite légendaire. Le pachyderme se mit alors à barrir, tourna trois fois sur lui-même, s'agenouilla, puis expira sur-le-champ. À l'emplacement que l'animal avait indiqué en s'effondrant, le souverain fit bâtir un *chedi*, où il enchâssa les reliques sacrées.

du **Phuping Palace**, la résidence d'hiver du roi *(vend.-dim. et j. fériés quand le souverain n'y réside pas, 8h30-11h30, 13h-15h30 - entrée payante - tenue correcte exigée - les bâtiments royaux sont fermés au public)*. Sur des pelouses à faire pâlir d'envie tous les jardiniers du monde s'épanouissent rosiers, bougainvilliers, orchidées et hibiscus.

Revenez à Chiang Mai par la même route.

★★ LE PARC NATIONAL DU DOI INTHANON Carte des environs et carte de région

Circuit bleu d'env 80 km tracé sur la carte des environs ci-contre – comptez au moins une journée, trajet AR compris.
De Chiang Mai, prenez la route 108 vers le sud, dir. Chom Thong (55 km), et, juste avant le bourg, tournez à droite (route 1009) pour atteindre le parc - 05 335 57 28 - 6h-21h - 200 bahts

Point culminant de la Thaïlande, le Doi Inthanon dresse son sommet à 2 565 m d'altitude, caché par les brumes qui s'accrochent souvent à la crête des **Thanon Tongchai**. Ce massif granitique, couvert de forêts aux essences exotiques les plus variées – conifères, arbres à feuilles caduques, orchidées, fougères –, sert de refuge à des milliers d'oiseaux. Cette réserve naturelle ornithologique est renommée dans toute l'Asie du Sud-Est, et attire les amateurs de *bird-watching* venant du monde entier.

Le parc national du Doi Inthanon invite à de magnifiques randonnées pédestres *(voir « Trekking autour de Chiang Mai », p. 297)*, de grotte en cascade, dans le chaos des rochers ou sous le couvert des arbres, jusqu'aux belvédères des hauteurs. Quelques villages traditionnels, hmongs ou karens, occupent encore le territoire, mais la plupart de ces populations montagnardes ont été déplacées plus à l'ouest lors de la création du parc, vers des zones agricoles moins fragiles.

Parmi les chutes d'eau qui ponctuent le parc, trois sont faciles d'accès et offrent d'agréables haltes pour une sieste ou un pique-nique : **Mae Klang★** (la plus populaire auprès des Thaïlandais, surtout le week-end), **Vachiratarn** et **Siriphum**, plus près du sommet.

À 2 km de ces dernières se niche le village karen de **Khun Klang**, cerné par un impressionnant tapis de serres destinées à des cultures maraîchères.

En chemin vers le sommet du Doi Inthanon, enfin, ne manquez pas les deux élégants **chedi royaux★**, tout de marbre, érigés en 1989 en hommage à la royauté thaïe. Du sommet, où siège une station radar, le **panorama★★★** s'ouvre sur les montagnes et les forêts, se perdant à l'horizon.

★★ LA ROUTE VERTE Carte des environs

De Mae Rim à Hang Dong, circuit orange de 110 km tracé sur la carte des environs ci-dessous – comptez une journée.

Entre les villages de **Mae Rim**, au nord de Chiang Mai, et de **Hang Dong**, au sud, la route fait une boucle par l'ouest, contournant le Doi Pui : elle offre l'un des plus jolis parcours autour de Chiang Mai, à travers de majestueux paysages de montagnes.

★ Musée ethnographique (Tribal Museum)

À 5 km au nord de Chiang Mai - de la porte de Chang Phuak, prenez tout droit la route 107 (Th. Chang Phuak, puis Th. Chotana) en dir. de Mae Rim - ✆ 05 321 08 72/19 33 - 9h-16h - gratuit - diaporama à 10h et 14h (50 bahts). Fermé pour travaux jusque fin 2013.

Installé dans le superbe **parc Rama IX Lanna** *(Suan Ror Gao)*, tout fleuri de bougainvilliers, ce musée invite à une passionnante découverte des ethnies qui peuplent le nord de la Thaïlande, et plus particulièrement la région de Chiang Mai. Son parcours pédagogique, présentant les dix principales tribus montagnardes, révèle la diversité ethnique qui fait la spécificité de cette partie du pays et constitue une excellente introduction à un trekking dans les hauteurs environnantes ou à une excursion plus au nord, vers Mae Hong Son. C'est en effet dans ces contrées que se concentrent la plupart de ces minorités, venues de Chine, du Tibet ou de Birmanie au 19e s.

Au 1er étage, des couples de mannequins vêtus de **costumes traditionnels★** présentent pour chaque ethnie les couleurs, les motifs, les coiffes et les ornements qui les caractérisent. D'excellentes fiches explicatives permettent de se familiariser avec les origines de ces tribus, leur type d'habitat, leur structure sociale et leurs rites religieux.

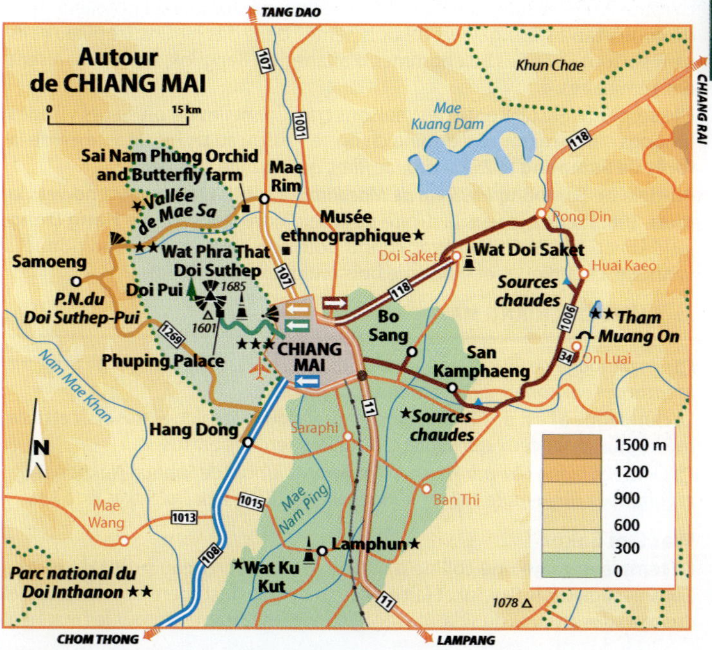

Une grande place est faite aux **étoffes★★**, la plupart des femmes de ces minorités étant passées maîtres dans l'art du tissage. Vous verrez notamment de beaux exemples de costumes de cérémonie et surtout une ravissante **robe de mariée yao★★**. Le dernier étage est consacré aux travaux et projets entrepris pour aider les populations locales, ainsi qu'aux nombreuses visites du roi dans la région.

Passé le village de Mae Rim, prenez à gauche la route 1096.

★ La vallée de Mae Sa (Mae Sa Valley)

Après un virage en épingle à cheveux, la route 1096 s'enfonce au cœur du parc national du Doi Pui, sinuant entre deux montagnes ou s'élevant pour surplomber quelque vallée tapissée de rizières. Elle offre au voyageur de superbes **panoramas★★**.

Toutes sortes de sites ponctuent les rives de la Mae Sa, la plupart dédiés au tourisme de masse : fermes aux serpents, jardins botaniques, pépinières d'orchidées, centres de dressage d'éléphants. Parmi ces derniers, préférez cependant celui de Tang Dao *(à 56 km au nord par la route 107 -* *voir p. 315**)*, plus instructif et moins touristique.

Passez l'embranchement vers Tang Dao et poursuivez sur 4 km.

Sai Nam Phung Orchid and Butterfly Farm

8h-17h

Vision étrange que ces fleurs roses, mauves, blanches, bleues ou d'un rouge flamboyant qui s'alignent en rangs serrés, suspendues entre ciel et terre. Si elles nécessitent beaucoup de soins (en plus d'un taux d'humidité de 80 %), ces plantes épiphytes n'ont en effet pas besoin de terre pour pousser : à l'état naturel, elles s'accrochent aux troncs des arbres de la jungle, se nourrissant de leur sève. On dénombre une dizaine de milliers d'espèces d'orchidées, toutes dotées de six pétales et qui fleurissent à diverses périodes de l'année.

La route longe ensuite une succession de luxueux complexes hôteliers, avec de confortables bungalows de bois semés dans des jardins tropicaux : ils sont surtout destinés aux hommes d'affaires de Bangkok, qui y organisent des séminaires.

Elle serpente ensuite entre les maisons traditionnelles de plusieurs villages hmongs – une minorité d'origine chinoise – jusqu'au **point de vue★★** de la **forêt de Samoeng** *(à 25 km de Mae Rim)*, qui domine la vallée.

Au-delà de Samoeng *(à 35 km de Mae Rim)*, la route 1269 redescend vers la route 108. Prenez-la vers la droite pour rejoindre le village de **Hang Dong** *(à 15 km au sud de Chiang Mai)*, connu pour son bel artisanat traditionnel : vannerie, céramiques et objets de bois sculpté.

★★ À L'EST DE CHIANG MAI Carte des environs

Circuit rouge de 90 km, en boucle du nord-est à l'est de Chiang Mai, tracé sur la carte des environs p. 293 – comptez une journée.

La campagne à l'est de Chiang Mai cache, elle aussi, quelques trésors, certains méconnus, pour ceux qui veulent sortir des sentiers battus.

Quittez Chiang Mai par Th. Kaeo Nawarat et le pont de Saphan Nakhon Ping, et continuez sur la route 118 vers Chiang Rai, jusqu'au Wat Doi Saket, à 16 km.

Wat Doi Saket

Le temple domine une colline d'où l'on profite d'un beau **point de vue★**. Centre religieux, le Doi Saket fait également office de dispensaire : il accueille des malades atteints du sida, qui reçoivent des médicaments tous les matins à

l'aube. Égayé par de superbes bosquets de bougainvilliers, véritables cascades fluorescentes tombant des tonnelles, le domaine se révèle très accueillant.
En pénétrant à l'intérieur du **wihan**, notez la **peinture★** au-dessus de l'entrée principale : elle représente l'armée des désirs attaquant Bouddha en méditation. Dans la salle, les gongs, les cloches et les horloges, dont les aiguilles fonctionnent en sens inverse, symbolisent la fuite du temps et l'éphémère destinée des hommes sur la Terre.
À l'arrière de la chapelle, un *chedi* blanc ajouré, en forme de **stupa**, figure les trois « constituants » du bouddhisme : le *bouddha* (le corps), le *dharma* (la parole, la communauté des êtres) et le *sangha* (l'esprit). Il abrite un énorme bouddha assis, au pied duquel brûlent des bougies : ces dernières évoquent le phare qui guide l'homme hors de la nuit de son ignorance et de sa souffrance.
▶ *Continuez sur 10 km sur la route 118, puis prenez à droite la route 1006.*
Passé le village de **Huai Kaeo**, un chemin de terre à droite conduit, 1 km plus loin, à des **sources d'eau chaude**. Le nord de la Thaïlande étant coupé en deux par une faille tectonique, l'activité tellurique y est intense, et de nombreuses sources chaudes parsèment la région. Des bassins de retenue ont été aménagés pour conserver ces eaux, d'où émanent des vapeurs de soufre à l'odeur forte. La température s'élevant à plus de 80°, les habitants du village viennent y faire cuire des œufs ou du riz. Ils y trempent aussi des tiges de rotin ou de bambou pour les assouplir et faciliter ainsi leur utilisation dans les travaux de vannerie ou pour le bâtiment.
▶ *Revenez sur la route 1006 et poursuivez à droite en dir. de San Kamphaeng et Chiang Mai. Un peu plus loin, prenez à gauche la route 34, puis encore à gauche vers le village d'On Luai.*

★★ Les grottes de Muang On (Tham Muang On)

*À 1 km d'***On Luai** *- www.visitchiangmai.com.au/muang_on_cave.html - 20 bahts.*
Dans un superbe décor de montagnes, ignoré de la plupart des visiteurs, un escalier très raide escalade une falaise. Il débouche à l'entrée d'une grotte, où l'on vous proposera de louer une lampe à pétrole pour descendre les marches abruptes.
Deux grandes salles abritent d'impressionnantes **concrétions calcaires★**, écrin de quelques statues de Bouddha (les grottes constituent de hauts lieux de dévotion pour les bouddhistes, la Terre étant un symbole de sérénité propice à la méditation). En ressortant, attardez-vous devant le **point de vue★★** imprenable sur les montagnes alentour et sur le lac qui s'étale en face.
▶ *Revenez sur la route 1006 et poursuivez vers Chiang Mai.*

★ Les sources chaudes de San Kamphaeng

À 20 km à l'est avant le village de San Kamphaeng - 8h30-16h - 40 bahts.
Sur un horizon de montagnes, de spectaculaires geysers hauts de plusieurs mètres jaillissent çà et là. Ils s'inscrivent au cœur d'un **parc★** où les jardiniers ont élaboré de magnifiques parterres de fleurs. Les lieux attirent de nombreux touristes thaïlandais, qui viennent déjeuner ou prendre un bain d'eau minérale chaude. Faites-en autant : les prix défient toute concurrence *(50 bahts/h ; plus cher dans un bungalow privé).*
Après les sources, arrêtez-vous à **San Kamphaeng**, réputé pour ses tissages et ses soieries. Le village fournit en vêtements et tissus tous les marchés de Chiang Mai.
Enfin, 5 km plus loin, faites une dernière étape à **Bo Sang** *(à 9 km de Chiang Mai)*, surnommé le « village des ombrelles » : ses habitants se consacrent à la fabrication de ces délicats articles de soie ou de coton depuis le 17e s.

À FAIRE ET À NE PAS FAIRE

La plupart des minorités ethniques de la région pratiquent l'**animisme** ; chaque village possède son chef, chargé des affaires courantes, et son chaman, médiateur entre le monde des hommes et celui des dieux. Vous remarquerez, à l'entrée de chaque village, une sorte de porche grossier, fait de branchages ou de poteaux : il est dédié aux esprits, et il est absolument interdit de le franchir. Ne pénétrez pas dans une maison sans y être invité et demandez la permission avant de prendre une photo. Lors des cérémonies, restez à distance, à moins qu'on ne vous invite à participer. Si l'on vous convie à un repas, ne vous servez jamais vous-même. Gardez une tenue décente et évitez les démonstrations d'affection en public. Si vous tenez à offrir quelque chose, remettez-le au chef du village, qui fera lui-même la distribution. Mais sachez que vos dons encouragent la mendicité. Enfin, ne donnez pas de médicaments, les habitants n'ont pas coutume d'en consommer.

★★ TREKKING AUTOUR DE CHIANG MAI

Comptez de une à trois journées.
Région verte et protégée, où s'ouvrent plusieurs parcs nationaux, les alentours de Chiang Mai attirent en nombre les amateurs de nature qui, en partant à la découverte des **minorités montagnardes**, souhaitent retrouver un parfum d'aventure.

Sentiers rebattus mais rencontres aux sommets

Les plus beaux secteurs à découvrir sont Samoeng, Mae Sa, le parc national du Doi Inthanon et Mae Chaem, à 60 km au sud-ouest de Chiang Mai. Les alentours de Mae Taeng et de Chiang Dao, respectivement à 40 et 80 km au nord de Chiang Mai, ne sont pas non plus en reste : ils accueillent une multitude d'ethnies, et si cette région attire 60 % des trekkeurs, le territoire se révèle suffisamment vaste pour que les marcheurs ne se concentrent pas tous dans les mêmes sites.
Mais soyez d'emblée averti : vous ne serez pas seul ! Le succès massif de ces excursions en a notablement altéré le caractère aventureux, et les minorités ethniques elles-mêmes, confrontées chaque année à plus de visiteurs, perdent peu à peu de ce qui faisait leur singularité. Il faut en effet savoir que le gouvernement thaïlandais, en collaboration avec les organisateurs de trekkings, ont sélectionné pour leurs circuits une quarantaine de villages, où se retrouvent tous les randonneurs. L'occasion de réfléchir à l'érosion culturelle de ces villages, qui survivent par et pour le tourisme, mais pour combien de temps ? On est loin de l'époque où l'arrivée d'un étranger provoquait l'étonnement et l'attroupement des villageois. Beaucoup d'entre eux ont troqué leur costume traditionnel pour le jean et le T-shirt, et si certains arborent encore leurs magnifiques vêtements ancestraux, le pas entre tradition et folklore pour touristes est devenu bien ténu.
Si ces **trekkings** ont beaucoup perdu de leur âme pionnière, ils offrent néanmoins la seule façon d'aller à la rencontre de ces minorités isolées et de leur culture. Restent, aussi, la beauté sauvage des paysages, de la jungle, des montagnes et des vallées, et le charme, pour les marches de plusieurs jours, d'un hébergement rustique.

NOS ADRESSES AUTOUR DE CHIANG MAI

INFORMATIONS UTILES

Sécurité – En cas de problème, n'hésitez surtout pas à appeler le **Tourism Authority of Thailand** de Chiang Mai *(℘ 05 324 86 04)* ou la police touristique *(℘ 11 55)*. Ne partez jamais seul faire un trekking, un guide est indispensable : les montagnards peuvent être tentés par de l'argent vite gagné, et tous les villages ne sont pas forcément disposés à accueillir des étrangers.

TRANSPORTS

À moto

Le moyen de transport idéal, pratique et pas cher. Mais soyez très prudent sur la route et, en dépit des habitudes locales, portez un casque ! Si vous êtes victime d'une crevaison, vous ne resterez pas longtemps au bord de la route : une voiture s'arrêtera vite pour vous emmener jusqu'au garage le plus proche.

En songthaew

De Chiang Mai, selon le circuit que vous souhaitez suivre, vous pouvez utiliser les *songthaew* privés ou publics de la ville. Pour les escapades hors des grands axes, la voiture ou la moto s'impose.

ACHATS

La route 108, au sud de la ville, traverse de nombreux villages d'artisanat, tels **Hang Dong** et **Ban Wan**. Chacun a sa spécialité : meubles, objets en bois ou céramiques, et on y trouve aussi des pièces anciennes. Mais c'est à **Ban Thawai**, le plus gros centre d'artisanat de la région (qui fournit les grossistes de Bangkok), que vous trouverez le plus grand choix d'articles : en rotin, en bambou, en teck ou en bois de manguier, de bonne qualité et à des prix très intéressants.

ACTIVITÉS

Trekkings – Il est délicat de conseiller une agence de voyages pour effectuer un trekking, car la qualité du service peut varier au fil du temps. Voici néanmoins une sélection d'agences à Chiang Mai : **GT Ecotours** – *2-6 Th. Ratchadoemnuen - à côté du Montri Hotel - ℘ 05 335 74 56* ; **Pooh-Eco Trekking** – *59 Th. Rajchapakinai - dans l'enceinte de la vieille ville - ℘ 05 320 85 38 - www.pooh-ecotrekking.com.*
Les prix sont très fluctuants pour une même prestation *(env. 1 500/2 000 bahts pour 3 j.)*. L'agence doit garantir tout le transport jusqu'au lieu de départ du trek, 3 repas/j. (boissons non incluses), un sac de couchage et une consigne pour garder les affaires que vous n'emportez pas. Les treks les plus populaires, de 1 à 3 j., suivent tous le même type de programme : une courte randonnée de village en village *(de 2 à 4h/j.)*, une promenade à dos d'éléphant et une descente de rivière en radeau. Ces expéditions requièrent, bien sûr, une bonne condition physique, mais le rythme reste modéré, et les guides proposent une pause après chaque ascension un peu éprouvante. Le confort reste sommaire, et au vu du prix de la prestation, on peut regretter que les minorités ethniques de la région ne profitent que d'une part infime des bénéfices.
Pour tous les détails relatifs à l'organisation d'un trek, voir également « Randonnée », p. 28.

Lampang et Lamphun

★

138 088 habitants à Lampang ; 40 369 habitants à Lamphun – Chefs-lieux respectifs des provinces de Lampang et de Lamphun

NOS ADRESSES PAGE 302

S'INFORMER

Tourist Information – *Th. Thakhrao Noi - Lampang - à 100 m de la tour de l'Horloge, juste après la caserne de pompiers - ☏ 05 421 69 19 - lun.-vend. 8h30-16h30.* Bon plan de la ville.

Pour plus d'information, adressez-vous au **TAT de Chiang Mai**, qui fournit une documentation sur la région *(voir p. 274)*.

SE REPÉRER

Carte de région BC2 (p. 272-273) – *carte Michelin 751, C4.* Lampang est à 106 km au sud-est de Chiang Mai, Lamphun à 30 km au sud de Chiang Mai.

Voir aussi la rubrique « Arriver/partir » dans « Nos adresses ».

À NE PAS MANQUER

À Lampang, une balade en voiture à cheval ; le majestueux Wat Phra That Lampang Luang ; goûter les longanes, les savoureux fruits locaux.

ORGANISER SON TEMPS

Comptez une journée, ou une journée et demie avec une randonnée au parc du Doi Khun Tan. Visitez Lampang plutôt le matin.

AVEC LES ENFANTS

Une visite au Centre de conservation des éléphants.

Au sud-est de Chiang Mai, deux petites villes chargées d'histoire restent ignorées des itinéraires touristiques. Même si leur patrimoine n'est pas comparable avec la richesse de Chiang Mai, Lampang et Lamphun abritent quelques beaux exemples de l'architecture du Nord et ont conservé un charme presque suranné. Nombre d'habitants de la capitale du Nord aiment d'ailleurs s'y rendre pour profiter du calme, le temps d'un week-end. De Lampang, il faut aller voir le Wat Phra That Lampang Luang, sans conteste l'un des plus beaux temples du royaume.

Circuit conseillé Carte de région

Circuit vert clair de 90 km tracé sur la carte de région (p. 272-273) – Comptez une journée.

★ DE LAMPANG À LAMPHUN

Vous pourrez ponctuer votre route de haltes « nature », le temps d'une balade à dos d'éléphant ou d'un arrêt en bord de route pour acheter aux maraîchers de la région une grappe de longanes *(lam yai)*, ces juteux cousins du litchi.

★ Lampang C2

Commencez votre promenade sur Th. Bunyawat, la principale artère de la ville, à l'animation colorée. De là, prenez Th. Phra Kaeo, puis franchissez la rivière par le

Wat Phra That Lampang Luang
McPHOTO / PWI / age fotostock

pont Ratchada Phisek (en béton blanc), qui dessert la rive nord de la ville. À pied ou en voiture à cheval, la ville se parcourt aisément, quoique les distances soient assez longues.

Installée le long des berges verdoyantes de la Wang, Lampang respire la tranquillité d'une bourgade de province. Son architecture peu élevée, ses rues aérées et bordées un peu partout de verdure lui confèrent l'atmosphère d'un gros village, à l'animation plaisante et à l'accueil sympathique. Le centre est parcouru par de traditionnelles voitures à cheval *(300 bahts/h)* qui déambulent nonchalamment – ce transport public local fut introduit par le souverain de la ville en 1929.

3

Fondée au 7e s., à l'époque Dvaravati, Lampang est pourtant devenue, au début du 20e s., un important centre commercial grâce à l'exploitation du **teck**. Dans la ville, de nombreux temples – en teck, bien sûr – témoignent de sa prospérité et révèlent le savoir-faire des artisans et architectes birmans de la fin du 19e s.

★ **Baan Sao Nak** – *Juste après le pont, prendre à gauche Th. Pha Mai - sur la gauche - 10h-17h - entrée payante.* La « maison aux 116 piliers », vaste maison en teck bâtie en 1895, entièrement sur pilotis (d'où son nom), a été transformée en musée : l'occasion de découvrir un authentique intérieur thaï d'autrefois, avec tous ses meubles, bibelots et ustensiles d'origine. Après la visite, l'hôtesse, charmante, vous propose un thé sur la terrasse du salon.

Revenez sur Th. Phra Kaeo, pour poursuivre vers le nord (à gauche).

★ **Wat Phra Kaeo Don Tao** – *Un peu plus loin sur votre droite - 7h30-17h - entrée payante, plus un modeste droit d'entrée pour le musée.* Les toits du temple s'élèvent derrière un mur blanc. Dans la cour ombragée de grands arbres, de jeunes moines vous accueillent d'un chaleureux « Hello ». Ce vaste temple compte parmi les plus vénérés de la ville pour avoir conservé pendant trente-deux ans, au 15e s., le fameux bouddha d'Émeraude, aujourd'hui rapatrié à Bangkok *(voir p. 132)*. Sur la gauche se dresse le *chedi* principal, d'influence Haripunchai. Sa couverture d'or rivalise d'éclat avec les mosaïques de verre du *mondop* voisin, de style birman, élevé en 1909.

Derrière, le majestueux *wihan* exhibe son beau pignon ouvragé, tandis que, sur le côté, une galerie abrite une intéressante collection d'objets de style Lan Na : mobilier religieux, sculptures, etc. Attardez-vous aussi sur le petit *ubosot* à droite de l'entrée, et sur ses beaux détails d'ornements de stuc et de bois.

Samakhom Samunphrai Phaak Neua – *À proximité du temple*. La Société nordique de médecine des plantes propose également des massages traditionnels et des saunas aux herbes.

Les férus d'architecture birmane pourront poursuivre avec deux temples de la fin du 19e s : le **Wat Si Chum** *(rive sud de la rivière, sur la rue du même nom)* et le **Wat Si Rong Meuang** *(Th. Thakhrao Noi, un peu à l'écart à l'ouest de la ville, non loin de la gare ferroviaire)*. Le **Wat Pong Sanuk Tai** *(rive nord, en poursuivant vers l'ouest après la maison aux 116 piliers)* offre, quant à lui, un bel exemple d'architecture Lan Na.

★★★ Wat Phra That Lampang Luang B2

À 18 km au sud-ouest par la Highway 1, sortie Ko Kha, ou en songthaew *- gratuit.*

Perché sur une petite colline, ce joyau de l'architecture Lan Na fait forte impression lorsqu'on arrive, avec son majestueux escalier flanqué de deux longs **naga** blancs. Passé la magnifique **porte au Naga★★** au linteau ouvragé, le **wihan Luang★★** s'offre tout de suite au regard, bouchant toute perspective. Certains spécialistes voient dans ce remarquable ouvrage du 15e s., principal bâtiment du sanctuaire, la plus ancienne construction en bois du pays. Ses puissants piliers de teck soutiennent un élégant **triple toit★** entièrement en bois.

Juste derrière, un grand *mondop* abrite un **bouddha★** vieux de 450 ans. Il précède un **chedi★** de style Lan Na, à peine plus ancien que le *wihan*, particulièrement imposant avec ses 45 m de hauteur. Juste à côté, des panneaux peints représentent les *jataka*.

Deux autres *wihan* occupent la cour, dont le petit **wihan Phra Phut** *(à gauche du* chedi *principal)*, le plus ancien bâtiment du *wat*, daté du 13e s. Interdit aux femmes, il renferme une empreinte du pied de Bouddha *(rien d'intéressant)*. Prenez plutôt le temps de vous promener à l'extérieur de l'enceinte, en la quittant par la porte de gauche : passé un banian coloré de rubans et supporté par des étais de bambou, d'autres bâtiments vous attendent, dont certains très anciens également, cachant quelques belles pièces de mobilier bouddhique.

LEXIQUE

Chedi, ubosot, wihan, mondop : retrouvez tous les termes de l'architecture bouddique dans le lexique en fin de volume.

Sur la route de Lamphun C2

En quittant le Wat Phra That Lampang Luang, continuez sur la route 1034 jusqu'à la grand-route 11, que vous prendrez à gauche (dir. Chiang Mai).

À 32 km, la route traverse **Thung Kwian**, un village du district de Hang Chat connu pour son marché forestier *(Talaat Paa)* situé au croisement : si vous passez là un mercredi matin, vous découvrirez un singulier « déballage » de plantes médicinales en tout genre et d'espèces animales menacées comme le pangolin.

Poursuivez sur 5 km et prenez la route à droite sur 2 km.

Centre de conservation des éléphants★ (Thai Elephant Conservation Centre) – Agréable domaine installé au bord d'une rivière. Avec la disparition des forêts, les éléphants, parfaitement adaptés pour circuler dans la jungle et

LE PARENT DU LITCHI
Chef-lieu de la minuscule province éponyme, Lamphun fut la puissante capitale de la principauté de Hariphunchai (8e s.-13e s.), qui parvint longtemps à conserver son indépendance vis-à-vis des Khmers et de Chiang Mai. Il ne reste plus beaucoup de traces de ce prestigieux passé. De nos jours, Lamphun doit surtout sa réputation aux longanes *(lam yai)*, ces fruits savoureux et juteux, cousins du litchi. La région en regorge, et, chaque été, au mois d'août, se déroule la **fête des Longanes**, durant laquelle les rues de la ville s'animent de défilés de chars débordant de fruits. On procède même à l'occasion à l'élection d'une Miss Longane !

employés pour le transport du bois, deviennent à la fois inutiles et trop coûteux à élever. Aussi le développement du tourisme leur offre-t-il une nouvelle vocation, à laquelle le centre les prépare. Tous les matins, vous pourrez ainsi assister à la baignade *(9h45)* puis à l'entraînement des éléphanteaux *(à 10h et à 11h - 50 bahts)*, avant de faire une balade à dos d'éléphant *(200 bahts/30mn)*.
Poursuivez sur la route 11 vers Lamphun.
Vous pouvez compléter ce circuit par une randonnée dans le **parc national du Doi Khun Tan★** *(sur la route 11, tournez à droite à Mae Tha pour suivre la petite route de 18 km qui mène au parc - le site est aussi accessible en train à partir de Chiang Mai* via *Khun Tan - 400 bahts - informations sur place ou à Chiang Mai)*. Forêt de bambous, fleurs sauvages et collines couvertes de tecks composent le décor de ce parc national, qui attire un grand nombre de Thaïlandais le week-end. De nombreux sentiers le sillonnent, bordés d'orchidées, l'un d'eux conduisant à la **cascade de Tat Moei**.

★ Lamphun B2
Comptez au moins 2h à pied.
Comme à Lampang, il faut prendre le temps de flâner dans les rues, bien agréables, avant de visiter le **Wat Phra That Hariphunchai★★**, un temple vieux de près de 1 000 ans (1044), qui se dresse à la sortie de la ville *(à gauche en allant vers Chiang Mai)*. Soigneusement restauré dans les années 1930 grâce aux efforts du très populaire moine Khruba Siwichai, il conserve deux *chedi* anciens, hautement vénérés, ainsi que deux **bouddhas★** qui attirent en nombre les fidèles. Sur le côté du grand *wihan*, vous pourrez voir aussi, abrité sous un pavillon rouge, un énorme **gong de bronze**, considéré comme le plus gros du monde. Au fond du sanctuaire, notez aussi un joli petit *ubosot* de style Lan Na.
Le petit **Musée national** *(9h-16h - entrée payante)*, situé en face du temple, renferme quelques remarquables bouddhas et des objets provenant des royaumes de Dvaravati, de Hariphunchai et du Lan Na.
À un peu plus de 1 km à l'ouest de la ville, sur la route 1015, le **Wat Ku Kut★** *(Wat Chamathewi)* intéressera les amateurs d'histoire de l'art. À côté de bâtiments modernes, on peut voir **deux chedi★★** de forme originale, qui remonteraient au 8e s. Restaurés au 12e s., ils seraient les derniers *stupa* de style Dvaravati encore debout. Le premier, en latérite, de plan carré, se présente comme une pyramide de 21 m de haut, dont chacun des cinq étages est creusé de douze niches abritant chacune un bouddha debout en terre cuite. Le *chedi* Ratana, plus petit et de forme octogonale, s'orne lui aussi de nombreux bouddhas debout.
De Lamphun, il reste 30 km pour rejoindre Chiang Mai par la route 106.

3

NOS ADRESSES À LAMPANG ET LAMPHUN

INFORMATIONS UTILES

Poste

Poste centrale de Lampang – *Th. Thip Chang*; poste principale de Lamphun - *Th. Ratchawong, non loin du Musée national.*

Santé

Lamphun Hospital – *Th. Chama Thewi - à l'est de la ville, à côté du temple du même nom.*

ARRIVER / PARTIR

En train

Gare de Lampang – *Au sud-est de la ville - ✆ 05 431 86 48.* Cinq à six trains/j. pour Chiang Mai *(2h30)* et Bangkok. De Bangkok, prenez l'un des 3 trains de nuit vers Chiang Mai; vous arrivez à Lampang vers 5h du matin.

Gare de Lamphun – *Au nord de la ville.* Six trains/j. de/pour Chiang Mai *(2h)* ou Bangkok. L'idéal est, comme pour Lampang, d'arriver à l'aube par le train de nuit de Bangkok.

En bus

Gare routière de Lampang – *À 2 km à l'est du centre-ville* - Dessert Chiang Mai et Bangkok. Pour Lamphun, prenez le bus local qui se rend à Chiang Mai.

Gare routière de Lamphun – *Au sud de la ville.* Bus fréquents pour les environs. Pour se rendre à Chiang Mai, des bus partent du Musée national toutes les 30mn environ.

HÉBERGEMENT

À Lampang

PREMIER PRIX

Baan Fai Guesthouse – *Sur la Highway 1 Lampang-Chiang Rai - ✆ 05 433 52 38 - ⊠ ✕ - 7 ch. - 300 bahts.* Un peu loin du centre (3,5 km), cet établissement, dont le nom signifie la « maison du Coton », jouit d'un cadre verdoyant, simple et plutôt calme. Sa belle bâtisse de teck, avec restaurant attenant, foisonne de jolis objets. Les chambres sont petites et sommaires (matelas à même le sol), mais le lieu est idéal pour se mettre au vert. Location de motos et informations sur la région.

Asia Lampang Hotel – *229 Th. Bunyawat - ✆ 05 422 78 44/47 - www.asialampanghotel.com - ▤ ✕ - 71 ch. - 500/700 bahts ☕.* Un hôtel bien situé, sans charme particulier mais moderne, propre et confortable. Bon accueil et multiples à-côtés : agréable restaurant en bois juste devant, soirées musicales. Prix très modérés au vu de l'offre.

BUDGET MOYEN

The Riverside Guesthouse – *286 Th. Talat Kao - ✆ 05 422 70 05 - www.theriverside-lampang.com - ▤ ✕ - 19 ch. - 1 000/1 800 bahts.* Cette pension centrale, installée sur la rive paisible de la Wang, se niche dans la verdure. Les bungalows, tout en bois et sur pilotis, sont exigus mais propres et charmants, dotés d'agréables terrasses donnant sur la rivière. Bon accueil, en français, nombreux services (informations, location de motos) et petit-déjeuner excellent. Wifi.

POUR SE FAIRE PLAISIR

Wienglakor Hotel – *138/35 Th. Phaholyothin - ✆ 05 422 44 70/71 - ▤ ✕ - 100 ch. - 1 600/3 000 bahts ☕.* L'hôtel le plus luxueux de la ville. Pour 200 bahts supplémentaires, optez pour les chambres de luxe, qui ont l'allure de petites suites. Dommage que les couloirs soient si tristes. N'hésitez pas à venir boire un verre au bar-restaurant, autour du ravissant bassin, à l'arrière du bâtiment.

Au parc du Doi Khun Tan

BUDGET MOYEN

Doi Khun Tan National Park – *Moo 8, Tha Pla Duk Sub-district, Amphur Mae Tha, Lamphun - ✆ 05 354 63 35 - www.dnp.go.th - 25 ch. - 1 500/2 700 bahts.* Chaque bungalow peut accueillir de 6 à 9 personnes.

À Lamphun

PREMIER PRIX

Lamphun Mansion – *Jamjuree Rd - ✆ 05 353 46 87 - http://lamphun.thaiapartments.net - ▤ - 13 ch. - env. 450/550 bahts.* Des appartements récents et propres, loués à la journée ou au mois. Bon marché, mais légèrement excentré et pas de restaurant sur place.

BUDGET MOYEN

Lamphu River View – *Th. Chama Thewi - en face du temple - ✆ 05 353 48 65 - ▤ ⛱ ✕ - 70 ch. - 800/1 200 bahts ☕.* Cet hôtel sans charme mais bien tenu reste le meilleur établissement en ville, et le restaurant, au 5e étage, mérite une halte, pour sa cuisine réputée comme pour son beau panorama sur la ville. Wifi.

RESTAURATION

À Lampang

PREMIER PRIX

The Riverside – *328 Th. Thip Chang - ✆ 05 422 18 61 - 11h-0h - à partir de 100 bahts.* Incontestablement la meilleure table de la ville, tenue par les propriétaires de la pension du même nom. Sur les terrasses de bois ouvrant sur la rivière, on savoure d'excellents plats locaux, chinois ou occidentaux. Le soir, lumière tamisée et groupe de musique thaïe. Prix modérés et service soigné.

À Lamphun

PREMIER PRIX

Lamphu River View – *Th. Chama Thewi - en face du temple - 100/200 bahts.* Le restaurant de l'hôtel du même nom. Sa terrasse est idéale pour dîner. Cuisine thaïlandaise et occidentale, très prisée par la clientèle aisée de la ville. Légèrement plus cher que le précédent.

Lumphun Ice – *6/1 Th. Chaimongkon - ✆ 05 351 14 52 - 10h-0h - 200/300 bahts.* Idéalement situé face au Wat Hariphunchai, ce restaurant climatisé bénéficie d'un cadre agréable. Plats occidentaux et thaïlandais corrects, et large choix de glaces.

Vers la frontière birmane

La route de Mae Hong Son

★★

Province de Mae Hong Son

NOS ADRESSES PAGE 311

S'INFORMER

Tourism Authority of Thailand – *4 Th. Ratchathamphithak - Mae Hong Son - ✆ 05 361 29 82 - 8h30-16h30.* Informations et police touristique. Personnel efficace.

SE REPÉRER

Carte de région AB1-2 (p. 272-273) – plan de Mae Hong Son p. 308 – *carte Michelin 751, BC2-3.*

De Chiang Mai, vous pouvez rejoindre Mae Hong Son par le nord (*via* Pai) ou par le sud (*via* Mae Sariang). La route Sud intéressera ceux qui veulent ensuite continuer vers le Triangle d'Or, par Tha Ton et Mae Sai. Nous avons privilégié ici la route Nord, la fin du circuit pouvant se faire plus rapidement. Il est également possible de prendre l'avion à Mae Hong Son si vous n'avez pas le temps de suivre la boucle complète.

Voir aussi la rubrique « Arriver/partir » dans « Nos adresses ».

À NE PAS MANQUER

Une balade autour de Pai et à Mae Hong Son ; les grottes de Lot, au nord ; le parc d'Op Luang, au sud ; la découverte des villages des Shans, des Hmongs et des Karens.

MISE EN GARDE

Avant d'entreprendre l'excursion à la frontière birmane, il est impératif de se renseigner sur les conditions de sécurité régnant dans cette zone.

ORGANISER SON TEMPS

Comptez au moins 4 jours. Meilleure saison : de nov. à mars. Louez une voiture ou une moto à Chiang Mai. Si vous projetez de faire une randonnée, organisez-la depuis Chiang Mai *(voir p. 297).*

Mae Sai, ville frontière avec le Myanmar (Birmanie), dans le Triangle d'Or..
F. Guiziou / hemis.fr

Au nord-ouest de Chiang Mai, la route qui rejoint la frontière birmane traverse de magnifiques paysages de montagnes plantés de forêts de tecks, dominant les rizières en terrasses que cultivent les Shans et les Karens. Le circuit longe ainsi la frontière pour passer par Mae Hong Son et Mae Sariang, découvrant une région encore sauvage, très agréable à parcourir. Tout imprégnée de culture birmane, elle offre un avant-goût du pays voisin, notamment dans l'architecture des maisons et des temples. Ses montagnes verdoyantes, encore préservées, attirent aujourd'hui nombre de touristes circulant à moto, de voyageurs en quête d'aventures sportives – trekking ou rafting –, mais aussi tous ceux qui souhaitent nouer des contacts avec les minorités locales, plus authentiques dans l'ensemble, qu'autour de Chiang Mai ou du Triangle d'Or.

Circuits conseillés Carte de région

3

Boucle de 823 km au départ de Chiang Mai. Circuits tracés sur la carte de région (p. 272-273).

DE CHIANG MAI À PAI

Circuit turquoise de 120 km tracé sur la carte de région (p. 272-273) – comptez 1/2 journée.

Quittez Chiang Mai assez tôt le matin, bifurquez à l'ouest à Mae Malai pour emprunter la route 1095, particulièrement sinueuse avant Pai. Le parcours est jalonné de quelques sites naturels.

Les chutes d'eau de **Mok Fa**, intégrées dans le **parc national du Doi Suthep-Pui**. Un sentier *(20mn à pied AR depuis le parking - droit d'entrée au parc 100 bahts)* mène à travers la forêt à cette jolie cascade.

La route s'élève ensuite parmi de splendides paysages couverts de bambous, acacias et arbres tropicaux. Une source chaude, **Tha Pai** *(8 km avant Pai - entrée payante)*, mérite une courte pause. Un peu plus loin, 1,5 km avant Pai, vous apercevrez un **temple** parmi les flamboyants.

★ Pai A1

Comptez 2h, plus si vous êtes séduit par la beauté des environs.

Cette petite ville cosmopolite comptant 3 000 habitants est non seulement la résidence des Shans, des Lahus, des Lisus, mais aussi des Chinois, des Européens, des Américains… et même de quelques Thaïlandais, tous se côtoyant apparemment dans une certaine harmonie. Pai est en outre devenu le lieu de prédilection des voyageurs désireux de se mettre au vert, de randonner dans les environs ou encore de s'initier à l'une des nombreuses activités que proposent les habitants : stages de cuisine, massages, balades à moto, rafting, méditation, musique, etc.

Au cœur de la petite cité, les trottoirs de la rue principale se transforment en un **marché** pittoresque, avec ses sauterelles à griller, ses crapauds à la broche, le tout sur fond de bonzes à mobylette couvrant le son du muezzin de la mosquée locale. Le bourg abrite en effet une petite communauté musulmane, très vivante, dont la plupart des membres sont originaires de Chine. Malheureusement, ces dernières années ont vu le tourisme se développer de façon effrénée, et la ville n'est plus qu'une succession d'hôtels, de bars et de restaurants. Pai reste toutefois une bonne base pour explorer les environs, mais si vous voulez loger en pleine nature, passez votre chemin et faites étape un peu plus loin.

RANDONNÉE

Pour toute information pratique sur l'organisation d'un trekking, reportez-vous à la rubrique « Randonnée », *p. 28*, et à « Nos adresses autour de Chiang Mai », *p. 297*.

★★ DE PAI À MAE HONG SON A1

Circuit fuschia de 139 km tracé sur la carte de région (p. 272-273) – comptez une journée.

De Pai, suivez sur la route 1095 jusqu'à Soppong.

Fuyant les hordes de touristes concentrés à Pai, vous trouverez autour de **Soppong** de quoi assouvir votre soif de nature. Certains prévoient toutefois à Soppong, village-carrefour peuplé de Lisus, un sort équivalent à celui de Pai dans les prochaines années.

★ Les grottes de Lot (Tham Lot)

Visite guidée 8h-17h - 200 bahts ; le tarif comprend le prêt d'une lampe à gaz, la visite des 1re et 3e grottes (la 2e grotte exigeant de franchir un cours d'eau, négociez le prix de la traversée).

Dans une végétation luxuriante s'ouvre une vaste grotte creusée par la rivière **Lang**, à voir pendant la saison des pluies quand la rivière est à son niveau le plus haut. Une galerie peuplée de chauves-souris précède un dédale de salles sculptées de belles concrétions calcaires. On y a découvert des **peintures rupestres**, qui laissent supposer une occupation humaine remontant à la préhistoire (autour de 7000 av. J.-C.).

Revenez à Soppong et poursuivez vers l'ouest sur 8 km. Prenez alors à droite la route de Ban Mae La Na, qui passe par un hameau lahu encadré de superbes paysages karstiques.

La route 1095 offre de magnifiques **points de vue**★★ sur les montagnes, reboisées d'eucalyptus et d'acacias. De nombreuses minorités s'y sont établies, formant une véritable mosaïque de traditions originales : Lahus, Lisus et Hmongs, mais surtout Shans et Karens, dont les **Padaungs** (ou Kayans), connus pour leurs « femmes-girafes ».

★ Ban Mae La Na

On découvre d'en haut, niché au pied de montagnes couvertes de forêts, ce village shan typique, que dominent les toits à étages de son grand **temple**★ de bois. Cœur du village, le temple, gardé par des statues naïves, est animé. Sur la pelouse, quelques Thaïlandais apprennent la langue nationale aux réfugiés récents, qui portent encore pour certains la tenue noire des Shans, tandis que les moines à l'étage s'activent parmi les statues de Bouddha.

De Ban Mae La Na, plusieurs sentiers forestiers permettent de rejoindre des **villages lahus** et des **grottes**, intéressantes quoique moins renommées que celles de Lot *(demandez un guide à Ban Mae Lan Na, la grotte la plus proche étant à 4 km du village).*

Revenez sur la route 1095 pour continuer vers le sud-ouest.

Passé 5,5 km, vous arriverez à un très **beau point de vue★★**, où vous attendent quelques fillettes lisus. Elles proposent des sacs et des pochettes fabriqués dans leurs jolis tissus cousus en patchwork.

Le parc national de Tham Plaa

À 18 km au nord de Mae Hong Son - entrée payante.

Ce site naturel permet une halte bien agréable, d'une petite heure, sur la route de Mae Hong Son. Un sentier de 1,2 km y suit notamment le cours d'un ruisseau au milieu d'une prairie. Il mène à la **grotte aux Poissons** (Tham Plaa), qui a donné son nom au parc. Ancien sanctuaire animiste, cette grotte abrite un autel surmonté de la statue d'un curieux personnage, qui attire les dévotions de nombreux Thaïlandais. À proximité, d'énormes carpes sacrées évoluent dans une mare, où les visiteurs jettent de la nourriture.

★★ MAE HONG SON Plan de ville

Lovée dans un superbe site de montagnes boisées, la bourgade shan de Mae Hong Son coule des jours tranquilles, offrant à ses visiteurs une agréable étape pour séjourner et profiter des attraits des alentours. Mais sachez que le climat varie énormément selon la saison : chaude de mars à juin, la température devient fraîche, voire froide, de novembre à février.

La ville fut intégrée au royaume de Chiang Mai au 19e s., époque qui marqua le début de son essor économique. Une richesse due d'abord à l'exploitation forestière et à la capture d'éléphants, mais aussi au sulfureux trafic des barons de la drogue de Birmanie. Pour contrer le fléau, la province fait aujourd'hui l'objet de plusieurs projets de développement, qui ont pour objectif d'encourager

LA VIE DANS LA MONTAGNE

Deux minorités cohabitent dans les montagnes : les Shans et les Karens. Fuyant le Nord de la Birmanie en 1850, les **Shans** représentent aujourd'hui la moitié des habitants de la région. Leur mode de vie, leur type d'habitat, leur style vestimentaire s'assimilent à ceux de la société thaïlandaise, et leur intégration s'est faite sans heurt. Les **Karens** ont commencé, quant à eux, à s'implanter dans la région dès le 18e s., cherchant refuge de l'autre côté de la frontière. Ils sont à présent plus de 400 000 en Thaïlande (près de 4 millions en Birmanie), constituant la plus importante population de réfugiés. La tribu karen comprend plusieurs sous-groupes, dont les **Pa-Os**, les **Padaungs** et les **Kayahs**, qui représentent moins de 3 % de ce peuple, les deux communautés majoritaires étant les **Sgaws** (ou Karens blancs) et les **Pwos** (ou Karens rouges). Leur intégration a été relativement aisée, mais les traditions singulières des Padaungs, dernier groupe de réfugiés installé dans la région, ont tendance à faire d'eux une attraction touristique : les bracelets de cou de leurs fameuses « femmes-girafes », coutume qui tombe pourtant en désuétude en Birmanie, retrouve ici de sa vivacité pour satisfaire la curiosité des visiteurs.

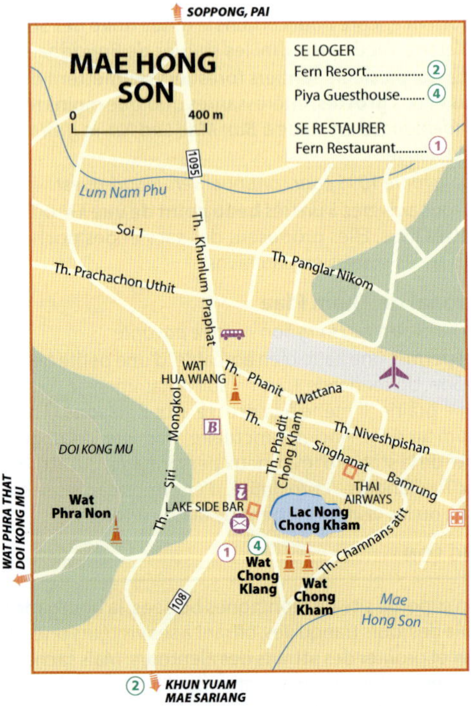

les populations locales à délaisser la culture du pavot au profit d'une agriculture plus licite et diversifiée. Aussi les marchés accueillent-ils de nombreux villageois des tribus montagnardes, venus en ville pour écouler leurs produits agricoles et artisanaux. Autre manne : le tourisme, en pleine expansion, a fait de Mae Hong Son l'un des principaux camps de base des randonneurs et des amateurs de **rafting**.

Situé en plein cœur de la cité, le **lac Nong Chong Kham★★**, cerné de jardins fleuris, de bâtisses traditionnelles en bois et de temples soulignés d'or, offre un ravissant décor invitant à la flânerie et au repos.

Partageant la même enceinte, deux temples reflètent dans ses eaux leurs *chedi* blanc et or. Le plus intéressant, le **Wat Chong Klang★★** *(8h-18h)*, abrite dans son *wihan* 180 peintures birmanes sur verre *(mur de gauche)* qui décrivent les vies antérieures de Bouddha. Une salle à gauche renferme une trentaine de statuettes de bois finement sculpté, achetées aux Birmans en 1869. Ces œuvres, figurant le *jataka* de Vessantara, illustrent à merveille l'art birman.

À côté se dresse le **Wat Chong Kham★**, un vaste monastère shan reconstruit après un incendie qui le détruisit en 1970. Sa toiture à étages lui donne une allure très majestueuse, surtout en fin d'après-midi lorsque le soleil semble se fondre à ses dorures. Le temple abrite un bouddha de 5 m de haut particulièrement vénéré.

Sur la colline à l'ouest de la cité se découpent les deux *chedi* shans du **Wat Phra That Doi Kong Mu★★**, érigés en 1860 et en 1874. À l'arrière du *wat* se dresse un bouddha debout à la silhouette élancée tandis que deux imposants lions de pierre gardent le *wihan* de style birman. L'endroit offre une magnifique **vue panoramique★★** sur la vallée et la ville.

Au pied du Doi Kong Mu se niche le **Wat Phra Non** qui garde deux bouddhas de brique de style birman, l'un assis, l'autre couché, ainsi que deux lions de pierre aux gueules effrayantes.

★★ DE MAE HONG SON À MAE SARIANG A1-2

Circuit bleu clair de 272 km tracé sur la carte de région (p. 272-273) – comptez une journée.

Quittez Mae Hong Son en prenant la route 108 en dir. du sud.

Peu après la sortie de Mae Hong Son, la route domine un paysage de rizières émaillé de villages shans reconnaissables aux toits des temples. Territoire privilégié des minorités shans, karens, lawas et hmongs, ce secteur constitue un excellent site de randonnées. Notre circuit retient trois villages traditionnels (hmong, lawa et karen), mais n'hésitez pas à en découvrir d'autres sur votre chemin.

★ Meo Microwave

Au km 32 de la route 108, suivez vers l'est (à gauche) la petite route qui, en 11 km, conduit au village.

Ce village hmong doit son nom étrange (et peu local !) au relais de télévision construit sur la colline qui le domine, se dressant au-dessus des toits de chaume ou de feuilles des modestes maisons. Vous ne vous attarderez probablement pas parmi ces paysans farouches, voués à un travail rendu très dur par des terres ici peu productives. Certains enfants portent encore leurs costumes traditionnels : jupes plissées et hauts brodés pour les filles, pantalons indigo pour les garçons.

Faites demi-tour et, sur la route 108, revenez vers le sud jusqu'à Khun Yuam (35 km).

Vous pourrez vous restaurer à **Khun Yuam**, où un minuscule Musée japonais *(15mn env. - entrée payante)* propose un curieux bric-à-brac de photos, de vieux treillis, d'armes et de matériel militaire évoquant l'occupation japonaise au cours de la Seconde Guerre mondiale.

La-Up

De Khun Yuam, poursuivez vers le sud jusqu'à Mae La Noi (70 km), où vous bifurquerez plein est par la route 1270, à suivre sur 25 km.

Construit sur la crête d'une colline, ce gros village-rue lawa n'offre rien d'extraordinaire, la population s'apparentant de plus en plus aux Thaïlandais des plaines. Mais au hasard de votre promenade, vous passerez devant la crèche, le pittoresque bureau de poste et la station-service, amusante avec ses pompes d'un autre temps. Sous les maisons à pilotis, les tisserandes du village travaillent sur commande de la famille royale, dans le cadre des projets liés au développement rural. En quittant le village, à 800 m de là, jetez aussi un coup d'œil au joli **temple** perché sur une colline.

Revenez sur vos pas sur la route 1270 et arrêtez-vous au-dessus du village karen.

★★ Mae Sakua

Pour atteindre le village, il faut vous arrêter au bord de la route et descendre par un sentier en escalier assez pentu (5mn).

Conseils – Passez à Mae Sakua en fin d'après-midi, lorsqu'une belle lumière dorée éclaire le village avec, en toile de fond, les palmiers et les tecks.

À peine arrivé aux premières maisons de ce village karen, jolies bâtisses de bois sur pilotis aux toits de palmes, vous serez accueilli par des femmes aux dents laquées, vêtues de leurs traditionnels sarongs et tuniques aux coloris fuchsia

ou orangés. Les unes passent le riz au tamis, les autres nourrissent des porcs noirs, tandis que les adolescents jouent au *takraw*, un jeu présentant des similitudes avec le volley-ball. Quant aux vieux sages, ils fument de longues pipes en observant toute cette agitation.
Rejoignez Mae La Noi, puis continuez au sud par la route 108 sur 30 km jusqu'à Mae Sariang.

★ Mae Sariang A2

Comptez 1h pour la visite de la ville.
Cette paisible cité, dont les maisons de bois bordent la rivière Yuam, possède deux temples birmans intéressants : fondé en 1896, le **Wat Chong Sun** (Wat Uthayarom) comprend trois grands *chedi*. Juste à côté s'ouvre le **Wat Bun Ruang** (1939), un monastère à la joyeuse animation. Dans une belle bâtisse de bois, on peut discuter avec les jeunes moines, ravis de pratiquer l'anglais avec les visiteurs de passage. Le *wihan* carré, avec son toit à étages et ses fines sculptures, montre un bel exemple d'architecture birmane.

FRONTIÈRE
Avant d'entreprendre une excursion près de la frontière birmane, il est impératif de se renseigner sur les conditions de sécurité régnant dans cette zone. Quand les conditions sont propices, Mae Sariang constitue un bon point de départ pour explorer la zone frontalière.

★★ À la frontière birmane A2

De Mae Sariang, prenez la route 1194 vers le sud-ouest sur 52 km, dir. Mae Sam Laep.
Encore peu visitée, cette belle région vit surtout au rythme des tensions et des affaires transfrontalières. Entre les Birmans et les Thaïlandais, le commerce des buffles et des vaches complète toutes sortes d'autres trafics moins avouables, dont celui de la drogue. Si l'on y ajoute la question des **réfugiés karens**, dont les campements jalonnent la route, on comprend la présence de plusieurs camps militaires thaïlandais sur les berges du Salween, le fleuve frontière.
La route que vous empruntez traverse cependant de somptueux **paysages de rizières★**, dominées par des cocotiers. Elle s'enfonce ensuite dans la forêt pour déboucher plus loin, aux portes de la Birmanie, à **Mae Sam Laep★**, un village important aux maisons sur pilotis qui s'étire le long du Salween. Dans l'attente de trouver où s'établir, des centaines de réfugiés s'y concentrent : Shans, Karens et même Indiens venant de Birmanie, les plus jeunes profitant de l'école improvisée pour apprendre le thaï.

★ DE MAE SARIANG À CHIANG MAI A-B2

Circuit rouge de 188 km tracé sur la carte de région (p. 272-273) – comptez une journée.
Ce long parcours traverse quelques champs de tournesols et de vastes forêts de pins.
De Mae Sariang, dirigez-vous vers l'est par la route 108 jusqu'au parc national d'Op Luang.

★★ Le parc national d'Op Luang

À 91 km de Mae Sariang - 200 bahts.
Surnommé parfois un peu pompeusement le « Grand Canyon de Thaïlande », ce site naturel offre l'occasion d'une belle promenade entre nature aménagée et vestiges archéologiques.

Des ossements d'animaux associés à des outils primitifs y ont été mis au jour et révèlent la présence d'une communauté de chasseurs-cueilleurs, il y a 20000 ans. Peu avant notre ère, l'endroit accueillit aussi un cimetière et de nombreux objets funéraires ont été retrouvés, parmi lesquels des bracelets de bronze. Une équipe d'archéologues franco-thaïlandaise a également découvert des **motifs rupestres** gravés sur des blocs de granit.
Le sentier fléché traverse d'abord l'étroite **gorge** creusée par la Chaem, puis il grimpe à flanc de colline, vous menant d'une tombe à des abris sous-roche où, parmi les peintures rupestres, vous reconnaîtrez des animaux (éléphant).
Du parc d'Op Luang, reprenez la route 108 jusqu'à la ville de Hot, à 17 km.
Continuez jusqu'à **Chom Thong**, où vous ferez une halte pour admirer le **Wat Phra That Si Chom Thong★** *(fermé vers 16h)*. Un *chedi* blanc de style birman précède l'étincelant *chedi* du 15e s. de style Lan Na et le *wihan* du 16e s. aux pignons très travaillés. À l'intérieur, de massives colonnes peintes supportent le toit. L'autel, grand reliquaire doré, précédé de défenses d'éléphant, renferme de belles statues en bois du Bouddha.
De là, poursuivez jusqu'à Chiang Mai par la même route, qui devient meilleure mais aussi plus fréquentée. Ceux qui disposent d'une ou deux journées supplémentaires peuvent également faire une randonnée dans le parc national du Doi Inthanon *(voir « Autour de Chiang Mai », p. 292)* avant de revenir à Chiang Mai.

NOS ADRESSES VERS LA FRONTIÈRE BIRMANE

INFORMATIONS UTILES

Poste – Poste centrale de Pai - *Th. Khetkelang - un peu excentrée au sud de la ville, non loin des bâtiments de l'administration provinciale*; poste centrale de Mae Hong Son - *Th. Khunlum Praphat.*
Santé – Sri Sangwarn Hospital, à Mae Hong Son - *Th. Singhanat Bamrung - un peu excentré à l'est de la ville.*

ARRIVER / PARTIR

En avion

Aéroport national de Mae Hong Son – *Accessible en* tuk-tuk, *ou à pied.* Plusieurs vols/j. au départ de Chiang Mai *(40mn)* avec Nok Air.

En bus

Gare routière de Pai – *Au nord du centre-ville.* Ce terminal dessert Mae Hong Son et Chiang Mai *(4 départs/j.).*
Gare routière de Mae Hong Son – *À 500 m au nord du lac Chong Kham.* Les liaisons Chiang Mai/Mae Hong Son *(4 bus/j. mini.)* se font par la route du sud (*via* Mae Sariang) ou par la route du nord *(via* Pai). Nombreux départs quotidiens de bus et de *songthaew* pour Pai et Soppong, ainsi que pour Khun Yuam et Mae Sariang.

HÉBERGEMENT

À Pai

BUDGET MOYEN

Rim Pai Cottage – *99/1 Moo 3 - ✆ 05 369 91 33 - www.rimpaicottage.com - 37 ch. - 1200/4000 bahts* ☕. Les vastes bungalows de bois sont perdus sous d'immenses bougainvilliers dans une végétation luxuriante. Le côté vieillot des maisons ajoute un charme colonial à l'adresse, sans doute la plus authentique de Pai. Réservation indispensable.

POUR SE FAIRE PLAISIR

Pai River Corner – *94 Moo 3, Vingtai - ✆ 05 366 53 69 ou 05 366 53 06 - www.pairivercorner.com -* 📺 🏊 🍴 -

3

16 ch. - 3 400/6 400 bahts. Des bungalows et des villas haut de gamme au bord de la rivière. Les chambres marient harmonieusement boiseries, murs à la chaux et voilages. Transfert gratuit de l'aéroport. Wifi.

Près des grottes de Lot

PREMIER PRIX

Cave Lodge – *15 Moo 1, Pang Mapa - à 8 km de la route 1095 - 05 361 72 03 - www.cavelodge.com - 23 ch. - 300/700 bahts.* Le confort est variable mais le dépaysement et l'ambiance sont garantis ! Vous vous réveillerez au cœur de la forêt, sur fond de chants d'oiseaux, et la bâtisse centrale en teck, de style shan, fait à la fois office de restaurant et de salon. L'endroit idéal pour se mettre au vert quelques jours loin de la ville. De nombreuses activités sont proposées sur place : trekking, observation d'oiseaux, kayak…

À Soppong

BUDGET MOYEN

Little Eden – *295 Moo 1, Th. Pang Mapa - sur la route principale - 089 952 88 70 - www.littleeden-guesthouse.com - ; - 14 ch. - 450/2 000 bahts.* Cette agréable pension jouit d'un joli jardin, d'un bar-restaurant et d'une piscine qui donnent aux lieux une atmosphère conviviale. La chambre la plus chère, un duplex au bord de la rivière, est magnifique. Plusieurs activités proposées. Wifi.

À Mae Hong Son

PREMIER PRIX

Piya Guesthouse – *Soi 3, 1/1 Th. Khunlum Praphat - 05 361 12 60 - - 14 ch. - 600 bahts.* Des chambres standard mais bien aménagées, disposées autour d'un jardin, avec restaurant et bar. L'intérêt majeur de cette pension (et surtout du restaurant) reste sa situation, en bordure du lac, avec une vue magnifique sur les temples voisins. Rapport qualité-prix moyen. Wifi.

POUR SE FAIRE PLAISIR

Fern Resort – *À 7 km au sud-ouest de Mae Hong Son, à l'extrémité du parc national de Mae Surin - 05 368 61 10 - www.fernresort.info - - 30 bung. - 2 500/3 500 bahts.* Voici un paradis pour les amoureux de la nature. L'établissement se veut un modèle d'écotourisme durable : dans un cadre magnifique, des bungalows en bois de style shan, confortables et chaleureux, sont disséminés dans un luxuriant jardin agrémenté d'une piscine. Excellent accueil du personnel local. Les propriétaires ont banni dans le lieu la télévision et le téléphone. Plusieurs activités proposées. Wifi.

À Khun Yuam

BUDGET MOYEN

Banfarang Guesthouse – *À 70 km au sud de Mae Hong Son, au nord de la ville de Khun Yuam, légèrement à l'écart de la route principale - 05 362 20 86 - www.banfarang-guesthouse.com - - 19 ch. - 700/1 600 bahts.* Hôtel simple, propre et accueillant, mais sans charme. Le lieu permet toutefois une pause sur la route de Mae Sariang. Il offre également une halte bienvenue pour déjeuner et discuter avec la patronne, qui parle parfaitement français. Wifi.

À Mae Sariang

BUDGET MOYEN

River House Hotel – *77 Th. Lang Panich - 05 362 12 01 - www.riverhousehotels.com - - 12 ch. - 1 000 bahts.* L'hôtel est installé dans une belle maison de teck au bord de la rivière et propose de vastes chambres avec parquet, rideaux de lin, etc. Ne pas confondre avec le *resort* du même nom, plus cher et n'apportant rien de plus, hormis davantage de béton.

RESTAURATION

À Mae Hong Son

PREMIER PRIX

Fern Restaurant – *87 Th. Khunlum Praphat - ✆ 05 361 13 74 - 10h30-22h - env. 200 bahts.* C'est incontestablement la meilleure adresse de la ville, jouissant d'un cadre verdoyant et chaleureux. Vous savourerez une cuisine essentiellement thaïlandaise, dont d'excellents curries. Service attentionné et navette gratuite avec le Fern Resort.

À Mae Sariang

PREMIER PRIX

Inthira – *170/1 Th. Wiang Mai - ✆ 05 368 15 29 - 8h-21h - ⊠ - env. 100 bahts.* Ce restaurant, central et accueillant, propose une cuisine thaïlandaise succulente et bon marché. Carte en anglais.

Renu – *174/2 Th. Wiang Mai - en face de l'Inthira - ✆ 05 368 11 71 - 8h-20h30 - 50 bahts mini.* Même cuisine locale et même ambiance que l'Inthira, avec, dans la salle, des photos du roi jouant du saxophone. Une excellente adresse également.

ACTIVITÉS

Au départ de Mae Hong Son

Excursions – **VR Travel** - *295 Moo 3 - ✆ 081 951 93 23 - www.vrtravelmhs.com.* Cette agence de voyages propose différentes excursions dans les villages des minorités de la région ; **Tour Merng Tai CBT** - *rens. au Fern Resort, ✆ 05 361 19 79 - www.tourmerngtai.com.* L'agence propose des excursions dans les régions de Mae Hong Son et de Pang Ma Pha.

Fang, Tha Ton et les rives de la Kok

★

Provinces de Chiang Mai et de Chiang Rai

NOS ADRESSES PAGE 317

SE REPÉRER
Carte de région BC1-2 (p. 272-273) – *carte Michelin 751, AB3-4.*
Voir aussi la rubrique « Arriver/partir » dans « Nos adresses ».

À NE PAS MANQUER
Les grottes de Chiang Dao; la descente de la Kok en bateau.

ORGANISER SON TEMPS
Comptez au moins 2 jours. Meilleure saison : de nov. à mars. Tha Ton est la meilleure étape pour loger dans la région, avant de s'embarquer sur la Kok ou de se diriger vers le Triangle d'Or.

AVEC LES ENFANTS
Une visite au centre de dressage des éléphants de Tang Dao.

Le nord de Chiang Mai offre aux amateurs de trekking une multitude d'options, de la découverte de somptueuses vallées verdoyantes à la rencontre des minorités ethniques. Chiang Dao offre une plongée au cœur de ces peuples et, aux portes de la Birmanie, d'autres sentiers forestiers attireront les marcheurs en quête d'un peu plus de solitude. Au fil du circuit, les forêts de pins alternent avec les collines pelées, dues à la politique de déforestation des dernières décennies. Proche du Triangle d'Or, la région est le cadre d'un vaste trafic de drogue que le gouvernement thaïlandais tente d'endiguer avec peine. Encouragés par la famille royale, des projets de développement agricole parviennent à s'imposer peu à peu, pour que l'opium cède la place au riz ou au maïs. C'est donc là une région en devenir, où le touriste a lui-même un rôle à jouer, en tenant compte de tous les paradoxes que véhicule sa propre présence.

Circuits conseillés Carte de région

Circuits totalisant 238 km, tracés sur la carte de région (p. 272-273). De Chiang Mai, vous emprunterez les routes 107 puis 1089 jusqu'à Tha Ton. De là, vous pouvez soit descendre la Kok en bateau jusqu'à Chiang Rai, soit poursuivre par la route 1089 jusqu'à Mae Chan avant de rejoindre Chiang Rai, un peu plus au sud par la Highway 1.

VERS FANG ET THA TON

Circuit violet de 183 km au départ de Chiang Mai tracé sur la carte de région (p. 272-273) – comptez 2 jours.

Quittez Chiang Mai tôt le matin par la route 107, vers le nord.

SÉCURITÉ
Si vous partez faire un trek en montagne, informez-vous sur la sécurité dans les zones reculées.

Femme en habit traditionnel, dans le village de Chiang Dao.
Zoonar / URS FLUEELER / age fotostock

★ **Tang Dao** (Tang Dao Elephant Training Camp) B1

À 56 km de Chiang Mai (ne confondez pas avec le Mae Ping ElephantVillage, un centre de dressage moins intéressant, situé 2 km avant) - www.chiangdaoelephantcamp.com - comptez 1h - spectacle à 9h et 10h - 100 bahts (enf. 30 bahts).

Le centre de dressage de Tang Dao compte sans doute parmi les plus attractifs de la région. Installé au fond d'une gorge creusée par la Ping, il jouit de surcroît d'un cadre magnifique, invitant à une agréable balade.

Dans une atmosphère évoquant le *Livre de la jungle*, de Rudyard Kipling, vous vous promenez le long des berges ombragées de la rivière, où viennent s'abreuver les pachydermes. Outre des **promenades à dos d'éléphant**, on peut aussi faire du rafting, et le spectacle séduit autant les petits que les grands. Pour ceux qui voyagent en famille, c'est une halte idéale que l'on peut couronner d'un déjeuner au Home Made Style, 2 km plus loin *(dir. Chiang Dao)*.

Continuez vers le nord. Passez Chiang Dao, puis, 5 km après, tournez à gauche.

★ **Les grottes de Chiang Dao** (Tham Chiang Dao) B1

À 19 km au nord de Tang Dao - visite guidée 8h-17h30 - 40 bahts (location de lampes à pétrole).

Cachées parmi de vastes plantations de teck, plusieurs grottes sont creusées dans les flancs du **Doi Luang Chiang Dao**, le troisième sommet du pays (2 182 m). Ces cavités naturelles, reliées entre elles par une série de galeries, composent un véritable labyrinthe souterrain sur 14 km à l'intérieur de la montagne. Seules cinq grottes sont ouvertes au public – d'accès plus ou moins facile –, habitées par des colonies de chauves-souris et remplies de **statues de Bouddha**. Comme la plupart des grottes en Thaïlande, celles de Chiang Dao sont sacrées, et les Shans viennent régulièrement y déposer leurs offrandes. La première salle, avec ses **formations calcaires**★★ rehaussées par la présence de quelques bouddhas de style birman, est la plus impressionnante. Un escalier flanqué d'un long *naga* grimpe vers une salle obscure où siègent d'autres statues, l'une d'elles représentant l'Éveillé à son nirvana (couché).

En ressortant, jetez un coup d'œil au vieux **chedi birman** qui se dresse au bas de l'escalier d'accès. Vous pouvez flâner un moment autour de l'étang voisin, avant de faire un tour au petit **marché aux plantes médicinales**, où vous trouverez aussi quelques bonnes gargotes pour vous restaurer.

De Chiang Dao à Fang B1

Étape de 84 km par la route 107.

La route traverse des paysages désolés, terres dénudées de leur forêt qui, en saison sèche, prennent des allures de savane. À partir de **Ban Huai Luk** – siège du **Tribal Culture Center**, un centre social d'aide aux minorités ethniques de la région –, l'aridité fait à nouveau place à la verdure, et vous traversez un décor de pitons rocheux étrangement sculptés, évoquant ces magnifiques dessins chinois ou les rochers de la baie de Ha Long, au Vietnam.

Env. 20 km avant d'arriver à Fang, un détour à l'ouest par la route 1249 vous conduira au sommet du **Doi Ang Khang★** *(à 26 km de l'embranchement)*. Les hauteurs du massif profitent d'un climat plus tempéré, propice à la culture de fruits et de fleurs, et la route sinue à travers un beau paysage de campagne.

Fang B1

À 84 km au nord de Chiang Dao par la route 107.

Petite bourgade animée aux jolies maisons de bois à deux étages, Fang fut fondée en 1268 par le roi Mengraï. La ville conserve sa vocation commerciale d'origine, malgré les affres de l'histoire. Détruite par les Birmans au début du 19e s., Fang se releva très vite grâce au trafic de l'opium, avant de devenir un prospère centre d'artisanat, comptant de nos jours 10 000 habitants.

Si la plupart des voyageurs préfèrent dormir à Tha Ton, Fang vaut une halte pour ses **marchés★** de jour et de nuit, où les minorités montagnardes viennent vendre leurs produits.

★ Tha Ton C1

À 24 km au nord de Fang par la route 1089.

Petite ville commerçante où se mêlent Shans et touristes, Tha Ton est le point de départ privilégié des amateurs de trekking et, surtout, de la croisière sur la rivière Kok. En entrant dans la ville, juste avant le pont, vous apercevrez sur votre droite l'embarcadère d'où partent les bateaux pour Chiang Rai, tandis qu'à gauche, perché sur une colline, le **Wat Tha Ton★** découpe ses bannières sacrées flottant au vent. Le temple renferme d'intéressantes sculptures et statues, dont un immense **bouddha de bronze★** assis en lotus et protégé par des *naga*. Mais le site vaut surtout pour le **point de vue★★** exceptionnel sur la rivière, la ville et toute la vallée en contrebas. Certains moines proposent des cours de méditation aux étrangers. De l'autre côté du pont, des pensions invitent à prolonger le séjour. Certaines organisent également des randonnées vers les hameaux isolés de la région.

★★ EN DESCENDANT LA KOK C1

Circuit marron de 55 km au départ de Tha Ton par la Kok – comptez 1/2 journée en pirogue, 2h en voiture.

Les meilleurs mois pour la descente en bateau sont novembre et décembre, lorsque le niveau de l'eau est le plus haut. Autrefois très prisée des voyageurs à petit budget, la descente de la **Mae Nam Kok** jusqu'à Chiang Rai à bord d'un *long tail* est devenue l'attraction majeure de la région, proposée par toutes les agences de tourisme locales. L'excursion reste néanmoins fort plaisante.

On peut aussi effectuer le trajet en sens inverse, en remontant le cours de la rivière à partir de Chiang Rai ; une solution intéressante si vous laissez votre voiture ou votre moto à Chiang Rai.

★★ La descente en pirogue

Le manque de confort des pirogues à moteur est vite compensé par la beauté des **paysages★★**, alternance de forêts et d'épais massifs de bambous entre lesquels surgissent des habitations aux toits de palmes. Des gamins s'ébattent au bord de la rivière, quand ce ne sont pas des éléphants, paisiblement occupés à s'arroser avec leur trompe.

Les bateaux municipaux font généralement deux escales, chacune de 15mn : la première à **Mae Salak**, un village lahu, la seconde à **Ban Ruammit**, un village peuplé de Karens. Deux étapes devenues très touristiques, d'où un accueil quelque peu perverti. À l'entrée de Ban Ruammit, notamment, la pancarte « village traditionnel karen » donne le ton, comme l'éléphant avec lequel on vous presse de poser pour une photo. L'idéal, si vous avez du temps, est de vous échapper vers les hameaux voisins, plus authentiques.

En arrivant à Chiang Rai, les bateaux accostent à 2 km à l'est du centre-ville. À votre arrivée au débarcadère, attendez-vous, là aussi, à être accueilli par une nuée de guides, de conducteurs de *tuk-tuk* et de rabatteurs pour les pensions et les agences de la ville…

NOS ADRESSES À CHIANG DAO, FANG, THA TON

ARRIVER / PARTIR

En bus

De la gare routière de Chang Phuk, à Chiang Mai, bus ttes les 30mn pour Fang et Tha Ton.

En bateau

Thaton Boat Landing – *05 337 32 24 - 350 bahts/pers.* Entre Tha Ton et Chiang Rai, la descente dure 3-4h (9 arrêts). Départ de Tha Ton à 12h30, et de Chiang Rai à 10h30. Si vous êtes à moto, vous pouvez l'embarquer à bord d'un *long tail*, mais à prix fort.

HÉBERGEMENT

Vers Chiang Dao

BUDGET MOYEN

Malee's Nature Lovers Bungalows – *144/2 Moo 5, Chiang Dao - à 1,5 km après les grottes - 05 345 64 26 ou 081 961 83 87 - www.maleenature.com - ; - 15 ch. - 750/1 250 bahts.* Des bungalows au confort hétérogène, mais tous charmants, attendent dans la verdure, loin de tout. Bon accueil et calme garanti. Réservez. Camping *(tente 200 bahts/j.)*. Possibilité de randonnées. Wifi.

Chiang Dao Nest 1 et Chiang Dao Nest – *144/4 Moo 5, Ban Tham - respectivement à 1,5 km et à 200 m de l'entrée de la grotte - 05 345 62 42 ou 086 017 19 85 - www.chiangdaonest.com - - 20 ch. - 900/1 145 bahts.* Bungalows de facture simple, fréquentés par des touristes du monde entier. La différence principale entre les deux adresses réside dans les restaurants, respectivement européen et thaï.

Chiang Dao Hill Resort – *28 Moo 6, Chiang Mai-Fang Road, Pingkong, Chiang Dao Highway 107 - entre 20 et 30 km au nord de Chiang Dao - 081 881 68 79 - www.chiangdaohillresort.com - - 42 ch., 15 bung. et 6 maisons - 1 000/1 200 bahts.* Jusqu'à 200 clients peuvent s'égailler dans un vaste parc arboré et joliment aménagé, avec un agréable restaurant. Diverses catégories, de la chambre double à la maison de 8 chambres *(7 000 bahts)*. Prix négociables,

3

d'autant que l'établissement montre quelque peine à se remplir (attention, en basse saison, seuls quelques bungalows et maisons restent ouverts). Possibilité de camping *(150 bahts/j.)*.

POUR SE FAIRE PLAISIR

Royal Ping Garden & Resort – *110/2-14 Moo 3, Ban Pao - en retrait de la route 107, entre Mae Taeng et Chiang Dao, à droite en venant du sud - 05 329 32 28/30 ou 081 980 25 25 - www.royalping.com - - 66 ch. - 2 000/4 500 bahts.* Joliment aménagé dans un cadre verdoyant, sur la berge de la Ping, le seul véritable établissement de luxe de la région dispose d'un bon restaurant et de tous les services. Plusieurs forfaits intéressants incluant transferts et petit-déj.

Vers Fang

POUR SE FAIRE PLAISIR

Angkhang Nature Resort – *1/1 Moo 5, Ban Khum, Tambon Mae Ngon - prenez la route vers l'ouest au niveau du Doi Ang Khan - jonction à 14 km au sud de Fang - 05 345 01 10 - www.oamhotels.com/angkhang - - 76 ch. - 2 500/3 500 bahts*. L'hôtel se cache à l'ouest de Fang, non loin du Doi Ang Khan, au bout d'une côte de 26 km (accès long et difficile). Luxueux « chalets » perdus dans la verdure. Seul hôtel de grand standing de la ville. Wifi.

À Tha Ton

PREMIER PRIX

Garden Home – *14 Moo 14 Ban Tha Ton - route de Fang - Mae Ai - 05 337 30 15 ou 084 378 42 12 - www.thatonaccommodation.com - - 30 bung. - 200/1 500 bahts.* De jolis bungalows lovés au milieu d'une plantation de litchis, délicieux écrin de verdure d'un calme absolu. Quoique peu spacieux, ils sont agencés pour qu'on s'y sente bien. L'accueil est chaleureux, et les aménagements extérieurs sont agréables. Un must !

POUR SE FAIRE PLAISIR

Maekok River Village Resort – *83 Moo 3 Mae Ai - 05 305 36 28 - www.maekok-river-village-resort.com - - 36 ch. - 3 250 bahts*. Le seul établissement de grand luxe de la ville. Agréablement agencées dans un jardin près de la rivière, les villas et les suites, bien équipées, sont conçues pour accueillir des familles. Piscine, sauna, gymnase, aires de jeux, plusieurs restaurants et bars complètent le confort. Connexion Internet, organisation de trekkings, mise à disposition de cartes des environs, cours de massage ou de bouddhisme, etc. La 3e nuit est offerte.

RESTAURATION

Vers Mae Chan

PREMIER PRIX

Laan Tong Mekong Basin Cultural Village – *À 12 km de Mae Chan sur la route 1089 et à 60 km de Tha Ton - 05 371 08 81 - 8h-18h - env. 200 bahts pour le déjeuner-spectacle (tlj à 11h et à 14h)*. Un parc d'attractions et d'animations folkloriques prisé par les touristes thaïs et chinois. On peut loger dans un des nombreux bungalows de bambou, mais le parc ferme à 18h et, en dehors des w.-ends, c'est un peu désert…

ACTIVITÉS

Agences de voyages à Tha Ton – Thip Travel - *à côté du Thaton Chalet - 086 189 87 87 ou 086 430 40 96 - www.thiptravel.com*. Une mine d'informations. Organise un trekking de 3 j./2 nuits avec rafting et visite de villages.

Chiang Rai et le Triangle d'Or

★★

62 385 habitants à Chiang Rai – Province de Chiang Rai

NOS ADRESSES PAGE 327

S'INFORMER
Tourism Authority of Thailand – *448/16 Th. Singhakhai - Chiang Rai ☎ 05 371 74 33 - 8h30-16h30.* Infos sur la ville et les randonnées aux environs.

SE REPÉRER
Carte de région C1 (p. 272-273) – plan de la ville p. 320 – carte du Triangle d'Or p. 323 – *carte Michelin 751, A-B4-5. Circuit de 290 km environ.*
Voir aussi la rubrique « Arriver/partir » dans « Nos adresses ».

À NE PAS MANQUER
Le village chinois de Mae Salong et le Doi Tung ; une descente en bateau sur le Mékong ; les villages frontaliers de Chiang Saen et Chiang Khong.

MISE EN GARDE
Avant d'entreprendre toute excursion, il est impératif de se renseigner sur les conditions de sécurité régnant dans la région.

ORGANISER SON TEMPS
Comptez 4 jours. Meilleure saison d'oct. à fév. Louez un véhicule à Chiang Rai : en bus, vous perdrez beaucoup de temps. Prenez des vêtements chauds.

3

Région mythique, le Triangle d'Or a fait rêver plus d'un voyageur. Mais si l'exploration de l'extrême nord de la Thaïlande demeure toujours populaire, une bonne part de son mystère s'est envolée avec les dernières volutes d'opium : la culture et le commerce du pavot, qui firent longtemps la richesse du Nord et lui forgèrent cette identité si marginale, se révèlent aujourd'hui en nette régression, et les trekkeurs remplacent les trafiquants. Pourtant, l'aventure souffle encore sur cette contrée qui abrite une singulière mosaïque de minorités ethniques – populations au destin fragile, soumis à celui des trois nations qui heurtent ici leurs frontières. Malgré son animation, Chiang Rai ne vous arrêtera pas longtemps. Les charmes de la région se dévoilent en poursuivant au nord, vers les portes de la Birmanie, et vers l'est en suivant le cours tranquille du Mékong.

Se promener

CHIANG RAI Plan de ville

Circuit tracé en vert sur le plan de ville (p. 320) – Comptez 2h.

★ **Musée des Tribus montagnardes** (Hill Tribe Museum)
620/1 Th. Thanalai - www.pdacr.org - lun.-vend. 9h-18h (w.-end 10h) - 50 bahts.
Pendant du Musée ethnographique de Chiang Mai *(voir p. 293)*, celui de Chiang Rai se révèle tout aussi instructif. Relais du PCDA (Population Community and Development Association), l'organisme chargé du soutien et de l'instruction des tribus montagnardes, il présente avec beaucoup d'objectivité et

d'impartialité les diverses minorités ethniques de la région dans leurs contextes écologique, politique et sociologique. Plusieurs sujets sont ainsi traités sans détour : on apprend notamment que la **déforestation**, qui atteint des proportions dramatiques en Thaïlande, est moins due à la traditionnelle agriculture sur brûlis qu'aux lobbies industriels thaïlandais (responsables à 70 %) et à la corruption qui lamine le pays.

Concernant la **politique d'intégration** des minorités initiée par le gouvernement, on découvre aussi que ce dernier, paradoxalement, attribue difficilement la citoyenneté thaïe à ces peuples montagnards, la raison officielle invoquée étant un risque d'« hémorragie » migratoire des tribus voisines de Birmanie ou du Laos. Autre sujet évoqué : l'**impact du tourisme** dans la région, son développement trop rapide menaçant la survie des cultures locales. Quelques documents relatent également la très intéressante **histoire de l'opium**. Un diaporama, accompagné de commentaires en français, achèvera de vous familiariser avec la culture des différentes ethnies régionales.

★ Wat Phra Kaeo

Th. Trairat - 8h-17h30 - gratuit.

Le temple doit sa renommée à la découverte du fameux **bouddha d'Émeraude**, en 1434. Selon la légende, la statue la plus vénérée de Thaïlande se

SE LOGER
Golden Triangle Inn (The)......... 7
Legend Resort & Spa (The)......... 8

SE RESTAURER
Cabbages & Condoms Restaurant......... 2
Cham Cha......... 3
Nakhon Pathom Restaurant......... 5
Ratanakosin......... 6

UNE ANCIENNE CAPITALE

L'avènement de Chiang Rai tient de la légende : le roi **Mengraï**, à la recherche de son éléphant préféré qui s'était échappé, découvrit une empreinte du pied de l'animal sur la berge de la Kok. Enchanté par la beauté du site, le souverain décida d'y fonder une ville, qu'il nomma Chiang Rai, l'« Empreinte de l'éléphant ». La première capitale du royaume du Lan Na était née (1262) et allait très vite prospérer. Trente ans plus tard, cependant, le souverain l'abandonnait au profit de Chiang Mai, moins exposée aux tourments des frontières. Aux portes du Laos et de la Birmanie, Chiang Rai conserva néanmoins son statut d'important carrefour commercial, puis sombra dans l'oubli au 19e s. Peuplée d'à peine 10000 habitants dans les années 1970, la ville s'est découvert depuis quelques décennies une vocation touristique, facteur d'une nouvelle prospérité. Capitale de la province, elle s'affiche désormais en rivale de Chiang Mai grâce à la beauté de son environnement naturel. Elle ne possède pas pour autant le charme de sa voisine, sa longue histoire n'ayant hélas laissé aucun vestige.

cachait en effet dans le *chedi* du sanctuaire. Après maintes tribulations, le célèbre bouddha a fini par élire domicile dans le temple éponyme de Bangkok. Dans la cour centrale, l'**ubosot★** (1890) exhibe son élégante façade de bois décorée de panneaux sculptés or et vermeil. À sa gauche, remarquez les somptueux **bâtiments de bois★** sombre, rehaussés de statues dorées à l'effigie du moine fondateur et de ses successeurs.

On accède ensuite au **Ho Phra Kaeo★★**, encadré de verdure et précédé d'un bassin où s'ébattent quelques tortues d'eau. Ce *wihan* récent, véritable réussite, marie avec goût les canons de l'architecture classique et des lignes modernes; notez en particulier les originaux *chofa*, en forme de trompe d'éléphant. L'édifice abrite une copie contemporaine du bouddha d'Émeraude, réalisée par un artiste chinois.

Wat Phra That Doi Chom Thong

Th. At Amnuay - 8h-17h30 - gratuit.

Perché au sommet d'un tertre, le temple vaut surtout pour le **panorama★** qu'il offre sur la plaine. Selon la tradition, c'est du haut de cette éminence que le roi Mengraï aurait décidé de fonder la cité. Au centre du domaine s'élève un *chedi* de style Lan Na remontant au 10e s.

Circuits conseillés

Circuits tracés sur la carte du Triangle d'or (p. 323) – vous pouvez explorer la contrée en rayonnant à partir de Mae Sai.

★★ **LE TRIANGLE D'OR** Carte Triangle d'Or

Circuit rouge de 166 km tracé sur la carte du Triangle d'or (p. 323) – comptez 2 jours minimum.

Dessinant un triangle, la région des Trois Frontières couvre une superficie de 200000 km², territoire englobant la zone nord-ouest de la Birmanie, le nord de la Thaïlande (Chiang Mai inclus) et l'ouest du Laos. À l'origine, la monnaie d'échange de l'opium était l'or, d'où le surnom de la région, qui reste le premier producteur et exportateur mondial d'héroïne. Le trafic, perpétué par des bandes rivales, principalement des tribus ou des descendants des membres du Kuo Ming Tang, se déroule pour l'essentiel à la frontière sino-birmane.

3

★★ Sur les pentes du Doi Mae Salong

▶ *À 43 km de Chiang Rai. De Chiang Rai, prenez la Highway 1 vers le nord, puis, 2 km avant Mae Chan, prenez à gauche la route 1089, dir. Fang.*

Plusieurs **villages yaos** jalonnent le parcours, jolis ensembles de maisons de chaume d'où jaillissent des grappes d'enfants, pour vous saluer de leurs lumineux sourires. Plus loin, une église, tout en bois, dresse son clocher miniature au cœur d'un hameau. Des femmes akhas ne manqueront pas de vous proposer quelques objets artisanaux (tissus, coussins, etc.).

SÉCURITÉ

Informez-vous des conditions de sécurité et ne sortez pas des sentiers battus : le Triangle d'or reste le théâtre d'échauffourées entre trafiquants de drogue, rebelles karens et patrouilles thaïes.

▶ *Après 12 km, quittez la route de Fang pour suivre à droite la route 1089 qui grimpe en lacet.*

On atteint bientôt le village chinois de **Mae Salong★**, connu également sous le nom de Santhi Khiri, la « montagne de la Paix ». Ses temples taoïstes et ses maisons blanches, typiques de l'architecture chinoise, épousent la crête de la montagne. À voir les denrées vendues au marché local, les habitants n'ont pas rompu les liens avec leur patrie d'origine : les sacs de champignons secs et de thé arrivent directement de la province chinoise du Yunnan. L'occasion de goûter à quelques spécialités locales, aux appétissantes saveurs sino-thaïes, dans l'un des restaurants du village.

▶ *Passé Mae Salong, la route prend le n° 1130 pour revenir en boucle vers la Highway 1, au niveau de Ban Pa Sang.*

En redescendant de Mae Salong, la **route★★**, superbe, vaut à elle seule le voyage, dominant un magnifique paysage champêtre. Passé 16 km, un chemin à droite conduit à **Ban Phu Dua**. Après s'être livré à la culture de l'opium à grande échelle dans les années 1960, ce village yao s'est reconverti dans le tourisme. Assises devant leurs maisons de bambou tressé, les femmes trient le grain ou brodent des coussins pour les visiteurs.

▶ *Revenez sur la Highway 1 vers le nord (à gauche).*

La route file au pied du massif du **Khunnam Nang Nong**, la « montagne de la Femme endormie », dont la forme évoqua sans doute à quelques voyageurs poètes la silhouette d'une femme couchée sur le dos. En hiver, la route aux

RÉFUGIÉS OU RENÉGATS ?

L'histoire du village de **Mae Salong** se révèle bien mouvementée : lorsque le parti communiste prit le pouvoir en Chine en 1949, un des régiments de l'armée nationaliste du Kuo Ming Tang, combattant dans ces montagnes (qui appartenaient alors à la province méridionale chinoise du Yunnan), se trouva isolé des troupes de Chang Kaï Chek, alors en fuite vers Taiwan. Le régiment s'établit dans les hauteurs et entreprit pour survivre de cultiver le pavot avant de se livrer à la contrebande. Le site de Mae Salong constitua ainsi une enclave du Kuo Ming Tang pendant près de vingt ans ! La position stratégique du village, à la frontière de la Birmanie, encouragea le gouvernement thaïlandais à tolérer cette présence étrangère, estimant qu'elle pouvait faire barrage à d'éventuelles infiltrations communistes. Aujourd'hui, les descendants de ces soldats nationalistes parlent toujours le dialecte du Yunnan. Mais la grande époque des seigneurs de l'opium s'est achevée, et la guérilla a cédé la place au tourisme.

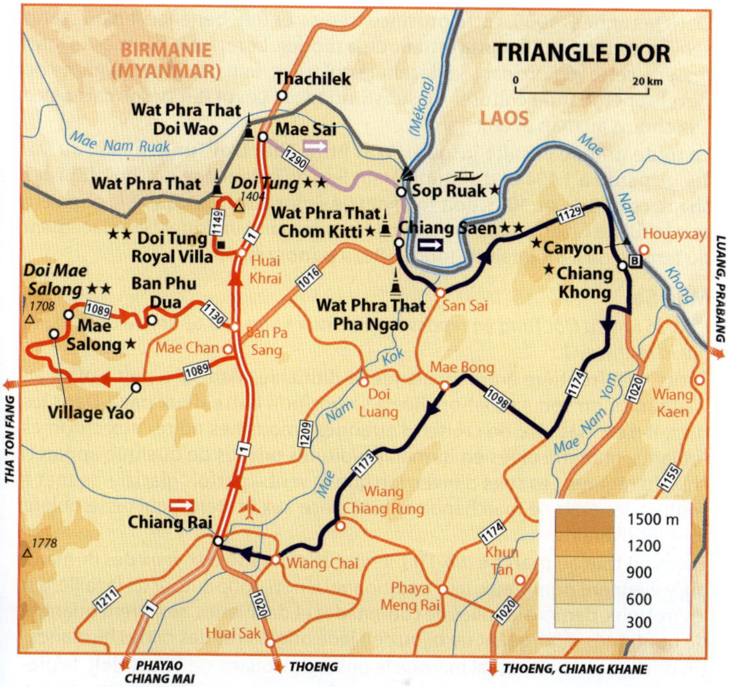

abords de Mae Sai est bordée d'étals chargés de fraises et de quantité de produits dérivés : vin de fraise, fraises confites ou fraîches…

▷ *De Chiang Rai, prenez la Highway 1, puis au village de Huai Khrai, tournez à gauche pour prendre la route 1149 sur 6 km.*

★★ Doi Tung Royal Villa

▷ *À 18 km au nord de Ban Pa Sang et à 47 km de Chiang Rai - 7h30-17h30 - villa seule 70 bahts, avec les jardins 190 bahts - audioguide - tenue correcte exigée.*

En 1988, la reine mère participa activement à la nouvelle politique agricole organisée par son fils. Face à la déforestation, qui atteignait un niveau critique dans la région, elle encouragea un programme de réhabilitation des sols et, pour superviser les travaux de reboisement, elle décida de résider sur place, près des versants montagneux, alors entièrement rasés. Une auguste présence qui contribua également à la pacification de la région.

Perché sur un éperon rocheux à 1 000 m d'altitude, l'immense **chalet** qu'elle fit construire présente une image atypique, évoquant quelque paysage savoyard. De fait, le long séjour que la reine fit en Suisse lui inspira non seulement cet étonnant nid-d'aigle, mais aussi un magnifique **jardin botanique**★. Du chalet, on ne visite que l'antichambre et l'immense salon, en bois de pin et de teck, mais les fenêtres délivrent de **belles vues**★ sur les terres birmanes.

★★ Doi Tung

▷ *À env. 10 km au nord du Doi Tung Royal Villa et à 57 km de Chiang Rai.*

Premiers contreforts de la longue étendue montagneuse des Himalaya, le Doi Tung marque les portes de la Birmanie, dominant la vallée du Mékong du haut de ses 1 404 m. La **route**★★ qui sinue sur ses flancs dévoile de magnifiques **panoramas**★★ de crêtes bleutées se fondant sur l'horizon.

Dans les années 1960, cette province très excentrée bénéficiait d'un statut semi-autonome qui favorisa le trafic de la drogue. Le roi fut le premier à s'intéresser à cette région, dans la décennie qui suivit, initiant un programme de développement de cultures de substitution : le pavot fait désormais place aux choux, au maïs et aux fraises.

La route grimpe ensuite jusqu'au **Wat Phra That Doi Tung** *(à 7 km du Doi Tung)*, perdu à 1 404 m d'altitude. Haut lieu de pèlerinage des bouddhistes shans, ce temple du 10e s. doit son nom de « mont du Drapeau » à la bannière que le roi de Chiang Saen ordonna de planter pour indiquer l'emplacement du temple qu'il projetait de fonder. Beau **panorama★★**.

Mae Sai

À 35 km du Doi Tung en repassant par Huai Khrai et à 62 km de Chiang Rai par la Highway 1.

Petite ville frontière entre Thaïlande et Birmanie, Mae Sai a peu à offrir au visiteur, sinon son animation, liée à sa position entre deux pays. Dans les rues, il n'est pas rare de croiser d'étranges limousines noires aux chromes rutilants, immatriculées en Birmanie, voitures privées de quelque apparatchik du régime. Les soirs d'hiver, lorsque le vent – parfois glacial – se met à souffler, les étals de marchandises font place aux braseros, qui rassemblent tous les riverains.

Faites un tour au **marché** *(8h-17h)*, véritable eldorado aux yeux des Birmans, qui y viennent nombreux, leur traditionnel *longyi* noué autour de la taille. Sur les trottoirs, derrière les piles de cotonnades et de soieries, se serrent quantité de boutiques regorgeant de bijoux en jade originaires des mines birmanes.

Un portique monumental marque le poste de douane de **Thachilek**, la première ville de l'autre côté de la frontière. Peu avant, une rue à gauche *(ouest)* conduit par un large escalier au **Wat Phra That Doi Wao**, un temple juché sur une colline d'où l'on profite d'un **point de vue★** splendide sur la Birmanie.

★★ CAP À L'EST Carte Triangle d'Or

De Mae Sai à Chiang Saen, circuit rose de 56 km tracé sur la carte du Triangle d'or (p. 323) – comptez une journée, 2 jours avec un retour à Chiang Rai (soit 134 km de plus) - voiture indispensable.

DES HAUTS ET DES « BA »

Le commerce lucratif de l'héroïne fait aussi la part belle au trafic des amphétamines : de nombreux laboratoires clandestins, protégés par de puissantes milices armées, sont installés dans la jungle birmane, le long de la frontière thaïe. Dotés de toute la logistique nécessaire au transport de la drogue, ces centres écoulent leurs marchandises sans rencontrer d'obstacle. Et les amphétamines connaissent un inquiétant succès auprès de la population thaïe, notamment des étudiants et des hommes d'affaires de Bangkok, très friands d'une pilule énergisante appelée « **Ya Ba** » (de *ya*, « pilule », et *ba*, « fou »), réputée donner une résistance hors norme. Le gouvernement tente depuis quelques années de mettre fin à ce fléau. Sur la route entre Chiang Rai et la frontière, des patrouilles et des barrages policiers ont été mis en place afin de rechercher et de bloquer les stocks. Mais la tâche s'avère difficile et dangereuse : l'ancien Premier ministre Thaksin, qui accusa le gouvernement birman d'encourager ce trafic, faillit ainsi périr dans l'explosion de son avion privé alors qu'il s'apprêtait à embarquer.

Paysage du Triangle d'Or.
T. Bognar / Photononstop

★ Sop Ruak

À 45 km de Mae Sai par la route 1290.

Situé au confluent du Mékong et du Ruak (l'autre nom de la Kok), frontière naturelle commune à la Thaïlande, à la Birmanie et au Laos, le village marque le point de rencontre de ces trois pays. Improprement appelée « Triangle d'Or » (Golden Triangle) – le terme nommant en fait toute la région –, l'étape vaut essentiellement pour le beau **point de vue★** sur le Mékong, et pour les résonances mythiques de l'endroit. Mais ce n'est pas là que vous croiserez les seigneurs de l'opium, armés jusqu'aux dents ; ceux-ci mènent leurs affaires plus au nord, dans des coins plus discrets au cœur de la jungle.

3

Face à vous s'étire la **rive laotienne**, tandis qu'à gauche *(ouest)*, la **rive birmane** dessine une bande de sable entre les deux fleuves. L'imposant casino au luxe tapageur attire surtout une clientèle thaïe, le jeu étant illégal en Thaïlande.

Seul le **musée de l'Opium** *(7h-19h - entrée payante)*, à la sortie du bourg, mérite un coup d'œil. Il présente une intéressante histoire de l'opium, depuis son apparition en Occident jusqu'à son importation en Asie : déjà mentionné dans *L'Iliade*, l'opium fut en effet utilisé par le médecin grec Hippocrate comme médicament, puis apporté en Orient lors des conquêtes d'Alexandre. Vous pourrez suivre le processus de fabrication de la drogue, depuis la récolte du pavot jusqu'à la production de l'opium pur, la consommation étant illustrée par une impressionnante collection de pipes à opium. Le musée évoque les trafiquants illustres, avec notamment un portrait de Khun Sha, un Birman d'origine shan rendu aux autorités de son pays en 1996 et mort en 2007.

De Sop Ruak, on peut suivre le cours du Mékong vers l'est par la route 1290, qui traverse un ravissant paysage. Mais la meilleure option est de **descendre le Mékong★★** en bateau, soit jusqu'à Chiang Saen *(45mn - 400 bahts)*, soit jusqu'à Chiang Khong, un peu plus loin *(1h30 - 1 500 bahts)*. Une navigation haute en couleur : accompagné par les barques colorées des pêcheurs laos, le *long tail* file à grand bruit sur le fleuve bordé de charmants villages aux maisons de bois, au pied desquelles les pêcheurs s'affairent à réparer leurs filets.

UN GÉANT D'EAU DOUCE
Comme l'indique son prénom scientifique *gigas* (en grec, « géant »), le pangasianodon, ou **poisson-chat**, a fière allure : il peut peser jusqu'à 300 kg à l'âge adulte pour une longueur de 2 ou 3 m. Appelé *pla buk* par les Thaïs et les Laos, ce monstre quitte chaque année, en avril-mai, le lac Tonle Sap, au Cambodge, pour aller se reproduire dans les eaux pures du Yunnan, qui lui ont donné le jour. À son passage dans les eaux du Mékong, il devient la proie des pêcheurs, et la population des *pla buk* s'est ainsi gravement appauvrie. Les élevages piscicoles de Chiang Khong et Ban Hat Khrai tentent de lutter contre son extinction.

★★ Chiang Saen

À 11 km du village de Sop Ruak sur la route 1290.
Située au bord du Mékong, Chiang Saen offre une atmosphère tranquille. Difficile d'imaginer l'importance que cette modeste bourgade revêtit dans le passé : de ses 140 temples ne subsistent plus que quelques *chedi* en ruine, et seuls ses remparts, restaurés, témoignent un peu de son ancienne puissance. Chiang Saen fut officiellement fondée en 1328 par un petit-fils du roi Mengraï, Phra Chao Saen Phu. Mais des fouilles archéologiques récentes attestent l'existence d'une cité dès le 10e s. Grand foyer religieux et alliée du royaume de Chiang Mai, la ville tomba sous le joug birman en 1558, et il lui fallut attendre jusqu'en 1804 pour recouvrer sa liberté, avec le roi Rama Ier. Cependant, afin de la soustraire aux convoitises birmanes, le monarque ne trouva pas mieux que de la raser, et Chiang Saen ne se releva de ses cendres qu'en 1881, quand l'un des princes de Lamphun décida sa reconstruction.

★ **Musée national** – *702 Th. Phahonyothin - à côté du Wat Chedi Luang ; prenez la 3e rue à droite, en face de l'embarcadère - un poste de police marque le début de la rue - tlj sf lun. et mar. 8h30-16h30 - 100 bahts.* Il rassemble les objets mis au jour lors des fouilles archéologiques effectuées dans les environs, dont de belles pièces représentatives de l'art de Chiang Saen. Les superbes **bouddhas★★** des 14e s.-15e s. dressés dans le hall d'entrée, caractéristiques du courant artistique du Nord, rappellent pour une part l'art indien de Pala. Notez aussi les splendides **masques de stuc★**, découverts sur le site du Wat Pa Sak.

Jouxtant le musée, un imposant *chedi* de brique s'élève sur 45 m de haut : c'est tout ce qui reste du **Wat Chedi Luang**, élevé au 13e s.

Prenez à gauche en sortant de l'enceinte et franchissez les remparts par la porte Pratu Chiang Saen pour longer les murailles par la droite sur 200 m.

★★ **Wat Pa Sak** – *8h30-16h30 - entrée payante.* Relégué à l'extérieur des remparts de l'ancienne ville, le « temple de la Forêt de tecks » doit son nom aux 300 tecks que l'on planta lors de sa fondation, en 1295. Le sanctuaire n'a conservé qu'un **chedi★★★** pyramidal, mais l'édifice, très bien restauré, est un véritable joyau d'architecture Lan Na, combinant à la perfection les trois styles artistiques de Pagan, Haripunchai (Dvaravati) et Sukhothai. Couronnée d'un *stupa* circulaire, cette tour reliquaire est délicatement rehaussée de sculptures de fleurs et d'animaux mythiques (*kala*, *makara* et *garuda*).

Poursuivez sur la même route sur 1 km en longeant les murailles jusqu'à leur angle nord-ouest, puis tournez à gauche.

★ **Wat Phra That Chom Kitti** – *sur une colline à 2 km du temple précédent - gratuit.* Plutôt que de suivre la route, empruntez le majestueux **escalier★** de 350 marches : vous franchirez ainsi ses magnifiques **portiques khmers★** ornés de stucs. Selon les chroniques, le temple fut bâti vers le 10e s. et restauré à maintes reprises. Au sommet, un beau *chedi* à redent, bâti en latérite, trône au centre de l'esplanade, élançant vers le ciel une fine spire annelée recouverte de plaques de bronze. Sur chacun des côtés s'ouvre une niche abritant un bouddha de style Sukhothai.

▶ *Reprenez la route 1129 vers le sud, le long du Mékong, sur 6 km.*

Wat Phra That Pha Ngao – *sur la droite - (indiqué).* Le *chedi* blanc, moderne, couronne une colline ; de la terrasse, on jouit d'un **panorama★★★** grandiose sur le Mékong bordé de plantations de tabac, et sur les montagnes laotiennes.

★★ AU FIL DU MÉKONG Carte Triangle d'Or

▶ *De Chiang Saen à Chiang Khong, circuit bleu de 50 km tracé sur la carte du Triangle d'or (p. 323) – comptez 2h en voiture.*

Poursuivez votre voyage le long du fleuve, soit par bateau, soit par la route 1129. La **route★★** sillonne une belle campagne où alternent rizières et plantations de tabac ou de maïs, mosaïque aux tons dorés contrastant avec le Mékong. Juste avant d'atteindre **Chiang Khong★**, le fleuve s'enfonce entre les parois abruptes d'un **canyon★** de 60 m de profondeur, que ses eaux ont creusé. Un cadre superbe, rehaussé par le va-et-vient coloré des bateaux laos.

Comptant parmi les points d'entrée au Laos, la petite ville de Chiang Khong accueille nombre de voyageurs. C'est de là, en effet, que l'on peut rejoindre **Luang Prabang**, en suivant le cours du fleuve. La cité est également connue pour le *pla buk*, un énorme poisson-chat servi dans les restaurants locaux.

De Chiang Khong, vous pouvez revenir à Chiang Rai en empruntant les routes 1174, 1098 puis 1173 dir. sud-ouest (env. 100 km - comptez 2h). Pour un circuit plus long (190 km - comptez 3h env.), prolongez votre parcours le long de la frontière jusqu'à Wiang Kaen, 40 km plus à l'est. De là, prenez ensuite la route 1155 jusqu'à Thoeng (sud), puis les routes 1021 et 1020, qui reviennent à Chiang Rai (150 km).

NOS ADRESSES DANS LE TRIANGLE D'OR

INFORMATIONS UTILES

À Chiang Rai

Poste – *Th. Uttarakit - à côté du Wat Phra Singh.*

Hôpital – Kasaem Raj Sriburin Hospital - *Asian Highway 1 (Th. Sanambin).*

Sécurité – Police touristique - *728 Th. Uttharakit - ✆ 05 371 77 79 ou 11 55.*

À Mae Sai

Poste – *Th. Phaholyothin - un peu excentré, au sud de la ville.*

ARRIVER / PARTIR

En avion

Aéroport national de Chiang Rai – *À 10 km au nord de la ville.* Env. 10 vols/j. avec Bangkok *(1h15)* avec Air Asia et Thai Airways.

En bus

Gare routière de Chiang Rai – *Th. Prasopsuk - au sud de la ville* - De Chiang Mai, 3 lignes (plus ou moins rapides) mènent à Chiang Rai. De Bangkok *(Northern Bus Terminal)*, 2 dép./j. *(env. 12h de trajet).*

Gare routière de Mae Sai – *Th. Phaholyothin - légèrement au sud de la ville.* Liaisons avec Chiang Rai *(2h de trajet)* et Chiang Mai *(5h).* Départ des *songthaew* pour Mae Chan et Chiang Saen.

En bateau

Port fluvial de Chiang Rai – *Au nord-ouest de la ville.* Liaisons avec Tha Ton. Départ tlj à 10h30 pour la remontée de la rivière Kok *(5h).*

HÉBERGEMENT

À Chiang Rai

BUDGET MOYEN

The Golden Triangle Inn – *590 Th. Phaholyothin - ✆ 05 371 13 39 - www.goldentriangleinn.com - 39 ch. - 900 bahts.* Cette vieille institution (l'hôtel existe depuis 1984) jouit d'une réputation méritée. Elle dispose de chambres spacieuses et décorées avec goût, encadrées d'espaces verts bien aménagés. Seul bémol : le restaurant, plutôt cher, n'est pas à la hauteur du reste. Informations sur la région et location de voitures.

UNE FOLIE

The Legend Resort & Spa – *124/15 Th. Kohloy - ✆ 05 391 04 00 - www.thelegend-chiangrai.com - 78 ch. - 3 300/7 500 bahts.* Un *resort* de grand standing installé au bord de la rivière. Si l'aspect extérieur manque encore de patine et paraît un peu artificiel, l'intérieur, lui, est sublime : peinture à la chaux, boiseries, brique et pierre, voilages de lin, etc. Les villas les plus chères possèdent un Jacuzzi et une petite piscine privée. Le lieu abrite en outre deux restaurants thaïs, dont l'un propose des spécialités italiennes.

À Mae Salong

BUDGET MOYEN

Maesalong Villa – *À la sortie du village - ✆ 05 376 51 14 - www.maesalong-villa.com - 70 ch. - 1 000 bahts.* Les bungalows, de construction récente, sont confortables, mais ne présentent pas de charme particulier. Ils comportent toutefois un beau balcon, d'où le panorama sur la vallée et les cultures de thé en terrasses est imprenable.

À Mae Sai

BUDGET MOYEN

Piyaporn Place Hotel – *77/1 Moo 1, Welang Pang Khumn - ✆ 05 373 45 11/14 - 80 ch. - 1 100/1 800 bahts.* Une adresse de bon standing située à 1 km de la frontière. Bon rapport qualité-prix.

À Chiang Saen

BUDGET MOYEN

Chiang Saen River Hill Hotel – *714 Moo, 3 Tambol Viang - à 600 m au sud du centre, en retrait par rapport au Mékong - ✆ 05 365 08 26 - 63 ch. - 1 500 bahts.* Un hôtel au décor original avec son mobilier de bois, et servi par un très bon accueil. Les chambres sont confortables et joliment agrémentées de sculptures ou de tissus provenant des minorités ethniques.

À Chiang Khong

PREMIER PRIX

Baan Tam Mi La Guesthouse – *À 50 m au sud de la Bamboo Riverside Guesthouse - ✆ 05 379 12 34 - www.baantammila.com - 12 ch. - 600/800 bahts.* Cette belle pension tout en bois réserve au voyageur un excellent accueil. Les chambres sont rustiques, mais l'équipement a été renouvelé (literie, chauffe-eau). Restaurant en terrasse sur le Mékong.

RESTAURATION

À Chiang Rai

PREMIER PRIX

Nakhon Pathom Restaurant – *Th. Phaholyothin - 8h-15h - 50 bahts.* Soupes, nouilles et riz sont servis dans cette cantine populaire auprès des habitants de Chiang Rai. Vente à emporter dès le matin.

Cham Cha – *Juste à côté de l'office de tourisme - tlj sf dim. 7h-16h -*

30/100 bahts. Un restaurant au cadre agréable, proposant une bonne cuisine sino-thaïe et de succulentes spécialités du Nord-Est. Goûtez la salade de papaye verte, qui n'est pas indiquée sur le menu !

Ratanakosin – *En plein marché de nuit - ✆ 05 374 00 12 - 17h30-23h - 100/250 bahts (menu spécial à 200 bahts).* Idéal pour passer la soirée. Du 1er étage, on peut observer l'animation du marché. La carte (hors menus) peut paraître un peu chère, mais on profite d'un cadre agréable et la cuisine thaïe est délicieuse (fruits de mer).

BUDGET MOYEN

Cabbages & Condoms Restaurant – *Th. Thanalai - juste à côté du musée - ✆ 05 374 06 57 - www.cabbagesandcondoms.net - 10h-0h - 200 bahts mini.* Des années après le scandale du premier restaurant de ce nom ouvert dans la capitale thaïlandaise, l'équipe travaille toujours pour le développement du planning familial. Cela n'empêche pas l'établissement de bénéficier d'une bonne réputation culinaire.

À Mae Sai

PREMIER PRIX

Rabieng Kaew – *356/1 Th. Phaholyothin - ✆ 05 373 11 72 - 9h-22h - ⊭ - 50/100 bahts.* Un restaurant populaire renommé, situé en plein centre dans un bel espace aménagé. Il propose une excellente cuisine thaïe et surtout chinoise.

Mae Sai Riverside – *À gauche du pont frontière avec la Birmanie, sous un gros arbre - ✆ 05 373 22 96 - 7h-21h - ⊭ - 100/200 bahts.* Un immense restaurant très prisé, aussi bien par les locaux que par les touristes. La cuisine, chinoise, est variée et délicieuse, le service attentionné, et les prix sont raisonnables. Le tout avec une vue agréable sur la rivière et la frontière.

À Chiang Khong

PREMIER PRIX

Rimkhong – *Th. Wiang, Chaisong-khram - ✆ 05 369 91 03 - 8h-21h - 100/170 bahts.* Un petit restaurant, également sur le Mékong, au sud de l'embarcadère. Cuisine locale simple et délicieuse, à prix doux.

Nang Nuan – *Au sud de la ville, à 1,5 km du centre - ✆ 05 379 12 71 - 8h-20h - 100/200 bahts.* Un peu excentré, mais donnant sur le Mékong. Une adresse populaire, avec une carte (en anglais) proposant un large choix de plats locaux.

BOIRE UN VERRE

À Chiang Rai

Garegaron – *1025/4 Th. Chet Yot - 9h-19h.* Salon de thé reposant, qui comprend une petite galerie d'artisanat local.

Cat Bar – *1013/1 Th. Chet Yot. 18h-1h.* Un bar sympathique pour finir la soirée, le seul de la rue à détenir une licence pour de la musique *live*. Si vous souhaitez une autre ambiance, vous aurez le choix entre les nombreux bars à proximité.

ACTIVITÉS

Excursions – À Mae Sai, des agences de voyages proposent des excursions d'une ou de plusieurs journées en Birmanie, à la rencontre des minorités shans et akhas.

L'Isan et les rives du Mékong 4

Carte Michelin National 751 au 1/1 370 000

Dans le nord-ouest de l'Isan :

Au sud de Nong Khai :

À l'est d'Udon Thani :

À la frontière de la Thaïlande, du Laos et du Cambodge :

Dans le sud de l'Isan :

À 256 km de Bangkok :

À 59 km de Khorat :

Sur les rives du Mékong.
Super Stock/age fotostock

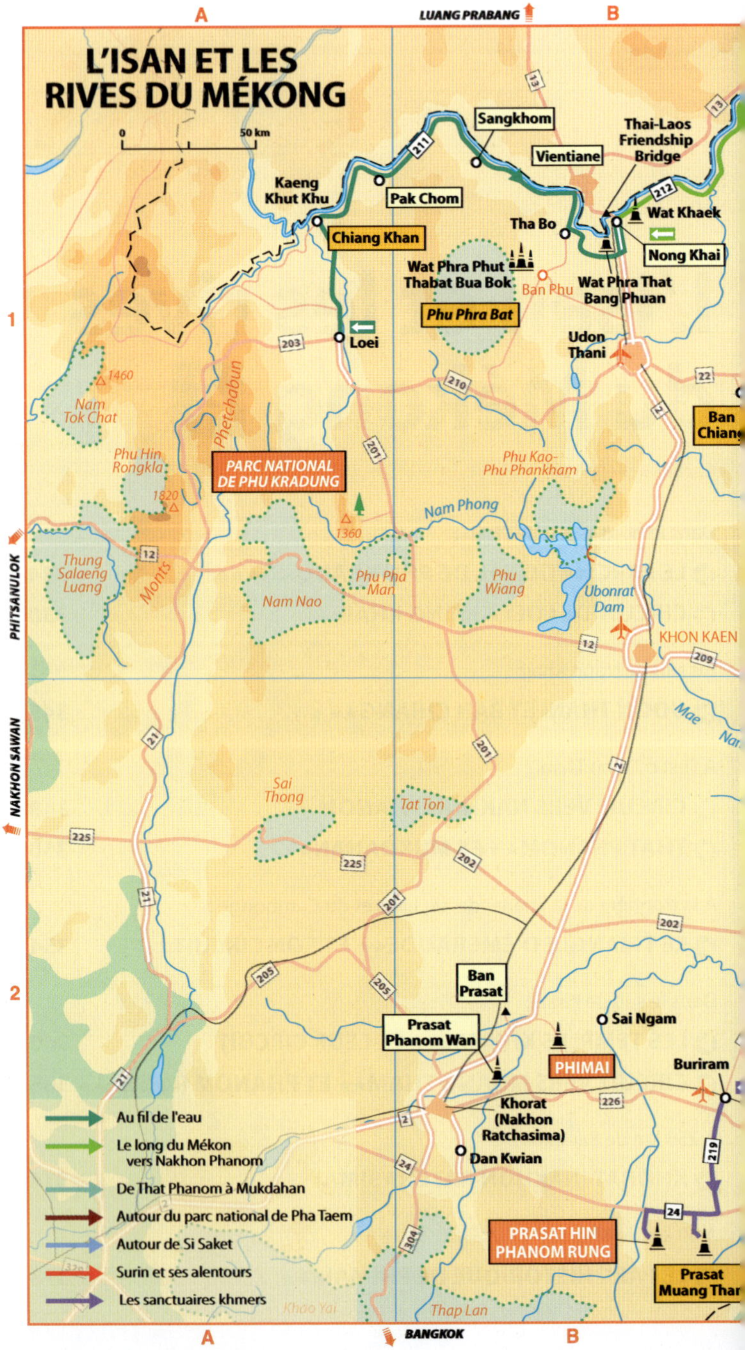
L'ISAN ET LES RIVES DU MÉKONG
0
50 km
LUANG PRABANG
BANGKOK
PHITSANULOK
NAKHON SAWAN
A
B
1
2
Sangkhom
Vientiane
Thai-Laos Friendship Bridge
Kaeng Khut Khu
Pak Chom
Chiang Khan
Tha Bo
Wat Khaek
Nong Khai
Wat Phra Phut Thabat Bua Bok
Ban Phu
Wat Phra That Bang Phuan
Phu Phra Bat
Loei
Udon Thani
Ban Chiang
Nam Tok Chat
1460
Phetchabun
Phu Hin Rongkla
PARC NATIONAL DE PHU KRADUNG
Phu Kao-Phu Phankham
1820
1360
Nam Phong
Thung Salaeng Luang
Monts
Phu Pha Man
Phu Wiang
Ubonrat Dam
Nam Nao
KHON KAEN
Mae
Sai Thong
Tat Ton
Ban Prasat
Prasat Phanom Wan
Sai Ngam
PHIMAI
Buriram
Khorat (Nakhon Ratchasima)
Dan Kwian
PRASAT HIN PHANOM RUNG
Prasat Muang Thar
Khao Yai
Thap Lan
Au fil de l'eau
Le long du Mékon vers Nakhon Phanom
De That Phanom à Mukdahan
Autour du parc national de Pha Taem
Autour de Si Saket
Surin et ses alentours
Les sanctuaires khmers

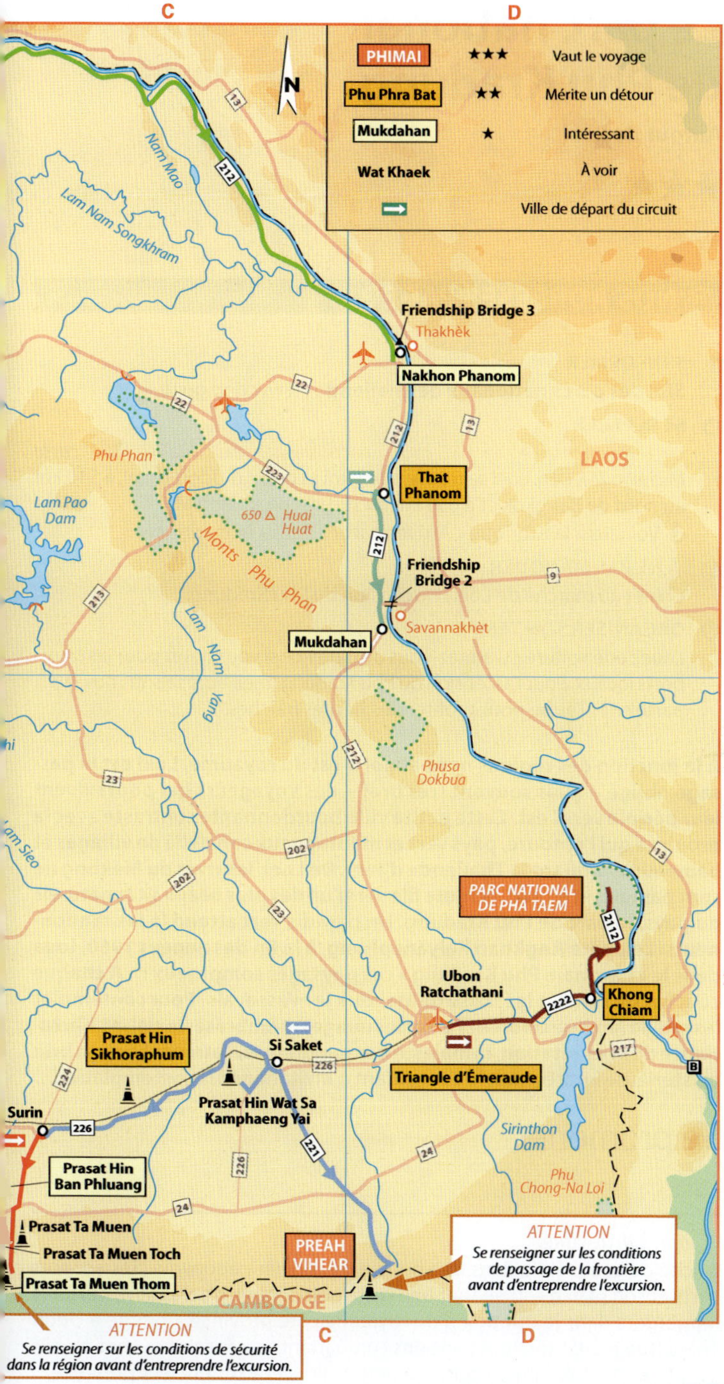

C
D
PHIMAI ★★★ Vaut le voyage
Phu Phra Bat ★★ Mérite un détour
Mukdahan ★ Intéressant
Wat Khaek À voir
Ville de départ du circuit
N
Nam Mao
Lam Nam Songkhram
Friendship Bridge 3
Thakhèk
Nakhon Phanom
LAOS
Phu Phan
Lam Pao Dam
650 Huai Huat
Monts Phu Phan
That Phanom
Friendship Bridge 2
Savannakhèt
Mukdahan
Lam Nam Yang
Phusa Dokbua
Lam Sieo
PARC NATIONAL DE PHA TAEM
Ubon Ratchathani
Khong Chiam
Prasat Hin Sikhoraphum
Si Saket
Triangle d'Émeraude
Surin
Prasat Hin Wat Sa Kamphaeng Yai
Sirinthon Dam
Prasat Hin Ban Phluang
Phu Chong-Na Loi
Prasat Ta Muen
Prasat Ta Muen Toch
Prasat Ta Muen Thom
PREAH VIHEAR
CAMBODGE
ATTENTION
Se renseigner sur les conditions de passage de la frontière avant d'entreprendre l'excursion.
ATTENTION
Se renseigner sur les conditions de sécurité dans la région avant d'entreprendre l'excursion.
1
2

Le parc national de Phu Kradung

Autour de Loei

★★★

31 495 habitants à Loei – Province de Loei

NOS ADRESSES PAGE 337

S'INFORMER
Site des parcs nationaux de Thaïlande : www.dnp.go.th.

SE REPÉRER
Carte de région A1 (p. 332-333) – carte du parc national p. 335 – *carte Michelin 751, DE6*. Loei se trouve à 148 km à l'ouest d'Udon Thani, à 540 km au nord de Bangkok et à 650 km au sud-est de Chiang Mai.
Voir aussi la rubrique « Arriver/partir » dans « Nos adresses ».

À NE PAS MANQUER
Chiner au marché de Loei ; l'ascension du Phu Kradung.

ORGANISER SON TEMPS
Louez une voiture ou armez-vous de patience si vous optez pour les transports locaux. Pour l'ascension du Phu Kradung (meilleure saison : nov.-avr.), partez dès l'aube pour profiter des heures fraîches.

À la jonction des régions nord et nord-est du royaume, Loei est le passage obligé – mais souvent très bref – des voyageurs qui poursuivent leur périple vers l'est. Cette petite ville bourdonnante contraste avec la province qui l'entoure, pays vert et montagneux constellé de villages et hameaux évoquant la Thaïlande d'hier. De Loei, les rives du Mékong ne sont pas loin, et au sud, la route file vers l'un des plus beaux sites naturels du pays, le parc de Phu Kradung. Un paradis vert attend là les randonneurs. Le poète Angkhan Kalyanaphong, à la fin des années 1960, loua dans le « Lam nam Phu Kradung » ces paysages somptueux : « À chaque coucher du soleil, à la falaise de Makduk je m'asseyais / Pour contempler les rais de lumière colorée / Percer les nuages et embraser le ciel. » La luxuriance de la végétation, la majesté des panoramas, l'atmosphère un brin mystérieuse imprégnant le site : autant d'invitations à la contemplation…

Se promener Carte Parc national

LOEI

Comptez 1h de visite.
La cité de Loei s'étale dans une boucle de la rivière éponyme. Ses espaces verts et son plan d'eau en font une halte non dénuée d'agrément, qui vous immergera dans le quotidien du royaume côté province. Comme à Udon Thani *(voir p. 345)*, quelques anciens combattants américains se sont établis sur place : des bars américains, au cœur de la ville, attestent leur présence.

Loei est connue comme centre de production et du commerce du coton. Au **marché**, il vous faut goûter la spécialité culinaire locale, les œufs à la broche. Près du plan d'eau se dresse le pilier de fondation de la ville, le **Lak Muang**, un autel bouddhique jouxtant un temple chinois. Mais pour vous, Loei sera surtout le point de départ vers les parcs nationaux alentour : Phu Rua, Phu Luang et surtout Phu Kradung.

Randonnées Carte Parc national

★★★ TREKKINGS DANS LE PARC DE PHU KRADUNG

À 75 km au sud de Loei par la route 201 - en bus, descendre au village de Phu Kradung, puis prendre un taxi jusqu'à l'entrée du parc - centre d'accueil 7h30-15h - fermé du 1er juin au 30 sept. (saison des pluies) - 500 bahts.

Comptez au moins une journée, le mieux étant de consacrer 2 ou 3 jours à la visite du parc, en dormant sur place. Si vous effectuez le périple dans la journée, veillez à redescendre avant 16h, car la nuit tombe très rapidement.

Le parc de Phu Kradung n'englobe en fait qu'une montagne, sur 350 km² de superficie. Point culminant de la province, la montagne Cloche *(voir encadré p. 336)* – Phu Kradung en thaï – se dresse à 1 316 m d'altitude, son sommet formant un immense plateau de grès de 60 km², semé de collines, où le climat tempéré (20° en moyenne) a donné naissance à une flore unique en Thaïlande :

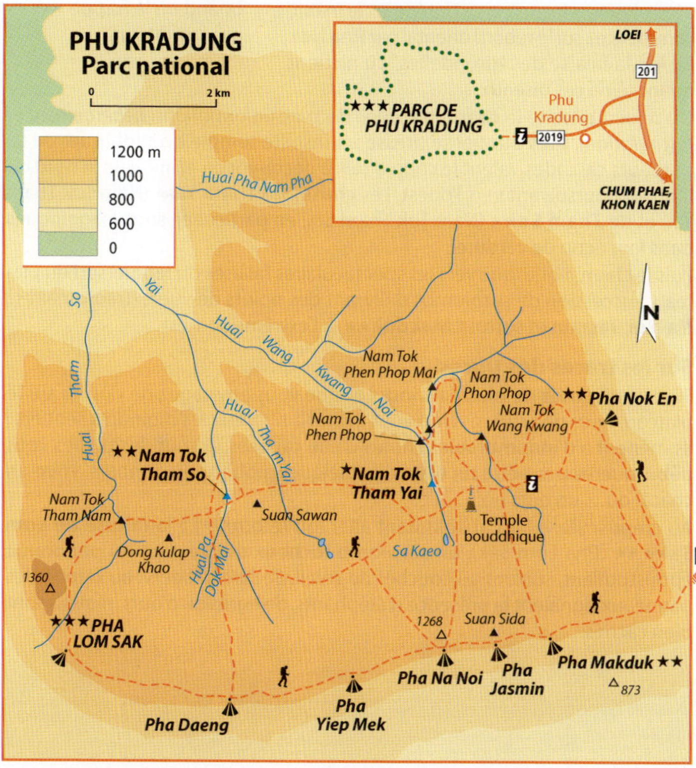

pins, hêtres, chênes, plantes carnivores et rhododendrons alternent avec des prairies, composant un décor inclassable et féerique. Cinquante kilomètres de chemins sillonnent le parc, très bien balisés, conduisant de cascade en falaise vers des points de vue plus grandioses les uns que les autres.

Randonnée jusqu'au sommet

Un sentier de 6 km conduit au sommet – comptez au moins 3h de montée, la dénivellation étant de plus de 1 000 m. L'ascension requiert une bonne condition physique.

Conseil – Couvrez-vous bien, la température est fraîche (jusqu'à 0° en hiver).

Le sentier monte d'abord doucement entre les arbres, livrant de beaux **panoramas★★**. Puis, à mi-chemin, la pente s'accentue, mais on grimpe désormais à l'ombre d'une épaisse forêt de mousson, mêlant massifs de bambous serrés et diverses espèces d'arbres à feuilles caduques ou persistantes. Les derniers 100 m, très escarpés, se révèlent beaucoup plus sportifs; des échelles de bois et des escaliers permettent de franchir les passages les plus abrupts.

Arrivé au sommet, vous pouvez entreprendre une boucle en suivant le rebord du plateau, avec plusieurs incursions à l'intérieur : le matin, commencez sur le rebord oriental par **Pha Nok En★★**, la falaise des Hirondelles, où nichent quantité de ces oiseaux.

SON DE CLOCHE

D'où le Phu Kradung tient-il son curieux nom ? Deux légendes s'affrontent : la première raconte qu'on entendit un jour résonner du sommet le tintement de la cloche du dieu **Indra**. La seconde veut tout simplement que la montagne sonne comme une cloche quand on la frappe avec un bâton.

On rejoint ensuite le centre d'accueil du parc *(informations, hébergement et restauration)*, près duquel se dresse un insolite temple bouddhique. De là, plusieurs cascades valent le coup d'œil, à découvrir en allant vers le nord ou bien en poursuivant vers l'ouest. Les **chutes de Tham Yai★** (Nam Tok Tham Yai) et de **Tham So★★** (Nam Tok Tham So), en particulier, sont magnifiques dans leur écrin de verdure.

Puis le chemin bifurque vers les spectaculaires falaises du rebord sud du plateau, succession de surplombs délivrant des points de vue extraordinaires : **Na Noi, Jasmin** et surtout **Makduk★★**, à l'extrême sud-est.

Sur les traces des tigres

Si vous disposez de plusieurs jours et que vous envisagez de dormir sur le plateau, nous ne saurions trop vous inciter à sillonner les moindres sentiers : ils mènent à d'innombrables chutes d'eau cachées, autour desquelles vous débusquerez peut-être un écureuil, quelques gibbons ou sambars, voire un chacal ou… un ours noir.

Au crépuscule, il faut absolument aller (ou retourner) à la **falaise de Lom Sak★★★** (Pha Lom Sak), un surplomb rocheux découvrant un panorama époustouflant, surtout au coucher de soleil. *Be careful tigers* : au retour, des panneaux signalent la présence d'éléphants, de tigres ou d'ours, mais ils sont bien cachés…

NOS ADRESSES À LOEI ET DANS LE PARC

INFORMATIONS UTILES

Poste centrale – *Th. Charoenrat - vers le sud.*

Sécurité – Police touristique de Loei - *23 Th. Maleewan - ✆ 04 286 11 64 ou 11 55.*

ARRIVER / PARTIR

En avion

Aéroport de Loei – *À 6 km au sud de la ville.* 1vol/j. depuis Bangkok avec Nok Air.

En bus

Gare routière de Loei – *À 1 km au sud du centre - route d'Udon Thani sur la gauche, peu avant Big C.* 4 bus/j. de et pour Phitsanulok *(4h)*, 3 bus le matin pour Bangkok *(10h)* ; départs ttes les 30mn jusqu'à 17h pour Udon Thani *(3h)* ; un bus à 6h pour Nong Khai *(6h)*.

TRANSPORTS

En songthaew – De Loei, nombreux *songthaew* pour les environs, dont Chiang Khan *(1h - départs ttes les 15mn de la gare routière)*.

HÉBERGEMENT

À Loei

PREMIER PRIX

Royal Inn Hotel – *22/16 Th. Chumsai - ✆ 04 283 08 73 - www.royalinn-loei.com - - 36 ch. - 250/400 bahts.* Spacieuses et dotées de grandes fenêtres, les chambres garantissent un confort correct pour un très bon rapport qualité-prix. Point Internet situé en face de l'hôtel. Wifi.

BUDGET MOYEN

Loei Palace Hotel – *167/4 Th. Charoenrat - sur l'autre rive de la rivière Loei - ✆ 04 281 56 68 - www.oamhotels.com/loeipalace - - 156 ch. - 1 200/2 000 bahts .* Près d'un parc public et disposant d'un grand jardin à l'arrière, un hôtel moderne et tout confort aux standards internationaux. Piscine au 2e étage et nombreux services. Wifi.

Dans le parc de Phu Kradung

BUDGET MOYEN

Phu Kradung National Park – *Moo 1 - Ban Si Than - Amphur Phu Kradung - ✆ 04 287 13 33 - www.dnp.go.th - - 28 ch. - 1 600/2 400 bahts.* Hébergement dans de confortables bungalows au pied de la montagne (seuls quelques-uns n'ont pas de sdb privée).

RESTAURATION

À Loei

PREMIER PRIX

À 50 m du rond-point central, la rue piétonne reliant Th. Chumsai au plan d'eau, près du Lak Muang, est entièrement occupée par des stands servant toutes sortes de spécialités locales midi et soir. Un must de la cuisine de rue !

Krua Nid Restaurant – *Th. Charoenrat - en face de l'hôtel Phu Luang - ✆ 04 281 30 13 - 6h-20h30 - env. 120 bahts.* Tout est en thaï, y compris l'enseigne. On y déguste plats en sauce, légumes vapeur ou frits que l'on choisit parmi les mets exposés en vitrine.

AGENDA

Flower Festival – À Loei, en janvier, on célèbre le printemps avec des défilés de chars débordant de coton.

De Loei à Nong Khai

En longeant le Mékong

★★

60 160 habitants à Nong Khai – Provinces de Loei et de Nong Khai

NOS ADRESSES PAGE 342

SE REPÉRER

Carte de région A-B1 (p. 332-333) – *carte Michelin 751, CD6-7.* D'Udon Thani, Loei est à 148 km à l'ouest et Nong Khai à 55 km au nord.

Voir aussi la rubrique « Arriver/partir » dans « Nos adresses ».

À NE PAS MANQUER

Flâner à Chiang Khan ou à Sangkhom ; dîner en terrasse dans l'un des villages établis sur le Mékong, face aux paysages du Laos ; visiter le parc historique de Phu Phra Bat ; une escapade à Vientiane, au Laos.

ORGANISER SON TEMPS

Comptez au moins 3 jours. Faites attention aux propositions visant à vous emmener au Laos, elles sont parfois frauduleuses.

De Loei, filez vers le nord pour suivre le cours paisible du grand Mékong. Traçant la frontière entre Thaïlande et Laos, la « Mère des eaux » traverse une harmonieuse région de forêts et de rizières, et ses rives sont bordées de villages-rues aux maisons de bois. Images d'une Thaïlande rurale préservée… Sur la berge d'en face se dessinent les montagnes du Laos, irrésistible invitation à une petite incursion à Vientiane, sa capitale au caractère si provincial. La douceur de cette région invite à s'y attarder, comme le font certains voyageurs en quête de sérénité et d'authenticité, appréciant ses innombrables temples et son atmosphère baignée de ferveur. Refuges de nombreux Laotiens et Vietnamiens, les paisibles villages de Pak Chom et de Chiang Khan constitueront deux étapes de choix pour vous ressourcer avant de poursuivre l'aventure vers le levant.

Circuit conseillé Carte de région

Au départ de Loei, circuit vert foncé d'env. 241 km tracé sur la carte de région (p. 332-333) – comptez 2 jours.

★★ AU FIL DE L'EAU

Quittez Loei par le nord et prenez la route 201 dir. Chiang Khan.

★★ Chiang Khan A1

À 43 km au nord de Loei.

Chiang Khan Information Center – *Th. Chaikhong, Soi 21 - sur le fleuve - 10h-17h.* Officine privée fournissant plan de la localité et liste des hôtels.

Sur la rive du fleuve, dans une vallée encadrée de verdoyantes collines, ce gros village constitue une étape très prisée par les touristes thaïs. Des **habitations traditionnelles en bois**, maisons-boutiques ou restaurants, bordent les deux grandes rues parallèles au Mékong. Çà et là émergent quelques temples de

teck, beaux exemples d'architecture laotienne dont les persiennes peintes et les colonnades révèlent l'influence française, qui marqua l'ancienne Indochine voisine.
Le **Wat Mahathat★** *(Th. Chiang Khan, Soi 14 à 15)*, le plus vieux temple de la ville, garde un *ubosot* du 17e s. orné de belles peintures murales représentant la vie du Bouddha. Même façade à colonnades au **Wat That Kok** *(face au fleuve, Soi 21)*, décoré d'un plafond peint, et surtout au **Wat Pa Klang★** *(Th. Chiang Khan, Soi 11 à 12)*, édifié au 19e s., dont le jardin sert de cadre à un imposant bouddha blanc aux traits chinois. Notez les portes en bois sculpté de son **ubosot★**.

Kaeng Khut Khu A1

À env. 3 km à l'est de Chiang Khan.
À Kaeng Khut Khu, le cours du Mékong se resserre brutalement, formant une série de rapides *(kaeng)* spectaculaires en saison sèche (le reste de l'année, ils sont recouverts par les flots). Le site, aménagé en parc, offre un cadre plaisant pour pique-niquer.
Suivez la route 211 vers l'est jusqu'à Pak Chom.

★ Pak Chom A1

À 38 km de Kaeng Khut Khu – comptez 1h.
Entre terre et eau, ce petit village tout en longueur, établi au confluent du Mékong et du Nam Chom, invite à de délicieuses excursions, à pied ou à vélo, le long du fleuve ou vers les villages voisins. Rien de plus, sinon une atmosphère tranquille qui donne envie de se poser. Le village dut sa (brève) croissance au passage de nombreux réfugiés laotiens venus du camp américain voisin de Ban Winai, notamment des Hmongs ayant fui en 1975 le Laos devenu communiste. Depuis la fermeture du camp en 1992, la plupart ont été contraints de repasser la frontière.

★ Sangkhom B1

À 60 km de Pak Chom par la route 211 – comptez 1h.
Autre village-rue bordé de belles maisons de bois, Sangkhom attire lui aussi les voyageurs, qui s'y attardent pour contempler les superbes **panoramas★★** sur les eaux rouges du Mékong et l'île laotienne de **Don Klang Khong**, petit vaisseau de verdure posé sur le fleuve. De charmants sites naturels vous y attendent, telles les **chutes de Tan Thip** *(*Nam Tok Tan Thip *- 14 km à l'ouest par la route 211 puis 2 km par une petite route)*, en eau jusqu'en janvier.

Wat Phra That Bang Phuan B1

À 54 km de Sangkhom.
La route traverse la bourgade commerçante de **Si Chiang Mai** puis celle de **Tha Bo**, peuplée de nombreux Vietnamiens. Profitez-en pour aller faire un petit tour au **marché**, très animé avec ses vendeuses de fruits et légumes, ses commerces et ses gargotes.
Passé Tha Bo, poursuivez la route 211 sur env. 20 km.
Les amateurs d'architecture feront une halte au **Wat Phra That Bang Phuan** *(donation)*. Son antique *stupa* indien (restauré en 1978) en a fait l'un des hauts lieux de pèlerinage en Isan. L'ouvrage s'apparente au *stupa* du Phra Pathom, à Nakhon Pathom *(voir « Les environs de Bangkok », p. 171)*, mais sa date de construction reste imprécise ; la légende veut cependant qu'il renferme des reliques du Bouddha, et les historiens placent sa tout première construction autour du 1er s. de notre ère. Plusieurs *chedi* laotiens du 16e s. l'accompagnent, abritant pour certains un bouddha, et le site comprend aussi les ruines d'un

wihan où trône un grand bouddha. Baigné d'une quiétude toute religieuse, l'endroit invite à une promenade plaisante.

Poursuivez sur la route 211 jusqu'à l'intersection avec la route n° 2, qui relie Udon Thani à Nong Khai. Tournez alors à gauche pour remonter vers le nord.

★ Nong Khai B1

À 25 km du Wat Phra That Bang Phuan.

Principale ville du Nord-Est sur la frontière avec le Laos, Nong Khai est le passage obligé des voyageurs qui franchissent le fleuve pour aller visiter Vientiane. La ville a pris beaucoup d'ampleur depuis l'ouverture en 1994 du **Thai-Laos Friendship Bridge** qui enjambe le fleuve, favorisant les relations culturelles et commerciales entre les deux pays. Elle a su néanmoins conserver son charme provincial et, très prisée des Occidentaux, constitue un camp de base commode pour rayonner dans la région.

Carrefour des cultures de la péninsule « indochinoise », le **Talat Indojin** *(le long du fleuve - près de Tha Sadej)* rassemble tout ce qui se fait en matière d'artisanat de cette région de l'Asie. L'occasion entre toutes d'acheter de belles étoffes, à bons prix.

Parmi les nombreux temples dont les *chedis* laotiens ponctuent la ville, le **Wat Pho Chai** *(à côté de la gare routière)* mérite une visite malgré sa restauration un peu clinquante. On y accède par un imposant escalier flanqué de redoutables *naga* et de lions de pierre peinte. Son *wihan (7h-15h)* abrite l'un des bouddhas les plus vénérés de la région, le **Luang Pho Phra Sai★**, délicate statue de bronze du 16e s., dotée d'une tête en or massif couronnée par une flamme incrustée de rubis. Le **Phra That Nong Kai** *(à l'est de la ville)*, le « Chedi sacré du milieu du fleuve » a glissé dans le Mékong en 1847, et son sommet n'émerge qu'à la saison sèche.

Excursions Carte de région

★ AUTOUR DE NONG KHAI

Comptez une journée et demie avec la visite de Vientiane.

Sala Kaeo Ku (Wat Khaek) B1

À 3 km au sud-est de Nong Khai, dir. Beung Khan - accès à vélo ou en songthaew *- 8h-16h30 - 20 bahts.*

Ce curieux « parc religieux » fut créé en 1978 par un artiste mystique originaire du Laos (l'auteur a aménagé un parc similaire, le parc de Bouddha, côté

LES PONTS DE L'AMITIÉ

Parachevant la route de l'Amitié thaïlando-laotienne (Friendship Highway), qui relie Bangkok à Vientiane, le **pont de l'Amitié** (Thai-Laos Friendship Bridge) qui franchit le Mékong est un symbole en soi. Fierté régionale et nationale des deux côtés du fleuve frontière, cet immense arc tendu annonce aussi le jeune et fragile renouveau économique du Laos. Long de 1 240 m, l'ouvrage fut inauguré en 1994. Depuis 2007, le Friendship Bridge 2 enjambe également le Mékong au niveau de Mukdahan *(voir p. 351)* qu'il relie ainsi à Savannakhèt, au Laos. Plus haut sur le fleuve, le Friendship Bridge 3 relie depuis 2011 Nakhon Phanom à Thakhèk au Laos. Le 4e reliant, Chiang Khong (province de Chiang Rai) à Huayxai (Laos), devrait être terminé en 2014 et le 5e est prévu pour 2017.

Chai Khong Street, Chiang Khan.
I. Cook / age fotostock

Laos ; *voir page suivante*). À la manière d'une bande dessinée en trois dimensions – ou de l'œuvre d'un Facteur Cheval oriental –, une multitude de statues monumentales en ciment bariolé racontent les grands mythes hindous et bouddhiques, ainsi que quelques légendes locales. On se promène de scène en scène à travers un vaste jardin, l'occasion d'une balade culturelle insolite pour comprendre en images quelques notions phares de la très complexe mythologie hindo-bouddhique.
Poursuivez au sud de Nong Khai par la route n°2, puis prenez la route 2021 à droite jusqu'à Ban Phu. De là, suivez la route 2266 sur 12 km.

★★ Le parc historique de Phu Phra Bat B1

À 62 km au nord-ouest de Nong Khai - 8h-16h30 - 100 bahts - comptez 2 à 3h.

4

Le parc présente sur 580 km^2 un surprenant paysage hérissé de formations rocheuses en grès sculptées par l'érosion. Le plan distribué à l'entrée détaille les parcours et signale les curiosités que relient des sentiers balisés, serpentant à travers des sous-bois de bambous et de tecks, dans un décor empreint de mystère et de sacré où chaque grotte, chaque rocher a pris valeur de sanctuaire. Et ce depuis la nuit des temps : on y a en effet découvert des **peintures rupestres★** qui témoignent d'une présence humaine vieille de sept à huit mille ans.
À l'ouest du parc, des bovidés ornent les parois de **Tham Wua**, tandis que **Tham Khon** révèle huit figures humaines exécutant une danse rituelle. Dans la partie est, niché au milieu d'un remarquable ensemble de boulders, le beau bouddha assis de **Tham Phra** est entouré de roches aménagées en sanctuaires où les fidèles continuent de déposer des offrandes.
Sortez du parc et prenez à droite au niveau de la billeterie pour gagner le **Wat Phra Phut Thabat Bua Bok**, le temple du « Lotus terrestre », qu'entoure un véritable chaos de rochers ; son *chedi* blanc, coloré de mosaïques, imite le Wat Phra That Phanom *(voir « That Phanom », p. 351)*. Plus loin se trouve une autre grotte ornée de peintures rupestres, le **Tham Non Saoeh**.

★ ESCAPADE AU LAOS : VIENTIANE (VIANGCHAN) B1

À 20 km de la frontière, par le pont de l'Amitié - comptez env. 1h30 de trajet en venant de Nong Khai (plus aux heures de pointe, surtout vers midi quand il y a foule à la frontière).

Bon à savoir – Pour vous rendre au Laos, vous avez besoin d'un visa. Pour l'obtenir, voir ci-dessous.

Avec ses dimensions modestes et son atmosphère sereine, la capitale du Laos a plutôt des allures de tranquille bourgade de province. Dans les rues jalonnées d'échoppes, les traditions laos – telles ces belles soieries noires décorées de fines broderies – rappellent à chaque instant au visiteur qu'il est de l'autre côté de la frontière. Mais la ville garde aussi l'empreinte de son passé colonial, mêlant sur ses boulevards arborés le charme désuet des résidences françaises du 19e s. à la froideur de quelques façades d'immeubles d'architecture soviétique.

Entre ces vieilles maisons coloniales aux volets délabrés, vous découvrirez quelques-uns des temples locaux, à peu près tous regroupés dans le centre-ville. Vientiane recèle en effet d'innombrables sanctuaires bouddhiques, qui comptent parmi les plus beaux du Laos. Le **Wat Ong Teu★**, notamment, mérite un détour pour son monumental bouddha de bronze. Jetez aussi un coup d'œil au **Wat Si Saket★**, seul sanctuaire rescapé de la destruction de la ville par les Siamois en 1828. Pas moins de 2 052 bouddhas de bronze, de bois ou de terre cuite occupent les niches de l'enceinte du cloître.

Arrêtez-vous aussi devant la belle façade du **Haw Pha Kaew**, l'ancien temple royal, aujourd'hui restauré et transformé en musée. Seul élément d'origine : la superbe **porte sculptée★★** du *wihan*.

Le sanctuaire le plus remarquable reste le fascinant **Pha That Luang★★** (Grand Stupa), un peu excentré au nord de la ville. Ce temple moderne et flamboyant, site sacré entre tous dans le pays, est devenu un emblème de la nation lao.

Vous achèverez votre escapade par une balade au **parc de Bouddha** (Xieng Khuan), tout près de la ville, pendant laotien de celui que l'on visite près de Nong Khai. Il renferme des sculptures tout aussi excentriques. Le soir venu, profitez de la douceur de l'atmosphère sur les rives aménagées du Mékong.

NOS ADRESSES DE LOEI À NONG KHAI

INFORMATIONS UTILES

Poste – *Th. Michai - Nong Khai.*

Visa – Méfiez-vous des agences de voyages et des hôtels qui proposent d'obtenir un visa pour le Laos dans la journée. Pour être en règle, faites votre demande auprès des autorités laotiennes, de l'autre côté de la rivière, en vous adressant au guichet *Visa on arrival*.

ARRIVER / PARTIR

En bus

De Chiang Khan – Les départs des bus pour Loei *(1h de trajet)* et les alentours se font près de la station Shell. Pour Nong Khai *(5h de trajet)*, par la route 211, le service est très irrégulier, excepté le matin.

Gare routière de Nong Khai – *Th. Praesem, près du marché Pho Chai.* Nombreux bus tlj pour les villes de la région, dont Udon Thani *(1h de trajet)* et Loei *(4h de trajet)* ainsi que Bangkok *(9h)*.

En bateau

De Chiang Khan – On peut rejoindre Pak Chom par le fleuve, en louant un *long tail* *(env. 3 000 bahts - 6h).*

En train

Gare de Nong Khai – *À 2 km à l'ouest de la ville, vers le pont de l'Amitié*. De Bangkok, 3 trains/j. (dont un de nuit).

HÉBERGEMENT

À Chiang Khan

La rue bordant le Mékong regorge de pensions familiales établies dans des maisons traditionnelles en bois. La plupart ne proposent qu'un hébergement sommaire, avec sdb commune. Les hôtels plus récents, assurant plus de confort mais moins de charme, sont construits en béton. Liste disponible à l'Information Center.

PREMIER PRIX

Loogmai Guesthouse – *112 Th. Chaikhong, Soi 5 - ☎ 086 234 00 11 - loogmaiguest@thaimail.com - - 5 ch. - 450/550 bahts* - Un cachet indéniable, une esthétique sobre et de bon goût : cette maison blanche aux allures coloniales, a été décorée par l'artiste peintre qui l'habite. Seul bémol pour ces chambres spacieuses et claires, elles partagent des sanitaires communs. Location de vélos, Wifi.

Tonkhong Guesthouse – *62/1 th. Chaikhong, Soi 3 à 4 - ☎ 04 282 18 79 - - 8 ch. - 500/800 bahts*. Les chambres de ce bâtiment sans charme sont certes un peu spartiates mais l'amabilité de l'accueil (en anglais) et les services proposés compensent largement le manque de cachet. Les moins chères partagent des sanitaires communs. Une agréable petite terrasse à l'étage donne sur le Mékong. Location de vélos, Wifi.

POUR SE FAIRE PLAISIR

River Mountain Resort – *à 1,5 km sur la route de Tha Li - ☎ 04 282 21 91 - www.chiangkhanrivermountain.com - P - 46 ch. - 2 200/3 500 bahts*. Ouvert en 2012, c'est sans conteste l'établissement le plus confortable de la ville. De plain-pied ou en étage, chaque chambre dispose d'une terrasse privative, les *Deluxe* donnant directement sur le Mékong. Balancelles sur des pelouses à l'anglaise, parterres de fleurs… Le calme absolu et la vue en font une étape plus que plaisante. Wifi.

À Pak Chom

PREMIER PRIX

Pakchom Resort – *1 km à la sortie de la ville dir. Nong Khai, sur la gauche - ☎ 04 288 10 33 - P - 12 ch. - 300/400 bahts*. Des bungalows corrects et même coquets. Vous ne bénéficierez pas d'une vue sur le fleuve, mais le cadre, planté d'arbres tropicaux, a du charme, et l'accueil est chaleureux. Restauration possible le midi seulement.

À Tha Bo

BUDGET MOYEN

Ban Thai Tha Bo – *À l'entrée de la ville en venant de Sangkhom, sur la gauche avant le petit pont - ☎ 087 221 71 61 ou 081 975 88 45 - www.banthai-thabo.com - P - 6 ch. - 700/900 bahts*. Entre les cultures de tabac et le Mékong, de superbes maisons traditionnelles aux chambres spacieuses et confortables. Cours de cuisine et massages, vélos à disposition.

À Nong Khai

PREMIER PRIX

Mut Mee Guesthouse – *1111/4 Th. Kaeworawut - ☎ 04 246 07 17 - www.mutmee.com - - 28 ch. - 380/1 000 bahts*. Cette pension nichée au milieu d'un jardin foisonnant, en surplomb du Mékong, est le lieu de séjour favori des voyageurs occidentaux s'apprêtant à gagner le Laos. Elle propose un vaste choix de chambres au confort inégal ; pour mieux vous décider, voyez-en plusieurs. Excellent restaurant végétarien, dans le jardin. Renseignements sur la région, location de vélos. Wifi.

BUDGET MOYEN

Pantawee Hotel – *1049 Th. Haisoke - ruelle perpendiculaire au Mékong, à l'angle du Village Weaver Handicraft - ✆ 04 241 15 68 - www.pantawee.com - ▤ P ⛱ ✕ - 45 ch. - 875/1 200 bahts.* Disposées sur deux étages, les chambres assurent un confort maximum : bonne literie, ordinateur, Wifi, lecteur DVD, minibar, etc. Certaines disposent d'une baignoire et d'un balcon – hélas, aucune n'a vue sur le fleuve, à deux rues de là. Spa, massages, bar, les services sont également au rendez-vous.

RESTAURATION

À Chiang Khan

PREMIER PRIX

Ra Biang – *299/4 Th. Chaikhong, Soi 9 à 10 - ✆ 04 282 15 32 - 11h-22h - env. 150 bahts.* La grande salle ventilée s'avance en terrasse sur le Mékong. Une carte de cuisine chinoise assez classique propose poulet au cajou, crevettes aux champignons, soupes et salades pour tous les goûts. En prime, les derniers rayons du soleil couchant sur les montagnes du Laos…

À Nong Khai

PREMIER PRIX

Deang Namnuang The Terrace – *525/527 Th. Rimkhong (la rue piétonne longeant le fleuve) - ✆ 04 241 19 61 - 8h-20h - 180/250 bahts.* Un excellent restaurant vietnamien dont la réputation a dépassé les frontières de la ville. Belle terrasse donnant sur le Mékong. L'établissement propose aussi de la vente à emporter, d'où les longues files d'attente dans la rue.

Nagarina River Cruise – *Accès par l'escalier devant la Mut Mee Guesthouse - ✆ 04 241 22 11 - www.nagarina.com - 10h-21h - ⊭ - 120/200 bahts.* Le bateau largue les amarres à 17h30 pour un tour d'1h *(100 bahts/pers. en plus du repas)*. Comme souvent dans ce genre de formule, la cuisine n'a rien d'exceptionnel, mais la balade avant le coucher du soleil vaut le détour.

BOIRE UN VERRE

À Chiang Khan

Rimkhong Pub – *294 Th. Chaikhong, Soi 8 - http://rimkhong.free.fr.* Le bar attenant à la *guesthouse* du même nom centralise l'activité nocturne de Chiang Khan. L'ambiance n'en est pas moins électrique certains soirs en haute saison.

ACHATS

Village Weaver Handicrafts – *Th. Prajak, 1151 - angle Th. Haisoke - ✆ 04 242 26 51 - 8h30-19h.* Soieries et cotonnades à bons prix et vêtements sur mesure faits en 1 ou 2 jours.

AGENDA

Wan Awk Phansa – En oct. à Chiang Khan. Pour la fête de la Fin des pluies, chaque temple accueille une reproduction en cire sculptée d'un *prasat* (lieu saint), tandis que le fleuve devient le théâtre de régates animées.

Udon Thani et Ban Chiang

★★

228 738 habitants à Udon Thani – Province d'Udon Thani

NOS ADRESSES PAGE 346

S'INFORMER

Tourism Authority of Thailand à Udon Thani – *16/5 Th. Mukkhamontri - autre entrée sur Th. Tesar qui longe la rive est du lac Nong Prajak - ✆ 04 232 54 06 - 8h30-16h30.* Plan de la ville, accueil anglophone.

SE REPÉRER

Carte de région B1 (p. 332-333) – *carte Michelin 751, D7-8.* Udon Thani se trouve à 148 km à l'est de Loei et à 55 km au sud de Nong Khai.

Voir aussi la rubrique « Arriver/partir » dans « Nos adresses ».

ORGANISER SON TEMPS

Profitez des restaurants d'Udon Thani, qui servent une excellente cuisine locale. Prévoyez de dormir à Ban Chiang plutôt qu'à Udon Thani.

Loin des circuits touristiques et moins riche d'attraits, la région d'Udon Thani attire surtout les férus d'archéologie ou d'histoire, qui s'y retrouvent autour des vestiges protohistoriques de Ban Chiang, inscrits au Patrimoine de l'Unesco depuis 1992. La province, où les traditions locales du textile et de l'agriculture côtoient les nouvelles industries, dépeint un excellent tableau de la Thaïlande d'aujourd'hui et de ses paradoxes.

Se promener Carte de région

UDON THANI

À 45 km au sud de Nong Khai.

Petite capitale provinciale née au 19e s., Udon Thani a connu une métamorphose brutale dans les années 1970, lors de la guerre du Vietnam, avec l'implantation d'une garnison américaine. Les bars, les discothèques et les salons de massage qui bordent toujours les grandes artères de la ville rappellent cette occupation occidentale et confèrent au lieu une atmosphère singulière, peu typique de la région. Quoi qu'il en soit, cette situation entraîna un essor économique sans précédent, ce qui vaut aujourd'hui à la ville d'être le principal foyer commercial de la région. Seul intérêt de l'étape : les berges verdoyantes et calmes du **lac Nong Prajak**, au nord-ouest, où il fait bon se détendre un moment.

★★ BAN CHIANG

À 50 km à l'est d'Udon Thani – comptez 2h.

D'Udon Thani, prenez la route 22 vers l'est sur 44 km, puis au village de Nong Mek, tournez à gauche (fléché) et poursuivez sur 6 km.

En 1966, la découverte fortuite d'objets anciens vint bouleverser la chronologie jusqu'alors en vigueur, qui plaçait l'origine de l'âge du bronze en Mésopotamie. Des fouilles entreprises immédiatement sur le site de **Wat Pho Si Nai** mirent au jour une nécropole vieille de 6 millénaires, réunissant 52 squelettes humains, entiers ou partiels, allongés ou repliés en position fœtale, ainsi que des jarres contenant des dépouilles de nourrissons. Nombre d'objets accompagnaient ces sépultures : non seulement des poteries, mais aussi des bijoux, des armes et des outils en bronze. Ce matériel, exceptionnel pour l'époque, fait de Ban Chiang l'une des plus anciennes civilisations au monde à maîtriser cet alliage. L'origine de ce peuple reste encore inconnue, mais les archéologues ont distingué sept niveaux de cultures différentes, s'échelonnant de 3600 av. J.-C. à 500 ap. J.-C. Ces strates révèlent une société d'agriculteurs très organisée, dont les membres logeaient dans des maisons sur pilotis, cultivaient le riz, pratiquaient l'élevage et la chasse.

Les innombrables objets mis au jour montrent combien ces hommes étaient d'habiles artisans : outre les objets en bronze, ils ont laissé de superbes poteries peintes aux décors ocre rouge aussi originaux que raffinés : volutes, spirales et motifs « cordés », mais aussi figures animales et humaines, dont les symboles – s'il y en a – demeurent inconnus. La beauté de ces pièces a donné naissance à un nouvel artisanat local et, grâce au tourisme, les villages de potiers se sont multipliés dans la région ; une balade à vélo vous permettra d'en découvrir quelques-uns.

Le **Musée national de Ban Chiang** *(8h30-16h30 sf lun. - 150 bahts - photo sans flash)* raconte le quotidien et l'évolution de cette civilisation, explicite le travail des archéologues et rassemble la plupart des trésors exhumés : haches, fers de lance, restes humains et animaux, pointes de flèche, bracelets et colliers en perles de verre, ainsi qu'une remarquable collection de **poteries peintes★**.

Traversez ensuite le village aux maisons de bois pour gagner le **Wat Pho Si Nai** *(à 500 m - 8h30-18h - même billet)* où a été reconstituée la première nécropole découverte. Les fouilles archéologique se poursuivent dans les villages alentour.

NOS ADRESSES À UDON THANI ET BAN CHIANG

INFORMATIONS UTILES

Poste/Téléphone – Poste principale d'Udon Thani - *Th. Wattana Nuwong* - Télécommunication à l'étage.

Santé – **Hôpital international Aek Udon** - *555/5 Th. Pho Si - Udon Thani.* Le meilleur hôpital de la région. Médecins anglophones.

Sécurité – Police touristique - *55/55 Th. Naresuan - Udon Thani - ✆ 11 55.*

ARRIVER / PARTIR

En avion

Aéroport d'Udon Thani – *À 6 km d'Udon Thani.* Vols tlj de/vers Chiang Mai et Bangkok avec Nok Air.

En train

Gare ferroviaire d'Udon Thani – *À l'est du centre-ville.* 4 trains/j. pour Nong Khai, 2/j. pour Khorat et 2 trains de nuit de/pour Bangkok.

En bus

Udon Thani Terminal n° 1 – *près de Th. Sai Uthit - sud-est du centre.* Centralise les bus pour Nakhon Phanom *(ttes les 2h - 5h de trajet)*, Ubon Ratchathani *(4 à 5 bus/j. - 6h)*, Khorat *(ttes les h - 4h)*, Khon Kaen *(ttes les h - 2h)* et Bangkok *(matin et soir- 8h).*

Udon Thani Terminal n° 2 – *au nord-ouest.* Bus de/vers Nong Khai *(ttes les 30mn - 1h de trajet)*, Loei *(ttes les h - 3h)*, Nakhon Phanom *(ttes les h - 5h)*. Quelques bus pour Chiang Mai *(8h de trajet).*

Pour rejoindre Ban Chiang – Du terminal n° 2, prendre un bus pour Sakon Nakhon *(ttes les h - 1h30 de trajet)* et descendre à Nong Mek d'où un *tuk-tuk* vous conduira au village *(6km)*.

HÉBERGEMENT

À Udon Thani

BUDGET MOYEN

Ton Koon Hotel – *50/1 th. Makkang - 04 232 63 36 - - 115 ch. - 700/1 300 bahts.* Un établissement bien tenu, au confort standard qui jouit d'une réputation méritée. Dotées de grandes fenêtres, de baignoire et d'une bonne literie, les chambres s'avèrent plaisantes malgré leur moquette défraîchie. Wifi.

POUR SE FAIRE PLAISIR

Centara Convention Center – *277/1 th. Prajak Silpakorn - 04 234 35 55 - www.charoensrigrand.com - - 255 ch. - 1 700/4 500 bahts.* Un grand hôtel chic, bien situé dans un quartier commercial, à côté du Charoensri Complex. Chambres spacieuses et bien équipées, avec moquette. Piscine au 5e étage, restaurants et discothèque.

À Ban Chiang

Les *home stays* du village constituent une bien meilleure option que les hôtels urbains et peu conviviaux d'Udon Thani.

PREMIER PRIX

Welcome Homestay – *À l'entrée de Ban Chiang à droite en venant de Nong Mek - 086 863 69 15 - - 3 ch. - 500/600 bahts.* Au fond d'un jardin, cette demeure en bois décorée avec soin vous réserve une étape au calme. Accueil prévenant, en thaï exclusivement.

Lakeside Sunrise Guesthouse – *153/2 Th. Ban Chiang-Nonghan - à 300 m du musée - 08 01 93 43 00 - - www.tongbanchiang@hotmail.com - 8 ch. - 600/700 bahts.* Rénové en 2013, ce pavillon établi dans un jardin fleuri parmi manguiers et bananiers abrite des chambres dépouillées avec terrasse donnant sur le lac-réservoir. Accueil chaleureux. Wifi.

RESTAURATION

À Udon Thani

PREMIER PRIX

Rabieng Patchanee Terrace Restaurant – *1155/9 Th. Prajak Silpakorn - 04 232 58 90 - 9h-22h30 - 150/250 bahts.* Un restaurant réputé auprès des habitants, très bien situé sur la rive est du lac. Servie en terrasse ou dans la salle climatisée, une excellente cuisine thaïe et chinoise.

Siem hai – *Th. Makkang (en face du Ton Koon Hotel) - 04 224 31 78 - 11h-22h30 - 250/300 bahts.* Excellent restaurant chinois, proposant une carte variée dans une grande salle climatisée. Il a gardé la tradition des tables de bois au plateau central tournant.

À Ban Chiang

PREMIER PRIX

Au marché, au bout de la route principale, soupes et brochettes jusqu'en fin d'après-midi. Le soir, rendez-vous face au musée où plusieurs gargotes installent tables et chaises pour vous servir une cuisine locale à tous petits prix. Vous trouverez également ici une épicerie générale.

ACTIVITÉS

Location de vélo – *au Visitors center de Ban Chiang - à 30m à gauche en sortant du musée 8h30-16h30 - 10 bahts/j.*

Vers Nakhon Phanom

En descendant le Mékong

30 812 habitants à Nakhom Phanom – Provinces de Nong Khai et de Nakhon Phanom

NOS ADRESSES PAGE 349

S'INFORMER

Tourism Authority of Thailand – *Th. Sunthon Wijit - sur le fleuve - Nakhon Phanom - ✆ 04 251 34 90 - 8h30-16h30.*

SE REPÉRER

Carte de région BCD1 (p. 332-333) – *carte Michelin 751, CD7-8-9.* Nathon Phanom est à 296 km au sud-est de Nong Khai et à 240 km à l'est d'Udon Thani.
Voir aussi la rubrique « Arriver/partir » dans « Nos adresses ».

À NE PAS MANQUER

À Nakhon Phanom, la vue sur le Mékong.

Aux confins de l'Isan, dans les petites villes au bord du Mékong, la proximité du Laos se fait sentir sur les marchés avec leurs échoppes de vannerie, leurs vêtements et leurs textiles aux motifs traditionnels, mais aussi dans les maisons de bois et les temples. Un appel à franchir le Mékong, ou bien à descendre son cours à la découverte d'une région méconnue.

Circuit conseillé Carte de région

Au départ de Nong Khai, circuit vert clair de 315 km tracé sur la carte de région (p. 332-333) – comptez une journée.

LE LONG DU MÉKONG PAR LA ROUTE 212 BCD1

De Nong Khai, pour continuer vers l'est, vous avez le choix entre deux chemins. Le plus rapide *(296 km)* consiste à passer par Udon Thani en empruntant l'axe principale (route 22) ; le second suit la **route 212**, qui longe le Mékong jusqu'à Nakhon Phanom *(320 km).* Hors des sentiers battus, cette route passe à travers une campagne qui, si elle n'a rien d'extraordinaire, vous plongera dans le quotidien des campagnes de l'Isan, loin, très loin des rythmes urbains.

★ Nakhon Phanom

Comptez 3h.

Avec ses espaces verts, ses larges rues arborées et son atmosphère tranquille, la « ville des Collines » offre une étape agréable. Des berges, on découvre de très belles **vues**★★ sur le Mékong et les montagnes laotiennes, tandis que les rives aménagées du fleuve – avec même, au sud de la ville, une plage de sable en saison sèche ! – invitent à la détente et à la promenade.

L'influence de sa population cosmopolite (venue de toute la péninsule indochinoise), dont une forte communauté catholique, se mêle à celle de l'Occident, visible dans certains édifices : la **tour-horloge** qui marque le cœur de la cité, à deux pas de la berge du Mékong, ou la **Bibliothèque nationale** *(derrière le TAT)*, un bâtiment d'inspiration française. Le **Wat Okat Si Bua Ban** *(sur la rive)*, construit au 17e s., conserve des stucs et de belles peintures murales.

Poursuivez votre voyage vers le sud par la route 212.

NOS ADRESSES À NAKHON PHANOM

INFORMATIONS UTILES

Poste – *Sur le quai, à 50 m du TAT et de la police.*

ARRIVER / PARTIR

En avion – Aéroport national de Nakhon Phanom - *à 16 km du centre-ville*. 1 vol/j. pour Bangkok avec Nok Air.

En bus – Gare routière - *au sud-ouest du centre*. Liaisons fréquentes avec That Phanom *(1h)*, Mukdahan *(2h)* et *Udon Thani (5h)*. Trois bus le matin pour Nong Khai *(6h)* et 4 pour Ubon Ratchathani *(5h)*. De 16h à 19h, départs ttes les 30mn pour Bangkok *(12h)* via Khorat.

Accès au Laos - Inauguré en 2011, le Friendship Bridge 3, à 8 km au nord de la ville, relie Nakhon Phanom à Thakhèk *(8 bus/j. - de la gare routière)*.

HÉBERGEMENT

PREMIER PRIX

Grand Hotel – *210 Th. Sri Tep - ✆ 04 251 37 88 - 43 ch. - 220/470 bahts*. Central, cet hôtel à l'accueil sympathique propose des chambres simples, propres et bien tenues, certaines avec climatisation, TV et petit balcon. Très bon rapport qualité-prix. Le patron pourra vous fournir des informations sur la ville et la région. Wifi à la réception.

BUDGET MOYEN

Nakhon Phanom River View Hotel – *route de That Phanom - à 2 km au sud du centre - ✆ 04 252 23 33 - 122 ch. - 1 000/1 700 bahts*. Les petits bâtiments alignés face au fleuve disposent de terrasses privatives tandis que les chambres de l'édifice principal jouissent d'une superbe vue sur le Mékong. Confort et entretien corrects sans plus. Wifi aléatoire.

RESTAURATION

PREMIER PRIX

Knot – *494 Th. Apiban Bancha - près du marché, face à Hitachi - ✆ 04 251 19 94 - 8h-20h - 100/170 bahts*. Ne cherchez pas d'enseigne en anglais, il n'y en a pas. La salle de ce restaurant familial aux nappes fleuries est une des meilleures adresses de la ville. Carte en anglais avec photos des plats. Pensez à demander *« ao mai pet »* si vous ne supportez pas le piment.

ACHATS

Marchés – Le marché indochinois de jour *(près de la tour-horloge, face au fleuve)* et celui de nuit *(3 blocs à l'ouest de la tour-horloge)* vendent toutes sortes d'objets insolites. Ambiance « interrégionale ».

Tissus / Soieries – *Deux magasins, aux nos 92 et 94 de Th. Sri Tep, entre l'horloge et le Grand Hotel - 8h-19h*. Choix intéressant de tissus traditionnels vendus à la pièce ou au mètre.

ACTIVITÉS

Mekong River Cruise – *Devant le marché indochinois - départ à 17h*. Balade sur le fleuve *(50 bahts/pers. pour 1h)*.

AGENDA

Lai Rue Fai Festival – *Pleine lune d'oct-nov*. Toutes les nuits durant une semaine, spectaculaires processions de bateaux illuminés.

That Phanom

★★

Mukdahan

★

Sur la frontière laotienne

12 847 habitants à That Phanom – Province de Nakhon Phanom
26 000 habitants à Mukdahan – Province de Mukdahan

NOS ADRESSES PAGE 352

S'INFORMER

Tourism Authority of Thailand à Mukdahan – *Th. Phithak Phanom Khet - au grand rond-point - derrière l'hôtel Submukda - ✆ 04 261 29 92 - 9h-17h sf dim.* Plan de la ville.

SE REPÉRER

Carte de région D1 (p. 332-333) – *carte Michelin 751, E9.*
Voir aussi la rubrique « Arriver/partir » dans « Nos adresses ».

À NE PAS MANQUER

Le prestigieux Wat Phra That Phanom ; à Mukdahan, une balade en fin de journée sur les berges du Mékong.

Dans ce ravissant décor de verdure et de quiétude que forment les confins orientaux de l'Isan, baignés par le Mékong, le temps semble parfois s'être arrêté et le voyageur se sent bien loin de la Thaïlande urbaine et touristique. Ici, la tradition demeure, le respect du sacré aussi, comme à That Phanom, haut lieu de pèlerinage où convergent par milliers les fidèles Thaïlandais et Laotiens. Mais dépêchez-vous d'en profiter : l'ouverture d'un deuxième pont de l'Amitié à Mukdahan, porteur de mille promesses quant à de nouvelles perspectives économiques sur l'axe de croissance Thaïlande-Laos-Vietnam, pourrait changer la donne très vite…

Second Thai-Lao Friendship Bridge, pont franchissant le Mékong.
S. Auth / imagebroker / age fotostock

Circuit conseillé Carte de région

▶ *Circuit turquoise de 55 km tracé sur la carte de région (p. 332-333) – comptez une journée.*

DE THAT PHANOM À MUKDAHAN

★★ That Phanom

▶ *À 54 km au sud de Nakhon Phanom - la route traverse de beaux paysages de rizières irriguées.*

Les vieilles maisons de bois du centre confèrent un charme désuet à cette petite bourgade qui doit sa renommée au **Wat Phra That Phanom★★**, un temple hautement vénéré par les bouddhistes d'Isan et du Laos. Son *chedi* central, un ouvrage de brique et de stuc de style cham-khmer, remonte au 10e s. Haut de 53 m, l'édifice s'écroula à la suite de pluies violentes, mais sa reconstruction en 1979 lui redonna toute sa majesté. Sa base carrée sert de support à des panneaux sculptés racontant la légende des cinq hommes à qui l'on doit la fondation du temple, tandis que des pierres précieuses et des anneaux d'or sertissent la base de la flèche, elle-même ornée de lotus d'or figurant le chemin vers l'illumination. Ne manquez pas de faire le tour du **cloître★**, enceinte basse ornée de délicats motifs floraux et d'innombrables bouddhas assis, devant lesquels les fidèles déposent fleurs de lotus, offrandes de riz et bâtons d'encens dans un incessant défilé.

▶ *Quittez That Phanom par la route 212, qui longe la frontière laotienne.*

★ Mukdahan

▶ *À 52 km au sud de That Phanom.*

Reliée depuis 2007 par le Friendship Bridge 2 à la ville de Savannakhèt, établie juste en face sur la rive laotienne, Mukdahan a vu sa population quintupler en quelques années et poursuit son développement économique grâce à l'ouverture des frontières, qui favorise de plus en plus les échanges commerciaux entre les deux pays.

Sur la berge du Mékong, le **marché indochinois** (Talat Indojin) vend tout ce que l'Isan, le Laos et le Vietnam comptent de trésors : cotonnades et soieries, chapeaux coniques et statues religieuses, copies d'ancien et gadgets de Chine.

À proximité, caché parmi les banians centenaires de l'avenue, le **Wat Si Mongkon Thai** abrite un impressionnant bouddha assis de style lao.

Au sud de la ville, la moderne **église Songkhom** compte parmi les plus vastes de toute l'Asie. Elle accueille la tombe de sept martyrs.

NOS ADRESSES À THAT PHANOM ET MUKDAHAN

INFORMATIONS UTILES

Poste – *Au grand rond-point - angle Th. Phithak Phanom Khet et Th. Phithak Santirat - Mukdahan.*
Santé – **Mukdahan International Hospital** - *Th. Don Tan - près de l'hôtel Ban Chan Muang.*
Visa – Poste d'immigration de Mukdahan - *à côté de l'embarcadère, au nord du marché indochinois.*

ARRIVER / PARTIR

En bus

Gare routière de That Phanom – *À env. 500 m du grand chedi - sur la route principale.* Bus ttes les h de/vers Mukdahan *(1h)*, Nakhon Phanom *(1h)*, Ubon Ratchathani *(5h)* et Khorat *(6h30)*. Bus de nuit pour Bangkok *(11h)*.
Gare routière de Mukdahan – *Sur la route 212 - à 300m du centre commercial Big C.* Liaisons fréquentes avec That Phanom *(1h)*, Nakhon Phanom *(2h)*, Ubon Ratchathani *(3h)* et Savannakhèt *(Laos - 45mn)*. 9 bus/j. pour Khorat *(6h)*, un bus le matin et 6 le soir pour Bangkok *(10h)*.

En ferry

À partir de Mukdahan – Traversée vers le Laos à condition d'avoir un visa en bonne et due forme. Liaisons avec Savannakhèt ttes les h de 9h30 à 16h30 *(50 bahts)*.

HÉBERGEMENT

À That Phanom

PREMIER PRIX

Rimkhong View Resort – *À 1 km au nord du centre - sur le fleuve - ✆ 08 72 33 31 64 - ▤ P ✕ - 9 ch. - 500/850 bahts.* Ouvert en 2012, ce petit motel au bord du Mékong propose des chambres bien équipées. Les plus chères, à l'étage, partagent une grande terrasse regardant le Laos. Une bonne alternative aux 5 ou 6 pensions similaires situées plus près du centre, prises d'assaut lors des fêtes religieuses et pèlerinages. Wifi.

BUDGET MOYEN

That Phanom River View Hotel – *Au centre du quai - ✆ 04 254 15 55 - www.thatphanomriverviewhotel.com - ▤ P ✕ - 68 ch. - 850/1 500 bahts.* L'établissement, flambant neuf, distribue ses chambres sur 3 étages dans un bâtiment en L. Sobrement meublées, très claires et disposant d'une bonne literie, elles ouvrent sur de plaisantes terrasses privatives. Karaoké, Wifi.

À Mukdahan

PREMIER PRIX

Submukda Grand Hotel – *33/47 Th. Samuk Sakdarak - ✆ 04 263 34 44 - ▤ P - 68 ch. - 400/500 bahts.* Un hôtel central aux chambres confortables, spacieuses et lumineuses pourvues de balcons : bref, un excellent rapport qualité-prix. Wifi, ascenseur.
River View Hotel – *Th. Samran Chai Khong - à 500 m au sud du centre-ville - ✆ 04 263 33 23 - ▤ P ✕ - 15 ch. - 650 bahts.* Au calme entre le Wat Si Gun Wang et le fleuve, accueil adorable dans ce petit hôtel aux chambres carrelées impeccables qui bénéficie en outre d'un restaurant *(soir uniquement)* en terrasse. Massages, Wifi.

BUDGET MOYEN

River City Hotel – *Don Tan Rd - à 400 m au sud du centre-ville - ✆ 04 261 54 44 - http://rivercitymuk.com - ▤ P ⛱ ✕ - 139 ch. - 750/960 bahts ☕.* Bon accueil dans l'ex-Ploy Palace, bien tenu et proposant de nombreux services (massage, sauna, karaoké, etc.). Piscine au 3e étage et restaurant au 10e étage, livrant une vue panoramique sur la ville et sur le Mékong au loin. À défaut de charme, vous y apprécierez un zeste de luxe. Wifi.

RESTAURATION

À That Phanom

PREMIER PRIX

Les guinguettes du Mékong – *Sur le fleuve - 8h-23h - 120/250 bahts*. Au milieu du quai se succèdent une dizaine de terrasses de guingois montées sur pilotis. Elles servent une cuisine lao-sino-thaïe variée que pèlerins et touristes autochtones arrosent abondamment de Mékong (le whisky local). La soirée s'avançant, le karaoké prend du service. Vérifiez votre addition.

À Mukdahan

PREMIER PRIX

Sukhawadee – *Th. Samran Chai Khong - sur la berge, juste avant le River View Hotel - 04 261 18 82 - 9h-22h - 100/200 bahts*. Très prisé par les touristes locaux avec sa salle climatisée et sa terrasse sur le Mékong. Carte en anglais, proposant de bons plats thaïs et chinois, servis avec soin.

BUDGET MOYEN

Good Mook – *Th. Song Nang Sathit, non loin du Wat Si Mongkon Thai - 04 261 20 91 - 9h-22h sf lun. - 250/400 bahts*. Ce *Traveller Café* est le rendez-vous des *farangs* de passage qui retrouvent là, dans une ambiance bobo branchée, les classiques de la cuisine thaïe adoucis et adaptés aux palais occidentaux, mais aussi *T-bone* et pavé de saumon grillé. Location de vélos, Wifi.

PETITE PAUSE

À Mukdahan

Pith Bakery – *Th. Phithak Santirat - face à la Police Station - 8h-19h*. Deux tables dans une boutique familiale où savourer des gâteaux et boire un café frappé.

ACHATS

À That Phanom

Marché laotien – *Lun. et jeu.* Orchidées, vêtements, vaisselle : vous y dénicherez un peu de tout dans une atmosphère pittoresque.

Tissus / Soieries – Dans le centre, un choix intéressant de tissus traditionnels, notamment laos, et de vêtements en soie.

Objets religieux – Boutiques de souvenirs et d'images pieuses s'alignent de part et d'autre de la rue commerçante reliant le Wat Phra Tat Phanom au Mékong.

À Mukdahan

Marchés – Comme à Nakhon Phanom, ville frontalière, le marché indochinois promet une ambiance haute en couleur.

Paninee – *Th. Sumap Sak Da Rak - face au 7/Eleven - 8h-21h*. Soieries de l'Isan vendues au mètre et quelques vêtements prêt à porter.

ACTIVITÉS

De Mukdahan

Excursions – **Parc national de Phu Phra Thep** - *à 16 km au sud de la ville*. Prendre un *songthaew* dans Th. Sumap Sak Da Rak *(30mn de course)*. Négociez pour que le conducteur vous dépose au plus près de l'entrée du parc, d'où il vous restera 2 km de marche.

AGENDA

That Phanom Festival – *Pleine lune de fév.-mars*. Durant une semaine, festival de pagode autour du chedi le plus sacré du pays. Les pèlerins affluent de tout le pays et même du Laos.

Le Triangle d'Émeraude

Autour d'Ubon Ratchathani

★★

93 000 habitants à Ubon Ratchathani – Province d'Ubon Ratchathani

NOS ADRESSES PAGE 357

S'INFORMER

Tourism Authority of Thailand – *264/1 th. Khuan Thani - à 400 m à l'est du musée - Ubon Ratchathani - 04 524 37 70 - 8h30-16h30.* Bon accueil, informations sur la province et plan de la ville.

Site des parcs nationaux de Thaïlande : www.dnp.go.th.

SE REPÉRER

Carte de région D2 (p. 332-333) – *carte Michelin 751, F9-10.* À 315 km à l'est de Khorat, 150 km au sud de Mukdahan. Traversant la ville du nord au sud, la route 212 dessert le nord de l'Isan.

Voir aussi la rubrique « Arriver/partir » dans « Nos adresses ».

À NE PAS MANQUER

À Ubon Ratchathani, le Musée national et, à la pleine lune de juillet-août, la fête des Bougies; une balade sur la rivière au départ de Khong Chiam; les peintures rupestres et la promenade sur les falaises de Pha Taem.

ORGANISER SON TEMPS

Louez un véhicule à Ubon Ratchathani pour visiter la région frontalière en 2 jours. Séjournez à Khong Chiam pour explorer les environs. Meilleure saison : de nov. à mars.

Porte orientale de l'Isan, Ubon Ratchathani marque le cœur du Triangle d'Émeraude, point de rencontre des frontières de la Thaïlande, du Cambodge (à 50 km au sud) et du Laos. Cette région bien moins connue que le Triangle d'Or doit son nom à la couleur de ses forêts, qui raviront les amateurs de solitude et de nature. Carrefour des influences lao, khmère et thaïe, Ubon, treizième ville du pays, garde peu de vestiges du passé et ressemblerait à toutes les cités modernes thaïlandaises si ses maisons de teck, en bordure de la Mun, ne lui conféraient un charme suranné. Cette bourgade au cachet provincial sera surtout votre point de départ pour les parcs nationaux cachés plus à l'est, tout près de la frontière.

UNE CITÉ RELATIVEMENT RÉCENTE

Intégrée au royaume khmer au 10e s., la province fut ensuite contrôlée par le royaume d'Ayutthaya au 18e s. Mais ce n'est qu'à la fin de ce siècle que naquit la « cité royale du Lotus », Ubon Ratchathani. Fondée par des **princes laos** en exil sur les rives de la Mun, la ville devint rapidement le plus gros centre économique à l'est du Siam. Dans les années 1970, cependant, elle vécut des temps troublés en servant de base militaire aux GI's américains. Mais elle sut tirer parti de leur présence, et connut après la guerre un grand essor, jusqu'à la crise économique de 1997.

Se promener

UBON RATCHATHANI

Comptez 2h.

★★ Le Musée national

Th. Khuan Thani - juste au sud du grand parc - tlj sf lun. et mar. 9h-16h - 100 bahts - se déchausser à l'entrée - photos sans flash. Compter 30mn.

Installé dans une belle demeure du début du 20e s., ce petit musée expose, autour des deux patios centraux, l'une des plus riches collections d'œuvres d'art du Nord-Est. La période préhistorique y est illustrée par un imposant **tambour de bronze★**, daté du début de notre ère et surtout par une **reproduction★** des **peintures rupestres de Pha Taem** (4000-3000 ans av. J.-C.), dont on admirera les originaux dans le parc du même nom *(voir page suivante)*. Vous y suivrez l'évolution de l'art siamois à travers de très belles pièces de la période indianisée de Dvaravati (6e s.-9e s.) et de l'époque préangkorienne. Très rare en Asie du Sud-Est, la représentation d'**Ardhanarishvara★★** constitue le fleuron du musée ; datée du 9e s., l'œuvre montre l'union mystique de Shiva et d'Uma, son épouse. Non loin, un **linteau★★** de grès rose (8e s.-9e s.) illustre les neuf divinités hindoues avec Indra au centre. Remarquez aussi le **lion★** de grès, qui remonte à la période du Baphuon (11e s.). Un ensemble de **statues bouddhiques** offre un bel exemple du syncrétisme culturel lao-thaï : on y reconnaît l'influence artistique des écoles de Vientiane (18e s.-19e s.) et de Ratanakosin (19e s.-20e s.).

La visite s'achève avec une section ethnographique qui rassemble une intéressante collection d'objets de la vie quotidienne régionale : soieries brodées, boîtes à bétel, vannerie, palanquins, etc.

Les temples de la ville

Parmi la dizaine de temples que compte la ville, deux méritent une attention particulière.

Wat Thung Si Muang – *Th. Luang - au nord du TAT et de la poste centrale.* Joyau du temple, un **sanctuaire★★** *(ho trai)* de bois trône au centre d'un bassin de lotus, reflétant dans l'eau une ravissante toiture à pans superposés. Bâti au 19e s. et très bien restauré, l'édifice doit son élégance à l'harmonieux mariage entre la tradition siamoise et l'art lao.

Wat Supatanaram – *Th. Promptep - au bord de la Mun.* Il fut bâti en 1853 et l'éclectisme de son architecture traduit bien le goût de l'époque. Initiateur de sa construction, le roi Mongkut, insatiablement curieux du monde extérieur, s'inspira des styles étrangers les plus divers, khmers, dvaravati et occidentaux, qui se mêlent ici à la tradition thaïe, comme avec ces *chofa* figurant des *naga* sur les toitures de tuiles.

À la périphérie

Th. Chayangkul - à 3 km au nord de la ville par la route 212 dir. Nakhon Phanom ; un panneau indique le temple à gauche (à 800 m) - 5h-19h - gratuit - comptez 20mn.

Érigé lors de la célébration du 25e s. bouddhique en 1957, le **Wat Nong Bua** se veut la réplique du **chedi Mahabodi** du temple de Bodhgaya (Inde), la ville sainte où Bouddha reçut l'illumination. Le monument, sorte de grand cône à quatre faces entièrement couvert de stucs et de dorures, ne possède ni l'attrait ni l'animation de l'original, mais son architecture, singulière dans le paysage thaïlandais, mérite une courte visite.

Circuit conseillé Carte de région

Au départ d'Ubon Ratchathani, circuit marron de 91 km tracé sur la carte de région (p. 332-333) – comptez 2 jours.

AUTOUR DU PARC NATIONAL DE PHA TAEM

La vallée verdoyante du **Mékong**, qui sépare l'Isan du Laos, offre un contraste total avec les grandes étendues arides du plateau de Khorat. Un majestueux décor de montagnes sert de cadre au paisible village de Khong Chiam, installé sur les rives du fleuve, loin des circuits touristiques occidentaux mais très prisé des Thaïs le week-end et en période de fêtes.

★★ Khong Chiam D2

À 75 km à l'est d'Ubon Ratchathani.

Aux portes de Khong Chiam viennent s'unir les eaux brunes du Mékong et les eaux vertes de la Mun, donnant naissance à la **Mae Nam Song**, la « Rivière aux couleurs ». Les deux cours d'eau, chargés de limons différents, se côtoient sur quelques dizaines de mètres avant de se mêler pour entamer ensemble une odyssée qui les conduira 800 km en aval, à la mer de Chine méridionale. Une **excursion en bateau★** *(comptez 1h30 AR)* vous permettra de voir de plus près le phénomène, particulièrement saisissant en avril, avant de remonter la Mun vers le **parc national de Kaeng Tana**, pour une promenade fluviale fort agréable : on accoste un îlot sablonneux planté au milieu des **rapides de Kaeng Tana★**, le principal attrait du parc. Les bateliers peuvent aussi vous conduire au marché laotien, sur l'autre rive.

En quittant Khong Chiam par le nord, faites un petit tour au **Wat Tham Khuha Suwan**. Juché sur une hauteur, il surplombe le fleuve : particulièrement plaisant en fin d'après-midi, le **panorama★★** est splendide sur la rive laotienne, en face, avec le Mékong qui se perd à l'horizon.

★★★ Le parc national de Pha Taem D2

À 16 km de Khong Chiam - à la sortie de la ville, prenez la route 2134 sur 7 km, puis à droite la route 2112, de nouveau sur 7 km ; là, un panneau à droite indique l'entrée du parc, situé 2 km plus loin - 5h-20h - 200 bahts - comptez 3h. Pensez à prendre de l'eau : le soleil tape dur.

Ce parc naturel englobe un superbe paysage rocheux, où l'on a découvert d'exceptionnelles peintures rupestres de l'âge du bronze – d'où son nom de « Falaise peinte ».

À 500 m de l'entrée du parc s'ouvre d'abord le site de **Sao Chaliang★**, qui concentre de curieuses **formations rocheuses★** en forme de champignons, blocs de grès sculptés par des millénaires d'érosion.

Env. 2 km plus loin, on parvient aux **falaises de Pha Taem★**, qui dominent le Mékong sur 200 m de hauteur *(depuis le parking du Visitor's Center où vous laisserez votre véhicule, boucle de 4km - 2h - fléché « Painting Cliff »)*. Du belvédère, aussi prisé au lever qu'au coucher du soleil, une centaine de marches inégales descendent au pied de la falaise.

Là, on a retrouvé toute une série de **peintures rupestres★★★** en excellent état : sur les parois de grès rose, elles se développent sur quelque 30 m de long, offrant un remarquable témoignage des premiers âges de l'histoire humaine. Peintes d'un rouge sombre fait de pigments de fer et de cuivre, rendues

LUMIÈRE

La falaise regardant le Mékong, c'est le matin que vous aurez la meilleure lumière sur les peintures rupestres.

indélébiles par une substance à base de résine et de graisse, diverses scènes de la vie quotidienne, animées de personnages aux lignes très stylisées, évoquent la chasse et la pêche.

Le sentier se poursuit jusqu'au parking, tantôt en contrebas des falaises, tantôt sur le plateau, offrant des **vues★★** inoubliables sur le Mékong et le majestueux paysage de montagnes de la rive laotienne.

NOS ADRESSES DANS LE TRIANGLE D'ÉMERAUDE

INFORMATIONS UTILES

À Ubon Ratchathani

Poste / Téléphone – Poste centrale - *à l'angle de Th. Luang et de Th. Sri Narong (100 m du TAT).*

Santé – **Sappasit Prasong Hospital** - *Th. Sappasit, face à la police.*

Sécurité – Police touristique - *Th. Suriyatra ✆ 11 55.*

Location de voiture – **Ubon Car Rental** - *Th. Suriyatra ✆ 08 96 29 94 18 - uboncarrent@gmail.com.* À partir de 1 100 bahts/j.

ARRIVER /PARTIR

En avion

Aéroport national d'Ubon Ratchathani – *À 2 km au nord du centre-ville.* 8 vols/j. pour Bangkok *(1h05 de vol)* avec Nok Air, Air Asia et Thai Airways. De l'aéroport, des taxis vous emmènent en centre-ville pour env. 100 bahts.

En train

Gare d'Ubon Ratchathani – *À Warin Chamrab - à 4 km au sud du centre - accès en* tuk-tuk *ou en bus n° 2.* Six trains/j. vers Bangkok *(11h)*, dont un de nuit. La ligne dessert Si Saket, Surin, Buriram et Khorat.

En bus

Gare routière d'Ubon Ratchathani – *À 3 km au nord de la ville, à côté du centre commercial* Big C. Dessertes pour Bangkok *(nombreux bus matin et soir - 8h)*. Liaisons avec Mukdahan *(ttes les h - 3h)*, Nakhon Phanom *(3 bus/j. le matin - 3h)* et Udon Thani *(4 à 5 bus/j. - 6h)*. Un bus tôt le matin pour Khong Chiam *(2h)*.

Gare routière de Khong Chiam – *À l'entrée du village - sur la place du marché.* Un bus le matin et un autre en fin d'apr.-midi pour Bangkok *(env. 10h)*, 2 bus tôt le matin pour Ubon Ratchathani *(2h)*.

HÉBERGEMENT

À Ubon Ratchathani

PREMIER PRIX

Tokyo Hotel – *360 Th. Uparat - à 400 m au nord de la rivière- ✆ 04 524 17 39 - ▤ P ✕ - 108 ch. -360/650 bahts.* L'établissement (qui affiche souvent complet) est un de ces hôtels fonctionnels dont la Thaïlande a le secret avec des chambres carrelées plutôt spacieuses et propres, réparties sur 4 étages (ascenseur). Wifi.

BUDGET MOYEN

Sri Isan Hotel – *62 Th. Ratchabut - tout près du marché et de la rivière - ✆ 04 526 10 11 - www.sriisanhotel.com - ▤ P ✕ 180/300 bahts- 33 ch. - 650/1 400 bahts ☕.* Si les chambres *standard*, propres et bien équipées, vous semblent trop exiguës, optez sans hésiter pour les *superiors*, plus accueillantes avec leur canapé et leur réfrigérateur. Piano-bar à l'entrée et situation centrale. Wifi.

Laithong Hotel – *50 Th. Pichitrungsan - à 3 rues au nord-est de la poste centrale -*

4

04 526 42 71 - www.laithong.com - *250/450 bahts - 124 ch. - 1 200/1 800 bahts*. Un hôtel de très bon standing aux chambres spacieuses et bien tenues. Seul le lecteur DVD et les pantoufles fournies expliquent la différence de prix entre les unes et les autres. Vous apprécierez l'agréable mini-piscine au 3e étage et le personnel attentionné. Navette avec l'aéroport. Wifi, boutique.

À Khong Chiam

PREMIER PRIX

Araya Resort 1 & 2 – *Th. Pukumchai et sur la rivière Mun - 04 535 13 85 - - 43 ch. et 65 ch. - 400/1 500 bahts.* Le n° 1, le plus ancien, se présente comme un village-vacances. Mignonnes, quoique exigües et un peu vieillottes, les chambres se répartissent en une vingtaine de mini-chalets bien agencés dans un vaste jardin. L'autre, bien plus confortable, au bord de la rivière, propose des chambres modernes avec d'agréables terrasses. Wifi.

BUDGET MOYEN

Baan Suan Rim Nam Resort – *Th. Khong Moon - à coté de l'Ayara Resort n° 2- 08 97 92 12 04 - - 12 ch. - 700/1 000 bahts.* Les bungalows sont éparpillés à l'ombre d'une petite forêt au bord de la Mun. Sept d'entre eux, en bois, se tiennent côté rivière, et cinq plus récents ont été construits en dur de l'autre côté de la route. Wifi.

Ban Rim Khong Resort – *37 Th. Klaew Pradit - sur le Mékong - 04 535 11 01 - - 14 ch. - 1 000/1 500 bahts.* Noyés sous les bougainvillées, de coquets bungalows de bois carrelés, propres et bien équipés, avec balcon, canapé, dans un jardin joliment aménagé (trois donnent sur le Mékong). Wifi.

Au parc de Pha Taem

BUDGET MOYEN

Pha Taem National Park – *210 Huay Pai Sub-district, Amphur Khong Chiam - 04 531 80 26 ou 04 524 63 32 - www.dnp.go.th - - 10 ch. - 1 200/2 000 bahts.* Bungalows simples disséminés dans le parc pour apprentis-Robinsons motorisés (véhicule indispensable) en quête de calme absolu. Possibilité de camping *(150 bahts/j.)*. Réserv. conseillée sur le site Internet. Pas de restauration sur place.

RESTAURATION

À Ubon Ratchathani

PREMIER PRIX

Kied – 45-47 *Th. Phadaeng - à un bloc derrière le Tokyo Hotel - 6h-20h30 - 60/100 bahts.* Pas de signe en anglais, mais sa façade vert et blanc vous le signalera. Cuisine chinoise savoureuse : vous choisirez en vitrine porc en sauce, abats de volaille aux pousses de bambou et au gingembre, soupes au crabe ou au *tofu* ou encore raviolis et sucreries. Une bonne adresse familiale.

Fern Hut Bakery &Coffee Lover – *17 Th. Ratchathani - dans une impasse derrière la poste secondaire Chaeng Sanit - au nord-ouest du centre - 04 520 90 29 - 9h-21h - 150/250 bahts.* La classe aisée et branchée s'y retrouve au déjeuner ou au dîner dans une salle climatisée à la décoration étudiée (tout en bois, avec des murs surchargés de gravures et de dessins).
La carte affiche quelques plats occidentaux simples et les classiques de la cuisine thaïe, et surtout une belle page de desserts maison.
Bon accueil.

POUR SE FAIRE PLAISIR

Hong Fah – *448 Th. Thep Yothi - sur la route de l'aéroport - ☏ 04 526 35 46 - 10h-22h - 400/900 bahts.* Un établissement réputé pour sa cuisine chinoise et servant des plats raffinés tels que porcelet laqué, soupe d'ailerons de requins, etc. Ouvert depuis 1969, c'est une institution dans la ville.

À Khong Chiam

PREMIER PRIX

Rim Khong – *37 Th. Kleaw Pradit - sur le Mékong - ☏ 04 535 11 01 - 7h30h-20h - 150/300 bahts.* Le petit restaurant du *resort* du même nom. Vous y trouverez une cuisine simple dans un cadre reposant avec une terrasse donnant sur la promenade du fleuve.

Araya – *Restaurant flottant amarré à côté du Ban Rim Khong Resort - ☏ 04 535 10 15 - 9h-20h - env. 150 bahts.* On y vient surtout pour déguster du poisson-chat. Bon accueil et soirées animées.

BOIRE UN VERRE

À Ubon Ratchathani

Chill Pub – *140/1-2 Th. Chayangkul - ☏ 04 526 51 45 - 18h-0h.* Un sympathique repaire de noctambules où se produit chaque soir vers 21h un groupe pop ou rock. Ses fauteuils en skaï rouge et noir et ses copies de réclames américaines recréent une ambiance années 1950 teintée d'un zeste de modernité à la thaïe. Billard.

Never Say – *458/8 Th. Suryiat - à 2 blocs au nord-ouest du Tokyo Hotel - ☏ 04 526 18 96 - ▤ ✕ - 16h-0h.* À la fois bar à musique et restaurant (modeste), l'endroit, climatisé et confortable, accueille souvent en soirée un chanteur-musicien (sinon, c'est karaoké…).

EN SOIRÉE

Nevada Multiplex – *À Ubon Ratchathani - Th. Chayangkul (en face du Nevada Grand Hotel au nord de la ville) - www.nevadacomplex.com.* Sept salles projettent des films en majorité américains, dont deux en version originale. Immense billard à proximité.

ACTIVITÉS

Excursions sur le Mékong – À Khong Chiam, les pêcheurs vous attendent sur la rive pour une promenade sur le Mékong et les rapides de Kaeng Thana *(700 bahts/h pour le bateau).* Partez tôt le matin ; à l'aube, la lumière est magnifique.

Excursions au Laos – Pour passer au Laos, rendez-vous à **Chongmek**, un village frontalier à 25 km de Khong Chiam sur la route 217. Vous y obtiendrez un VOA *(visa on arrival)* valable 30 jours. Douane ouverte tlj 8h30-16h30. Au village, ne manquez pas de visiter le marché, très animé.

Massages traditionnels – Ubonvej Thai Traditional Massage - *Th. Thepyothi - à 2 rues du Laithong Hotel - ☏ 04 526 03 45 - 9h30h-23h - 300 bahts/2h.* Un centre sérieux, à distinguer des innombrables lieux de prostitution de la ville déguisés en *massage parlours.*

AGENDA

Ubon Ratchatani Candle Festival – À la pleine lune de juil.-août, pour célébrer la fin du carême bouddhiste. Défilé de splendides bougies géantes, véritables sculptures de cire exécutées à la main, qu'on promène en ville sur des chars avant de les déposer en offrandes dans les temples.

Les temples khmers

De Si Saket à Surin

★★

42 417 habitants à Surin ; 41 878 habitants à Si Saket – Province de Surin

NOS ADRESSES PAGE 365

S'INFORMER

Tourism Authority of Thailand à Surin – *Th. Thesban 1 - ✆ 04 451 44 47 - 8h30-16h30.* Brochures sur la région et plan de la ville.

SE REPÉRER

Carte de région DC2 (p. 332-333) – *carte Michelin 751, FG8-9.* Si Saket se trouve à 65 km à l'ouest d'Ubon Rathchathani, Surin à 103 km à l'ouest de Si Saket et à 54 km à l'est de Buriram.

Voir aussi la rubrique « Arriver/partir » dans « Nos adresses ».

À NE PAS MANQUER

Le Prasat Hin Sikhoraphum et le Prasat Tha Muen Thom. Si la situation politique le permet, le Preah Vihear, sur la frontière cambodgienne.

ORGANISER SON TEMPS

Meilleure saison : de nov. à mars. Pour faire étape, préférez Surin, à la fois mieux équipée en hôtels que Si Saket et mieux située sur le circuit des sites khmers. Circulez en voiture, car peu de bus desservent les temples.

Dieu des Arts et de la Vie quand il s'appelle Ganesh, symbole royal quand il est blanc, l'éléphant a toujours tenu une place de choix, dans le Siam d'antan comme dans la société thaïlandaise actuelle. Au quotidien, le pachyderme a été relégué au rang des souvenirs. Mais il fascine les étrangers, et sa popularité chez les Thaïlandais eux-mêmes ne s'est pas altérée. Preuve en est l'hommage haut en couleur que lui rend chaque année la ville de Surin, son foyer emblématique. Dans ce coin de l'Isan, la campagne est émaillée de vestiges khmers, certains dans l'enceinte de pagodes, d'autres au beau milieu des champs de manioc, d'autres encore cachés derrière une plantation d'hévéas. Et, du haut du superbe Preah Vihear, peut-être apercevrez-vous un éléphant, perdu au milieu de la jungle du Cambodge…

Circuits conseillés Carte de région

Circuits tracés sur la carte de région (p. 332-333).

AUTOUR DE SI SAKET

Circuit bleu clair d'env. 300 km tracé sur la carte de région (p. 332-333) – comptez une journée (avec l'AR jusqu'à Preah Vihear).

★★★ **Preah Vihear** (Khao Phra Wihan) D2

À 96 km au sud de Si Saket. De Si Saket, prenez la route 221 qui conduit directement jusqu'au site, via le village de Kantharalak. Avant de franchir la frontière,

Le festival annuel des éléphants à Surin.
F. Guiziou / hemis.fr

vous devrez laisser votre passeport au poste de contrôle. Une route d'env. 100 m, jalonnée de postes militaires, conduit au temple. Du côté thaï comme du côté cambodgien, vous devrez vous acquitter d'un droit d'entrée de 200 bahts (soit 400 bahts en tout).

La cour internationale de justice de La Haye doit statuer en octobre 2013 sur l'appartenance de ce coin de jungle contesté, que la Thaïlande et le Cambodge se disputent depuis des décennies. L'inscription du temple de Preah Vihear au patrimoine mondial de l'Unesco en 2008 a entraîné un regain de tension, au point que l'accès au temple côté thaï a dû être fermé au public en 2011. Des échanges de tirs survenus aux abords du temple se sont alors soldés par plusieurs morts et ont endommagé l'édifice…

Si le contexte politique le permet, ne manquez à aucun prix la visite de ce temple, tant pour son architecture que pour son **site★★★**, grandiose. Établi sur la frontière, il s'élève sur les bords d'un plateau du massif des Dongrek, dominant toute la plaine cambodgienne. À quelques centaines de mètres de l'édifice, côté thaï, vous pourrez contempler l'ensemble du haut du **belvédère** aménagé pour les visiteurs.

Construit entre les 9e et 12e s., ce temple fut dédié à Chikharecvara, le « seigneur de la Cime », un nom évocateur, sans doute inspiré par les falaises alentour, hautes de 300 m, d'où le regard plonge sur les premières montagnes dévorées par la jungle.

Quant au monument lui-même, il figure parmi les plus belles réalisations de style khmer, dont il conserve de splendides **sculptures décoratives★★**.

MISE EN GARDE

Avant de vous rendre à Preah Vihear, il est indispensable de vous renseigner sur les conditions de sécurité régnant dans cette zone frontalière. La situation aux abords du temple est parfois très tendue, et le complexe est parfois fermé au public. Renseignez-vous au TAT de Surin ou sur le site www.diplomatie.gouv.fr.

Revenez à Si Saket et prenez la route 226 dir. Surin sur 21km jusqu'au village de Prasat Hin Wat Sa Kamphaeng Yai.

Prasat Hin Wat Sa Kamphaeng Yai C2

Indiqué à gauche dans le village - gratuit - comptez 30mn.

Dans l'enceinte d'un *wat* moderne, ce grand sanctuaire khmer du 11e s., d'allure puissante et massive, porte bien son nom thaï : le « temple des Grands Murs ». Dédié à l'origine au culte du dieu Shiva, il fut reconverti au bouddhisme theravada au 13e s. De style Baphuon, il a bénéficié d'une restauration importante qui lui redonne toute sa majesté.

Protégée par une enceinte en gros blocs de latérite, une **galerie** percée de fenêtres à balustres encadre les édifices du sanctuaire. Une volée de marches mène au *gopura* est, tandis que l'entrée principale s'ouvre face au temple moderne. Une inscription en khmer ancien, gravée à gauche du mur du pavillon d'accès, mentionne la découverte d'une relique de nature inconnue sur le domaine.

Au centre de la cour, le **sanctuaire** comprend quatre *prang* de grès et latérite (l'un d'eux a disparu), flanqués de deux bibliothèques de brique, très restaurées. Des **sculptures★**, certaines fragmentaires, ornent les registres supérieurs des portes et des fausses portes, le **prang central** offrant les **frontons★★★** les mieux conservés ; celui de la façade sud montre Shiva chevauchant le taureau Nandi, symbole de la fertilité de la Terre.

★★ Prasat Hin Sikhoraphum (Si Khonphum) C2

À 66 km à l'ouest de Si Saket par la route 226 dir. Surin. Le temple est fléché à droite (env. 800m) - 7h30-18h - 50 bahts - comptez 30mn.

Au centre d'une vaste pelouse, cet ensemble compte parmi les plus belles réalisations khmères de la région. Ses proportions parfaites lui confèrent une atmosphère pleine de charme et de sérénité.

Cerné de douves, le temple, édifié au 12e s., trône sur une plate-forme de blocs de latérite. Tout de grès rose, ses cinq *prang* s'élèvent en quinconce, à l'image d'Angkor Wat, configuration de la cosmogonie hindoue qui était réservée aux temples d'État *(voir p. 80)*.

Les petits *prang* marquant les angles de la terrasse sont assez endommagés, mais le **prang central★** conserve son magnifique **décor sculpté★★**, d'inspiration lao. Admirez son toit à redents, reconstruit entre les 15e et 16e s., ainsi que le **linteau★★★** de la porte orientale : on y voit Shiva dansant sur un piédestal porté par trois *hamsa*, évocation du caractère céleste de la danse. Sur le registre supérieur, jaillissant d'une guirlande de fleurs, quatre dragons révèlent une influence chinoise, tandis que l'art khmer s'exprime pleinement dans les **bas-reliefs★** soulignant la base des colonnettes encadrant la porte, où des *dvarapala* (gardiens) côtoient des *apsara*, les gracieuses danseuses célestes khmères.

Poursuivez sur la route 226 pour atteindre Surin, à env. 40 km.

SURIN ET SES ALENTOURS

Au départ de Surin, circuit rouge d'env. 140 km AR tracé sur la carte de région (p. 332-333) – comptez une journée.

FANS DE TEMPLES ?

En partant de Surin tôt le matin, et à condition de disposer de votre propre véhicule, vous pouvez enchaîner la visite des deux temples aux environs de Surin, de Muang Tham *(p. 369)* et de Phanom Rung *(p. 370)* pour dormir le soir à Buriram *(p. 373)*.

ÉLEPHANTS 100 % NATURELS

Si vous achetez un cadeau en Thaïlande, sachez que le papier d'emballage doit beaucoup au pachyderme : un centre de protection de l'éléphant, installé dans le nord du pays, s'est en effet spécialisé dans le recyclage de leurs excréments pour en faire du… papier décoratif. Cette opération a par ailleurs l'avantage de régler le problème d'évacuation de ces déchets « éléphantesques », une préoccupation non négligeable pour tous les centres de dressage, qui doivent s'en débarrasser quotidiennement. Certains ingénieurs ont même trouvé comment exploiter en « gaz naturel » les « vents » émanant de cet avatar des dieux !

La capitale provinciale sera votre point de départ pour découvrir de petits bijoux khmers de la période d'Angkor, éparpillés dans une campagne aux allures de savane. Si certains sites ont été épargnés par les affres de l'histoire, d'autres, en revanche, plus proches de la frontière cambodgienne, conservent le sanglant souvenir des combats qui opposèrent les Khmers rouges aux troupes gouvernementales.

Surin C2

À 103 km de Si Saket.

Si vous n'avez pas la chance d'assister au célèbre festival, le **Surin Elephant Roundup**, qui se tient en novembre *(voir « Nos adresses de Si Saket à Surin », p. 367)*, vous ne manquerez pas, au détour d'une rue, de rencontrer l'un de ces éléphants qui stationnent paisiblement en attendant le chaland pour une promenade.

★ Prasat Hin Ban Phluang C2

À 32 km au sud de Surin par la route 214. Arrivé à Ban Phluang, tournez à gauche et poursuivez sur 600 m - 7h-18h - 50 bahts - Comptez 20mn de visite.

Jaillissant au milieu d'une pelouse digne d'un jardin anglais, l'unique **chedi★** en grès de ce temple (11e s.) paraît bien seul sur sa large terrasse cruciforme, encadré de quatre bassins. De fait, cette dernière devait sans doute recevoir d'autres bâtiments mais, pour une raison inconnue, les travaux ne furent jamais achevés.

Les ornements du *prang*, d'un extrême raffinement, montrent des **linteaux★** et des **frontons★** finement ouvragés, surmontant l'entrée et les trois fausses portes. À l'est surtout, un **linteau★★** représente Indra, dieu du Levant, du Ciel et de la Pluie, accompagné d'autres sculptures, dont une à l'effigie de Krishna. À gauche du *prang*, le *baray* (canal) est encore utilisé par le village voisin.

Sur la voie royale : les temples de Ta Muen C2

À 62 km au sud du Prasat Hin Ban Phluang. À 15 km au sud de Prasat, prenez à droite dir. Phanom Dong Rak sur 35 km (route 224) puis à gauche dans le village ; les temples sont à 12 km, au bout de la route.

En suivant l'ancienne voie khmère, le voyageur a l'impression de remonter le temps : loin de tout, vous ne croisez guère que des fermiers, juchés sur leurs petits tracteurs chargés de cannes à sucre ou marchant sur les bas-côtés de la route, le visage couvert d'un passe-montagne pour se protéger du soleil ou coiffé de ces chapeaux de paille typiques de l'Isan. Çà et là, des plans d'eau couverts de lotus roses dessinent quelques taches de couleur au milieu des rizières et des champs de manioc, tandis que des buffles ruminent à l'ombre rare d'un banian esseulé.

Plus que pour son intérêt architectural, c'est surtout pour son atmosphère que le site mérite la visite. Rendus à la nature et au silence, ses murs disloqués et noircis évoquent ces anciennes photographies ou gravures illustrant les premières découvertes d'Henri Parmentier ou de Francis Garnier, deux explorateurs français du 19e s. Avec le chant de la forêt en plus : tout autour des ruines, les frondaisons bruissent d'une vie invisible, celle des oiseaux et des insectes. Une poignée de militaires désœuvrés tuant l'ennui au milieu des ruines achèvent de leur donner un supplément d'étrangeté…

Le district de Ta Muen rassemble les vestiges de trois monuments khmers de style Bayon, remontant au règne de Jayavarman VII (1181-1218). Ils se dressent le long de l'ancienne **route royale**, qui reliait Angkor à Phimai. Jadis pavée de dalles de latérite sur toute sa longueur, cette voie de communication jouait un rôle commercial et militaire essentiel entre les deux cités, formant un lien stratégique entre l'empire et ses provinces. Pas moins de 17 *dharmasala* jalonnaient cet axe, temples-auberges destinés aux pèlerins et aux marchands. Leurs ruines sont aujourd'hui dispersées dans un paysage champêtre aux tons miel, strié de chemins de terre rouge.

SÉCURITÉ

L'accès à Ta Muen reste assujetti à la qualité des relations entre Cambodge et Thaïlande. Même si la situation politique s'est améliorée, rendant possible la visite, ne vous éloignez pas des sentiers : le sol cache encore des **mines**, indécelables, et la zone frontalière, ancien bastion des guérilleros cambodgiens, reste le théâtre de trafics en tout genre. Évitez le site à la tombée du jour.

Le premier sanctuaire, le **Prasat Ta Muen** *(sur la gauche)*, comptait parmi ces pavillons de repos établis le long de la route. Seule en demeure une chapelle de latérite, les bâtiments de bois destinés aux pèlerins et aux voyageurs ayant disparu. Le **Prasat Ta Muen Toch** *(200 m plus loin - sur la droite)*, faisait office d'hôpital *(arogayasala)*.

Au bout de la route *(env. 800m - laissez une pièce d'identité à l'entrée - gratuit)* se dresse le **Prasat Ta Muen Thom★**, de loin le plus impressionnant avec ses gros blocs de grès rose se détachant sur la jungle. Cerné de figuiers centenaires, il s'élève sur les hauteurs d'une rivière, marquant la frontière entre la Thaïlande et le Cambodge. À l'origine, le temple gardait sans doute l'entrée de la chaîne des Dongrek, que la voie royale franchissait ici. Resté intact pendant des siècles, il subit malheureusement les pires outrages perpétrés par les Khmers rouges, qui en firent leur base jusque dans les années 1980 : le temple fut l'objet d'innombrables pillages, ses occupants n'hésitant pas à

ATTENTION TRAFIC

Au bas des marches du **Prasat Muen Thom** débutent les terres cambodgiennes. Une zone investie depuis longtemps par des trafiquants et des bandits, qui franchissent la frontière pour se livrer à toutes sortes de commerces, de la contrebande de bovidés – meilleur marché côté cambodgien – aux enlèvements rançonnés, plus rémunérateurs. Les ravisseurs n'hésitent pas à tirer à vue à l'approche des policiers… qui font de même. Les autorités thaïlandaises ont renoncé à poursuivre la restauration du site, l'entreprise se révélant sans doute vaine, et la Thaïlande craignant que le Cambodge ne revendique le temple aussitôt sa restauration achevée.

faire sauter ses murs à la dynamite pour en extraire les linteaux, vendus à des marchands d'antiquités peu scrupuleux.
Construit sur un socle rocheux, ce temple de **style Baphuon** s'ouvrait au sud, regardant vers le temple d'Angkor. Un imposant escalier de latérite *(longez le temple par la droite)* conduit au *gopura* sud, pavillon d'accès au **prasat** proprement dit (le sanctuaire), qui garde ses murs en gros blocs de grès.
L'intérieur abrite un *svayambhu*, un *linga* posé sur un piédestal à degrés entièrement taillé dans la roche. De même, on peut encore voir le *somasutra*, canal par lequel les eaux de libation s'écoulaient à l'extérieur : il est creusé le long d'une fissure naturelle qui relie le *mandapa* (antichambre) au mur de la galerie nord-est.

NOS ADRESSES À SI SAKET ET À SURIN

INFORMATIONS UTILES

À Surin

Poste – *Th. Tanasan (face à l'hotel Niddeaw)*
Santé – Hôpital provincial - *Tambon Nai Muang (au sud-est de la ville).*
Location de véhicules – **Green Mango Bar** – *Th. Chit Bamrung - à côté du restaurant Sumrub Tornkruang.* Loue des motos pour 200 bahts/j.

ARRIVER / PARTIR

En train

Gare de Si Saket – *En centre-ville* - 10 trains/j. de et vers Ubon Ratchathani *(1h de trajet)*, à l'est, et vers Surin et Buriram, à l'ouest de la ligne.
Gare de Surin – *En centre-ville, au bout de Th. Tanasan, à deux pas des restaurants et des hôtels* - Une dizaine de trains/j. de/vers Si Saket *(1h30 de trajet)* et Ubon Ratchathani *(2h30)*. La ligne continue vers Buriram *(1h)*. De Bangkok, 9 trains/j. Si vous comptez venir à Surin en novembre, pour le rassemblement annuel des éléphants, réservez au moins 10 j. à l'avance.

En bus

Gare routière de Si Saket – *À 3 blocs au sud de la gare ferroviaire.* Bus fréquents, surtout l'apr.-midi, pour Ubon Ratchathani *(1h30)* et pour Surin *(2h)*. 4 bus/j. pour Khorat *(5h30)*. 2 bus le matin et 4 le soir pour Bangkok *(env. 8h)*.
Gare routière de Surin – *En centre-ville, à côté de Th. Chit Bamrung, non loin du Phetkasem Hotel.* Bus ttes les heures pour Buriram *(1h)*, Si Saket *(1h30)*, Khorat *(4h)*. Pour Bangkok, nombreux bus matin et soir *(env. 6h)*.

HÉBERGEMENT

Rien de bien folichon en la matière à Si Saket. Surin n'est certes pas non plus une étape de rêve, mais le choix y est tout de même plus attrayant.

À Si Saket

BUDGET MOYEN

Prompiman Hotel – *849/1 th. Lak Muang - à 1 km à l'ouest de la gare - ✆ 04 561 26 77 ou 04 561 26 96 - www.prompimanhotel.com -* ▤ ⊭ ✕ *250/450 bahts - 206 ch. - 600/1 500 bahts* ☕. Impossible de manquer cette grosse bâtisse d'angle dressant ses 6 étages au bord de la voie ferrée. Un hôtel de bon confort sans plus, dont les parties communes mériteraient un coup de pinceau. Wifi, karaoké.
Kessiri Hotel – *1102/05 Th. Khukan - perpendiculaire à la voie ferrée, dans le centre - ✆ 04 561 40 07 -* ▤ P ⊭ ✕ *250/350 bahts - 100 ch. - 750/1 400 bahts* ☕. Pas

4

très guillerets, les couloirs aux moquettes grises et aux parois de contre-plaqué… Mais les chambres sont propres et assurent un confort suffisant pour une brève étape. Wifi.

À Surin

PREMIER PRIX

Pirom & Aree's House – *55 Soi, 326 Th. Thung Pho - au nord de la voie de chemin de fer, à l'ouest de la ville - prenez le 2e soi après l'antenne de télécommunications - ✆ 04 451 51 40 - 10 ch. - ▭ P - 200 bahts.* Dans un cadre bucolique, la demeure se cache au milieu d'un beau jardin. Douches communes mais grandes chambres avec parquet. Habitué à recevoir des touristes, le patron fournit nombre de renseignements pratiques et peut aussi servir de guide pour des excursions nature, artisanat ou temples dans la région. Petite restauration possible. C'est l'adresse la moins chère de la ville mais attention, à partir de 22h30, vous trouverez porte close. Wifi.

Sangthong Niddeaw Hotel – *279-281 Th. Tanasan - face à la poste - ✆ 04 451 20 99 - ▤ - 100 ch. - 500/900 bahts.* Un hôtel sans prétention et qui a fait son temps, proposant des chambres tristounettes quoique assez grandes. Une adresse de dépannage, notamment durant le festival. L'établissement compte deux bâtiments, l'un doté de chambres avec ventilateur, l'autre avec climatisation. Wifi.

BUDGET MOYEN

Petchkasem Grand Hotel – *104 Th. Chit Bamrung - entre la gare ferroviaire et le centre commercial Plaza Petchkasem - ✆ 04 451 12 74 - www.pkhotel.co.nr - ▤ P ≋ ✕ 250/350 bahts - 162 ch. - 900/1 400 bahts ☕.* Situé dans le centre, un hôtel moderne aux chambres convenables mais sans génie, assez spacieuses ; celles au sol de lino sont préférables à celles recouvertes d'une moquette râpée. Wifi.

POUR SE FAIRE PLAISIR

Thong Tarin Hotel – *60 Th. Sirirat (non loin de la gare routière - derrière le TAT) - ✆ 04 451 42 81 - www.thongtarinhotel.com - ▤ P ≋ ✕ 300/800 bahts - 233 ch. - 1 800/4 400 bahts ☕.* Un hôtel de très bon standing. Sur 10 étages, les chambres vous garantissent un confort international aseptisé. Les chambres d'angle, bénéficiant d'une double exposition, sont les plus plaisantes. Réductions, même en haute saison, et excellent buffet au petit-déjeuner.

RESTAURATION

À Surin

PREMIER PRIX

Marché de nuit – *Th. Krung Sinai - à 2 blocs au sud du gros rond point et de la poste.* Particulièrement haut en couleurs, il aligne ses gargotes ambulantes entre les étals de vêtements. Brochettes, *pat thai*, soupes et pour les plus téméraires, hannetons et sauterelles grillées.

BUDGET MOYEN

Sumrub Tornkruang – *201/44-46 Th. Chit Bamrung - entre la gare des bus et l'hôtel Thong Tarin - ✆ 04 451 19 48 - 190/350 bahts - 16h-0h.* Une cuisine de l'Isan épicée (beaucoup de *curries*) mais aussi des plats chinois plus doux présentés sur une carte illustrée. Vous apprécierez un service soigné dans une salle climatisée, décorée de boiseries. Carte des vins.

À Si Saket

PREMIER PRIX

Kua Jab Phom Suwam – *867/21 th. Lak Muang - à 2 blocs au sud de l'hôtel Prompimam -*

08 52 30 04 99 - 50/80 bahts - 10h-20h - . Une dizaine de tables dans une salle impeccablement propre, ouverte sur la rue, pour savourer les mets choisis dans la vitrine : œufs de caille, pattes de poulet, salades d'algues, la sélection ne manque pas d'originalité.

BUDGET MOYEN

Tomu Sushi Bar – *au pied de l'hôtel Kessiri (voir « Hébergement ») - 250/400 bahts - 11h-21h* - . Ouvert en 2013, cette toute nouvelle adresse sert des spécialités japonaises de poissons mais aussi de viandes dans un cadre épuré.

BOIRE UN VERRE

À Surin

Les noctambules iront flâner autour de la gare des bus et du **Thong Tarin Hotel** *(voir « Hébergement »)*. Devant l'hôtel, on trouve notamment un agréable *beer garden*, sur une terrasse entourée de verdure.

ACHATS

Surin est renommée pour la qualité de sa soie. Dans les villages alentour, **Ban Khwao Sinarin** et **Ban Chok** *(prenez au nord la route 214, puis à droite au km 14-15 et poursuivez sur 4 km)*, on tisse de superbes soieries et on vend de jolis bijoux, en argent ou en perles. Les commerçantes vous réserveront un excellent accueil. À 14 km au nord-est par la route 226, dans le village de **Ban Thum**, vous trouverez aussi quelques articles en vannerie, paniers ou boîtes à bétel.

ACTIVITÉS

Excursions à partir de Surin

Saren Travel – *202/1-4 Th. Thesban 2, en face de la Police Station - 04 452 01 74*. Cette agence organise des excursions à la découverte de la civilisation khmère ou de la vie des villages d'aujourd'hui (artisanat, dressage d'éléphants, etc.).

Tout sur les éléphants

Ban Ta Klang Elephant Village – *Tambon Krapho - Amphoe Tha Tum - à 51 km au nord de Surin par la route 214 - 04 451 44 47 - lun.-ven. 9h-16h - 100 bahts.* Camp d'entraînement et musée de l'Éléphant dans le village de Ban Ta Khlang, spécialisé dans le dressage de ces animaux. Le village est en effet le foyer des Suay, une minorité qui fut la première à utiliser des éléphants dans les travaux de construction. Attention, renseignez-vous absolument au TAT avant de partir, car les éléphants ne séjournent pas dans le village toute l'année. Des hôtels organisent des excursions sur le site pour des groupes, mais uniquement le week-end.

AGENDA

Surin Elephant Roundup – *3e sem. de nov.* Cette fête rassemble quelques centaines de bêtes. Les pachydermes participent à des jeux, courses ou reconstitutions de scènes de batailles. Les prix des hôtels s'envolent littéralement… Réservez impérativement au moins 10 j. à l'avance.

Muang Tham ★★ et Phanom Rung ★★★

Province de Buriram

NOS ADRESSES PAGE 373

SE REPÉRER
Carte de région B2 (p. 232-233) – plan de Phanom Rung p. 371 – *carte Michelin 751, G7-8*. Le circuit proposé est au départ de Buriram (54 km à l'ouest de Surin et 124 km à l'est de Khorat).
Voir aussi la rubrique « Arriver/partir » dans « Nos adresses ».

ORGANISER SON TEMPS
Visitez les sites tôt le matin ou en fin d'après-midi, la lumière est nettement plus belle, et vous éviterez la foule. Meilleure saison : de nov. à mars.

Couleur de steppes en saison sèche, virant au vert tendre avec la mousson, d'immenses rizières tapissent le sud de l'Isan. Sur la route, des songthaew bariolés passent à toute allure, chargés d'écoliers en uniforme. Soudain, un troupeau de buffles ralentit le « trafic », le temps de traverser paisiblement la chaussée vers quelque marécage. À mille lieues de l'opulente plaine centrale, la province la plus pauvre du pays, abandonnée par nombre de ses habitants partis chercher une vie meilleure à Bangkok, possède quelques temples khmers comptant parmi les plus prestigieux du pays, que vous découvrirez en passant par la ville peu attrayante de Buriram.

LE TEMPLE DU GUERRIER

Quand les Khmers colonisent la province, au 10e s., le site de Phanom Rung est déjà connu depuis 300 ans comme un haut lieu de culte de diverses sectes religieuses. Une inscription datée de 987 atteste la présence khmère dans la vallée de la Mun. Si l'empire laisse une certaine autonomie à ses provinces siamoises, il y fonde plusieurs sanctuaires, satellites du temple mère d'Angkor qui apparaissent comme autant d'emblèmes de l'emprise khmère sur le Siam. Phanom Rung, dont la construction a débuté au 10e s., est l'un d'eux. Une douzaine d'inscriptions ont été retrouvées sur le site, véritable mine d'informations sur l'origine du temple et son évolution. La plus importante, datée de 1150, évoque l'histoire du seigneur **Narendraditya**, qui restaura et agrandit l'ouvrage. L'homme participa à de nombreuses campagnes aux côtés de Suryavarman II (1113-1150), le fondateur d'Angkor Wat. Gouverneur de la province, il se retira dans un monastère pour devenir yogi (ascète). Son fils **Hiranya** consigna son histoire par écrit, commanda une statue de son père et, selon la coutume, fit élever une stèle dédiant le temple au culte shivaïte.

Parc historique de Phanom Rung, province de Buriram.
F. Guiziou / hemis.fr

Circuit conseillé Carte de région

Au départ de Buriram, circuit violet d'env. 150 km AR tracé sur la carte de région (p. 332-333) – comptez une journée.

LES SANCTUAIRES KHMERS

★★ Prasat Muang Tham Carte de région B2

À 66 km de Buriram - suivez vers le sud la route 219, qui rejoint la nationale 24, jusqu'à Prakhon Chai, puis la petite route qui mène au site - 6h-18h - 100 bahts - billet combiné avec Phanom Rung 150 bahts - comptez 45mn.

Muang Tham, ou « temple de la Ville basse », séduit par la paix qui y règne et par le raffinement de son architecture. Établi au pied de la montagne de Phanom Rung, le village actuel occupe l'emplacement de la communauté des ouvriers et des serviteurs qui, au temps de l'Empire khmer, étaient chargés de l'entretien des temples.

En arrivant *(200 m au nord)*, vous verrez sur votre gauche un *baray*, bassin d'irrigation aménagé par les Khmers pour alimenter un immense réseau de canaux. Palliant ainsi les précipitations trop irrégulières de la région, celui-ci continue toujours d'irriguer les plaines alentour. Au nord court un canal artificiel de 20 km de long.

Dédié à Shiva, comme l'atteste le *linga* retrouvé dans le sanctuaire, Muang Tham aurait été élevé au 11e s. pour accueillir le siège du gouverneur de la province. On y retrouve une architecture fidèle à la cosmogonie hindoue, mais si le temple reprend le plan traditionnel khmer, son organisation se révèle unique avec ses quatre **bassins en L★**, que soulignent des « rampants » (balustrades) en forme de *naga*. Joliment couverts de lotus, ils confèrent au site un charme romantique.

La **cour intérieure★★** abrite cinq tours de brique et deux bibliothèques, le **prang central★** figurant le mont Kailasa, demeure du dieu Shiva.

Au centre, deux enceintes de latérite protègent les bâtiments sacrés, chacune dotée de ses quatre *gopura* aux superbes fenêtres à balustres. Remarquez aussi les **linteaux★**, les colonnettes et les piédroits des portes, aux ornements raffinés, propres aux styles de Baphuon et de Khleang. Autour du temple, quelques bosquets de tecks sont les derniers vestiges de l'épaisse forêt qui cernait autrefois le domaine.

★★★ Prasat Hin Phanom Rung Plan du site

À 7 km de Muang Tham - fléché ; de Buriram, suivez la route 218, qui rejoint la nationale 24, et à Nang Rong, continuez au sud vers Pa Kham - 6h-18h - 100 bahts - billet combiné avec Muang Tham 150 bahts - comptez 1h30.

Juché sur un éperon rocheux culminant à 350 m au-dessus de la plaine, le temple coiffe un ancien volcan – d'où son nom, Phanom Rung, la « Grande Montagne ». À mi-chemin entre Angkor Wat (Cambodge), au sud, et Phimai, au nord-ouest, il occupait un emplacement stratégique, complété par le temple bas de Muang Tham, établi au pied de la montagne.

Orienté selon un axe est-ouest, il obéit aux codes du symbolisme architectural de l'art khmer, hérité de l'Inde : son magnifique *prang* central figure le mont Meru *(voir « L'héritage khmer », p. 80)*. Commencée au 10e s., la construction de Phanom Rung s'étala sur trois siècles. De restauration en agrandissement, le temple marie divers styles artistiques, de celui du **Baphuon** (10e s.) à celui d'**Angkor Wat** (12e s.).

★★ En remontant la Voie sacrée – De la première terrasse s'ouvre une majestueuse **perspective★★** sur le temple, perché en haut d'un escalier monumental, au bout d'une longue chaussée dallée. La scène est particulièrement photogénique en début de matinée. Ombragée de tecks et de frangipaniers, cette **voie processionnelle★** symbolisait la distance spirituelle séparant la Terre du monde céleste. Longue de 160 m et large de 7 m, elle est bordée de piliers-bornes de grès, couronnés d'un bouton de lotus stylisé.

En chemin, on passe devant le **pavillon des Éléphants** *(à droite)*, un bâtiment de grès et de latérite élevé au 10e s. La tradition veut qu'il ait abrité l'écurie royale, mais sa véritable fonction demeure inconnue.

L'accès au sanctuaire – La chaussée aboutit au **pont aux nagas★★★**, magnifique terrasse suspendue, aux sculptures d'une grande finesse. De là, on gravit les marches raides du grand escalier menant à l'**esplanade du temple**, ornée de quatre **bassins carrés** ; autrefois protégés par un toit de bois, ils figurent les quatre rivières sacrées de la tradition hindoue.

Devant l'enceinte du sanctuaire, un deuxième **pont aux nagas★**, plus petit que le précédent, précède le **gopura★★**, ou porche principal. Levez les yeux vers les ornements de la façade, d'une délicatesse admirable ; entouré de ses danseurs célestes, Shiva apparaît en ascète suprême sur le **fronton★★** de la porte centrale. La tradition angkorienne identifiant le souverain au dieu, sans doute s'agit-il ici du roi Narendraditya (12e s.), alors devenu yogi. Le fronton

UN PUZZLE GRANDEUR NATURE

Achevée en 1988, la restauration de Phanom Rung nécessita 17 ans de travaux. Experts thaïs et étrangers adoptèrent la méthode de l'anastylose, habituellement pratiquée pour les temples khmers : on démantèle entièrement le monument, pierre par pierre, chacune d'elles étant soigneusement numérotée, avant de remonter le tout suivant les techniques d'origine, en complétant avec les pierres anciennement détachées de l'ouvrage.

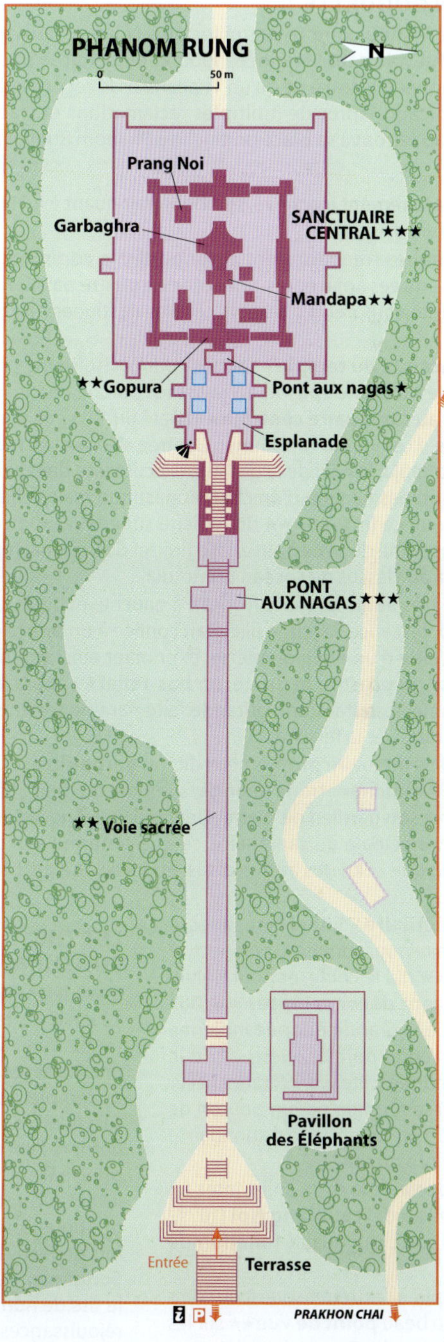
PHANOM RUNG
N
0
50 m
Prang Noi
Garbaghra
SANCTUAIRE CENTRAL ★★★
Mandapa ★★
★★ Gopura
Pont aux nagas ★
Esplanade
NANG RONG
PONT AUX NAGAS ★★★
★★ Voie sacrée
Pavillon des Éléphants
Entrée
Terrasse
PRAKHON CHAI

VISHNU EN GOGUETTE
Le linteau de Vishnu compte parmi les plus célèbres œuvres d'art de Thaïlande. Il fut volé dans les années 1960, et on perdit sa trace pendant de longues années, jusqu'à ce qu'un Thaïlandais le reconnaisse dans un musée de Chicago. Après de multiples réclamations et tractations, le fameux linteau retrouva sa place originelle à Phanom Rung, en 1988.

en retrait, volontairement inachevé, symboliserait quant à lui le dénuement qu'impliqua sa vie d'ascète.

Seuls les dignitaires franchissaient cette porte : le commun des mortels empruntait les entrées adjacentes. Ponctuée de quatre pavillons d'entrée, la galerie d'enceinte comprend plusieurs cellules destinées aux fidèles venus méditer.

★★★ **Dans l'enceinte du temple** – Dans la cour, un troisième pont aux *naga* marque l'entrée du **mandapa★★**, au ravissant porche cruciforme, qui sert d'antichambre au **sanctuaire central★★★**. Daté du 12e s., ce dernier compte parmi les chefs-d'œuvre de l'art khmer. L'entrée s'orne d'un **fronton★★** sur lequel Shiva Nataraja, le « roi de la danse », exécute une danse cosmique. Ici, le dieu revêt non pas l'image d'un chef monastique mais celle du créateur et du destructeur. Le **linteau★★★** du registre supérieur montre quant à lui Vishnu en compagnie de son épouse, Lakshmi, et de Brahma, reposant sur le serpent Ananta au-dessus de l'océan primordial.

Une sculpture très abîmée, sur le fronton à gauche, évoque le rituel de la puberté : à l'adolescence, la jeune fille était confiée à un prêtre qui déchirait son hymen à l'aide d'un *linga* de pierre, exprimant ainsi son mariage avec Shiva. À la base du pilastre de droite, un **bas-relief★★** montre également une jeune femme acceptant une offrande faite par une serveuse à genoux, illustration du rituel de la fertilité.

Vient ensuite le sanctuaire proprement dit, ou **garbaghra**, exclusivement réservé au roi. À l'intérieur trône le **linga**, symbole du dieu Shiva. La **porte sud★★** conserve son gardien de pierre. Orientée vers Angkor, elle était sans doute l'entrée principale du sanctuaire, ce que confirme son décor, nettement plus riche que celui des autres côtés, et qui illustre les batailles du roi Narendraditya.

Autour du sanctuaire – En sortant, faites le tour du sanctuaire pour admirer la perspective sur le **prang★★★** qui le coiffe, et pour détailler son foisonnant **décor sculpté★★★**, aux figures tirées de la grande épopée indienne du *Ramayana (côtés nord et ouest)* et de la mythologie hindoue *(côte sud)*. S'étageant sur cinq niveaux, il se termine par un bouton de lotus couronné d'un *kalasa*, vase d'abondance symbolisant la prospérité.

À l'angle sud-ouest de la cour, enfin, jetez un petit coup d'œil au délicat **Prang Noi** (10e s.-11e s.) de grès rose, qui faisait fonction de bibliothèque.

Derrière le temple, à l'extrémité ouest du complexe, s'offre un beau **point de vue★★** sur les rizières et la chaîne des Dongrek, au loin.

LET THE SUNSHINE IN
Chaque année, le **13 avril**, les rayons de l'aube franchissent une à une les 15 portes du temple, qui se succèdent en enfilade derrière l'entrée principale ouverte au levant. Un spectacle mystique célébré lors du festival de **Songkran**, qui anime le site de nombreuses réjouissances.

NOS ADRESSES À BURIRAM

INFORMATIONS UTILES

Location de véhicules – Buriram Car Hire - pas d'adresse : contact tél/mail préalable indispensable - *✆ 085 303 23 92 - www.buriramcarhire.com.* Motos *(250 bahts/j.)* et voitures *(1 100 bahts/j.).*

ARRIVER / PARTIR

En train – **Gare ferroviaire** - *Face à la tour de l'Horloge.* Env. 10 trains/j. pour Bangkok *(7h de trajet en rapide ou en express).* Comptez 1h pour Surin, 2h30 pour Si Saket et 3h30 pour Ubon Ratchathani. Env. 12 liaisons/j. avec Khorat *(2h).*

En bus – **Gare routière** - *Th. Thani - à 1 km à l'ouest du centre-ville.* Bus ttes les 30mn pour Surin *(1h de trajet)* et pour Khorat *(2h30).* Bus fréquents le matin et le soir pour Bangkok *(env. 6h).*

HÉBERGEMENT

À Burinam

BUDGET MOYEN

Thepnakorn Hotel – *139 Th. Jira - à 2km au sud-est, dir. Surin - ✆ 04 461 34 00/02 - www.thepnakorn-hotel.com - 300/450 bahts - 167 ch. - 900/1 500 bahts.* Son confort ainsi que l'effort porté à la décoration en font le meilleur établissement de la ville. Pour une différence de prix raisonnable, les chambres VIP sont deux fois plus grandes. Possibilité de chambres communicantes. Un hôtel prisé par les hommes d'affaires locaux. Wifi, spa, massage.

À Muang Tham

PREMIER PRIX

Homestay & Guesthouse – *À 200m du temple - ✆ 087 431 37 41 - - 3 bung. - 500 bahts.* Enfin une solution de logement près des temples ! Trois bungalows de bois parfaitement équipés (sdb, mini-réfri. et petite terrasse) accueillent les voyageurs depuis 2012.

RESTAURATION

PREMIER PRIX

Maitrichit – *Th. Sunthonthep - rue principale, en face de la Kasikorn Bank - ✆ 04 461 15 38 - - 10h-20h - 70/150 bahts.* Une grande variété de plats thaïs et quelques pâtisseries – regardez dans les assiettes : tout ne figure pas sur la carte en anglais. L'endroit est plein et fort animé autour de midi.

BUDGET MOYEN

Klim Kitchen – *1/114-115 Th. Nasathani - face à la gare - au nord de la voie ferrée - ✆ 04 460 19 89 - www.klimhotel.com - 10h30-22h - 250/450 bahts.* La carte propose aussi bien des plats européens que de la cuisine thaïe ou chinoise. Des étoiles et de petits piments vous indiquent les recommandations du chef (salade de saumon, moules) et le degré de piquant du plat. Une salle aux lignes contemporaines dans le goût européen, près d'une belle piscine : c'est l'adresse en vue de la ville. Petite carte de vins sud-américains. Propose également des chambres *(700/1 800 bahts).*

Bamboo Bar – *Th. Romburi - à l'angle de Th. Thani - entre la tour de l'horloge et le marché de nuit - ✆ 04 462 55 77 - 9h-20h - 250/400 bahts.* Plaisante salle ouverte sur la rue, où l'on sert des plats européens (steak, poisson grillé). L'endroit a les faveurs des expatriés qui s'y retrouvent le soir autour d'une bière ou d'un verre de vin dans une ambiance musicale des années 1980.

Khorat (Nakhon Ratchasima)

201 685 habitants – Chef-lieu de la province de Nakhon Ratchasima

NOS ADRESSES PAGE 376

S'INFORMER

Tourism Authority of Thailand – *2104 Th. Mittaphap - à l'angle de Th. Mukhamontri - ✆ 04 421 36 66 - 8h30-16h30.* Excentré à l'ouest, entre le bureau de poste et l'hôtel Sima Thani *(accès en* tuk-tuk *ou en bus n*^{os} *2, 3 et 6).* Infos pratiques sur la région et bonne carte de la ville ; accueil en anglais.

SE REPÉRER

Carte de région B2 (p. 332-333) – plan de la ville ci-contre – *carte Michelin 751, G7.* À 256 km au nord de Bangkok.

Voir aussi la rubrique « Arriver/partir » dans « Nos adresses ».

ORGANISER SON TEMPS

Logez dans le centre, non loin du mémorial de Thao Suranari : vous serez à pied d'œuvre pour la visite, et c'est le quartier le plus agréable de Khorat.

Plus connue sous son petit nom de Khorat, Nakhon Ratchasima est une capitale provinciale, nœud de communication incontournable entre le nord, l'ouest et le centre du pays. Cinquième ville de Thaïlande, Khorat connut un essor économique sans précédent quand les Américains s'y installèrent pendant la guerre du Vietnam. Étape obligée de tous les voyageurs qui se rendent dans l'est, à la découverte des plus beaux temples khmers du pays, la ville elle-même ne vous retiendra pas longtemps. Mais, puisque vous y logerez sûrement, prenez le temps, le soir, de déambuler sur Thanon Chumphon, la grande avenue centrale, au cœur d'un quartier commerçant et animé.

Se promener Plan de ville

VISITE DE LA VILLE

Comptez 3h de visite.

À la limite occidentale de la ville ancienne, encore circonscrite par ses douves, le **mémorial de Thao Suranari** marque le croisement de Thanon Ratchadamnoen et de Thanon Chumphon. Point de repère central, cette statue de bronze dressée sur une esplanade de marbre rend hommage à une héroïne nationale, Thao Suranari, aussi appelée Khun Ying Mo. En 1827, épouse du gouverneur, elle organise la résistance contre l'armée lao, alors aux portes de la ville ; attirant les soldats dans un piège, elle les enivre jusqu'au sommeil puis les fait massacrer. La statue, toujours parée de colliers d'orchidées, fait l'objet d'une profonde vénération : pas un habitant de Khorat ne passe à proximité sans s'arrêter un instant à ses pieds pour se recueillir, d'autant qu'elle protègerait même, dit-on, des dangers et des maladies.

De là, en descendant sur Thanon Ratchadamnoen vers le sud, vous trouverez le tout petit **Musée national Maha Wirawong** *(tlj sf lun. et mar. 9h-16h - 50 bahts)*, aménagé à côté du Wat Sutha Chinda. On peut y voir quelques belles pièces khmères provenant des fouilles archéologiques opérées dans la région.

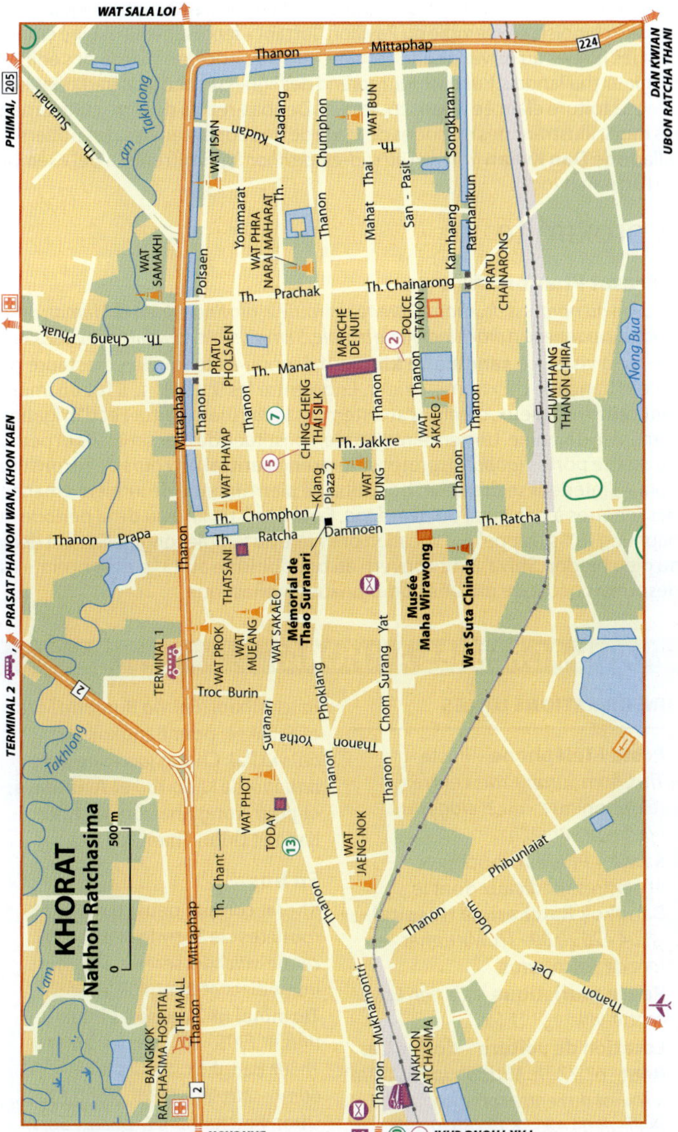

SE LOGER

Korat Hotel 7

Sima Thani Hotel 10

Sripatana Hotel 13

SE RESTAURER

Cabbages & Condoms 1

Chez Andy 2

Ruggafair Restaurant 5

Petite curiosité, le **Wat Sala Loi** *(à 1 km au nord-est du centre-ville - gratuit)* fut édifié en 1973 pour abriter les reliques de l'héroïne de Khorat. Évoquant une jonque chinoise, ce « temple du Pavillon flottant » représente un navire emportant les fidèles au nirvana : une architecture novatrice, en marge des édifices religieux thaïlandais. L'*ubosot*, lui, reprend des lignes un peu plus traditionnelles avec sa toiture élancée à pans multiples. Des bas-reliefs de terre cuite ornent les murs, illustrant des épisodes de la vie de Bouddha : œuvres des potiers du village de **Dan Kwian** *(à 15 km au sud-est de Khorat)*, ils offrent un bel exemple de l'artisanat local.

À proximité Carte de région

★ Prasat Phanom Wan B2

À 20 km au nord-est de Khorat - prenez la route 2, dir. Khon Kaen et Phimai ; après 15 km, un panneau à droite indique le temple, 5 km plus loin - gratuit - comptez 15mn.
Très peu visité, ce **sanctuaire khmer** méconnu a été fouillé et restauré par l'École française d'Extrême-Orient. Érigé entre les 9e et 11e s., il fut un important centre religieux, comme l'attestent les *baray* (bassin rituel et d'irrigation) cernant le domaine. Une enceinte carrée, constituée de blocs massifs et percée de quatre portes *(gopura)*, protège un **prang central** en cours de reconstitution. À l'intérieur se dresse un bouddha de pierre inondé de lumière émanant des fenêtres à balustres du *mandapa*. Côté nord, un linteau de la période du Baphuon (10e s.) rappelle la vocation première du temple : originellement dédié au dieu hindou Shiva, il fut converti au bouddhisme au 13e s. et l'enceinte est désormais occupée par une communauté monastique.

NOS ADRESSES À KHORAT

INFORMATIONS UTILES

Poste / Téléphone – Poste - *Th. Chom Surang Yat* ; centre téléphonique - *au 2e étage du bâtiment - 8h-22h.*
Santé – Plusieurs hôpitaux et centres médicaux dont le **Bangkok Ratchasima Hospital** - - *✆ 04 426 20 00 - Th. Mittathat - en face de Tesco Lotus.*
Police touristique – *Th. San Pasit - centre-ville - ✆ 11 55.*
Location de voiture – **Coffee Car Rent** - *677/7 Th. Mittaphap - à 200 m à l'ouest du centre commercial The Mall - ✆ 04 426 38 12 - 8h30-19h.* Voitures à petit prix. Deux autres loueurs, Budget et Fodo, à côté.

ARRIVER / PARTIR

En train

Gare ferroviaire – *À l'ouest du centre-ville.* Trains pour Ubon Ratchathani *(6h) via* Buriram, Surin et Si Saket ; pour Bangkok *(4 à 6h) via* Pak Chong *(accès au parc national de Khao Yai)* et Ayutthaya ; et pour Nong Khai *(6h) via* Khon Kaen et Udon Thani.

En bus

Khorat compte deux gares routières : le **Terminal n° 1** *(en centre-ville)* dessert les alentours immédiats et Bangkok. Le **Terminal n° 2** dessert Phimai *(bus n° 1305 - dép. ttes les 30mn 1h30)*, Bangkok *(ttes les 30 à 60mn - 24h/24 - 3h30)*, Nong Khai, Ubon Ratchathani *(7 bus/j. - 5h)* et Chiang Mai *(env. 4 bus/j. - 12h)*.

HÉBERGEMENT

PREMIER PRIX

Korat Hotel – *191 Th. Asadang - ✆ 04 434 13 45 -*
P *- 104 ch. -500/1 110 bahts -*

120 bahts. Un hôtel moderne aux chambres sans génie, correctes sans plus. Leur taille augmente avec les prix. Petit plus pour les familles : certaines chambres communiquent. Copieux petit-déjeuner. Wifi

Sripatana Hotel – *346 Th. Suranari - 04 425 53 49/72 - 150/300 bahts - 180 ch. - 680/1 300 bahts*. Si les chambres standard sont tout à fait convenables, préférez néanmoins les « petites suites » avec leur espace living séparé : elles valent vraiment la différence de prix. Quant aux grandes suites, elles comprennent deux pièces pouvant accueillir 4 personnes. Le restaurant donne sur la piscine en plein air. Cafétéria jusqu'à 2h. Wifi.

BUDGET MOYEN

Sima Thani Hotel – *2112/2 Th. Mittaphap - à l'ouest de la ville, à côté du TAT - 04 421 31 00 - www.simathani.com - 300/450 bahts - 265 ch. - 1 500/2 800 bahts*. La décoration de cet hôtel de luxe reproduit des bas-reliefs khmers de la région. Chambres confortables, vastes et très calmes, parfaitement entretenues. Personnel prévenant et piscine agréable. Nombreux services : salle de gym, massages, boutiques, etc. Wifi.

RESTAURATION

PREMIER PRIX

Ruggafair Restaurant – *12-14 Th. Jakkre - 04 424 32 97 - - 8h30-20h - 60-100 bahts*. Accueil sympathique dans cette salle familiale. La cuisine se fait devant les clients et les plats sont savoureux.

Cabbages & Condoms – *Th. Seup Siri - à l'ouest de la ville - 04 425 37 60 - - 12h-23h - 150/250 bahts*. La chaîne engagée dans la lutte contre le sida a ouvert ici un endroit agréable, avec sa salle climatisée et ses tables de bois en terrasse, au service impeccable, proposant une cuisine sino-thaïe soignée. Petite carte des vins.

BUDGET MOYEN

Chez Andy – *5 Th. Manat - 04 428 95 56 - www.chezandy.com - 11h-23h - 500/1 000 bahts*. Un restaurant suisse pour apaiser les papilles en manque de tartare, de fondue bourguignonne ou de raclette ! Attention, les prix flambent dès qu'il s'agit de plats préparés avec des produits d'importation (plus de 2 000 bahts pour une entrecôte).

BOIRE UN VERRE

Bule Saloon – *264 Th. Yommarat - 04 494 25 55- 18h-0h*. Un agréable *beer-garden* aux tables de bois dans une rue calme. Wifi.

ACHATS

Tissus / Soieries

Thatsani – *Th. Ratcha Damnoen*. Large choix de soieries.

Ching Cheng Thai Silk – *148-150 Th. Chumphon - 08 59 49 00 03 - 8h30-18h*. De la soie unie ou teinte vendue au mètre.

À Pak Thong Chai – *À 28 km au sud de Khorat*. Ici, le tissage est un art. Nombreuses adresses, dont **Matchada** – *118/1 Th. Sutsuri - 04 444 16 84* (démonstrations de tissage). Les prix vont de pair avec la qualité.

AGENDA

Fête de Thao Suranari – Du 23 mars au 3 avr. Chants, danses et spectacles de théâtre commémorent l'héroïne de Khorat.

Le parc historique de Phimai

★★★

12 639 habitants - Province de Nakhon Ratchasima

NOS ADRESSES PAGE 382

SE REPÉRER

Carte de région B2 (p. 332-333) – plan du parc historique ci-contre – *carte Michelin 751, F7.* À 59 km de Khorat (Nakhon Ratchasima).

Voir aussi la rubrique « Arriver/partir » dans « Nos adresses ».

ORGANISER SON TEMPS

Visitez le site dès l'ouverture ou en fin d'après-midi : vous éviterez la foule, et la lumière est splendide. La ville se parcourt idéalement à pied ou à vélo.

La route reliant Khorat à Phimai a acquis depuis longtemps ses lettres de noblesse : ancienne voie royale, tracée au 12e s., elle conduisait aux portes d'Angkor, la prestigieuse capitale de l'Empire khmer. Ce que l'on sait moins, c'est que le principal sanctuaire d'Angkor Wat prit pour modèle un temple plus ancien : celui de Phimai, alors le plus important de la région. Niché aujourd'hui au cœur d'une tranquille bourgade, ce joyau de l'architecture khmère, admirablement restauré dans les années 1960, compte parmi les plus belles réalisations de l'époque classique, au même titre que le temple de Phanom Rung. Un incontournable à savourer en toute sérénité !

Découvrir Plan parc historique

LA VISITE DU SITE

En venant de Khorat, prenez la route 2, puis la 206 à droite sur 10 km – comptez 2 bonnes heures en tout. Location de vélo dans les échoppes autour du parc.

Établie sur une île formée par le confluent de la Mun et du Khlong Chagrai, que relie un canal, l'ancienne cité de Phimai occupait par ses défenses naturelles une situation stratégique entre Angkor et les territoires de l'Empire. Alimentées par la rivière, des douves protégeaient la ville, doublées d'une enceinte percée d'une porte aux quatre points cardinaux. Seuls subsistent les vestiges de l'entrée principale *(au sud)*, la **porte de la Victoire** (Pratu Chai), que l'on franchissait en arrivant d'Angkor, et le temple, bien sûr, unique ouvrage bâti en pierre dans la cité ancienne.

★★★ Le temple

7h30-18h - 100 bahts.

Trônant au centre de la ville, au milieu d'un paisible parc planté de flamboyants et d'acacias, le Prasat Hin, ou « château de Pierre », suit le plan traditionnel des sites khmers : il constitue l'axe central du *mandala*, le schéma de l'univers hindou. Image du mont Meru, centre du monde et demeure des dieux, son *prang* central est encadré de montagnes et des quatre océans cosmiques, représentés par les douves. Fidèle au plan type des « temples-montagnes » *(voir dans*

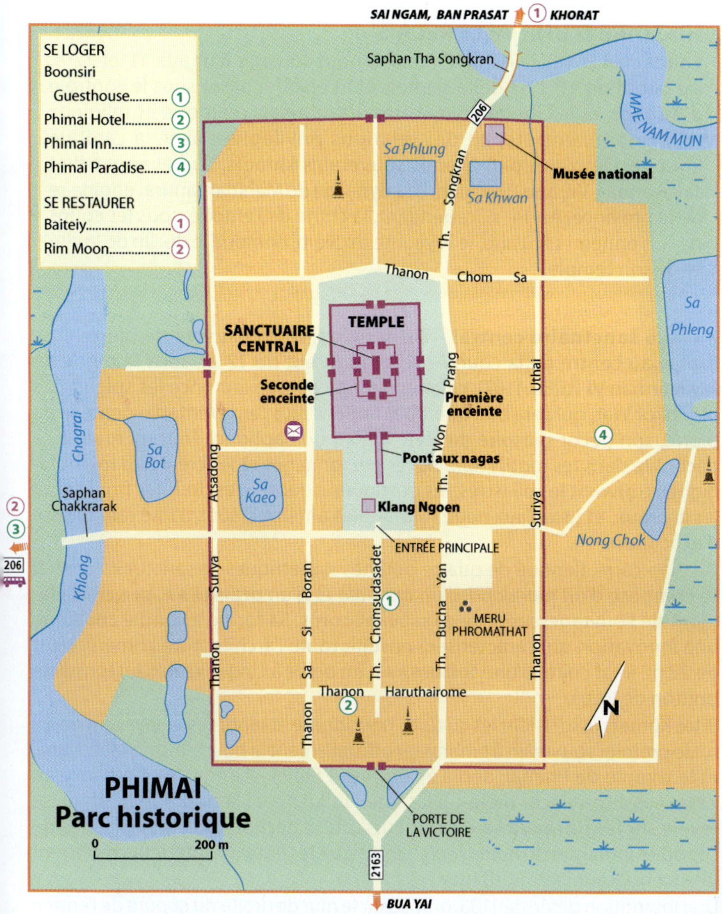

« *Art et architecture* », *p. 80)*, il comprend une première enceinte rectangulaire percée de quatre portiques, protégeant une seconde ceinture de murs autour du sanctuaire principal. En revanche, au lieu de respecter l'orientation usuelle est-ouest, le temple montre un axe nord-sud, pour regarder vers Angkor.

De l'entrée aux enceintes – En pénétrant dans le parc, par la porte sud, vous laissez d'abord sur la gauche un petit pavillon rectangulaire, le **Khlang Ngoen**, qui était probablement dédié aux cérémonies rituelles. Une volée de marches flanquées de majestueux lions *(singha)* conduit à la terrasse précédant le temple, dite « **pont aux nagas**★ ».

Cette plate-forme donne accès à la **première enceinte**★, galerie couverte percée de part en part de superbes fenêtres à balustres de pierre. De l'entrée principale, formée d'un pavillon cruciforme *(gopura)*, s'encadrent en enfilade les portes du sanctuaire, jusqu'à celle du *prang* central. Des piliers massifs soutiennent la structure d'un toit qui ne fut sans doute jamais achevé.

Vous franchissez ensuite la **seconde enceinte**★, une belle galerie aux murs de grès rose sur lesquels se détachent le grès blanc des portiques et les balustres des fenêtres. Elle ferme une vaste cour abritant le sanctuaire.

HISTOIRE D'UNE VILLE RELAIS

Fondée au 8e s., la cité de Phimai connut son âge d'or aux 11e et 12e s. Au début du 11e s., le delta siamois était en effet passé sous le contrôle d'**Angkor**, et la cité de Phimai, important relais politique et religieux de l'Empire, entretenait des relations privilégiées avec la capitale khmère. Deux des plus grands souverains khmers, Suryavarman II et Jayavarman VII, appartenaient à la dynastie de Mahidarhapura, originaire de la province. Au 14e s., cependant, la chute de l'empire, sous les coups de son ennemi séculaire, le royaume du Siam, entraîna le déclin de la cité et de son temple.

★★★ **Le sanctuaire central** – Desservi par une chaussée de pierre, il se dresse au centre de la cour. Achevé au début du 12e s., sous le règne de Jayavarman VI (1080-1107), ce magnifique ouvrage annonce les splendeurs d'Angkor Wat, qui sera bâti quelques années plus tard. Véritable dentelle de pierre, son décor s'inspire du style khmer du Baphuon. Tout un monde se découvre dans les motifs floraux, les personnages et les créatures mythologiques couvrant les pilastres, les portiques à degrés, les doubles frontons et les linteaux, et jusqu'aux *naga* formant les antéfixes, tous d'une rare finesse d'exécution.

De plan carré, flanqué de quatre porches symétriques, le sanctuaire central se compose d'un *mandapa*, d'un *antarala* et d'un **prang★★★**, principal élément de l'ouvrage, précédé d'un avant-corps. Sa forme arrondie constitue une innovation qui caractérisera ensuite toute l'architecture khmère. Haut de 28 m, il est coiffé d'une **toiture★★★** en ogive à cinq niveaux, en forme de bouton de lotus.

Si les Khmers associaient les cultures bouddhiste et hindouiste, Jayavarman VII fut le premier souverain à embrasser officiellement le bouddhisme Mahayana, et le temple de Phimai, dédié à l'origine à Shiva, changea d'obédience au 12e s. Aussi son décor mêle-t-il les deux influences : la tradition hindoue se révèle sur les **linteaux★★★** extérieurs, où se déclinent divers épisodes de l'épopée indienne du *Ramayana*, tandis que les linteaux intérieurs montrent une iconographie bouddhique.

Une inscription datée de 1108, gravée sur le mur de droite du *gopura* de l'entrée principale, mentionne d'ailleurs l'installation de la statue de Vajrasatva, une divinité qui, selon la légende, tenta de convertir le dieu Shiva au bouddhisme tantrique. Ce dernier figure sur les bas-reliefs des piédroits encadrant la porte principale, surmontée d'un tympan où apparaît Shiva dansant, symbole de la renaissance continuelle de l'univers.

À l'intérieur du *mandapa*, sur le registre supérieur de la porte de l'*antarala*, figure Bouddha prenant la Terre à témoin, assailli par les armées de Mara. On le voit également, en méditation, au-dessus de la porte du *garbhaghra*, la salle principale du sanctuaire, tandis qu'au centre trône un gracieux **bouddha★** protégé par un *naga*. Ce bel exemple de style Bayon, représentation en grande faveur au Siam, inspira toute la production khmère à l'époque d'Angkor.

À droite, vous pouvez voir le **somasutra**, canal qui drainait à l'extérieur l'eau sacrée que l'on versait sur la statue. Sur le **linteau du portique nord★★**, enfin, le dieu Vajrasatva et ses danseurs symbolisent la victoire du bien sur les forces de l'ignorance et du mal.

En quittant le sanctuaire – Les trois **chapelles** de latérite qui jouxtent l'édifice, construites au 12e s., restèrent sans doute inachevées. Le **Prang Phromathat**, à gauche *(est)*, conserve une copie du buste du roi Jayavarman VII, le dernier

Jeune homme priant devant un banian sacré, parc historique de Phimai.
Ch. Boisvieux / age fotostock

grand souverain de l'Empire khmer *(l'original se trouve au Musée national de Phimai).*

★★ Le Musée national

Th. Songkhran - au nord-ouest de la ville, à 300 m du temple sur la route 206, juste avant la rivière - 9h-16h sf lun. et mar. - 100 bahts.

Passionnant et bien agencé, ce musée se consacre à l'héritage culturel de l'Isan, avec une très riche collection de pièces des temples de la province.

Au rez-de-chaussée, ne manquez pas la **statue de Jayavarman VII**★★★, un remarquable portrait du souverain, pièce unique qui souligne l'importance des rapports entre Phimai et le Cambodge du 13e s. Les magnifiques **pièces d'orfèvrerie**★★ exposées en vitrine – objets de cérémonie et ornements en or – sont quant à elles révélatrices de la prospérité de l'Empire khmer aux 11e et 12e s. Attardez-vous également sur les éléments d'architecture, **linteaux**★★★ et **frontons**★★★ ornés de reliefs ; ces derniers sont exceptionnels, tant par leur finesse que par leur qualité narrative.

Le 1er étage rassemble des objets illustrant les croyances religieuses depuis la préhistoire et retrace les diverses étapes de l'histoire de l'art dans le royaume. On peut aussi admirer de belles **statues**★ de divinités khmères.

4

UNE FAMILLE TIRÉE PAR LES CHEVEUX

Un jour, le dieu **Kamsa** et son armée de démons provoquèrent tant de troubles sur la Terre que les dieux s'en inquiétèrent, craignant pour l'ordre du cosmos. La déesse de la Terre monta se plaindre auprès de Vishnu sur le mont Meru. Ce dernier, après avoir écouté ses doléances, s'arracha deux cheveux, qui devinrent aussitôt ses fils : **Krishna** et **Balarama**, avatars du dieu qu'il missionna sur Terre pour tuer Kamsa. Les sculptures de Phimai relatent les épisodes de la guerre sans merci que se livrèrent alors les forces du mal et du bien, le linteau du portique nord montrant la victoire finale de Vishnu.

TOUS LES CHEMINS MÈNENT À ANGKOR

Les souverains khmers accordaient une grande importance aux voies de communication – essentielles pour maintenir la cohésion entre les 90 provinces de l'empire qui, entre les 8e et 14e s., s'étendait du bassin du Mékong à Vientiane et de la Birmanie à la péninsule malaise. De la capitale, des routes pavées de latérite partaient en étoile pour sillonner tout le territoire, jusqu'à ses marches les plus lointaines. Outre la construction de ponts, **Jayavarman VII** fit installer à intervalles réguliers des pavillons de repos et un grand nombre d'hôpitaux.

À proximité Carte de région

Sai Ngam, le « beau banian » B2

À 3 km au nord-est de Phimai, par la Highway 206 - passez le musée et le pont, puis prenez la 1re route à droite (fléché).

Cette curiosité naturelle fait la fierté des habitants de la région : le gigantesque **banian★★** se dressant sur un îlot, entre la rivière et l'un de ses affluents, a, dit-on, atteint l'âge vénérable de 350 ans ! Des passerelles permettent de circuler à travers ses multiples ramifications, et l'endroit offre une halte très populaire pour pique-niquer.

★ Le site préhistorique de Ban Prasat B2

À 15 km de Phimai - de Phimai, prenez la Highway 206 dir. Khorat, puis empruntez à gauche la route 2 sur 1,5 km.

La fertilité du plateau de Khorat, irrigué par le Mékong et les rivières Mun et Shi, favorisa l'implantation humaine dès la préhistoire. Le site de Ban Prasat met au jour les traces d'un habitat vieux de 3 000 ans. Un petit **musée** présente les résultats des fouilles archéologiques, à travers une exposition de poteries et de divers outils trouvés sur place.

NOS ADRESSES À PHIMAI

ARRIVER / PARTIR

En bus

Terminal des bus – *À 1,5 km au sud-ouest du centre - après le pont, prenez la route 206 à gauche.* Liaisons fréquentes avec Khorat *(dernier bus à 19h)*. Plus pratique, une petite station informelle au bas de Th. Chomsudasadet assure des départs pour Khorat ttes les 30mn de 4h à 18h.

HÉBERGEMENT

PREMIER PRIX

Phimai Inn – *33/1 Th. By-pass, 14 Moo - à 2 km au sud-ouest, non loin de la gare routière - ✆ 04 428 72 28 - - 109 ch. - 420/600 bahts.* Ce bâtiment moderne aux chambres carrelées présente un bon rapport qualité-prix malgré son mobilier défraîchi. Visitez avant de choisir votre chambre et préférez celles en étage, avec vue sur la piscine (les autres donnent sur la nationale et celles du rdc sont sombres). Wifi.

Phimai Paradise – *2 Th. Samairuchi, 100 Moo - ✆ 04 428 75 65 - www.phimaiparadise.com - - 42 ch. - 450/600 bahts.* À deux pas du parc historique, cet hôtel moderne impeccablement entretenu assure le meilleur rapport qualité-prix de la localité avec des chambres spacieuses, d'une propreté irréprochable. Certaines manquent de lumière, mais ce peut être un atout par grosse chaleur. Les plus chères disposent d'un mini espace salon et les transats autour de la belle piscine invitent au farniente. Wifi.

Boonsiri Guesthouse – *228 Th. Chomsudasadet - ☏ 04 447 11 59 - www.boonsiri.net - ▤ ⊠ ✕ - 15 ch. - 400/500 bahts.* On apprécie les beaux parquets anciens de cette pension de famille modeste, bien aimée des jeunes voyageurs, même si certaines chambres ont des fenêtres aveugles et que la literie a vécu. Grande terrasse commune. Appréciable petit plus, l'adresse propose de nombreux services : laverie, location de vélo, café internet, restaurant. Wifi.

Phimai Hotel – *305/1-2 Th. Haruthairome - à 250 m au sud du parc historique - ☏ 04 447 13 06 - phimaihotel@korat.in.th - ▤ ✕ - 41 ch. - 400/500 bahts ☕.* Cet hôtel bien tenu, quoique accusant le passage du temps, sera une solution de dépannage si le Paradise est complet. Le restaurant attenant propose des formules de petit-déj. *(env. 100 bahts).* Wifi.

RESTAURATION

Deux excellentes adresses se distinguent parmi la dizaine de restaurants que comptent la ville.

PREMIER PRIX

Baiteiy – *Sur la route 206, dir. Khorat - env. 5 km de Phimai - ☏ 04 448 11 91 - P - 9h-22h - ⊠ - 120/200 bahts.* Sur la droite de la route en venant de Phimai, la grande bâtisse jaune fleurie abrite une salle spacieuse et aérée. On y sert une cuisine thaïe et chinoise fort réputée : plats de poisson, curries, soupes et salades. Les aventuriers de la gastronomie exotique tenteront la méduse à l'huile de sésame. Excellent rapport qualité-prix.

Rim Moon – *56/5 Th By-pass - à 2 km au nord-est de la ville, dir. Khorat (sur la route 206, la même que celle du Phimai Inn) - ☏ 04 447 12 32/16 92 - 11h-0h - ⊠ - 150/200 bahts.* Pas d'enseigne en anglais mais vous reconnaîtrez l'établissement au petit château d'eau jaune, proche de l'entrée. Installé sur la berge de la Mun, il offre un agréable cadre de verdure, tout simple, avec aire de jeux pour les enfants. Les tables, en terrasse au bord de l'eau et sur un bateau, sont très prisées par les habitants de Phimai : la cuisine est raffinée et le service attentionné.

PETITE PAUSE

Nom Neay Bakery & Coffee – *9h-19h.* D'appétissantes vitrines de gâteaux au chocolat et à la crème attirent le regard vers cette salle pimpante. Jus de fruits frais, cappucinos, milk-shakes et pâtisseries : tout pour une pause sucrée à la sortie du temple.

BOIRE UN VERRE

Rabien Mai Restaurant – *en face de l'hôtel Paradise (voir « Hébergement ») - 17h-0h.* Ses tables de bois disposées sous les frangipaniers, à l'ombre d'un arbre du voyageur sont bien tentantes pour une bière ou un apéritif.

AGENDA

Phimai Festival – *2e sem. de nov.* Danses traditionnelles et spectacle pyrotechnique dans le parc historique.

Le Sud 5

Carte Michelin National 751 au 1/1 370 000

À la frontière birmane :

Sur la côte est, côté golfe du Siam :

Sur la côte ouest, côté mer d'Andaman :

Les provinces de l'extrême-sud :

Plage de carte postale dans le sud de la Thaïlande.

Champa / Fotolia.com

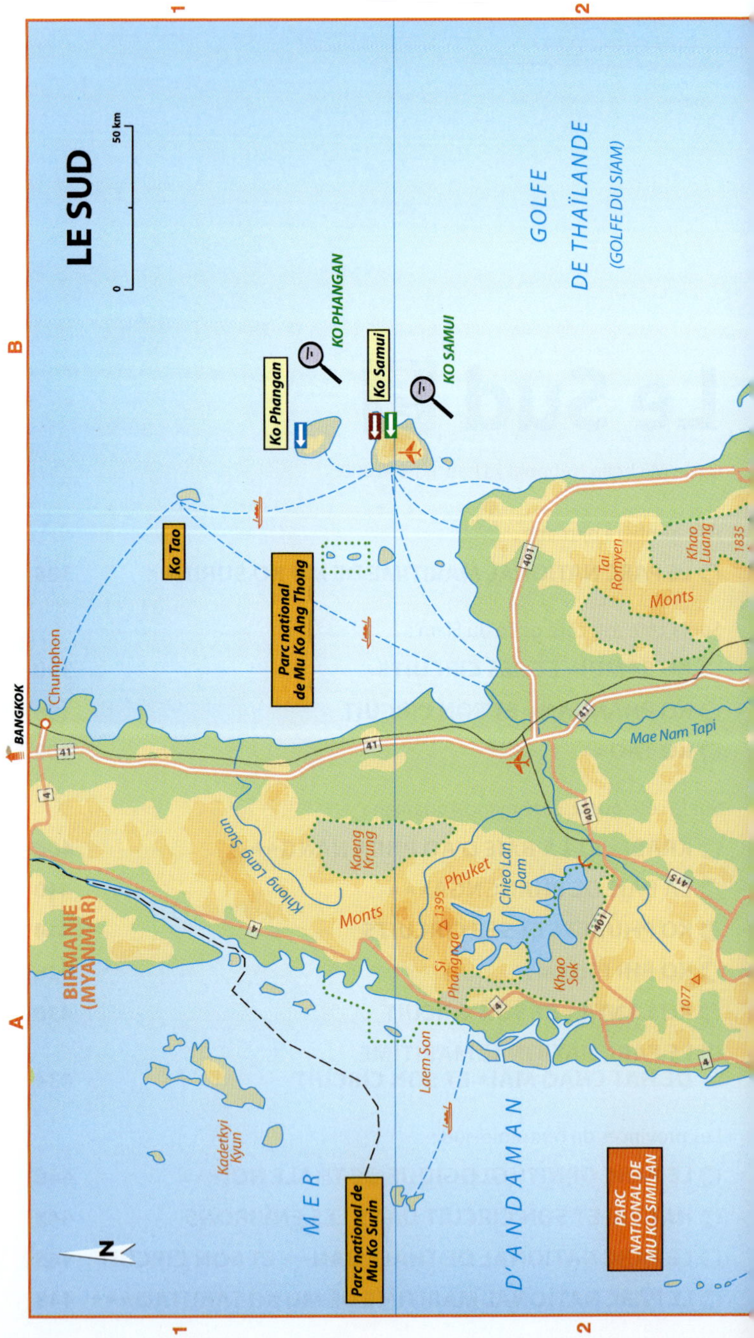
LE SUD
0
50 km
GOLFE DE THAÏLANDE
(GOLFE DU SIAM)
KO PHANGAN
KO SAMUI
Ko Phangan
Ko Samui
Ko Tao
Parc national de Mu Ko Ang Thong
Chumphon
BANGKOK
41
4
401
415
Tai Romyen
Monts
Khao Luang
1835
Mae Nam Tapi
Khlong Lang Suan
Kaeng Krung
Phuket
Chieo Lan Dam
Monts
Si Phangnga
1395
Khao Sok
1077
BIRMANIE (MYANMAR)
Laem Son
Kadetkyi Kyun
MER
D'ANDAMAN
Parc national de Mu Ko Surin
PARC NATIONAL DE MU KO SIMILAN
A
B
1
2

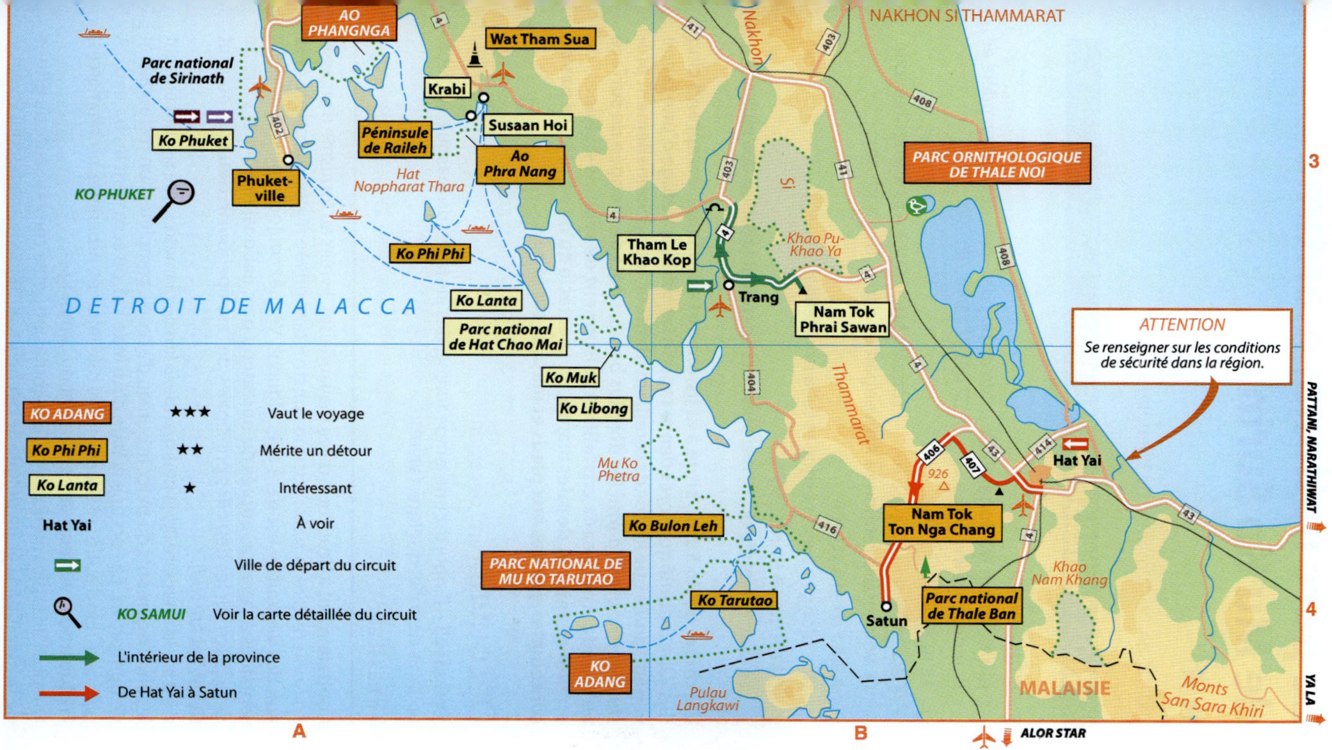
NAKHON SI THAMMARAT
PATTANI, NARATHIWAT
YA LA
ALOR STAR
AO PHANGNGA
Wat Tham Sua
Parc national de Sirinath
Krabi
Susaan Hoi
Ko Phuket
Péninsule de Raileh
Ao Phra Nang
Phuket-ville
Hat Noppharat Thara
KO PHUKET
PARC ORNITHOLOGIQUE DE THALE NOI
Tham Le Khao Kop
Khao Pu-Khao Ya
Ko Phi Phi
Trang
Nam Tok Phrai Sawan
Ko Lanta
DETROIT DE MALACCA
Parc national de Hat Chao Mai
ATTENTION
Se renseigner sur les conditions de sécurité dans la région.
Ko Muk
Ko Libong
Thammarat
Hat Yai
Mu Ko Phetra
926
Nam Tok Ton Nga Chang
Ko Bulon Leh
Khao Nam Khang
PARC NATIONAL DE MU KO TARUTAO
Ko Tarutao
Satun
Parc national de Thale Ban
KO ADANG
Pulau Langkawi
MALAISIE
Monts San Sara Khiri
KO ADANG ★★★ Vaut le voyage
Ko Phi Phi ★★ Mérite un détour
Ko Lanta ★ Intéressant
Hat Yai À voir
Ville de départ du circuit
KO SAMUI Voir la carte détaillée du circuit
L'intérieur de la province
De Hat Yai à Satun

Le parc national maritime de Mu Ko Surin

★★

100 habitants – Province de Phangnga

NOS ADRESSES PAGE 389

S'INFORMER
Mu Ko Surin National Park – *Bureau du parc - près de l'embarcadère de Khuraburi - www.dnp.go.th - 07 641 21 45/46 - 8h-17h.*

SE REPÉRER
Carte de région A1 (p. 386-387) – *carte Michelin 751, L2.* À 53 km de Khuraburi.
Voir aussi la rubrique « Arriver/partir » dans « Nos adresses ».

À NE PAS MANQUER
Une plongée avec masque et tuba *(snorkeling).*

ORGANISER SON TEMPS
Le parc est fermé du 1er mai au 31 oct., pendant la saison des pluies.

L'archipel de Ko Surin, situé à la lisière de la Birmanie, comprend cinq îles. Une magnifique forêt dense tapisse les collines, refuge d'une faune variée, tandis que les fonds coralliens alentour, exceptionnellement préservés, comptent parmi les dix plus beaux spots de plongée de surface au monde. Leurs eaux cristallines foisonnent de requins-baleines, de tortues géantes et de raies manta, un spectacle qu'on ne se lasse pas de contempler, palmes aux pieds et masque sur le nez.

Découvrir Carte de région

Conseil – Emportez une lampe torche, des jumelles, un masque, un tuba, un tapis de sol et quelques vivres.

★★ LES ÎLES A1

Contrairement à beaucoup d'îles thaïlandaises, livrées au tourisme de masse, Ko Surin respire la paix : aucune construction privée n'y est autorisée et le flux des visiteurs y est géré avec rigueur. Vérifiez toujours, au moins deux semaines à l'avance, auprès du bureau du parc national maritime, s'il reste de la place sur les deux îles principales de l'archipel, **Surin Neua** *(au nord)* et **Surin Tai** *(au sud).*
C'est sur la première île, la plus grande (5 km de diamètre), que se concentrent les aménagements du parc : le bureau d'accueil, complété d'un restaurant et de bungalows. Elle occupe la **baie d'Ao Mae Yai**, où accostent les bateaux. À part cela, rien d'autre : ni téléphone, ni café Internet, ni banque, ni commerces ; la plupart des visiteurs se contentent du camping.
Quant à l'île la plus méridionale, elle abrite une petite communauté de **gitans de la mer** (Chao Le), un peuple de pêcheurs, autrefois nomades, qui vivent là dans une extrême pauvreté. Évitez de visiter leur village, surtout si vous ne parlez ni thaï ni chao le.

★★ PLONGÉE MATINALE

L'étroit chenal qui sépare les deux îles, d'à peine 2 m de profondeur à marée haute, se révèle un site étonnamment riche en **faune et flore sous-marines**★★. La plage où l'on campe, en forme d'éperon, borde le chenal, et il suffit d'enfiler maillot de bain, masque et tuba pour aller assister à l'éveil du monde aquatique : un spectacle unique.

NOS ADRESSES À MU KO SURIN

INFORMATIONS UTILES

Banque / Change – La banque de Khuraburi ouvre à 8h30. Le bateau partant à 9h, mieux vaut faire du change avant d'arriver en ville. Pas de change sur l'île.

Santé – Aucun centre de soins sur l'archipel.

ARRIVER / PARTIR

En bus – Vous devrez passer la nuit qui précède votre départ pour les îles à Khuraburi (entre Takuapa et Ranong). Pour repartir, bus tlj vers Bangkok et Takuapa, via Phuket, Krabi ou Surat Thani.

En bateau – De nov. à avr., dép. 9h pour les îles de **Ban Hin Lahd** *(port à 6 km de Khuraburi)* : 3h de traversée *(1h en* speedboat*)*.

HÉBERGEMENT

À Khuraburi

PREMIER PRIX

Tararin River Resort – *À 200 m au nord de l'arrêt d'autobus, sur la droite - pas de téléphone - ▤ ✕ - 6 ch. - 300 bahts.* Un havre de paix que ces bungalows de bambou tout simples, avec balcon, au bord de la rivière. La cuisine, thaïlandaise, marie simplicité et fraîcheur. Tentez la salade d'aubergines vertes, un régal.

Dans le parc national

BUDGET MOYEN

Mu Ko Surin National Park – *Khura Subdistrict - Amphur Khuraburi - ✆ 07 647 21 45/46 - www.dnp.go.th - ▤ ✕ - 18 ch. - 2 000 bahts/bung. 4 pers.* C'est le bureau du parc national qui gère l'hébergement, consistant en quelques bungalows très simples. Attention, ils sont souvent réservés plusieurs semaines à l'avance. Vous pouvez également camper (350 bahts) sur la plage destinée à cet usage.

RESTAURATION

Dans le parc national

PREMIER PRIX

Restaurant du parc national – *7h30-17h - à partir de 100 bahts.* Étonnamment bon, il est l'unique endroit où vous pourrez vous nourrir sur l'île. Il existe des formules repas, suffisantes pour 2 personnes, à commander à l'avance. Le service est toujours très long, hélas. Aux heures d'ouverture, le restaurant vend aussi de la petite épicerie. Mais les pénuries sont fréquentes ; pensez donc à acheter des biscuits, des sachets de thé ou de café soluble avant de d'embarquer pour Surin.

ACTIVITÉS

Snorkeling – L'archipel est un lieu idéal pour la plongée avec masque et tuba ! Tous les jours, un circuit en bateau *(9h-12h, 14h-17h)* vous emmène de site en site, avec une halte plongée d'au moins 30mn à chaque fois.

Ko Samui

★

39 715 habitants – Province de Santa Thani

NOS ADRESSES PAGE 395

S'INFORMER

Tourism Authority of Thailand à Surat Thani – *5 Th. Talat Mai, Ban Don - quartier de Muang - 07 728 88 18/19 - 8h30-16h30.* Plan de la ville et horaires des bateaux.

SE REPÉRER

Carte de région B1-2 (p. 386-387) – carte de l'île ci-contre – *carte Michelin 751, L4-5.* À 60 km de Surat Thani et à 496 km de Bangkok. L'île occupe une superficie de 247 km² et est soumise à un climat tropical très humide.

Voir aussi la rubrique « Arriver/partir » dans « Nos adresses ».

À NE PAS MANQUER

Explorer l'intérieur de l'île en Jeep.

ORGANISER SON TEMPS

Meilleure saison : de fév. à juin. Louez un véhicule pour visiter les plages : passé 18h, les *songthaew* se font rares et chers.

AVEC LES ENFANTS

Un après-midi sur la plage tranquille de Choeng Mon, au nord de l'île.

Au large de Surat Thani, plusieurs îles se profilent. La plus grande d'entre elles, Ko Samui, presque ronde, avec une vingtaine de kilomètres de diamètre, découpe sur le ciel ses collines, que domine un imposant cône de 630 m de haut. La végétation mêle forêts et plantations de cocotiers jusqu'aux plages de sable fin, encadrées de rochers. Le site attire en masse les vacanciers, thaïlandais comme étrangers.

Circuits conseillés Carte de l'île

Circuits tracés sur la carte de l'île (ci-contre).

Le port d'embarquement vers Ko Samui et Ko Phangan est **Surat Thani**, sur les rives de la Tapi : une grosse bourgade sans charme, mais une plaque tournante entre côte est et côte ouest de la péninsule méridionale.

LE TOUR DE L'ÎLE Carte de l'île

Au départ de Na Thon, circuit vert de 51 km vers le nord tracé sur la carte de l'île (ci-contre) – comptez une journée.

Longtemps, les habitants de l'île ont vécu de la pêche et de l'exploitation de ses palmiers. Aujourd'hui, avec un million de visiteurs par an et quinze vols quotidiens au départ de Bangkok, Ko Samui est devenue la principale destination touristique du Sud, pendant oriental de Phuket. Entre chaque village, métamorphosé en station balnéaire et commerciale, une myriade d'hôtels et de restaurants ont colonisé le littoral, alignant sur des kilomètres leurs bungalows à l'ombre des palmiers.

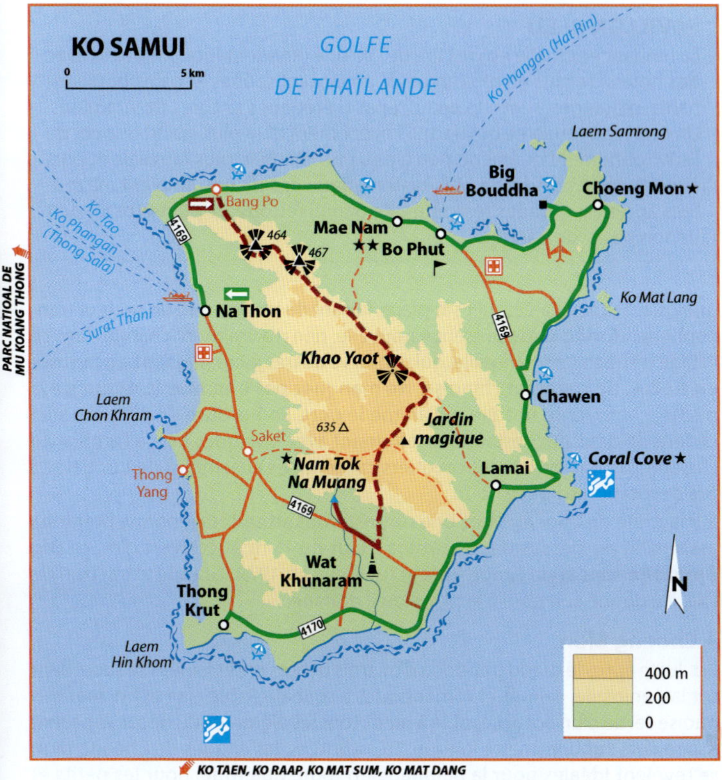

Chaque plage a sa spécificité, les unes dédiées au farniente et aux vacances en famille, les autres aux boîtes de nuit et aux bars à filles. Shopping, activités sportives, excursions dans les parcs maritimes alentour, vie nocturne animée : vous trouverez à Ko Samui tout ce qu'il faut pour un séjour en circuit fermé… mais aussi en communauté.

Na Thon

En provenance de Surat Thani, de Ko Phangan ou de Ko Tao, les ferries qui desservent l'île accostent à Na Thon, le port principal, où se concentrent banques, magasins et agences de voyages. Rien d'exceptionnel dans ce petit bourg, mais si vous avez un quart d'heure, flânez donc dans la ruelle parallèle à l'avenue qui longe le front de mer et la plage d'Ang Thong : de vieilles **maisons chinoises** en bois de teck évoquent les charmes de la Ko Samui d'antan.

Mae Nam

Malgré le tourisme, le village de Mae Nam conserve une atmosphère paisible, à caractère plutôt familial. S'égrenant sur la longue plage de sable clair, les hôtels les plus luxueux y côtoient quelques ensembles de bungalows rustiques.

★★ Bo Phut

Fait rare à Ko Samui, Bo Phut appartient encore à ses habitants et non aux spéculateurs venus de Bangkok, d'où une authenticité et une simplicité qui lui confèrent un charme unique sur l'île. Cette douceur a d'ailleurs décidé

PAVILLON BLEU

La tendance actuelle est de faire de l'île une grande station thermale, avec des hôtels de plus en plus luxueux, proposant saunas et bains bouillonnants, massages, soins de peau, repas diététiques et cures de vitamines. Un nouveau tourisme qui traduit l'avènement d'un plus grand respect de l'environnement et amène peu à peu une clientèle plus familiale et plus âgée. Avec le nettoyage plus systématique des plages, souvent mazoutées après les grandes tempêtes, Ko Samui retrouvera peut-être un peu de son passé de paradis.

quelques Français à s'établir sur place, faisant de la côte nord un secteur francophone. Hormis cette présence nouvelle, rien n'a vraiment changé dans ce village de pêcheurs tranquille, qui conserve de très jolies **maisons anciennes en bois★**, de tradition chinoise. Ne manquez pas non plus le retour de la pêche, chatoyante flottille qui anime le port. En bordure de plage se succèdent de délicieux restaurants, alternant avec quelques bars à l'ambiance chaleureuse, tandis que les cocotiers cachent des ensembles de bungalows à la décoration soignée.

Sur la route de Choeng Mon, une surprise vous attend : un énorme bouddha assis jaillit au-dessus des cocotiers. Haut de 15 m et couvert d'or, ce **Big Bouddha** sans style (sinon kitsch) fut élevé en 1972. Grande attraction de l'île, il a donné son nom à la plage qu'il domine.

★ Choeng Mon

Juste après le grand bouddha d'or, trois petites anses isolées se succèdent sur la péninsule, calmes et romantiques à souhait. Sable clair et fin, mer turquoise sertie d'un îlot accessible à pied : tous les éléments du décor appellent à la rêverie sur une chaise longue. Très abritées, les criques de Choeng Mon se révèlent idéales pour la baignade en toute quiétude, pour les petits et les grands. Les familles y trouveront toutes sortes de bungalows, des plus rudimentaires aux plus sophistiqués, tous dotés d'un restaurant, invitant à un séjour en autarcie quasi complète. Et la plage commerçante de Chaweng n'est qu'à 10mn de là.

Chaweng

Bon à savoir – Avec la montée des eaux, la plage disparaît à marée haute. Les plages de la côte sont relativement polluées, souvent jonchées de bouteilles en verre et de plastiques en tout genre.

L'immense courbe de sable qui creuse toute la côte est constitue la partie la plus urbanisée de l'île, succession infinie de boutiques de souvenirs, d'agences de voyages, de magasins de sport, d'hôtels, de bars et de restaurants, qui barrent tout le front de mer. De bout en bout, on peut arpenter l'interminable artère commerçante sans jamais entrevoir le moindre grain de sable. Seule solution pour rejoindre la mer : pénétrer dans un hôtel pour en ressortir côté plage ! L'ambiance rappelle Ao Patong, à Ko Phuket *(voir p. 418)* : le jour, Chaweng appartient aux amateurs de shopping et de jet-ski ; la nuit, la station s'illumine des néons d'innombrables bars et pseudo salons de massages, lieux de prostitution à peine déguisés. La station ne s'éveille ainsi que vers 17h, au son des klaxons des *songthaew* pris dans les embouteillages et de la cacophonie des musiques sortant des bars, où des centaines de touristes commencent leur soirée. Car Chaweng ne dort jamais, et le silence en est absent. Sauf peut-être au petit matin, entre le lever du soleil et 10h, lorsque les noctambules sont allés se coucher : c'est le moment de se baigner et de profiter de la plage, d'un calme olympien.

★ **Coral Cove** (Ao Thong Yang)
Protégées par de gros rochers gris-or, deux minuscules anses s'ouvrent sur la mer, plages de sable bordées de verdure où s'égaillent quelques bungalows. Bref, un site de choix pour des vacances au calme. Des groupes d'amis se sont d'ailleurs donné le mot, qui s'y retrouvent d'année en année. Principale activité de l'endroit, hormis la sieste : explorer les **coraux** alentour, qui attirent de nombreux poissons. Amateurs de **snorkeling**, prenez masque et tuba.

Lamai

C'est à Lamai qu'échouèrent les premiers vacanciers de Ko Samui, il y a une vingtaine d'années. La plage de Chaweng était alors déserte, et le village ne comptait que quelques maisons de pêcheurs. Depuis, Lamai s'est agrandie, et ses maisons abritent désormais des boutiques, des restaurants, des bars et des discothèques : c'est la plage la plus animée le soir après celle de Chaweng. Un **ring de boxe thaïlandaise** s'y est même installé, où les athlètes s'entraînent en fin d'après-midi (matchs réguliers). Côté hôtellerie, les établissements le long du village conviendront aux oiseaux de nuit, que le bruit des bars ne dérange pas.
Ceux qui recherchent la tranquillité trouveront refuge aux deux extrémités de la plage. La **pointe nord**, encore préservée, concentre les hôtels les plus chic. Bien intégrés au paysage, au calme sous les cocotiers, ils donnent directement sur la plage et la mer. Les activités mises en avant concernent plutôt la santé et la beauté : bains de vapeur, massages traditionnels ou à l'huile, soins du visage, etc. La **pointe sud** dispose pour sa part d'un hébergement moins luxueux, avec ses petits ensembles de bungalows plantés sur le sable. Parmi les rochers qui bordent la plage veillent Hinta et Hinyai – Grandfather and Grandmother's Rocks pour les Occidentaux. On reconnaît facilement Hinta à sa forme éloquente de phallus dressé, près duquel il faut ensuite chercher son conjoint. Rien d'extraordinaire dans ces deux blocs de grès qui attirent pourtant nombre de visiteurs asiatiques, Thaïlandais, Chinois et Japonais. Les deux pierres sont en effet réputées améliorer la fertilité, et l'endroit est devenu un véritable lieu de pèlerinage.

Thong Krut

Quelques maisons de pêcheurs, peu de touristes, une modeste plage peu propice à la baignade. En revanche, vous pourrez louer sur place des *long tail* pour une belle journée de balade en mer : il suffit d'une demi-heure pour atteindre l'île voisine de **Ko Taen**, un petit caillou vert ceint de quelques jolies plages, ou, à peine plus loin, **Ko Raap**, **Ko Mat Sum** et surtout **Ko Mat Dang**, réputée pour ses **fonds marins★**. Les pilotes connaissant les meilleurs endroits pour plonger et nager, fiez-vous à leur choix.

GARE AUX COCOS !
Ko Samui détient le record mondial de la plus forte densité de cocotiers au kilomètre carré ! Mais attention, car au premier coup de vent un peu vif, les noix chutent. Cela constitue un danger réel pour les promeneurs, le poids du fruit, ajouté à la vitesse et à la hauteur de la chute, pouvant être mortel. C'est d'ailleurs l'une des raisons pour lesquelles les coloniaux portaient un casque…

UN CADAVRE EXQUIS

Vers la fin de sa vie, un riche habitant de Ko Samui fit vœu de pauvreté et devint moine. On raconte qu'il avait prédit lui-même la date exacte de sa mort, et demandé que son corps soit alors placé dans un cercueil transparent. L'homme mourut à la date annoncée, en 1973, à l'âge de 79 ans, et sa dernière volonté fut respectée. Or, depuis 1973, sa dépouille refuse de se décomposer : les bouddhistes y voient une preuve que la méditation permet de dépasser les lois de la nature. Une preuve macabre qui connaît aussi un franc succès auprès des touristes se rendant au Wat Khunaram.

★ L'INTÉRIEUR DE L'ÎLE Carte de l'île

Au départ de Bang Po, circuit rouge d'env. 25 km tracé sur la carte de l'île (p. 391) – comptez une journée.

De la plage de Bang Po, tournez à droite en face du restaurant Bang Po Seafood et suivez la route, puis la piste (4x4 ou Jeep indispensable). Prévoyez de l'eau, de l'écran solaire et des chaussures de marche.

Loin de la concentration touristique des plages, l'intérieur de l'île révèle une nature sauvage, avec de magnifiques paysages de cocoteraies et de jungle s'étageant sur les 600 m de dénivelé des montagnes. L'air y est plus frais que sur la côte, la piste va de belvédère en point de vue, toujours plus beaux, et vous ne rencontrerez personne.

Première étape contemplative, le **Mountain Viewpoint**, perché à 464 m d'altitude. De là, on rejoint le **Best Mountain Viewpoint** (467 m), où se niche un petit restaurant. Puis après 2h de plongée dans le grand vert, le long de la piste principale, on parvient au **Khao Yaot Viewpoint**, d'où, en tournant à gauche, on atteint le **Jardin magique**. En fait de jardin, l'endroit, qui fait penser à quelque création kitsch du Facteur Cheval, réunit une cinquantaine de bouddhas de moins de 1 m de hauteur, chacun figurant une scène de la vie quotidienne de l'Éveillé.

La piste sinue ensuite vers les **chutes de Na Muang★** *(indiqué - comptez 1h)*, une majestueuse cascade de 79 m de haut cachée dans la verdure.

De là, une piste à droite rejoint la route principale et le **Wat Khunaram**, un haut lieu de pèlerinage connu pour son moine momifié *(gratuit - tenue correcte exigée et photographies à éviter).*

Excursion Carte de région

★★ LE PARC NATIONAL MARITIME DE MU KO ANG THONG B1

À env. 30 km des côtes de Ko Samui (1h env.) - prévoyez des chaussures de marche – comptez une journée.

Le parc de Mu Ko Ang Thong englobe un archipel d'une quarantaine d'îlots, magnifique ensemble de pitons rocheux posés sur la mer. Au pied de ses pains de sucre couverts d'une luxuriante végétation s'étalent de petites plages désertes, où l'on vient accoster le temps d'un bain, d'un pique-nique ou d'une balade. Totalement inhabité, le parc conserve une nature intacte, vestige protégé de la forêt originelle.

Une journée typique à Ang Thong comprend un mouillage dans un lagon pour une première baignade dans des eaux cristallines, un déjeuner sur le bateau, puis une escale à **Ko Pa Luey★**, la plus grande île du parc.

Les sportifs pourront faire l'ascension du piton qui domine la plage où l'on accoste. Dans un chaos de rochers noyé dans la végétation (où vous apercevrez peut-être des singes), un sentier escarpé monte en une petite heure au sommet, à 240 m d'altitude *(attention, il est assez difficile, surtout en fin de parcours, quand il faut grimper sur des rochers coupants)*. À l'arrivée, vous serez récompensé de vos efforts par un splendide **point de vue★★** sur l'ensemble de l'archipel. Puis le bateau poursuit à travers les îles, pour une dernière étape baignade près de quelques grottes naturelles, creusées dans la roche par le ressac.

NOS ADRESSES À SURAT THANI ET SUR KO SAMUI

INFORMATIONS UTILES

À Surat Thani

Agences de voyages – Phantip - *442/24-5 Th. Talat Mai - ✆ 07 727 22 30.*

Poste / Téléphone – Poste - *au coin de Th. Talat Mai et de Th. Chon Kasem - lun.-vend. 8h30-16h30.*

Santé – Samui Hospital - *✆ 07 742 95 00/09 02.*

Sur Ko Samui

Poste – *À Na Thon.*

Santé – Plusieurs centres médicaux et hôpitaux sur l'île dont Bandon International Hospital - *à Chaweng*; Samui Government Hospital, *à Na Thon*. Si le problème médical peut attendre Bangkok, mieux vaut patienter.

Sécurité – Police touristique - *✆ 07 742 12 81 ou ✆ 11 55.*

ARRIVER / PARTIR

En avion

Aéroport de Ko Samui – Env. 20 vols/j. entre Bangkok et Ko Samui; Bangkok Airways et Thai Airways assurent 6 liaisons/j. avec Phuket et 2 avec Krabi.

En train

Gare de Surat Thani – **À Phun Phin,** *à 14 km à l'ouest de la ville (navettes).* La ligne part de Bangkok et descend jusqu'à la frontière malaise.

En bus

Gares routières de Surat Thani – Les deux gares, **Talak Kaset 1 et 2**, desservent le Sud, Krabi, Phuket, Trang, Hat Yai et Bangkok.

À partir de Bangkok – Trajet jusqu'à l'embarcadère de Surat Thani (certains bus prennent le ferry).

En bateau

À partir de Surat Thani – Départ de **Tha Chang** *(6 km au nord-est de Surat Thani)*. Env.10 liaisons/j. entre Surat Thani et Na Thon, à Ko Samui *(2h30)*. Si vous voyagez en voiture, il faut prendre les ferries de **Don Sak** *(65 km au nord-est)*.

À partir de Ko Samui – Ferries tlj entre Na Thon et Surat Thani; liaisons avec Ko Phangan et Ko Tao.

TRANSPORTS

En voiture – On peut louer des véhicules, et notamment des Jeep, à l'aéroport de Ko Samui (plusieurs agences dont Avis et Thai Rent a Car).

HÉBERGEMENT

À Surat Thani

BUDGET MOYEN

Wang Tai Hotel – *1 Th. Talat Mai - ✆ 07 728 30 20 -* ▤ 🏊 ✕ *- 233 ch. - 800/1 200 bahts* ☕. Un hôtel feutré et luxueux, malgré une décoration un peu banale.

Accueil charmant, chambres spacieuses (certaines avec une belle vue) et piscine à remous.

À Na Thon

BUDGET MOYEN

Jinta City Hotel – *310 Moo 3 - sur les quais au sud du débarcadère - 07 723 63 69 -* - *30 ch. - 800/1 000 bahts.* Bien situé entre le port et quelques bons restaurants, dont le Starry Seafood. Les chambres et les bungalows, disposant de larges baies vitrées, sont répartis autour d'une pelouse. Wifi.

À Mae Nam

UNE FOLIE

Santiburi Dusit Resort – *12/12 Moo 1, Tambol Mae Nam - 07 742 50 31 à 38 - www. santiburi.com - - 61 ch. - 8 000/15 000 bahts.* Certains lieux semblent issus d'un rêve. Ce magnifique hôtel se compose d'élégants pavillons blanc, vert et bois, à l'architecture aussi raffinée que la décoration intérieure, exceptionnelle. Le jardin, un coin de paradis, abrite une piscine tout aussi belle. Spa, restaurant gastronomique, service impeccable… ces prestations d'un luxe extrême ont leur prix.

À Bo Phut

POUR SE FAIRE PLAISIR

The Lodge – *Au centre du village - 07 742 53 37 - www. lodgesamui.com - - 10 ch. - 2 500/2 700 bahts.* Dans une superbe maison en front de mer d'architectures thaï et chinoise, des chambres chaleureuses d'un grand confort. Une des meilleures adresses de l'île.

À Choeng Mon

BUDGET MOYEN

Ô Soleil – *Sur la plage - 07 742 52 32 - - 27 ch. - 600/1 400 bahts.* Rien d'exceptionnel, si ce n'est la situation, fabuleuse, sur l'une des plus belles plages de l'île. Bungalows basiques, mais propres et carrelés, tenus par de charmants propriétaires parlant français, allemand et anglais.

À Lamai

PREMIER PRIX

Rose Garden Bungalow – *146/2 Lamai Beach - 07 742 41 15 - - 17 ch. - 700/1 000 bahts.* Des bungalows de bois, simples et propres, au pimpant toit vert, disposés en arc de cercle autour d'un séduisant jardin, objet de soins constants. L'accueil attentionné compense la disparition de la plage à marée haute. Wifi.

RESTAURATION

À Surat Thani

PREMIER PRIX

Tapi Seafood – *Th. Surat Paknam - à côté de l'embarcadère des bateaux « express » vers Ko Samui - 07 728 21 15 - 8h-22h - moins de 200 bahts.* Le meilleur restaurant de fruits de mer de la ville, à savourer en regardant la rivière.

À Bo Phut

PREMIER PRIX

Starfish and Coffee – *51/7 Moo 1 - 07 742 72 01 - 13h-23h - à partir de 150 bahts.* Dans un cadre exceptionnel, des murs ocre rouge et or, des meubles de fer forgé et une terrasse surplombant la mer. Musique douce et lumière tamisée le soir, pour savourer avec plaisir des plats thaïlandais.

ACHATS

Oriental Gallery – *39 Th. Chaweng Beach - 07 742 22 00.* Pour les amateurs d'antiquités, du meuble rare à la poterie ancienne.

Starfish and Coffee – *51/7 Moo 1, à Bo Phut - ✆ 07 742 72 01.* Une boutique qui regorge d'objets thaïlandais originaux, sélectionnés avec goût et à prix honnêtes. Propose aussi des vêtements.

Muang Kulaypan Hotel – *100 Moo 2, à North Chaweng Beach - ✆ 07 723 08 49.* Dans la boutique de cadeaux de l'hôtel, des vêtements tout en légèreté et en élégance, créés par une styliste étonnante qui travaille essentiellement le coton et la soie.

ACTIVITÉS

Plongée sous-marine

ABC Divers – *À Mae Nam - ✆ 081 084 87 62 - www.adiandmala.com.* Cours de plongée privés, avec des prestations très variées. L'un des instructeurs est aussi un biologiste de la mer.

Samui Crystal Diving – *171 Moo 1, à Mae Nam - ✆ 07 745 61 06 - www.crystaldive.com.* Une école sérieuse et agréable, qui tient aussi un centre à Ko Tao.

Samui International Diving School - *en face du Coyote Bar, à Chaweng - ✆ 07 741 30 50 - www.planet-scuba.net.* Un club réputé et sérieux, assurant des conditions de sécurité optimales. Ambiance sympathique et polyglotte.

Sports nautiques

Samui Ocean Sport – *À Chaweng - ✆ 081 940 19 99 - www.sailing-in-samui.com.* Location de planches à voile, de catamarans et de canoës.

Blue Stars – *À Chaweng - ✆ 07 741 32 31 - www.bluestars.info.* Pour faire du kayak (*2200 bahts pour le tour)* mais aussi des excursions en bateau et des sorties snorkeling.

Loisirs terrestres

Samui Golf Club & Driving Range – *123/1 Moo 1, à Bo Phut - ✆ 07 724 52 36 à 39 - 10h-22h.*

Treasure Island Minigolf - *À Chaweng - 11h-23h.*

Samui Go Kart – *À Bo Phut - ✆ 07 742 50 97.*

Massages traditionnels

Tamarind Springs – *205/7 Thong Takian, Lamai - ✆ 07 723 05 71 ou 07 742 42 21 - www.tamarindsprings.com - 11h-20h.* En pleine verdure, bains de vapeur parfumés dans un rocher creux et massages raffinés. Réserver.

Salika Beauty – *2/9-10 Th. Taweeratpakdee, Bo Phut - ✆ 07 724 51 98 (demander Poonsuk Siriyong).* Cours de massage particuliers de 10 j. à raison de 6h/j.

Ko Phangan

★

13 317 habitants – Province de Surat Thani

NOS ADRESSES PAGE 400

SE REPÉRER
Carte de région B1 (p. 386-387) – carte de l'île ci-contre – *carte Michelin 751, L4-5.* À 15 km de Ko Samui. L'île présente une superficie de 191 km^2.
Voir aussi la rubrique « Arriver/partir » dans « Nos adresses ».

À NE PAS MANQUER
Assister au lever du soleil à Thong Nai Pan Yai.

ORGANISER SON TEMPS
Meilleure saison : de fév. à juin. Pour vous baigner, préférez les petites criques au nord de Hat Rin.

Avec sa silhouette bombée et son manteau de forêt, Ko Phangan ressemble à sa voisine Ko Samui, mais en plus petit… et en plus paisible. Même décor de cocoteraies, de récifs coralliens et de plages baignées d'eaux peu profondes – un délice d'exotisme que l'absence d'aéroport et le nombre réduit de routes asphaltées préservent d'une métamorphose trop rapide. Et si la fameuse Full Moon Party attire les jeunes de tous les horizons sur le sable de Hat Rin, les autres plages de Ko Phangan, cachées au bout de pistes cahoteuses, conservent leur beauté tranquille.

Circuit conseillé Carte de l'île

Au départ de Thong Sala, circuit bleu d'env. 40 km vers le nord tracé sur la carte de l'île (ci-contre) – comptez 2 jours minimum.

LE TOUR DE L'ÎLE

Les plus jolies plages se rassemblent plutôt dans la partie nord de l'île, en particulier sur la **côte nord-est★**. Mais le littoral au sud de Thong Sala cache lui aussi de beaux rubans de sable, le long desquels s'égrènent quelques charmants ensembles de bungalows, notamment la plage de Bantai. Au-delà de Bantai, la route *(très dangereuse à mobylette)* fait penser à de véritables montagnes russes, comme pour isoler Hat Rin et sa folie au bout de l'île…

BON À SAVOIR
À marée haute, les plages disparaissent quasiment.

Thong Sala

Une ville sans intérêt, où l'on ne fait que passer en attendant son bateau.

Chaloklum

Comptez env. 30mn de Thong Sala en songthaew.

Bordée de maisons et de petits commerces, la rue principale de ce paisible village de pêcheurs s'étire face à la plage, plaisant ruban de sable clair ombragé

de casuarinas où viennent s'ancrer les *long tail*, dans un chatoiement de couleurs vives. Les touristes sont plutôt rares dans la localité ; seuls quelques habitants se prélassent sur le sable, le visage enduit d'une curieuse pâte jaune pâle – un masque végétal visant à les protéger du soleil.

De Chaloklum, des bateaux font régulièrement la liaison avec Bottle Beach.

Bottle Beach

À 30mn de Chaloklum en bateau.

En arrivant par la mer, la plage se révèle au détour d'un grand rocher noir. Une rangée de bungalows, deux restaurants, pas de route ni de téléphone, et juste quelques heures d'électricité par jour… Bref, un petit havre tranquille, où il fait bon se retrouver entre amis ou en amoureux.

Vous pouvez rejoindre Thong Nai Pan Yai en *long tail (comptez 2h)* ou bien choisir la voie terrestre, plus sportive : la piste, rouge vif, s'enfonce dans la jungle, traverse plusieurs cours d'eau et grimpe parfois sérieusement. N'entamez pas le trajet passé 15h, encore moins s'il pleut : les pentes, sévères, deviennent extrêmement glissantes, de même que les cailloux qui tapissent le lit des ruisseaux (sans parler de l'eau qui monte jusqu'aux genoux).

★★ Thong Nai Pan Yai

Cernée de collines couvertes de végétation, cette anse de sable pâle s'oriente face au levant. La mer, accueillante, ourle la grève d'un bleu pur, invitant à de délicieuses baignades. Quelques hôtels s'alignent sur le rivage et, à l'extrémité nord, un restaurant tout en bois s'accroche dans les hauteurs, ouvrant sur un somptueux **panorama**★★. Profitez donc des bungalows voisins pour y passer la nuit et contempler le lever du soleil le lendemain.

FULL MOON PARTY : À QUEL PRIX ?
Imaginez une superbe plage de sable fin, baignée d'une eau transparente à souhait, encadrée par deux promontoires rocheux. On fera abstraction des hôtels bondés et des restaurants médiocres qui la jalonnent : assis sur le sable, face à la mer, on peut les ignorer. Imaginez maintenant qu'afflue soudain une foule de jeunes étrangers, comptant de 3 000 à 8 000 personnes. Tous se sont donné rendez-vous pour voir la pleine lune. En réalité, l'astre lunaire n'est qu'un prétexte pour participer à une vaste *rave* où, entre deux danses, on célèbre les vertus de toutes sortes de drogues. Imaginez enfin la plage, les jours suivants, jonchée de détritus : la Full Moon Party, une fois par mois, métamorphose Hat Rin en poubelle.

Hat Rin
À la pointe sud, bars, boutiques de tatouages et autres cafés aux télévisions hurlantes se serrent le long de ce qui fut sans doute l'un des plus beaux sites de Ko Phangan. Hélas, la **Full Moon Party** en a fait une station balnéaire pour noctambules, principalement réservée aux Occidentaux. La plage est parsemée de bouteilles en plastique et de morceaux de verre. Bain de foule assuré, accueil froid dans les hôtels : on est loin, très loin de la quiétude du nord de l'île… et de la Thaïlande.

★★ Bantai Beach
Sur la côte au sud de Thong Sala.
Une plage d'une blancheur presque aveuglante, au pied de ses majestueux cocotiers.

Excursion Carte de l'île p. 399

ÎLE DE KO MA
Au nord-ouest de Ko Phangan. Accessible à pied par un banc de sable à marée basse.
Minuscule île située en face de Mae Hat, Ko Ma réjouira tous les amateurs de snorkeling. Un des plus beaux sites de Ko Phangan.

NOS ADRESSES À KO PHANGAN

INFORMATIONS UTILES
Poste – Poste principale à Thong Sala ; annexe sur la plage de Hat Rin.
Santé – Hôpital - *à 2 km au nord du port de Thong Sala.*

ARRIVER / PARTIR
En bateau – Liaisons quotidiennes entre **Na Thon** (Ko Samui) et Thong Sala. De Ko Samui, autres liaisons entre **Bo Phut** et Hat Rin.

HÉBERGEMENT

À Chaloklum
PREMIER PRIX
Rose Villa – *Sur la plage - 07 737 40 13 - http://rosevilla.hotel.phanganbungalows.com - 11 ch. - 600/1 500 bahts.* De petits bungalows soignés, avec moustiquaire et terrasse. Accueil chaleureux.

À Thong Sala

PREMIER PRIX

Seetanu Bungalows – *Village d'Ao Chao Phao - au nord de la côte ouest - ✆ 07 734 91 13 - www.seetanu.com - ▤ ✕ - 15 ch. - 400/1 700 bahts.* Des bungalows propres et spacieux, nichés dans un jardin foisonnant. Le restaurant-bar sert de la cuisine thaïe et occidentale. Location de palmes et de tuba pour une sortie *snorkeling* à 30 m au large de la plage. Bon accueil.

À Bantai Beach

POUR SE FAIRE PLAISIR

Dew Shore – *✆ 07 723 81 28 - www.dewshore.com - 22 ch. - ▤ ✕ - 1 600/4 000 bahts* ☕. Vous profitez de bungalows spacieux au décor soigné, impeccables et bien espacés, avec un jardin fleuri ravissant, le tout sur la plage bien sûr. Les plus confortables (et les plus chers) sont orientés vers la mer. Eau chaude. Cuisine familiale et bon accueil. Quatre nuits minimum lors des Full Moon parties. Wifi.

RESTAURATION

Les hôtels de l'île disposent tous d'un restaurant, généralement correct.

À Hat Rin

PREMIER PRIX

Kunlaya Sun Huian – *Dans le village - 8h30-22h30 - 100/200 bahts.* Un délicieux restaurant végétarien à l'accueil charmant : dans une petite pièce, avec coussins en guise de sièges, on vous sert une cuisine goûteuse et parfumée (particulièrement le curry vert), à prix légers.

Pha-Ngan Orchid – *Au centre de la plage - 100/200 bahts.* Ce lieu sert une bonne cuisine occidentale et indienne, à savourer sur une grande terrasse couverte, face à la mer.

ACTIVITÉS

Pour sélectionner vos loisirs et vos sorties dans l'île, jetez un œil au *Ko Phangan*, un livret gratuit et régulièrement mis à jour. Vous le trouverez dans la plupart des *guesthouses*.

Plongée sous-marine

Haad Yao Divers – *À Thong Sala - ✆ 086 279 30 85 - www.haadyaodivers.com.* Comme pour les adresses suivantes, vous trouverez ici quelques moniteurs parlant le français.

Chaloklum Diving School – *25/29-30 Moo 7, à Chaloklum - chaloklumdiving@hotmail.com - http://chaloklum-diving.com.* Un centre Padi sérieux, où les plongées s'effectuent en petits groupes, dans une atmosphère conviviale. Le certificat *open water (3 j.)* coûte 11 000 bahts.

Lotus Diving – *À Chaloklum - ✆ 07 737 41 42 - www.lotusdiving.net.* Un autre centre Padi, aux prestations similaires. Bon matériel et prix très corrects.

Ko Tao

★★

1 382 habitants – Province de Surat Thani

NOS ADRESSES PAGE 404

SE REPÉRER

Carte de région B1 (p. 386-387) – carte de l'île ci-contre– *carte Michelin 751, K4*. À 47 km au nord de Ko Phangan. L'île présente une superficie de 21 km^2.

Voir aussi la rubrique « Arriver/partir » dans « Nos adresses ».

À NE PAS MANQUER

Nager avec les requins-baleines à Ao Thianok; admirer le coucher du soleil du café-restaurant Eagle View; pique-niquer à Ko Nang Yuan.

ORGANISER SON TEMPS

Meilleure saison : de fév. à juin, le mois de mai étant idéal pour la plongée.

Une tortue modelée par des collines : ainsi apparaît Ko Tao, un îlot minuscule qui doit son nom à cette forme. Ses trésors ? La transparence extraordinaire de ses eaux, royaume des requins-baleines et autres raies manta. Là est tout l'attrait des lieux : un magnifique spot de plongée, pour la bouteille ou le tuba. Plus de 40 centres se sont ouverts dans l'île pour répondre à une demande toujours croissante. Débutants ou plongeurs chevronnés, jeunes ou moins jeunes, tous ceux que fascine le monde du silence trouveront ici leur bonheur.

Excursions Carte de l'île

DE PLAGE EN PLAGE

Vous pouvez rayonner à mobylette à partir de Ban Mae Hat ou vous déplacer d'une baie à l'autre en bateau – comptez une journée.

Île prison jusque dans les années 1950, Ko tao s'est ensuite embellie progressivement de plantations de cocotiers, avant que masques, palmes, bouteilles et compresseurs signent sa nouvelle vocation. Même si les coraux, mutilés par les ancrages sauvages et les méfaits d'El Niño, n'ont plus toute leur beauté d'antan, l'île tortue reste un site de choix pour les amoureux du grand bleu.

Ban Mae Hat

Après de longues heures de traversée, à partir de Chumphon, Ko Samui ou Surat Thani, le bateau accoste la longue jetée de l'unique port de l'île. Un petit village animé, que prolonge *(au sud)* une jolie bande de sable blanc fermée de rochers (plus on s'éloigne du port, plus la plage est belle). Boutiques, écoles de plongée et hôtels tranquilles : Ban Mae Hat offre un lieu de séjour idéal.

De là, avant de chausser vos palmes, prenez le temps d'explorer un peu l'intérieur des terres, souvent injustement négligé : les chemins de randonnée dans la verdure livrent quelques somptueux **points de vue★★**. Vous reviendrez de toute façon bien vite aux rivages sablonneux et aux criques rocheuses *(côte est, surtout)* – autant de petits paradis à découvrir, sachant que plus vous vous éloignez de Ban Mae Hat, moins la foule se fait dense.

Hat Sai Ri

Juste au nord du village se trouve la plus longue plage de l'île. Quoique trop construite, elle n'en demeure pas moins agréable, pour peu que vous aimiez les soirées entre amis sous les étoiles.

★ Ao Chalok Ban Kao

À 2 km au sud de Ban Mae Hat par la route.

Encaissée entre deux avancées rocheuses, la baie d'Ao Chalok Ban Kao égrène ses rochers entre les casuarinas. L'endroit est le rendez-vous des jeunes qui, après la plongée, se retrouvent autour de barbecues.

★ Ao Thianok

À 1 km d'Ao Chalok Ban Kao.

Ceinte de rochers, cette petite plage (souvent déserte) offre aux nageurs ses beaux fonds coralliens, où musent de petits requins inoffensifs. Vous pourrez ensuite siroter un jus de noix de coco verte à la terrasse du restaurant du **Rocky Resort**. Au-delà, la route, un peu aventureuse, se poursuit jusqu'à l'**Eagle View**, un petit bar-restaurant construit sur une hauteur.

Ao Leuk

À 3 km de piste de Ban Mae Hat.

Ici se cache une baie profonde, bien protégée et aux eaux calmes. Les nageurs pourront y faire des longueurs en toute tranquillité.

★ Ao Tanot

À 3 km de piste d'Ao Leuk.

L'extraordinaire limpidité de l'eau – la **visibilité sous-marine★★** peut atteindre ici 30 m ! – fait la réputation de cette anse au décor de surcroît fort beau : rochers clairs et scintillants alternent avec des taches de sable clair.

★★ Ko Nang Yuan

À 20mn de bateau de Ban Mae Hat.

Vous pourrez gagner trois minuscules îlots unis par un banc de sable. Idéal pour une journée de détente avec pique-nique.

NOS ADRESSES À KO TAO

INFORMATIONS UTILES

Poste – *Rue principale de Ban Mae Hat.*
Santé – À Ban Mae Hat, deux pharmacies assurent les premiers soins - *24h/24.*

ARRIVER / PARTIR

En bateau – 3 liaisons/j. entre Ko Tao et Chumphon *(sur la côte).* 2 dép./j. vers Ko Samui et 1 dép./j. vers Surat Thani, sur la côte.

TRANSPORTS

À moto – Les routes sont particulièrement dangereuses sur l'île, soyez prudents.

HÉBERGEMENT

À Ban Mae Hat

UNE FOLIE

Sensi Paradise – *Sur la plage - 07 745 62 44 - www.kohtaoparadise.com - 30 ch. - 3 300/5 500 bahts.* Dans un écrin de verdure, de séduisants bungalows de bois mêlent simplicité et confort. La nuit venue, une myriade de minuscules ampoules illuminent le jardin, créant une atmosphère féerique. Un accueil charmant, un restaurant élégant et une gestion écologique font de ce lieu une adresse rare, l'une des meilleures de l'île.

À Hat Sai Ri

POUR SE FAIRE PLAISIR

Thipwimarn Resort – *14/5 Moo 1 Banhadsairee - au-delà de la plage, surplombant la mer depuis les hauteurs - 07 745 64 09 - www.thipwimarnresort.com - 20 ch. - 1 960/3 920 bahts.* Le lieu idéal pour une retraite de luxe. Là, des bungalows d'un grand raffinement sont perdus dans la végétation et dominent la mer. Spa.

À Ao Chalok Ban Kao

POUR SE FAIRE PLAISIR

View Point Resort – *Accès à pied par la plage (côté ouest), puis par une passerelle - 07 745 64 44/45 - www.kohtaoviewpoint.com - 14 ch. - 1 200/12 000 bahts.* Grand choix de bungalows, en bois, en bambou ou en dur, tous d'un bon rapport qualité-prix. Les chambres, chacune dotée d'une terrasse, ouvrent sur une vue magnifique ou sont noyées dans la végétation. L'hôtel héberge aussi un centre de plongée très actif et à taille humaine. Sur pilotis, le restaurant en bambou surplombe la mer.

À Ao Thianok

PREMIER PRIX

OK II Bungalows – *Sur les hauteurs - 07 745 67 27/28 - 16 ch. - 700 bahts.* Pour ceux que la proximité de la plage indiffère, ce petit *resort* à flanc de montagne offre une vue superbe sur la baie. Les chambres sont sommaires mais toutes disposent d'une terrasse avec vue.

À Ao Tanot

PREMIER PRIX

Black Tip Dive Resort – *Sur la plage - 07 745 64 88 - http://blacktipdiveresort.resort.kohtaoisland.net - 33 ch. - 600/1 500 bahts.* D'agréables bungalows de bois et en dur au cœur d'une superbe baie. Le plus beau *resort* de la plage, plus fréquentable que son concurrent, le Tanote Bay Dive Resort, qui défigure le paysage.

RESTAURATION

À Ban Mae Hat

PREMIER PRIX

Boulten – *À la sortie de Ban Mae Hat, sur la route de Chalok Ban Kao -*

9h-22h - 100/200 bahts. Gérard et Lai sont tout aussi experts en crêpes bretonnes (délicieuses) qu'en cuisine de l'Isan (raffinée). En fin de soirée, on repousse les quelques tables installées dehors pour jouer une partie de pétanque arrosée d'un pastis. Accueil plus qu'amical.

À Ao Thianok

PREMIER PRIX

Eagle View – *Sur la route qui part de Thianok, à gauche du Rocky Resort - 12h-0h - 100/200 bahts*. Un endroit fantastique pour assister au coucher du soleil, allongé sur des coussins. La cuisine est correcte. Ambiance jeune et branchée : musique électro, jeux de lumière, mais aussi pas mal de drogue.

New Heaven – *Sur les hauteurs - ✆ 07 745 64 62 - www.newheavenkohtao.com - 8h-21h30 - à partir de 100 bahts*. Dans le resort du même nom, un des meilleurs restaurants de l'île avec une terrasse superbe donnant sur la baie.

À Ao Tanot

PREMIER PRIX

Tanote View Resort – *Peu après le col en allant vers Tanote - ✆ 07 745 65 42 - http://tanoteviewresort.resort.kohtaoisland.net - 100/200 bahts*. Un bar-restaurant-*resort (8 ch., 700 bahts)* tenu par une femme dynamique. Superbe terrasse avec vue imprenable sur la baie.

ACTIVITÉS

Plongée sous-marine

À Ko Tao, la vie tourne quasi exclusivement autour de la plongée. Prenez le temps de trouver une école dont la taille et l'ambiance vous conviennent, les prix pratiqués étant les mêmes sur toute l'île (Ko Tao est l'un des spots les moins chers du pays). Voici les adresses des deux écoles les plus cotées :

Asia Divers – *Ban Mae Hat - ✆ 07 745 60 55 - www.asia-divers.com*. Centre Padi cinq étoiles IDC, à la fois sympathique et sérieux. Guy, le charmant directeur, connaît parfaitement l'île de Ko Tao et ses fonds. Avantage non négligeable, il parle français.

Planet Scuba – *Ban Mae Hat - ✆ 07 745 61 10 - www.planetscuba.net*. Centre Padi cinq étoiles CDC, le seul qui soit implanté à Ko Tao. Une école dynamique, avec une bonne assurance et des enseignants polyglottes.

Krabi
★
et la baie d'Ao Phra Nang
★★

30 134 habitants à Krabi – Province de Krabi

NOS ADRESSES PAGE 408

S'INFORMER
Tourism Authority of Thailand à Krabi – *Th. Uttarakit - 07 562 21 63 - lun.-vend. 8h30-16h30.* Peu de renseignements, mais quelques cartes que l'on trouvera par ailleurs dans les hôtels.

SE REPÉRER
Carte de région A3 (p. 386-387) – *carte Michelin 751, MN3.* À 814 km de Bangkok. La baie compte trois plages, dont la plus belle est Raileh Ouest, encadrée par celle de Tonsai à l'ouest, et celle de Raileh Est à l'est.
Voir aussi la rubrique « Arriver/partir » dans « Nos adresses ».

À NE PAS MANQUER
Du *snorkeling* à Ko Poda ; le Wat Tham Sua ; une baignade dans le lagon de Hat Tham Phra Nang.

ORGANISER SON TEMPS
Meilleure saison : de janv. à avr.

Petite ville de pêcheurs pleine de charme, Krabi s'étend le long des berges de la rivière éponyme, dans un décor de forêts hérissées de pitons karstiques. En 20mn de « long tail », on rejoint la mer. La cité constitue une étape idéale pour découvrir toutes les beautés de la région : plages, temples cachés, îlots paradisiaques... Reposante, elle est à mille lieues de ces stations balnéaires sans âme que l'on voit ailleurs dans la région.

Se promener Carte de région

★ KRABI A3

Comptez 2h de visite pour la ville.
Encore préservée du tourisme de masse, Krabi est une bourgade attachante avec son animation tranquille le long de la rivière, de l'embarcadère de Chao Fahet et de la rue parallèle au quai. Une multitude d'échoppes, quelques hôtels, un marché de nuit haut en couleur et en parfum : la ville a tout pour séduire. La côte, elle, offre une tout autre atmosphère : ses plages et ses extraordinaires paysages d'éperons calcaires, aux flancs rongés comme du vieux bois, drainent une foule de touristes.

Plongée autour de Krabi
À moins de 2h de bateau.
De Krabi, un chapelet d'îles inhabitées offre des sites parfaits pour la plongée de surface. Avec masque et tuba, allez découvrir la faune dans les eaux

cristallines autour de **Ko Dam**, **Ko Poda**, **Ko Kai**, **Ko Tap** ou **Ko Mor**. Vous pouvez louer un bateau à la journée pour explorer tous ces sites.

★★ Wat Tham Sua

À 9 km de Krabi, à l'est par la route 4.

Si vous ne devez visiter qu'un temple dans la région, ce sera celui-là, de préférence juste avant le lever du soleil. Prenez votre souffle : il faut grimper un escalier de 1 236 marches pour découvrir l'**empreinte de pied du Bouddha** qui s'imprime au sommet d'une colline abrupte. Mais le **point de vue★★**, spectaculaire, vous récompensera de vos efforts. Un magnifique paysage de forêt se déploie, servant d'écrin au Wat Tham Sua.

Le temple se cache non loin des premières marches de l'escalier, dans un cirque de verdure. Troglodytique, il consiste en fait en une multitude de petits sanctuaires et de cellules de méditation, tous aménagés dans les grottes qui creusent les flancs des rochers. Prenez le temps de vous promener à travers le domaine, sous le couvert des arbres ; certains d'entre eux, énormes, passent pour être vieux de plus de 1 000 ans.

★★ LA BAIE D'AO PHRA NANG A3

À 18 km à l'ouest de Krabi – comptez au moins 2 jours pour profiter des nombreuses activités.

Longue étendue de sable blanc encadrée d'impressionnants rochers, la belle anse d'Ao Phra Nang connaît un terrible succès touristique. Hôtels de seconde zone, centres de plongée et boutiques d'horreurs bariolées s'y succèdent sans interruption, nuisant cruellement à la beauté du site.

Pour vous en faire néanmoins une idée, essayez de faire abstraction des bâtiments en ne regardant que la mer. Et pour vous baigner, préférez plutôt la bande de sable qui la prolonge, **Hat Nopparat Thara** : bien que plus étroite, elle a le mérite d'être déserte. Trois îlots la côtoient, que l'on peut rejoindre à pied lorsque la mer est basse.

★★ La péninsule de Raileh

D'Ao Phra Nang, ce spectaculaire promontoire calcaire, n'est accessible que par bateau *(à 3 km au sud-ouest, 17 km de Krabi)*. Vous ne serez pas seul, et il vous faudra jouer des coudes entre les innombrables *long tail* qui s'y pressent. Mais le paysage se révèle grandiose, entre plages, forêts et falaises.

Parmi les pitons les plus impressionnants, le **Hat Tham Phra Nang★★** offre sa paroi déchiquetée aux varappeurs *(attention, les voies sont vieilles et peu sûres)*.

Autre site de choix, lui aussi très fréquenté : le **Tham Phra Nang Nok★★**, ou « grotte de la Princesse » *(au sud)*. Un sentier périlleux serpente à l'intérieur d'un éperon creux *(comptez 40mn - n'y allez pas en tongs !)* pour déboucher sur un **lagon★** caché.

★ Susaan Hoi

À 5 km à l'est par la route 4203.

Toujours près d'Ao Phra Nang, les curieux de géologie iront voir ce cimetière des Coquillages. Au bas d'une falaise, d'étranges plaques sombres parsèment le littoral, tels des fragments d'asphalte. En vous approchant, par le sentier qui descend, vous découvrirez de larges **tables de fossiles★**, formées de coquillages vieux de 75 millions d'années. Un site géologique exceptionnel, dont on ne compte que deux autres exemples dans le monde (au Japon et aux États-Unis).

NOS ADRESSES À KRABI ET SES ENVIRONS

INFORMATIONS UTILES

Poste – Poste centrale de Krabi - *Th. Uttarakit - vers le sud lorsqu'on vient de l'embarcadère.*

Santé – Krabi Hospital - *325 Th. Uttarakit.* Plusieurs centres de soins et nombreuses pharmacies, où vous pourrez obtenir leurs coordonnées.

Visa – Krabi Immigration Office - *Th. Uttarakit - ✆ 07 561 10 97.*

Police touristique – *Route 4203, à l'extrémité ouest d'Ao Phra Nang - ✆ 11 55.*

ARRIVER / PARTIR

En avion

Aéroport de Krabi – *133 Moo 5 Nhuakhlong.* À env. 30 km d'Ao Phra Nang. Env. 10 vols/j. avec Bangkok, par Thai Airways, Bangkok Air, Air Asia. Plusieurs liaisons avec Samui.

En bus

Gare routière de Krabi – *À Talat Kao, à 5 km au nord de la ville.* Plusieurs bus tlj de/vers Phangnga, Phuket, Trang, Hat Yai et Bangkok.

En bateau

2 bateaux/j. vers Ko Phi Phi et Ko Lanta - *www.phiphi-ferry.com.* Les lignes sont parfois interrompues durant la mousson.

TRANSPORTS

En songthaew – Liaisons régulières entre Krabi et Ao Phra Nang.

En bateau – Pour Raileh ou les îles alentour, rendez-vous à l'embarcadère de **Chao Fah** à Krabi.

HÉBERGEMENT

À Krabi

PREMIER PRIX

Thara Guesthouse – *79/3 Th. Kongkha - ✆ 07 563 04 99 - - 18 ch. - 600/1 100 bahts.* Un hébergement confortable, à 200 m du centre touristique. Les chambres les plus chères (et les plus agréables) ont vue sur la rivière. À proximité se trouve un très bon restaurant, le Bay Toey.

POUR SE FAIRE PLAISIR

Krabi Maritime Hotel – *1 Th. Thung Fah - ✆ 07 562 00 28 - www.maritimeparkandspa.com - - 221 ch. - 2 700/5 500 bahts.* Un hôtel de luxe niché dans un très beau parc (presque une cocoteraie), agrémenté d'une vaste piscine et d'un charmant étang couvert de lotus. Les chambres montrent une décoration assez raffinée, avec salle de bains en marbre et baignoire dotée d'un marchepied.

À Ao Phra Nang

PREMIER PRIX

Laughing Gecko – *Hat Nopparat Thara - à côté du stade de boxe thaïlandaise - ✆ 081 270 50 28 - www.laughinggeckobungalows.com - - 12 ch. - 500/900 bahts.* Un charmant hôtel aux bungalows simples, baignant dans une atmosphère heureuse et amicale. Le repas du soir (150 bahts) se prend en commun et, durant la journée, les hôtes se servent directement dans le réfrigérateur, en notant simplement leur consommation dans un cahier.

POUR SE FAIRE PLAISIR

Phra Nang Inn – *119 Moo 2 - ✆ 07 563 71 30 - http://phrananginnkrabi.com - - 38 ch. - 3 000/6 800 bahts.* Dans un ravissant décor de boiseries, de verdure et de fleurs, cet hôtel propose de jolies chambres aux salles de bains ornées de coquillages, donnant sur une coursive de bois. Wifi.

À Raileh

UNE FOLIE

Railei Beach Club – *Raileh Ouest - 086 685 93 59 - http://raileibeachclub.com - 24 ch. - 5 000/11 500 bahts.* Réparties dans une vaste propriété arborée, les maisons, la plupart sur pilotis, sont différentes les unes des autres. Prévues pour accueillir de 2 à 8 pers., elles sont équipées de cuisine et en général louées pour des séjours prolongés. Réservation indispensable.

À Tonsai

BUDGET MOYEN

Green Valley Resort – *07 566 07 29 ou 07 563 70 21 - 10 ch. - 700/1 100 bahts.* Bungalows en dur, en bois ou en bambou. Bon rapport qualité-prix. Réservation conseillée.

Krabi Mountain View Resort – *07 562 39 49 - www.krabimountainview.com - 46 ch. - 1 000/1 800 bahts.* Les bungalows, certes en rang d'oignons, sont tout de même confortables, nichés au cœur de la végétation. Attention aux singes qui viennent chaparder sur les terrasses. Accueil sympathique.

POUR SE FAIRE PLAISIR

Tonsai Bay Bungalows – *18 Moo 2 - Aonang - 07 566 05 11 - http://krabidir.com/tonsaibayresort - 50 ch. - 2 250/2 600 bahts.* L'hôtel le plus cher de la plage, mais aussi le seul avec air conditionné et eau chaude. Cette adresse dispose également de bungalows de bambou à prix modiques, qui présentent toutefois peu d'intérêt. Pas d'électricité de 9h à 17h.

RESTAURATION

À Krabi

PREMIER PRIX

Bay Toey – *Th. Kongkha - au bord de la rivière juste après la Thara Guesthouse - 07 561 15 09 - 10h-22h - 100 bahts env.* Spécialités de poissons et de fruits de mer. Un peu à l'écart du quartier touristique, sa terrasse attire une clientèle exclusivement thaïe.

ACTIVITÉS

Écotourisme

Chen Phen Tour – *Th. Uttarakit, à Krabi - à 5mn au nord de l'embarcadère - 07 561 20 04 - 10h-21h.*

Escalade

Il n'existe que très peu d'endroits en Thaïlande où l'on peut pratiquer l'escalade encadrée. L'un d'entre eux se trouve à Raileh, où les agences spécialisées sont rassemblées sur la plage de Tonsai. Toutes pratiquent des tarifs équivalents (autour de 1 500 bahts/j. et 5 000 bahts/3 j.). Même si les voies d'escalade sont plus vieilles et plus encombrées qu'à Ko Phi Phi, l'aventure reste belle.

La baie de Phangnga

★★★

Province de Phangnga

NOS ADRESSES PAGE 412

SE REPÉRER

Carte de région A3 (p. 386-387) – *carte Michelin 751, M3.* À 788 km de Bangkok.

Voir aussi la rubrique « Arriver/partir » dans « Nos adresses ».

À NE PAS MANQUER

Le lever ou le coucher du soleil sur la baie.

ORGANISER SON TEMPS

Meilleure saison : de nov. à avr. Organisez votre excursion vous-même, en arrivant la veille, afin d'éviter la foule.

Si Phangnga nomme une province entière et son chef-lieu, ce nom reste dans la mémoire du voyageur comme celui d'une des baies les plus majestueuses de Thaïlande. Instituée parc national, cette anse turquoise, magnifique exemple de relief karstique, se déploie sur 400 km², découpant ses rivages dévorés de mangrove face à un somptueux décor : une quarantaine d'îlots et de pitons calcaires, aux formes les plus extravagantes, qui dessinent sur la mer une véritable armada minérale. On slalome entre ces rochers en pirogue à moteur, découvrant çà et là des grottes ou des galeries souterraines (hong) où se cachent, entre stalactites et stalagmites, des peintures rupestres ou de petits autels bouddhiques.

Découvrir Carte de région

LA VISITE DE LA BAIE A3

Comptez une demi-journée, le mieux étant d'y consacrer la journée entière pour assister au coucher du soleil.

Entrée payante en arrivant sur l'île de Khao Ping Kan (James Bond Island).

À bord d'une des nombreuses pirogues qui s'alignent au port, partez à la découverte des trésors de la baie. Pendant une petite heure, le bateau suit les contours capricieux de la côte, ourlée d'une immense mangrove – la plus vaste de Thaïlande –, perturbant à son passage la quiétude de quelque échassier qui s'envole au-dessus des frondaisons. Puis les premiers rochers apparaissent, extraordinaire ensemble de monolithes aux formes les plus baroques.

Ko Khao Phing Kan (James Bond Island)

Le circuit habituel débute par cette petite île, où vous attend une colonie de boutiques de souvenirs. À deux pas du rivage, de l'autre côté du banc de sable où accostent en rangs serrés les *long tail*, se dresse en effet le fameux **Ko Tapu★**, un insolite piton en forme de clou – *tapu* en thaï. Le rocher servit de décor à une scène clé de *L'Homme au pistolet d'or* (avec Roger Moore et

L'île de Ko Khao Phing Kan, dans la baie de Phangnga.
B. Morandi / MICHELIN

Christopher Lee), et le lieu y gagna son surnom de **James Bond Island**. On peut contempler cette étrange sculpture naturelle de la petite plage envahie d'étals de coquillages *(à boycotter : ils viennent tous des Philippines, où les fonds coralliens sont exploités à la dynamite)*.

Une fois votre droit d'entrée acquitté, vous pouvez faire le tour de l'impressionnante **falaise★** qui domine la grève et que l'on croirait fendue en deux par le sabre d'un géant : ses deux blocs aux parois lisses s'appuient l'un sur l'autre en équilibre précaire.

Ko Talu

La balade en mer se poursuit vers cet îlot creusé en son centre d'une grotte profonde, parée de stalactites, dans laquelle le bateau s'engouffre… pour ressortir de l'autre côté. De fait, la galerie a transformé le rocher en une sorte d'énorme arche, assiégée par la **mangrove★**.

LA NAISSANCE DES PITONS

Les rochers de la baie de Phangnga offrent un parfait exemple de paysage karstique, terme qui désigne des massifs calcaires façonnés par le ruissellement de l'eau. En s'infiltrant par les fissures de la roche, la pluie a sculpté des grottes, des galeries, des stalactites et des concrétions aux formes les plus diverses. Mais la mer a elle aussi ajouté sa propre touche : d'où viennent en effet ces étranges pitons isolés sur l'eau ? Il y a 30 millions d'années, les récifs coralliens ont laissé leurs squelettes calcaires (polypes), composant peu à peu un épais massif de calcite. Jaillissant hors de l'eau suite à un mouvement tectonique, celui-ci s'est mué en un calcaire cassant, que l'eau a commencé à infiltrer. Puis le niveau de la mer est monté, et, au fil des marées, l'eau a entamé son travail de sape, accélérant le processus d'érosion du massif jusqu'à en isoler des morceaux, îlots ou éperons rocheux, dont elle continue de ronger la base (1 m tous les cinq mille ans).

★ Ko Panyee

Laissant à l'horizon les îlots jumeaux de **Ko Nom Sao** (Ko Ok Meri), le circuit traditionnel s'achève avec Ko Panyee, un impressionnant piton au pied duquel s'étale un village lacustre. Jaillissant au-dessus d'une forêt de pilotis, le dôme vert de la mosquée rappelle que les habitants de Ko Panyee, descendants d'une colonie venue d'Indonésie, sont de religion musulmane.

Le **point de vue★** sur ce village de pêcheurs (de crevettes) et son rocher se révèle moins séduisant vu de près : le tourisme a largement perverti l'endroit et, au fur et à mesure que le bateau s'approche, apparaît un alignement de restaurants, immenses pontons couverts de tables pour accueillir des dizaines de groupes.

Prenez tout de même le temps d'explorer le site : tel un décor de théâtre séparant la scène de ses coulisses, des portes isolent les pontons-restaurants du reste du village. Derrière elles, on plonge d'abord dans le dédale d'un morne marché à souvenirs. Au-delà, Ko Panyee se dévoile enfin, dans toute son authenticité et son extrême simplicité : des maisons sur pilotis ouvrent sur de fragiles pontons, tandis que les habitants vaquent à leurs activités traditionnelles, les pêcheurs réparant leurs filets tandis que les femmes pilent des piments.

Ko Khao Khian, Ko Raya et Ko Phra At Khao

Vous pouvez prolonger votre balade en allant près de l'embouchure de la rivière. La première de ces trois petites îles cache des **peintures rupestres★** de la préhistoire. La plupart sont visibles du bateau, s'étalant sur les plafonds des grottes creusées par la mer.

En noir sur fond de pierre ocre, des crocodiles, des poissons, des crustacés, des coquillages, des éléphants, et même des silhouettes humaines et des bateaux dansent ensemble sur les parois.

NOS ADRESSES DANS LA BAIE DE PHANGNGA

INFORMATIONS UTILES.

Poste – À Phangnga - *Th. Phetchakasem - à 2 km au sud de la gare routière.*

ARRIVER / PARTIR

En bus

La gare routière de Phangnga se situe au nord de la ville. De nombreux bus desservent Phangnga, au départ de Krabi *(2h)*, de Phuket *(2h30)*, de Surat Thani *(4h)* ou de Bangkok *(14h)*.

En bateau

Au départ de Phuket et de Krabi, on peut rejoindre la baie en bateau. Des agences de voyages organisent l'excursion à la journée.

TRANSPORTS

En songthaew – Nombreux en ville, ils desservent également les embarcadères de la baie *(comptez au moins 30mn de trajet)*.

HÉBERGEMENT

Phangnga n'est réputée ni pour ses hôtels ni pour sa gastronomie. La ville de Phangnga reste néanmoins une bonne base pour préparer votre excursion.

PREMIER PRIX

Phangnga Guesthouse – *99/1 Th. Petchakasem - ✆ 07 641 13 58 - 15 ch. - 400/700 bahts.* Cet établissement abrite des chambres un peu sombres et impersonnelles, mais néanmoins confortables et très propres, avec leur peinture blanche et leur carrelage. Les sanitaires communs sont également impeccables et en nombre suffisant.

Phang-Nga Valley Resort – *5/5 Th. Petchakasem - au croisement des routes de Krabi et de Ko Phuket - ✆ 081 606 94 70 - ▤ ✕ - 8 ch. - 500/800 bahts.* Une alternative aux hôtels du centre-ville, le *resort* étant niché entre deux pitons rocheux. Les bungalows sont un peu vieillots mais bien tenus.

PREMIER PRIX

Phang-Nga Inn – *2/2 Soi Lohakij, Th. Petchakasem - ✆ 07 641 19 63 - ▤ ✕ - 13 ch. - 500/1 000 bahts* ☕. Dans cet établissement de bon standing, confortable, à la décoration assez kitsch, les chambres sont plutôt propres, et surtout spacieuses et lumineuses. Accueil agréable. Wifi.

ACTIVITÉS

Excursions – Les excursions alentour se font soit au départ de la presqu'île de Phuket *(voir p. 425)*, soit au départ de la baie de Phangnga. Dans ce dernier cas, les circuits organisés partent le plus souvent de l'embarcadère de Tha Dan, à env. 10 km de Phangnga et comprennent la visite de trois ou quatre îles. Aux heures de pointe *(entre 10h et 16h)* toute la baie résonne du vrombissement assourdissant d'une nuée de barques à moteur, ce qui nuit sensiblement à la contemplation…

Vous pouvez aussi organiser vous-même votre circuit. Il faut pour cela vous rendre la veille à Ka Sohm, le port de Takua Thung, à 15 km au nord de Phangnga (il suffit d'indiquer « Ka Sohm » au chauffeur du *songthaew*). Vous y serez accueilli par les femmes de pêcheurs. La négociation est rude, mais avec quelques mots de thaïlandais, vous devriez parvenir à faire baisser de moitié le tarif de la journée, jusqu'à 1 500 bahts (au lieu de 3 000 bahts).

Enfin, si vous désirez vous rendre sur l'île de Mai Thon, sachez qu'elle est privée ; vous ne pourrez la découvrir que si vous réservez une nuit au luxueux **Maiton Resort** - *✆ 07 621 49 54 à 58 - 9 400/13 200 bahts.*

5

Ko Phuket

★

91 267 à Phuket-ville – Province de Phuket

NOS ADRESSES PAGE 422

S'INFORMER

Tourism Authority of Thailand à Phuket-ville – *191 Th. Thalang - 07 621 10 36 - 8h30-16h30.* Le personnel, efficace, fournit quantité de renseignements sur l'île et la région.

SE REPÉRER

Carte de région A3 (p. 386-387) – plan de la ville ci-contre – carte de l'île p. 417 – *carte Michelin 751, MN3.* À 902 km de Bangkok. L'île couvre une superficie de 540 km².

Voir aussi la rubrique « Arriver/partir » dans « Nos adresses ».

À NE PAS MANQUER

Une balade dans les rues de Phuket-ville ; le coucher de soleil au cap de Laem Promthep ; explorer la forêt vierge du parc Khao Phra Thaeo ; plonger aux Similan.

ORGANISER SON TEMPS

Meilleure saison : de déc. à avr.

Reliée au continent par deux ponts, Ko Phuket est désormais une presqu'île, la route passant de la terre ferme à l'ancienne île sans que l'on s'en aperçoive. Équivalente par sa taille à Singapour, l'île s'étire sur 48 km de long pour à peine 20 km de large, hérissée de petites montagnes couvertes de forêt dont la plus haute culmine à 529 m. Côté littoral, les criques et les baies sablonneuses se succèdent et font la notoriété de l'île, surnommée la « perle de l'océan Indien ». Petits paradis pour globe-trotters dans les années 1970, ses plages attirent aujourd'hui une foule de visiteurs, surtout celle de Patong, dévorée par un tourisme de luxe et de sexe. Mais cette frénésie se concentre en quelques points, et Ko Phuket cache encore des sites tranquilles, parfois d'une stupéfiante beauté.

Se promener Plan de ville

Au départ de Suriyadet Circle (Fontain Circle), circuit tracé en vert sur le plan de ville (ci-contre) – Comptez une journée.

★★ PHUKET-VILLE

La plupart des touristes se contentent de traverser Phuket pour se ruer vers les plages, sans prendre le temps de découvrir cette ville vivante et chaleureuse. Une bonne formule est pourtant de dormir à Phuket et de vous rendre durant la journée à la plage de votre choix.

Commencez votre visite très tôt par le **marché**, lorsque la chaleur est encore douce. Dès 6h, Thanon Ranong explose de couleurs et de senteurs. Face aux échoppes, les *songthaew* et les *tuk-tuk* s'alignent en rangs serrés, attendant de transporter les premiers vacanciers vers les plages.

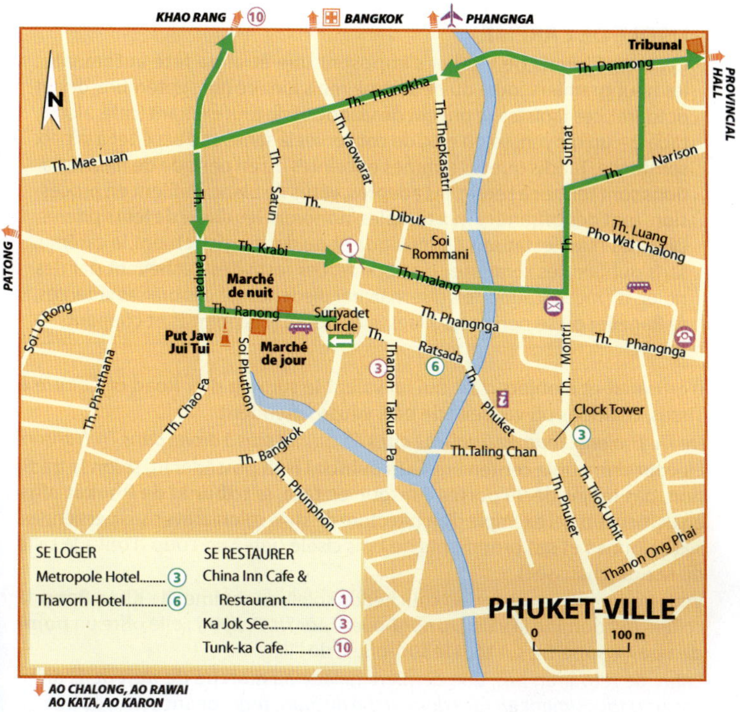

Le long des allées étroites du marché couvert se succèdent les étals de poissons, d'épices, de fruits, de vêtements et d'articles ménagers, le tout dans un joyeux capharnaüm. Après avoir flâné à loisir, vous pourrez choisir l'un des marchands de gâteaux ou de nouilles de riz pour un petit-déjeuner thaïlandais, épicé et savoureux.

Poursuivez sur Th. Ranong jusqu'à l'intersection du Soi Phunphon.

À l'angle des deux rues, un mur jaune et rouge protège le **Put Jaw★**, un temple taoïste bâti il y a deux siècles, typiquement chinois avec sa toiture ouvragée, ses dragons verts et son décor rouge et or. Dédié à Kuan Yin, la déesse de la Compassion, il abrite d'innombrables statues de la déesse et de ses gardiens serrés sur les autels, les traits sévères dans leurs riches costumes.

L'enceinte accueille un autre temple, **Jui Tui** *(sur la gauche)*, de même facture, quoique plus récent, consacré à Kiu Won In, un dieu végétarien à qui il convient de faire les offrandes *ad hoc*.

Traversez Th. Ranong pour suivre Th. Patipat, puis tournez à droite.

Thanon Krabi★ compte parmi les plus belles rues de Phuket, où se succèdent nombre de ces jolies **maisons de style sino-portugais★** construites au 19e s. et qui font tout le charme de la ville. Leurs façades blanches sont rehaussées de motifs floraux de stuc ou de bois, les corniches et les porches s'ornent de faïences polychromes. Les portes étant souvent ouvertes, vous pourrez jeter un coup d'œil discret à l'intérieur, en veillant à ne pas troubler l'intimité des personnes qui vivent là *(se déchausser si l'on vous invite à entrer)*.

D'autres maisons jalonnent encore les rues Dibuk, Phangnga, Yaowarat, Soi Rommani et **Thalang**, cette dernière réunissant aussi plusieurs boutiques

DRÔLE DE CARÊME

Certains Chinois de Phuket s'imposent une étrange fête automnale : les neuf premiers jours du neuvième mois lunaire (fin septembre-début octobre), ces taoïstes se privent de viande et de tout excitant (café, alcool, tabac) – un moyen, selon eux, de conserver la santé et d'accéder à la paix spirituelle. Tandis que les femmes enceintes ou en période de menstruations sont tenues à l'écart, les adeptes, vêtus de blanc, défilent en procession, font des offrandes aux temples, honorent les dieux de leurs prières. Diverses manifestations de musique et de danses ponctuent le carême, sans oublier des tonnerres de pétards. Les festivités s'achèvent par des rituels de mortification, tels que marcher pieds nus sur des braises ardentes, se flageller ou se percer les joues avec des objets pointus et coupants.

d'artisanat et d'objets d'art qui lui valent le surnom de « Road of Culture ». Tissus, céladons ou vaisselle de bois vous y attendent.

De Th. Thalang, tournez à gauche dans Th. Suthat puis à droite dans Th. Narison.
Élégant immeuble centenaire, le **Provincial Hall** posséderait, selon la tradition, pas moins de 99 portes. Presque en face, le **tribunal de Phuket** offre également un bel exemple d'architecture de style colonial avec ses persiennes, ses colonnes et ses ornements de bois ciselé (jetez un coup d'œil à la salle du rez-de-chaussée).

Vous pouvez vous rendre, au coucher du soleil, au sommet de **Khao Rang**, la colline qui domine la ville *(au nord-ouest, par Th. Patipat)* : elle offre un **point de vue★★** superbe sur tout le sud-ouest de l'île.

Enfin, de retour en bas, une dernière balade au **marché de nuit** de Thanon Ranong *(quasiment en face du marché de jour)*, regorgeant entre autres de fruits et de douceurs, vous mettra en appétit pour essayer l'un des excellents restaurants de la ville.

Circuits conseillés Carte de l'île

▶ *Circuits tracés sur la carte de l'île (ci-contre).*

LES CÔTES Carte de l'île

▶ *Du nord au sud, circuit bordeaux de 77 km sur la côte ouest tracé sur la carte de l'île (ci-contre) - vous pouvez vous déplacer à mobylette, mais la prudence impose la Jeep – comptez une journée, hors baignades.*

Amateurs de sites sauvages, sachez que nombre de plages de Phuket sont aménagées : parasols et chaises longues s'égrènent sur le sable, à louer pour quelques bahts. Ces équipements dénaturent un peu les lieux, mais il faut admettre qu'aux heures chaudes, ils sont bienvenus.

Hat Mai Khao et Hat Nai Yang

Immense ruban de sable blanc s'étirant sur une dizaine de kilomètres, ces plages jumelles feront le bonheur de ceux qui aiment la tranquillité : ombragées de casuarinas et de cocotiers, elles semblent oubliées des touristes et des marchands ambulants.

Intégrées au **parc national de Sirinath** (90 km^2), elles sont désormais à l'abri des promoteurs, tout comme la petite mangrove et la langue de forêt qui les bordent. Mieux encore, à environ 700 m de la grève se cache un trésor : 68 km^2 de mer cristalline (profonde de 4 à 7 m) recouvrent un récif de corail quasi intact.

KO PHUKET

BANGKOK, AO PHANGNGA
KO PHUKET
0 6 km
N
Saphan Thao Thep Kasetri
Laem Hin
Bakan
MER D'ANDAMAN
Ao Tu Khun
402
Hat Mai Khao
Hat Nai Yang
Bang Rak Mai
Parc national
4031
Muang Mai
4027
Laem Sai
Laem Yang
Ko Nakha Yai
★ Hat Nai Thon
Hin Kruai
Nam Tok Bang Pae
Bang Rong
Khao Phra Thaeo
384
Thalang
Bo Kruat
Nam Tok Ton Saï
MER DE PHUKET
Hat Bang Thao
4030
Monument des Héroïnes
Musée national de Thalang
Hat Phansea
Hat Surin
Bang Thao
4025
504
Ko Maphrao
Kathu
Laem Nga
Ao Patong
Patong
4029
Khao Rang
Phuket ★★
4020
516
4022
4021
4023
Karon
Ao Karon
Kata
Chalong
4028
Ko Pu
Ao Kata
Hat Chalon
4024
4019
Ko Phi Phi
Mu Ko Similan
Ao Yon
Kata Noi
Musée du Coquillage
Phuket Aquarium
Ko Lon
Nai Harn
Rawai
Hat Nai Harn
Hat Laem Ka
Hat Yanoi
Hat Rawai
Hat Nui
★★ Laem Promthep
Ko Bon
Ko Kaeo Yai
Coral Island
300 m
100
0

5

LA CEYLAN DES JONQUES

Les richesses de l'île – ambre gris, corne de rhinocéros, coraux rares et nids d'hirondelles – et du port de Phuket, halte naturelle entre l'Inde et la Chine, attirèrent très tôt les négociants et les marins. Au 16e s., l'île, alors nommée la « Ceylan des Jonques », vit arriver les premiers Européens. Ils s'installèrent d'abord pour faire le commerce des perles, puis ils acquirent les concessions minières d'étain, précédemment exploitées par les Thaïs. Au 19e s., la flambée des prix du minerai attira des milliers de mineurs chinois, population qui métamorphosa rapidement le visage de Phuket et son architecture. Les mines à ciel ouvert s'épuisèrent vite, ainsi que les gisements sous-marins, découverts au début du siècle suivant. Aujourd'hui moribonde, la production ne laisse plus, aux abords des mines, que de sombres bourbiers remplis d'eau de pluie, où stagnent des résidus d'étain mêlés de sable, d'argile et de limon. Eux-mêmes recouvrent des boues issues de l'activité minière, fines poussières minérales qui mettront plusieurs siècles à se solidifier – on leur doit la physionomie grise et fangeuse des plages de la côte est.

★ Hat Nai Thon

Ici est atteint l'équilibre idéal entre le caractère rudimentaire des équipements du parc Sirinath et les aménagements trop extensifs des plages méridionales. La gracieuse et paisible Hat Nai Thon est en outre un spot de choix pour pratiquer la plongée sous-marine.

Hin Kruai

En empruntant la petite route qui longe la côte, arrêtez-vous dans cette anse minuscule, flanquée de rochers et protégée par un épais rideau de verdure.

Hat Bang Thao

Une impression d'espace se dégage de cette longue et large plage de sable, site choisi par les vacanciers qui viennent à Phuket pour profiter uniquement de la mer et n'en plus bouger. D'énormes hôtels, la plupart assez luxueux, ont colonisé les lieux, avec restaurants, boutiques et tout ce qu'il faut pour séjourner en circuit fermé, sans oublier les infrastructures nécessaires à la pratique des sports marins.

Hat Phansea

En continuant vers le sud, faites une halte à Hat Phansea, juste pour la vue : la singulière blondeur du sable, les arbres et les rochers alentour, le miroitement de l'eau autour d'une fine avancée de terre qui s'arrondit en île.

Hat Surin

Agréable mais sans charme particulier, la petite baie de Surin reçoit un nombre étonnant de visiteurs. Aussi l'hébergement se révèle-t-il insuffisant, et sous les parasols qui couvrent la plage, les chaises longues sont prises d'assaut.

Ao Patong

La plage la plus développée du sud de la Thaïlande appartient aux oiseaux de nuit : restaurants, bars et discothèques s'y concentrent en quantité invraisemblable, et des milliers de touristes en quête de filles ou de garçons sillonnent ses ruelles dédiées à la prostitution, où les néons éclairent de grandes affiches « *Welcome to the US Navy* ». Patong aux nuits folles, temple des libertés qui se monnayent, où tout s'achète et se consomme, se joue et se danse…

Paradoxalement, ses 3 km de sable blanc, sa mer cristalline et son décor de collines boisées – des hévéas, traces d'une tentative de plantation malheureuse, les pentes étant trop raides – se révèlent aussi de jour un lieu vivant, tourné vers la mer et les sports nautiques. Les amateurs y trouveront des équipements performants et des moniteurs hautement qualifiés. Les hôtels chic et la variété infinie des activités attirent également de nombreuses familles, et toutes les cuisines du monde semblent s'y être donné rendez-vous. En revanche, il est une composante que vous chercherez en vain : la Thaïlande.

Ao Karon

Deuxième grande plage touristique de l'île, Karon diffère peu de sa sulfureuse voisine : hôtels de luxe en front de mer et boutiques de tailleurs à l'arrière. Mais le site demeure intact, encore épargné par les promoteurs, et le sable continue de crisser sous les pieds. Vers le sud, vous trouverez même quelques beaux coraux.

Ao Kata

Plus immédiat, le charme de Kata tient à la petite taille de ses constructions qui dépassent rarement trois étages, mais surtout à son ravissant îlot rocheux, **Ko Pu**, qui émerge à 500 m de la grève. Une myriade de poissons, d'étoiles de mer et de coquillages en ont fait leur refuge, à découvrir avec masque et tuba. La baignade *(parfois dangereuse, renseignez-vous)* vous entraînera peut-être encore plus au sud, vers les rochers de **Kata Noi**, autre site de choix, cachant de riches faunes et flores marines.

Hat Nai Harn

Jolie courbe de sable blanc plantée de pins et de casuarinas, Hat Nai Harn et ses eaux paisibles attirent les vacanciers en quête de tranquillité, familles et retraités. Un petit bras de mer la coupe en deux, ouvrant à l'intérieur sur un paisible plan d'eau cerné de verdure. Côté nord, quelques hôtels de luxe déclinent leurs terrasses sur les pentes de la colline, tandis que d'autres s'alignent sur la route menant à la plage. Même la rue en front de mer, avec ses restaurants cachés derrière les arbres, ne parvient pas à dénaturer cet agréable coin de verdure qui appelle aux pique-niques et aux bains de soleil. Lorsque vous quittez Nai Harn pour le sud, arrêtez-vous plusieurs fois : la route qui serpente sur la colline offre de superbes **panoramas★★**, particulièrement à la lumière du soir.

Hat Nui

Entre Hat Nai Harn et Hat Rawai, un mauvais chemin de terre descend en pente raide vers la mer où, surgissant de la verdure, attend Hat Nui, une crique encadrée de gros rochers. Vous y trouverez un restaurant et des chaises longues.

LE SORT DÉPRIMANT DES PRIMATES

Les longs bras des gibbons leur permettent d'évoluer dans les frondaisons de la jungle avec une extraordinaire dextérité. Aussi est-ce dans les plus hautes branches qu'ils établissent leurs camps. Or, pour capturer un bébé, il faut tuer sa mère, seul moyen pour qu'elle lâche son petit. Autant dire que la capture des gibbons tient du pur massacre : neuf bébés sur dix ne survivent pas à la chute, tandis que le destin du rescapé est de se retrouver enchaîné à quelque perchoir, à l'entrée d'un hôtel, pour amuser les touristes, accompagné d'une pancarte prévenant de sa méchanceté…

Au coucher du soleil, enfin, une halte s'impose au **Laem Promthep★★**, à l'extrême sud de l'île. De ce promontoire pelé plongeant tout droit dans la mer, on jouit d'un magnifique **point de vue★★** sur l'île et ses contours découpés.

Hat Rawai

Étroite à marée haute et un peu vaseuse à marée basse, la plage de Rawai attire peu de monde, et sur les pentes des collines alentour, de nombreuses villas s'égaillent, toutes plus luxueuses les unes que les autres. Le charme des lieux tient d'abord au village qui borde la plage, peuplé de pêcheurs Chao Le et animé d'une ribambelle de petits restaurants. Serrés sous les palmiers et les casuarinas, ces derniers constituent un choix idéal pour un apéritif ou un dîner.

De Rawai, vous pouvez louer des bateaux pour explorer les îles alentour, **Ko Kaeo Yai**, **Ko Bon**, ainsi que l'île connue sous le nom de « **Coral Island** » *(comptez 2h de traversée - de 800 à 1 000 bahts AR)*. Vous trouverez là les plus belles **plages★**, baignées d'eau transparente où, autour des coraux, glissent des poissons irisés. Les pêcheurs vous attendent le long de la route, proposant leurs services : convenez avec eux du programme de la journée, pour vous faire déposer le matin avec votre pique-nique et fixer l'heure du retour.

En revenant vers la ville de Phuket *(routes 4024 et 4021)*, vous pourrez jeter un coup d'œil au joli **musée du Coquillage** *(Sea Shell Museum – 12/2 Moo 2, Th. Wiset, Rawai - ✆ 07 661 36 66 - 8h-19h - 200 bahts)*. Des milliers de coquillages y sont exposés, rigoureusement classés par famille et le plus souvent accompagnés de la mention de leur origine et de leur rareté. Des photos montrent aussi les drôles de bêtes habitant ces délicates porcelaines.

Hat Chalong

Après des années dédiées à l'exploitation de l'étain, la baie de Chalong montre aujourd'hui un triste visage, grisâtre et boueux. Mais, autour du port, on trouve de bons restaurants de fruits de mer, et l'endroit est aussi, comme Rawai, un point de départ vers les îlots de rêve qui cernent le cap sud de l'île.

Les amateurs de faune marine pourront faire une halte au **Phuket Aquarium** *(Panwa Cape – ✆ 07 639 11 26 - 8h30-16h30 -100 bahts)*. L'occasion de mettre un nom sur les espèces rencontrées au cours de vos plongées, même si les aménagements se révèlent plutôt vétustes et tristounets.

L'INTÉRIEUR DE L'ÎLE Carte de l'île

Au départ de Phuket-ville, circuit violet de 32 km par la route 402 tracé sur la carte de l'île (p. 417).

Au nord de la ville, marquant la jonction des routes 402, 4027 et 4025, se dresse le **monument des Héroïnes**, deux statues de bronze érigées en 1966 à la mémoire de deux sœurs, honorées pour leur patriotisme lors de la guerre contre les Birmans, au 18e s. *(voir encadré ci-dessous)*.

DEUX FEMMES SOLDATS

En 1785 meurt le gouverneur de Thalang, alors que l'envahisseur birman se presse aux portes de la ville. N'écoutant que leur courage, la veuve, Chan, accompagnée de sa sœur, Muk, se déguisent en soldats avant de travestir ainsi toutes les femmes de la ville, pour venir grossir les rangs de l'armée locale. Galvanisés par leur présence, les soldats de Thalang parviennent à repousser l'ennemi, et les deux femmes resteront dans l'histoire comme des héroïnes nationales.

Plage Karon.
ARCOA Rose / age fotostock

Du rond-point, vous êtes à deux pas du **Musée national de Thalang** *(Moo 3 Th. Srisoonthorn - ✆ 07 631 14 26 - 9h-16h sf j.fériés - 100 bahts)*, qui retrace l'histoire de la bataille éponyme durant laquelle s'illustrèrent les héroïnes. Une projection vidéo raconte aussi l'histoire de l'île et de ses mines d'étain.

Kao Phra Thaeo

Rens. sur les randonnées à l'office de tourisme de Phuket - entrée payante.
Du musée de Thalang, la route 4027 conduit au **parc Khao Phra Thaeo**, vaste réserve couverte de forêt vierge que sillonnent de superbes sentiers.
L'un d'eux vous conduira aux **chutes de Ton Saï** (Nam Tok Ton Saï – *comptez env. 10mn)* : une belle cascade à la saison des pluies, un modeste filet d'eau le reste du temps. Un agréable chemin mène vers d'autres chutes, celles de **Bang Pae** (Nam Tok Bang Pae – *8 km de l'entrée à Bang Pae - comptez 2h)*. Elles voisinent un joli lac où vous pourrez vous désaltérer dans un café installé sur la rive, avant de nager dans quelques piscines naturelles.
À l'est du parc *(parcours fléché)* s'ouvre le territoire du **projet de réhabilitation des gibbons** *(10h-16h - gratuit)*, une initiative américaine pour réadapter à la vie sauvage ces singes victimes de la mode, qui sont capturés et vendus à des particuliers *(voir encadré p. 419)*.

Excursion Carte de région

★★★ LE PARC NATIONAL MARITIME DE MU KO SIMILAN A2

À 80 km au nord-ouest de Phuket. Accessible en bateau d'Ao Chalong - www.dnp.go.th - 500 bahts.
Ce parc national compte parmi les dix plus beaux spots de **plongée sous-marine★★★** du monde. Mer d'une indicible transparence, faune et flore d'une richesse rare, coraux extraordinaires : la plongée aux Similan vous laissera un souvenir fort. La solution la plus simple pour se rendre aux Similan est de passer par un centre de plongée depuis Phuket, car il n'existe pas d'école sur place.

NOS ADRESSES À KO PHUKET

INFORMATIONS UTILES

Agences de voyages – Très nombreuses, elles proposent les services habituels : location de véhicules, billets d'avion, excursions organisées, billets de bateau vers Ko Phi Phi, les îles Similan, la baie de Phangnga, les îles du Sud, etc.
Poste – Poste principale - *au coin de Th. Montri et Th. Thalang, Phuket-ville.*
Santé – Phuket International Hospital - *44 Th. Chalermprakiat Ror 9, Phuket-ville.* Plusieurs centres médicaux et de nombreuses pharmacies où obtenir leurs coordonnées.

ARRIVER / PARTIR

En avion

Aéroport – *À 35 km de Phuket-ville.* Env. 20 vols/j. entre Bangkok et Phuket avec Thai Airways, Bangkok Airways, Air Asia ; 4 vols/j. avec Samui ; 1 vol direct/j. avec Chiang Mai ; vols internationaux pour Jakarta, Sydney, Singapour.

En bus

Deux gares routières à Phuket-ville, sur **Th. Ranong** (réseau urbain), et près de **Th. Phangnga**. Liaisons avec de nombreuses villes de la région et du Sud (brochure récapitulative à l'office de tourisme).

En bateau

Plusieurs compagnies de ferries desservent Ko Phi Phi, de 8h à 15h *(env. 2h de traversée).*

TRANSPORTS

À mobylette – Le moyen de transport par excellence des Thaïlandais. Très nombreuses possibilités de location. L'absence d'assurance et le nombre effarant d'accidents doivent néanmoins inciter à la plus grande prudence.

HÉBERGEMENT

À Phuket-ville

PREMIER PRIX

Thavorn Hotel – *74 Th. Ratsada - ✆ 07 639 60 35 - www.thavornheritage.com - ▤ - 200 ch. -500/900 bahts.* Un très beau hall de réception vous accueille, tout en boiseries sombres, décoré de photos anciennes et d'antiquités qui lui confèrent une atmosphère de musée. L'hôtel comprend deux ailes différentes, l'une réservée aux chambres climatisées, l'autre aux ventilateurs. Chambres inégales.

BUDGET MOYEN

Metropole Hotel – *1 Soi Surin, Th. Montri - ✆ 07 621 50 50 - www.metropolephuket.com - ▤ 🏊 🍴 - 248 ch. - 1 200/2 800 bahts ☕.* Grand luxe pour cet hôtel bien situé, aux chambres claires et spacieuses et aux salles de bains avec coiffeuse. Services de bonne qualité : salle de gym, salon de massage et de beauté, piscine avec bassin pour les enfants, restaurants. Wifi.

À Hat Nai Thon

POUR SE FAIRE PLAISIR

Naithon Beach Resort – *Sur la plage - ✆ 07 620 53 79 -www.phuket-naithon.com - ▤ 🏊 🍴 - 14 ch. - 2 400/3 500 bahts.* Tout à côté du centre de plongée Aqua Divers. De ses bungalows à la jolie décoration moderne, vous n'avez que la route à traverser pour rejoindre la plage. Prix dégressifs à partir de la quatrième nuit. Réservez.

À Hat Bang Thao

POUR SE FAIRE PLAISIR

Andaman Bang-Tao Bay Resort – *07 627 02 46 - http://andamanbangtaobayresort.com - 14 ch. - 2 000/8 200 bahts*. Des bungalows vastes et clairs en bord de plage. L'environnement, plus calme qu'au sud de l'île, conviendra particulièrement aux familles.

À Hat Surin

UNE FOLIE

Kamala Beach Estate – *07 627 97 56 - www.kamalabeachestate.com - 29 ch. - 4 000 bahts*. Des villas et appartements de 1 à 3 chambres équipées d'une cuisine. Le terrain, vaste jardin arboré, descend vers la plage entre les rochers. Tranquillité rare à Phuket. Wifi.

À Ao Patong

BUDGET MOYEN

Golden Beach Guesthouse – *66/28 Soi Kepsub, Th. Thaweewong - 07 629 29 19 - 16 ch. - 900/1 000 bahts*. Carrelées et propres, les chambres les plus agréables sont dotées d'un balcon. Accueil charmant. Réservez.

Le Jardin Bungalows – *172/18 Th. Nanai - 07 634 03 91 - http://lejardin-phuket.net - 24 ch. - 1 200/2 200 bahts*. Véritable havre de paix, cet hôtel fleuri comprend des bungalows spacieux et confortables, accompagnés d'un Jacuzzi, d'un bar et d'un restaurant, dispersés dans la verdure. La propriétaire, une Française efficace, gère une clientèle d'habitués. Cuisine dans les chambres.

POUR SE FAIRE PLAISIR

Patong Cottage – *205/14 Th. Nanai - 07 634 58 23 - www.patongcottage.com - 69 ch. - 3 000/4 000 bahts*. Des escaliers qui mènent au ciel… ou jusqu'aux chambres, étincelantes, avec une superbe vue sur la baie de Patong. Cadre intime et confort assuré dans cet hôtel chaleureux et verdoyant.

À Ao Karon

POUR SE FAIRE PLAISIR

Phuket Heritage – *558/6 Th. Ptaka - 07 639 66 90 - www.phuketheritage.com - 33 ch. - 3 200/4 400 bahts*. Dans cette gamme de prix, vous ne trouverez rien de plus confortable des kilomètres à la ronde ! Les chambres sont vastes et décorées avec beaucoup de goût, le tout dans un bel immeuble.

À Ao Kata

UNE FOLIE

The Boat House – *182 Th. Koktanode - 07 633 00 15 - www.boathousephuket.com - 38 ch. - 10 000 bahts mini*. Sans doute un des plus beaux hôtels de l'île avec son architecture d'un raffinement extrême, jusque dans les détails du toit et le décor, à la manière d'un vieux navire. Dans les chambres, fraîches et lumineuses, face à la mer, le teck domine, rehaussé de grands coussins blancs. Spa et cours de cuisine thaïe. Wifi.

RESTAURATION

Bon à savoir – Ici, les restaurants se créent ou se transforment à un rythme effréné.

À Phuket-ville

PREMIER PRIX

Tunk-ka Cafe – *Th. Korsimbee - au sommet de la colline Rang - 07 621 15 00 - 11h-23h - 100/200 bahts*. Un des restaurants les plus réputés de la ville, avec sa superbe terrasse dissimulée dans une épaisse végétation dominant les environs. La carte est impressionnante avec un grand choix de poissons, de fruits de mer et de spécialités de la région.

BUDGET MOYEN

China Inn Cafe & Restaurant – *20 Th. Thalang - ✆ 07 635 62 39 - tlj sf dim. 9h-18h - 200/400 bahts.* Une superbe maison sino-portugaise du début du 20e s., ouverte sur un petit jardin feng shui, où se tiennent les quelques tables du restaurant. Spécialités thaïes et plats occidentaux.

UNE FOLIE

Ka Jok See – *26 Th. Takua Pa - juste à côté de l'antiquaire Ban Moran Antiques - ✆ 07 621 79 03 - tlj sf lun. 18h-0h - 2 000 bahts mini.* Une vieille maison décorée de meubles et d'objets anciens, très à la mode. Bien qu'un peu coûteuse - formule unique, nourriture à volonté - la cuisine est raffinée, mais les clients viennent surtout là pour l'atmosphère et danser la salsa. Réservation impérative.

À Ao Patong

BUDGET MOYEN

The Sea Hag Restaurant – *78/5 Soi Permpong III - ✆ 07 634 11 11 - www.kenyaphuket.com - tlj 12h-16h et 18h-0h - env. 600 bahts.* De délicieuses spécialités thaïes servies dans un cadre feutré. Goûtez les poissons, au lait de coco ou frits. Accueil charmant.

POUR SE FAIRE PLAISIR

Da Maurizio – *223/2 Th. Prabaramee - ✆ 07 634 40 79 - www.damaurizio.com - 12h-23h - 650/800 bahts.* Une adresse qui vaut à la fois pour la beauté de la vue et la délicatesse de la cuisine, romaine, plutôt unique dans le sud de la Thaïlande. Produits bio.

Baan Rim Pa – *223/2 Th. Prabaramee - ✆ 07 634 07 89 - www.baanrimpa.com - 12h-23h - 500 bahts mini.* Mêmes propriétaires que le Da Maurizio et juste à côté de ce dernier. Perchée sur la colline, sa grande terrasse offre une vue exceptionnelle sur la baie de Patong. L'adresse est très courue, mais la qualité de la cuisine (thaïe) fait oublier la foule.

À Ao Kata

UNE FOLIE

The Boathouse Wine & Grill – *2/2 Th. Patak - ✆ 07 633 00 15 - 11h-23h- 1200/2 000 bahts.* Le plus célèbre restaurant de Phuket confirme sa réputation : outre un magnifique décor de teck et l'ouverture sur la mer, le raffinement de la cuisine rivalise avec la richesse de la carte des vins. Plusieurs menus de dégustation.

À Hat Rawai

PREMIER PRIX

Baan Rimlay – *Plage de Rawai - ✆ 07 628 80 67 - 9h-21h - 100/200 bahts.* Frais et charmant, ce restaurant installé devant la plage jouit d'un paysage agréable à marée haute, quand la mer cerne les îles voisines. Cuisine thaïe plus qu'honnête et accueil chaleureux.

BOIRE UN VERRE

Siam Bakery – *13 Th. Yoawaraj - ✆ 07 635 59 47 - 8h-18h.* Au cœur du quartier historique de Phuket-ville, un salon de thé qui propose d'excellentes pâtisseries et de bons cafés. Le chef est français.

Small View Point – *À 1 km au nord du Viewpoint, surplombant la plage de Kata - ✆ 081 397 23 29.* Ce bar sur la route des hauteurs, entre Kata et Ao Kata, offre une vue qui mérite le détour, en particulier au coucher du soleil.

ACHATS

À Phuket-ville, vous trouverez de nombreuses boutiques de meubles et d'objets pour la maison, dont des *mon-hin*, ces fameux matelas traditionnels de couleurs.

Radsada Handmade – *29 Th. Ratsada, Phuket-ville* - *07 635 54 39*. La boutique, véritable musée, regorge de trésors : magnifiques tissus anciens et actuels provenant de toutes les minorités de Thaïlande, objets en bois, céladons, bijoux, etc. Le tout à des prix très raisonnables.

ACTIVITÉS

Plongée sous-marine

Aqua Divers – *23/26 Hat Naithon, Moo 4, à Hat Nai Thon* - *07 620 50 49* - *www.aqua-divers.net*. Pour explorer les fonds marins.

Sports nautiques

Des **catamarans** et des **planches à voile** sont en location sur les plages, de Hat Bang Thao à Hat Kata. LA plage de **surf** est Hat Kata.

Ao Chalong Yacht Club – *089 249 08 23* - *www.acyc-phuket.com*. Pour embarquer sur un voilier depuis Phuket.

Sea Cave Canoe - *2/1 Th. Chumporn, Phuket-ville* - *07 621 04 34* - *www.seacavecanoe.com*. Une agence très sérieuse, qui organise des tours en canoë d'un ou plusieurs jours, notamment dans la baie de Phangnga.

Golf et minigolf

Sur l'île, il existe quatre golfs de 18 trous : **Laguna Phuket Golf Club** – *Hat Bang Thao* - *07 632 43 50* - *www.lagunaphuketgolf.com* ; **Blue Canon Country Club** – *165 Moo 1, Th. Thepkrasattri, Mai Khao - près de l'aéroport* - *07 632 80 88* - *www.bluecanyonclub.com* ; **Loch Palm Golf Club** – *Th. Vishitsongkram, Kathu* - *07 632 19 28* - *www.mbkgolf.com* ; **Phuket Country Club** – *80/1 Th. Vishitsongkram, Kathu* - *07 631 92 00* - *www.phuketcountryclub.com*.

Dino Park - *Hat Karon* - *07 633 06 25* - *www.dinopark.com* - *10h-0h*. Un minigolf de 18 trous, dans un parc d'attractions centré sur les dinosaures.

Massages traditionnels

Hide Away Day Spa – *157 Th. Nanai, Patong* - *081 750 00 26* - *www.phuket-hideaway.com* - *10h-21h*. Dans un jardin foisonnant, on profite d'un sauna aux herbes et de massages de qualité (n'oubliez pas votre maillot de bain). Autre centre - *Hat Bang Thao, 382/833 Srisootorn Road, Cherngtalay - Laguna Resorts entrance road, Thalang* - *07 627 15 49* - *10h-21h*.

AGENDA

Phuket Kings'Cup Regatta – Le 5 déc. Grande régate pour l'anniversaire du roi.

Quiksilver Phuket Surfing Contest – En sept. Compétition de surf sur la plage de Kata.

Ko Phi Phi

★★

1 200 habitants à Phi Phi Don – Province de Krabi

NOS ADRESSES PAGE 428

SE REPÉRER
Carte de région A3 (p. 386-387) – carte des îles ci-contre – *carte Michelin 751, N3.*
Voir aussi la rubrique « Arriver/partir » dans « Nos adresses ».

À NE PAS MANQUER
Assister au lever du soleil au *viewpoint* de Phi Phi Don ; faire le tour de Phi Phi Le en bateau ; pratiquer la plongée et l'escalade.

ORGANISER SON TEMPS
Comptez 2 jours. Meilleure saison : de déc. à avr.

Ko Phi Phi désigne en fait deux ravissantes îles, Phi Phi Don et Phi Phi Le. Seule la première, la plus grande et la plus connue, est habitée. Elle compose l'une des plus jolies cartes postales de la Thaïlande : longue de 8 km sur moins de 3 km, Phi Phi Don dessine deux larges croissants de sable qui se tournent le dos, traçant une sorte de grand X sur la mer. À la jonction des deux plages, un banc de sable accueille un unique village de pêcheurs, que le tourisme a métamorphosé en station balnéaire. Ko Phi Phi, non contente d'offrir un décor de rêve, constitue en effet l'un des plus beaux spots de plongée du pays. Ce petit paradis est néanmoins victime de son succès : l'écosystème de l'île souffre à la mesure de sa fréquentation. Il permet sans conteste des vacances toniques et festives dans un cadre idyllique, mais pour combien de temps ?

Se promener Carte des îles

★ KO PHI PHI DON

Comptez une journée.
Au pied de ses rochers, les deux baies de Phi Phi Don sont le théâtre d'un incessant ballet de *long tail*, qui vrombissent nuit et jour. Entre les deux plages, l'ancien village de **Ton Sai** vit au rythme de ses bars, de ses discothèques et de ses centres de plongée, qui semblent ne jamais dormir.

LES TRACES DU TSUNAMI

Plus que toute autre station balnéaire de Thaïlande, l'île de Phi Phi Don a souffert du tsunami de 2004. La moitié ouest de Ton Sai est toujours en cours de reconstruction. L'est de Ton Sai a également souffert de l'inondation, mais il n'en reste aujourd'hui plus trace, si ce n'est dans les esprits, très choqués par la catastrophe. Certains centres de plongée se sont employés à nettoyer les fonds marins après le passage de la vague meurtrière.

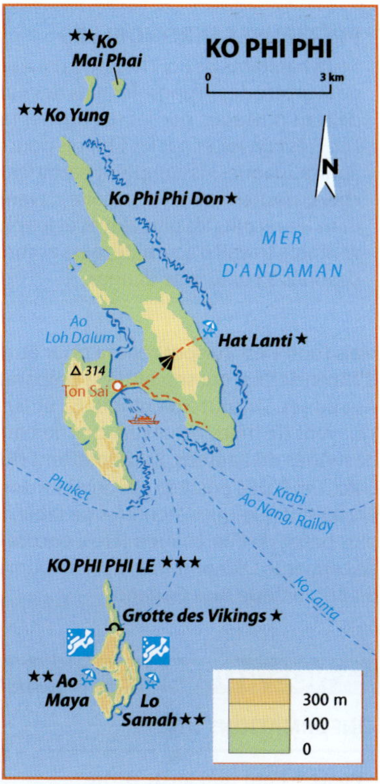

Il faut faire un gros effort pour surmonter l'impression première, celle d'un ghetto à vacanciers : rabatteurs, ruelles marchandes, bruit incessant, etc. Mais passé cette introduction un peu rude, l'île finit par révéler ses charmes et vous pourrez peut-être même vous retrouver seul sur une plage de rêve, avant de profiter de l'animation franchement sympathique de quelques bars.

Côté nature, une belle ascension balisée attend les amoureux de promenades et de **panoramas★★** grandioses. Entre deux plongées, ne manquez pas de grimper dans les hauteurs jusqu'au **viewpoint★★**, d'où l'on jouit d'une vue superbe sur Phi Phi Don et sur sa voisine ; de quoi oublier totalement l'impression parfois désagréable ressentie à l'arrivée.

Si vous êtes en quête d'un coin tranquille et propre, embarquez donc le matin de bonne heure sur l'un des bateaux qui stationnent à l'embarcadère de Ton Sai, pour faire le tour de l'île *(comptez 2h)* ; il vous déposera sur les jolies plages de la côte est, dont **Hat Lanti★**. Mieux encore, partez vers **Ko Mai Phai★★** *(Bamboo Island)* et **Ko Yung★★** *(Mosquito Island – 1h30 de traversée)*, deux minuscules îlots au sable immaculé.

★★★ KO PHI PHI LE

Comptez une demi-journée.

Petite sœur de Phi Phi Don, Phi Phi Le se profile à une demi-heure de mer de Ton Sai, et il est également possible d'en faire le tour en bateau.

Longue de 3,5 km sur 1 km de large, elle se visite en une demi-journée, le temps d'en faire le tour, de s'y baigner et d'effectuer une escapade à l'intérieur. Si vous réussissez à éviter les heures de pointe, qui voient affluer une cinquantaine de bateaux dans les mêmes sites, vous prendrez la mesure de toute la beauté de l'île. Car ce récif aux parois abruptes que l'eau a sculptées comme une dentelle cache plusieurs grottes ou cavités révélant de magnifiques décors de stalactites.

La **grotte des Vikings★** renferme des peintures préhistoriques, figures humaines et animales côtoyant des représentations beaucoup plus récentes (un siècle à peine) de jonques asiatiques. La forme de ces bateaux, qui évoqua sans doute celle des drakkars au découvreur de la grotte, valut son nom à l'endroit.

PRÉCIEUSES HIRONDELLES

Seuls habitants de Phi Phi Le, quelques gardes armés veillent sur les trésors de la grotte des Vikings : les nids des hirondelles qui y ont élu domicile. Ces délicats ouvrages, que les salanganes fabriquent avec leur salive, valent de l'or. Très convoités par les Chinois pour leurs supposées vertus toniques et aphrodisiaques, ils comptent parmi les mets les plus recherchés et les plus chers, d'autant que leur récolte s'avère périlleuse, les nids étant perchés dans les recoins les plus élevés et les plus difficiles d'accès de la grotte. Un véritable travail d'acrobate, qui s'accompagne d'offrandes et de sacrifices destinés à conjurer le danger.

Mais l'antre est surtout réputé pour être un lieu de récolte des fameux **nids d'hirondelles**, qui servent à la préparation d'une soupe très prisée par les Asiatiques, surtout les Chinois. Çà et là, au milieu des concrétions calcaires, s'élèvent de frêles échafaudages de bambou, dressés sur plusieurs dizaines de mètres de hauteur ; ils permettent de grimper pour recueillir les nids.

Enfin, Phi Phi Le possède elle aussi son lot de plages paradisiaques : les falaises encadrent quelques étendues de sable, tels **Ao Maya★★** et **Lo Samah★★**, les plus belles de l'île. La première a encore gagné en célébrité après le passage de Leonardo DiCaprio, le temps du tournage du film *La Plage*, d'après le roman du Britannique Alex Garland.

NOS ADRESSES À KO PHI PHI

INFORMATIONS UTILES

Poste – Petit bureau de poste à Ton Sai.

ARRIVER / PARTIR

En bateau – 3 liaisons/j. avec Ko Lanta ; de Krabi, 2 bateaux/j., de Phuket, 2 bateaux/j. Rens. : www.phiphi-ferry.com.

TRANSPORTS

En long tail – Pour vous rendre d'une plage à l'autre. Ils circulent de jour comme de nuit, mais attention, les tarifs explosent après 18h.

HÉBERGEMENT

La meilleure option, à la fois agréable et pratique pour profiter des multiples activités de l'île, reste de choisir un hôtel à l'est de Ton Sai, où les constructions en dur ont été moins touchées par le tsunami.

BUDGET MOYEN

Garden Home – *En direction du viewpoint - ✆ 081 894 38 35 - - 9 ch. - 1 200/1 800 bahts.* À l'écart de l'agitation du village, les bungalows de bois abritent de charmantes et confortables chambres avec un joli parquet. Les salles de bains envahies de plantes vertes ne sont pas en reste. Wifi.

Phi Phi Don Chukit Resort – *✆ 07 562 39 49 - www.phiphidonchukit.com - - 91 ch. - 1 000/3 000 bahts.* Des bungalows en dur, peints en blanc avec quelques touches de couleurs gaies, simples et plutôt confortables. Les plus chers sont en front de mer. Un établissement vieillissant, au personnel charmant, bref un bon rapport qualité-prix.

Phi Phi Viewpoint Resort – *Loh Dalum Bay - ✆ 07 560 12 00 ou 07 561 81 11/12 -*

www.phiphiviewpoint.com - ▤ 🏊 ✕ - *55 ch. - 1 600/3 550 bahts* ☕. Étagés sur la colline, ces bungalows simples et propres sont dotés d'une petite terrasse d'où l'on jouit d'une vue extraordinaire sur la baie. Un bémol, très bruyant lorsque les bars de plage rivalisent de décibels.

RESTAURATION

PREMIER PRIX

Madame – *Ton Sai - 11h-22h - env. 150 bahts*. C'est sans doute le meilleur restaurant thaïlandais de Phi Phi Don. Son curry vert est un pur délice, le service impeccable. Le sourire et le charme de Madame ajoutent encore au plaisir du repas.
Chao Koh Phi Phi – *Ton Sai - ✆ 07 560 10 83 - 18h-22h - env. 150 bahts*. Le restaurant du Chao Koh Resort prépare un imposant barbecue tous les soirs avec un grand choix de poissons, en fonction de la pêche du jour. L'établissement propose également des chambres *(à partir de 1 700 bahts)*.
Cosmic – *Ton Sai - 11h-22h - env. 150 bahts*. Pour manger une bonne pizza. Il y a toujours foule et on a parfois du mal à trouver de la place, tant dans la charmante petite salle (malgré la température qui y règne) qu'autour des tables installées dehors.

ACTIVITÉS

Plongée et canoë

Centres de plongée sous-marine – **Phi Phi Scuba** - *Ton Sai - ✆ 07 560 11 48 - www.ppscuba.com*; **Island Divers** - *Ton Sai - ✆ 07 560 10 82 - www.islanddiverspp.com*.
The Adventure Club – *✆ 081 895 13 34 ou 07 560 12 17 - www.phi-phi-adventures.com*. Agence de *snorkeling* (plongée avec masque et tuba) de qualité, tenue par un Anglais. Promenades avec les requins le matin, exploration de grottes après deux belles heures dans l'eau, au coucher du soleil. Propose également des plongées avec bouteilles.

Pêche en mer

Des journées de pêche en mer sont organisées, à la recherche de marlin ou de thon *(se renseigner auprès des agences de voyages)*.

Escalade

L'île offre l'un des meilleurs spots pour ce sport en Thaïlande.

Boxe thaïe

Reggae Bar – *Ton Sai*. Le bar cache un ring de boxe, où ont lieu des spectacles *(3 fois/sem.)* et des cours.

Massages traditionnels

Deux écoles de massage (où l'on peut aussi se faire masser) sont installées sur l'île : l'une, Siamese, a pignon sur rue, l'autre, plus discrète, se tient à l'arrière d'une épicerie *(se renseigner auprès des habitants de l'île)*.

Ko Lanta

★

28 856 habitants – Province de Krabi

NOS ADRESSES PAGE 432

SE REPÉRER

Carte de région A3 (p. 386-387) – *carte Michelin 751, N4* – À 820 km de Bangkok.

Voir aussi la rubrique « Arriver/partir » dans « Nos adresses ».

À NE PAS MANQUER

Le point de vue du cap Kaw Kwang ; plonger à Hin Daeng et Hin Muang.

ORGANISER SON TEMPS

Meilleure saison : de déc. à avr. Louez une mobylette pour vous déplacer plus librement.

Sur les 52 îles que compte l'archipel de Mu Ko Lanta, quinze ont été englobées dans le parc national fondé en 1990, attirant tout autant les inconditionnels du farniente que les amateurs de paysages aquatiques. La plus grande île de l'archipel, Ko Lanta Yai, est une longue crête de collines couverte de jungle qui s'étire du nord au sud sur 27 km. Ignorée des voyageurs pendant un temps, l'île a vu de nombreux hôtels se construire ces dernières décennies, tous concentrés sur la côte ouest. La côte est, rocheuse et ventée, reste le fief des pêcheurs, musulmans pour la plupart, qui vivent aussi de l'exploitation du caoutchouc et de la culture de la noix de cajou. Si le port principal de l'île, Ban Ko Lanta, est établi sur cette côte, les ferries des vacanciers accostent à Ban Saladan, à la pointe nord de l'île, d'où l'on descend sur le littoral ouest. Le temps de déposer vos bagages dans votre bungalow, et la plage vous attend, entre sable et corail.

Circuit conseillé

LE CHEMIN DES PLAGES

Circuit de 27 km au départ de Ban Saladan – comptez une demi-journée.

Forêt vierge, plantations d'hévéas et cocoteraies recouvrent l'île de Ko Lanta Yai d'un épais manteau vert, arrondissant les contours de ses plus hautes collines (point culminant : 500 m). Quelques rares sentiers sillonnent l'intérieur, mais la prudence est de mise : de nombreux travailleurs venus de Birmanie ont été déclarés illégaux, et ces hommes survivent comme ils peuvent. Optez plutôt pour le chemin des plages.

Ban Saladan

Principal débarcadère des ferries, le port de Ban Saladan est le centre le plus animé de l'île – toutes proportions gardées – avec ses restaurants, ses centres de plongée et ses commerces.

Empruntez le chemin qui longe la côte vers l'ouest, puis tournez tout de suite à droite à la sortie du village.

★ Le cap Kaw Kwang

À 1,5 km de Ban Saladan.

Une mauvaise route caillouteuse conduit au cap **Kaw Kwang★** (Deer Neck), une langue de terre qui s'allonge vers l'ouest pour ne former au bout qu'un étroit doigt de sable de 4 m de large, serré entre plage et mangrove. De là, on jouit d'un beau **point de vue★★** sur la mer.

Revenez sur vos pas et poursuivez au sud. Passé 1 km, tournez à droite.

Ao Khlong Dao

Première plage du circuit, Ao Khlong Dao est une anse tranquille, jalonnée de petits bungalows, idéale pour la baignade en famille. Beaucoup de plongeurs y élisent également domicile, les centres de plongée de Ban Saladan n'étant pas loin.

★ Ao Phra-Ae

À 5 km au sud d'Ao Khlong Dao.

Ao Phra-Ae est la plus longue plage de l'île. Véritable carte postale avec son sable blanc et ses cocotiers, elle constitue un site privilégié pour les familles. Là, les hôtels, du plus simple au plus luxueux, répondent à toutes les attentes des vacanciers. L'ambiance est différente au sud de la plage, dont les deux petits « bars » et les modestes bungalows attirent une clientèle plus jeune.

Ao Khlong Khong et Ao Khlong Nin

Plus au sud, la route rejoint les plages d'**Ao Khlong Khong** et d'**Ao Khlong Nin**, moins favorables aux bains de mer, mais dont le calme absolu plaira aux Robinson en quête de solitude. Loin du port, elles n'accueillent guère que des voyageurs sac au dos, qui s'offrent quelques jours de repos avant de partir pour une autre île.

D'Ao Khlong Nin, vous pouvez vous rendre jusqu'aux grottes de **Khao Mai Kaeo★** (Tham Khao Mai Kaeo) qui se cachent au cœur de l'île *(comptez 2h - guide très conseillé, d'autant que c'est dans ce secteur que sont réfugiés les immigrés birmans)*. Après une plaisante promenade *(1,5 km)* à l'ombre des hévéas, vous pénétrez dans l'antre par une étroite ouverture creusée dans la roche. Plusieurs salles se succèdent, certaines peuplées de chauves-souris, d'immenses nefs hérissées de stalagmites et de stalactites alternant avec des boyaux bas de plafond, jusqu'à un petit lac souterrain où l'on pourra se baigner. Un parcours qui ravira les sportifs ou les spéléologues en herbe.

La pointe sud de l'île

Au-delà d'Ao Khlong Nin, la route fait place à un chemin qui se poursuit sur env. 15 km jusqu'au bureau du parc national, en passant par de modestes chutes d'eau.

À proximité

Au sud de Ko Lanta se trouvent deux spots de plongée exceptionnels.

★★★ PLONGÉE À HIN DAENG ET HIN MUANG

Comptez une journée – il vous faudra passer par un centre de plongée.

Souvent classés parmi les dix meilleurs spots de plongée au monde, Hin Daeng (le rocher Rouge) et Hin Muang (le rocher Pourpre) ne sont qu'à deux heures de bateau des côtes. Le premier constitue certainement le plus important à-pic immergé des mers de Thaïlande (60 m). Il est repérable, car il dépasse la surface de l'eau de 3 m. À quelques encablures de là, Hin Muang doit son nom aux coraux pourpres qui le recouvrent. Les deux sites recèlent une **faune et une flore sous-marines** exceptionnelles : coraux, raies manta, requins-baleines, requins-léopards, bancs de poissons, etc.

NOS ADRESSES À KO LANTA

INFORMATIONS UTILES

Poste – *Bureau situé à côté de l'embarcadère de Ban Saladan.*
Santé / Sécurité – Lanta Hospital - *118 Moo 1 Lanta Pier, Ban Saladan.* En cas d'accident, contactez la police touristique - *✆ 11 55.*

ARRIVER / PARTIR

En bus – De Trang, 2 bus/j. (par Ko Lanta Nai) et quelques minibus privés mènent à Ban Saladan.
En bateau – De nov. à avr., 2 liaisons/j. entre Ban Saladan et Ko Phi Phi, Krabi ou Phuket.

HÉBERGEMENT

Au cap Kaw Kwang

POUR SE FAIRE PLAISIR

Twin Bay Resort – *333 Moo 1, Kaw Kwang Beach Nin - ✆ 084 305 42 88 - www.twinbaylanta.com - - 40 ch. - 2 800/5 000 bahts.* Situé à l'ouest de Ban Saladan, entre les plages de Kaw Kwang et de Khlong Dao, l'établissement dispose d'une belle piscine à débord donnant sur les deux baies. Les bungalows, très confortables, sont répartis autour d'un agréable parterre fleuri.

À Ao Phra-Ae

BUDGET MOYEN

The Sanctuary – *Au sud d'Ao Phra-Ae - ✆ 081 891 30 55 - - 18 ch. - 700/1 200 bahts.* Une atmosphère d'une grande sérénité, très plaisante, baigne cet établissement original. Les bungalows sont simples, avec une petite touche de charme dans la décoration : coquillages sur la véranda, salle de bains au sol couvert de corail, le tout agrémenté de plantes. Au restaurant, cuisine végétarienne, à savourer sur fond de musique électronique aux rythmes doux.

Lanta Marina Resort – *147 Moo 2 - ✆ 07 568 41 68 - www.lantamarina.com - - 22 ch. - 800/1 500 bahts.* Un hôtel prisé, surtout réputé pour son accueil et ses services, excellents. De grands bungalows simples, en bois, autour d'une large pelouse face à la mer. Bon restaurant sur la plage.

À Ao Khlong Nin

UNE FOLIE

Sri Lanta Resort – *111 Moo 6 - ✆ 07 566 26 88 - www.srilanta.com - - 49 ch. - 3 500/8 200 bahts.* Un des plus beaux hôtels de l'île : ses bungalows, très spacieux et magnifiquement décorés, construits avec des matériaux naturels, s'étagent sur une colline, dans un jardin somptueux. Cuisine délicieuse et service raffiné. Un petit paradis !

Vers la pointe sud

PREMIER PRIX

Lanta Sunmoon Bungalows – *À Ao Khlong Jark - ✆ 081 787 62 13/64 63 - - 20 ch. - 300/600 bahts.* De simples bungalows répartis dans un jardin ombragé de palmiers, à une centaine de mètres de la plage. Les bungalows les moins chers sont d'un meilleur rapport qualité-prix.

UNE FOLIE

Anda Lanta Resort – *À Ao Khlong Jark - ✆ 07 566 50 18 - http://andalanta.com - - 38 ch. - 3 200/6 500 bahts .* Même s'il n'est pas sur la plus jolie plage de l'île, cet hôtel un peu loin de tout présente de nombreux avantages : de jolis bungalows, confortables et décorés avec goût, un très bon restaurant, des massages et un accueil chaleureux. Le rapport qualité-prix est meilleur pour les bungalows de bois, légèrement en retrait de la plage. Wifi.

Pimalai Resort & Spa – *99 Moo 5, à Kantiang Bay - ✆ 07 560 79 99 - www.pimalai.com - - 78 ch. - à partir de 14 000 bahts .* L'hôtel le plus luxueux de l'île est un complexe de très bon goût composé de bungalows construits à flanc de colline surplombant la plage. Spa, plongée, voile.

RESTAURATION

À Ban Saladan

PREMIER PRIX

Catfish – *77 Moo 1 - 7h30-21h - 100/200 bahts.* Ce petit restaurant s'ouvre sur l'eau, avec une terrasse sur pilotis. On y vient autant pour l'atmosphère tranquille et la jolie décoration que pour la qualité de l'accueil et de la nourriture. Librairie à l'entrée avec une étagère de livres en français.

Greenbay Coffee Corner – *148 Moo 3 - 8h-20h - 100/200 bahts.* Dans le même style que le Catfish, tout aussi charmant, un restaurant idéal pour le petit-déjeuner : le café et les viennoiseries sont un vrai régal.

Lanta Sea Food Restaurant – *En face du Blue Planet Divers - ✆ 081 787 15 49 - 100/200 bahts.* Une adresse réputée pour ses prix et la fraîcheur de ses poissons. Dommage que l'accueil soit si froid.

ACTIVITÉS

Excursions

Deux groupes d'îles (Ko Rok et Ko Ha), réputées pour la beauté de leurs plages de sable blanc et de leur mer émeraude, sont accessibles en 1h de bateau à peine. Rens. à la réception de votre hôtel.

Plongée sous-marine

Principale activité sportive de Ko Lanta, la plongée peut être pratiquée dans plusieurs centres à Ban Saladan.

Diving Atlantis – *18 Moo 1 - ✆ 07 568 40 81 - www.atlantis-diving.net.* Le brevet Padi Open Water (4 j.) coûte 320 € tout compris. Ambiance tonique et sympathique.

Blue Planet Divers – École de plongée française - *3 Moo 1 - ✆ 07 566 41 65 - www.blueplanetdivers.net.* Agence sérieuse, où travaillent des instructeurs français.

Scandinavian Lanta Diver – *Ban Saladan - ✆ 07 566 80 58 - www.lantadiver.com.* Tout aussi sérieux mais orienté Padi uniquement (même si l'on peut plonger avec un brevet CMAS). Bonne assurance, parfaite connaissance des fonds sous-marins et accueil chaleureux.

Le parc national maritime de Hat Chao Mai

Trang

66 705 habitants à Trang – Chef-lieu de la province de Trang

NOS ADRESSES PAGE 438

S'INFORMER

Trang Tourist Association – *134/2-5 Th. Visetkul - ✆ 07 521 58 67 - tlj sf dim. 9h-18h.* Association privée proposant de nombreuses informations sur les promenades en forêt, les horaires de bateaux, de bus, etc.

Site des parcs nationaux de Thaïlande : www.dnp.go.th.

SE REPÉRER

Carte de région A3-4 (p. 386-387) – carte du parc maritime ci-contre – *carte Michelin 751, N4. Trang est à 864 km de Bangkok.*

Voir aussi la rubrique « Arriver/partir » dans « Nos adresses ».

À NE PAS MANQUER

Boire un verre ou déguster quelques bouchées chinoises dans les *ko-pii* de Trang ; visiter la grotte d'Émeraude de Ko Muk.

ORGANISER SON TEMPS

Meilleure saison : de janv. à avr.

Si la province de Trang n'a pas la renommée de Krabi ou de Phangnga, quoique l'on y retrouve les mêmes paysages majestueux de pitons rocheux, la région et les îles voisines du parc de Hat Chao Mai ont l'avantage d'être beaucoup moins fréquentées. D'où une certaine quiétude, qu'apprécieront ceux qui recherchent un peu de repos. L'archipel ne compte pas moins de 46 îles, couvertes de forêt, bordées de mangroves et pourvues de quelques belles plages. Dans les nombreuses forêts de l'intérieur de la province, grottes et cascades seront prétexte à de plaisantes randonnées.

Se promener Carte du parc maritime

TRANG

Comptez 1h.

Point de départ de votre balade maritime, Trang constitue une étape agréable, avec son animation à la fois colorée et bon enfant.

La vocation commerciale de la ville de Trang remonte à la nuit des temps : dès le 1er s. de notre ère, elle s'afficha comme un important centre de négoce et connut un premier âge d'or à l'époque de Srivijaya, du 6e s. au 11e s., lorsque les sampans y faisaient escale sur la route de Malacca. Plus tard, son port accueillit les premiers bateaux européens venus découvrir le royaume d'Ayutthaya.

Outre la pêche et l'industrie de l'huile de palme, le développement des plantations d'**hévéas**, à partir de 1899, devait donner à la ville une nouvelle prospérité. C'est à un homme, Phraya Ratsadanupra, dit « Mahison Phakdi »,

que l'on doit l'importation de ces arbres de Malaisie. Depuis, l'industrie du **caoutchouc** a pris une importance considérable dans l'économie du pays, en particulier du Sud. Cette activité attira dans la région nombre de travailleurs venus de Chine, et Trang accueille aujourd'hui une importante communauté chinoise qui confère à la ville une atmosphère particulière. Vous vous imprégnerez de cette ambiance en vous attablant dans l'un des nombreux cafés du centre, les *ko-pii*, où les habitants ont coutume de se retrouver pour parler politique ou affaires.

Si l'histoire et les techniques d'exploitation du caoutchouc vous intéressent, le **musée du Caoutchouc** (Rubber Museum) vous dira tout sur l'hévéa, le latex et ses métamorphoses.

Excursion Carte du parc maritime

★ LE PARC NATIONAL MARITIME DE HAT CHAO MAI

Excursion en bateau au départ de Pak Meng – comptez 2 jours minimum.
De Trang, prenez la route 403 qui mène à Kantang (22 km) - rens. à l'office du tourisme de Trang pour les bateaux.
Le point de départ de l'excursion en bateau est **Pak Meng**, un petit port situé à env. 20 km à l'ouest de Kantang. C'est de là qu'on embarque pour les îles. Au sud s'étire la longue plage de **Hat Chang Lang**, facilement accessible de Trang. Profitez-en avant de partir (ou au retour) : malgré sa situation, elle reste très peu fréquentée par les touristes occidentaux.

Ko Hai

De Pak Meng, le bateau file d'abord vers le sud-est, pour atteindre **Ko Hai**, l'« île de la Jarre », un îlot de verdure d'à peine 5 km^2, de forme triangulaire, offrant quelques jolies plages. L'un des plus beaux **récifs de corail★** du parc se trouve au sud de l'île.
Le charme de l'île est quelque peu gâché par les arnaques dont sont victimes les touristes. Dès la traversée depuis le continent, spécifiez bien le *resort* où vous logez, sinon vous risquez d'accoster sur n'importe quelle plage et d'avoir à payer le prix fort pour rejoindre votre hôtel en bateau. L'hébergement est particulièrement cher, pour une qualité qui n'est pas toujours au rendez-vous.

★ Ko Muk

Le bateau vire ensuite au sud vers Ko Muk, en laissant à tribord trois îlots inhabités, **Ko Ma**, **Ko Chuak** et **Ko Waen**, dont les coraux offrent là aussi un beau spot de plongée de surface.
L'« île Perle » recèle une merveille : une plage cachée derrière une falaise, que l'on rejoint par une galerie de 80 m de long creusée à l'intérieur. **Tham Morakot★★** porte bien son nom, la « grotte d'Émeraude » : on y accède par bateau à marée basse, mais si vous aimez les frissons, vous pouvez aussi remonter la galerie à la nage *(munissez-vous d'une lampe, le boyau est complètement obscur)*. Lorsque, enfin, vous sortez à l'air libre, vous débouchez sur une belle plage de sable blanc. La végétation tombe en cascade de la paroi rocheuse et se reflète dans l'eau, lui donnant cette couleur émeraude. Le reste de l'île n'a pas vraiment d'intérêt, les coraux qui l'environnent étant morts.

Ko Kradang

Plus au sud se profile Ko Kradang, l'« île Bois ». Privée, elle abrite un *resort*, que les touristes ont un peu délaissé ces dernières années. S'il n'y a pas grand-chose à y faire, vous pourrez tout de même profiter de la longue et magnifique plage, en solitaire.

★ Ko Libong

Toujours plus au sud, Ko Libong est le refuge de milliers d'**oiseaux**, et ses plages regorgent de coquillages. Au large de l'île, on voit parfois des **lamentins** (*dugong* en thaï). La jungle occupe une grande partie de l'île, ponctuée par des plantations d'hévéas, dont les îliens vivent en partie, conjuguant la production de caoutchouc avec la pêche.

Plage sur l'île de Ko Muk.
Office National du Tourisme de Thaïlande

Ko Libong n'est pas le meilleur endroit de Thaïlande pour s'adonner aux plaisirs de la plage, mais les villages de pêcheurs, les superbes couleurs orange de ses montagnes, ainsi que l'accueil réservé aux touristes en font un endroit de choix, à vivre au rythme des insulaires.

★ Ko Sukorn

Très accueillante, Ko Sukorn est une île souriante avec son village de pêcheurs, son école et son dispensaire. Vous pourrez profiter de ses agréables plages, mais ne cherchez pas de corail – vous n'en verrez pas la moindre branche.

Circuit conseillé Carte de région

Circuit vert foncé tracé sur la carte de région (p. 386-387) – comptez 1/2 journée.

★ L'INTÉRIEUR DE LA PROVINCE

5

Après le grand bleu, plongez-vous donc dans le grand vert, par les nombreux sentiers qui sillonnent les forêts de la province *(pour les connaître, adressez-vous à l'office de tourisme de Hat Yai ou à celui de Trang).*

★ La grotte de Khao Kop (Tham Le Khao Kop)

À 34 km au nord de Trang - empruntez l'A 4 jusqu'à Huai Yot (29 km) et continuez sur 5 km ; un panneau sur la gauche indique l'entrée de la grotte - au point d'information touristique (9h-17h), vous pourrez louer une embarcation (30 bahts/pers.).
Surtout connue des touristes thaïlandais, cette grotte s'ouvre au bout d'un ruisseau que l'on remonte en barque. Il mène à une immense salle souterraine, large de 400 m pour près de 800 m de long, véritable cathédrale naturelle sculptée de milliers de stalactites.

★ Les chutes de Phrai Sawan (Nam Tok Phrai Sawan)

À 25 km au sud-est de Trang - prenez l'A 4 vers Phatthalung, jusqu'au km 22, puis tournez à droite vers Ban Ka Chong-Ban Hat Lao ; tournez alors à gauche au panneau indiquant les chutes et poursuivez sur 3 km jusqu'au « Phrai Sawan Forest Protection Unit » (vous pouvez aussi vous rendre aux chutes en passant par une des agences de voyages de Trang, qui organisent des visites en rafting) - location de bateaux sur place : 200 bahts.

Pour le fun et pour le décor : les chutes de Phrai Sawan se cachent au milieu de la magnifique jungle qui recouvre les flancs du **Khao Bantat**, l'un des sommets de la région. D'une longueur de 4,5 km, elles s'étagent sur 17 niveaux dans la verdure. On peut les rejoindre à pied, par un sentier, mais le plus divertissant est de les descendre en kayak.

Tout le monde peut tenter l'aventure, la pente étant douce et sans risque, et si vous louez un bateau sur place, on vous donnera quelques bons conseils, simples et efficaces, pour profiter pleinement de la balade.

NOS ADRESSES DANS LE PARC DE HAT CHAO MAI

INFORMATIONS UTILES

Poste – *À 50 m de la gare de Trang, au croisement de Th. Kantang et Phraram VI.*

Agences de voyages à Trang – La plupart des hôtels et *resorts* font également office d'agence de voyages et peuvent se charger d'organiser des excursions voire des sorties de plongée.

ARRIVER / PARTIR

En avion – L'aéroport se trouve à 7 km de la ville. 5 vol/j. entre Bangkok et Trang avec Nok Air et Air Asia. En haute saison, réservez longtemps à l'avance.

En train – 2 trains/j. relient Bangkok et Trang *(15h de trajet)*.

En bus – De Trang, plusieurs bus par jour vers Phatthalung, Hat Yai, Pak Bara, Satun, Ko Lanta et Bangkok. Même chose en sens inverse.

HÉBERGEMENT

À Trang

PREMIER PRIX

Yamawa Bed & Breakfast – *94 Th. Visedkul - ✆ 07 521 66 17 - www.yamawaguesthouse.com - 8 ch. - 350/450 bahts.* Cette pension très propre et claire est décorée avec goût et tenue avec soin. Son propriétaire, Marc, un Belge charmant, connaît la petite ville de Trang et la région comme sa poche. Il organise des excursions dans la jungle et à moto (prestations sérieuses). Une mention aussi pour le copieux petit-déjeuner (inclus), avec du vrai café. Les premiers prix sont avec douches communes.

BUDGET MOYEN

Thumrin Hotel – *99 Sathanee Rd - ✆ 07 521 10 11/14 - www.thumrinhotel.thumrin.co.th - 120 ch. - 800/4 000 bahts.* Un hôtel très confortable situé près de la gare. La décoration ne laisse aucun souvenir mais on apprécie la qualité de la literie. Le restaurant, climatisé, est ouvert de 7h à 0h. Wifi.

Wattana Park Hotel – *315/7 Th. Huay Yod - ✆ 07 521 62 16/72 17 - www.wattanaparkhotel.com - 122 ch. - 1 300/3 700 bahts.* Les réceptionnistes sont charmantes, et leur accueil à la mesure de la qualité de l'établissement. Belles chambres confortables, avec minibar et salle de bains en marbre. Un excellent rapport qualité-prix.

À Ko Hai

PREMIER PRIX

Kohngai Paradise Resort – *Sur la plage côté ouest de l'île - ✆ 086 941 07 02 - www.kohhaiparadise.com -*

16 ch. - 700/1 000 bahts. Attention, cet hôtel est de l'autre côté de l'île. Il faut compter env. 45mn de marche à pied à travers la jungle pour rejoindre le côté est, où sont regroupés la majorité des hôtels et restaurants. Les bungalows, assez sommaires, sont les seuls de l'île installés sous une grande palmeraie. L'ambiance est radicalement différente de celle de l'autre plage, où se succèdent les *resorts*. Pour les amateurs de calme et de solitude.

POUR SE FAIRE PLAISIR

Coco Cottage – *Sur la plage côté est de l'île - 07 522 43 87 - www.coco-cottage.com - 28 ch. - 2 800/4 800 bahts* . On loge dans de superbes bungalows de bois aux toits de chaume, avec salles de bains à ciel ouvert, sous les palmiers. L'intérieur des chambres, de style colonial, est de bon goût. Le tout au milieu d'une belle pelouse qui s'étend jusqu'à la plage.

À Ko Libong

PREMIER PRIX

Libong Resort Le Dugong – *Côte ouest - 087 972 72 28 - www.libongresort.com - 8 ch. - 400/900 bahts.* Il faut traverser le Libong Beach Resort pour trouver ces bungalows décorés d'une touche coloniale. On apprécie la mixité entre touristes thaïs et occidentaux. Deux bungalows avec douche commune et quelques tentes.

À Ko Sukorn

BUDGET MOYEN

Sukorn Beach Bungalows – *Côte sud de l'île - 07 520 77 07 - www.sukorn-island-trang.com - 22 ch. - 1 000/2 500 bahts* .Si les bungalows sont dans la moyenne des concurrents, le jardin qui les abrite est conçu avec bien plus de talent. Tenue par un Hollandais qui connaît bien l'île et propose de nombreuses activités, l'adresse constitue un excellent point de chute.

ACHATS

Ani's Second Hand Bookshop – *285 Th. Ratschadamenue, à Trang - 9h-19h.* Cette très bonne librairie d'occasion fait également office de café.

Le parc ornithologique de Thale Noi

Phatthalung

★★★

42 789 habitants à Phatthalung – Province de Phatthalung

NOS ADRESSES PAGE 441

SE REPÉRER

Carte de région B3 (p. 386-387) – *carte Michelin 751, N5.* À 862 km de Bangkok.

Voir aussi la rubrique « Arriver/partir » dans « Nos adresses ».

À NE PAS MANQUER

Le lever du soleil sur le lac ; une balade sur l'eau parmi les oiseaux ; une halte au poste d'observation.

ORGANISER SON TEMPS

Meilleure saison : de déc. à mars.

Nichée au pied de deux impressionnants pitons rocheux comprenant de nombreuses grottes, la ville de Phatthalung coule des jours paisibles au milieu des rizières – c'est la seule région rizicole du Sud. Hormis un marché coloré, l'animation se réduit au passage des touristes venus explorer le parc ornithologique de Thale Noi. Peu habitués à recevoir des visiteurs, les habitants font montre d'une grande attention à leur égard, à peine tempérée par leur non-pratique de l'anglais. L'occasion de cultiver votre connaissance du phrasé thaï avant de partir à la rencontre des oiseaux.

Découvrir

★★★ LE ROYAUME DES OISEAUX

À 32 km au nord-est de Phatthalung par les routes 41 et 4048 – comptez 3h pour le tour du lac en barque - gratuit.

Joyau d'une vaste réserve de 457 km² interdite à la chasse, l'immense lac de Thale Noi (30 km²) porte bien son nom de « Petite Mer ». Ses eaux peu profondes (1,5 m) sont le refuge de nombreux **oiseaux migrateurs** qui, chaque année, de décembre à mars, viennent rejoindre plus de **100 espèces d'oiseaux des marais**. Cormorans, aigrettes, martins-pêcheurs, poules d'eau, sarcelles, ibis, hérons et autres échassiers peuplent les roseaux et les tapis de nénuphars ou de lotus.

Explorer ce dédale aquatique à bord d'un *long tail* (à moteur, hélas) comptera parmi vos souvenirs les plus forts. Accompagnant votre promenade, des myriades d'hirondelles virevoltent à la surface de l'eau pour gober les insectes que le bateau dérange à son passage. De janvier à mars, le lac se pare de milliers de lotus roses. Au lever du soleil, le spectacle est plus féerique encore, rehaussé par le ballet des libellules dans les hautes herbes, les bouquets d'iris, les jacinthes et les lys d'eau.

LE « NANG TALUNG »

Version populaire du *nang yai*, le théâtre d'ombres thaïlandais, le **nang talung**, est une grande tradition populaire de la région de Phatthalung et de Nakhon Si Thammarat. Le spectacle, qui accompagne les fêtes des *wat*, réunit les habitants du village. Vers minuit, les lumières illuminent la toile sur laquelle le *nai nag*, le maître de marionnettes, va faire danser des heures durant ses figurines de cuir découpé. Un orchestre rythme l'intrigue, qui consiste en une mosaïque d'histoires ayant trait à la vie quotidienne et composées par le *nai nag* lui-même. L'artiste prête sa voix à ses personnages, caricatures des types sociaux bien reconnaissables.

NOS ADRESSES DANS LE PARC DE THALE NOI

ARRIVER / PARTIR

En train – Gare de Phatthalung. 5 train/j. de et vers Bangkok, 10/j. pour Hat Yai et 7/j. pour Surat Thani.

En bus – Les bus partent de la « place » de la gare de Phatthalung ou de la petite rue qui la longe *(vers le sud)*. Pour Trang et Phuket, 1 ou 2 bus/j ; pour Hat Yai, bus toutes les 30mn ; pour Bangkok, 3 bus l'après-midi.

HÉBERGEMENT

À Phatthalung

PREMIER PRIX

Grand Mansion – *64/12 Th. Pracha Bamrung - ✆ 07 461 57 05 à 07 - ▤ - 56 ch. - 400/600 bahts.* Un établissement neuf, propre et confortable, au carrelage rutilant. Les chambres ne possèdent guère de charme, mais on y dort au calme. C'est la bonne option de la ville.

Dans le parc de Thale Noi

PREMIER PRIX

Centre du parc – *Sur la droite, au bout de la route qui mène au parc - ✆ 07 468 52 30 - à partir de 200 bahts.* Le parc de Thale Noi dispose d'un ensemble de bungalows au confort sommaire, équipés seulement de toilettes, d'un lavabo et d'un ventilateur. Il n'y a pas de douche. Bâtis en bois et sur pilotis, les logements sont néanmoins dotés chacun d'une terrasse ouvrant sur le lac, poste idéal pour contempler le lever du jour.

Bua Resort – *À 100 m à gauche de l'entrée du parc - ✆ 081 368 30 81 - ▭ - 14 ch. - 800 bahts.* De beaux bungalows en bois verni. Certes, la décoration est un peu kitsch avec des portraits du roi et de la reine au-dessus des lits, mais les chambres sont très confortables.

RESTAURATION

Dans le parc de Thale Noi

PREMIER PRIX

Dans le village qui jouxte l'entrée du parc, vous trouverez quelques épiceries et trois gargotes proposant notamment le classique *pad thai*. Attention, tous ces commerces sont fermés après 20h.

ACTIVITÉS

Massages traditionnels – *À l'entrée du parc, dans un bungalow sur pilotis - 100 bahts/h.* Le lieu est idéal pour un massage : la quiétude du site, le chant des oiseaux et les mains agiles de la masseuse offrent un moment de détente inoubliable.

Hat Yai et ses environs

199 062 habitants – Province de Songkhla

NOS ADRESSES PAGE 444

S'INFORMER

Tourism Authority of Thailand de Hat Yai – *1/1 Soi 2, Th. Niphat Uthit 3 - 07 424 37 47 - 8h30-16h30.* Informations utiles sur la ville et ses environs ainsi que sur les éventuels problèmes de sécurité dans la région.

SE REPÉRER

Carte de région B4 (p. 386-387) – plan de la ville ci-contre – *carte Michelin 751, NO5.* À 950 km au sud de Bangkok.

Voir aussi la rubrique « Arriver/partir » dans « Nos adresses ».

À NE PAS MANQUER

Se baigner au pied des chutes de Ton Nga Chang.

MISE EN GARDE

Avant votre visite, il est impératif de vous renseigner sur les conditions de sécurité régnant dans cette région proche de la frontière malaise.

Supermarché géant aux portes de la Malaisie, étape obligée des immigrés renouvelant leur visa, Hat Yai doit sa récente expansion au tourisme malais et au commerce. En soixante-dix ans, la ville est devenue un carrefour d'échanges primordial, principalement animé par son importante communauté chinoise et servi par un remarquable réseau de transports. Cette véritable toile d'araignée est agitée par un trafic incessant.

Circuit conseillé Carte de région

Circuit rouge de 100 km tracé sur la carte de région (p. 386-387) – comptez 1/2 journée.

DE HAT YAI À SATUN B4

La visite de Hat Yai Plan de ville

Comptez 30mn.

Pour les voyageurs, Hat Yai restera surtout une étape obligée sur la route de Satun et du parc maritime de Ko Tarutao. Mais avant de partir dans les îles, il n'est pas désagréable de s'immerger un moment dans l'animation frénétique et colorée de cette ville à taille humaine, qui se visite à pied. Dans le centre, tout semble pouvoir s'acheter et se vendre, et, entre deux emplettes, il fait bon se poser à la table d'une gargote chinoise pour goûter quelques savoureux *dim sum*.

Autre spécialité de Hat Yai, les **combats de buffles**, auxquels vous aurez sûrement l'occasion d'assister : traditionnellement organisés deux fois par mois dans des arènes, ces affrontements spectaculaires, qui durent de trois minutes à une heure selon l'endurance des animaux, tendent à se multiplier devant le succès remporté auprès des touristes.

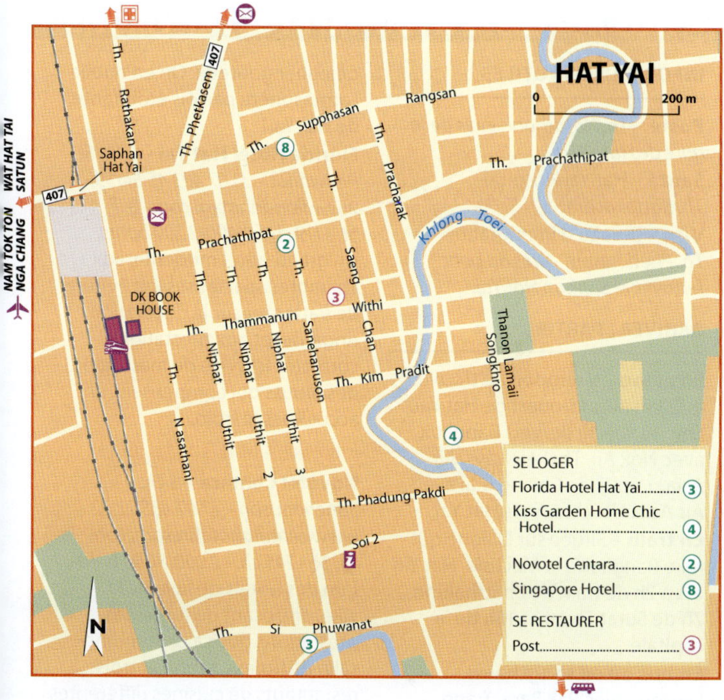

Wat Hat Tai

Th. Phetkasem - à 4 km à l'ouest du pont ferroviaire Saphan Hat Yai.

Avant de quitter la ville pour la côte ouest, faites une halte au **Wat Hat Tai** pour voir son imposant **bouddha couché★** de 35 m de long sur 15 m de hauteur. Au-delà, la route grimpe lentement à travers de beaux paysages ponctués de pitons calcaires et de collines tapissées d'hévéas.

★★ Les chutes de Ton Nga Chang (Nam Tok Ton Nga Chang)

*À 27 km à l'ouest de Hat Yai par la route 406. Passé 13,5 km, tournez à gauche ; un panneau indique le site (*songthaew *à partir de Hat Yai) - gratuit - prévoyez chaussures de marche, maillot de bain, jumelles, produit antimoustique et crème solaire – comptez 2h de marche AR.*

Cette belle réserve naturelle invite à une petite échappée sportive et « nature » bien plaisante.

Cachée au cœur du parc, les « Chutes d'eau en défenses d'ivoire », leur nom en thaï, s'étagent sur sept niveaux dans un chaos de rochers ocre brun. Deux bras – ou « défenses », d'où leur nom – se séparent au niveau du troisième palier, jouant avec les caprices du relief, avant de plonger dans un large bassin d'eau fraîche et cristalline.

Il fait bon se baigner dans cette **piscine naturelle★** après l'effort *(attention, cependant, les rochers sont glissants)*, car les sentiers qui conduisent au sommet des chutes s'avèrent plutôt sportifs : il faut enjamber des troncs d'arbre, écarter des lianes, grimper à flanc de rocher.

Pour rejoindre Satun à partir des chutes, prendre d'abord la route 407 dir. Rattaphum, puis la route 406.

NOS ADRESSES À HAT YAI ET SES ENVIRONS

INFORMATIONS UTILES

Poste – *Th. Nasathani - près de la gare de Hat Yai.*
Santé – Hat Yai Hospital - *Th. Rattakasarn.*
Visa – Bureau d'immigration - *Th. Phetkhasem - près du pont ferroviaire Saphan Hat Yai.*

ARRIVER / PARTIR

En avion – L'aéroport se trouve à 12 km au sud-ouest de Hat Yai. Env. 10 vols tlj de/vers Bangkok avec Nok Air, Thai Airways, Air Asia. 1 vol/j. de Chiang Mai avec Air Asia. Navettes vers Hat Yai.
En train – Située sur la ligne qui relie Bangkok à la Malaisie, Hat Yai est à 2h de train de Phatthalung, 7h de Surat Thani et 16h de la capitale.
En bus ou en songthaew – Liaisons avec Pak Bara, Trang, Krabi, Phuket et Bangkok.

HÉBERGEMENT

PREMIER PRIX

Singapore Hotel – *62-66 Th. Supphasan Rangsan - ✆ 07 423 74 78 ou 07 424 45 35 - ▤ ⊭ - 35 ch. - 400/700 bahts.* Un excellent rapport qualité-prix pour ces chambres de taille moyenne, équipées d'une belle salle de bains carrelée avec baignoire et eau chaude. Accueil chaleureux.

BUDGET MOYEN

Kiss Garden Home Chic Hotel – *51/2 Th. Hoimook - ✆ 07 423 44 44 - http://kissgardenhomechichotel.com - ▤ ✕ - 81 ch. - 1 300/3 200 bahts* ☕. Restauré en 2013, cet hôtel moderne encadrant un jardin agrémenté d'une cascade demeure l'un des plus agréables de la ville. Chambres confortables, petit-déjeuner goûteux. On en oublie l'atmosphère parfois étouffante de Hat Yai !

Florida Hotel Hat Yai – *8 Th. Si Phuwanat - ✆ 07 423 45 54/59 - www.floridahatyai.com - ▤ ✕ - 119 ch. - 1 400/2 200 bahts.* Un grand hôtel moderne, aux chambres spacieuses (on évitera de s'attarder sur la décoration ringarde) et aux prestations correctes (service de massage) : des atouts qui compensent un accueil assez froid.

POUR SE FAIRE PLAISIR

Novotel Centara – *3 Th. Sanehanuson - ✆ 07 435 22 22 - www.centarahotelsresorts.com - ▤ ⛱ ✕ - 245 ch. - 2 000/5 000 bahts.* L'un des hôtels de luxe de la ville, disposant de toutes les prestations dues à ce standing : salle de fitness, sauna et trois restaurants de cuisines différentes. Les salles de bains somptueuses et la qualité de l'accueil en font un lieu de choix.

RESTAURATION

PREMIER PRIX

Post Laser Disc Bar – *82-83 Th. Thammanun Withi - ✆ 07 423 20 27 - 8h-1h - ⊭ - 100/150 bahts.* Un café, bar et restaurant, aussi agréable pour prendre un petit-déjeuner que pour écouter de la musique en soirée (groupe différent tous les jours). L'endroit est fréquenté aussi bien par des Thaïlandais que par des touristes Occidentaux ou Malais. L'occasion de manger un *pad thai*.

ACTIVITÉS

Combats de buffles et boxe thaïe – Pour assister à ces rencontres, rens. à l'office de tourisme.

Le parc national de Thale Ban

Satun

★★

33 179 habitants à Satun – Province de Satun.

NOS ADRESSES PAGE 446

S'INFORMER
Site des parcs nationaux de Thaïlande : www.dnp.go.th.

SE REPÉRER
Carte de région B4 (p. 386-387) – *carte Michelin 751, O5*. À 973 km au sud de Bangkok.
Voir aussi la rubrique « Arriver/partir » dans « Nos adresses ».

À NE PAS MANQUER
Dormir au moins une nuit dans le parc de Thale Ban ; flâner dans le grand marché frontalier le dimanche matin.

ORGANISER SON TEMPS
Meilleure saison : de nov. à avr.

Point de départ pour les trésors marins de Tarutao, Satun est également l'étape obligée des amateurs d'espaces vierges qui partent pour quelques jours d'aventure dans la jungle du parc naturel de Thale Ban. Une nature des plus sauvages, et des plus authentiques, les attend là. Car le territoire, dernier vestige de l'immense forêt dense qui recouvrait jadis la péninsule, abrite encore une multitude d'espèces végétales et animales. Il accueille aussi les derniers Sakais, une minorité locale vivant au cœur du parc.

Circuit conseillé

Circuit vert de 41 km tracé sur la carte de région (p. 386-387).

SATUN

À env. 100 km au sud-ouest de Hat Yai.

Paisible bourgade proche de la frontière malaise, Satun tient son nom, dérivé du malais *setul*, d'une variété d'arbres très courante dans la région. La ville, sans grand intérêt architectural, reçoit surtout la visite de touristes en quête d'une extension de visa ou en route vers les îles Langkawi, de l'autre côté de la frontière.

Pourtant, Satun vaut qu'on s'y attarde un peu, le temps de savourer sa douceur de vivre, la gentillesse de ses habitants et son atmosphère différente de celle des autres villes du pays. Car ici, Bouddha n'a pas sa place : plus malaise que thaïlandaise – la ville resta historiquement rattachée à la Malaisie jusqu'au début du 20e s. –, Satun est profondément musulmane et ses journées sont rythmées par l'appel du muezzin, à l'heure de la prière. Une culture qui se retrouve jusque dans la langue locale, le yawi, et dans la cuisine : entre deux bateaux, il faut aller grigoter un *roti* au marché de nuit.

5

★★ EXPLORATION DU PARC DE THALE BAN

À 39 km de Satun – comptez 2 jours.

De Satun, prenez la route 406 jusqu'au km 19 et tournez à droite pour emprunter la 4184, qui mène au parc de Thale Ban (20 km). Au bureau du parc, vous trouverez un plan de la forêt où figurent les sentiers et le temps moyen de chaque promenade. Si vous pensez vous en éloigner, prévenez les autorités avant de partir et prenez de l'eau, une protection contre les moustiques, un couteau et des jumelles - entrée 400 bahts.

À peine 100 km² de forêt tropicale s'étagent entre deux montagnes, **Khao Chin** à l'est et **Khao Wangpra** à l'ouest. Mais dès que l'on plonge dans ce parc luxuriant, on a la sensation de se trouver au cœur d'une nature intacte. Les feuilles tombent avec un bruit mat, et toute la jungle bruisse du concert incessant des animaux. Quelques sentiers escarpés se dessinent dans l'épaisseur de la végétation, débouchant çà et là sur des cascades, des résurgences, des torrents d'eaux vives et des piscines naturelles. Parmi les arbres géants aux racines tentaculaires – banians, fromagers, etc. –, se cachent peut-être un serpent, une tribu de gibbons ou le fameux rhinocéros de Sumatra.

Près du bureau du parc, un vaste **lac★** s'étend sur 30 ha. Dessinant les bords d'une fondrière, une végétation serrée verdit ses rivages, dont le bakong, une plante endémique aimant les eaux peu profondes. Un pavillon accueille un restaurant où il fait bon s'asseoir pour goûter la paix des lieux. Le soir, le chant de la forêt s'amplifie pour se faire plus étrange encore, ponctué par les appels des animaux nocturnes.

À LA FRONTIÈRE MALAISE

En sortant du parc, continuez sur la route 4184 jusqu'à la frontière malaise (à 2 km).

Chaque dimanche matin, un gigantesque **marché★** se tient de part et d'autre de la frontière, ouverte pour l'occasion. Dans une ambiance animée et colorée, on y vend de tout, contre espèces *(malaises)* sonnantes et trébuchantes : objets bariolés en plastique, vêtements, nourriture bien sûr, et même des poissons vivants.

NOS ADRESSES À SATUN ET DANS LE PARC

INFORMATIONS UTILES

Agences de voyages à Satun – Satun Travel - *45/10 Th. Satunthani - ✆ 07 471 14 53 - www.satuntravel.com - 8h-17h*; Wasana Travel and Tour - *15 Th. Srisathit - ✆ 07 473 00 50 - 8h-17h.*

Poste / Téléphone – Poste centrale de Satun - *Th. Samantha Prasit.* Appels internationaux possibles.

Santé – Hôpitaux à Satun et à Langu.

Visa – Poste frontière et bureau d'immigration à 2 km du parc de Thale Ban.

ARRIVER / PARTIR

En bus – De Satun, 3 ou 4 bus/j. desservent Langu, Trang et Hat Yai. 1 bus/j. part pour Bangkok *(15 à 18h de trajet).*

En songthaew – De Satun, plusieurs *songthaew* par jour partent vers Langu, Trang et Hat Yai.

En bateau – Du port de Satun, **Thammalang Pier**, 4 liaisons régulières en ferry desservent la Malaisie, et plus précisément Langkawi (www.langkawi-ferry.com) et Kuala Perlis.

TRANSPORTS

En songthaew – Ttes les h, de 7h à 16h, des *songthaew* font la navette entre Satun et Wang Prajan *(40mn)*. Ensuite, des moto-taxis vous amèneront jusqu'au parc en 30mn.

HÉBERGEMENT

À Satun

PREMIER PRIX

Rian Thong Hotel – *4-6 Th. Samanpradit - ✆ 07 471 10 36 - 17 ch. - ▭ - 200/300 bahts*. Les chambres sont plutôt spacieuses et claires, bien qu'un peu rudimentaires. Demandez de préférence celles situées au bout du couloir.

Sinkiat Thani Hotel – *50 Th. Buriwanit - ✆ 07 472 10 56/59 - ▤ ✕ - 50 ch. - 680 bahts*. Quelconques mais plutôt confortables, les chambres sont surtout intéressantes pour la vue magnifique que l'on a sur les montagnes (attention, ce n'est pas le cas de toutes : précisez bien votre demande). Accueil charmant et nombreux services à la réception.

BUDGET MOYEN

Pinnacle Wangmai Hotel – *43 Th. Satunthani - ✆ 07 471 16 11 - www.pinnaclehotels.com/satun/ - ▤ ✕ - 108 ch. -650/1 500 bahts*. Malgré un caractère un peu vieillot, cet hôtel conserve un certain standing, avec sa moquette rouge et ses murs blancs.

Dans le parc national de Thale Ban

PREMIER PRIX

Thale Ban National Park – *Moo 4 - Th. Samankarat Burin - Wangprachan Sub-district - Amphur Khuan Don - ✆ 083 533 17 10 - www.dnp.go.th - ✕ - 9 ch. - 600 bahts*. Le parc propose à ses visiteurs des bungalows rudimentaires mais disposant de salle de bains et de l'électricité. Il est également possible d'y camper *(30 bahts/nuit si vous apportez votre tente)*.

RESTAURATION

À Satun

PREMIER PRIX

Marché de nuit – *Aux abords de la mosquée - dès 17h - 50 bahts*. Spécialités de la région, *roti*, *pataba*, *pa samod* et autres *bada* ou *mamode* vous attendent dans cet agréable marché de nuit, parmi les plats de nouilles et les soupes plus traditionnelles. De quoi faire un festin à prix modique.

Dans le parc de Thale Ban

PREMIER PRIX

Restaurant du parc national – *8h30-16h30 -150 bahts env.* Le restaurant du parc, situé sur les bords du lac, est le seul lieu où déjeuner ou dîner à Thale Ban. La carte est assez variée, les tarifs raisonnables, et, surtout, le lieu offre une vue exceptionnelle sur le vaste plan d'eau. En revanche, n'oubliez pas votre produit antimoustique le soir venu.

Le parc national maritime de Mu Ko Tarutao

★★★

Province de Satun

NOS ADRESSES PAGE 452

S'INFORMER
Site des parcs nationaux de Thaïlande : www.dnp.go.th.

SE REPÉRER
Carte de région AB4 (p. 386-387) – carte du parc p. 450-451 – *carte Michelin 751, O4*. À 973 km au sud de Bangkok.
Voir aussi la rubrique « Arriver/partir » dans « Nos adresses ».

À NE PAS MANQUER
Visiter la grotte aux Crocodiles, sur Ko Tarutao; explorer les fonds coralliens entre Ko Batuang et Ko Rawi (à partir d'Adang ou de Lipe).

ORGANISER SON TEMPS
Le parc est ouvert de nov. à avril.

Classé en 1974, l'archipel de Tarutao est le plus ancien parc national maritime de Thaïlande. Il compte 51 îles vertes, perdues aux confins de la Malaisie et préservées depuis trente ans de toute exploitation commerciale, immobilière et touristique. Couvrant une superficie de 1 490 km^2, le parc constitue aujourd'hui un sanctuaire naturel exceptionnel, réputé autant pour la richesse de ses fonds marins que pour la beauté de ses paysages insulaires.

Découvrir Carte du parc

★★★ LES ÎLES SAUVAGES

Comptez 2 jours - entrée parc national 400 bahts.
Après une heure de traversée bruyante au départ de Pak Bara, le petit ferry s'ancre sur l'île de Tarutao. C'est le moment de décider : les amoureux de la vie sauvage choisiront de débarquer; ceux qui préfèrent le farniente sur la plage attendront jusqu'à Ko Lipe. Mais il sera toujours possible de changer d'avis : à quelques encablures de Ko Lipe, Ko Adang et Ko Rawi sont, elles aussi, tout à fait préservées du tourisme.

★★ Ko Tarutao

À env. 20 km de Pak Bara.
Avec son étroite crête rocheuse culminant à 708 m, la plus grande île de l'archipel (24 km sur 11 km) ressemble à un dinosaure endormi. Une île montagneuse aux flancs escarpés, creusés de grottes et ponctués de cascades à découvrir sous le couvert d'une jungle touffue. Sur le rivage, les mangroves et les marais alternent avec de longues plages qui inviteraient au farniente… si les rangers du parc, qui tiennent le domaine avec un peu trop de zèle, ne lui conféraient pas une ambiance boy-scout qui peut agacer.

On débarque au port d'**Ao Pante Malacca**, l'unique village de l'île, où se trouve le bureau du parc. La longue plage du village serait idyllique sans ses bungalows et ses *long houses*, dortoirs sommaires lui conférant un petit air de camp militaire… De là, un sentier qui part derrière le restaurant grimpe en un quart d'heure à **Toe Boon★**, une falaise d'où l'on jouit d'un beau **point de vue★** sur les environs.
La plus belle plage de l'île, que jouxte le campement d'accueil du parc, reste néanmoins **Ao Son★★** *(côte nord-ouest)*, superbe bande de sable fin de 3 km de long, frangée de casuarinas. Au lever du soleil, une visite silencieuse des environs d'**Ao Pante Malacca**, à la découverte de la jungle et de sa faune sous la houlette d'un ranger spécialiste des animaux, vous permettra d'apprécier le caractère sauvage de l'île… et les méthodes draconiennes mises en place pour le préserver.
À marée haute, vous pourrez affréter un *long tail* pour vous rendre à la **grotte aux Crocodiles★★** (Tham Jarakhe – *n'oubliez pas votre lampe de poche, les fils de l'installation électrique ont été rongés par les singes)*. Si les grands reptiles s'y font plutôt rares, l'endroit vaut le détour pour son magnifique décor de stalagmites et de stalactites. Un petit chemin creusé dans la roche permet d'admirer à loisir toutes les teintes de ces impressionnantes concrétions calcaires.
Prenez aussi le temps de vous promener au hasard des sentiers, à la découverte de quelques cascades, de plages du bout du monde, sans négliger la forêt et les vestiges historiques des deux camps de prisonniers *(voir encadré ci-dessous)* : **Ao Talo U-Dang** à la pointe sud, et **Ao Talo Wao** à l'est.
De Ko Tarutao, on peut rejoindre d'autres îles accessibles aux visiteurs, dont Ko Adang et **Ko Rawi**. En chemin, le bateau s'approche de deux ravissants îlots inhabités, **Ko Khai** et **Ko Klang**. Ce dernier, reconnaissable à sa belle **arche de pierre★**, logo du parc maritime, doit son nom – « œuf » en thaï – aux tortues qui, en décembre et en janvier, viennent pondre sur le sable de la grève.

★★★ Ko Adang

À 43 km à l'ouest de Ko Tarutao.
Avec sa forme d'éléphant vert, l'île montre un relief aussi tourmenté et élevé (703 m) que Tarutao. Isolée à la pointe sud de l'île, où accoste le bateau, l'infrastructure touristique se réduit à un campement de quelques maisons de palmes et de bambous, abritant les bureaux du parc, les hébergements pour les visiteurs, un restaurant et quelques tentes. Le tout fait face à **Laem Son★★**, ravissante plage de sable blanc ombragée de casuarinas.

PIRATERIE POUR SURVIE

Comme Langkawi, Ko Tarutao – qui signifie en thaï « mystérieux » – a longtemps souffert d'une terrible réputation. De 1939 à 1946, l'île accueillit un camp de prisonniers politiques et un bagne pour grands criminels. Elle offrait en effet une situation de choix, bien loin de la capitale et cernée d'eaux infestées de requins et de crocodiles. Mais dès le début de la guerre, les deux camps sombrèrent dans l'oubli, et plus d'un tiers des détenus périrent, faute de nourriture et de médicaments antipaludéens. La seule solution de survie trouvée par le directeur fut la piraterie, vieille tradition de la mer d'Andaman. Aidé des gardes et des prisonniers, il attaqua tous les bateaux approchant les côtes, pillant leur cargaison et n'hésitant pas à massacrer l'équipage. Ce n'est qu'en 1946 que l'armée britannique mettra fin, non sans peine, à ces exactions meurtrières. Un roman de Paul Adirex, *The Pirates of Tarutao,* relate cet épisode sanglant.

Les rangers vous indiqueront les chemins forestiers à explorer et les précautions à suivre en cas de rencontre avec de « drôles » de bêtes. Pensez à vous hydrater régulièrement et méfiez-vous des singes, grands voleurs s'il en est !
À droite des dernières bâtisses, un sentier taillé dans le granit grimpe dans les hauteurs jusqu'à deux **points de vue★★** *(le second est le plus intéressant).*
Un autre chemin, passé la dernière maison de bambou puis le lagon, conduit à la **Pirate Waterfall** *(indiqué - comptez 1h30 de marche aller)*, une jolie cascade où les pirates de la région venaient se ravitailler en eau douce.
Un peu plus loin, vous atteindrez le hameau de chaume de **Talo Po Ya** *(à 1 km à pied de la cascade)*, territoire des Chao Le, les « gitans de la mer » *(voir encadré p. 452).*

★★ LES ÎLES BALNÉAIRES

Si les liaisons maritimes se sont sensiblement améliorées ces dernières années vers Ko Lipe et Ko Bulon Leh, entraînant une augmentation du nombre de touristes (en particulier à Ko Lipe), ces deux îles ont néanmoins su garder leur charme.

★★ Ko Lipe

À quelques encablures au sud de Ko Adang.

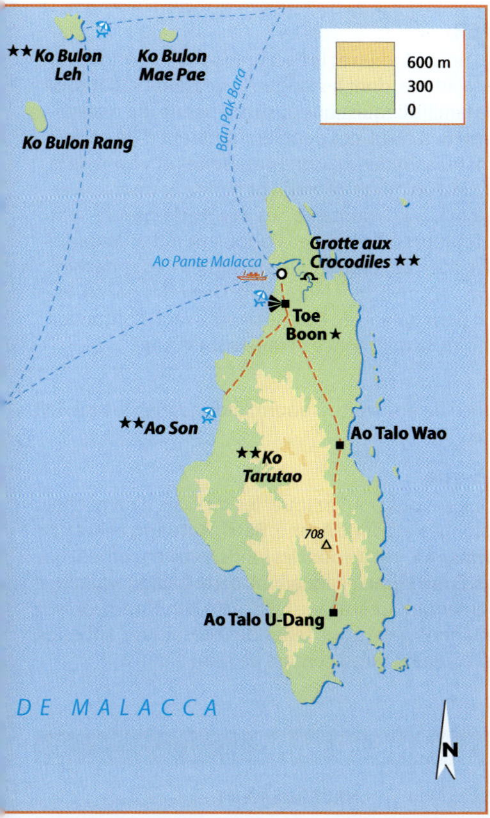

L'îlot de Lipe se reconnaît à sa forme de haricot, hérissé de cocotiers. Deux plages font sa renommée, en particulier **Pattaya★★**. Propriété des Chao Le, les « gitans de la mer », l'île n'est pas placée sous la juridiction du parc national, d'où le développement de (petites) infrastructures touristiques.

★★ Ko Bulon Leh

À env. 50 km au nord de Ko Lipe et à 22 km à l'ouest de Pak Bara.

Non loin de Ko Tarutao, un petit archipel égrène ses îles, Mu Ko Bulon, tel un Tarutao en miniature. L'île principale, Ko Bulon Leh, ne fait que 2 km de diamètre, mais on y retrouve le même relief rocheux couvert de forêts. Île paisible, sans mobylette *(il n'existe pas de route, juste un petit chemin)*, elle séduit par sa douceur de vivre. Ses quelques habitants, établis depuis les années 1960 et soucieux de préserver les lieux, construisent peu, et surtout des bungalows, plutôt éloignés les uns des autres pour respecter l'intimité de chacun.

On accoste sur la côte est, à proximité de la plus belle **plage★** de l'île, propice à la baignade. Des *long tail* viennent vous chercher pour vous amener directement sur le sable. Là, rien d'autre à faire que de s'étendre au soleil : les coraux alentour ont presque tous été détruits, et les méthodes de pêche, quasi industrielles, vident un peu plus la mer chaque saison. Prendre le temps de discuter avec les familles des pêcheurs ou d'acheter du pain et des gâteaux à

LES GITANS DE LA MER

De Madagascar à Hawaï, l'océan Indien et le Pacifique sont le territoire du même groupe ethnique asiatique, dont les langues, avec leurs variations, appartiennent toutes à la famille linguistique austronésienne (ou malayo-polynésienne). Originaires de Taiwan, ces peuples migrèrent d'île en île à bord de catamarans. Construisant des maisons provisoires et vivant de la pêche, ils développèrent ainsi un mode de vie en profonde harmonie avec le monde marin. Aujourd'hui, si les habitants des **îles Andaman** se sont sédentarisés, ils restent toujours à l'écart de la population thaïlandaise. Peuple singulier, avec ses rites, sa religion, ses musiques et ses danses, les **Chao Le** et leur culture s'apprivoisent lentement. Deux fois par an, les villageois construisent un petit bateau en bois, le remplissent d'offrandes et le mettent à l'eau. Avec lui, la malchance s'éloigne du village.

la souriante Sue, qui sillonne l'île une boîte à gourmandises sous le bras, fait partie des plaisirs du séjour.

★★★ Promenade aquatique

De Ko Bulon Leh ou de Ko Lipe, vous pouvez louer les services d'un pêcheur pour aller sur les spots de plongée autour d'Adang, **Rawi**, **Batuang** et Kata. Ne manquez pas les **Seven Corals★★★**, un site dont les fonds coralliens offrent une véritable féerie de couleurs. Entre jardin et aquarium, cette balade aquatique relève de la pure magie. Demandez aussi à faire halte à **Ko Hin Ngam★★**, une petite plage couverte d'étranges galets qui, telles des mosaïques antiques, ne révèlent leurs multiples couleurs qu'au contact de l'eau.

NOS ADRESSES DANS LE PARC

INFORMATIONS UTILES

Le parc ne compte ni poste, ni téléphone, ni café Internet, ni hôpital, ni banque. Veillez à changer assez d'argent avant de vous y rendre. Sur l'île de Lipe, au **Porn Resort**, vous obtiendrez des bahts contre des dollars, mais à un taux peu avantageux.

ARRIVER / PARTIR

En bateau – De nov. à avr., ferries pour l'île de Tarutao au départ de **Pak Bara** *(tlj à 10h30 et 15, 1h de traversée, 400 bahts AR)*. Le bateau continue vers Ko Adang et Lipe. Retour sur le continent en passant par Ko Bulon Leh. Vers Ko Bulon Leh, 1 ferry/j. au départ de Pak Bara. Possibilité de relier chacune des îles du parc.

HÉBERGEMENT

À Pak Bara

PREMIER PRIX

Best House Resort – *À 200 m du port d'embarcation - ✆ 089 298 45 49 - www.besthouseresort.com - ▤ ✕ - 20 ch. - 600/1 000 bahts.* Pratique si vous avez manqué le dernier ferry : des bungalows confortables autour d'un petit étang artificiel. La meilleure adresse du hameau.

À Ko Tarutao et Ko Adang

PREMIER PRIX

Tarutao National Park – *✆ 07 478 38 97 - www.dnp.go.th - ✕ - 68 ch. - 600/800 bahts.* Les premiers prix correspondent aux *long houses*, bâtisses rudimentaires équipées de 4 matelas, mais certains bungalows sont plus élaborés (sanitaires). Camping possible.

À Ko Lipe

PREMIER PRIX

Porn Resort – *Par un sentier partant du milieu de la plage de Pattaya - ✆ 081 228 45 66 - - 40 ch. - 750 bahts.* Installé dans une petite baie abritée des vents dominants, cet hôtel se compose de sobres bungalows en bois. Bon restaurant, accueil chaleureux et nombreux services.

À Ko Bulon Leh

Prévoyez une lampe de poche pour circuler sur l'île le soir *(électricité jusqu'à 23h).*

BUDGET MOYEN

Pan Sand Resort – *À l'est de l'île - ✆ 081 693 36 67 - www.pansand-resort.com - - 26 ch. - 1 500/2 200 bahts.* L'adresse chic de l'île. Le restaurant pratique des tarifs raisonnables *(env. 200 bahts)*, dans un cadre reposant, au bord d'une pelouse qui s'étend jusqu'à la plage.

RESTAURATION

À Ko Tarutao et Ko Adang

PREMIER PRIX

Restaurant du parc national – *7h-14h30, 17h-21h.* Sur Tarutao et sur Adang, le restaurant du parc obéit à un système assez absurde de coupons, à acheter avant le repas et à utiliser le jour même. Monopole ne signifiant pas excellence, mieux vaut apporter fruits et biscuits sur l'île.

À Ko Lipe

PREMIER PRIX

Daya Resort Restaurant – *Sur la plage de Pattaya - 7h-22h - 100/200 bahts.* Le restaurant le plus populaire de la plage, dans une bâtisse de bois ouverte sur la mer, sert une bonne cuisine thaïlandaise, légèrement relevée d'une pointe *chao le*. N'arrivez pas trop tard, car il ne sert que la pêche du jour. Le soir, les tables sont installées sur la plage et éclairées à la chandelle.

BOIRE UN VERRE

Mountain Resort - *pointe extrême nord de Ko Lipe - 8h-22h.* Pour prendre un verre sur les hauteurs.

ACTIVITÉS

Randonnées – Renseignez-vous auprès des rangers de Ko Tarutao et Ko Adang

Plongée sous-marine – 4 centres à Ko Lipe, 1 centre à Bulon Leh (mais très peu fréquenté).

Snorkeling – Il vaut mieux apporter son matériel. Seuls les restaurants de la plage de Pattaya (Ko Lipe) louent masques et tubas.

Pêche en mer – À Ko Lipe, au **Pattaya Song** *(info@pattayasongresort.com)*, Stefano Bruni, un guide de pêche italien (qui parle aussi anglais), propose d'intéressantes journées de pêche en mer pour 2 ou 3 pers. *(3 500 bahts environ).*

Kayak – À Ko Lipe, location au **Pattaya Song** *(info@pattayasongresort.com)*. Une journée entière de kayak, déjeuner inclus, coûte autour de 500 bahts. Pour regarder l'île autrement.

VOUS CONNAISSEZ LE GUIDE VERT,
DÉCOUVREZ LE GROUPE MICHELIN

MICHELIN
Une meilleure façon d'avancer

L'Aventure Michelin

Tout commence avec des balles en caoutchouc ! C'est ce que produit, vers 1880, la petite entreprise clermontoise dont héritent André et Édouard Michelin. Les deux frères saisissent vite le potentiel des nouveaux moyens de transport.

L'invention du pneumatique démontable pour la bicyclette est leur première réussite. Mais c'est avec l'automobile qu'ils donnent la pleine mesure de leur créativité. Tout au long du 20e s., Michelin n'a cessé d'innover pour créer des pneumatiques plus fiables et plus performants, du poids lourd aux voitures de course, en passant par le métro et l'avion.

Très tôt, Michelin propose à ses clients des outils et des services destinés à faciliter leurs déplacements, à les rendre plus agréables... et plus fréquents. Dès 1900, le guide MICHELIN fournit aux chauffeurs tous les renseignements utiles pour entretenir leur automobile, trouver où se loger et se restaurer. Il deviendra la référence en matière de gastronomie. Parallèlement, le Bureau des itinéraires offre aux voyageurs conseils et itinéraires personnalisés.

En 1910, la première carte routière MICHELIN remporte un succès immédiat ! En 1926, un premier guide régional touristique invite à découvrir les plus beaux sites de Bretagne. Bientôt, chaque région de France a son Guide Vert. La collection s'ouvre ensuite à des destinations plus lointaines de New York en 1968... à l'Islande en 2012.

Au 21e s., avec l'essor du numérique, le défi se poursuit pour les cartes, les guides et les services numériques MICHELIN qui continuent d'accompagner le pneumatique. Aujourd'hui comme hier, la mission de Michelin reste l'aide à la mobilité, au service des voyageurs.

MICHELIN AUJOURD'HUI

- 69 sites de production dans 18 pays
- 113 400 employés de toutes cultures, sur tous les continents
- 6 000 personnes dans le centre de Technologie Michelin
- Une présence commerciale dans plus de 170 pays

Avancer
monde où la

Mieux avancer, c'est d'abord innover pour mettre au point des pneus qui freinent plus court et offrent une meilleure adhérence, quel que soit l'état de la route.

LA JUSTE PRESSION

BONNE PRESSION

- Sécurité
- Longévité
- Consommation de carburant optimale

-0,5 bar

- Durée de vie des pneus réduite de 20% (- 8 000 km)

-1 bar

- Risque d'éclatement
- Hausse de la consommation de carburant
- Distance de freinage augmentée sur sol mouillé

ensemble vers un mobilité est plus sûre

C'est aussi aider les automobilistes à prendre soin de leur sécurité et de leurs pneus. Pour cela, Michelin organise partout dans le monde des opérations **"Faites le plein d'air"** pour rappeler à tous que la juste pression est vitale.

L'USURE

COMMENT DETECTER L'USURE ?

Vos pneus MICHELIN sont munis d'indicateurs d'usure : ce sont de petits pains de gomme moulés au fond des sculptures et d'une hauteur de 1,6mm.
Lorsque la profondeur des sculptures est au même niveau que les indicateurs, les pneus sont usés et doivent être remplacés.

Les pneus constituent le seul point de contact entre le véhicule et la route, un pneu usé peut être dangereux sur chaussée mouillée.

PNEU NEUF

PNEU USÉ
(1,6 mm de sculpture)

Ci-contre, la zone de contact réelle photographiée sur chaussée mouillée.

Mieux avancer,
c'est développer une mobilité durable.

INNOVATION ET ENVIRONNEMENT

Chaque jour, Michelin innove pour réduire la quantité de matières premières utilisée dans la fabrication des pneumatiques, et 99,8% des pneus produits dans le Groupe le sont dans des usines certifiées ISO 14001. La conception des pneus MICHELIN permet déjà d'économiser des milliards de litres de carburant, et donc des millions de tonnes de CO_2.

De même, Michelin choisit d'imprimer ses cartes et guides sur des « papiers issus de forêts gérées durablement ». L'obtention de la certification ISO 14001 atteste de son plein engagement dans une éco-conception au quotidien.

Un engagement que Michelin confirme en diversifiant ses supports de publication et en proposant des solutions numériques pour trouver plus facilement son chemin, dépenser moins de carburant.... et profiter de ses voyages !

Chattez avec Bibendum

Rendez-vous sur : www.michelin.com

Découvrez l'actualité des produits et services et l'histoire de MICHELIN.

QUIZZ

Michelin développe des pneumatiques pour tous les types de véhicules. Amusez-vous à identifier le bon pneu...

Résultat : A-6 / B-4 / C-2 / D-1 / E-3 / F-7 / G-5

Notes

Notes

Notes

Notes

INDEX GÉNÉRAL

Bangkok : villes, curiosités et régions touristiques.
Rama Ier : noms historiques ou termes faisant l'objet d'une explication.
Les sites isolés (palais, temple, grotte…) sont répertoriés à leur propre nom.

A

B

C

INDEX GÉNÉRAL

I

J

K

Ahrant – Personne qui a atteint la perfection.
Amphoe – District.
Antarala – Passage entre l'antichambre et le sanctuaire d'un temple khmer.
Ao – Baie.
Apsara – Danseuse céleste, élément décoratif de temple.
Avalokiteshvara – Bodhisattva *(voir ci-après)* du bouddhisme mahayana, doué de compassion, connu aussi sous le nom de Lokeshvara.
Bai sema – Pierre en forme de feuille délimitant l'enceinte sacrée de l'*ubosot*, appelée aussi borne ; souvent sculptée de décorations et placée sur un piédestal ou dans un pavillon.
Ban – Village, hameau.
Baray – Bassin ou réservoir d'irrigation au voisinage d'un temple khmer.
Bikkhu – Moine bouddhiste.
Bodhi – Éveil, illumination de Bouddha. Arbre de bodhi : *Ficus religiosa*, figuier sous lequel le Bouddha a connu l'éveil.
Bodhisattva – Futur Bouddha, être qui a connu l'Éveil mais qui retarde son accès au nirvana afin d'aider l'humanité dans sa quête de l'illumination.
Bot – *Voir ubosot.*
Bung – Lac.
Buri – Ville.
Changwat – Province.
Chedi – Tour-reliquaire.
Chofa – Décoration du toit des temples en forme d'oiseau stylisé.
Dharma (dhamma) – Enseignement du Bouddha, loi bouddhique.
Dharmachakra – Roue de la loi.
Doi – Montagne.
Erawan ou Airavata – Éléphant mythique à trois têtes, monture du dieu hindou Indra.
Farang – Étranger, dérivé de *farangse*, français.
Garuda – Animal mythique avec une tête, un torse et des bras d'homme, des ailes et des griffes d'oiseau de proie, monture de la divinité hindoue Vishnou.
Gopura – Porte monumentale de ville ou de temple (donne souvent accès par une galerie à un temple khmer).
Hamsa – Oiseau mythique, symbole de la divinité hindoue Brahma.
Hang yao – Bateau « à longue queue ».
Hat – Plage.
Heo – Cascade.
Ho trai – Petit pavillon renfermant les écritures sacrées, souvent construit sur pilotis au milieu d'un bassin pour protéger les manuscrits des insectes ; bibliothèque.
Jataka – Récit des vies antérieures du Bouddha.
Kala – *Voir makara.*
Kaeng – Rapides.
Kamphaeng – Mur.
Khao – Pic, mont.
Khlong – Canal, voie d'eau.
Khuan – Barrage.
Kinnari – Figure mythique de musicienne mi-femme, mi-oiseau.
Ko – Île.
Ku – Construction en forme de temple miniature enchâssant un bouddha.
Kuti – Cellules des moines ou logements dans un temple.
Laem – Promontoire, cap.
Lak muang – Pierre de fondation, esprit gardien du lieu.
Lingam, linga – Forme phallique symbolisant la trinité hindoue, Brahma, Shiva et Vishnou.
Mae nam – Rivière.
Makara – Monstre mythique à la face grimaçante, aux yeux protubérants et crachant des guirlandes décoratives, figurant sur les linteaux de porte.
Mandapa – Antichambre de temple khmer.
Mara – La force du mal.
Meru (mont) – Axe du monde, séjour des dieux dans les

cosmologies hindouiste et bouddhiste.
Mondop – Bâtiment carré souvent surmonté d'un toit à étages, renfermant un objet de culte, souvent des empreintes de pied du Bouddha.
Monthon – Région.
Mu ban – *Voir ban.*
Mu ko – Archipel.
Muang – Ville, cité.
Mudra – Geste des mains de l'iconographie bouddhique.
Naga – Serpent mythique à une, cinq ou sept têtes, qui aurait soulevé sur ses anneaux enroulés le Bouddha en méditation avant l'éveil, et aurait protégé le maître de la pluie en déployant son capuchon.
Nakhon – Ville, cité.
Nam ron – Source chaude.
Nam tok – Cascade.
Nang – Théâtre d'ombres.
Nirvana – Fin du cycle des renaissances.
Paknam – Estuaire.
Pali – Langue indienne des textes sacrés du bouddhisme theravada.
Pha – Falaise.
Phi – Esprit.
Phra – Saint, Seigneur.
Phu, phu khao – Promontoire, mont.
Pom – Fort.
Prang – Tour en forme d'épi de maïs décorée de stucs ; un ou deux escaliers mènent à un ou plusieurs sanctuaires renfermant des représentations du Bouddha.
Prasat, prasat hin – Tour khmère en pierre, tour-sanctuaire khmère.
Pratu – Portail, porte.
Rat, ratcha (préfixe) – Royal.
Rishi, russi, reussi – Ermite, ascète.
Sala – Salle d'assemblée, pavillon ou abri.
Sanuk – Amusement.
Saphan – Pont.
Sathani – Gare.
Sim – Salle d'ordination *(ubosot)* d'un temple lao.
Singha – Lion mythique.
Soi – Rue, allée.
Songthaew – Taxi collectif (camionnette équipée de bancs de bois) effectuant en général de courts trajets interurbains.
Stupa – *Voir chedi.*
Suan – Jardin.
Talat – Marché.
Tambon – Commune.
Tavatimsa – Les cieux, séjour des 33 divinités hindoues au sommet du mont Meru.
Tha –Embarcadère, jetée.
Thale – Mer.
Thale sap – Lagon.
Tham – Grotte.
Thanon – Rue, route.
That – Reliquaire ou temple abritant des reliques du Bouddha ; flèche ou construction en dôme destinée aux reliques bouddhistes dans le Nord-Est.
Thong – Bannière de bois.
Traiphum – Les trois mondes de la cosmologie bouddhique : ciel, terre, enfer.
Trimurti – La trinité hindoue : Brahma, Vishnou et Shiva.
Tripitaka – Canon pali du bouddhisme theravada.
Ubosot – Sanctuaire ou chapelle principale où ont lieu les ordinations et autres cérémonies.
Urna – Boucle sur le front du Bouddha, signe distinctif.
Ushnisha – Protubérance crânienne du Bouddha.
Waï – Salut traditionnel.
Wat – Temple, ensemble des bâtiments d'un temple.
Wiang – Ville fortifiée.
Wihan – Salle d'assemblée, chapelle *(vihara)*.
Yaksa – Démon mythique.

Caractérisé par une syntaxe et une structure grammaticale similaires à celles du mandarin, le thaï est une langue monosyllabique qui ne possède ni conjugaison, ni déclinaison, ni article. En revanche, il utilise des particules indiquant le temps, le mode, le genre et le nombre. On utilise ainsi une structure différente en fonction de l'interlocuteur auquel on s'adresse, selon la position sociale, le sexe, l'âge.

LA PRONONCIATION

La difficulté du thaï réside surtout dans sa prononciation, difficile pour les Occidentaux. Cette langue tonale fait appel à 44 consonnes représentant 21 sons, pour 15 voyelles servant à désigner 48 sons différents ! Les consonnes supplémentaires ont pour but d'indiquer la valeur tonale d'un mot, et les 15 voyelles sont assorties d'une symbolisation différente, destinée à traduire la tonalité du mot. Le thaï utilise par ailleurs cinq tonalités déterminant le sens du mot : neutre, bas, haut, ascendant, descendant ; chaque syllabe étant associée à un ton différent. Et, si vous utilisez le mauvais ton, le mot peut prendre un tout autre sens ! Bref, la structure phonétique du thaï est complexe, et la transcription en alphabet latin, d'après la phonétique et sans orthographe officielle, reste un outil de fortune, conçu en fonction de l'oreille occidentale.

Les cinq tons

Hormis le ton neutre, chaque ton est distingué par un accent particulier.

a (ton neutre) : se prononce sur le registre moyen de la voix.

ã (ton bas) : grave.

à (ton descendant) : du registre moyen au plus grave.

â (ton haut) : emphatique, aigu.

á (ton ascendant) : progression du registre moyen au plus aigu.

Les voyelles

Le thaï possède deux catégories de voyelles, les longues et les brèves, qui servent à distinguer le sens des mots. Pour différencier les longues des brèves dans notre alphabet, les voyelles longues sont suivies du signe « : ». Par ailleurs, les voyelles fermées sont indiquées en minuscule, et les voyelles ouvertes en majuscule.

Longues

a : comme dans « bar ».

e : *é* fermé de « bouche bée ».

E : *è* ouvert de « bête ».

i : *i* long de « île ».

o : *o* fermé de « maux ».

O : *o* ouvert de « bol ».

u : *ou* long de « loup ».

Brèves

a comme dans « baraque ».

e *é* fermé et bref de « bélier ».

E *è* ouvert comme dans « sept ».

i *i* bref de « mite ».

o *o* fermé et bref de « poteau ».

O *o* ouvert et bref de « hotte ».

u *ou* bref de « coucou ».

Les consonnes

b *b*, mais atténué, et à peine perceptible en finale.

c : voisin de *ti*, comme dans « tiare ».

ch : tch *tch* de « tchèque ».

d : *d* léger, atténué.

f : *f* adouci.

f *f* atténué, se rapprochant de *b*.

h *h* fortement aspiré, comme le *h* anglais de « house ».

k *k* de « kapok », atténué. En finale, très léger, à peine perceptible.

m *m*, adouci en début de mot et sonore en final, comme dans « femme » (sans *e* muet).

n : *n*, fluide en début de mot, sonore en final comme dans « canne » (sans *e* muet).

ng nasal en début de mot, comme le *ng* de « tango ». En final (sans

e muet), il nasalise la voyelle précédente.
p *p* à peine perceptible en final.
ph *p* fortement aspiré (jamais *f* de « pharmacie »).
r roulé et très fluide, jamais guttural (se confond avec le *l*).
s *s* dur comme dans « son » (jamais *s* de « rose »).
t *t* souple et atténué, à peine perceptible en final.
v en début de phrase, *v* adouci ; suivi de *a*, il tend vers le son *oua* de « ouate ».
y comme dans « yaourt ».

LES FORMULES COURANTES

Formules de politesse usuelles pour terminer une phrase, les mots *khráp* (utilisé par un homme) et *khâ* (utilisé par une femme) expriment le genre de la personne qui parle. Ils s'utilisent également pour répondre à une question par l'affirmative. *Dii chãn* signifie « vous » pour une femme, *phõm,* « vous » pour un homme, et *thâan* pour une personne plus âgée ou représentant l'autorité.
Bonjour, au revoir : sawàt-dii (khráp/khâ)
Comment allez-vous ? : sabaï dii reu ?
Je vais bien : sabaï dii
S'il vous plaît : kho
Merci / merci beaucoup : khàwp khun / khàwp khun mak (khráp/khâ)
Je vous en prie, c'est sans importance : mai pen raï
Oui : chaï ou khráp/khâ
Non : mâi chaï
Excusez-moi : khaw thot (khráp/khâ)
Monsieur, madame, mademoiselle : khun (khoun)
Je ne parle pas le thaï : phout thaï maï daï
Je ne comprends pas : mâi khâo jai
Comment vous appelez-vous ? : khun chêu arai ?
Je m'appelle : phõm chêu/dii chãn chêu (femme)
D'où venez-vous ? : khun ma chak nai ?
Je viens de France : ma chak (farangse, français)

LE TEMPS

Quelle heure est-il ? : velani kimong ?
Quand : mia
Hier : mia vanni
Aujourd'hui : van níi
Demain : phrung ni
Ce matin : mia chao ni
Cet après-midi : ton bai ni
Soir : ton yen
Lundi : van can
Mardi : van angkhan
Mercredi : van phut
Jeudi : van prihat
Vendredi : van suk
Samedi : van sao
Dimanche : van athit

ADJECTIFS ET MOTS COURANTS

Bon : di
Mauvais : mai di
Grand : jai
Petit : lek
Éloigné : klai
Proche : klài
Chaud : ron
Froid : não
Entrée : thang kha
Sortie : thang ok
Ouvert : pe : d
Fermé : pid

S'ORIENTER, VISITER

Où ? : thi naï ?
Où est… ? : yùu thì : naí… ?
Je veux aller à… : dichan yak pai…
À droite : lio kho a
À gauche : liosai
Tout droit : trong paï
Devant : dan na
Derrière : khang lang
Près de : mai klai

Ville : nakhorn
Village : mû ban
Rue : thanon (Th.)
Rue secondaire : soi
Sentier : thang dan thâu
Marché : talat
Poste : praisani

LES TRANSPORTS

Avion : khriang bin
Aéroport : thâ akatsa yan
Train : rotfai
Billet : tua
Voiture : rot yon
Gare routière : satha ni rôtmeh
Bus : rôtmeh
Bus climatisé : rot thuâ
Moto : rot maw toe sai
Bateau : rua

À L'HÔTEL

Hôtel : rohng naeng
Chambre : hâwng
Avez-vous une chambre de libre ? : mii hâwng mai ?
Toilettes : suam hong nam

AU RESTAURANT

Restaurant : raan aahaan
Déjeuner : ahan klang van
Dîner : ahan jen
Boire : deum
Manger : kin khao
Délicieux : aroy
Sucre : nam taam
Eau : nam
Café : kafe
Thé : cha
Bière : biya
Sauce de soja : siiu
Pas trop épicé : ao maï pet
Épicé : phèt
Légumes : phat
Œuf : khai
Bœuf : nua
Porc : mou
Poisson : pla
Poulet : kai
Riz : khao
Riz frit : khao paat
Riz gluant : khao niao
Salade épicée : yam

ACHATS

Combien ? : thaoraï (khrap, khâ) ?
C'est très cher : phèng maak
Bon marché : thùuk

URGENCES

Docteur : mo
Hôpital : rohng phaya ban
Police : sathani tamrouat
Dentiste : chan tham fan
Pharmacie : ran khai ya

LES CHIFFRES

1 : ning
2 : song
3 : sam
4 : si
5 : hà
6 : hok
7 : cet
8 : pet
9 : kào
10 : sib
11 : sib et
12 : sibsong
20 : yisib
21 : yi sib et
30 : sam sib
100 : ning roi
200 : song roi
1 000 : ning phan
10 000 : ning min
100 000 : ning sen

CARTES ET PLANS

CARTE GÉNÉRALE

CARTES DES RÉGIONS

PLANS DE VILLE

PLANS DE MONUMENTS

CARTES DES CIRCUITS

LÉGENDE DES CARTES ET PLANS

Curiosités et repères

- Itinéraire décrit, départ de la visite
- Église
- Mosquée
- Synagogue
- Monastère - Phare
- Fontaine
- Point de vue
- Château - Ruine ou site archéologique
- Barrage - Grotte
- Monument mégalithique
- Tour génoise - Moulin
- Temple - Vestiges gréco-romains
- Temple : bouddhique - hindou
- Autre lieu d'intérêt, sommet
- Distillerie
- Palais, villa, habitation
- Cimetière : chrétien - musulman - israélite
- Oliveraie - Orangeraie
- Mangrove
- Auberge de jeunesse
- Gravure rupestre
- Pierre runique
- Église en bois
- Église en bois debout
- Parc ou réserve national
- Bastide

Sports et loisirs

- Piscine : de plein air - couverte
- Plage - Stade
- Port de plaisance - Voile
- Plongée - Surf
- Refuge - Promenade à pied
- Randonnée équestre
- Golf - Base de loisirs
- Parc d'attractions
- Parc animalier, zoo
- Parc floral, arboretum
- Parc ornithologique, réserve d'oiseaux
- Planche à voile, kitesurf
- Pêche en mer ou sportive
- Canyoning, rafting
- Aire de camping - Auberge
- Arènes
- Base de loisirs, base nautique ou canoë-kayak
- Canoë-kayak
- Promenade en bateau

Informations pratiques

- Information touristique
- Parking - Parking - relais
- Gare : ferroviaire - routière
- Voie ferrée
- 1 Ligne de tramway
- Départ de fiacre
- Métro - RER
- Station de métro (Calgary, ...) (Montréal)
- Téléphérique, télécabine
- Funiculaire, voie à crémaillère
- Chemin de fer touristique
- Transport de voitures et passagers
- Transport de passagers
- File d'attente
- Observatoire
- D Station-service - Magasin
- Poste - Téléphone
- Internet
- H Hôtel de ville - Banque, bureau de change
- J POL. Palais de justice - Police
- GNR Gendarmerie
- T U M Théâtre - Université - Musée
- Musée de plein air
- Hôpital
- Marché couvert
- Aéroport
- Parador, Pousada (Établissement hôtelier géré par l'État)
- A Chambre d'agriculture
- D Conseil provincial
- G Gouvernement du district, Délégation du Gouvernement Police cantonale
- L Gouvernement provincial (Landhaus)
- P Chef-lieu de province
- Station thermale
- Source thermale

Axes routiers, voirie

- Autoroute ou assimilée
- Échangeur : complet - partiel
- Route
- Rue piétonne
- Escalier - Sentier, piste

Topographie, limites

- Volcan actif - Récif corallien
- Marais - Désert
- Frontière - Parc naturel

Comprendre les symboles utilisés dans le guide

LES ÉTOILES

★★★ Vaut le voyage ★★ Mérite un détour ★ Intéressant

HÔTELS ET RESTAURANTS

9 ch.	Nombre de chambres		Piscine
7,5 €	Prix du petit-déjeuner en sus	CC	Paiement par cartes de crédit
50 €	Prix de la chambre double, petit-déjeuner compris		Carte de crédit non acceptée
bc	Menu boisson comprise	P	Parking réservé à la clientèle
	Air conditionné dans les chambres	Tram	Station de tramway la plus proche
	Restaurant dans l'hôtel	M	Station de métro la plus proche
	Établissement servant de l'alcool (à l'étranger)		

SYMBOLES DANS LE TEXTE

	À faire en famille		Randonnée à vélo
	Pour aller au-delà		Facilité d'accès pour les handicapés
	Promenade à pied	A2 B	Repère sur le plan

Note au lecteur

Michelin a apporté le plus grand soin à la rédaction de ce guide et à sa vérification. Toutefois, les informations pratiques (formalités administratives, prix, adresses, numéros de téléphone, adresses Internet, etc.) doivent être considérées comme des indications du fait de l'évolution constante de ces données.
Il n'est pas totalement exclu que certaines d'entre elles ne soient plus, à la date de parution du guide, tout à fait exactes ou exhaustives. N'hésitez pas à nous signaler toute omission ou inexactitude que vous pourriez constater, ainsi qu'à nous faire part de vos avis et suggestions sur les adresses contenues dans ce guide.
Avant d'entamer toute démarche, formalités administratives ou douanières notamment, vous êtes invité à vous renseigner auprès des organismes officiels. Ces informations ne sauraient, de ce fait, engager notre responsabilité.

Collection Le Guide Vert sous la responsabilité d'Anne Teffo

Édition
Natacha Brumard, Marie Perchat

Rédaction
Mélanie Cornière, Hugues Festis, Anne Lagarde, Delphine Loez, Philippe Longin, Franck Michel, Ngoc Loan Lam, Marie Perchat, Marie-Pierre Renier, Marie-Laure de Saint-Rémy, Catherine Zerdoun

Cartographie
Stéphane Anton, Michèle Cana, Marie-Christine Defait

Relecture
Barbara Roullier

Remerciements
Didier Broussard, Stéphanie Quillon, Pascal Tisserand

Conception graphique
Christelle Le Déan

Régie publicitaire et partenariats
business-solutions@tp.michelin.com
Le contenu des pages de publicité insérées dans ce guide n'engage que la responsabilité des annonceurs.

QR Codes
QR Code est une marque déposée de Denso Wave Incorporated.

Contacts
Michelin
Guides Touristiques
27 cours de l'Ile Seguin, 92105 Boulogne Billancourt Cedex
Service consommateurs : tourisme@tp.michelin.com
Boutique en ligne : www.michelin-boutique.com
www.voyage.michelin.fr

Écrivez-nous

Parution 2014

Michelin Travel Partner
Société par actions simplifiées au capital de 11 288 880 EUR
27 Cours de l'Ile Seguin - 92100 Boulogne Billancourt (France)
R.C.S. Nanterre 433 677 721

Toute reproduction, même partielle et quel qu'en soit le support, est interdite sans autorisation préalable de l'éditeur.

© Michelin, Propriétaires-éditeurs
Dépôt légal : 09-2013 – ISSN 0293-9436
Compograveur : Michelin, Boulogne-Billancourt
Imprimeur : Book Partners China, Chine
Imprimé en Chine : 09-2013